Ressourcesinformatiques

AF893000

Red Hat Enterprise Linux CentOS

Mise en production et administration de serveurs

3e édition

ISBN : 978-2-409-02195-4
Imprimé en France

Editions ENI
ZAC du Moulin Neuf
Rue Benjamin Franklin
44800 St HERBLAIN
Tél. 02.51.80.15.15
Fax 02.51.80.15.16

e-mail : editions@eni.fr
http://www.editions-eni.com

Auteur : Thibault BARTOLONE
Collection **Ressources Informatiques** dirigée par Émilie VILLETORTE

Avant-propos

Cet ouvrage s'adresse avant tout à l'administrateur système ou à toute personne désirant mettre en place un serveur Red Hat Enterprise Linux. Il fournit clés en main les éléments nécessaires à la vie du serveur, de l'achat jusqu'à la maintenance régulière du système. Pour cette raison, il détaille des principes qui intéresseront même les plus aguerris, et ne se limite pas simplement à une présentation des commandes. J'ai en effet voulu apporter autre chose que de la documentation technique classique, c'est pourquoi vous trouverez dans ces pages des méthodes, des astuces, des explications pédagogiques étayées par des exemples.

Pour profiter de cette lecture, il faut avoir une culture informatique générale, et une connaissance réduite du monde Linux suffit. Les concepts de base du fonctionnement d'un ordinateur doivent être compris, pour s'attarder sur des notions spécifiques à Red Hat qu'il est intéressant d'appréhender, comme par exemple les offres proposées, les différents portails, la gestion des logiciels.

Mon objectif a donc été non seulement de vous apporter un ouvrage technique, mais surtout un guide pratique, adapté à la réalité de l'entreprise. En effet, bien souvent la méthode est négligée au profit d'un niveau de détail technique parfois inutile. Mais les informations intéressantes sont également présentes. De plus, je vous accompagne dans les différentes étapes de la vie du système.

Red Hat Enterprise Linux - CentOS

Mise en production et administration de serveurs

Le livre vous aide d'abord à comprendre la philosophie de l'entreprise Red Hat, vous permettant alors de faire un achat éclairé et confiant. Une installation courante du serveur est proposée, correspondant à la plupart des cas rencontrés en entreprise. Les différents paramètres nécessaires au bon début de vie d'un serveur sont expliqués. N'oubliez pas à cette étape de commencer à remplir la documentation de configuration ! Il est important alors de comprendre le démarrage d'un serveur, ce qui est abordé au chapitre suivant.

Sont ensuite développés les quatre domaines importants de base de l'administration du serveur :

- l'installation de logiciels, basée sur les RPM et les dépôts logiciels spécifiques à Red Hat. Il est expliqué où trouver d'autres logiciels, en plus de la compilation de code source qui reste mystérieuse pour beaucoup.
- la gestion du disque dur, ou comment partitionner et gérer votre disque dur. Je vous conseille de consulter cette partie avant même d'installer le serveur.
- la gestion des utilisateurs : les droits sont expliqués et clairement mis en œuvre.
- le réseau : une partie importante remplie d'informations pratiques qui vous faciliteront la vie en exploitation.

Le chapitre sur les scripts Bash vous fournit une base claire et synthétique pour la construction de scripts automatiques à implémenter dans votre serveur. N'hésitez pas à vous en servir d'aide-mémoire et à l'agrémenter d'expériences et d'astuces personnelles.

Les deux derniers chapitres traitent de l'exploitation du serveur. On y parle de la mise en œuvre de services standards que l'on trouve en entreprise. Le but avoué est de fournir une base minimum requise sur le serveur, que vous pourrez enrichir pour qu'elle corresponde à votre besoin. Le chapitre suivant vous explique les tâches courantes qu'il faut réaliser régulièrement sur le serveur.

L'aspect sécurité est examiné tout au long du livre. Lorsque vous repérez des informations intéressantes, notez-les et ajoutez-les à la feuille de route de la sécurité fournie en téléchargement. Cette dernière vous décrit les points clés à vérifier pour renforcer la sécurité de votre serveur Red Hat Enterprise Linux.

Consultez également les liens donnés en référence, les pages web ciblées regorgent d'explications et de conseils pratiques permettant d'aller plus loin dans votre connaissance de l'administration de serveur Linux.

Les mises à jour du livre pour RHEL 7 et 8 amènent leur lot de nouveautés, reflétant la richesse des apports substantiels qu'a faits Red Hat, principalement autour de systemd. Vous trouverez également des outils précieux pour la compréhension et la mémorisation, comme l'anatomie d'un système Linux à la fin du chapitre Démarrage du système, ainsi que des fiches de rappel de toutes les commandes que l'on trouve dans le livre, sous forme papier et sous forme numérique que vous pouvez facilement enrichir avec votre expérience personnelle.

Je remercie tous ceux qui m'ont soutenu dans cette entreprise d'écriture. Tout d'abord les Éditions ENI pour leur professionnalisme (et leur patience !), ainsi que mes amis qui m'ont soutenu et conseillé.

Je serais également heureux de bénéficier de votre participation : vos commentaires constructifs, vos expériences et suggestions seront les bienvenus sur le site www.tellnet.fr ou à l'adresse tellnet@tellnet.fr.

Bonne lecture et bonne administration sur Red Hat Enterprise Linux.

Thibault Bartolone

Table des matières

Avant-propos

Chapitre 1
Présentation de Red Hat

1. Red Hat : l'entreprise 21
2. Historique 21
3. Un mot sur la souscription 24
4. Red Hat : le système d'exploitation. 26
4.1 Historique des versions 26
4.2 Particularités de Red Hat 29
4.3 Les différentes versions existantes. 29
4.3.1 Red Hat Enterprise Workstation 29
4.3.2 Red Hat Enterprise Linux pour serveurs 30
4.3.3 Versions courantes 31
5. Les sites web Red Hat 33
5.1 redhat.com : le site principal 33
5.2 Red Hat Store 35
5.3 Portail Client (Customer Portal) : assistance technique, téléchargement et gestion des serveurs 36
5.4 CentOS 37
5.5 Autres sites relatifs à Red Hat 38
5.5.1 La formation et la certification 38
5.5.2 La communauté 38
5.5.3 Documentation en ligne 38
6. En pratique, commencer avec Red Hat 39
6.1 Les différents éléments administratifs 39
6.1.1 Red Hat Login et Account number 39
6.1.2 Subscription number, Installation number, Registration number 39
6.1.3 Login Red Hat, numéro de contrat et numéro d'installation 40

6.2 Étapes jusqu'à l'obtention du système 41
6.2.1 Résumé des étapes 41
6.2.2 Étape 1 : Création d'un login Red Hat 41
6.2.3 Étape 2 : Achat de RHEL et de la souscription 42
6.2.4 Étape 3 : Téléchargement de RHEL 43

Chapitre 2
Déploiement d'un serveur Red Hat

1. Préparer le déploiement d'un serveur Red Hat 47
1.1 Services à mettre en place 47
1.2 HCL 47
1.3 RAID matériel 49
1.4 RAID logiciel 50
1.5 Partitionnement et types de système de fichiers 50
1.6 Autres éléments nécessaires à l'installation 51
1.7 Interface graphique ou pas ? 53
1.8 Documentation de la configuration du serveur 54
2. Installation d'un système Red Hat 55
2.1 Installation par DVD 55
2.2 Se procurer le DVD d'installation 55
2.3 Vérifier l'intégrité du DVD 56
2.4 Installation du système d'exploitation par DVD 57
2.4.1 Installation du système par DVD pour RHEL/CentOS 7 57
2.4.2 Installation du système par DVD pour RHEL/CentOS 8 71
3. Autres types d'installation 84
3.1 Installation à distance avec VNC 85
3.2 Installation par le réseau (RHEL 7) 89
3.2.1 Installation par le réseau avec média d'amorçage et serveur HTTP 89
3.2.2 Installation par le réseau avec PXE/BOOTP 92

3.2.3 Installation automatisée avec Kickstart 99
3.2.4 Exemple de combinaison : Installation PXE/VNC listener. 104

4. Prise en main du système 110
4.1 Ligne de commande 110
4.1.1 Les shells en général 110
4.1.2 Le bash 112
4.1.3 Aide en ligne 117
4.2 Commandes de base 121
4.2.1 Comprendre l'arborescence et s'y déplacer 122
4.2.2 Manipulation des fichiers et répertoires 127
4.2.3 Rechercher des fichiers 132
4.2.4 Afficher et éditer le contenu d'un fichier 136
4.2.5 Éditeur de fichiers vi 138
4.2.6 Utilisation du shell 141
4.3 Enregistrement en ligne de commande sur le Portail Client . . 142
4.4 Présentation de l'interface graphique 143
4.4.1 GNOME. 143
4.4.2 GNOME pour RHEL 5/6 144
4.4.3 GNOME pour RHEL 7 145

5. Structure de RHEL 147
5.1 Structure générale. 147
5.2 L'espace utilisateur 148
5.3 Focus sur l'interface graphique en espace utilisateur 150
5.4 Le noyau 152

Chapitre 3
Démarrage du système

1. La séquence de démarrage 155
1.1 Pourquoi il faut la connaître 155
1.2 De l'appui sur le bouton ON jusqu'à l'invite de connexion . . . 156

2. BIOS 157

3. UEFI. 158
4. Chargeur de démarrage GRUB. 158
4.1 Présentation 158
4.2 GRUB Legacy (RHEL 5/6) 159
4.3 GRUB 2 (RHEL 7/8). 161
4.3.1 Les interfaces. 161
4.3.2 Fichiers de configuration 164
5. Lancement du noyau et du processus père 171
5.1 Rôle du noyau (kernel). 171
5.2 Sélection au démarrage. 173
5.2.1 Répertoire /boot 173
5.2.2 Informations sur le noyau existant 175
5.3 Installation d'un nouveau noyau. 175
5.4 Paramétrage du noyau 178
5.5 Modules du noyau 181
5.5.1 Lister les modules chargés 181
5.5.2 Afficher les informations sur un module. 181
5.5.3 Charger un module. 182
5.5.4 Décharger un module 183
5.5.5 Chargement de modules au démarrage 183
6. Lancement du système. 183
6.1 Avec /sbin/init (RHEL 5 et 6) 183
6.1.1 Démarrage général 183
6.1.2 Niveaux d'exécution 185
6.2 Démarrage System V Init (anciennes versions de RHEL) 189
6.3 Démarrage systemd (RHEL 7/8) 190
6.4 Gestion des services avec systemd. 194
7. Éteindre le système. 195
8. Notions de cryptographie 197

Chapitre 4
Installation de logiciels

1. Introduction et historique 203
2. Installation avec le gestionnaire de paquets YUM 205
2.1 Introduction à YUM 205
2.1.1 Chercher et installer des paquets 206
2.1.2 Mise à jour de paquets 211
2.1.3 Plugins yum 213
2.1.4 Réinitialiser yum 215
2.1.5 yum et la cryptographie 215
2.2 Application Streams avec RHEL 8 217
2.3 Rappel des commandes yum 225
2.4 Gestion des abonnements 226
2.5 Portail Client 226
2.5.1 Gestion des abonnements 226
2.5.2 Politiques de mises à jour et sécurité 231
2.6 Utilisation de dépôts de logiciels externes 232
2.6.1 Présentation et installation du dépôt EPEL 234
2.6.2 Dépôts non officiels 236
3. RPM : installation de paquets indépendants 245
3.1 Où trouver des RPM ? 246
3.1.1 Rapatrier un RPM sur votre serveur Red Hat Enterprise Linux 247
3.1.2 Nomenclature de nommage des paquets 248
3.2 Installation et mise à jour : option -U 248
3.2.1 Résolution de dépendances 249
3.2.2 Forcer l'installation d'un paquet sans ses dépendances 250
3.3 Désinstallation : option -e 250
3.4 Requête : option -q 251

4. Compilation à partir des sources 253
4.1 Compilation : pourquoi ? 253
4.2 Les prérequis pour la compilation 254
4.2.1 Quels paquets installer ? 254
4.2.2 Où trouver des logiciels ? 256
4.3 Les étapes de la compilation 257
4.3.1 Préalable 257
4.3.2 Pré-test de compilation et résolution de dépendances . 259
4.3.3 Compilation 261
4.3.4 Installation 261
4.3.5 Les options de compilation 262

Chapitre 5
Partitions et système de fichiers

1. Partitionner un disque 263
1.1 Structure d'un disque dur 263
1.1.1 Introduction aux disques durs et partitions 263
1.1.2 Concepts de partitionnement 265
1.1.3 Le partitionnement GPT 268
1.1.4 La logique de nommage des partitions sous Linux Red Hat 269
1.1.5 Suggestions de partitionnement 272
1.2 Le partitionnement en pratique 273
1.2.1 Lister, créer, supprimer des partitions avec parted 273
1.2.2 Partitionnement graphique : GParted 285
2. LVM (Logical Volume Manager) 286
2.1 Présentation 286
2.2 Notions avancées 289
2.2.1 Extensions 289
2.2.2 Clichés (snapshots) 292

2.3 Administration de LVM . . . 293
2.3.1 En bref : trois étapes . . . 293
2.3.2 Étape 1 : Volumes physiques (PV) . . . 294
2.3.3 Étape 2 : Groupes de volumes (VG) . . . 296
2.3.4 Étape 3 : Volumes logiques (LV) . . . 298
2.4 Administration avancée de LVM . . . 301
2.4.1 Suppression de volumes logiques . . . 301
2.4.2 Étendre un volume logique . . . 304
2.4.3 Réduire un volume logique . . . 307
3. Stratis . . . 313
3.1 Création d'un système de fichiers . . . 313
3.2 Exemple de création d'un système de fichiers . . . 315
3.3 Exemple de création d'un snapshot . . . 316
4. RAID . . . 317
4.1 Présentation . . . 317
4.1.1 Qu'est-ce que le RAID ? . . . 317
4.1.2 Niveaux de RAID . . . 318
4.1.3 RAID physique ou logiciel ? . . . 319
4.2 RAID logiciel : mise en œuvre . . . 320
4.2.1 Création de volume RAID . . . 320
4.2.2 Surveillance du RAID . . . 326
5. Installer un système de fichiers . . . 326
5.1 Présentation . . . 326
5.2 Structure des données sous Linux . . . 330
5.2.1 Extended File System . . . 330
5.2.2 Superbloc . . . 331
5.2.3 Inodes . . . 331
5.2.4 Table des inodes . . . 332
5.2.5 Tables des blocs . . . 333
5.2.6 Illustration de la structure du système de fichiers . . . 333
5.2.7 Liens symboliques et liens physiques . . . 336
5.2.8 Fragmentation . . . 344

5.2.9 Descripteurs de fichiers (File Descriptors) 344
5.3 Les systèmes de fichiers sous Red Hat Enterprise Linux 347
5.3.1 ext4 347
5.3.2 XFS 347
5.3.3 GFS2 348
5.3.4 L'espace Swap 348
5.3.5 Connaître le type de système de fichiers d'une partition 349
5.4 Création du système de fichiers 349
5.4.1 Création d'un système de fichiers en ext4 350
5.4.2 Création d'un système de fichiers en XFS 352
6. Monter le système de fichiers 355
6.1 Informations préalables nécessaires au montage 356
6.1.1 Connaître le type de système de fichiers d'une partition 356
6.1.2 Connaître les UUID, GUID et label d'une partition . . . 359
6.2 Montage manuel 360
6.3 Montage automatique /etc/fstab 363
6.3.1 Commande mount et /etc/fstab 364
6.3.2 Les options de montage 364
6.3.3 Déplacer /home sur une autre partition 366
6.3.4 Utilisation des systèmes de fichiers 368
7. L'espace d'échange (Swap) 369
7.1 Visualiser l'espace Swap 370
7.2 Ajouter du Swap 371
7.3 Supprimer un Swap 374
8. Système de fichiers chiffré 374
8.1 Installation 374
8.2 Création d'un système de fichiers chiffré 375
9. L'arborescence du système de fichiers RHEL 378
9.1 Une arborescence conforme au FHS 378
9.2 Le répertoire /dev 378

9.3 Le répertoire /boot 379
9.4 Le répertoire /etc. 379
9.5 Les répertoires /lib et /lib64 379
9.6 Le répertoire /mnt et /media 380
9.7 Le répertoire /proc 380
9.8 Le répertoire /sbin. 380
9.9 Le répertoire /var 381
9.10 Le répertoire /home 381
9.11 Le répertoire /tmp. 381

Chapitre 6

Gestion des utilisateurs et des groupes

1. Utilisateurs et groupes 383
1.1 Utilisateurs, groupes et fichiers 383
1.1.1 Utilisateurs, groupes et rôles 383
1.1.2 Fichiers et permissions 384
1.2 Gestion des utilisateurs et des groupes 385
1.2.1 Ajout d'un utilisateur en ligne de commande 385
1.2.2 Modification des paramètres du compte utilisateur. . . 386
1.2.3 Ajout et modification : options avancées 387
1.2.4 Suppression d'un utilisateur en ligne de commande. . . 388
1.2.5 Gestion des utilisateurs et des groupes via l'interface graphique 388
1.2.6 La séquence en détail 388
1.2.7 Mot de passe 391
1.2.8 Temporisateurs du compte utilisateur 397
1.3 Personnalisation du compte utilisateur. 399
1.3.1 Fichiers de lancement 399
1.3.2 Variables d'environnement. 401
1.3.3 Alias de commandes 402

2. Droits sur les fichiers et répertoires 402
2.1 Présentation 402
2.2 Afficher les droits 403
2.3 Droits sur les fichiers 405
2.4 Droits sur les répertoires 405
2.5 Droits spéciaux 408
2.6 Modification des propriétaires et des droits sur les fichiers . . . 413
2.6.1 Modification de propriétaire 413
2.6.2 Modification de droits 415
2.6.3 Droits par défaut avec umask 419
3. Gestion avancée des disques et des utilisateurs 421
3.1 Quotas de disque par utilisateur ou groupe 421
3.1.1 Activation des quotas sur les systèmes de fichiers 421
3.1.2 Analyse du disque 422
3.1.3 Assignation de quotas 423
3.1.4 Délai de grâce 424
3.1.5 Activer les quotas 425
3.2 Droits pour plusieurs utilisateurs : les ACL 425
3.2.1 Principe des ACL 425
3.2.2 Modifier les ACL sur les fichiers 426
3.3 Attributs étendus 427
3.3.1 Modifier les attributs étendus 428
3.3.2 Lister les attributs étendus 429
4. Autres types d'authentification 429
4.1 PAM : modules d'authentification 429
4.1.1 Introduction 429
4.1.2 Fonctionnement 430
4.1.3 Configuration 431
4.2 NSS 433
4.2.1 Introduction 433
4.2.2 Configuration 434

5. Sécurité de l'administration : sudo 434
5.1 Présentation 434
5.2 Configuration de sudo 436
5.2.1 Utiliser sudo 438
5.2.2 Autre usage 440
5.2.3 Désactiver le compte root 441
5.3 SELinux 441
5.3.1 Contrôle du mode SELinux 443
5.3.2 Rétablissement du contexte de sécurité par défaut . . . 449

Chapitre 7
Réseau

1. Principes généraux 453
1.1 Hostname 454
1.2 Adresse IP et masque 455
1.3 Passerelle par défaut 456
1.4 Adresse des résolveurs DNS 456
1.5 IPv6 457
2. Outils de consultation et de diagnostic réseau 457
2.1 Hostname 457
2.2 État des interfaces réseau 458
2.2.1 Consultation avec ifconfig 458
2.2.2 Consultation avec ip address 459
2.3 Table de routage 460
2.3.1 Avec la commande route 460
2.3.2 Avec la commande ip route 461
2.4 Résolution de noms 462
2.4.1 Résolution locale avec /etc/hosts 462
2.4.2 Résolveurs DNS avec /etc/resolv.conf 463
2.5 Diagnostic 464

2.6 Configuration du réseau avec NetworkManager (RHEL 7). . . 465
2.6.1 Service NetworkManager. 466
2.6.2 L'outil en ligne de commande nmcli en bref 467
2.6.3 Fonctionnement détaillé de nmcli 468
2.6.4 Paramétrer le hostname 474
2.6.5 Paramétrer une interface 474
2.6.6 L'interface en mode texte nmtui 487
2.7 Configuration graphique 487
2.7.1 Les différents éléments 488
2.7.2 Utiliser le gestionnaire réseau. 489
2.8 Diagnostic et dépannage du réseau 490
2.8.1 Accessibilité d'une machine : ping 490
2.8.2 Chemin des paquets : traceroute 491
2.8.3 Ports ouverts sur la machine avec netstat 492
2.8.4 Ports ouverts sur la machine avec ss 495
2.8.5 Analyse de réseau : nmap 496
2.8.6 Analyse de protocoles : TCPdump et Wireshark 497
2.8.7 Forgeur de paquets : ncat et hping. 498
2.9 Création de routes statiques 499
2.10 Interface Teaming 501
2.11 Affectation de plusieurs adresses IP à une interface. 507
2.12 VLAN Tagging 802.1Q. 508
2.12.1 Configuration 510
2.12.2 Vérification 512
3. Configuration du pare-feu pour un serveur 513
3.1 Introduction 513
3.2 Configuration en ligne de commande avec firewall-cmd 514
3.2.1 Présentation de firewalld 514
3.2.2 Configuration en ligne de commande firewall-cmd . . . 518
3.3 Configuration du pare-feu avec iptables (RHEL 7) 528
3.3.1 Filtrage. 528
3.3.2 Configuration : ajout ou modification de règles. 529
3.3.3 Critères de base 529

3.3.4 Actions 530
3.3.5 Politique par défaut 530
3.3.6 Listage des règles 531
3.3.7 Sauvegarde des règles 531
3.3.8 Contrôle du service iptables 531
3.4 Configuration du pare-feu avec nftables (RHEL 8) 532
3.4.1 Présentation 532
3.4.2 Configuration 533
3.5 Autres mécanismes de sécurité : xinetd 538
4. Accès sécurisé au serveur 540
4.1 SSH pour l'administration à distance 540
4.1.1 Présentation 540
4.1.2 Utilisation simple 541
4.1.3 Prise en main graphique à distance 543
4.1.4 Connexion SSH simple avec PuTTY sous Windows 544
4.1.5 Prise en main à distance sous Windows 546
4.1.6 Authentification à clé publique 548
4.1.7 Authentification à clé publique avec PuTTY sous Windows 557
4.1.8 Authentification avec clé publique et agent 563
4.1.9 Lancement de commandes automatiques sur serveurs distants 564
4.1.10 Améliorer la sécurité du serveur SSH 568
4.1.11 Double-authentification (ou Authentification Multi-Facteurs) 571
4.1.12 Rapatrier des fichiers 577
4.1.13 Tunneling simple 579
4.2 Création de VPN avec RHEL 583
4.2.1 Introduction 583
4.2.2 VPN IPsec 587
4.2.3 VPN SSL avec OpenVPN 597
4.2.4 VPN avec authentification par certificats 606

Chapitre 8
Les scripts bash

1. Introduction 615
2. Préalable 616
   2.1 Transformer un fichier en script bash....................616
   2.2 Commentaires dans un script 619
   2.3 Déboguer un script....................619
3. Traitement de base....................620
   3.1 Variables 620
   3.2 Arguments du script....................622
   3.3 Script interactif....................624
   3.4 Appel d'un autre fichier dans le script....................625
   3.5 Une commande dans une commande ou dans un texte 627
   3.6 Échappement de caractères spéciaux....................628
4. Traitement avancé 631
   4.1 Tests et comparaisons 631
   4.2 Les instructions conditionnelles 635
   4.3 Boucles conditionnelles 640
   4.4 Fonctions....................643
   4.5 Sortie de script ou de commande 645
   4.6 Redirections 648
   4.7 Tubes et filtres 652
5. Outils....................655
   5.1 Sed : éditeur de données en flux 655
   5.2 Tableau de commandes utiles 659

Chapitre 9
Services de production courants

1. Introduction 661
2. Serveur web Apache 662
   2.1 Présentation 662
   2.2 Configuration 662
      2.2.1 Installation 662
      2.2.2 Fichiers et répertoires importants 664
      2.2.3 Nouveau site web avec VirtualHost 665
      2.2.4 Ajout d'un site web 669
      2.2.5 Site sécurisé en HTTPS 670
      2.2.6 Contrôle utilisateur avec .htaccess 679
3. Serveur web Nginx 685
   3.1 Présentation 685
   3.2 Servir un site web classique 686
      3.2.1 Fichiers et répertoires importants 686
      3.2.2 Configuration minimum 687
   3.3 Nginx en tant que Reverse Proxy 689
4. PHP et MySQL (MariaDB) 692
   4.1 Installation de PHP 693
   4.2 Installation de MariaDB 694
   4.3 phpMyAdmin 697
      4.3.1 Nouvelle configuration de phpMyAdmin 699
      4.3.2 Administration d'une base de données 701
5. Développement avec Python 702
   5.1 Présentation 702
   5.2 Installation 703
   5.3 Script shell avec Python 704
6. DNS 707
   6.1 Présentation de BIND et de DNS 707
   6.2 Configuration 711
      6.2.1 Installation 711

6.2.2 Fichiers et répertoires importants 711
6.2.3 Configuration d'une zone 712
6.2.4 Zone inverse 717
6.2.5 Vérification 718

7. FTP 721
7.1 Présentation 721
7.2 Configuration 722
7.2.1 Installation 722
7.2.2 Configuration pour utilisateurs anonymes 723
7.2.3 Configuration pour utilisateurs classiques 724
7.2.4 Configuration pour utilisateurs virtuels 724

8. NFS 726
8.1 Présentation 726
8.2 Configuration 727
8.2.1 Installation 727
8.2.2 Configuration 728
8.3 Accès à un partage NFS 729

9. DHCP 729
9.1 Présentation 729
9.2 Configuration 730
9.2.1 Installation 730
9.2.2 Fichier et répertoire importants 730
9.2.3 Configuration de démarrage 730
9.2.4 Configuration 731

10. Machines virtuelles et conteneurs 733
10.1 Virtualisation avec KVM/Qemu 733
10.1.1 Présentation 733
10.1.2 Installation de l'hyperviseur KVM 735
10.1.3 Virt-manager en mode graphique 736
10.2 Conteneurs avec Docker 744
10.2.1 Présentation et installation 744
10.2.2 Images Docker 747

10.2.3 Conteneurs 751
10.2.4 Images maison. 756
10.2.5 Registres et partage des images 764
10.2.6 Pérenniser le lancement des conteneurs avec docker-compose 769
10.3 Conteneurs natifs avec Podman et Buildah 776
10.3.1 Présentation. 776
10.3.2 Chargement d'images et lancement de conteneurs avec podman 777
10.3.3 Compatibilité de podman avec Docker 777
10.3.4 Construction d'images avec podman. 779
11. Concepts d'orchestration : Kubernetes/OpenShift 780

Chapitre 10
Maintenance du système en production

1. Analyse du système 783
1.1 Nécessité d'analyser son système 783
1.2 Le standard Syslog 784
1.2.1 Présentation et explication. 784
1.2.2 Configuration générale Syslog 786
1.2.3 Rsyslog 789
1.2.4 Journald 790
1.2.5 Vérification des logs et du fonctionnement 795
1.2.6 Bonnes pratiques. 797
1.3 Outils d'analyse système 798
1.4 Outils d'analyse des logs. 803
1.5 Outils de surveillance externes 803
1.5.1 Supervision proactive (métrologie) : Cacti 803
1.5.2 Supervision réactive : Nagios 804
1.5.3 Cacti ou Nagios ? 806

2. Programmation de tâches. 806
2.1 Présentation 806
2.2 Programmation périodique avec Cron 807
2.2.1 Présentation. 807
2.2.2 Configuration du service 807
2.2.3 Programmation de tâches. 808
2.3 Programmation périodique avec systemd. 811
2.4 Programmation périodique avec Anacron. 814
2.4.1 Présentation. 814
2.4.2 Configuration 814
2.5 Programmation ponctuelle de commandes. 816
2.5.1 En fonction d'une heure : at. 816
2.5.2 En fonction de la charge processeur : batch 817
3. Gestion du temps 817
3.1 Configuration manuelle du temps 817
3.2 Configuration du fuseau horaire 818
3.3 Installation de chrony 819
4. Gestion des processus. 820
4.1 Contrôle des jobs 820
4.2 Consoles multiples avec screen 827
4.3 Contrôle des processus. 828
5. Améliorer la sécurité et la fiabilité. 831
5.1 Plan de reprise d'activité. 831
5.2 Politiques d'archivage et de sauvegardes 832
5.3 Différents outils : tar, cpio, rsync 834
5.3.1 Utilisation de tar. 835
5.3.2 Utilisation de cpio. 836
5.3.3 Utilisation de rsync. 838
5.4 Solutions intégrées 839
5.4.1 Solutions libres 839
5.4.2 Solutions commerciales 839

5.5 Améliorer la sécurité. 840
5.5.1 Outils de sécurité 840
5.5.2 Politiques cryptographiques, ou crypto-policies (RHEL 8) 841
6. Administration graphique du système avec Cockpit 842
6.1 Présentation 842
6.2 Installation et première connexion 843
6.3 Administration avec Cockpit 847
6.4 Étendre les possibilités de Cockpit 849
6.5 Centraliser l'administration de plusieurs serveurs 850
7. Dépannage d'un système RHEL 853
7.1 Mode de secours 853
7.2 Mode mono-utilisateur 855
7.3 Écraser un mot de passe perdu. 856

Annexe
Aide-mémoire des principales commandes

1. Démarrage. 857
1.1 GRUB2 857
1.2 Noyau et modules. 858
1.3 Démarrage et services. 858
2. Installation de logiciels. 859
2.1 Abonnement 859
2.2 YUM/DNF (dépôts de paquets) 860
2.3 RPM (paquets indépendants) 862
2.4 Compilation à partir des sources 862
3. Partitions et systèmes de fichiers. 862
3.1 Partitionnement 862
3.2 Logical Volume Manager 863
3.3 Stratis 864
3.4 RAID logiciel. 865

3.5 Système de fichiers 866
3.6 Quotas 867

4. Utilisateurs et groupes 867
4.1 Utilisateurs 867
4.2 Fichiers des utilisateurs 868
4.3 Droits 869
4.4 File ACL 869
4.5 Attributs étendus 870
4.6 sudo 870
4.7 SELinux 870

5. Réseau 871
5.1 Vérification 871
5.2 Configuration 871
5.3 Diagnostic 872
5.4 Routes 873
5.4.1 Temporaire 873
5.4.2 Permanent 873
5.5 Pare-feu 873
5.6 SSH 874

6. Shell Bash 875

7. Scripting Bash 878
7.1 sed (éditeur de données en flux) 884
7.2 Regular Expression (expressions rationnelles) 885
7.3 Autres commandes 887

Index 889

Chapitre 1
Présentation de Red Hat

1. Red Hat : l'entreprise

« Fondée en 1993, Red Hat est le leader en Linux pour l'entreprise, et la marque la plus reconnue dans le monde de l'open source. »

C'est par ces mots que se présente la société Red Hat.

En effet, basant son activité sur un produit disponible gratuitement, Red Hat est pourtant cotée au NYSE (*NewYork Stock Exchange*), à côté d'entreprises prestigieuses.

Des questions se posent donc :

- Qu'est-ce qui a construit ce destin considéré par beaucoup comme fabuleux ?
- Pourquoi peut-on dire que Red Hat est leader dans le Linux d'entreprise ?
- Et pourquoi est-ce un acteur inévitable du monde de l'open source ?

2. Historique

Pour beaucoup d'entreprises cotées, à l'origine se trouve une idée simple transformée en succès par une politique commerciale ingénieuse et un certain degré de chance. C'est effectivement le mélange de ces ingrédients qui a fait le succès de Red Hat.

L'idée, c'est celle de Marc Ewing, élève ingénieur, déambulant dans les couloirs de l'université de Carnegie Mellon à Pittsburgh affublé d'un chapeau rouge de type Fedora. En 1994, il crée sa première distribution Linux, qu'il appelle justement... Red Hat Linux (*Linux Chapeau Rouge*).

La politique commerciale, quant à elle, vient de Bob Young, un entrepreneur qui a compris tout le potentiel des logiciels open source lors d'une présentation en 1991. Il crée alors son entreprise, AAC corporation, spécialisée dans la vente de produits autour de Linux et UNIX.

En 1995, il rachète l'entreprise de Marc Ewing. La fusion avec sa propre compagnie s'appellera Red Hat Software.

S'ensuivront ensuite des opérations marquantes qui feront la renommée de Red Hat : rachats d'entreprises, actions en justice, etc. Mais comment cette société fait-elle son retour sur investissement ?

Le modèle économique de Red Hat : la souscription

Chez Red Hat, on a vite compris que l'open source en lui-même rapporterait peu d'argent. Même si la vente en boîte d'une distribution Linux fiable rapporte quelques deniers, il faut trouver une source de revenus autre part.

La solution, c'est la souscription, ou abonnement.

En effet, dans un monde où les entreprises un peu frileuses hésitent à acheter de l'open source, il faut rassurer les responsables de DSI (*Direction des Services Informatiques*). Une communauté de développeurs et d'utilisateurs, c'est bien peu pour offrir un réel support ou pour pointer un responsable en cas de problème. Red Hat a compris que cela est un obstacle au développement du logiciel libre.

Il y a donc nécessité d'offrir un produit fiable, testé et certifié, un produit en lequel les acheteurs puissent avoir confiance, derrière lequel se trouve une équipe pouvant vous épauler. Red Hat effectue ce travail, et vous propose de vous abonner à ses services. Nous reparlerons plus en détails de la souscription.

Autre clé du succès : Internet

Mais un autre élément important a contribué au succès de l'entreprise, de l'aveu même de Bob Young. S'exprimant dans une vidéo, ce spécialiste des affaires explique comment Internet a un effet sur l'économie :

« Avant l'arrivée d'Internet, quand une personne s'adressait à plusieurs autres, il lui suffisait de prétendre que son produit était le meilleur.

Maintenant, tout le monde peut parler à tout le monde, et il ne suffit pas de prétendre. Il faut que le produit soit réellement le meilleur. »

Il faut que le produit soit réellement le meilleur.

Et c'est l'Internet qui le fait savoir. Face aux grands de l'industrie de l'époque, Marc Ewing et Bob Young, avec leur petite entreprise de 25 personnes, disposaient en fait de la plus grande équipe d'ingénierie de la planète, les collaborateurs du monde de l'open source.

Remarque

Red Hat tient vraiment à l'espace entre les deux mots composant son nom : Red Hat et non RedHat !

Red Hat s'est fait un nom parmi les entreprises qui demandent un haut niveau d'exigence, grâce à ses services et à la qualité de ses produits.

Depuis, cette entreprise a su diversifier ses activités, en anticipant les tendances, en étant un acteur dynamique et assumé de l'open source, en coopérant avec la communauté des développeurs ; bref, en n'hésitant pas à sortir de sa zone de confort. C'est ainsi que Red Hat a développé très tôt des produits pour la virtualisation, l'orchestration de conteneurs et le big data.

Ainsi repérable, Red Hat a été acquise par le géant IBM fin 2018.

Remarque

Red Hat fait également la promotion de l'open source et de Linux par les médias, par exemple avec l'excellente émission (en anglais) Command Line Heroes, qui raconte l'histoire moderne des systèmes d'information en donnant la parole à ses acteurs principaux.

3. Un mot sur la souscription

Nous l'avons dit, l'idée qui a fait le succès de Red Hat, c'est la souscription (*subscription*). Probablement parce que ce principe permet de rassurer les responsables de DSI.

C'est effectivement grâce à la souscription que beaucoup d'entreprises optent pour le système d'exploitation de Red Hat. Les raisons en sont les suivantes :

- La compagnie Red Hat est à l'écoute de ses clients, qu'elle considère comme ses partenaires. L'intégration de desiderata, d'améliorations et d'idées se fait facilement dans le monde de l'open source ; le client est acteur – réel – des changements.
- Le client peut ainsi facilement, et à moindre coût intégrer de nouvelles fonctionnalités à son existant, maximisant le retour sur investissement des solutions qu'il possède. L'achat et la migration vers de nouveaux produits sont ainsi relativement limités.
- Le système Red Hat est certifié pour des solutions logicielles tierces et des plates-formes matérielles, permettant à l'exploitant d'être serein. Ainsi, le client est sûr que son système fonctionnera sans surprise.
- Les versions du système d'exploitation de Red Hat étant supportées pendant 10 ans, le client est à l'abri de l'agitation particulière au monde de l'informatique. Aujourd'hui, certains serveurs d'entreprise tournent encore sur du Red Hat Linux 7.2 (2001).
- Red Hat fournit des logiciels testés sans failles de sécurité et sans bugs. Vous êtes alerté si votre système est concerné par d'éventuelles mises à jour, dont vous pouvez facilement programmer l'installation, même sur un grand nombre de machines.
- Le client peut bénéficier d'un support technique 24h/24, 7j/7, qui ne se limite pas à la résolution d'incidents, mais qui peut intervenir plus en amont, par exemple au moment de la définition de l'architecture.

Ainsi, **la souscription est différente de la licence**. En effet, la licence vous donne le droit d'utiliser un logiciel, mais ce type de contrat n'est pas adapté au monde de l'open source où les logiciels sont libres d'utilisation (sous certaines conditions).

La souscription vous fournit "gratuitement" un système d'exploitation. Le logiciel continuera de fonctionner une fois la licence expirée, mais vous devez payer pour avoir accès au support, aux mises à jour logicielles et à la gestion de votre machine dans le Portail Client.

Remarque

Vous obtenez une souscription à l'achat du système d'exploitation Red Hat.

Vous trouverez ci-dessous un tableau des niveaux de souscription disponibles pour la version Server de Red Hat Enterprise Linux, ainsi qu'un ordre d'idée des prix.

Tarifs des souscriptions pour Red Hat Enterprise Linux Server		
Niveau de souscription	**Système supporté**	**Prix indicatif**
Automaintenance (1 an)	Workstation	$179
	Server	$349
Standard (1 an)	Workstation	$299
	Server 2 sockets	$799
	Server Datacenters	$2499
Premium (1 an)	Server 2 sockets	$1299
	Server Datacenters	$3999

Les niveaux de souscription sont les suivants :

- Souscription en automaintenance :
  - Support technique seulement par le Web (base de connaissance Red Hat et forums)
  - Red Hat Network
- Souscription standard :
  - Support technique par le web et par téléphone
  - En horaires de bureau
  - Nombre d'incidents illimité

- Souscription premium :
  - Support technique par le web et par téléphone
  - 24h/24, 7j/7 pour incidents critiques
  - En horaires de bureau pour autres types d'incidents
  - Nombre d'incidents illimité

Remarque

Vous gérez et profitez de votre souscription dans le Portail Client (voir Les sites web Red Hat dans le même chapitre).

4. Red Hat : le système d'exploitation

4.1 Historique des versions

Nous l'avons vu, en 1994 sont sorties les deux premières versions du système d'exploitation de Red Hat. Précisément, en octobre sortait une version bêta, la version 0.9 également appelée Halloween. Peu après, le jour de la fête des Mères (Mai **1995**) sortait la première version stable du système, appelé **Red Hat Linux 1**, dont le nom de code était Mother's Day.

Jusqu'en **1999** se sont ainsi succédé les versions de **Red Hat Linux jusqu'à la version 6**. Ces versions étaient utilisées autant pour le développement que pour l'entreprise. Elles étaient dédiées autant au particulier qu'au professionnel, et ne bénéficiaient donc pas encore totalement de la fiabilité requise pour le monde de l'entreprise.

Remarque

Notons au passage la version 2.0, la première à intégrer le système de paquets RPM conçu par Red Hat (voir le chapitre Installation de logiciels).

Une distribution pour les entreprises

À la version 6.2 en 2000, Red Hat, conscient de la dualité des attentes entre le particulier et le professionnel, a vu la nécessité de séparer l'OS en deux versions : une version projet, en développement constant, non garantie, et une version stable avec support à long terme (LTS, *Long-Term Support*), dédiée aux entreprises. On a ainsi obtenu la version 6 et la version 6.2E (*Enterprise*).

Remarque

Les entreprises ne se contentent pas d'un indice. À partir de 7.2, la version Enterprise a eu son nom dédié : Red Hat Enterprise. Pour marquer le coup, on a trouvé judicieux de reprendre une nouvelle numérotation. Ainsi, Red Hat Linux 7.2E devient Red Hat Enterprise Linux 2.1.

Ainsi se sont développées en parallèle les deux versions, jusqu'en 2003, avec Red Hat Linux 9 servant de base de développement à Red Hat Enterprise Linux 3.

Jusque-là, le développement du système d'exploitation s'effectuait en interne, avec le seul retour des utilisateurs. Red Hat Linux était vendu à l'utilisateur, et Red Hat Enterprise Linux aux entreprises.

L'arrivée du projet Fedora

Cependant, en 2003, Red Hat décide de se concentrer sur le monde de l'entreprise et délègue le développement de son système d'exploitation au projet Fedora, composé à seulement 25 % de l'équipe de Red Hat. L'arrangement est intelligent : la société met gratuitement à disposition la distribution Fedora, qui en retour bénéficie du développement de la communauté open source, chapeautée par ses équipes, et qui servira de socle à son système d'exploitation entreprise.

Ainsi, jusqu'à maintenant se succèdent les versions de Fedora Linux, donnant naissance à Red Hat Enterprise Linux.

La dernière version du système d'exploitation de Red Hat est la 8, basée sur Fedora 28.

Remarque

Comme il est de coutume dans le monde des distributions Linux, Red Hat donne des noms de code aux versions de son système, inspirés de séries télévisées comme Battlestar Galactica ou South Park, ou encore de bières, de peintres, etc. La dernière mouture de Red Hat Enterprise Linux, la version 6, s'appelle Santiago.

Évolution des numéros de versions		
Années	**Version de développement/ domestique**	**Version stable Enterprise**
1994 à 1999	Red Hat Linux 0.9 à 6	
2000	Red Hat Linux 6.2	Red Hat Linux 6.2E
2000 à 2003	Red Hat Linux 7.2 à 9	Red Hat Enterprise Linux 2.1 à 3
2003 à 2015	Fedora 3 à 20	Red Hat Enterprise Linux 4 à 7.1

Quelle est la différence entre Fedora et Red Hat Enterprise Linux ?

Selon le site web fedoraprojet.org, *« les deux sont open source ».*

Fedora est une distribution libre et communautaire, source de Red Hat Enterprise Linux. Fedora est un système d'exploitation généraliste qui donne à Red Hat et au reste de la communauté des contributeurs la chance d'innover rapidement avec les nouvelles technologies.

Red Hat Enterprise Linux est un système d'exploitation commercial destiné aux entreprises, subissant des phases de tests, avec des versions alpha et bêta, séparées et distinctes du développement de Fedora. »

Remarque

Encore une fois, Red Hat est particulièrement sensible au détail. Le nom de sa distribution doit s'écrire en toutes lettres, et non pas sous forme abrégée. Cependant, on trouve l'acronyme RHEL à beaucoup d'endroits sur le site web de l'entreprise, et la plupart des professionnels l'utilisent.

Notons que CentOS (que nous développons plus bas) fait maintenant également partie du giron de Red Hat.

4.2 Particularités de Red Hat

Red Hat Enterprise Linux est une distribution Linux, c'est-à-dire un système d'exploitation basé sur Linux et les outils open source, adaptés par Red Hat à l'utilisation en entreprise.

Elle contient :

- Un noyau Linux : Il s'agit du noyau standard compilé par Red Hat. Red Hat ne suit pas les dernières mises à jour du noyau ; en effet le noyau est vérifié et certifié par Red Hat. C'est pourquoi il n'est pas recommandé de compiler son propre noyau.
- Des outils d'administration et des services standard : bien souvent des outils GNU/GPL, là encore vérifiés et certifiés par Red Hat.
- Des outils d'administration créés par Red Hat.
- Les outils de gestion de paquet RPM/Yum créés par Red Hat.
- Le bureau GNOME vous fournissant un environnement graphique.

Le système d'exploitation Red Hat Enterprise Linux est basé sur la distribution libre et communautaire Fedora, adaptée aux besoins de l'entreprise, certifiée au niveau logiciel et matériel.

4.3 Les différentes versions existantes

Red Hat a largement simplifié le nombre et le nom des versions de son système d'exploitation. Il existe aujourd'hui deux grandes versions, avec parfois des options.

4.3.1 Red Hat Enterprise Workstation

C'est une version de RHEL dédiée à l'utilisation de bureau (*desktop*) en entreprise. La **version de base** possède un environnement graphique convivial et productif, et contient les logiciels nécessaires tels que :

- OpenOffice, une suite bureautique complète.
- Des outils Internet : navigateur web Firefox, Evolution ou Thunderbird pour le courrier.

– D'autres outils bureautiques, comme Gimp pour l'édition d'image.

RHEL Desktop s'adapte au monde de l'entreprise en fournissant un environnement sécurisé, comme le VPN, le cryptage de données et le pare-feu système.

De plus, ce système est gérable dans le Red Hat Network dont nous parlons plus loin, pour une administration simplifiée de vos postes de travail.

4.3.2 Red Hat Enterprise Linux pour serveurs

La version serveur de Red Hat Linux Enterprise a la même base logicielle que la version bureau, mais dispose de développements adaptés à l'utilisation serveur :

- La souscription et le support orientés pour le serveur.
- Support des machines virtuelles.
- Disponible pour plusieurs plates-formes matérielles puissantes.
- *Long Term Support* (assistance longue durée (7 ans)).
- Add-ons (*modules*) payants :
  - Haute disponibilité (*High Availability*) : garantit des services à 99,99 %.
  - Stockage résilient (*Resilient Storage*) : stockage partagé et distribué sur plusieurs serveurs.
  - Partage de charge (*Load balancer*) : plusieurs serveurs se partagent la charge d'un même service.
  - Scalabilité des systèmes de fichiers : taille des supports de stockage jusqu'à 16 téraoctets.
  - Réseau haute performance.

En termes de licence, la version *RHEL for Virtual Centers* (pour centres de données) est habituellement tarifée pour un nombre de déploiements important, voire illimité, sur la base d'un forfait.

Dans cet ouvrage, nous développons la version de base de Red Hat Enterprise Linux pour serveurs.

Remarque

Plus de détails : http://www.fr.redhat.com/rhel/server/details/

4.3.3 Versions courantes

La version 8 du système d'exploitation est sortie en mai 2019. Cette dernière version majeure apporte son lot de nouveautés, en remplaçant des composants de base de la distribution. Elle bénéficie également des dernières fonctionnalités en matière de sécurité et de performance.

Red Hat Enterprise Linux 7

RHEL 7, qui est basé sur les versions 18 à 20 de Fedora, fait apparaître les nouveautés suivantes :

- Passage à GNOME 3 en environnement de bureau pour les versions Workstation.
- Passage de ext4 à XFS en tant que système de fichiers par défaut.
- Démarrage du système avec `systemd` au lieu de SysInit/Upstart.
- Utilisation de `journald` en complément (et un jour remplacement) de `syslog/rsyslog`.
- Meilleure gestion de la virtualisation.
- Utilisation des *dockers*, ou conteneurs, un dérivé du principe de la machine virtuelle.
- Compatibilité avec l'environnement Microsoft Active Directory.
- Intégration de OpenLMI (*Open Linux Management Infrastructure*, infrastructure ouverte de gestion Linux), présentant une interface unifiée pour la gestion à distance des serveurs Linux.

La plupart des mises à jour sont expliquées dans cet ouvrage.

Remarque

Vous trouverez un résumé des caractéristiques de chaque version à la page suivante :
http://www.redhat.com/products/enterprise-linux/server/versions.html

Red Hat Enterprise Linux 8

Ce dernier-né de la famille RHEL 8 renforce la base de RHEL développée sur `systemd` et conçue pour la virtualisation et la conteneurisation. Installée sur cette base solide, cette version pérennise l'utilisation en environnement de production, en facilitant encore plus une gestion unifiée, une sécurité rationalisée et des services optimisés :

- Utilisation en standard des *conteneurs natifs* à la place de Docker pour l'optimisation des ressources et la fiabilité.
- Déploiement de Stratis, une interface de gestion du stockage unifiée permettant de monter des systèmes de fichiers en quelques commandes.
- Mise en conformité avec les normes de sécurité grâce aux *crypto-policies*.
- Meilleure intégration dans les outils de gestion avec la notion de *rôle* du serveur (production, développement, etc.).
- Administration système facilitée avec l'outil Cockpit, basé sur le Web au lieu de l'interface graphique qui est plutôt adaptée à un environnement *Workstation*.
- Installation sereine de versions logicielles avec *Application Streams*.

CentOS : l'enfant illégitime de Red Hat ?

Impossible de parler de Red Hat Enterprise Linux sans parler de CentOS. CentOS est une distribution Linux miroir de la distribution Linux de Red Hat.

En effet, Red Hat Enterprise Linux étant un projet open source, 99 % des logiciels le constituant sont libres ; conformément aux dispositions contractuelles, leurs sources doivent donc obligatoirement être rendues publiques et peuvent être réutilisées. CentOS recompile ces sources en y ajoutant sa griffe.

Vous avez donc un système identique à Red Hat Enterprise Linux, complètement compatible, mais totalement gratuit.

Remarque

Sans doute pour des raisons de copyright, aucune mention directe à Red Hat n'est faite, ni sur le site de CentOS, ni dans la distribution. On y parle simplement d'un « vendeur nord-américain de distributions Linux ».

Comme CentOS suit de près les développements de Red Hat, les mises à jour de CentOS ne tardent pas après la sortie d'une nouvelle version de Red Hat Enterprise Linux. La version 6 de CentOS correspond donc très exactement à la version 6 de Red Hat.

En janvier 2014 cependant, Red Hat a décidé de sponsoriser le projet CentOS, principalement en embauchant la plupart des développeurs de ce système alternatif, apportant ainsi un soutien financier non négligeable.

Cette association apporte un avantage aux deux parties : pour Red Hat, CentOS est une excellente plateforme de promotion de RHEL ; la migration des potentiels clients se trouve maintenant facilitée. Pour CentOS, c'est une infrastructure de développement permettant d'intégrer plus rapidement les nouveautés de RHEL et une meilleure compatibilité.

Ainsi, l'ensemble de cet ouvrage s'adresse également à CentOS. C'est pourquoi n'hésitez pas à télécharger CentOS et à comparer avec une version d'essai de RHEL. CentOS est accessible à l'adresse http://www.centos.org.

5. Les sites web Red Hat

5.1 redhat.com : le site principal

C'est le point de départ de votre aventure Red Hat. redhat.com est le portail général de l'entreprise.

Remarque

Le site redhat.com passe automatiquement en français, mais il n'est pas rare d'être redirigé vers des parties en anglais.

En page principale, on trouve d'abord l'actualité de l'entreprise, vivante et régulièrement mise à jour, mettant en avant les valeurs et réussites de Red Hat, à l'américaine.

On vous y présente ensuite l'ensemble des services et produits proposés par Red Hat, principalement le système Red Hat Enterprise Linux que nous allons développer dans ce livre, ainsi que JBoss, un serveur d'applications reposant sur Java.

De plus, Red Hat fournit des solutions complètes adaptées à l'entreprise, comme par exemple le Cloud Computing (l'informatique dans les nuages) et la virtualisation, sujets parmi les plus en vogue. La formation et la certification sont également à l'honneur.

Ce site est aussi un tremplin vers d'autres sites en lien avec Red Hat :

- Le **Red Hat Store** (Magasin Red Hat) : ce n'est pas de la vente de T-Shirts, mais plutôt la possibilité d'acheter des souscriptions aux différentes solutions Red Hat et produits associés.
- Le **Customer Portal** (Portail Client), c'est-à-dire l'assistance technique ou support, qui est partie intégrante de la souscription. Il y a plusieurs niveaux de supports, en fonction du type de souscription que vous avez choisi. Ce site contient aussi de la documentation technique et le téléchargement. Le Portail Client inclut maintenant l'interface Web d'administration de vos serveurs (anciennement *Red Hat Network*).
- La **Bibliothèque de ressources** (menu **Ressources**), contenant des centaines de manuels techniques, livres blancs et études de cas sur les produits Red Hat. Il est vivement conseillé de s'appuyer sur cette bibliothèque.

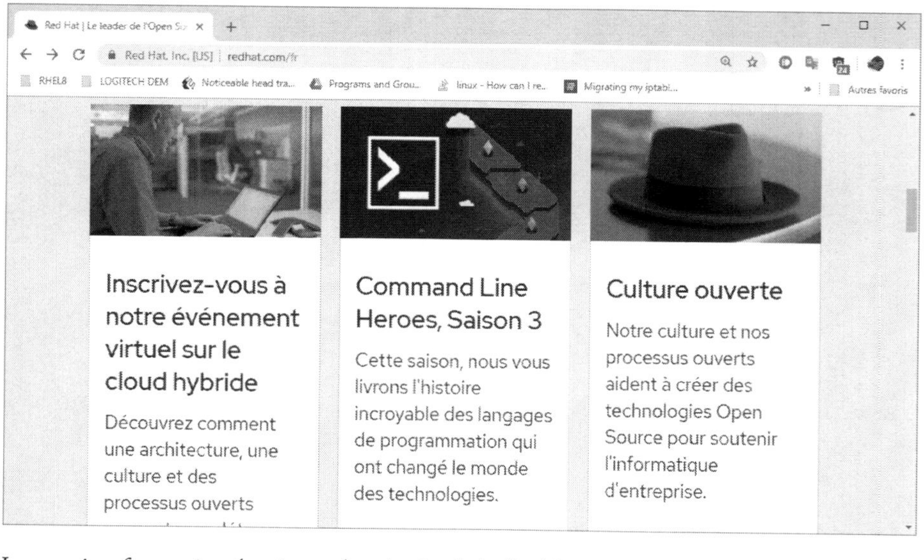

La version française du site web principal de Red Hat

5.2 Red Hat Store

Le Red Hat Store est accessible seulement en anglais à partir du site web principal de Red Hat (cliquez sur **Achat en ligne**) ou directement ici :
https://www.redhat.com/en/store

Sur cette partie du site de Red Hat, il est possible d'acheter les solutions Serveur et Station de travail proposées par Red Hat.

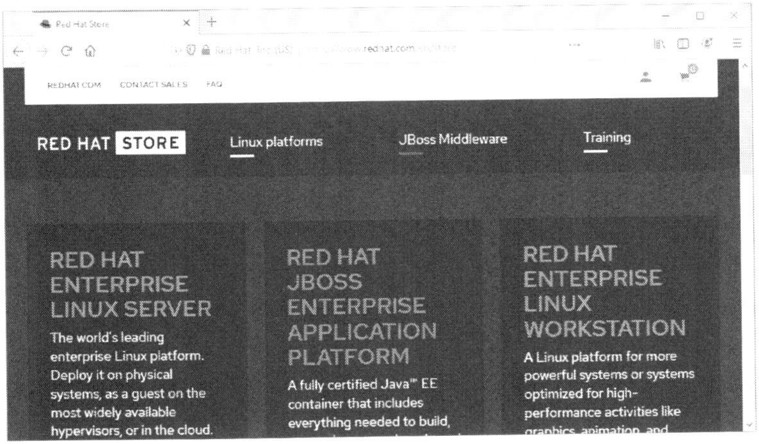

Il est possible d'accéder au catalogue en cliquant sur **See all products** en bas de page.

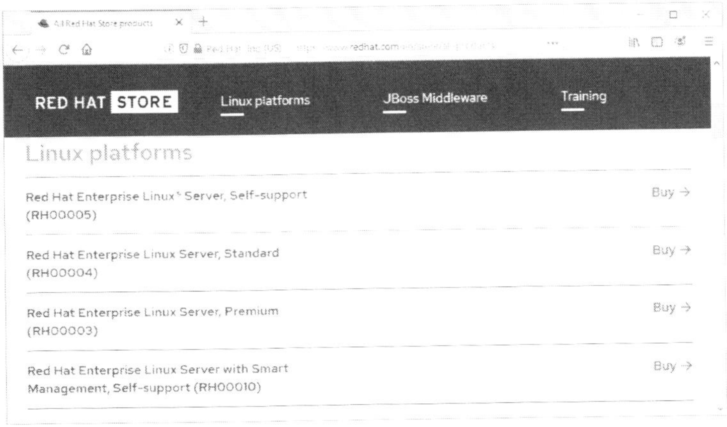

5.3 Portail Client (Customer Portal) : assistance technique, téléchargement et gestion des serveurs

Le Portail Client est accessible à l'adresse : https://access.redhat.com/.

Le Portail Client vous permet de gérer la vie administrative et technique de votre souscription après achat.

En résumé, avec le Portail Client, vous pouvez :

- télécharger les logiciels (gratuits ou payants) ;
- gérer votre souscription ;
- profiter d'une base de connaissances étendue ;
- ouvrir et gérer le ticket d'assistance technique ;
- connaître les mises à jour logicielles qu'il faut pousser sur vos serveurs ;
- accéder à l'ancien RHN pour les installations souscrites avant la transition.

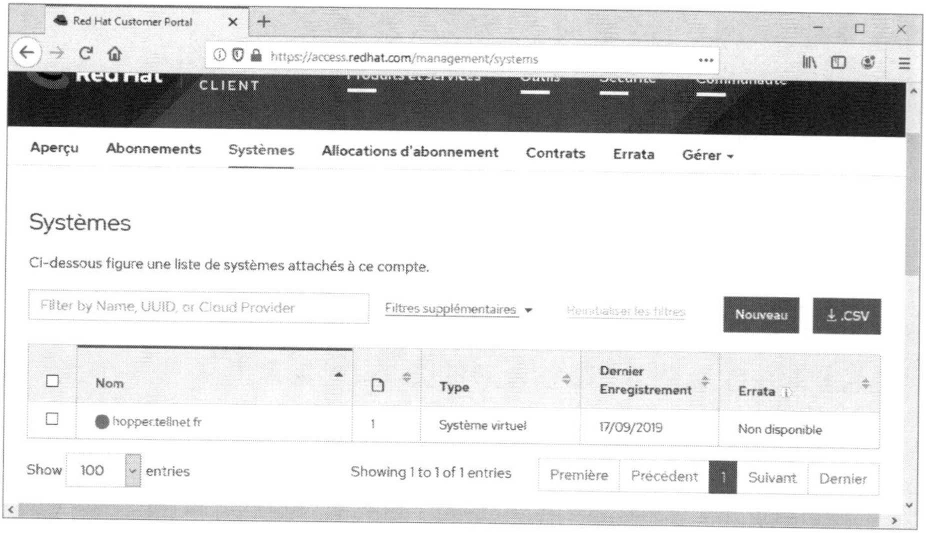

5.4 CentOS

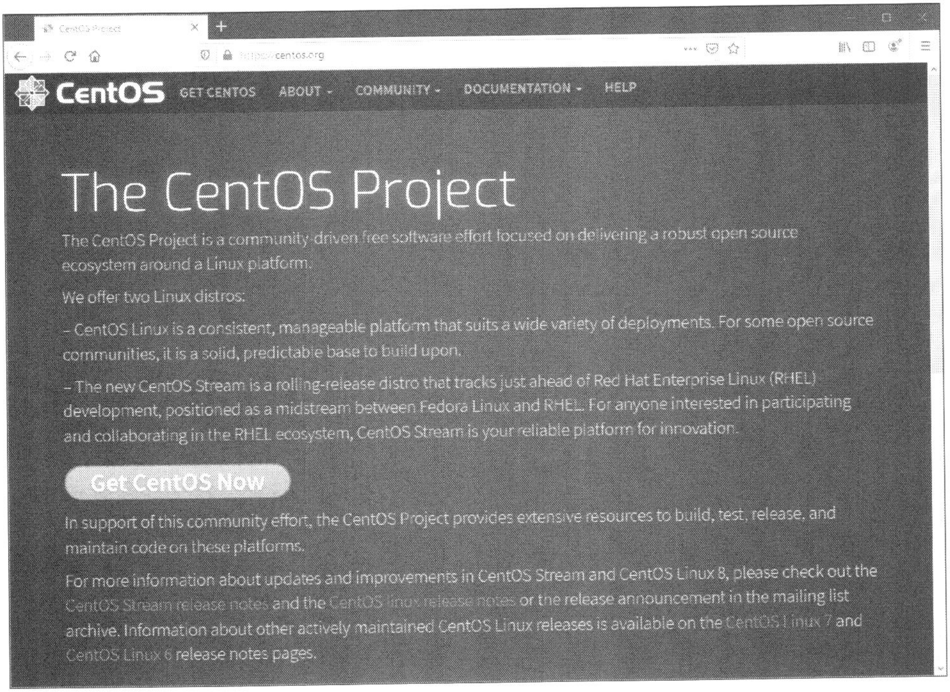

Le site officiel de CentOS (www.centos.org) présente entre autres les catégories suivantes :

- **GET CENTOS** : pour télécharger les ISO d'installation de CentOS.
- **COMMUNITY** : liens vers la communauté CentOS pour vous soutenir dans votre administration. Les forums et IRC vous permettent de poser une question, et les mailing lists (listes de courrier) d'être au courant des actualités.
- **DOCUMENTATION** : liens vers le wiki CentOS, contenant des dizaines de tutoriels bien pratiques.

Il y a cependant une différence majeure avec le site Red Hat : le support technique, ainsi que les souscriptions pour les mises à jour sécurisées sont évidemment inexistantes. Pour en profiter, il faudra passer à Red Hat.

5.5 Autres sites relatifs à Red Hat

5.5.1 La formation et la certification

Dans sa dynamique de services orientés autour de Linux, Red Hat a été l'une des premières entreprises à comprendre l'importance de rentrer dans le jeu de la certification et d'élever Linux au rang de solution professionnelle en validant et certifiant les capacités techniques demandées par les entreprises.

Les informations sur la certification sont accessibles à partir du site web français de Red Hat à l'onglet **Formation**, ou directement à l'adresse :
http://www.fr.redhat.com/training/certification/

5.5.2 La communauté

La communauté est accessible à l'adresse :
http://www.fr.redhat.com/community/

La communauté joue un rôle important dans la vie de Red Hat. Nous l'avons déjà dit, c'est l'ensemble des contributeurs anonymes à Linux et aux autres projets open source qui ont fait la différence dans le succès de Red Hat Enterprise Linux, et la société Red Hat ne l'oublie pas.

Sur cette partie du site, vous pourrez retrouver l'ensemble de cette communauté sur Twitter, Facebook et autres sites sociaux, mais encore les sites web des projets Fedora et JBoss.

5.5.3 Documentation en ligne

Red Hat met à disposition une documentation technique très fournie sur son site à l'adresse suivante : https://access.redhat.com/site/knowledgebase

Nous vous recommandons de télécharger et parcourir les différents documents pour votre version du système. Cette documentation est très bien faite, pédagogique et spécialisée par sujet.

6. En pratique, commencer avec Red Hat

6.1 Les différents éléments administratifs

Il peut être difficile de comprendre la différence entre :

- un numéro de souscription (*subscription number*) ;
- un numéro d'installation (*installation number*) ;
- un numéro d'enregistrement (*registration number*) ;
- un identifiant Red Hat (*Red Hat Login*).

Ou encore, qu'est-ce qu'un numéro de compte (*account number*) ? Un numéro de contrat (*contract number*) ?

6.1.1 Red Hat Login et Account number

Ces deux éléments servent à la même chose : identifier une personne ou un groupe de personnes qui seront contacts et responsables d'un ou plusieurs contrats.

Le **Red Hat Login est choisi par vous**. À la section Étape 1 : Création d'un login Red Hat, vous aurez plus d'éléments.

L'account number est choisi par Red Hat, c'est un numéro à 7 chiffres associé à votre Red Hat Login.

6.1.2 Subscription number, Installation number, Registration number

Signalons d'emblée que **ces trois éléments sont identiques**. Vous trouverez indifféremment les termes Subscription number, Installation number, ou Registration number pour identifier une installation de RHEL sur une de vos machines.

À quoi sert le subscription number ?

C'est un numéro de 16 caractères de long généré pour chaque type de produit commandé au même moment, quelle que soit la quantité.

Ce numéro est unique par contrat, et non par système. En effet, plusieurs systèmes peuvent être installés avec le même numéro.

6.1.3 Login Red Hat, numéro de contrat et numéro d'installation

Au final, quelle est la relation entre tous ces éléments ?

Imaginons que vous soyez déjà acheteur de produits Red Hat. Grâce à votre login Red Hat, vous pouvez voir les contrats, ou abonnements que vous possédez déjà.

Vous désirez maintenant acheter un ensemble de produits Red Hat, disons 5 systèmes RHEL Server et 2 systèmes RHEL Desktop en souscription standard.

Identifié avec votre login Red Hat, vous effectuez votre commande, qui se voit attribuer un numéro de contrat (ou numéro de commande) pour l'ensemble des éléments que vous avez achetés : 2041896

Pour chaque type de produit commandé, un numéro d'installation est généré.

Pour les deux RHEL Desktop : 198458586757

Pour les cinq RHEL Server : 75393867870

Ce numéro d'installation est un « profil d'installation», qui identifie un ensemble de souscriptions, ou d'installations disponibles, pour un type de produit.

Lorsque vous installez un des cinq RHEL Server sur une machine, vous entrez votre login Red Hat et le mot de passe associé. L'assistant d'installation se connecte alors au Portail Client et vérifie s'il reste des souscriptions disponibles pour ce type de produit. Si c'est le cas, il enregistre la machine auprès du Red Hat Network sous le numéro de souscription correspondant. Votre machine peut désormais accéder à l'installation de toutes les fonctionnalités associées à votre souscription.

Il reste alors 4 installations possibles pour le produit RHEL Server.

Si vous ne fournissez pas votre login Red Hat pendant l'installation, ou s'il ne reste pas de souscriptions disponibles, la base du système sera installée, mais tous les paquets relatifs à la souscription ne seront pas installés.

6.2 Étapes jusqu'à l'obtention du système

6.2.1 Résumé des étapes

Vous voulez maintenant obtenir un système RHEL et sa souscription. Les différentes étapes sont les suivantes :

1. Création d'un login Red Hat (identifiant Red Hat) : au préalable ou à l'achat d'une souscription.

2. Achat du système RHEL et de sa souscription : obtention d'un numéro de souscription.

3. Téléchargement de RHEL.

4. Installation de RHEL sur votre serveur : utilisation du numéro de souscription.

5. Utilisation du Portail Client : utilisation du numéro de souscription.

Les étapes 3 à 5, qui sont plus d'ordre technique, seront couvertes dans le chapitre suivant.

6.2.2 Étape 1 : Création d'un login Red Hat

À quoi sert un login Red Hat ?

Un compte Red Hat vous permet :

– De faciliter vos achats sur le Red Hat Store.
– D'accéder à certains documents techniques et commerciaux.

Le compte est également nécessaire pour :

– Accéder aux fonctionnalités du Portail Client (accès aux mises à jour, avertissements, etc.).
– Accéder au support technique et à la base de connaissance Red Hat.

Le login Red Hat est l'identifiant général de votre entreprise, et servira à administrer les différents systèmes que vous allez acheter.

Comment créer un login Red Hat ?

Allez sur le Portail Client Red Hat (https://access.redhat.com) et cliquez sur **Enregistrer**.

C'est ici que vous définirez votre compte, en entrant les différentes informations nécessaires : login, adresse e-mail, mot de passe, coordonnées.

- Créez un **compte personnel** si vous administrez un serveur en votre nom propre.
- Si vous représentez une entreprise, et que ce compte doit être partagé entre plusieurs personnes (les administrateurs réseau et système par exemple), créez un **compte d'entreprise** (**Corporate login**).

Remarque

Nous vous suggérons d'utiliser un login et une adresse e-mail généraux, qui ne sont pas rattachés à une personne physique, mais plutôt à une fonction (responsable du service informatique).

Une fois le compte créé, il faut le valider en cliquant sur le lien fourni dans un e-mail que vous recevez peu après.

Une fois authentifié, vous pouvez accéder aux détails de votre compte sur le Portail Client Red Hat en cliquant sur votre nom (en haut à droite), puis **Paramètres du compte** (**Account settings**).

6.2.3 Étape 2 : Achat de RHEL et de la souscription

Pour acheter le système RHEL, allez sur le Red Hat Store accessible à partir du site web principal :

- Cliquez sur **Products**.
- Dans le menu qui se déroule, cliquez sur **Platforms/Red Hat Enterprise Linux**.
- Sur la nouvelle page qui apparaît, cliquez sur **Buy it**, puis **Online**.
- Vous pouvez alors choisir la version de RHEL qui vous intéresse : Server, Datacenters ou Workstation (il existe d'autres versions).

▶ Allez jusqu'au **Checkout** pour procéder au paiement en trois étapes.

Remarque

Testez avant d'acheter : vous pouvez bénéficier d'une période d'essai de 1 mois*. Pendant cette période d'essai, vous avez droit aux mêmes services que pour une version achetée, support excepté : mises à jour et enregistrement auprès du Portail Client. Après vous être authentifié, allez sur le Portail Client https://access.redhat.com, rubrique* ***Téléchargement****, et cliquez sur* ***Start Evaluation****.*

Si vous avez un login Red Hat, entrez-le à ce moment-là. Sinon, créez un nouveau compte.

Une fois que vous êtes identifié, et que vous avez procédé au paiement, votre souscription est active. Vous recevez un e-mail de Red Hat vous indiquant la marche à suivre pour en profiter : téléchargement du système, accès au Portail Client, etc.

Remarque

Depuis l'abandon du RHN au profit du Portail Client, l'enregistrement lors de l'installation ne se fait plus avec un numéro de souscription, mais directement avec vos identifiants Red Hat.

6.2.4 Étape 3 : Téléchargement de RHEL

Pour télécharger RHEL, suivez la procédure ci-dessous :

▶ Authentifiez-vous sur le Portail Client (http://access.redhat.com) avec votre **identifiant** (*Red Hat Login*) et votre **mot de passe**.

▶ Une fois connecté, cliquez sur la rubrique **Téléchargez** (*Download*) tout en haut de la page pour télécharger le fichier ISO qui convient.

▶ Cliquez maintenant sur **Red Hat Enterprise Linux 8**.

▶ Choisissez la version de RHEL qui vous convient, ainsi que l'architecture matérielle de votre machine (32 ou 64 bits).

Remarque

L'avantage principal d'une architecture 64 bits est le support d'une mémoire vive supérieure à 4 Go. Notez que le cas échéant, les applications 32 bits continueront de fonctionner sur une version 64 bits du système.

- Cliquez maintenant sur l'image ISO que vous désirez. Il y a plusieurs types d'images disponibles :
  - Binary DVD ou CD : c'est l'image standard qu'il faut télécharger pour une installation classique par DVD (physique ou virtuel).
  - Supplementary DVD : cette image contient des paquets supplémentaires qui sont parfois nécessaires pour des installations particulières. Ne le téléchargez que s'il vous est demandé à l'installation, mais de manière générale, le DVD principal devrait suffire.
  - Boot ISO ou Network Install : c'est une image minimale ne contenant que l'installateur. Tous les fichiers nécessaires à l'installation proprement dite devront être alors téléchargés d'une source externe, comme un serveur HTTP.
  - KVM Guest image : c'est un fichier contenant une installation déjà effectuée de RHEL pour machine virtuelle de type KVM.
  - WinSync ou PassSync : il s'agit d'un module de synchronisation de mots de passe entre RHEL et Active Directory.

Remarque

Si des images ISO de CD sont disponibles, il est plus pratique de télécharger l'image DVD du système.

- Le téléchargement commence. Notez que l'on vous donne l'empreinte SHA-256 et MD5 du fichier que vous téléchargez.

Nous expliquons plus en détail le téléchargement et la vérification du fichier au prochain chapitre.

Téléchargement de CentOS

Le téléchargement d'une image DVD de CentOS est plus simple puisqu'il n'y a pas de souscription.

Vous disposez des mêmes paquets que Red Hat (vérifiés et recompilés) mais à quelques mois d'intervalle. Lorsqu'une version majeure de RHEL sort, la version correspondante de CentOS sort environ six mois après.

Bien sûr, vous n'avez pas accès au support Red Hat, mais vous trouverez de l'aide sur les forums dédiés à Red Hat, Fedora et CentOS.

- Rendez vous sur www.centos.org.
- Cliquez sur **Get CentOS**.
- Cliquez sur le bouton **DVD ISO**.

Remarque

*La page **Get CentOS** présente également le lien **alternative downloads** qui permet de télécharger des versions plus anciennes de CentOS, ainsi que la rubrique **Need a Cloud or Container Image**, qui offre l'accès à des images préinstallées du système pour machines virtuelles de plusieurs types.*

- La page suivante recense les sites les plus proches offrant le téléchargement de la dernière image ISO de CentOS. Cliquez sur celui de votre choix.

Remarque

*Les empreintes SHA pour CentOS sont plus difficiles à trouver que pour RHEL. Sur la page principale www.centos.org, cliquez sur le menu **ABOUT - FAQ** puis cliquez sur **Where are the Release Notes**. Enfin, cliquez sur les release notes (notes de version) pour votre version de CentOS. Vous trouverez les empreintes SHA plus bas dans la page.*

Chapitre 2
Déploiement d'un serveur Red Hat

1. Préparer le déploiement d'un serveur Red Hat

1.1 Services à mettre en place

Savoir quels sont vos objectifs dans le déploiement d'un système Red Hat Enterprise Linux peut vous faire gagner du temps et de l'argent. Il est bien par exemple de définir les services que vous allez mettre en production sur ce serveur, et leur charge de travail. Cela sera déterminant dans le nombre de sockets processeur à choisir lors de l'achat d'une souscription.

De plus, n'installez que ce qui est nécessaire. Définissez à l'avance ce que vous devez installer. Pas d'inquiétude si vous oubliez un élément, il est toujours possible de l'installer ensuite. Il vaut mieux en installer moins que trop.

1.2 HCL

Red Hat certifie son système sur des équipements. Cela signifie que vous avez une garantie que Red Hat Enterprise Linux fonctionne parfaitement sur le matériel certifié.

Si vous voulez pleinement profiter du support, il faut vous assurer que votre matériel se trouve dans la **Hardware Compatibility List** (liste de compatibilité matérielle) de Red Hat, ou bien vous achetez un équipement approuvé. Vérifier que votre machine est certifiée pour Red Hat Enterprise Linux, c'est aussi garantir une installation sans accroc et une exploitation sereine.

Remarque

La HCL est disponible à l'adresse suivante, où vous trouverez également la liste des logiciels certifiés compatibles avec RHEL :
https://access.redhat.com/ecosystem/hardware

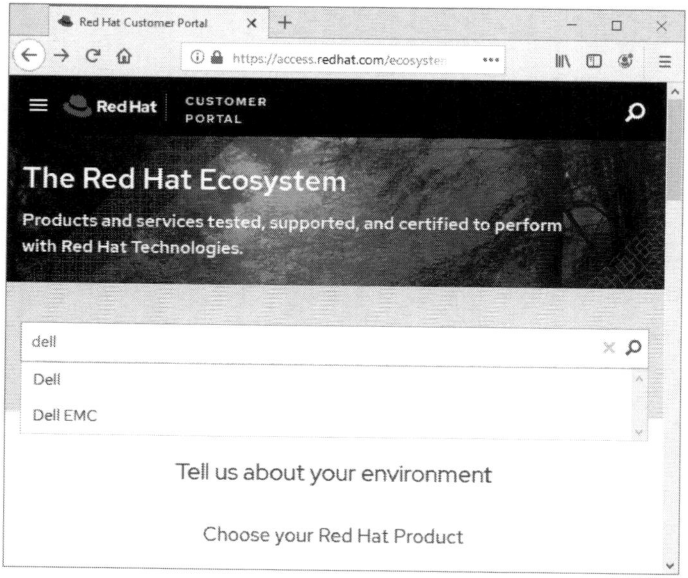

Dans la boîte de dialogue **Search Hardware**, entrez la marque de votre serveur, puis cliquez sur la référence de votre machine.

Vous disposerez alors d'un détail sur la certification, avec un lien vers la fiche technique de l'équipement. Parfois, on trouve également une remarque. Dans l'exemple qui suit, Red Hat certifie que le tout dernier serveur de chez Dell est quand même certifié sur la dernière version de Red Hat Enterprise Linux.

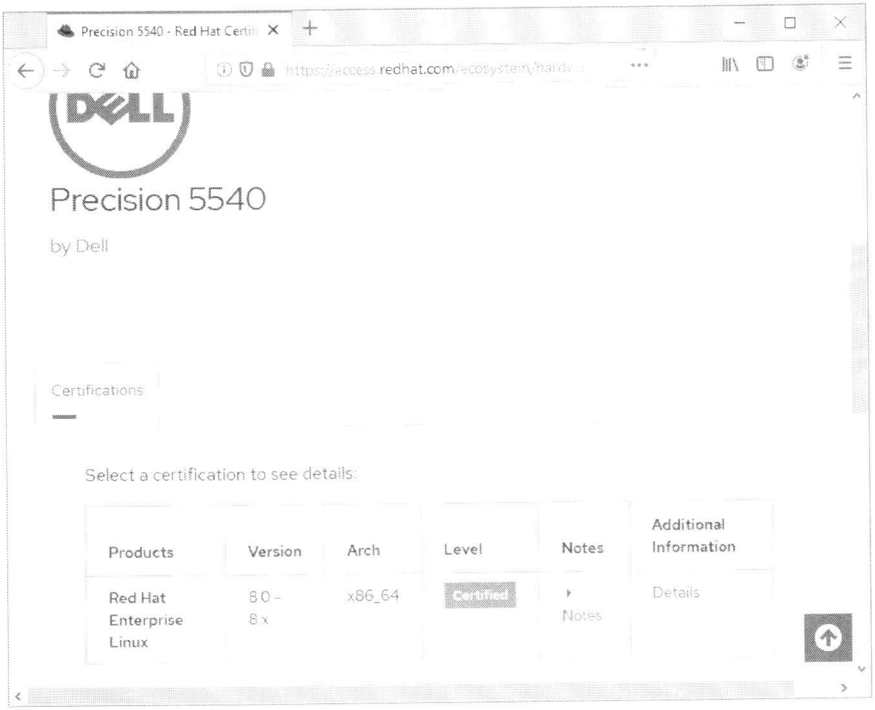

Que faire si votre équipement ne se trouve pas dans la HCL ?

Il est déconseillé d'installer Red Hat Enterprise Linux sur un équipement non certifié si vous voulez profiter pleinement du support. Il n'est pas non plus garanti que tous les éléments de l'équipement soient détectés et fonctionnent parfaitement. En bref, à vous d'essayer si le système fonctionne. Si ce n'est pas le cas, le support Red Hat ne pourra pas vous aider.

1.3 RAID matériel

Le RAID matériel est invisible du point de vue du système d'exploitation. Cependant, il est déterminant de planifier et d'installer le RAID matériel *avant* l'installation de Red Hat Enterprise Linux. En effet, un ensemble de disques durs n'aura pas la même capacité totale avec ou sans RAID.

Sans RAID, deux disques durs SCSI de 100 Go chacun seront vus tels quels lors de l'installation de Red Hat Enterprise Linux, avec un espace total disponible de 200 Go. Avec du RAID 1 activé sur ces deux disques, votre système verra 100 Go en tout.

Remarque

Plus d'information sur le RAID au chapitre Partitions et système de fichiers.

1.4 RAID logiciel

Il est également possible de faire du RAID *logiciel* avec Red Hat Enterprise Linux. Dans ce cas, c'est le système d'exploitation qui prend en charge la gestion du RAID. Cette solution présente certains avantages en termes de coûts et parfois de performances.

Le RAID logiciel est activable à l'installation de Red Hat Enterprise Linux. Vous pouvez choisir les disques qui seront pris en charge, et le type de RAID souhaité. Il est également possible de mettre en place le RAID logiciel après l'installation, sur des disques non système (les disques où le système d'exploitation n'est pas installé).

1.5 Partitionnement et types de système de fichiers

Avant l'installation, il faudra également réfléchir à l'aspect qu'aura votre espace de stockage. Il est bien de se poser les questions suivantes :

- Combien de partitions et quelle sera leur taille ?
- Quel type de système de fichiers sur chaque partition ?
- Dois-je installer LVM (*Logical Volume Management*) ?
- Dois-je chiffrer la partition ?

Répondez à ces questions à la lumière du chapitre Installation de logiciels qui développe le partitionnement en détail. Un indice toutefois : il est bien d'installer LVM dans 90 % des cas.

Sachez cependant qu'il n'y a pas de panacée en matière de partitionnement, et qu'il y a autant de façons de faire que d'administrateurs système. Cependant, voici en quelques questions une piste de réflexion :

- Existe-t-il des données demandant des types de système de fichiers différents ?
- Existe-t-il des données de taille fixe ?
- Existe-t-il des données de taille variable ? Qu'arrive-t-il si ces données remplissent 100 % de l'espace disque ?

Faut-il chiffrer les données sur la partition ?

À l'installation, Red Hat vous donne la possibilité de chiffrer les données sur le disque.

Si vous acceptez cette option, les données seront chiffrées, c'est-à-dire cachées, pour quelqu'un essayant de les lire sans y être autorisé. Le plus souvent, cela se fait en démontant le disque et en l'analysant avec un autre ordinateur.

Votre choix dépend de la sensibilité des informations qui y sont stockées, ainsi que de la sécurité physique et réseau de la machine. On choisira plus souvent le chiffrement pour des machines mobiles, susceptibles d'être volées, que pour des serveurs en centre ultra-sécurisé. Sachez que le chiffrement du système impacte les performances générales de la machine.

1.6 Autres éléments nécessaires à l'installation

FQDN de la machine

Chaque machine sur votre réseau doit avoir un identifiant unique, qu'on appelle hostname (nom d'hôte, ou nom de machine).

Le **FQDN** (*Fully Qualified Domain Name*, ou nom de domaine complètement qualifié), formé du hostname de la machine, associé au nom de domaine de votre entreprise, est l'**identifiant unique** de votre machine sur Internet. Cet identifiant indique de manière absolue la position de la machine dans l'arborescence des noms Internet.

Par exemple, peut-être avez-vous le domaine acme.com. Ce nom identifie votre réseau.

Sur votre réseau, vous avez créé un sous-réseau dédié aux machines du marketing, auquel vous avez donné un sous-nom de domaine marketing.acme.com.

Sur ce sous-réseau, il existe la machine dont le hostname est eames.

Le FQDN de la machine est eames.marketing.acme.com.

Il est important de donner un FQDN aux machines de votre réseau, particulièrement aux serveurs.

Il faut d'abord pouvoir distinguer cette machine d'une autre, par exemple lorsque vous vous connectez à distance en SSH. Il serait tellement malheureux de se tromper de machine lorsque l'on doit formater une partition ou désactiver une interface !

Ensuite, certains services dépendent du FQDN de la machine. Par exemple, pour l'enregistrement auprès du Portail Client Red Hat, le FQDN identifie de manière unique la machine, lui associant une configuration matérielle et logicielle.

Autre exemple, dans le domaine de la sécurité. Si votre machine est un serveur Web sécurisé en HTTPS, il est souvent nécessaire de l'authentifier en associant un certificat de type Extended Validation au FQDN du serveur. Cela permet à vos clients de s'assurer qu'ils se connectent bien à votre serveur, et non pas à un serveur de phishing.

Comment choisir un FQDN ?

Dans le FQDN, le nom de domaine vous est bien souvent imposé par l'équipe réseau.

Pour le hostname néanmoins, il vous faut faire un choix judicieux. Il n'y a cependant pas vraiment de règle dans le domaine.

Certains choisissent un nom basé sur un thème, par exemple les noms de personnages d'un film ou d'un livre. On trouve dans certaines entreprises des serveurs appelés *asterix*, *obelix*, *idefix*, etc. D'autres s'inspirent de listes *ad hoc* existantes, conçues pour être évolutives, faciles à retenir et à comprendre, et peu sujettes aux erreurs de syntaxe.

Remarque

Le RFC 1178 contient d'autres conseils intéressants :
http://tools.ietf.org/html/rfc1178

Ce qu'il faut retenir

- Un nom de machine doit faire au maximum 64 caractères, et ne contient que des lettres, chiffres et tirets.
- Le nom de la machine doit être unique.
- Adoptez une politique homogène pour le nommage de vos machines.
- Référencez l'adresse IP et le hostname de la machine dans le serveur DNS.

Mot de passe de l'administrateur

Le mot de passe du compte administrateur, le compte *root*, doit être fort, c'est-à-dire difficile à deviner. C'est une évidence, mais la réalité démontre que cet aspect est négligé dans de nombreuses entreprises.

Référez-vous au chapitre Gestion des utilisateurs et des groupes pour le choix d'un bon mot de passe.

1.7 Interface graphique ou pas ?

Il n'est pas conseillé d'utiliser l'interface graphique sur un serveur en production. Néanmoins, certains programmes disponibles en interface graphique sont fort utiles pour la configuration.

Si nous n'êtes pas habitué aux serveurs Red Hat Enterprise Linux, nous vous conseillons :

- d'installer l'interface graphique,
- de procéder à la configuration de base avec l'interface graphique,
- de vous habituer à l'environnement en mode texte (bash),
- de configurer le serveur pour une utilisation sans interface graphique (voir chapitre Démarrage du système - partie Lancement du système).

Remarque

*Red Hat met maintenant à disposition l'outil **Cockpit**, une interface web facile à installer, qui permet d'effectuer des tâches de configuration sans installer l'interface graphique. Plus d'informations au chapitre Maintenance du système en production.*

1.8 Documentation de la configuration du serveur

La documentation de configuration du serveur est un document contenant les renseignements principaux concernant votre serveur, avec trois objectifs :

- Accès rapide aux informations de configuration clé :
  - nom et adresse IP du serveur,
  - composants matériels et logiciels,
  - numéros de série, informations logistiques,
  - services et configurations associées,
  - chemin des fichiers de logs,
  - mise en œuvre des sauvegardes et de la restauration,
  - etc.
- Historique des modifications de la configuration :
  - savoir ce qui a été mis en place et pourquoi,
  - suivi et planification des évolutions.
- Comparatif avec la configuration normale du serveur en cas de crise :
  - en cas de panne de la machine ou d'un service, il vous permettra de revenir en situation normale.

Bien des administrateurs se disent qu'ils auront toujours le temps de remplir la documentation plus tard ; en réalité, cela est rarement fait et engendre de nombreuses conséquences fâcheuses, en cas de panne ou de changement de responsabilités par exemple. La documentation est primordiale.

À quel moment remplir la documentation de configuration ?

Le plus tôt possible, dès l'installation de la machine.

Où stocker la documentation de configuration ?

Plutôt que de la conserver sur votre station d'administration, stockez la documentation sur un système de gestion électronique de documentation (GED) tel que GLPI, qui permet entre autres de centraliser les accès et de gérer les versions des documents.

2. Installation d'un système Red Hat

2.1 Installation par DVD

Bien qu'il existe d'autres méthodes adaptées à certaines circonstances, l'installation par DVD est sans doute la plus courante.

2.2 Se procurer le DVD d'installation

Pour obtenir le DVD d'installation de Red Hat, le plus simple est de télécharger l'image ISO sur le site web du Portail Client Red Hat, puis de graver cette image sur le média approprié. Il faut pour cela avoir un compte valide sur le Portail Client, c'est-à-dire une souscription.

Il est également possible d'acheter le système Red Hat chez un revendeur ou sur le site marchand de Red Hat, le Red Hat Store. Vous achetez avant tout une souscription, pour un an minimum, et pas seulement le système lui-même.

Vous pouvez demander une copie physique (sur DVD) de Red Hat Enterprise Linux à votre revendeur ou directement auprès de Red Hat, moyennant finance, si vous pouvez justifier d'un numéro de souscription.

Remarque

Pour une installation sur une machine virtuelle (VM), seule l'image ISO suffit.

2.3 Vérifier l'intégrité du DVD

Dans le cas d'une image ISO que vous avez téléchargée sur le Portail Client Red Hat, il faut vous assurer de l'intégrité du fichier. Il est en effet possible qu'un pirate vous envoie une image modifiée contenant des trous de sécurité. Il serait malvenu d'installer sur vos serveurs d'entreprise un système d'exploitation ouvrant grand la porte aux pirates.

Cela dit, il est quasiment impossible que le pirate usurpe l'identité du site web de Red Hat au moment du téléchargement. En effet, ce site web étant sécurisé, assurez-vous simplement de ne pas être sur un site de phishing. Pour cela, **tapez vous-même l'URL correcte** dans votre navigateur : https://access.redhat.com ou utilisez un navigateur vérifiant les adresses que vous visitez.

Cependant, le pirate pourrait modifier le fichier pendant la transmission des données, en procédant à une attaque man-in-the-middle (un homme au milieu). C'est pourquoi il faut toujours vous assurer que le fichier reçu est bien le même que celui qui se trouve sur les serveurs de Red Hat, en **comparant les empreintes digitales** de ces fichiers.

Une fois le fichier reçu, extrayez son empreinte SHA-256 et comparez-la avec l'empreinte fournie sur le site de Red Hat. Sous Windows, vous pouvez faire cette comparaison avec un outil comme `sha256deep`.

`sha256deep` est un programme écrit par un agent de l'US Air Force. Lancez-le en ligne de commande avec le nom du fichier à vérifier :

```
E:\ISOs>md5deep-3.6\sha256deep rhel-server-6.0-i386-dvd.iso
3b637b7120c855eb775a35a3d281232525eed223c6a1ea8a35b20fd17af5fba4
```

Comparez le résultat avec l'empreinte fournie sur le site web du Red Hat Network.

Red Hat Enterprise Linux 6.0 Server (x86)

ISO	Size	Checksum
Network Install and Recovery Disc	185 MB	MD5: 78a2c84049e50c6ca810bb598f84f19a SHA-256: 436a7aaf759352071f127ed879b28cd1e4642e2e464b60072928d954334cb89f
Binary DVD	2,795 MB	MD5: 291d234c93442405972689b4b41c14bc SHA-256: 3b637b7120c855eb775a35a3d281232525eed223c6a1ea8a35b20fd17af5fba4

View Source ISO Images (NOTE: these images are not necessary for installation.)

Comme vous pouvez le voir en copie d'écran, le fichier téléchargé est bien valide.

Remarque

Sous Linux, utilisez le logiciel GNU `sha256sum`.

Une fois l'image ISO vérifiée, il ne reste plus qu'à l'installer sur le serveur.

2.4 Installation du système d'exploitation par DVD

2.4.1 Installation du système par DVD pour RHEL/CentOS 7

L'installation de RHEL 7 vous présente un menu vous permettant de savoir quoi configurer en un coup d'œil.

Remarque

Nous décrivons ici l'installation de RHEL 7. Vous constaterez que l'installation de CentOS 7 est quasiment identique. Le cas échéant, les différences seront mentionnées.

Boot sur le DVD

▶ Après avoir introduit le DVD physique ou virtuel (sous forme de fichier ISO) dans la machine, il faut lancer l'installation en ayant pris soin de préciser le lecteur DVD comme périphérique de démarrage dans le BIOS.

Remarque

En général, cela est fait automatiquement lors du premier démarrage d'une machine virtuelle VMware.

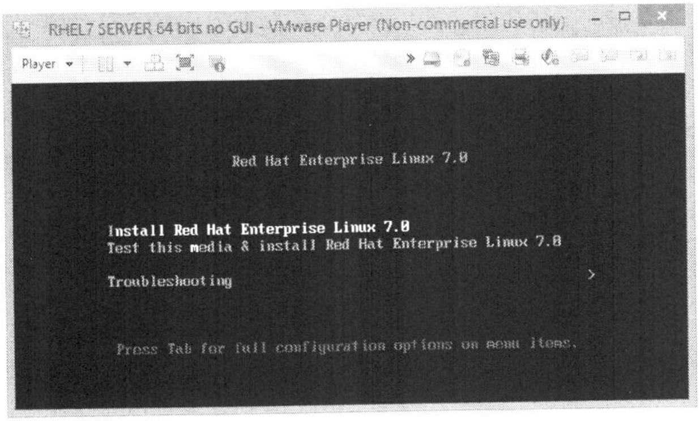

Avec les flèches du clavier, vous avez le choix entre :

- **Install Red Hat Enterprise Linux 7.0** : c'est le choix par défaut. Appuyez simplement sur la touche [Entrée] pour lancer l'installation.
- **Test this media & install** : ce choix procédera à l'installation après avoir vérifié l'intégrité du média d'installation, ce qui est long et rarement nécessaire.
- **Troubleshooting** : ce choix vous donne accès à d'autres options si l'installation ne se lance pas.

Remarque

Pour chaque choix, vous pouvez appuyer sur la touche [Tab] pour modifier les options passées au noyau pendant le démarrage. Sortez en appuyant sur la touche [Echap].

Contrôle de compatibilité matérielle

Si la machine que vous utilisez n'est pas certifiée pour cette version de RHEL, un avertissement est affiché. L'installation continue ensuite automatiquement.

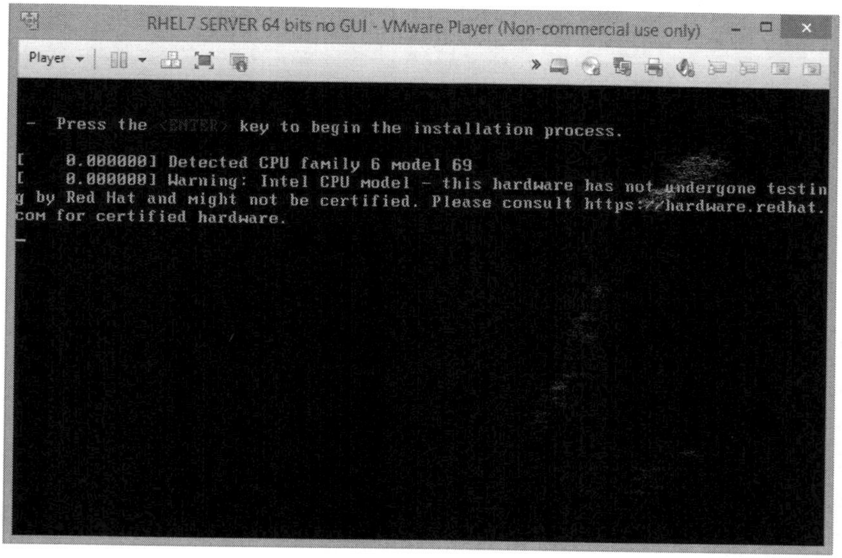

Choix de la langue

L'installation graphique se lance.

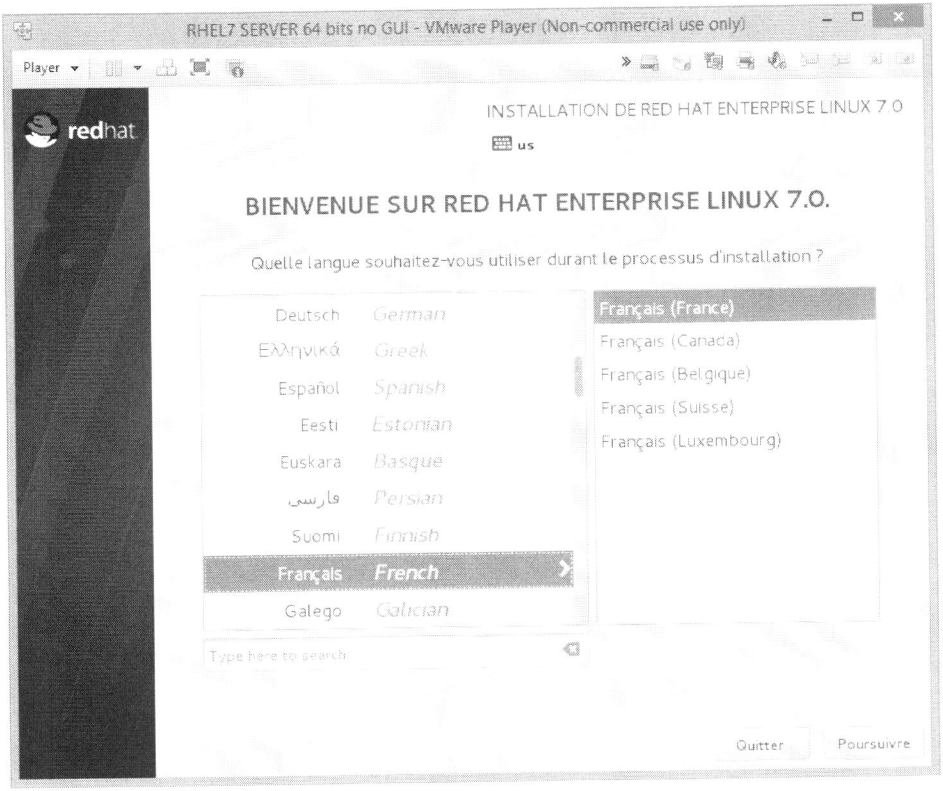

- Choisissez la langue d'installation et du système d'exploitation avec les flèches du clavier ou la souris, puis cliquez sur **Poursuivre**.

Résumé d'installation

L'installation diffère ici des versions précédentes, en ce que vous décidez vous-même de l'ordre des options à modifier. Vous pouvez même décider de laisser la configuration par défaut.

Seul le choix de la **destination de l'installation** est indispensable pour poursuivre.

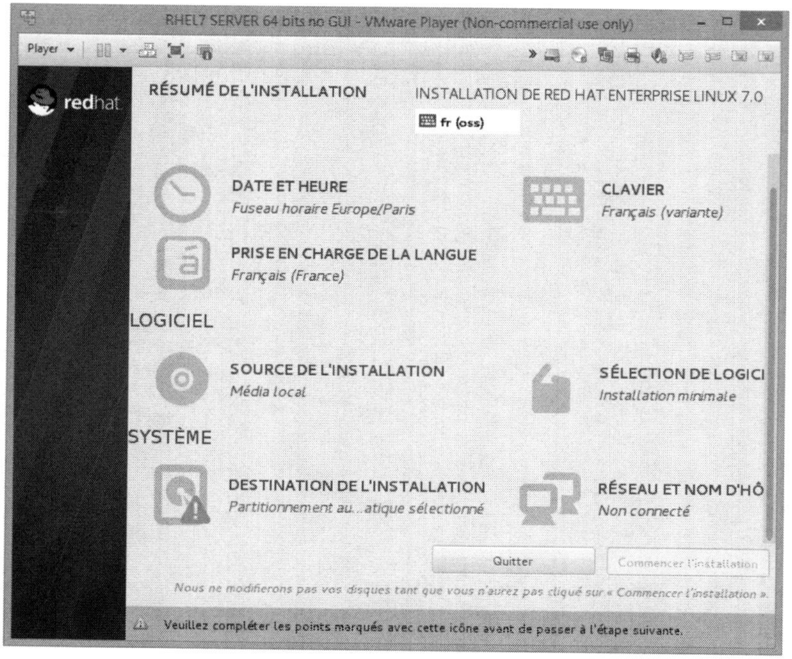

Destination de l'installation

▶ Cliquez sur **Destination de l'installation**. C'est ici que vous choisissez sur quel disque doit s'installer le système, ainsi que le schéma de partitionnement.

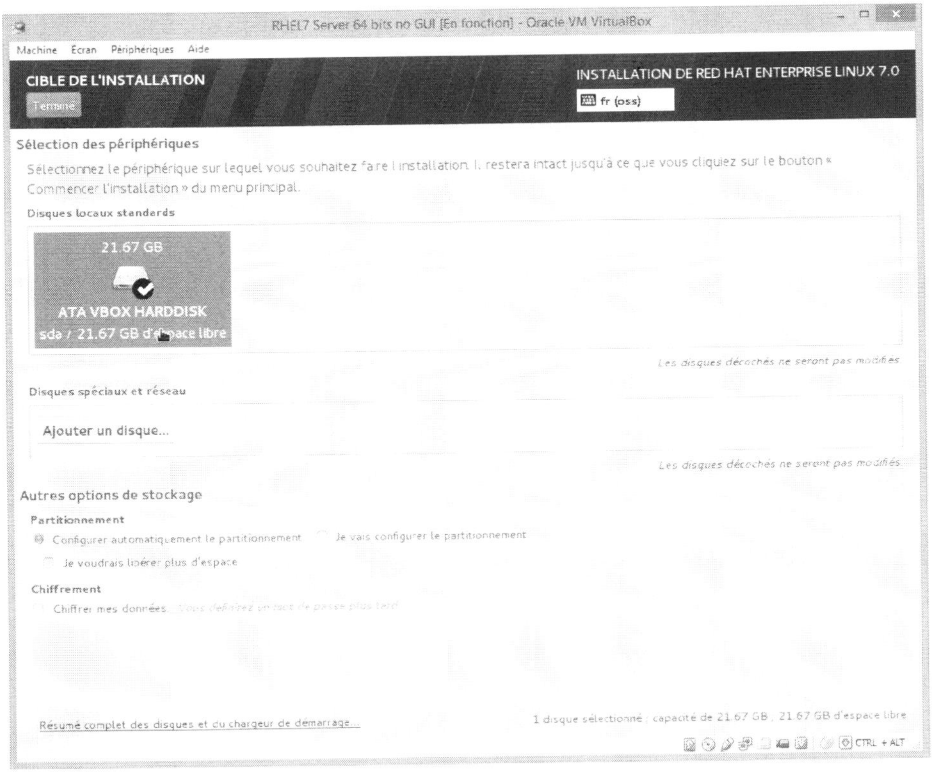

- Cliquez sur le disque de destination.
- Dans la section **Partitionnement**, choisissez :
  - **Configurer automatiquement le partitionnement** : cela installera le système sur l'espace libre du disque choisi. S'il existe déjà un système d'exploitation sur le disque, il ne sera pas effacé. Choisissez cette option pour un disque dur vierge.
  - **Je voudrais libérer plus d'espace** : cette option vous permet d'effectuer un partitionnement automatique, tout en récupérant l'espace utilisé par des partitions déjà existantes. Vous pouvez les réduire ou les supprimer. Soyez vigilant car en cas de mauvaise manipulation, vous risquez de perdre des données ; effectuez une sauvegarde des données existantes avant cette opération.

- **Je vais configurer le partitionnement** : c'est le choix recommandé pour une installation adaptée à vos besoins. Vous procédez dans ce cas à un partitionnement manuel, où vous décidez du nombre et de la taille des partitions, ainsi que leur point de montage et leur type de système de fichiers. Cette partie est abordée au chapitre Partitions et système de fichiers.

Remarque

*N'hésitez pas à vérifier la structure de votre disque en cliquant sur **Résumé complet des disques et du chargeur de démarrage**. Vous pourrez également y définir quel disque (s'il y en a plusieurs) contiendra le chargeur de démarrage, dont le travail est de lancer le système d'exploitation au démarrage de la machine.*

Remarque

*À propos de l'option **Chiffrer mes données**, veuillez vous reporter à l'introduction de ce chapitre.*

▶ Cliquez sur **Terminer** pour quitter l'interface de configuration des partitions.

Réseau et nom d'hôte

▶ Dans la page **Résumé de l'installation**, cliquez sur **Réseau et nom d'hôte**.

Apparaît la liste des interfaces réseau disponibles et leur état, ainsi que le nom d'hôte.

Par défaut, l'interface réseau est désactivée.

Remarque

Le nom de l'interface (dans l'exemple `eno16777736`) peut paraître étrange. À partir de RHEL 7, la façon de nommer les interfaces a changé pour une méthode globale qui n'est pas sans rappeler les profils sous Windows 8. Vous trouverez sur ce sujet plus d'informations dans le chapitre Réseau.

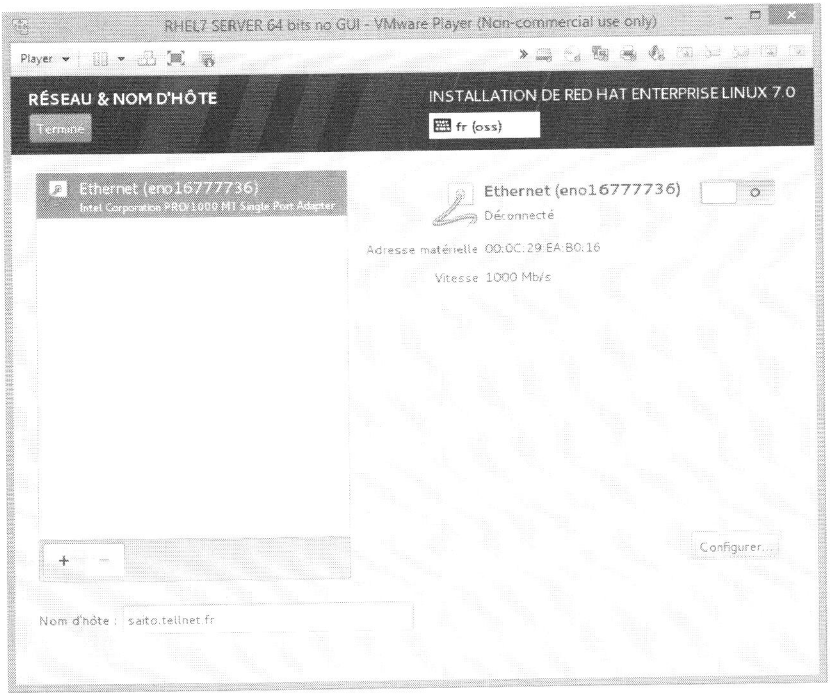

▶ Dans le champ **Nom d'hôte**, définissez d'abord le hostname selon ce que vous avez choisi au début de ce chapitre.

Cliquez ensuite sur l'interface (en général il n'y en a qu'une seule, déjà sélectionnée), puis sur **Configurer**. La fenêtre **Modification** apparaît alors.

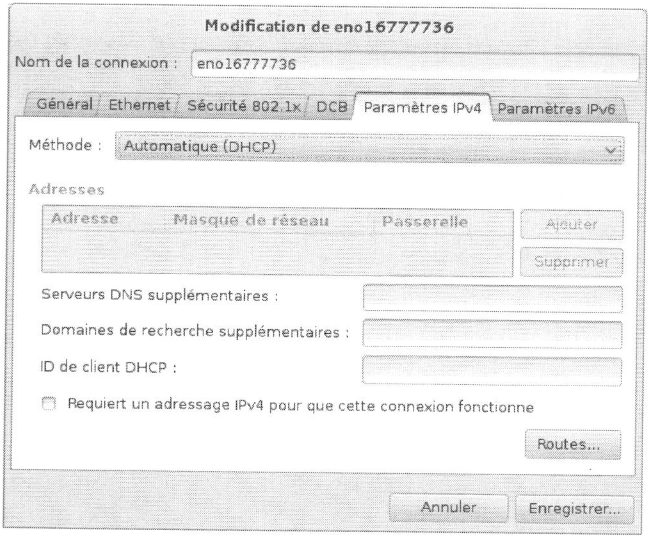

Remarque

*Dans le champ **Nom de la connexion**, vous pouvez redéfinir le nom de profil de l'interface si le nom existant ne vous convient pas, par exemple avec le nom `Internet`. Le nom de l'interface n'est pas changé. Vous trouverez plus d'informations au chapitre Réseau.*

Cliquez sur l'onglet **Paramètres IPv4**. C'est là que vous pourrez définir l'adresse IP vous permettant d'accéder au réseau. Vous trouverez plus d'informations sur ces paramètres ainsi que sur IPv6 au chapitre Réseau. Pour une configuration simple, laissez **Automatique (DHCP)** si vous disposez d'un serveur DHCP sur le réseau : l'adresse sera configurée automatiquement.

Cliquez maintenant sur l'onglet **Général**.

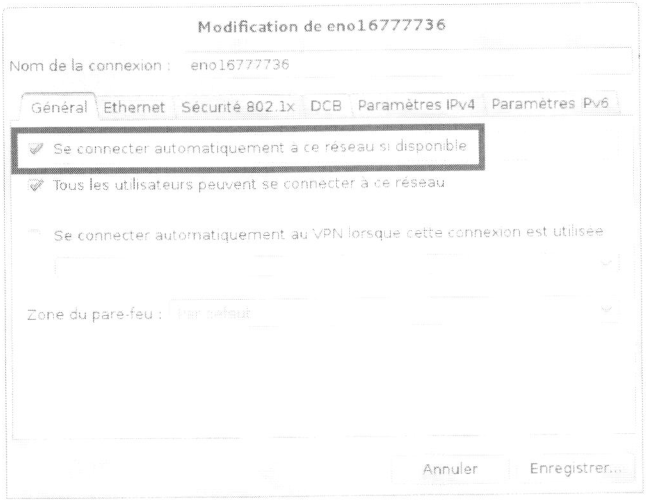

- Dans cet onglet, n'oubliez pas de cocher **Se connecter automatiquement à ce réseau si disponible**.

Remarque

Si cela n'est pas fait, cette interface réseau ne sera pas activée automatiquement au démarrage du système.

- Cliquez ensuite sur **Enregistrer** pour retourner à la configuration du réseau.
- Activez maintenant l'interface réseau en cliquant sur l'interrupteur à côté de l'interface sélectionnée. Si tout va bien, l'interface réseau obtient une adresse IP lui permettant d'accéder au réseau.

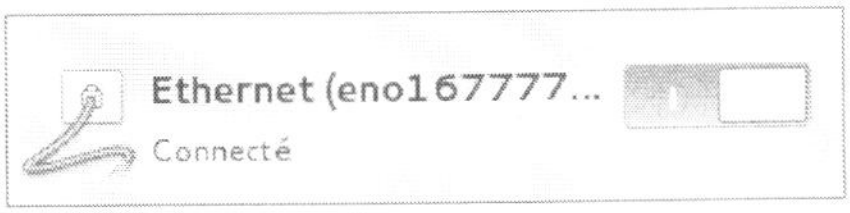

Remarque

Là encore, si cela n'est pas fait, l'interface ne fonctionnera pas pendant l'installation, vous empêchant par exemple d'accéder à des mises à jour provenant d'Internet et à l'enregistrement.

- Cliquez ensuite sur **Terminer** pour retourner au menu général.

Sélection de logiciels

- Cliquez sur **Sélection de logiciels**. Ce menu vous permet de choisir quels logiciels seront installés. Les diverses options sont expliquées et peuvent se recouper. Sachez cependant qu'il est possible d'installer tous ces logiciels une fois le système installé. Pas de problème donc si vous choisissez une installation minimale.

Remarque

Il faut savoir que toutes les options n'installeront pas l'interface graphique. Si vous les choisissez, il vous faudra manipuler le serveur en ligne de commande. Si vous désirez une interface graphique au démarrage, choisissez l'option ***Serveur avec GUI*** *(Graphical User Interace, interface graphique utilisateur). C'est ce que nous choisissons pour la suite de cette installation.*

- Cliquez sur **Terminer** pour revenir au menu général.

Autres options d'installation

L'option **Source de l'installation** permet de choisir à partir d'où charger les logiciels à installer. En général, l'option par défaut **Média local** suffit : dans ce cas, les logiciels seront installés à partir du DVD d'installation. Vous pouvez cependant choisir d'installer les logiciels à partir d'un serveur HTTP ou FTP sur Internet, ou NFS sur le réseau local.

Il vous est également possible d'ajouter des sources (dépôts) supplémentaires d'installation de logiciels, en plus des logiciels officiels Red Hat. Reportez-vous au chapitre Installation de logiciels pour plus d'informations.

Dans le menu général, les autres options dans la partie **Localisation** parlent d'elles-mêmes. Vous trouverez plus d'informations au chapitre Maintenance du système en production.

- Cliquez sur **Commencer l'installation**. L'installation des logiciels commence. Vous pouvez continuer une partie de la configuration pendant ce temps.

Paramètres utilisateurs

- Dans cette section, cliquez sur **Mot de passe Root**. Définissez un mot de passe fort comme convenu au début de ce chapitre, puis cliquez sur **Terminer**.

Remarque

*Si vous décidez de définir un mot de passe faible, pour des raisons de test par exemple, il vous faudra cliquer deux fois sur **Terminer**.*

Vous avez la possibilité de créer un nouvel utilisateur, en cliquant sur **Création de l'utilisateur**.

- Définissez son nom complet et son nom d'utilisateur (ou *username*), qui sera utilisé pour l'authentification sur le système.

Par exemple, le nom complet pourrait être `Thibault Bartolone`, et le nom d'utilisateur `tbartolone`.

Remarque

*En cochant **Faire de cet utilisateur un administrateur**, vous donnez des droits particuliers à cet utilisateur. En utilisant la commande `sudo`, il pourra effectuer des tâches d'administration. Cela signifie que cet utilisateur sera puissant, et comme vous le savez, le pouvoir implique des responsabilités.*

- Après avoir défini un mot de passe fort, cliquez sur **Terminer**.
- Une fois la copie des fichiers effectuée, cliquez sur **Finir la configuration**. Encore quelques tâches à effectuer, et le système est prêt. Cliquez sur **Redémarrer**.

Configuration initiale post-redémarrage

- Il reste quelques formalités à accomplir. Il faut vous d'abord accepter la licence en cliquant sur **Informations sur la licence**.
- Cliquez ensuite sur **Finaliser la configuration**.

Pour l'activation de **Kdump** : Kdump (*Kernel Dump*, affichage noyau) est un programme qui permet d'analyser les raisons d'un plantage du noyau. Il n'est pas nécessaire d'activer Kdump maintenant, car ce programme occupe une part importante de la mémoire et ne sert que dans des cas exceptionnels.

Enregistrement de la gestion d'abonnement

Il faut maintenant enregistrer le système pour pouvoir bénéficier des mises à jour et de la gestion dans le Portail Client.

- Sélectionnez **Oui, je souhaite m'enregistrer** tout de suite puis cliquez sur **Terminer**.
- Dans l'écran suivant, laissez l'adresse du serveur par défaut et cliquez à nouveau sur **Terminer**.
- Dans le troisième écran, entrez l'adresse e-mail et le mot de passe de votre compte Red Hat avec lequel vous avez acheté la souscription puis cliquez sur **Terminer**.

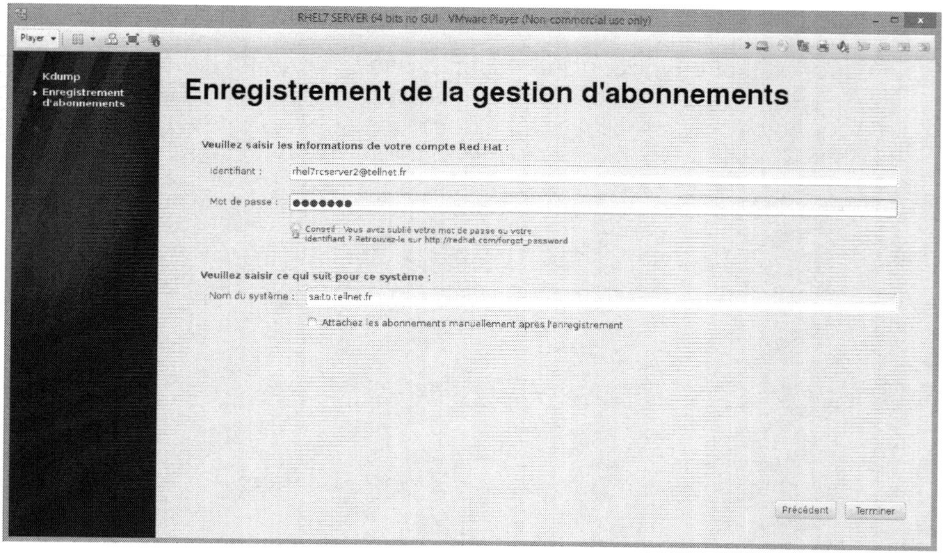

Remarque

*Si vous laissez décoché **Attachez les abonnement manuellement**, le Portail Client va prendre automatiquement la première souscription valide adaptée à ce système d'exploitation (RHEL Server).*

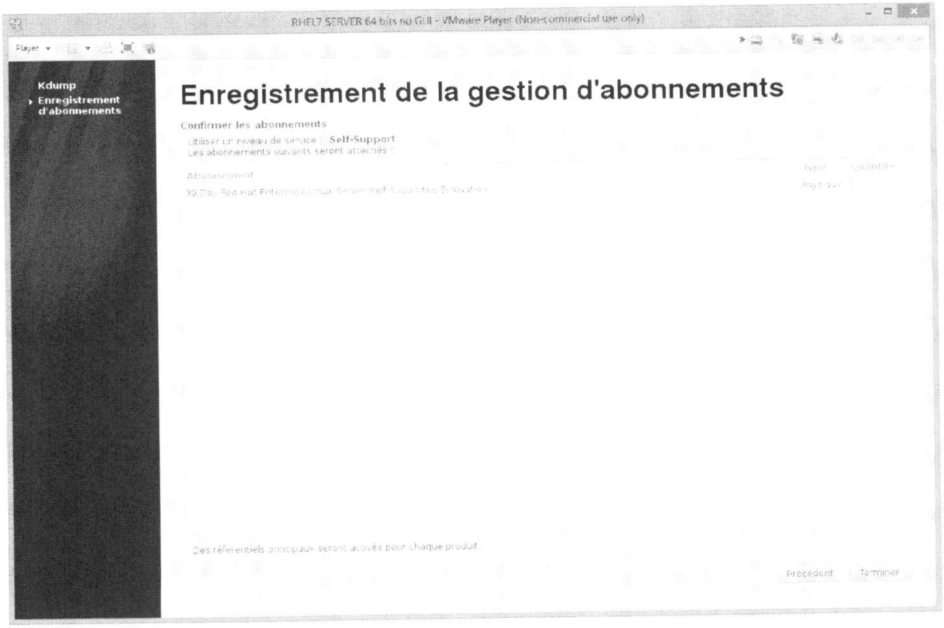

▶ Le système est alors enregistré sur le Portail Client. Il n'y a plus qu'à cliquer une ultime fois sur **Terminer**.

Remarque

Vous remarquerez que pour CentOS, Kdump et la gestion de l'abonnement n'apparaissent pas. Ce sont les seules différences !

Si vous avez choisi une installation de RHEL sans interface graphique, vous n'aurez pas cette page dédiée à l'enregistrement. Il faudra alors utiliser des outils en mode texte, expliqués dans la section Outils Red Hat en ligne de commande dans ce même chapitre.

Première authentification

Le système se lance et vous présente une invite de connexion graphique.

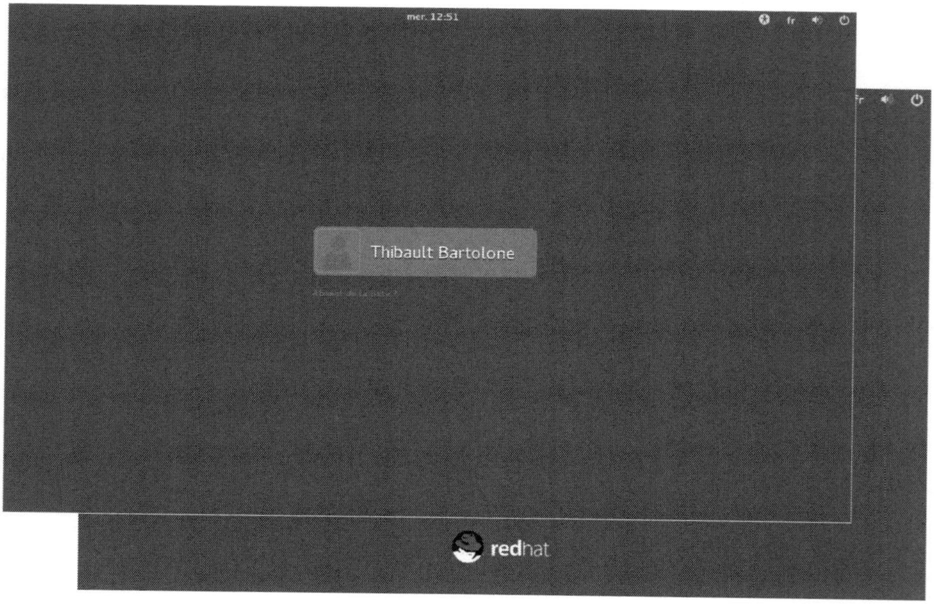

Remarque

Notez qu'il n'y a aucune différence entre RHEL 7 et CentOS 7, mis à part le logo Red Hat.

Cette invite de connexion vous demande d'entrer un nom d'utilisateur et un mot de passe.

Il s'agit bien sûr de l'utilisateur que vous avez créé pendant l'installation.

Il est fortement **déconseillé** de se connecter en tant qu'utilisateur **root**, car cet utilisateur a les pleins pouvoirs, et une fausse manipulation est vite arrivée en interface graphique !

Remarque

Au bout d'un certain délai, un écran de verrouillage apparaît. Il faut le faire glisser vers le haut pour pouvoir s'authentifier.

2.4.2 Installation du système par DVD pour RHEL/CentOS 8

L'installation de RHEL 8 suit peu ou prou les mêmes étapes que pour RHEL 7, avec quelques différences au niveau du partitionnement et de la sécurité.

Remarque

Nous décrivons ici l'installation de RHEL 8. À l'heure d'écrire ces lignes, CentOS 8 n'est toujours pas disponible, mais devrait suivre les mêmes étapes d'installation.

Boot sur le DVD

▶ Après avoir introduit le DVD physique ou virtuel (sous forme de fichier ISO) dans la machine, il faut lancer l'installation en ayant pris soin de préciser le lecteur DVD comme périphérique de démarrage dans le BIOS.

Remarque

En général, cela est fait automatiquement lors du premier démarrage d'une machine virtuelle VMware.

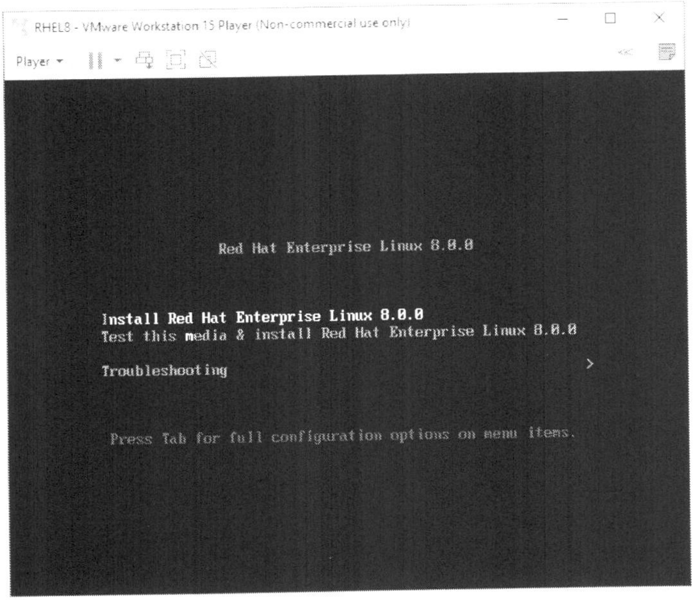

- Avec les flèches du clavier, vous avez le choix entre :
  - **Install Red Hat Enterprise Linux 8.0.0** : c'est le choix par défaut. Appuyez simplement sur la touche [Entrée] pour lancer l'installation.
  - **Test this media & install Red Hat Enterprise Linux 8.0.0** : ce choix procédera à l'installation après avoir vérifié l'intégrité du média d'installation, ce qui est long et rarement nécessaire.
  - **Troubleshooting** : ce choix vous donne accès à d'autres options, au cas où l'installation ne se lance pas.

Remarque

Pour chaque choix, vous pouvez appuyer sur la touche [Tab] pour modifier les options passées au noyau pendant le démarrage. Sortez en appuyant sur la touche [Echap].

Choix de la langue

L'installation graphique se lance.

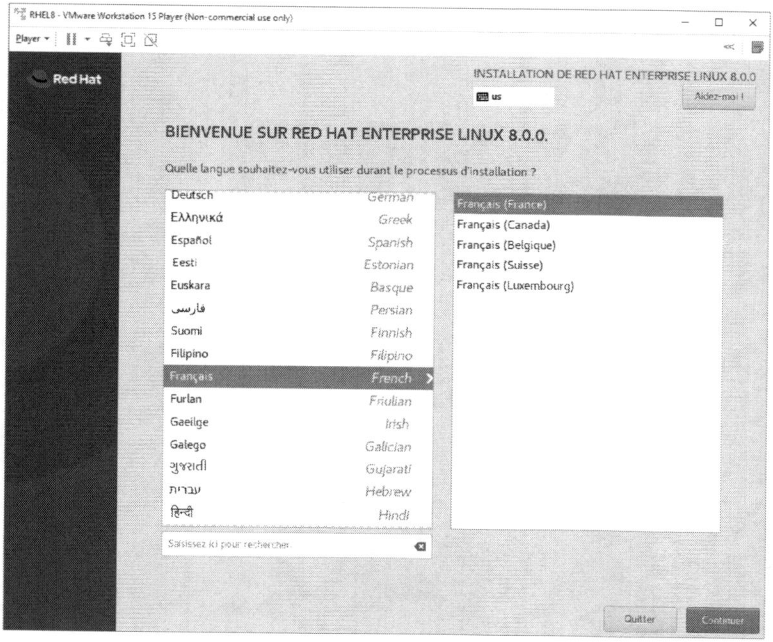

▶ Choisissez la langue d'installation et du système d'exploitation avec les flèches du clavier ou la souris, puis cliquez sur **Continuer**.

Résumé d'installation

On vous présente en un coup d'œil ici les différentes sections à configurer.

Seul le choix de la **destination de l'installation** est indispensable pour poursuivre, mais il est conseillé de configurer les autres options.

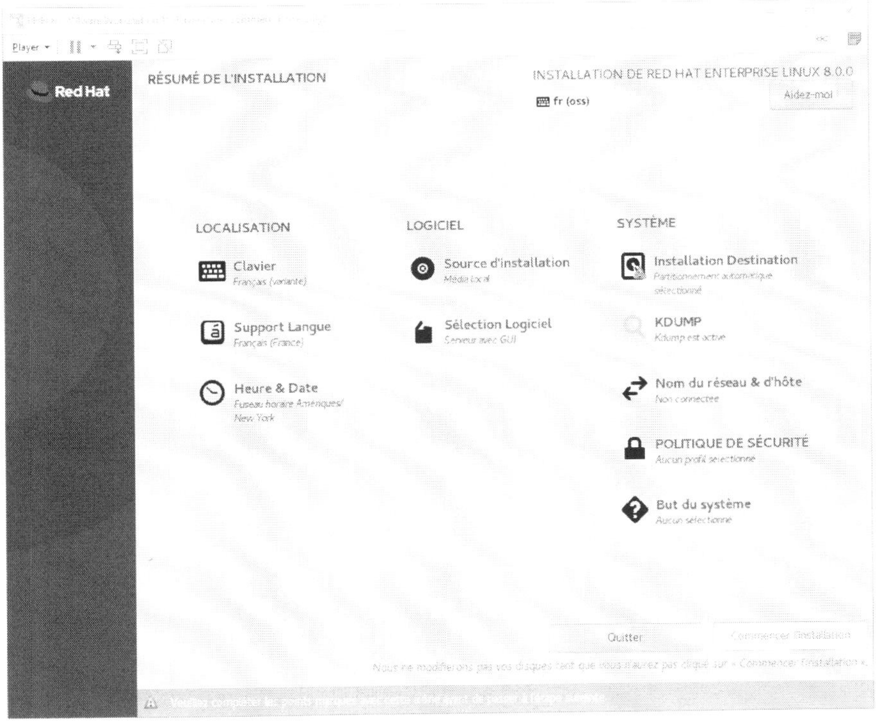

Destination de l'installation : partitionnement automatique

- Cliquez sur **Installation Destination**. C'est ici que vous choisissez sur quel disque doit s'installer le système, ainsi que le schéma de partitionnement.

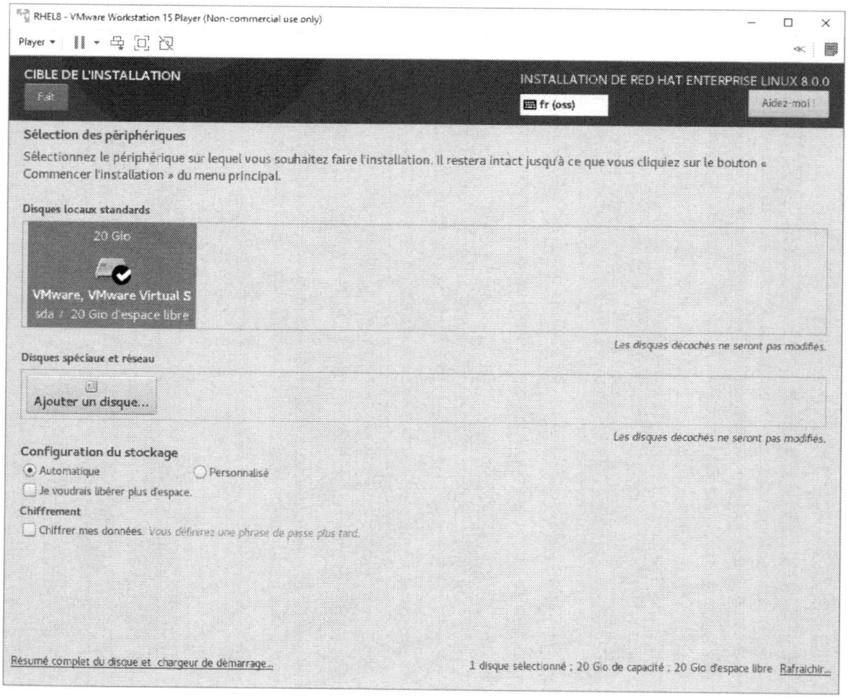

- Cliquez sur le disque de destination (sinon l'installation ne peut continuer).
- Dans la section **Configuration du stockage**, choisissez :
  - **Automatique** : cela installera le système sur l'espace libre du disque choisi. S'il existe déjà un système d'exploitation sur le disque, il ne sera pas effacé. Choisissez cette option pour un disque dur vierge.
  - **Je voudrais libérer plus d'espace** : cette option vous permet d'effectuer un partitionnement automatique, tout en récupérant l'espace utilisé par des partitions déjà existantes. Vous pouvez les réduire ou les supprimer. Soyez vigilant, car en cas de mauvaise manipulation, vous risquez de perdre des données ; effectuez une sauvegarde des données existantes avant cette opération.

- **Personnalisé** : c'est le choix recommandé pour une installation adaptée à vos besoins. Vous procédez dans ce cas à un partitionnement manuel, où vous décidez du nombre et de la taille des partitions, ainsi que leur point de montage et leur type de système de fichiers. Cette partie est abordée au chapitre Partitions et système de fichiers.

Remarque

N'hésitez pas à vérifier la structure de votre disque en cliquant sur ***Résumé complet du disque et chargeur de démarrage****. Vous pourrez également y définir quel disque (s'il y en a plusieurs) contiendra le chargeur de démarrage, dont le travail est de lancer le système d'exploitation au démarrage de la machine.*

À propos de l'option ***Chiffrer mes données****, veuillez vous reporter à l'introduction de ce chapitre.*

▶ Cliquez sur **Terminer** pour quitter l'interface de configuration des partitions.

Réseau et nom d'hôte

▶ Dans la page **Résumé de l'installation**, cliquez sur **Réseau et nom d'hôte**.

Apparaît la liste des interfaces réseau disponibles et leur état, ainsi que le nom d'hôte.

Par défaut, l'interface réseau est désactivée.

Remarque

Le nom de l'interface (dans l'exemple ens33) peut paraître étrange. À partir de RHEL 7, la façon de nommer les interfaces a changé pour une méthode globale qui n'est pas sans rappeler les profils sous Windows 8. Vous trouverez sur ce sujet plus d'informations dans le chapitre Réseau.

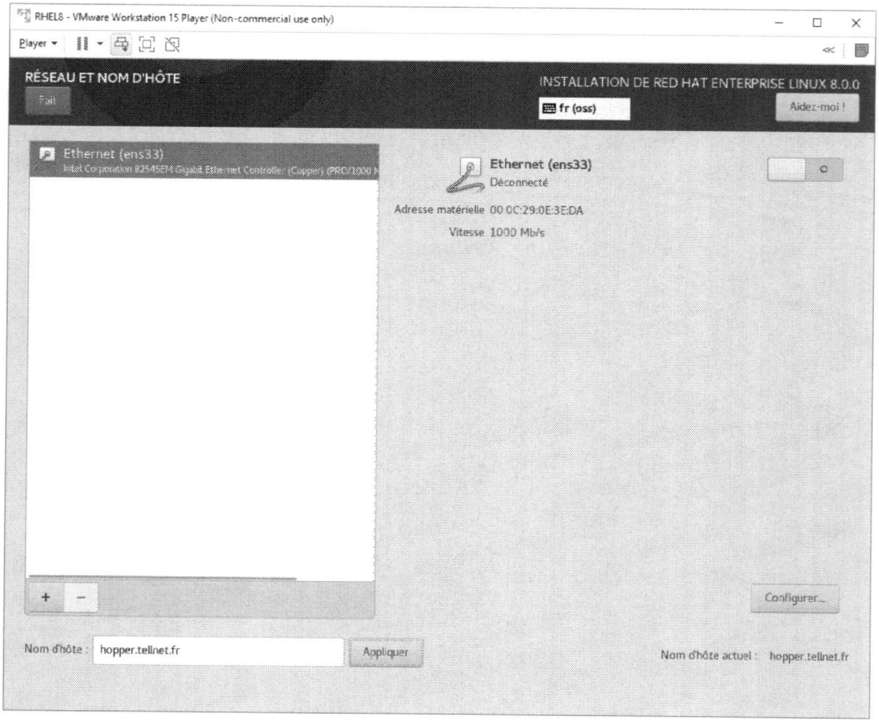

- Dans le champ **Nom d'hôte**, définissez d'abord le hostname selon ce que vous avez choisi au début de ce chapitre.

- Cliquez ensuite sur l'interface (en général, il n'y en a qu'une seule, déjà sélectionnée), puis sur **Configurer**. La fenêtre **Modification** apparaît alors.

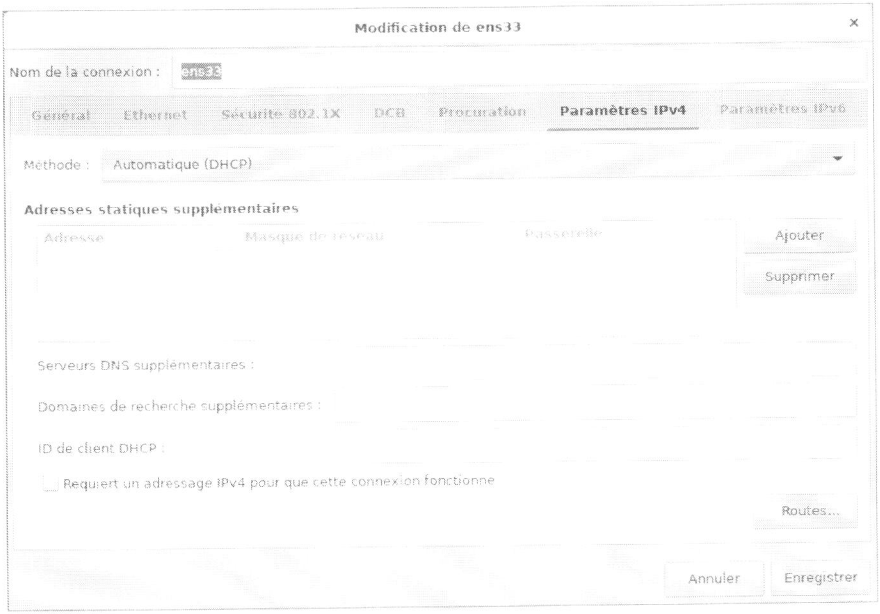

Remarque

Dans le champ ***Nom de la connexion****, vous pouvez redéfinir le nom de profil de l'interface si le nom existant ne vous convient pas, par exemple avec le nom* `Internet`*. Le nom de l'interface n'est pas changé. Vous trouverez plus d'informations au chapitre Réseau.*

- Cliquez sur l'onglet **Paramètres IPv4**. C'est là que vous pourrez définir l'adresse IP vous permettant d'accéder au réseau. Vous trouverez plus d'informations sur ces paramètres ainsi que sur IPv6 au chapitre Réseau. Pour une configuration simple, laissez **Automatique (DHCP)** si vous disposez d'un serveur DHCP sur le réseau : l'adresse sera configurée automatiquement.

- Cliquez maintenant sur l'onglet **Général**.

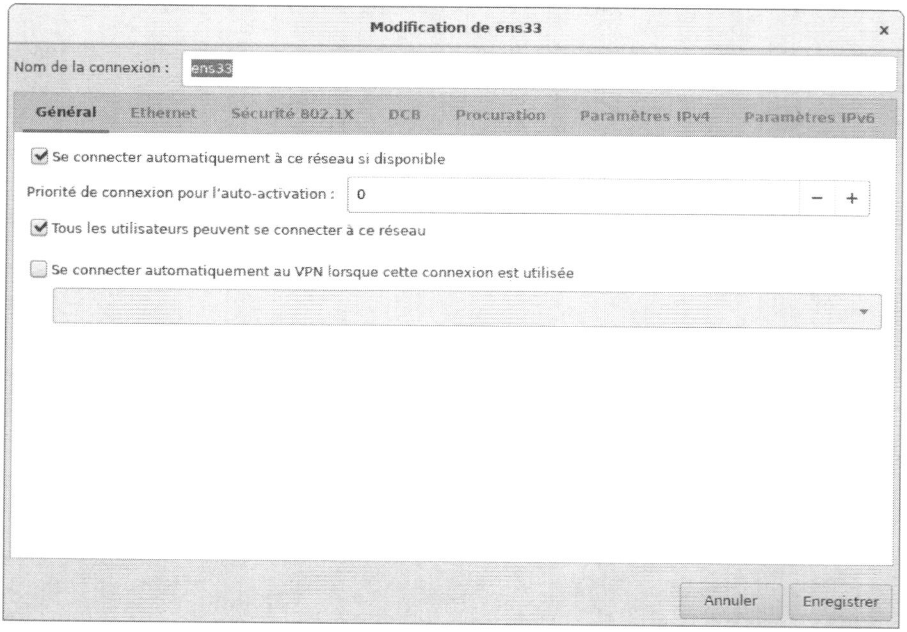

- Dans cet onglet, n'oubliez pas de cocher **Se connecter automatiquement à ce réseau si disponible**.

Remarque

Si cela n'est pas fait, cette interface réseau ne sera pas activée automatiquement au démarrage du système.

- Cliquez ensuite sur **Enregistrer** pour retourner à la configuration du réseau.

- Activez maintenant l'interface réseau en cliquant sur l'interrupteur à côté de l'interface sélectionnée. Si tout va bien, l'interface réseau obtient une adresse IP lui permettant d'accéder au réseau.

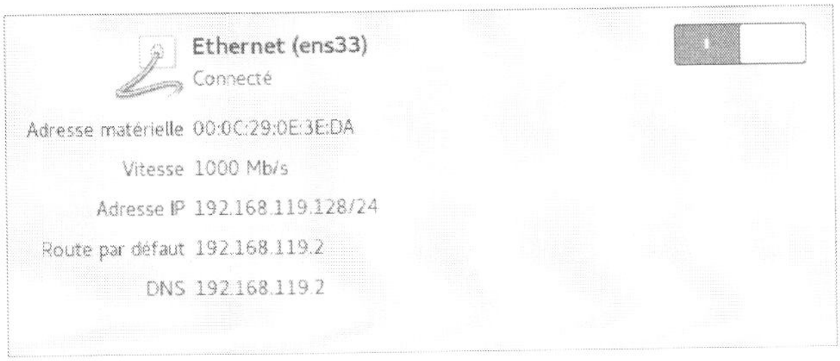

Remarque

Là encore, si cela n'est pas fait, l'interface ne fonctionnera pas pendant l'installation, vous empêchant par exemple d'accéder à des mises à jour provenant d'Internet et à l'enregistrement.

- Cliquez ensuite sur **Terminer** pour retourner au menu général.

Sélection de logiciels

- Cliquez sur **Sélection de logiciels**. Ce menu vous permet de choisir quels logiciels seront installés. Les diverses options sont expliquées et peuvent se recouper. Sachez cependant qu'il est possible d'installer tous ces logiciels une fois le système installé. Pas de problème donc si vous choisissez une installation minimale.

Remarque

Il faut savoir que toutes les options n'installeront pas l'interface graphique. Si vous les choisissez, il vous faudra manipuler le serveur en ligne de commande. Si vous désirez une interface graphique au démarrage, choisissez l'option ***Serveur avec GUI*** *(Graphical User Interace, interface graphique utilisateur). C'est ce que nous choisissons pour la suite de cette installation. Cette option est adaptée à une machine cliente plutôt qu'à un serveur, avec lequel on ne s'embarrassera pas d'une interface graphique.*

- Cliquez sur **Terminer** pour revenir au menu général.

Politique de sécurité

Cette option est facultative. Elle vise à mettre le serveur en conformité avec les standards de sécurité décrits.

Objet du système

La configuration de cette option est facultative et vous permet de gérer les abonnements de manière plus efficace dans le portail Red Hat.

Cela permet également au système de choisir la souscription la plus adaptée parmi celles qui sont disponibles au moment de l'enregistrement.

Autres options d'installation

L'option **Source de l'installation** permet de choisir à partir d'où charger les logiciels à installer. En général, l'option par défaut **Média local** suffit : dans ce cas, les logiciels seront installés à partir du DVD d'installation. Vous pouvez cependant choisir d'installer les logiciels à partir d'un serveur HTTP ou FTP sur Internet, ou NFS sur le réseau local.

Il vous est également possible d'ajouter des sources (dépôts) supplémentaires d'installation de logiciels, en plus des logiciels officiels Red Hat. Reportez-vous au chapitre Installation de logiciels pour plus d'informations.

Dans le menu général, les autres options dans la partie **Localisation** parlent d'elles-mêmes. Vous trouverez plus d'informations au chapitre Maintenance du système en production.

- Cliquez sur **Commencer l'installation**. L'installation des logiciels commence. Vous pouvez continuer une partie de la configuration pendant ce temps.

Paramètres utilisateurs

- Dans cette section, cliquez sur **Mot de passe Root**. Définissez un mot de passe fort comme convenu au début de ce chapitre, puis cliquez sur **Terminer**.

Remarque

Si vous décidez de définir un mot de passe faible, pour des raisons de test par exemple, il vous faudra cliquer deux fois sur ***Terminer****.*

Vous avez la possibilité de créer un nouvel utilisateur, en cliquant sur **Création de l'utilisateur**.

- Définissez son nom complet et son nom d'utilisateur (ou *username*), qui sera utilisé pour l'authentification sur le système.

Par exemple, le nom complet pourrait être `Thibault Bartolone`, et le nom d'utilisateur `tbartolone`.

Remarque

*En cochant **Faire de cet utilisateur un administrateur**, vous donnez des droits particuliers à cet utilisateur. En utilisant la commande `sudo`, il pourra effectuer des tâches d'administration. Cela signifie que cet utilisateur sera puissant, et comme vous le savez, le pouvoir implique des responsabilités. Le mécanisme `sudo` est expliqué au chapitre Gestion des utilisateurs et des groupes.*

- Après avoir défini un mot de passe fort, cliquez sur **Terminer**.
- Une fois la copie des fichiers effectuée, cliquez sur **Finir la configuration**. Encore quelques tâches à effectuer, et le système est prêt. Cliquez sur **Redémarrer**.

Configuration initiale post-redémarrage

- Il reste quelques formalités à accomplir. Vous devez d'abord accepter la licence en cliquant sur **Informations sur la licence** (ou **License Information**).

▶ Cliquez ensuite sur **Subscription Manager** pour enregistrer le système et bénéficier des mises à jour et de la gestion dans le Portail Client.

▶ Dans l'écran qui apparaît, laissez l'adresse du serveur par défaut et cliquez sur **Suivant**.

▶ Dans l'écran suivant, entrez le nom d'utilisateur et le mot de passe de votre compte Red Hat avec lequel vous avez acheté la souscription, puis cliquez sur **Enregistrer**.

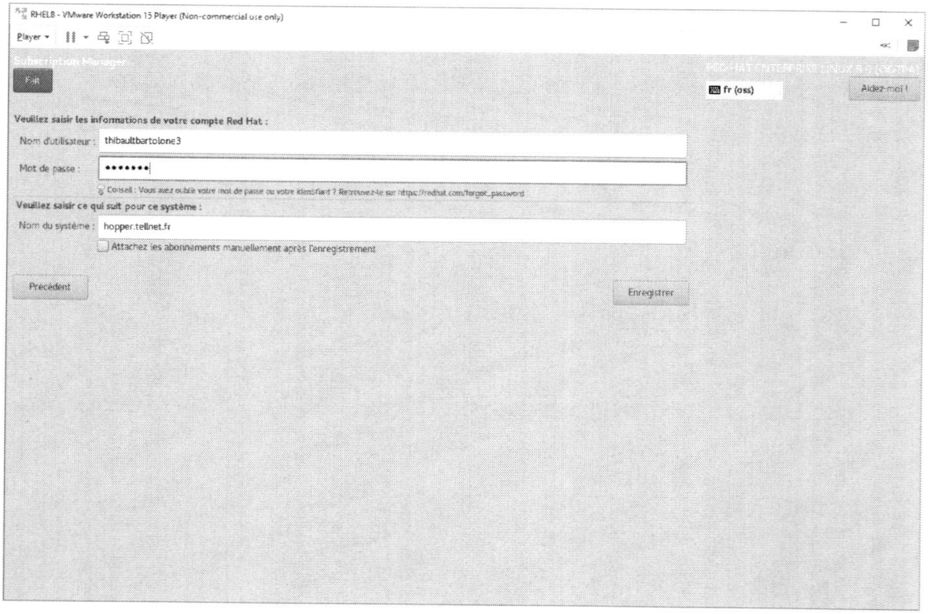

Remarque

*Si vous laissez décoché **Attachez les abonnement manuellement après l'enregistrement**, le Portail Client va prendre automatiquement la première souscription valide adaptée à ce système d'exploitation (RHEL Server).*

▶ Le système est alors enregistré sur le Portail Client. Il n'y a plus qu'à cliquer une ultime fois sur **Fait**.

Remarque

Vous remarquerez que pour CentOS, la gestion de l'abonnement n'apparaît pas.

Si vous avez choisi une installation de RHEL sans interface graphique, vous n'aurez pas cette page dédiée à l'enregistrement. Il faudra alors utiliser des outils en mode texte, expliqués dans la section Outils Red Hat en ligne de commande dans ce même chapitre.

Première authentification

Le système se lance et vous présente une invite de connexion graphique.

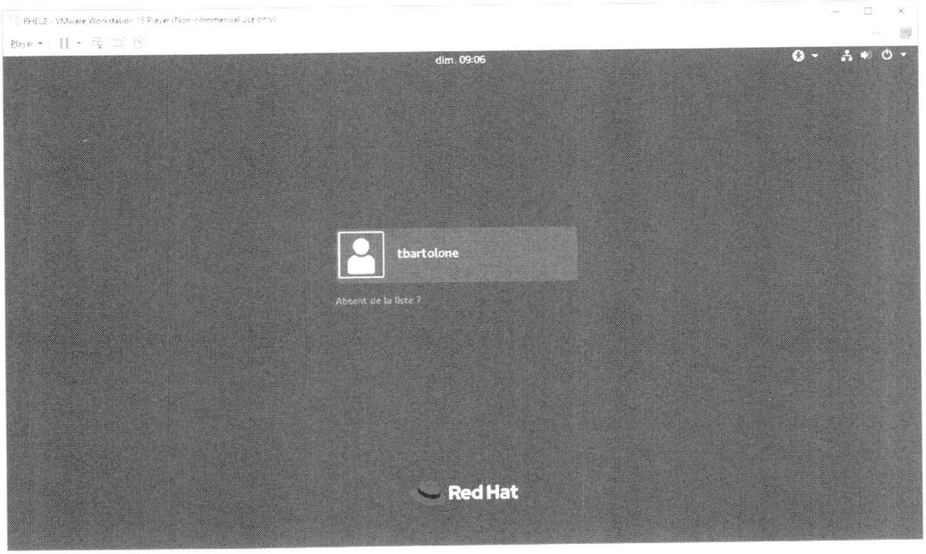

Remarque

Notez qu'il n'y a aucune différence entre RHEL 7 et CentOS 7, mis à part le logo Red Hat.

Cette invite de connexion vous demande d'entrer un nom d'utilisateur et un mot de passe.

Il s'agit bien sûr de l'utilisateur que vous avez créé pendant l'installation.

Il est fortement **déconseillé** de se connecter en tant qu'utilisateur **root**, car cet utilisateur a les pleins pouvoirs, et une fausse manipulation est vite arrivée en interface graphique !

Remarque

Au bout d'un certain délai, un écran de verrouillage apparaît. Il faut le faire glisser vers le haut pour pouvoir s'authentifier.

3. Autres types d'installation

Vous trouverez ici trois autres types d'installation que nous avons choisi d'illustrer avec RHEL 7, mais qui sont facilement adaptables aux versions précédentes :

- **Installation à distance par VNC** : cette installation vous permet de prendre la main à distance sur le processus d'installation. Dans le cas présenté, il faut une présence physique sur site pour insérer le DVD d'installation et taper une commande spécifique au démarrage.

  Cela correspond à une configuration logistique technicien sur site / NOC à distance (*Network Operation Center*, centre d'opérations réseau). Dans ce cas, le technicien non qualifié procède à l'installation physique du serveur et au démarrage de l'installation de l'OS. Le NOC finalise la configuration fine à distance.

- **Installation par PXE/BOOTP** : cette installation utilise un protocole de chargement d'OS, non pas à partir d'un disque local (DVD ou disque dur) mais à partir du réseau via l'interface réseau. Il est adapté aux machines *diskless* (sans disque) qui ne peuvent stocker un OS localement ; l'OS doit être téléchargé à chaque démarrage.

  Ce protocole peut aussi être utilisé pour une installation, dans le cas d'une machine qui ne dispose pas d'un lecteur DVD par exemple. Tous les fichiers nécessaires à l'installation sont téléchargés ; ensuite l'installation peut se dérouler normalement, comme avec un DVD.

- **Installation Kickstart** : on utilise ici un mécanisme d'automatisation d'installation développé par Red Hat. Il se base sur un script Kickstart (`ks`) qui peut être chargé à partir d'une source locale, comme une clé USB.

  Cette configuration est bien sûr adaptée au déploiement de serveurs en nombre (*mass installation*). L'édition préalable d'un script adapté permet un retour sur investissement non négligeable.

Il est bien sûr possible d'envisager la combinaison de ces types d'installation pour vos besoins spécifiques. Nous vous donnons un exemple dans la dernière partie.

3.1 Installation à distance avec VNC

L'installation de RHEL par VNC suit les mêmes étapes que l'installation classique par DVD, à une exception près qui se situe au début de la procédure.

Cela consistera à lancer un serveur VNC sur la machine cible au début de l'installation, puis à s'y connecter à partir d'une station quelconque (Windows par exemple) avec un client VNC.

Boot sur le DVD

Après avoir introduit le DVD d'installation de RHEL 7 physique ou virtuel (sous forme de fichier ISO) dans la machine, il faut lancer l'installation en ayant pris soin de préciser le lecteur DVD comme périphérique de démarrage dans le BIOS.

Remarque

En général, cela est fait automatiquement lors du premier démarrage d'une machine virtuelle VMware.

- Arrivé au premier écran, déplacez-vous avec les flèches du clavier sur le premier choix **Install Red Hat Enterprise Linux 7.0**, puis appuyez sur la touche [Tab].

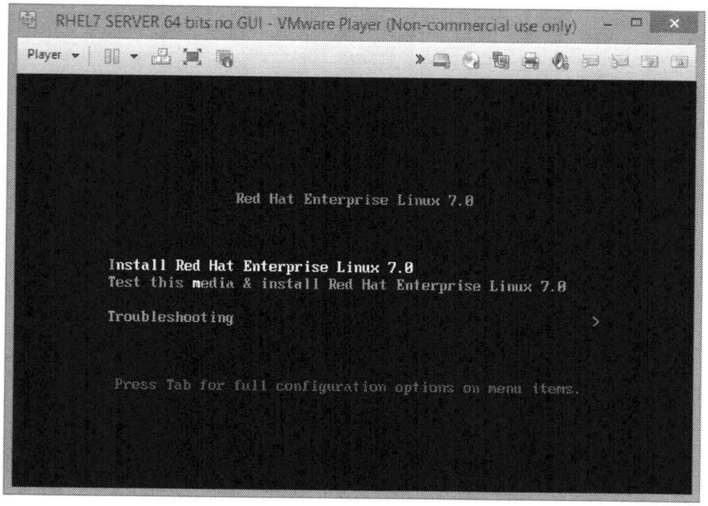

▶ Une ligne de configuration du noyau apparaît. Ajoutez simplement l'option vnc à la fin de cette ligne, puis appuyez sur la touche [Entrée] :

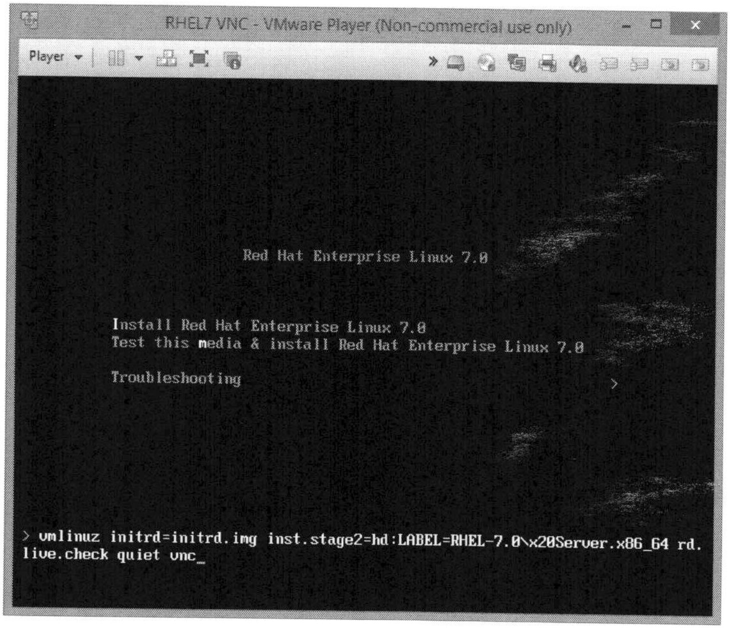

Le serveur VNC se lance et vous donne la marche à suivre.

Vous constatez dans l'exemple suivant que l'interface réseau a été activée pour obtenir une adresse IP d'un serveur DHCP. Ensuite, on nous donne l'adresse complète à laquelle connecter le client VNC :

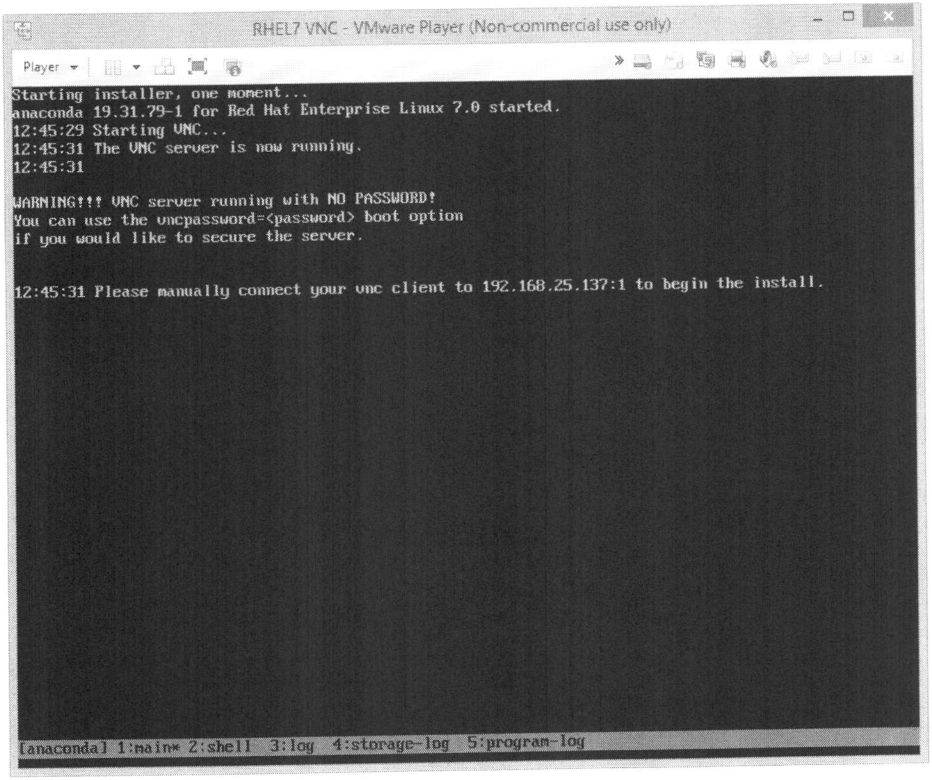

Remarque

Le serveur VNC nous prévient qu'il n'y a pas de mot de passe défini. Si vous vous trouvez sur une infrastructure sécurisée, cela ne pose pas de problème. Il est possible de définir un mot de passe temporaire (de 6 caractères minimum) dans la ligne de configuration du noyau, avec l'option `vncpassword=`.

- Il n'y a plus qu'à se connecter avec un client VNC sur une station distante :

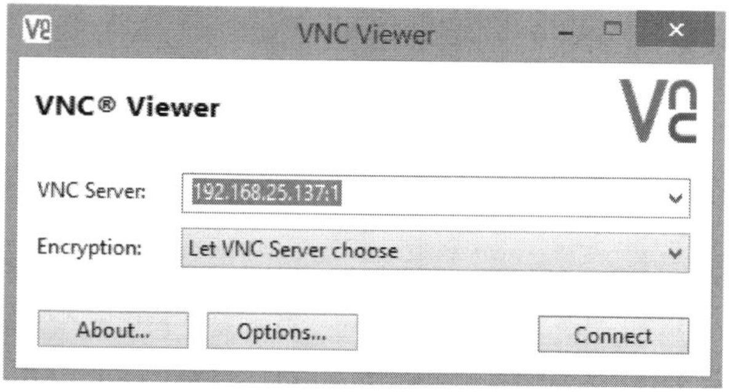

- Vous êtes maintenant connecté à distance à l'interface d'installation de RHEL. Pour la suite de l'installation, reportez-vous à la section Installation d'un système Red Hat - Installation par DVD.

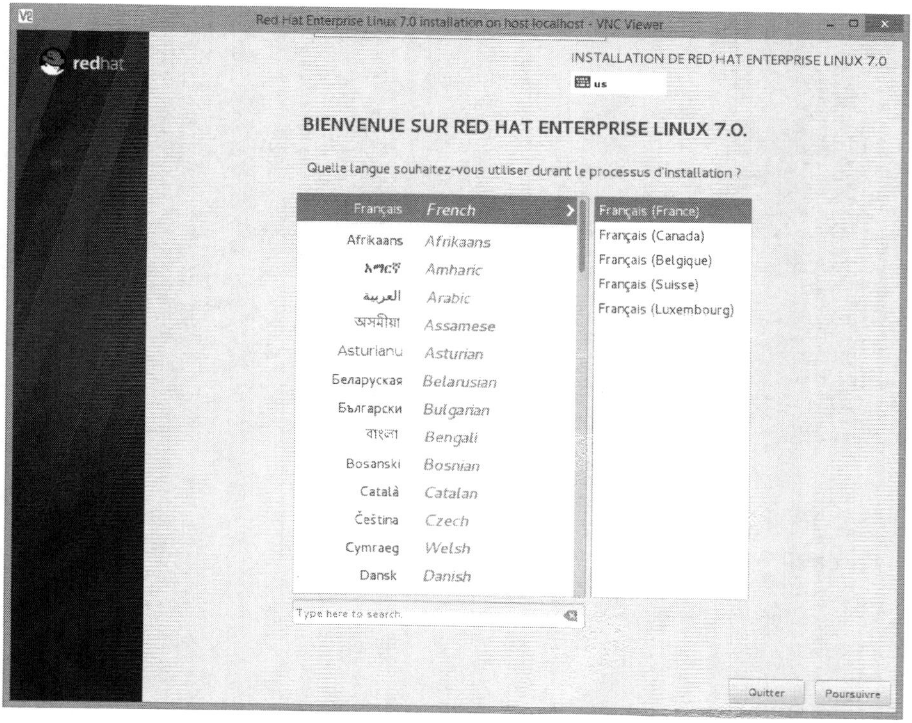

3.2 Installation par le réseau (RHEL 7)

3.2.1 Installation par le réseau avec média d'amorçage et serveur HTTP

L'installation se fait en deux temps :

- Côté serveur, un serveur HTTP ou FTP contenant les fichiers à installer sur la machine cible
- Côté client (machine cible), on insère un média de démarrage, qui cherchera les fichiers nécessaires sur le serveur

Côté serveur

Pour la partie serveur, un serveur web est nécessaire. Nous utiliserons le serveur Apache `httpd` sur une installation existante de RHEL 7.

▶ Sur une machine RHEL 7, ouvrez un terminal et authentifiez-vous en `root`.

▶ Installez le serveur `httpd`.

```
[root@saito ~]# yum install httpd
(...)
Installation :
 httpd              x86_64       2.4.6-18.el7_0       rhel-7-server-
rpms
     1.2 M
(...)
Résumé de la transaction
=================================================================
====
Installation   1 Paquet (+4 Paquets en dépendance)

Taille totale des téléchargements : 1.5 M
Taille d'installation : 4.3 M
Is this ok [y/d/N]: y
```

▶ Insérez le DVD d'installation de RHEL 7 dans le lecteur DVD du serveur.

Remarque

Attention : il s'agit bien du DVD d'installation classique contenant tous les fichiers, et non du média minimal d'installation qui sera utilisé côté client.

▶ Montez le DVD dans un répertoire local. Si vous avez de la chance, il a déjà été monté automatiquement par le système. Pour le savoir, tapez la commande `mount` pour connaître le point de montage. Sinon, utilisez la procédure suivante :

```
[root@saito ~]# mkdir /media/dvd
[root@ saito ~]# mount /dev/cdrom /media/dvd
mount: /dev/sr0 est protégé en écriture, sera monté en lecture
seule
[root@ saito ~]# ls /media/dvd
addons  images      Packages                  RPM-GPG-KEY-redhat-
release
EFI     isolinux    release-notes             TRANS.TBL
EULA    LiveOS      repodata
GPL     media.repo  RPM-GPG-KEY-redhat-beta
```

▶ Créez ensuite un lien symbolique du DVD dans le répertoire du serveur web.

```
[root@saito ~]# ln -s /media/dvd /var/www/html/dvd
[root@saito ~]# ls /var/www/html/dvd/
addons  images      Packages                  RPM-GPG-KEY-redhat-release
EFI     isolinux    release-notes             TRANS.TBL
EULA    LiveOS      repodata
GPL     media.repo  RPM-GPG-KEY-redhat-beta
```

▶ Démarrez le serveur web.

```
[root@saito ~]#  /bin/systemctl start  httpd.service
[root@saito ~]#  /bin/systemctl status  httpd.service
httpd.service - The Apache HTTP Server
   Loaded: loaded (/usr/lib/systemd/system/httpd.service; disabled)
   Active: active (running) since mer. 2014-08-06 15:22:23 CEST; 13s ago
```

▶ Enfin, vérifiez qu'une autre machine du réseau peut bien accéder au serveur web et aux fichiers du DVD (utilisez la commande `ifconfig` ou `ip addr show` pour connaître l'adresse IP de la machine).

Remarque

Si l'accès au site web ne fonctionne pas, il peut s'agir de l'interface réseau désactivée ou mal configurée, du pare-feu bloquant les requêtes pour le port HTTP 80, ou SELinux activé. Reportez-vous au chapitre Réseau pour remédier à cela.

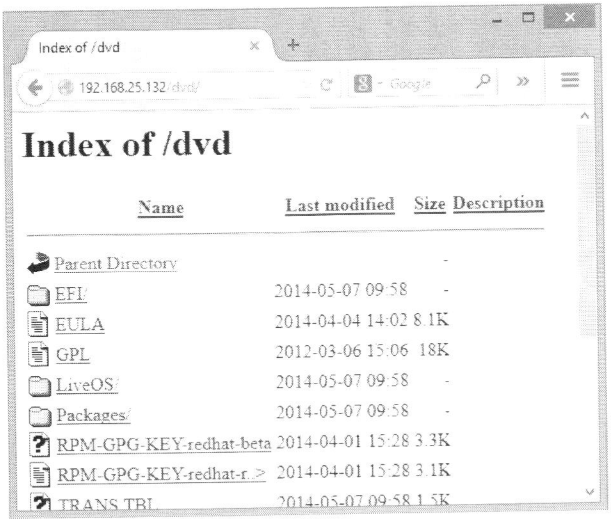

Côté client

- Téléchargez l'image disque contenant l'installateur minimal Red Hat. Elle se nomme souvent `Boot.iso` et pour RHEL 7 a le nom suivant : `rhel-server-7.0-x86_64-boot.iso`

Remarque

Vérifiez l'empreinte SHA de ce fichier le cas échéant.

- Dans votre machine vierge, insérez ce DVD et démarrez la machine.

Remarque

*L'installation est en tous points similaire à une installation classique par DVD. La seule différence réside dans le choix de la source d'installation dans le menu général **Résumé de l'installation**. Il vous faudra surtout avoir configuré l'interface réseau au préalable.*

- Dans ce menu, cliquez sur **Source de l'installation**.
- Dans la fenêtre qui apparaît, pour le champ **Sur le réseau**, indiquez l'adresse du serveur HTTP avec le chemin complet vers les fichiers d'installation, puis cliquez sur **Terminer**.

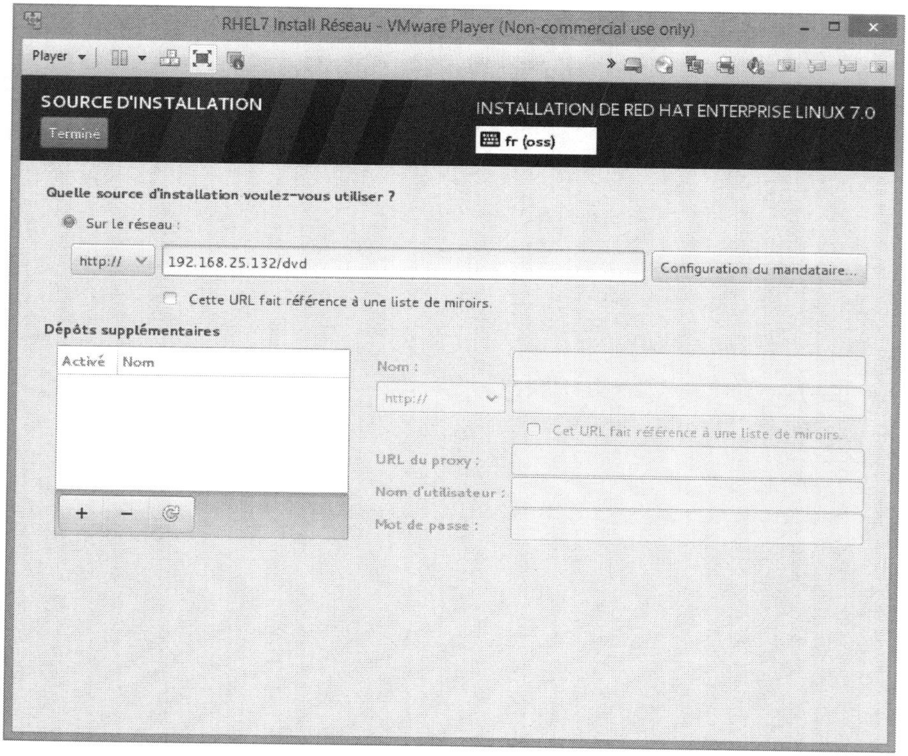

- Une fois que tout est vérifié dans le menu **Résumé de l'installation**, cliquez sur **Commencer l'installation**.
- L'installation commence, les paquets à installer sont téléchargés à partir du serveur web.

3.2.2 Installation par le réseau avec PXE/BOOTP

L'installation se fait en deux temps :

- Côté serveur, il faut installer un serveur DHCP et un serveur TFTP pour le démarrage de l'installateur sans DVD, ainsi qu'un serveur HTTP ou FTP contenant les fichiers à installer sur la machine cible.
- Côté client, il faut lancer l'installateur par le réseau en PXE. Ensuite, on procédera à l'installation du système en HTTP.

Côté serveur

- Procédez d'abord à l'installation et à la vérification du serveur web comme décrit dans la section précédente. Vérifiez que le pare-feu ne bloque pas les ports TCP/80, UDP/67 et UDP/69.

Ensuite, toujours en tant qu'utilisateur `root`, il faut installer et configurer les serveurs DHCP et TFTP.

- Installez les deux serveurs, ainsi que `syslinux` et `xinetd`

```
[root@saito ~]# yum install -y syslinux xinetd tftp-server dhcp
```

Remarque

L'option `-y` répond `oui` automatiquement à toutes les questions.

- Configurez le serveur DHCP pour qu'il délivre une adresse IP à la machine cliente, et la dirige ensuite vers le serveur TFTP/PXE adéquat. Créez pour cela le fichier `/etc/dhcp/dhcpd.conf` avec la configuration suivante :

```
Fichier /etc/dhcp/dhcpd.conf :
Allow booting;
Allow bootp;
authoritative;

# Subnet definition
subnet 192.168.25.0 netmask 255.255.255.0 {
# Parameters for the local subnet
# Client IP range
range dynamic-bootp 192.168.25.140 192.168.25.150;
filename  "pxelinux.0";
next-server  192.168.25.134;
}
```

- Démarrez le serveur DHCP et vérifiez son état.

```
[root@saito ~]# systemctl start  dhcpd.service
[root@saito ~]# systemctl status  dhcpd.service -l
dhcpd.service - DHCPv4 Server Daemon
   Loaded: loaded (/usr/lib/systemd/system/dhcpd.service; disabled)
   Active: active (running) since mer. 2014-08-06 19:49:49 CEST; 2s ago
```

Remarque

S'il existe déjà un serveur DHCP sur votre réseau, il y aura conflit entre les deux. Désactivez temporairement l'autre serveur DHCP ou configurez-le avec la configuration PXE nécessaire.

- Activez le démarrage du serveur `tftp` par `xinetd`. Il faut pour cela éditer le fichier `/etc/xinetd.d/tftp` avec `vi`, et passer la ligne `disable` à `no`.

```
/etc/xinetd.d/tftp
service tftp
{
(...)
        disable                 = no
(...)
}
```

- Démarrez maintenant le service `xinetd` et vérifiez son statut.

```
[root@saito ~]# systemctl start xinetd.service
[root@saito ~]# systemctl status xinetd.service
```

- Copiez `pxelinux.0` dans le répertoire du serveur TFTP pour qu'il puisse être chargé par l'interface réseau au démarrage de la machine cliente.

```
[root@saito ~]# cp /usr/share/syslinux/pxelinux.0 /var/lib/tftpboot/
```

Remarque

`pxelinux.0` est un bootloader réseau (chargeur de démarrage) pour Linux, lancé non pas à partir d'un disque dur, comme GRUB, mais à partir d'une interface réseau respectant le standard PXE.

- Copiez également le contenu du répértoire `isolinux` du DVD d'installation vers le répertoire du serveur TFTP.

```
[root@saito isolinux]# cp /media/dvd/isolinux/* /var/lib/tftpboot/
```

Remarque

*Le répertoire `isolinux` contient un système d'exploitation Linux Red Hat, dont le démarrage aboutit non pas à un OS complet, mais à l'installateur **Anaconda** de Red Hat.*

- Il faut également indiquer au bootloader où chercher les fichiers de démarrage du système d'exploitation. Créez le répertoire `/var/lib/tftpboot/pxelinux.cfg/` :

```
[root@saito isolinux]# mkdir /var/lib/tftpboot/pxelinux.cfg/
```

et créez-y le fichier `default` avec le contenu suivant :

```
Fichier /var/lib/tftpboot/pxelinux.cfg/default :
default vesamenu.c32
prompt 1
timeout 5

display boot.msg

label linux
  menu label ^Install or upgrade an existing system
  menu default
  kernel vmlinuz
  append initrd=initrd.img
root=live:http://192.168.25.132/dvd/LiveOS/squashfs.img
```

Remarque

L'image `squashfs` contient une partition racine optimisée pour être la plus petite possible. Indiquez le chemin vers les fichiers du DVD d'installation sur le serveur web. Cette image sera téléchargée au moment du chargement de l'OS.

Côté client

Vous allez maintenant lancer l'installation de RHEL par PXE.

- Au préalable, configurez le BIOS de la machine pour démarrer le système d'exploitation sur la carte réseau et sauvegardez, puis redémarrez la machine.

Par exemple, pour une machine virtuelle VMware, on configure le démarrage à partir de l'interface réseau :

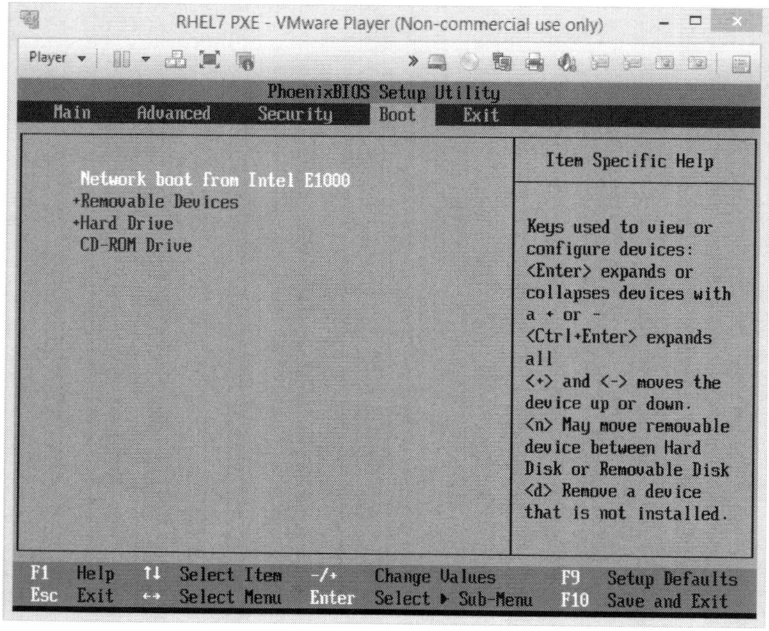

Après le redémarrage, la carte réseau obtient une adresse IP et l'adresse du serveur PXE. Elle télécharge ensuite le bootloader `pxelinux.0`.

Dans l'exemple suivant, ces deux étapes sont réalisées, et `pxelinux.0` s'apprête à lancer son menu de démarrage.

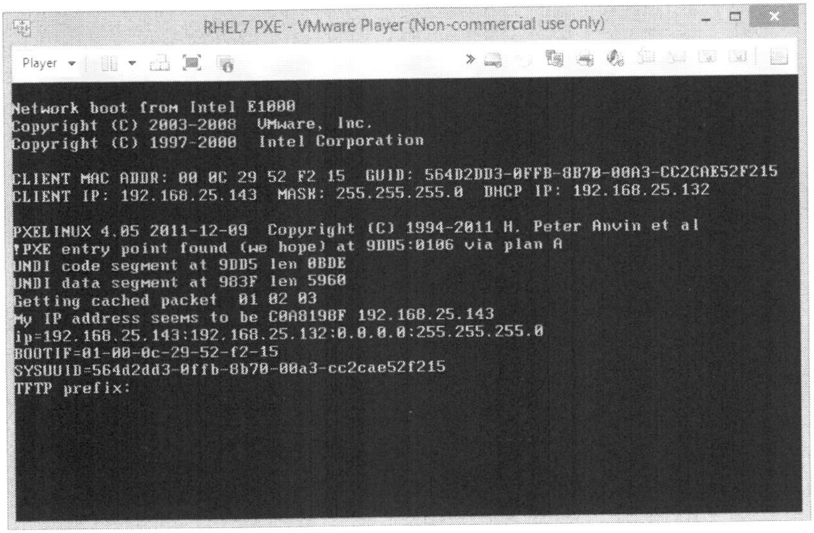

Le menu de démarrage de pxelinux.0 s'affiche ensuite et lance le système d'exploitation en commençant par le noyau Linux appelé vmlinuz :

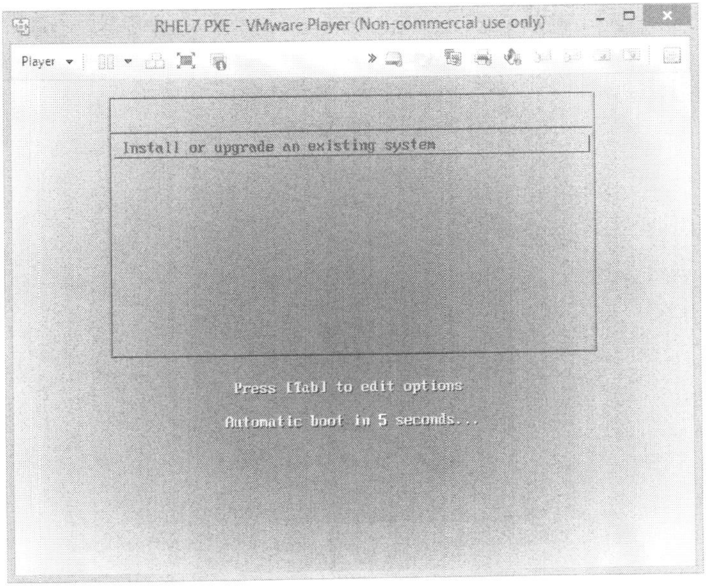

Au final, l'installateur **Anaconda** est lancé :

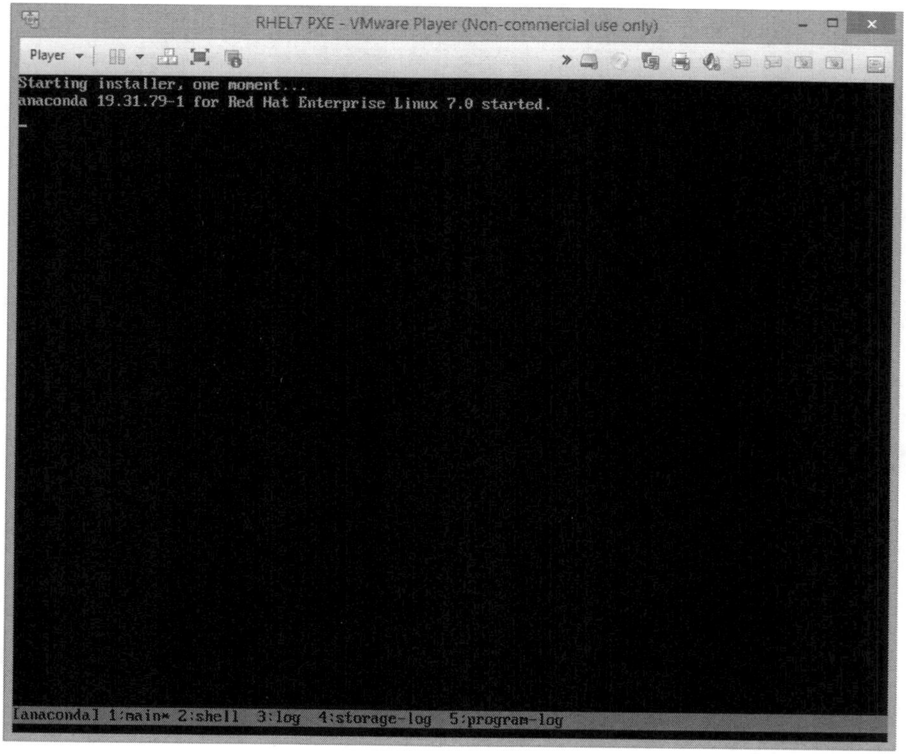

Anaconda lance ensuite une interface graphique. Une installation réseau par HTTP peut commencer, en suivant la procédure décrite dans la section précédente Installation par le réseau avec média d'amorçage et serveur HTTP.

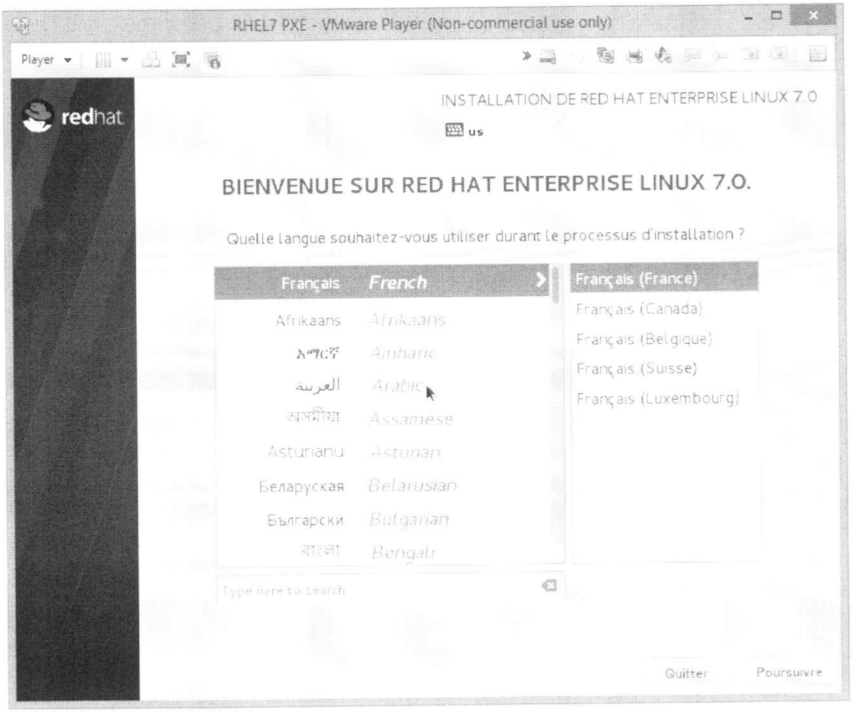

3.2.3 Installation automatisée avec Kickstart

L'installation avec Kickstart est relativement simple. Elle consiste à installer RHEL automatiquement, en se basant sur des scripts générés par l'installateur Anaconda ou par un outil dédié (*Kickstart Configurator*).

Ce type d'installation est particulièrement adapté à un parc de machines ayant une configuration matérielle assez similaire.

Dans la procédure qui suit, nous utiliserons un script Kickstart généré lors d'une installation précédente de RHEL 7 avec GUI, stockée sur un serveur HTTP. Lors de l'installation, on demandera au client d'aller chercher ce fichier sur le serveur. Le DVD d'installation devra se trouver quant à lui dans le lecteur DVD local.

Côté serveur

Pour la partie serveur, il faut installer le serveur `httpd` et vérifier son bon fonctionnement. Nous vous invitons à vous référer à la section Installation par le réseau avec média d'amorçage et serveur HTTP, partie Côté serveur plus tôt dans ce manuel.

▶ Une fois cela effectué, jetez un coup d'œil au script Kickstart généré lors d'une installation de votre choix. Il s'agit du fichier `anaconda-ks.cfg` dans `/root` :

```
[root@saito ~]# ls -lh /root
total 8,0K
-rw-------. 1 root root 1,3K  6 juil. 04:36 anaconda-ks.cfg
-rw-r--r--. 1 root root 1,3K  5 août  15:12 initial-setup-ks.cfg
```

Remarque

Ce fichier est hautement personnalisable pour permettre des configurations fines en fonction des machines. Pour cet exemple, nous modifierons simplement le hostname de la machine cible, qui sera reflété dans le nom du fichier.

▶ Copiez le fichier dans le répertoire du serveur HTTP, avec un nom contenant le hostname de la machine cible.

Pour notre exemple :

```
[root@saito ~]# cp /root/anaconda-ks.cfg /var/www/html/ariane-ks.cfg
```

▶ Changez les droits de ce fichier en lecture universelle :

```
[root@saito ~]# chmod +r /var/www/html/ariane-ks.cfg
```

▶ Modifiez ce fichier avec le hostname qui convient, en modifiant la ligne `network --hostname`.

```
Fichier /var/www/html/ariane-ks.cfg
# Network information
network  --bootproto=dhcp --device=eno16777736 --ipv6=auto -
activate
network  --hostname=ariane.tellnet.fr
```

Remarque

Notez les autres paramètres de configuration, dont la configuration en DHCP de l'interface réseau. Il faut que l'interface réseau sur la machine cible ait exactement le même nom (`eno16777736`).

Côté client

Après avoir introduit le DVD d'installation de RHEL 7 physique ou virtuel (sous forme de fichier ISO) dans la machine, il faut lancer l'installation en ayant pris soin de préciser le lecteur DVD comme périphérique de démarrage dans le BIOS.

Remarque

En général, cela est fait automatiquement lors du premier démarrage d'une machine virtuelle VMware.

- Arrivé au premier écran, déplacez-vous avec les flèches du clavier sur le premier choix **Install Red Hat Enterprise Linux 7.0**, puis appuyez sur la touche [Tab] :

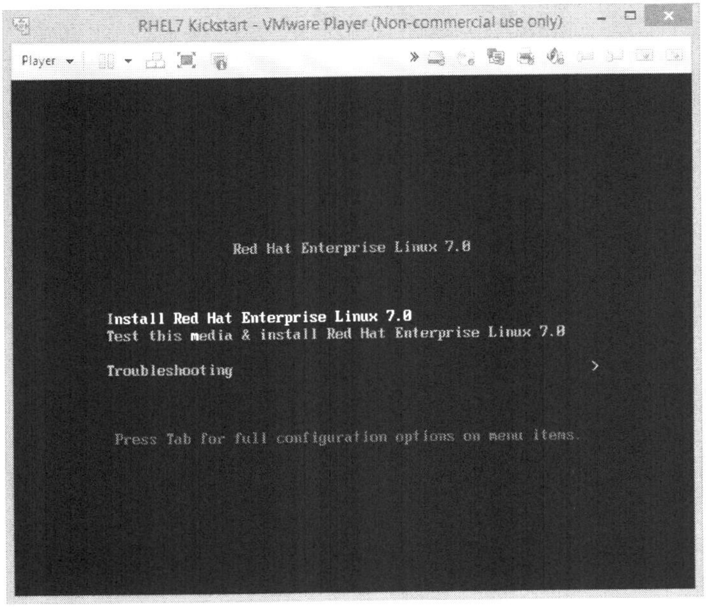

- Une ligne de configuration du noyau apparaît. Ajoutez simplement l'option suivante, contenant l'adresse du serveur web et le chemin du fichier Kickstart à la fin de cette ligne, puis appuyez sur la touche [Entrée] :

```
ks=http://<adresse_IP_du_serveur>/<fichier_kickstart>.cfg
```

Remarque

N'oubliez pas que le clavier est configuré en qwerty à ce moment-là. Il faut ainsi remplacer les touches comme suit :

```
: = [MAJ] + M
/ = !
a = q
w = z
. = /
chiffres et - sur pavé numérique
```

Par exemple :

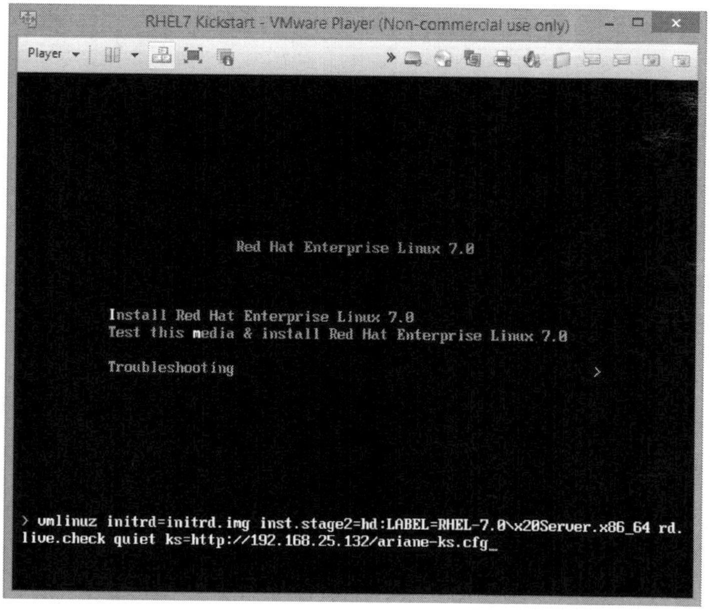

Après avoir appuyé sur [Entrée], vous constatez que l'installation se lance automatiquement : il n'y a aucune configuration à faire.

Remarque

Il s'agit bien d'une installation automatique, et non d'une installation réseau. Les fichiers d'installation sont chargés à partir du DVD local. Le script Kickstart est en effet téléchargé à partir du réseau, mais il aurait pu être chargé à partir d'une clé USB ou d'un disque dur.

Personnalisation du script Kickstart

Il est possible de personnaliser le script Kickstart de deux manières : directement en éditant le fichier, ou en utilisant *Kickstart Configurator*.

Pour l'édition en direct (avec `vi` par exemple), utilisez le document de référence de la syntaxe Kickstart, au chapitre 23 du Guide d'installation disponible sur le Portail Client (en anglais) que nous vous invitons à lire.

Par exemple, la documentation éclaire l'utilisation de la commande `network`, permettant entre autres de configurer l'interface réseau. Pour définir une adresse IP fixe, selon ce document, il faut utiliser la ligne suivante :

```
network --bootproto=static --ip=10.0.2.15 --netmask=255.255.255.0
--gateway=10.0.2.254 --nameserver=192.168.2.1,192.168.3.1
```

On notera avec intérêt dans la même portion les différents mots-clés à utiliser pour reconnaître l'interface à configurer. Les mots-clés `eula`, `reboot`, ainsi que les scripts `pre-installation` et `post-installation` sont dignes d'intérêt.

L'outil Kickstart Configurator, quant à lui, dispose d'une panoplie d'options plus réduite, mais de manière graphique.

Remarque

Pour installer Kickstart Configurator, avec une interface graphique, allez dans le menu ***Applications*** *-* ***Outils système*** *-* ***Logiciels*** *et tapez* `kickstart` *dans le champ de recherche. Installez* `system-config-kickstart`*. En ligne de commande en utilisateur root, tapez* `yum install system-config-kickstart`*. Ouvrez maintenant l'outil dans le menu* ***Applications*** *-* ***Outils système*** *-* ***Kickstart****.*

Une fois Kickstart Configurator lancé, vous pouvez ouvrir un fichier Kickstart existant et en modifier les options.

Remarque

Attention ! L'outil ne modifie pas le fichier existant, mais en créera un nouveau. Nous vous conseillons de sauvegarder le fichier créé avec un nom différent, et d'en vérifier le contenu avec un éditeur de texte.

Dans l'exemple suivant, nous avons ouvert un fichier Kickstart existant. Notez la langue de l'OS et le mot de passe de root déjà définis, mais aucune trace de l'utilisateur créé. Il sera pourtant dans le fichier final.

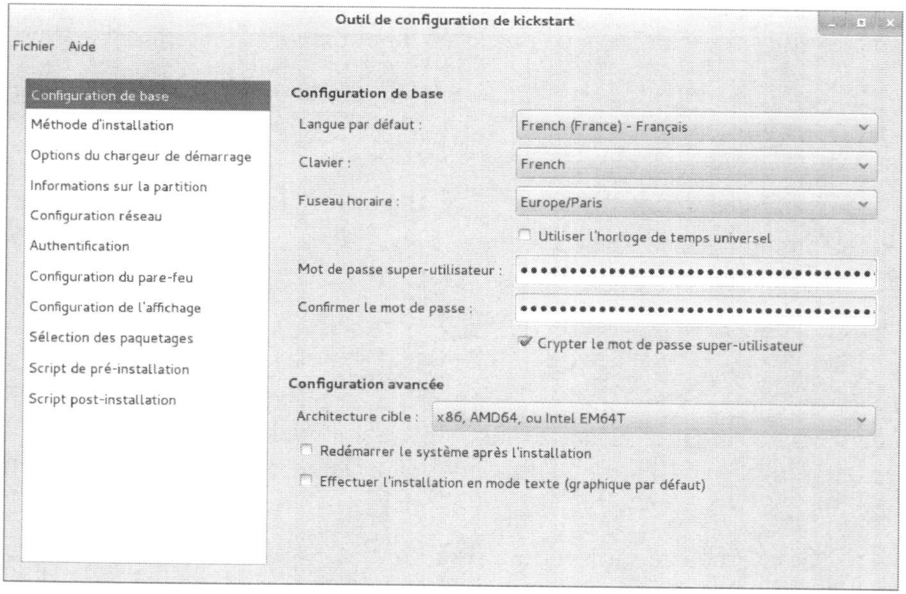

3.2.4 Exemple de combinaison : Installation PXE/VNC listener

Cet exemple répond à la question : comment procéder à une installation à distance, avec un minimum d'intervention sur site ?

Elle consistera simplement pour le technicien local à allumer la machine. Tout le reste est fait à distance.

Elle se repose donc sur les éléments suivants :

- Démarrage PXE, pour éviter de devoir insérer un DVD local.
- Prise en main à distance par VNC pour la suite de l'installation.

  Cependant, cette configuration seule est insuffisante : elle oblige le technicien à rester devant l'écran pour communiquer au NOC l'adresse IP obtenue par le serveur DHCP.

  Nous choisissons alors l'option inverse : côté NOC, le client VNC est lancé en écoute (*listener*). Le client attend alors la connexion du serveur VNC se trouvant sur la machine distante sur laquelle on effectue l'installation.

Remarque

Précisément, dans une vue TCP/IP, le client VNC en écoute devient un serveur, puisqu'il attend une connexion de l'extérieur, alors que le serveur VNC sur la machine distante devient client, puisqu'il initie la connexion.

- Une fois que le NOC a la main sur la machine distante, on procédera à une installation non pas par DVD (il n'y a aucun média local dans la machine), mais par HTTP.

L'installation se fait en trois temps :

- Côté station d'administration NOC, lancer un client VNC en écoute.
- Côté serveur, il faut installer un serveur DHCP et un serveur TFTP/PXE pour le démarrage de l'installateur sans DVD, ainsi qu'un serveur HTTP ou FTP contenant les fichiers à installer sur la machine cible.
- Côté client, il faut lancer l'installateur par le réseau en PXE.

Sur la station côté NOC (sous Windows)

La station d'administration a de préférence une adresse IP fixe qui sera inscrite dans la configuration PXE à destination de la machine distante.

Il faut lancer VNC Viewer en mode écoute :

- Après avoir téléchargé VNC Viewer sur www.realvnc.com, ouvrez l'emplacement de l'exécutable et cliquez dessus avec le bouton droit.

- Dans le menu contextuel qui apparaît, cliquez sur **Épingler à l'écran d'accueil**. Un raccourci VNC est ajouté à la barre de tâches du bureau.

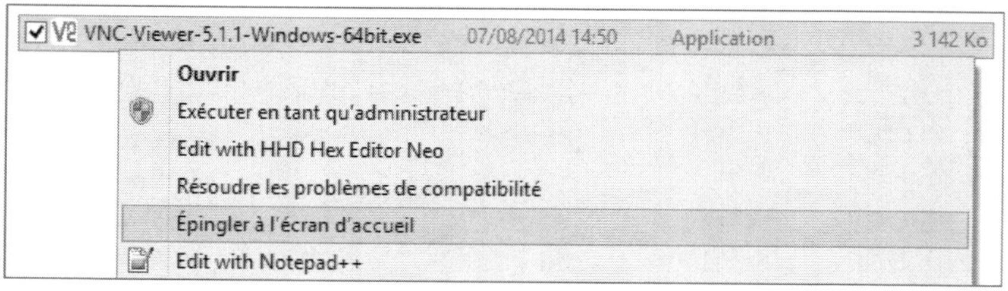

- Cliquez avec le bouton droit sur ce raccourci, puis encore bouton droit sur **VNC Viewer**, et sélectionnez **Propriétés**.

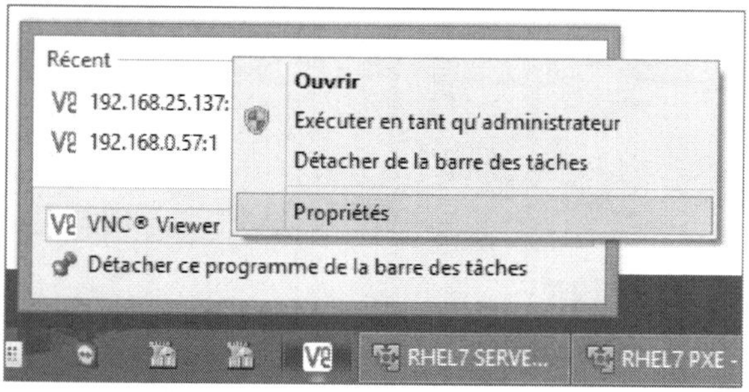

- Dans l'onglet **Raccourci**, dans le champ **Cible**, rajoutez l'option `-listen` à la fin de la ligne de lancement du programme.

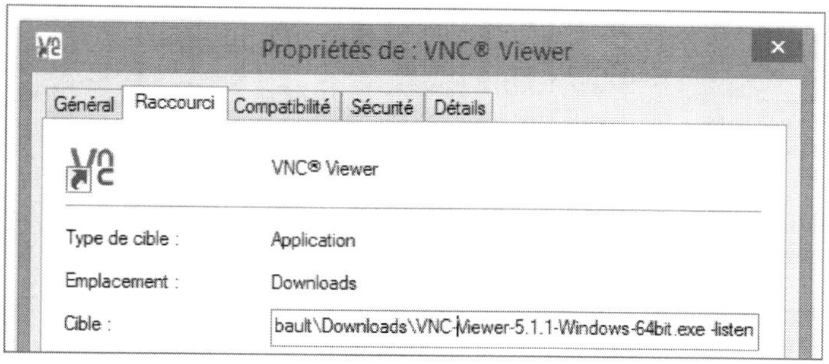

- Cliquez ensuite sur le raccourci pour l'exécuter. Acceptez la demande du pare-feu Windows pour autoriser le programme à ouvrir un port en écoute sur l'interface réseau.

- L'icône **Listening VNC Viewer** doit alors apparaître dans la zone de notification en bas à droite : VNC Viewer est en attente pour prendre la main sur la machine distante.

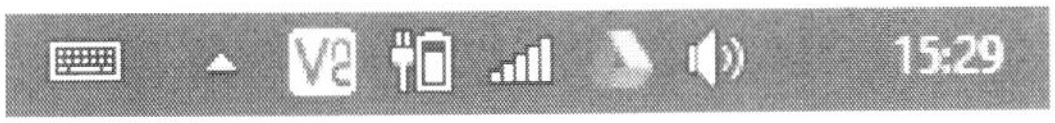

Sur le serveur PXE

Pour la configuration du serveur PXE, la procédure est identique à la section Installation par le réseau avec PXE/BOOTP, en n'oubliant pas d'inclure l'installation du serveur HTTP pour l'installation des fichiers système.

Dans la configuration du bootloader envoyé par PXE au client en TFTP, ajoutez simplement l'option `vnc vncconnect=` :

```
Fichier /var/lib/tftpboot/pxelinux.cfg/default
(...)
  append initrd=initrd.img root=live:http://192.168.25.132/dvd/
LiveOS/
squashfs.img linux vnc vncconnect=192.168.25.1
```

Remarque

L'option `vncconnect=` doit contenir l'adresse IP de la station d'administration du NOC. Cette commande, envoyée par le serveur PXE, ordonne à la machine distante de connecter son serveur au client en écoute se trouvant au NOC.

Sur la machine distante

Sur la machine où l'on va effectuer l'installation, il suffit simplement d'appuyer sur le bouton ON. Tout le reste est fait à distance, d'abord par le serveur PXE, puis par le NOC.

- Au préalable, configurez le BIOS de la machine pour démarrer le système d'exploitation sur la carte réseau et sauvegardez, puis redémarrez la machine.

Par exemple, pour une machine virtuelle VMware, on configure le démarrage à partir de l'interface réseau :

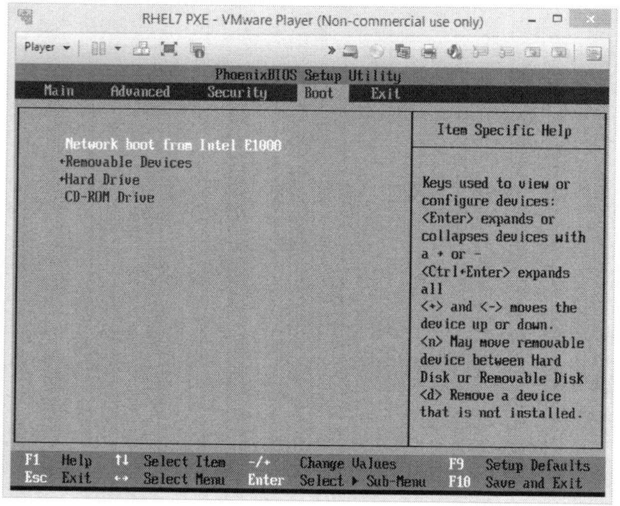

Après le redémarrage, la carte réseau obtient une adresse IP et l'adresse du serveur PXE. Elle télécharge ensuite le bootloader `pxelinux.0`.

Dans l'exemple suivant, ces deux étapes sont réalisées, et `pxelinux.0` s'apprête à lancer son menu de démarrage.

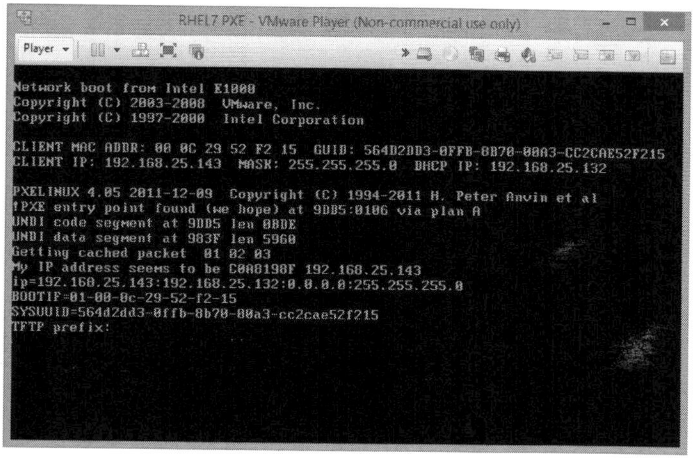

Le menu de démarrage de `pxelinux.0` s'affiche ensuite et lance le système d'exploitation en commençant par le noyau Linux appelé `vmlinuz` :

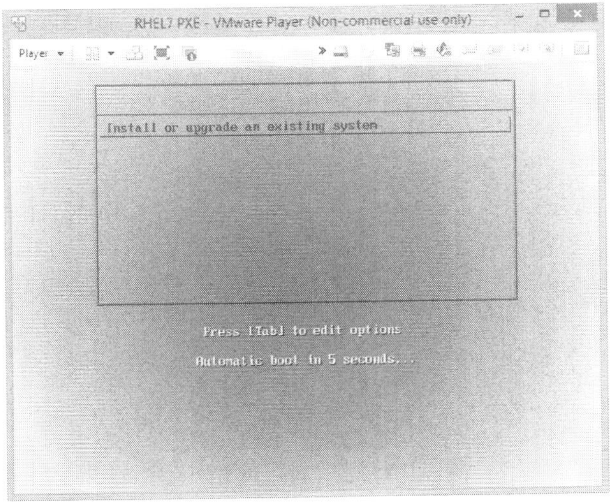

Au final, l'installateur **Anaconda** est lancé, avec l'option de connexion au client VNC du NOC

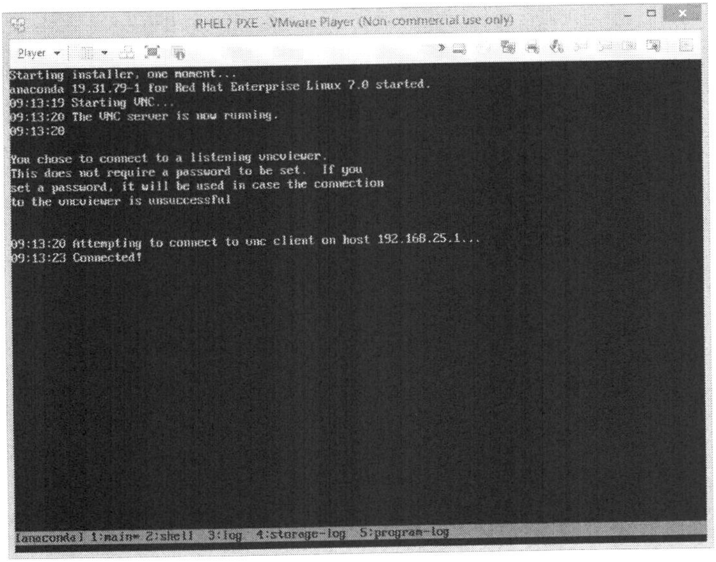

Côté NOC, une fenêtre VNC s'ouvre **automatiquement** : nous avons la main sur la machine distante.

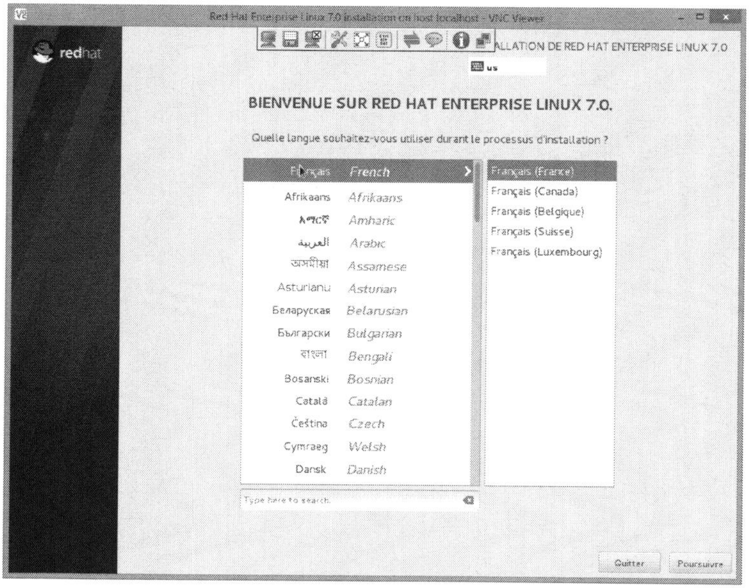

L'installation peut alors commencer. Les fichiers seront téléchargés à partir du serveur HTTP ; il faut donc suivre la procédure décrite dans la section Installation par le réseau avec média d'amorçage et serveur HTTP.

4. Prise en main du système

4.1 Ligne de commande

4.1.1 Les shells en général

Le Shell (enveloppe, ou coquille) est l'interface de contrôle du système d'exploitation. Il s'agit d'une interface en mode texte, c'est-à-dire que vous devez taper des commandes au clavier et attendre un résultat sous forme de texte. On parle alors de la **ligne de commande**, ou de **l'interface en ligne de commande** (en anglais : **CLI**, *Command-Line Interface*).

Comme son nom l'indique, le Shell entoure le Kernel (noyau), comme pour un fruit. Sans entrer dans le détail, le noyau est le cœur du système d'exploitation. Il est en relation directe avec les différents éléments matériels de la machine, qu'il contrôle. Le Shell est un interpréteur de commandes : il interprète les ordres de l'utilisateur, qu'il transforme en langage compréhensible par le noyau. C'est ainsi grâce au Shell que l'utilisateur contrôle la machine. L'ensemble, associé à divers programmes, forme le système d'exploitation.

Remarque

Bien que l'interface graphique, dont nous parlons plus loin (sous-titre Présentation de l'interface graphique), soit aussi un shell, le sens le plus courant associé au mot shell est la ligne de commande, c'est-à-dire l'interface en mode texte.

Les shells ont évolué en fonction des besoins de leurs utilisateurs. Il existe donc aujourd'hui une certaine variété de shells, dont voici quelques exemples :

- `sh` : le Bourne Shell, un des premiers shells largement utilisé, devenu un standard de facto.
- `bash` : Bourne Again Shell, en plus de reprendre le nom de son père dans un jeu de mot new age assez sympathique, le bash est compatible avec le sh et en étend les possibilités. C'est clairement le shell le plus utilisé dans le monde Linux, celui qui est installé en standard.
- `csh` : C-Shell, un shell utilisant une syntaxe proche du langage C.
- `ksh` : Korn shell, shell disponible sous Unix, Linux et Windows. Ce shell est compatible avec le Bourne shell et inclut des fonctionnalités du C Shell.

Pourquoi le shell ?

On pourrait se demander pourquoi utiliser un shell en mode texte, difficile à apprendre, quand on dispose d'une interface graphique.

Les avantages sont les suivants :

- Les commandes en ligne sont complètes : en mode texte, il est possible d'ajouter un nombre impressionnant d'options, qui adaptent la commande à n'importe quel besoin. Elles sont renseignées dans des pages d'aide (des pages de manuels), bien fournies et formatées.

- Les commandes en ligne sont universelles : pour expliquer comment réaliser une opération, il suffit de donner la commande à taper. Cela est beaucoup plus simple que des captures d'écran pour montrer comment réaliser la même opération en interface graphique.
- Les commandes en ligne sont combinables entre elles et automatisables.
- Certaines opérations ne sont possibles qu'en ligne de commande.
- À l'utilisation, les commandes en ligne s'avèrent bien souvent plus rapides.
- La ligne de commande utilise peu de ressources et peut être accédée à partir d'équipements peu puissants.

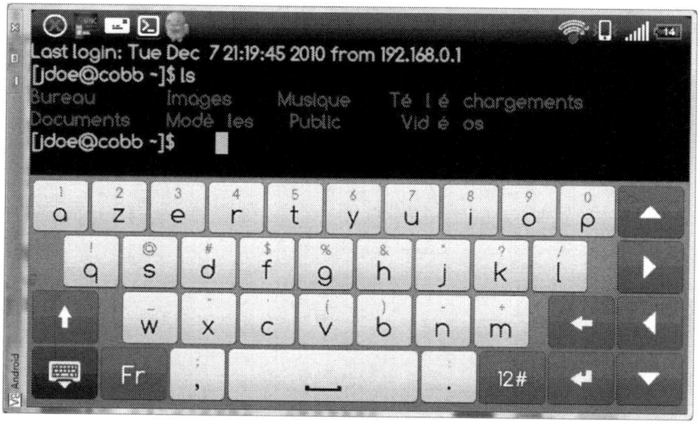

Accès en ligne de commande à partir d'un téléphone

Pour ces raisons et d'autres encore, un administrateur système devra savoir utiliser la ligne de commande.

4.1.2 Le bash

Le bash est le shell du projet GNU. C'est un shell libre, inspiré du Bourne shell propriétaire du monde Unix, qu'il reprend en lui ajoutant de nombreuses améliorations.

Remarque

Bourne again shell est un jeu de mots rappelant le « born again » (né de nouveau), mouvement évangéliste américain.

Le bash est donc un interpréteur de commande. Il permet également de faire des scripts, c'est-à-dire de courts programmes contenus dans un fichier et lus par le shell, sans intervention de l'utilisateur.

Exécution

Un shell bash peut être lancé de plusieurs manières, qui sont utilisées autant les unes que les autres :

- **En mode console ou terminal** : vous êtes **physiquement devant votre machine**. Lorsque le système n'a pas d'interface graphique, il vous présente au démarrage une invite de connexion, vous demandant d'entrer un nom d'utilisateur et un mot de passe, après quoi le shell bash est lancé. Ce mode d'utilisation est appelé **tty** (*teletype*, ou téléscripteur).

```
Red Hat Enterprise Linux Server release 6.0 (Santiago)
Kernel 2.6.32-71.el6.i686 on an i686

login as: jdoe
jdoe@192.168.0.37's password:
Last login: Wed Dec  1 04:03:37 2010 from 192.168.0.2
[jdoe@cobb ~]$
```

Remarque

Il est possible de jongler entre six terminaux en mode texte, même si l'interface graphique est lancée. Tapez simultanément sur la touche [Ctrl] et les touches [F2] à [F6] pour aller sur les consoles 2 à 6. Tapez [Ctrl][F1] ou [F7] pour aller sur l'interface graphique.

- **Dans une interface graphique** : vous êtes déjà connecté avec votre nom d'utilisateur et votre mot de passe. Vous ouvrez alors un terminal, qui contiendra le shell bash dans une fenêtre.

Remarque

*Le terminal graphique se trouve dans le menu **Applications**, sous-menu **Outils système**.*

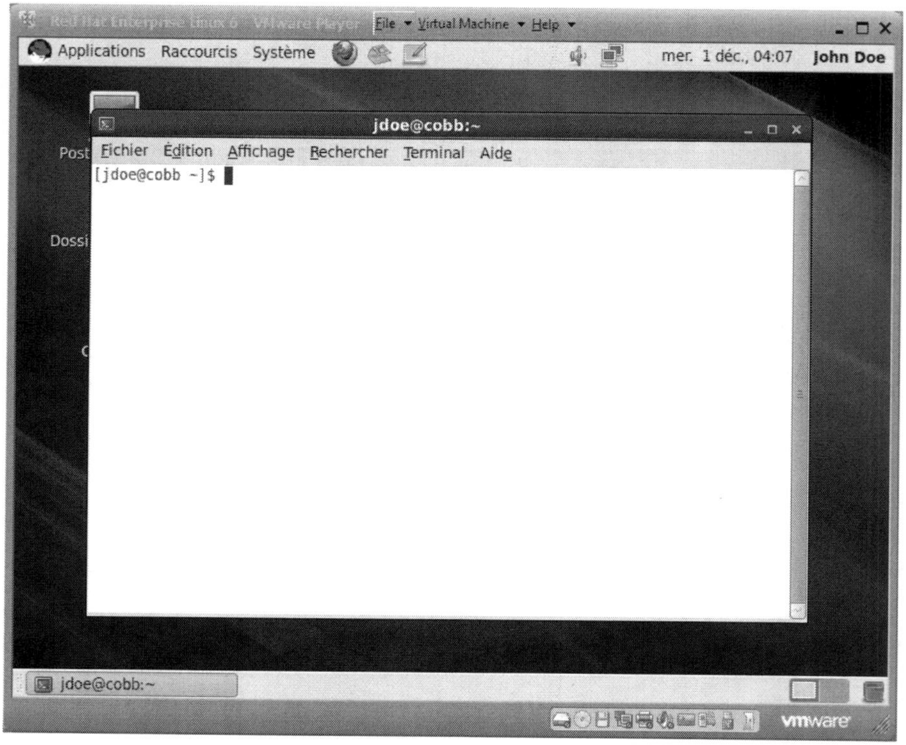

Un shell lancé dans une interface graphique

- **En ligne de commande à distance** : en utilisant le protocole de communication sécurisé SSH (*Secure Shell*, Shell sécurisé), on peut ouvrir une interface en ligne de commande sur un ordinateur distant. On parle alors de terminal virtuel, ou **vty** (*virtual teletype*, ou téléscripteur virtuel).

Dans l'exemple suivant, notez que nous sommes sur la machine `eames` (en utilisateur `root`), après quoi nous nous connectons en ssh à la machine `cobb` (en utilisateur `jdoe`) :

```
[root@eames ~]# ssh jdoe@cobb
jdoe@cobb's password:
Last login: Tue Dec  7 21:19:37 2010 from 192.168.0.1
[jdoe@cobb ~]$
```

Syntaxe

La ligne de commande s'articule comme une phrase, avec différents types de mots séparés par des espaces :

```
commande option(s) cible(s)
```

Remarque

Remarquez que les « mots » sont séparés par des espaces. Il est également important de préciser que le shell est sensible à la casse. Sauf cas exceptionnel, il faudra scrupuleusement respecter les majuscules et les minuscules. La plupart du temps, les commandes sont en minuscules.

Le premier mot est **la commande**. On pourrait dire que c'est le « verbe » de notre ligne de commande. C'est le **programme qui va effectuer une certaine action**, par exemple, afficher le contenu d'un fichier.

La cible, c'est l'objet sur lequel on va effectuer l'action. Par exemple, un nom de fichier, dont on va afficher le contenu.

Par exemple, avec la commande `cat`, nous affichons le contenu du fichier verlaine :

```
[jdoe@cobb ~]$ cat verlaine
Les sanglots longs
Des violons
De l'automne
Blessent mon coeur
D'une langueur
Monotone.
```

Notez qu'une commande peut traiter une ou plusieurs cibles.

Par exemple, nous affichons maintenant le contenu de deux fichiers :

```
[jdoe@cobb ~]$ cat verlaine apollinaire
Les sanglots longs
Des violons
De l'automne
Blessent mon coeur
D'une langueur
Monotone.
```

```
Sous le pont Mirabeau coule la Seine
Et nos amours
Faut-il qu'il m'en souvienne
La joie venait toujours après la peine
```

Les options sont comme des adverbes : **elles modifient la façon dont le programme opère**. On pourrait dire que le résultat est le même, mais le traitement est effectué d'une façon différente en fonction des options.

Une option est souvent un caractère, précédé d'un tiret.

Par exemple, l'option `-n` avec la commande `cat` affiche les numéros de lignes :

```
[jdoe@cobb ~]$ cat -n verlaine
     1  Les sanglots longs
     2  Des violons
     3  De l'automne
     4  Blessent mon coeur
     5  D'une langueur
     6  Monotone.
```

Ici, le résultat est le même que pour la première commande, mais présenté d'une manière différente.

Remarques concernant les options

- Il est possible de mettre plusieurs options à la suite, en précédant l'ensemble des lettres d'un seul tiret.

  Par exemple, les options `-E` et `-n` peuvent également s'écrire `-En`.

- Une option peut être un mot complet. Dans ce cas, elle est précédée de *deux* tirets.

  Par exemple, l'option `--version` donne la version d'un programme.

  Attention ! À ne pas confondre avec `-version` (avec un seul tiret). C'est en fait la concaténation des options `-v`, `-e`, `-r`, `-s`, `-i`, `-o`, `-n` (si elles existent).

Il existe des centaines de commandes, chacune pouvant posséder parfois des dizaines d'options, vous permettant d'effectuer n'importe quelle tâche.

Types de commandes

Il existe plusieurs types de commandes :

- Les alias : ce sont des mots remplaçant des groupes de mots.

  Par exemple, `ll` remplace `ls -l -color=auto`.

```
[jdoe@cobb ~]$ alias
alias ll='ls -l --color=auto'
```

- Les commandes internes : des commandes qui font en fait partie du shell, comme par exemple les commandes `cd`, `echo`, `kill`, `pwd`. Ce ne sont pas des programmes séparés. Lorsque vous appelez ce type de commandes, vous faites en réalité appel au shell bash. Pour avoir une liste des commandes internes, tapez dans un shell `man bash` et allez à la section `COMMANDES INTERNES`.
- Les commandes externes : des programmes externes stockés quelque part sur le disque dur.

4.1.3 Aide en ligne

Les commandes du shell sont nombreuses et compliquées. Elles disposent de nombreuses options qu'il est difficile de mémoriser. C'est pourquoi la plupart des commandes disposent d'une aide en ligne, un « manuel ». On entend souvent parler des *pages de manuel*, des pages de *man* ou des *manpages*.

Pour afficher la page de man d'une commande, il suffit de taper :

```
man commande
```

Par exemple, pour afficher la page de man de la commande `ifconfig` :

```
man ifconfig
```

Le résultat affiche un manuel organisé, dans un format bien particulier. On trouvera en général au moins les sections suivantes :

- `Nom` : les différents moyens d'appeler cette commande, ainsi qu'une brève description.
- `Synopsis` : la syntaxe d'utilisation de la commande.

- `Description` : une description détaillée de ce que fait la commande, avec souvent force détails sur son fonctionnement, son utilisation, etc.
- `Options` : un descriptif des options disponibles pour cette commande.

Remarque

Si la commande est une commande standard UNIX, on trouve parfois les options Posix, communes aux systèmes UNIX, et les options GNU, spécifiques aux systèmes Linux.

- `See also` (*voir aussi*) : d'autres commandes en rapport. Les chiffres entre parenthèses désignent la catégorie de la commande (voir sous-titre suivant).
- D'autres sections existent en fonction de la page de manuel.

Remarque

Notez dans les synopsis de commandes que bien souvent les options et parfois les cibles sont ***entre crochets*** *:*

```
man ls
SYNOPSIS
ls [options] [fichier...]

man mv
SYNOPSIS
mv [option...] source cible
```

Cela signifie que les options ou les cibles sont **optionnelles**.

Utiliser les pages de man

- Pour vous déplacer dans une page de manuel, utilisez les touches [Flèche en haut] et [Flèche en bas], ou les touches [Page Up] et [Page Down].
- Vous pouvez aller à la fin de la page en appuyant sur G (G majuscule, ou touche [Shift] + touche G).
- Pour aller au début de la page de man, appuyez sur g.
- Pour quitter la page de man, pressez la touche Q.

Remarque

Les pages de man doivent vous accompagner tout au long de ce livre*. En effet, ce livre vous présente en les illustrant les options les plus intéressantes et les plus courantes. Cependant, bien des commandes ont beaucoup d'autres options intéressantes expliquées en page de man.*

Sections de manpages

Les commandes sont organisées en plusieurs catégories numérotées, appelées sections :

1. Commandes utilisateur
2. Appels système
3. Fonctions de bibliothèque
4. Fichiers spéciaux
5. Formats de fichier
6. Jeux
7. Divers
8. Administration système
9. Interface du noyau Linux

Il est possible d'avoir un descriptif de chaque section en tapant :

```
man <section> intro
```

Par exemple :

```
[root@cobb ~]# man 8 intro


INTRO(8)            Manuel du programmeur Linux           INTRO(8)

NOM
       intro - Introduction aux commandes d'administration et
privilégiées
```

```
DESCRIPTION
       La  section  8 du manuel décrit les commandes ne pouvant
être utilisées que par le superutilisateur, comme les commandes
d'administration  system, les démons et les commandes liées au
matériel.
```

Certaines commandes sont classées dans plusieurs catégories à la fois. Leur fonctionnement ne sera pas le même en fonction du contexte. Elles disposent alors de plusieurs pages de man, qu'on peut accéder en précisant le numéro de section.

Par exemple, `crontab` est autant un format de fichier (section 5) qu'une commande utilisateur (section 1). Il est possible de voir le manuel pour les deux sections :

```
[root@cobb ~]# man 1 crontab

CRONTAB(1)     Manuel de l'utilisateur Linux     CRONTAB(1)

NOM
       crontab - Éditer son fichier crontab personnel

SYNOPSIS
       crontab [-u utilisateur] fichier
       crontab [-u utilisateur] [-l | -r | -e]

DESCRIPTION
       Crontab  est  le  programme  utilisé  pour  installer,
désinstaller, ou afficher le contenu des tables permettant de
piloter le  fonctionnement du  démon cron(8) de ISC Cron.  Chaque
utilisateur dispose de sa propre table crontab, et bien que
celles-ci se trouvent dans  /var,  elles  ne sont pas conçues pour
être éditées directement.
(...)


[root@cobb ~]# man 5 crontab

CRONTAB(5)     Manuel de l'administrateur    Linux CRONTAB(5)

NOM
       crontab - Tables permettant de gérer le démon cron

DESCRIPTION
```

```
       Un   fichier   crontab   contient   des instructions pour le
démon cron(8). Ces instructions ont la forme générale suivante : «
lancer  cette  commande à telle heure, tel jour ».  Chaque
utilisateur dispose de sa propre table crontab, et les commandes
contenues  dans  une  table  seront exécutées  sous l'identifiant
du propriétaire de la table.
(...)
```

Notez dans cet exemple que le titre de la manpage est différent en fonction du numéro de section : Manuel de l'utilisateur Linux ou Manuel de l'administrateur.

Remarque

Pour rechercher une commande avec `man`*, utilisez l'option* `-k` *(ou* `--apropos`*). Cette option vous permet de rechercher une chaîne de caractère dans les section* **`apropos`** *des manpages, c'est-à-dire les noms et descriptions de la commande.*

Par exemple, pour rechercher les commandes faisant du ftp :

```
[root@rhel7 ~]# man -k ftp
ftp (1)              - programme de transfert de fichiers d'Internet
ftpchroot (5)        - Liste les utilisateurs qui doivent être chrootés
lftpget (1)          - Télécharger un fichier avec lftp
pure-ftpwho (8)      - Rapporter les sessions FTP courantes
sftp (1)             - secure file transfer program
sftp-server (8)      - sous-système serveur SFTP- programme de transfert
 de fichiers d'Internet
...
```

4.2 Commandes de base

Ce livre présentera et expliquera un grand nombre de commandes nécessaires à l'administration de Linux. Voici cependant les commandes de bases qu'il faut absolument savoir manipuler pour se servir de la ligne de commande.

Beaucoup de ces commandes servent à la manipulation de fichiers ou de dossiers. Pour pouvoir les utiliser pleinement, il est bien de comprendre le fonctionnement du système de fichiers expliqué au chapitre Partitions et système de fichiers.

Remarque

Il se peut que les caractères ne s'affichent pas proprement à l'écran. Si c'est le cas, tapez : `LANG=fr_FR`*. Voir chapitre Gestion des utilisateurs et des groupes - section Utilisateurs et groupes.*

4.2.1 Comprendre l'arborescence et s'y déplacer

L'arborescence est expliquée à la fin du chapitre Partitions et système de fichiers. Cela dit, il faut connaître quelques notions de base pour pouvoir se sentir à l'aise en ligne de commande sur un serveur.

Les fichiers et répertoires sous Linux sont organisés dans une structure hiérarchique appelée **arborescence**. Elle est très similaire aux arborescences courantes qu'on peut rencontrer sur Mac ou Windows par exemple. L'arborescence est une succession de répertoires, chacun contenant des sous-répertoires et des fichiers.

Le point le plus haut dans l'arborescence est appelé **racine** (*root* en anglais) et noté /.

La racine contient les répertoires de plus niveau, qui contiennent eux-mêmes d'autres répertoires et des fichiers.

Par exemple, à la racine, on trouve le répertoire `home` contenant les données des utilisateurs. Chaque utilisateur possède son propre répertoire dans `/home`. L'utilisateur John Doe a son répertoire `/home/jdoe`. Dans le répertoire `/home/jdoe`, il se trouve d'autres répertoires et des fichiers.

On dit que `/home/jdoe` est le **chemin** menant aux fichiers de l'utilisateur.

Remarque

On peut écrire indifféremment `/home/jdoe` *ou* `/home/jdoe/` *(avec / à la fin). Au début d'un chemin, la barre oblique désigne la racine, point de départ du chemin. Au milieu, la barre oblique sert simplement à différencier les différents répertoires. À la fin d'un chemin, la barre oblique est indicative, et assure que* `jdoe` *est un répertoire et non un fichier.*

Pour accéder à certains fichiers ou répertoires, on se **déplace** dans l'arborescence : on entre par exemple dans le répertoire `/home/jdoe` pour accéder aux fichiers de ce répertoire.

Chemin relatif ou absolu

Lorsqu'on se déplace dans l'arborescence, il faut maîtriser une notion fondamentale : la différence entre un chemin relatif et un chemin absolu.

Le chemin absolu, c'est le chemin complet, à partir de la racine.

Un chemin absolu commence toujours par un /.

Par exemple, le fichier `/etc/sysconfig/rhn/systemid` est indiqué avec un chemin absolu : on sait son emplacement précis à partir du haut de l'arborescence.

Le chemin relatif, c'est le chemin partiel d'un répertoire, par rapport à l'endroit où je me trouve.

Un chemin relatif ne commence jamais par / (qui désigne la racine).

Par exemple, je me suis déplacé dans le répertoire `/etc/sysconfig`. Je désire accéder au fichier `rhn/systemid`. Le fichier est désigné ici avec un chemin relatif, indiqué par rapport à l'endroit où je me trouve en ce moment.

Dans quels cas utiliser un chemin absolu ou relatif ?

Utilisez un chemin absolu pour aller dans un répertoire complètement différent.

Par exemple, si vous êtes en ce moment dans `/home/jdoe/` et que vous désirez aller dans `/etc/sysconfig/`, il est préférable d'utiliser un chemin absolu.

Utilisez un chemin relatif pour aller dans un répertoire proche de votre répertoire courant.

Par exemple, si vous êtes en ce moment dans `/home/jdoe/` et que vous désirez aller dans `/home/jdoe/bureau/`, il est inutile d'indiquer ce chemin complet ; entrez simplement dans `bureau/`.

Se déplacer dans l'arborescence (ou changer de répertoire)

Pour entrer dans un répertoire, utilisez la commande `cd` (pour *change directory*, changer de répertoire) :

```
cd <chemin_du_répertoire>
```

Le répertoire peut avoir un chemin relatif ou absolu.

Par exemple, pour aller à la racine :

```
cd /
```

Pour aller dans le répertoire `/home` (chemin absolu) :

```
cd /home
```

Si vous êtes à la racine, pour aller dans `home` (chemin relatif) :

```
cd home
```

Répertoires spéciaux

Il existe des répertoires spéciaux qu'il faut connaître. La plupart sont en fait des raccourcis :

- **Répertoire courant**, noté `.` (point) : c'est le répertoire dans lequel vous êtes en ce moment. Faire `cd .` signifie entrer dans le répertoire courant, c'est à dire rester où vous êtes. On n'en voit pas trop l'utilité au premier abord, mais il est indispensable dans certains cas.
- **Répertoire supérieur**, noté `..` : c'est le répertoire « du dessus ». Faire `cd ..` signifie sortir du répertoire courant.

Par exemple, si vous êtes en ce moment dans `/home/jdoe`, tapez :

```
cd ..
```

Vous vous retrouvez alors dans `/home`.

- **Répertoire utilisateur**, noté ~ (caractère `tilde`, accessible en appuyant simultanément sur les touches [Alt Gr] + 2, puis [barre d'espace]) : cela désigne le répertoire utilisateur.

Par exemple, si vous êtes l'utilisateur `jdoe`, tapez :

```
cd ~
```

Vous entrez alors dans `/home/jdoe`.

Remarque

Il est aussi possible d'entrer dans son répertoire utilisateur en tapant simplement `cd` puis touche [Entrée].

- **Répertoire précédent**, noté - : c'est le répertoire où vous étiez juste avant d'entrer dans le répertoire où vous êtes maintenant.

Par exemple, vous êtes dans `/etc/sysconfig`.

Entrez dans `/home/jdoe` en tapant :

```
cd /home/jdoe
```

Tapez maintenant :

```
cd -
```

Vous vous retrouvez dans le répertoire précédent `/etc/sysconfig`.

Dans quel répertoire suis-je ? (ou imprimer le répertoire courant)

Pour savoir dans quel répertoire vous vous trouvez en ce moment, utilisez la commande **pwd** (pour *print working directory*, imprimer répertoire de travail).

Par exemple, la commande m'indique que je suis en ce moment dans `/etc/sysconfig/rhn` :

```
[root@cobb rhn]# pwd
/etc/sysconfig/rhn
```

Remarque

Notez que le dernier élément de l'invite (ici : `root@cobb rhn`) vous indique le dernier élément du répertoire courant (`rhn`, pour `/etc/sysconfig/rhn`).

Afficher le contenu d'un répertoire

Pour afficher le contenu d'un répertoire, en d'autres termes, afficher la liste des fichiers et sous-répertoires se trouvant dans un répertoire, utilisez la commande `ls` (pour *list*) :

```
ls
```

Cela affiche le contenu du répertoire courant.

```
ls <chemin_du_répertoire>
```

Cela affiche le contenu d'un répertoire spécifique, avec un chemin relatif ou absolu.

Remarque

La commande `ls` ne sert pas à afficher le contenu d'un fichier.

Options de `ls`

Parmi les options les plus intéressantes données par `man ls`, il faut retenir :

- `-l` (tiret petit L) : affiche une **liste détaillée** des fichiers et répertoires, contenant entre autres les droits sur les fichiers et répertoires, les propriétaires, la taille et la date de la dernière modification. Cela est développé plus en détail au chapitre Gestion des utilisateurs et des groupes.
- `-h` (pour *human-readable*, lisible par un humain) : on rencontre l'option `-h` dans beaucoup d'autres commandes. Pour `ls`, de pair avec `-l`, elle permet d'avoir une **vision plus lisible des tailles** de fichiers, qui sont converties en ko, Mo, etc. au lieu de rester simplement en octets.
- `-a` : affiche les **fichiers cachés** d'un répertoire. Pour cacher un fichier, il suffit simplement de faire précéder son nom d'un point. Ainsi, le fichier `.bashrc` ne sera pas visible sans l'option `-a`. Il s'agit souvent de fichiers de configuration qui ne sont pas utilisés au quotidien.
- `-F` : affiche les répertoires avec un / et les fichiers exécutables avec un `*`. Par défaut, ces fichiers sont difficiles à **distinguer**.
- `-t` : **classe les fichiers par date de modification**, les plus récents étant en premier.

4.2.2 Manipulation des fichiers et répertoires

Créer un répertoire

Pour créer un répertoire, utilisez la commande `mkdir` (pour *make directory*, créer un répertoire) :

```
mkdir <nom_du_répertoire>
```

Si aucun chemin n'est précisé, le répertoire est créé dans le répertoire courant. Il est possible de préciser un chemin relatif ou absolu.

Par exemple, création d'un répertoire `/home/jdoe/bureau` avec un chemin relatif :

```
[root@cobb home]# pwd
/home
[root@cobb home]# mkdir jdoe/bureau
```

Options de `mkdir`

Option intéressante :

- `-p` (pour *parents*) : si le répertoire doit être créé dans un répertoire qui n'existe pas, ce répertoire intermédiaire est créé.

Supprimer un répertoire

Supprimez un répertoire vide avec `rmdir` (*remove directory*, supprimer un répertoire) :

```
rmdir <nom_du_répertoire>
```

Si aucun chemin n'est précisé, c'est un répertoire du répertoire courant qui est supprimé. Il est possible de préciser un chemin relatif ou absolu.

Pour supprimer un *répertoire contenant des fichiers et d'autres répertoires*, utilisez la commande `rm` expliquée en détail plus bas :

```
rm -rf <nom_du_répertoire>
```

Dans notre exemple, l'utilisateur `root` supprime le répertoire administration dans `/home` :

```
[root@cobb /]# rm -rf /home/administration/
[root@cobb /]#
```

Notez que le super-utilisateur a le pouvoir de supprimer ce qu'il veut, sans être inquiété. Faites donc attention avec la commande `rm` !

Remarque

Pourquoi deux commandes pour supprimer un répertoire ? Cette possibilité est en fait intéressante : quand vous voulez supprimer un répertoire que vous pensez vide, utilisez `rmdir`. S'il contient en fait un fichier (peut-être important), vous serez averti, et vous aurez peut-être évité une catastrophe !

Supprimer des fichiers

Utilisez la commande `rm` (pour *remove*, supprimer) :

```
rm <nom_du_fichier>
```

Si aucun chemin n'est précisé, c'est un fichier se trouvant dans le répertoire courant qui est supprimé. Il est possible de préciser un chemin relatif ou absolu.

Remarque

Remarquez que chaque fois qu'un fichier ou un répertoire est passé en argument, il est possible de le précéder d'un chemin relatif ou absolu. Cela est valable avec quasiment toutes les commandes.

Options de rm

Les options suivantes sont les plus utilisées et vont souvent ensemble :

- `-f` (forcer) : les éléments sont supprimés sans vous demander de confirmation (c'est le cas pour les fichiers supprimés par l'utilisateur root). Attention donc avec cette option !
- `-r` (récursif) : Comme nous l'avons vu, la commande `rm` peut également supprimer un répertoire non vide. Cette option supprime l'ensemble des sous-répertoires et fichiers s'y trouvant.

Remarque

Attention ! La suppression en ligne de commande ne met pas les fichiers à la corbeille : ils sont irrécupérables.

Ainsi, si vous voulez supprimer le répertoire /home/jdoe/exemple et tout ce qu'il contient, tapez :

```
rm -rf /home/jdoe/exemple
```

Cependant, vous prenez un gros risque en faisant cela. Il suffit de peu pour que votre doigt dérape et appuie sur la touche [Entrée] avant d'avoir tout tapé, et vous entrez la commande suivante, **supprimant toute l'arborescence** de la machine :

```
rm -rf /
```

Pour cette raison nous vous recommandons de taper cette commande dans ce sens :

```
rm -/home/jdoe/exemple -rf
```

Copier et déplacer des fichiers ou répertoires

Copier et déplacer des fichiers

Pour copier des fichiers, utilisez la commande cp (pour *copy*) :

```
cp <fichier_source> <répertoire_destination>
```

Pour déplacer des fichiers, utilisez la commande mv (pour *move*, déplacer) :

```
mv <fichier_source> <répertoire_destination>
```

Ces deux commandes se comportent pratiquement de la même manière, mais cp crée un nouveau fichier, tandis que mv déplace le fichier source.

Par exemple, on copie ici le fichier hosts du répertoire /etc vers le répertoire /root. Les deux répertoires contiennent maintenant le fichier :

```
[root@cobb /]# cp /etc/hosts /root
[root@cobb /]# ls /etc
(...)
bash_completion.d        host.conf        oddjobd.conf
selinux
```

```
bashrc                    hosts                oddjobd.conf.d
services
(...)
[root@cobb /]# ls /root
anaconda-ks.cfg  hosts  index.html  install.log
install.log.syslog  quotes
```

Notez que le fichier source peut être précédé d'un chemin absolu ou relatif, tout comme la destination.

Copier et déplacer des répertoires

Il est également possible de copier ou déplacer des répertoires.

Pour copier un répertoire, utilisez l'option -R (récursif), qui copie un répertoire et ce qu'il contient :

```
[root@cobb /]# cp -R /home /root
[root@cobb /]# ls /root
anaconda-ks.cfg  home  hosts  index.html  install.log
install.log.syslog  quotes
```

Nous avons ici copié le répertoire /home dans le répertoire /root. Notez que le répertoire destination doit exister, sinon le comportement correspond à ce qui est décrit dans la page de man de cp :

« Ainsi, si /a est un répertoire, alors « cp -r /a /b » copiera /a dans /b/a et /a/x dans /b/a/x au cas où /b existe déjà, mais il copiera /a sur /b et /a/x dans /b/x si /b n'existait pas encore. Enfin, si /b était un fichier ordinaire, la copie échouera. »

Remarque

Lors de la copie d'un répertoire, nous vous encourageons vivement à utiliser l'option -p qui conserve les droits et propriétaires des fichiers.

Exemple de copie de répertoire sans -p :

```
[root@cobb /]# cp -R /home /root
[root@cobb /]# ls -l /root/home/
total 12
drwxr-xr-x.  6 root root 4096 12 janv. 12:29 ITprojets
drwx------. 26 root root 4096 12 janv. 12:29 jdoe
drwx------.  4 root root 4096 12 janv. 12:29 michel
```

Les nouveaux fichiers et répertoires copiés ont maintenant root comme propriétaire (puisque c'est root qui a fait la copie).

Exemple de copie de répertoire avec -p :

```
[root@cobb /]# cp -pR /home /root
[root@cobb /]# ls -l /root/home/
total 12
drwxrwsr-x.  6 jdoe   EquipeIT 4096 10 janv. 19:38 ITprojets
drwx------. 26 jdoe   jdoe     4096 12 janv. 10:33 jdoe
drwx------.  4 michel michel   4096 10 janv. 16:00 michel
```

Les nouveaux fichiers et répertoires copiés ont conservé leurs propriétaires originaux.

Le déplacement d'un répertoire est plus simple, car en réalité, lorsqu'on déplace un fichier ou un répertoire, très peu d'opérations sont effectuées sur le disque.

Exemple de déplacement de répertoire. On déplace ici le répertoire home du répertoire /root vers le répertoire /mnt. Le répertoire n'est plus dans /root mais bien maintenant dans /mnt.

```
[root@cobb /]# mv /root/home /mnt
[root@cobb /]# ls /mnt
home
[root@cobb /]# ls /root/home
ls: impossible d'accéder à /root/home: Aucun fichier ou dossier de
ce type
[root@cobb /]# ls -l /mnt/home
total 12
drwxrwsr-x.  6 jdoe   EquipeIT 4096 10 janv. 19:38 ITprojets
drwx------. 26 jdoe   jdoe     4096 12 janv. 10:33 jdoe
drwx------.  4 michel michel   4096 10 janv. 16:00 michel
```

Notez que les droits et propriétaires ont été conservés lors du déplacement.

Notez également que, comme pour la copie, le répertoire destination doit exister, sinon on a le comportement décrit dans la manpage de mv :

« Ainsi, « mv /a/x/y /b » va renommer le fichier /a/x/y en /b/y si /b était un répertoire déjà existant, et en /b sinon. »

Renommer fichiers et répertoires

Pour renommer, utilisez la commande mv. En effet, renommer un fichier ou un répertoire ne consiste-t-il pas à le déplacer au même endroit en changeant son nom ?

```
mv <fichier_ancien_nom> <nouveau_nom>
```

Dans notre exemple, nous renommons le répertoire cédric dans /home en thierry :

```
[root@cobb home]# ls
ITprojets  jdoe  cédric
[root@cobb home]# mv cédric thierry
[root@cobb home]# ls
ITprojets  jdoe  thierry
```

Remarque

En fait, il est même possible de copier et déplacer fichiers et répertoires en les renommant à la volée. En effet, n'oublions pas que l'on peut toujours précéder le nom d'un fichier ou d'un répertoire d'un chemin absolu ou relatif, que ce soit pour la source ou la destination.

Par exemple, nous copions ici le fichier bonjour de /home/jdoe vers /root en changeant son nom en bonsoir :

```
[root@cobb /]# cp /home/jdoe/bonjour /root/bonsoir
```

4.2.3 Rechercher des fichiers

Métacaractères

Dans le cadre du shell, les métacaractères sont des caractères spéciaux utiles pour le traitement de fichiers en groupe. Précisément, les métacaractères remplacent un ou plusieurs caractères dans un nom de fichiers : il permettent donc de créer des noms de fichiers génériques.

- * (étoile) : correspond à n'importe quel caractère (voire aucun caractère).
- ? : correspond à un caractère unique.
- [abc] : correspond aux caractères a, b ou c.

- [!abc] : correspond à n'importe quel caractère unique, sauf a, b ou c.
- [a-e] : correspond à tous les caractères de a à e.

Les métacaractères sont indispensables à la recherche de fichiers dans l'arborescence.

Par exemple :

```
[root@cobb meta]# ls *clients
clients  dommagesclients  fichierclients

[root@cobb meta]# ls *[1-9]*
t5c

[root@cobb meta]# ls a?c
abc  agc  ahc

[root@cobb meta]# ls a*c
abc  acourtc  agc  ahc  alongc

[root@cobb meta]# ls [a-c]bc
abc  bbc  cbc
```

Recherche classique

La commande find (trouver) est puissante, car elle permet d'effectuer une recherche exhaustive de fichiers et répertoires sur les supports de stockage, basée sur une variété infinie de critères (appelés également motifs de recherche).

La syntaxe est :

```
find <chemin_de_recherche> "<motif>"
```

- <chemin_de_recherche> : c'est le répertoire par lequel on va commencer la recherche, puis on examinera tous les sous-répertoires. Par défaut, le chemin de recherche est le répertoire courant. Si vous voulez faire une recherche sur l'ensemble de l'arborescence, faites une recherche sur /.

- `<motif>` : cherche les fichiers et répertoires correspondant à ce motif, ou critère. On peut chercher des fichiers par leur nom bien sûr, mais également avec des dizaines d'autres critères. Les motifs les plus courants sont :
  - `-name <texte>` : recherche par nom. Attention : la casse est prise en compte. On préférera `-iname`. On peut inclure dans le texte à rechercher des expressions régulières, des sortes de caractères joker remplaçant d'autres caractères.
  - `-iname` : même chose que `-name`, mais en ignorant la casse.
  - `-type <lettre_de_type>` : recherche par type de fichier, indiqué par une lettre. Les types de fichiers sont affichés par exemple par la commande `ls-l` et expliqués au chapitre Gestion des utilisateurs et des groupes - section Droits sur les fichiers et répertoires.
  - `-user <nom_utilisateur>` ou `-uid <uid_utilisateur>` : permet de chercher les fichiers par leur utilisateur propriétaire.
  - `-group <nom_groupe>` ou `-gid <gid_group>` : permet de chercher les fichiers par leur groupe propriétaire.
  - `-size <taille>` : recherche par taille.

Remarque

Pour toutes les valeurs numériques, il est possible de faire précéder le chiffre de + pour « plus grand que » et de – pour « plus petit que ». À défaut, on recherche le chiffre exact.

Il est possible de faire des recherches sur beaucoup d'autres critères, qu'on peut bien sûr combiner : dernière modification, dernier accès, permissions d'accès, nombre de liens, etc. Consultez la manpage.

Par exemple, nous recherchons, à partir de `/home`, tous les fichiers contenant la suite de caractères `bon`, appartenant à l'utilisateur `jdoe`, dont la taille est plus petite que 5 ko :

```
[root@cobb /]# find /home -iname "*bon*" -size -5k
/home/jdoe/bonjour
```

Remarque

Il est nécessaire de mettre le motif à rechercher entre guillemets doubles. L'explication se trouve au chapitre Les scripts bash.

Recherche avec base de données

Comme `find` recherche les fichiers sur l'ensemble du disque dur au moment où vous tapez la commande, le résultat peut être long à s'afficher. Pour un résultat plus rapide, la commande `locate` recherche les fichiers du disque dur indexés dans une base de données mise à jour avec `updatedb`.

La syntaxe de la commande est :

```
locate <texte>
```

La commande cherchera alors les fichiers dont le nom contient le texte recherché.

Cette syntaxe est très simple. En fait, `locate` dispose de peu de types de motifs, même s'il est possible d'utiliser les expressions régulières.

Le texte recherché est sensible à la casse. Pour faire une recherche qui ne tient pas compte de la casse, utilisez l'option `-i`.

La base de données de `locate` est mise à jour chaque jour. Cependant, il est possible d'effectuer une mise à jour manuelle, simplement en tapant `updatedb`.

Recherche de commandes

Où se trouvent les commandes que vous tapez ?

Pour la plupart, ces commandes sont des programmes qui se trouvent dans certains répertoires. Pour avoir à éviter d'aller dans ces répertoires, le shell les vérifie les uns à la suite des autres pour y trouver la commande que vous tapez.

La liste de ces répertoires est contenue dans la variable d'environnement `$PATH`, que vous pouvez afficher comme suit :

```
echo $PATH
```

Remarque

Plus d'informations sur les variables d'environnement, voir Utilisateurs et groupes - Personnalisation du compte utilisateur du chapitre Gestion des utilisateurs et des groupes.

Par exemple, pour l'utilisateur `root`, le shell ira à la recherche d'une commande dans tous ces répertoires :

```
[root@cobb cron.daily]# echo $PATH
/usr/lib/qt-3.3/bin:/usr/local/sbin:/usr/local/bin:/sbin:/bin:/usr/sbin:/usr/b
in:/root/bin
```

La commande `which` permet de savoir précisément où se trouve la commande, en recherchant dans le `$PATH` :

```
which <commande>
```

Par exemple :

```
[root@cobb cron.daily]# which ifconfig
/sbin/ifconfig
[root@cobb cron.daily]# which ls
alias ls='ls --color=auto'
        /bin/ls
```

4.2.4 Afficher et éditer le contenu d'un fichier

En ligne de commande, il est indispensable pour l'administrateur de pouvoir consulter et éditer rapidement les fichiers. En fait, une bonne partie de ses tâches consistera à consulter des fichiers de logs (enregistrements d'évènements), à modifier des fichiers de configuration, etc.

file : afficher la nature d'un fichier

Avant même d'afficher le contenu d'un fichier, il est bien de savoir sa nature. Il n'est pas possible par exemple de consulter le contenu d'un fichier binaire, comme un programme par exemple. Il est néanmoins parfois difficile à un débutant sous Linux de savoir ce que contient un fichier, car les extensions de fichiers ne sont pas autant utilisées que sous Windows.

La commande `file` vous renseigne sur la nature d'un fichier :

```
file <fichier>
```

Par exemple, pour un programme :

```
[root@cobb ~]# file /sbin/ifconfig
/sbin/ifconfig: ELF 32-bit LSB executable, Intel 80386, version 1
(SYSV), dynamically linked (uses shared libs), for GNU/Linux
2.6.18, stripped
```

Pour une image :

```
[root@cobb ~]# file /usr/share/pixmaps/faces/sunset.jpg
/usr/share/pixmaps/faces/sunset.jpg: JPEG image data, JFIF
standard 1.01
```

Pour un fichier de configuration :

```
[root@cobb ~]# file /etc/hosts
/etc/hosts: ASCII text
```

cat : afficher le contenu d'un fichier

La commande `cat` vous permet d'afficher simplement le contenu d'un fichier :

```
cat <fichier>
```

La particularité de `cat`, c'est d'afficher le contenu d'un trait, sans faire de pause pour un affichage page à page comme les commandes `more` et `less`. Cela est utile pour des traitements en chaîne ou en script par exemple.

De plus, `cat` possède des options intéressantes. Entre autres :

- `-n` : numéroter les lignes.
- `-s` : supprimer les successions de lignes vides.

less : afficher le contenu d'un fichier page à page

Si un fichier fait plusieurs pages, la commande `cat` n'est pas forcément adaptée, puisqu'elle fait défiler le contenu jusqu'à la fin. La commande `less` est plus appropriée pour la lecture par l'utilisateur :

```
less <fichier>
```

Utilisez les touches [Page Down] et [Page Up] pour descendre et monter dans le fichier page à page, et les flèches [Flèche en bas] et [Flèche en haut] pour descendre et monter ligne à ligne.

Il est possible de se déplacer et de faire de la recherche dans le fichier comme avec l'éditeur de texte `vi`, expliqué plus bas.

tail : afficher la fin d'un fichier

La commande `tail` (queue) permet d'afficher les dernières lignes d'un fichier :

```
tail [-n <nombre_de_lignes>] fichier
```

Par défaut, ce sont les 10 dernières lignes qui apparaissent à l'écran, mais il est possible de modifier ce nombre avec l'option `-n`.

`tail` est très pratique pour des fichiers mis à jour régulièrement, comme les fichiers de logs (d'enregistrements d'évènements), dont on veut souvent la fin.

`tail` est aussi très connu pour sa capacité à afficher la fin d'un fichier en continu. Cela est **pratique, voire indispensable, pour les fichiers de logs** qu'on veut surveiller :

```
tail -f <fichier>
```

Avec l'option `-f`, `tail` reste en lecture sur le fichier, et affiche la nouvelle ligne dès qu'elle est inscrite dans le fichier.

Remarque

Les fichiers de logs se trouvent dans `/var/log` et sont examinés au chapitre Maintenance du système en production.

Le pendant de la commande `tail` est la commande `head`, qui affiche les premières lignes du fichier :

```
head [-n <nombre_de_lignes>] fichier
```

4.2.5 Éditeur de fichiers vi

`vi` est un éditeur de texte en ligne de commande très répandu sur les systèmes UNIX et Linux. En fait, il est installé d'office sur tous les systèmes Linux. L'une des raisons de ce succès, c'est la légèreté de `vi`, qui se lance rapidement et prend peu de place en mémoire.

Il est nécessaire pour un administrateur de pouvoir éditer rapidement des fichiers en ligne de commande. Bien sûr, il existe d'autres éditeurs de texte, peut-être plus pratiques, comme `nano` ou `emacs`, mais nous avons choisi de vous présenter `vi` car il est le plus répandu, et après l'avoir pris en main, très puissant.

vi signifie *Visual Interface* et se prononce à l'anglaise : « vi-aille ». En réalité, sur la plupart des systèmes, c'est maintenant vim qui est lancé, une version améliorée de vi.

Pour lancer vi (ou vim), tapez :

```
vi [<fichier>]
```

vi a deux modes : mode commande et mode insertion. Au démarrage, vous êtes dans le mode **Commande**.

Mode insertion = édition du texte

C'est simplement le mode où vous écrivez votre texte. Dans ce mode, vous ne faites rien d'autre qu'écrire ou supprimer des caractères, où vous déplacer dans le texte avec les flèches.

Comment entrer en mode Insertion ?

Lorsque vous êtes dans le mode commande, appuyez sur l'une de ces touches :

- i : insérer des caractères à l'endroit du curseur.
- I : insérer des caractères en début de ligne.
- o : ajouter une ligne après la ligne en cours.
- O (touche [Shift] + lettre O) : ajouter une ligne avant la ligne en cours.
- A (touche [Shift] + lettre A) : ajouter à la fin de la ligne.
- a : ajouter après le caractère en cours.
- r : remplacer un seul caractère sous le curseur, après quoi vous retournez en mode **Commande**.

Mode Commande

C'est le mode pour effectuer toutes les autres opérations : sauvegarder le fichier, chercher une chaîne de caractères, éditer le fichier (supprimer des lignes ou des caractères), etc.

À tout moment, **pour retourner dans le mode Commande**, appuyez sur la touche [Echap].

Les quelques opérations que nous expliquons maintenant devraient vous suffire pour une utilisation quotidienne, bien qu'il existe beaucoup d'autres combinaisons :

Sauver/quitter

- `:q` puis touche [Entrée] pour sortir de `vi` sans sauvegarder.
- `:q!` puis touche [Entrée] pour forcer la sortie de `vi` sans sauvegarder.
- `:wq` puis touche [Entrée] pour sortir en sauvegardant.
- `:w` puis touche [Entrée] pour sauvegarder le fichier sans quitter.
- `:w nom_de_fichier` puis touche [Entrée] pour sauvegarder dans le fichier appelé `nom_de_fichier` sans quitter.

Déplacement/recherche

- `:17` puis [Entrée] : déplacer le curseur à la ligne 17.
- `:$` puis [Entrée] : déplacer le curseur à la fin du fichier (`$` = dernière ligne).
- / : rechercher une chaîne de caractères. Pressez / suivi de la chaîne de caractères, puis [Entrée].
- `n` : déplacer le curseur à l'occurrence suivante dans la recherche.
- `N` : déplacer le curseur à l'occurrence précédente dans la recherche.

Suppression/copie

- `x` : supprimer un caractère. Pressez `x` pour supprimer le caractère sous le curseur.
- `dd` : supprimer une ligne. Pressez `dd` pour supprimer la ligne en cours (les lignes sont copiées en mémoire).
- `dw` : supprimer un mot (*word*).
- `yy` : copier (*yank*) la ligne courante.
- `yw` : copier le mot après le curseur.
- `v` : entrer en visuel pour sélectionner du texte. Déplacez votre curseur avec les flèches : le texte est sélectionné. Pressez `y` pour copier le texte sélectionné en mémoire.
- `p` : coller (*paste*) le texte ou la ligne qui se trouve dans le tampon *après* la ligne courante.

- `P` : coller le texte ou la ligne qui se trouve dans le tampon *avant* la ligne courante.
- `u` : undo (annuler la dernière modification avec historique).
- `CTRL-g` : connaître le numéro de la ligne courante (touche [Ctrl] + touche G).

Remarque

Il est possible de faire précéder la plupart des commandes de suppression et de copie d'un chiffre, pour en multiplier l'effet. Par exemple, appuyer sur 6dd supprime six lignes.

4.2.6 Utilisation du shell

Changement d'utilisateur

Il est possible de changer d'utilisateur en tapant la commande :

```
su - <utilisateur>
```

Le tiret signifie que l'on prend le nouvel environnement de l'utilisateur au moment du changement, au lieu de garder l'environnement de l'ancien utilisateur.

Par exemple :

```
[jdoe@cobb ~]$ su - sebastien
Mot de passe :
[sebastien@cobb ~]$
```

Il est possible de devenir utilisateur `root`, si l'on ne précise pas le nom d'utilisateur :

```
su -
```

Par exemple :

```
[sebastien@cobb ~]$ su -
Mot de passe :
[root@cobb ~]#
```

Sortir du shell

Pour sortir du shell, utilisez les commandes :

```
exit
```

ou :

```
logout
```

4.3 Enregistrement en ligne de commande sur le Portail Client

Si l'enregistrement n'a pas été fait à l'installation, il est possible de le faire en ligne de commande.

L'enregistrement d'un système RHEL auprès du Portail Client se fait en deux étapes : Enregistrer et Attacher. Vous trouverez des informations supplémentaires au chapitre Installation de logiciels :

– Enregistrer : déclarer votre compte Red Hat à la machine :

```
subscription-manager register
```

Par exemple, nous déclarons un compte sur la machine `ariadne` :

```
[root@ariadne ~]# subscription-manager register
Nom d'utilisateur : rhel7rcserver2@tellnet.fr
Mot de passe :
Le système a été enregistré avec l'ID : 836a815f-3d56-4357-93de-24eaf17e8f9a
[root@ariadne ~]#
```

– Attacher : utiliser un abonnement libre pour votre machine :

```
subscription-manager attach
```

Par exemple, ici nous utilisons l'option `--auto` qui sélectionne automatiquement un abonnement libre adapté à l'OS que nous avons installé :

```
[root@ariadne ~]# subscription-manager attach --auto
État actuel du produit installé :
Nom du produit : Red Hat Enterprise Linux Server
Statut :         Abonné

[root@ariadne ~]#
```

Remarque

Si l'enregistrement ne fonctionne pas, vérifiez bien que la connexion réseau est active. La machine doit également être à l'heure.

4.4 Présentation de l'interface graphique

4.4.1 GNOME

En opposition avec la ligne de commande, l'interface graphique est un environnement de contrôle de la machine orienté autour de l'affichage et non plus autour du texte.

En anglais, le terme consacré est **GUI** (*Graphical User Interface*, interface utilisateur graphique), qui est passé dans le jargon français.

L'interface graphique offre des possibilités qui simplifient l'interaction entre la machine et l'utilisateur. En plus du clavier, on utilise un périphérique de pointage comme la souris, et à l'écran s'affichent textes, images, vidéos en 2 ou 3 dimensions.

Alors qu'à une époque on mettait en avant le côté pratique des interfaces graphiques, la tendance aujourd'hui est au beau et au convivial, voire même à l'époustouflant.

Deux interfaces principales se font aujourd'hui concurrence : KDE et GNOME. On les retrouve sur la plupart des distributions Linux, mais Red Hat a fait le choix de l'interface GNOME même s'il est possible d'installer d'autres interfaces graphiques (avec CentOS pendant l'installation par exemple).

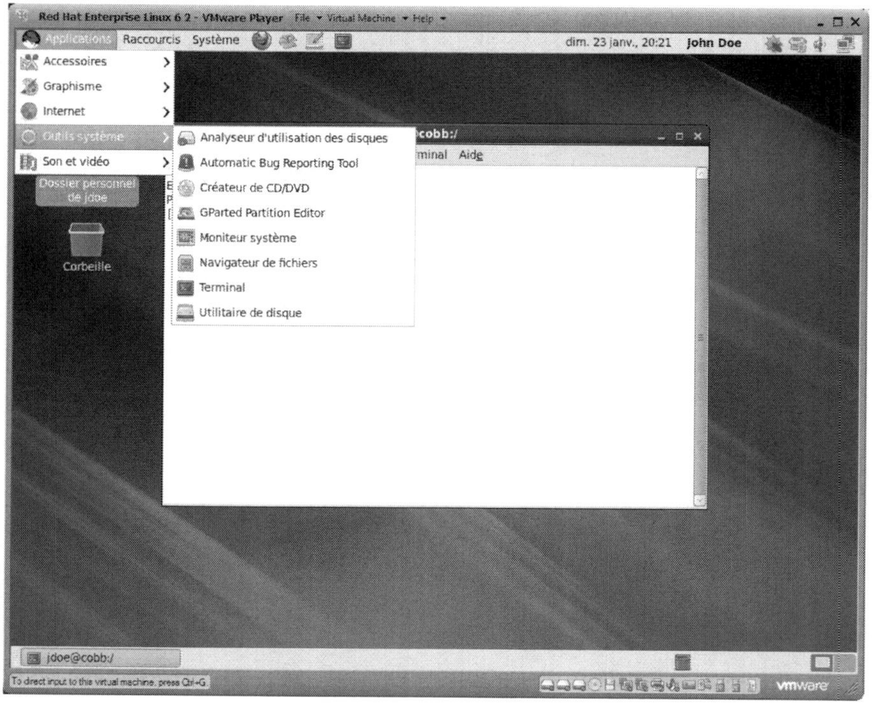

L'interface graphique GNOME avec un terminal texte lancé

4.4.2 GNOME pour RHEL 5/6

GNOME est assez simple à prendre en main. L'interface est divisée en trois parties :

- Le bureau, c'est-à-dire le « fond d'écran », avec le Poste de Travail pour accéder à toute l'arborescence, le répertoire personnel et la corbeille.
- La barre de programmes en bas, avec les icônes de programmes ouverts. Notez en bas à droite les deux carrés : GNOME a deux bureaux.
- La barre de menus, pour le lancement des applications :
  - Menu **Applications**, avec différents programmes répartis en catégories : Accessoires, Graphisme, Internet, Son et Vidéo, et Outils système.

Remarque

*La ligne de commande est accessible dans le menu **Applications**, puis le sous-menu **Outils système** ou **Utilitaires** : cliquez sur **Terminal**, qui permet le contrôle de la machine en mode texte.*

- Menu **Raccourcis** ou **Emplacements**, contenant des raccourcis vers des répertoires clés de la machine, et vers des ressources réseau.
- Menu **Système** (sous RHEL 5/6), pour la configuration de la machine, que l'on retrouve sous RHEL 7 dans le menu **Applications - Outils système**.
- À droite de ces menus, on trouve des raccourcis vers des applications souvent utilisées. Il est possible de les ajouter à votre convenance, en cliquant avec le bouton droit sur une application, puis en choisissant **Ajouter ce lanceur au tableau de bord**.

Menu Système

Le menu **Système** sert à la configuration de la machine. Il est divisé en deux sous-menus :

- **Préférences** : il s'agit d'un menu réservé à **l'utilisateur**, pour le paramétrage de son environnement.
- **Administration** : c'est un menu réservé à **l'administrateur**, pour le paramétrage général du système.

Notez **Verrouiller l'écran**, **Fermer la session** et **Éteindre**.

4.4.3 GNOME pour RHEL 7

Peu de modifications pour la version de GNOME pour RHEL 7. On trouve la division de l'écran en trois parties :

- Le bureau, c'est-à-dire le « fond d'écran », avec l'accès au répertoire personnel et à la corbeille.
- La barre de programmes en bas, avec les icônes de programmes ouverts.
- La barre de menus en haut, pour le lancement des applications :
  - Menu **Applications** avec différents programmes répartis en catégories : Accessoires, Internet, Son et Vidéo, et Outils système.

- Menu **Emplacements**, permettant de lancer l'explorateur de fichiers locaux et sur le réseau, et un accès rapide à des emplacements courants.
- À droite, l'état de certains services, ainsi que la possibilité de fermer ou verrouiller la session, et éteindre la machine.

Remarque

*Dans le menu de l'utilisateur, en appuyant sur la touche [Alt] de votre clavier, l'option **Éteindre** se transforme en **Mettre en veille**, vous permettant de "mettre en pause" la machine. Cela est plutôt conseillé pour des machines utilisateurs et non serveurs.*

La manipulation des fenêtres est similaire à Windows 7/8 :

- Maximiser : amener la fenêtre vers le bord haut du bureau, ou touches [Windows] + [Flèche en haut].
- Rétablir à la taille initiale : décoller la fenêtre du bord haut, ou touches [Windows] + [Flèche en bas].
- Occuper la moitié droite ou gauche : déplacer la fenêtre vers le bord droite ou gauche de l'écran, ou touches [Windows] + [flèche à droite] ou [Flèche à gauche].
- Naviguer entre les fenêtres : touches [Alt] + [Tab] ou [Windows] + [Tab].
- Vue générale avec affichage du Dash sur la gauche, programmes ouverts au milieu, autres bureaux sur la droite : touche [Windows].
- Pour se déplacer entre bureaux, cliquez en bas à droite sur **1/4** ou appuyez sur les touches [Windows] + [Page Up] ou [Page Down].

5. Structure de RHEL

5.1 Structure générale

Dans cette section, nous visons à vous donner en un coup d'œil une vue d'ensemble d'un système Linux RHEL, et des interactions entre les différents éléments qui le composent.

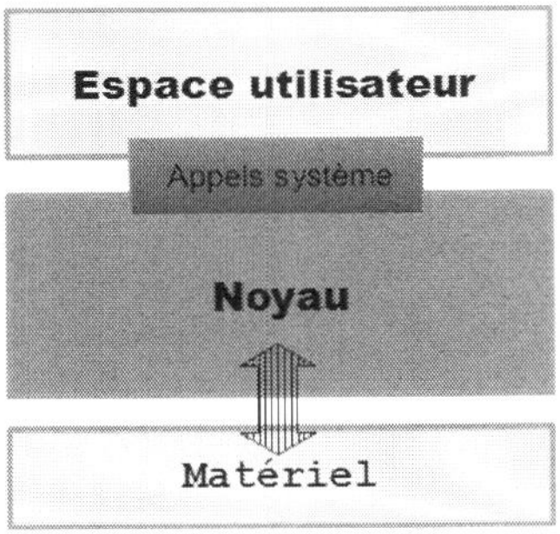

Ce schéma présente les trois parties qui composent l'intégration d'un système d'exploitation avec la machine. Précisément, l'OS est composé des deux parties supérieures, l'espace utilisateur et le noyau :

- **L'espace utilisateur** (*User Space*) : c'est l'espace mémoire où sont exécutés les processus utilisateurs ; c'est un espace protégé, où un processus ne peut pas interférer avec un autre processus. En résumé, c'est ce qui est visible de l'utilisateur.
- Le **noyau** (*Kernel*) : c'est l'interface entre les logiciels (en *user space*) et le matériel. Il se trouve dans un espace mémoire protégé ; les logiciels ne peuvent accéder au noyau que par l'intermédiaire des appels système (*System Calls*), qui sont des portes d'entrées avec un format particulier.
- **Matériel** (*Hardware*) : c'est toute l'électronique de la machine qu'une personne veut utiliser par l'intermédiaire des programmes : processeur, mémoire, écran, clavier, souris, cartes réseau Ethernet et Wi-Fi, disques durs, lecteurs DVD et flash (et leurs contrôleurs), etc.

5.2 L'espace utilisateur

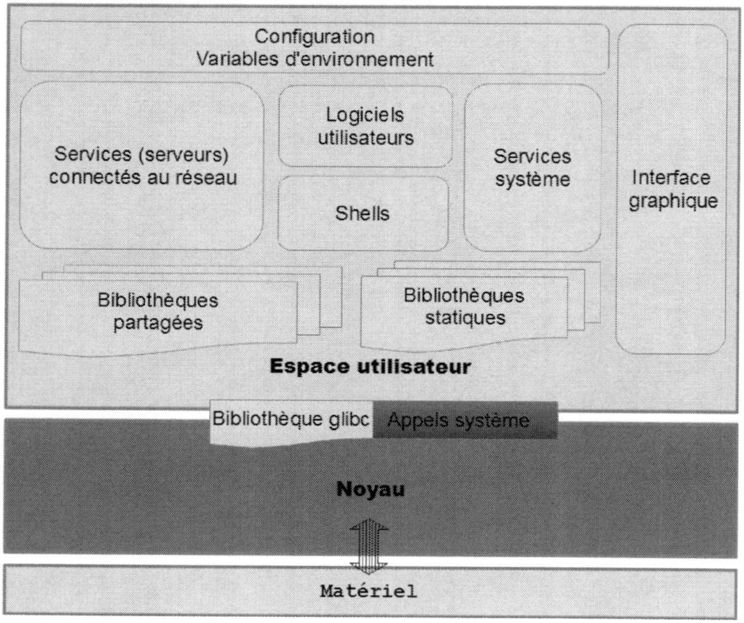

Dans ce schéma, vous trouvez l'essentiel des différents éléments qui se trouvent en espace utilisateur :

- **Logiciels utilisateurs** : programmes classiques lancés par l'utilisateur, à partir du shell en ligne de commande ou de l'interface graphique, ils sont l'une des finalités du système d'exploitation.

  Par exemple le navigateur Internet Firefox en interface graphique, ou l'éditeur de texte `vi` en ligne de commande.
- **Services** : ce sont des programmes dans l'espace utilisateur, mais non visibles directement par l'utilisateur : ils sont exécutés de manière permanente en tâche de fond.
  - **Services ou serveurs réseau** : l'autre but d'un OS consiste à offrir des services à des programmes clients se trouvant sur d'autres machines. Les serveurs réseau, comme le serveur web Apache ou le serveur de base de données MariaDB, écoutent des requêtes arrivant sur l'interface réseau.

  - **Services système** : également exécutés en tâche de fond, leur but est de servir le système d'exploitation, par exemple en enregistrant les évènements (`syslog`) ou en détectant l'ajout de périphériques (`udev`).
- **Shells** : ce sont les interpréteurs de commande en mode texte dont nous avons déjà parlé. Ils permettent entre autres de lancer les logiciels, mais également d'effectuer la configuration de la machine.
- **Interface graphique** : c'est la version graphique des shells, permettant de lancer des logiciels.
- **Configuration et Variables d'environnement** : la configuration de la machine est principalement stockée sous forme de fichiers dans `/etc`. Cependant, la configuration spécifique à chaque utilisateur se trouve plutôt dans des variables stockées en mémoire vive, plus rapidement accessibles que dans des fichiers.
- **Bibliothèques** (*Libraries*) : ce sont des morceaux de code déjà compilés intégrés à un programme en C. Ces bibliothèques contiennent des fonctions toutes faites, qui sont appelées à l'intérieur d'un programme comme n'importe quelle fonction. L'intérêt est de mutualiser des fonctions qui peuvent être utilisées par plusieurs programmes.
  - **Bibliothèques statiques** (*Static Libraries*) : le code d'une bibliothèque statique est intégré au moment de la compilation du programme, et en fait donc partie intégrante. On en parle rarement, car elles sont surtout utilisées par les développeurs, ou lorsque vous compilez vous-même un logiciel à partir du code source.
  - **Bibliothèques partagées** (*Shared Libraries*) : le code d'une bibliothèque partagée est appelé au moment de l'exécution du programme ; si cette bibliothèque n'existe plus, le programme ne pourra pas s'exécuter (comme les DLL sous Windows). Ces bibliothèques se trouvent dans `/lib` ou `/lib64` et ont l'extension .so (*Shared Object*, objet partagé).
  - **Bibliothèque standard** `glibc` : c'est la version Linux de la "bibliothèque UNIX standard C" respectant les standards ISO et POSIX. Il s'agit de la bibliothèque qui permet l'utilisation des **appels système** par les programmes en espace utilisateur. Un programme peut faire un appel système sans utiliser `glibc`, mais en utilisant une interruption. Ce cas est cependant plus rare.

5.3 Focus sur l'interface graphique en espace utilisateur

L'interface graphique est composée de trois éléments principaux décrits dans le schéma suivant :

- **X Window**, serveur d'affichage (*Display Server*) ou système de fenêtrage (*Window System*).
- **Gestionnaire de fenêtres** (*Window Manager*).
- **Environnement graphique** ou **environnement de bureau** (*Desktop Environment*).

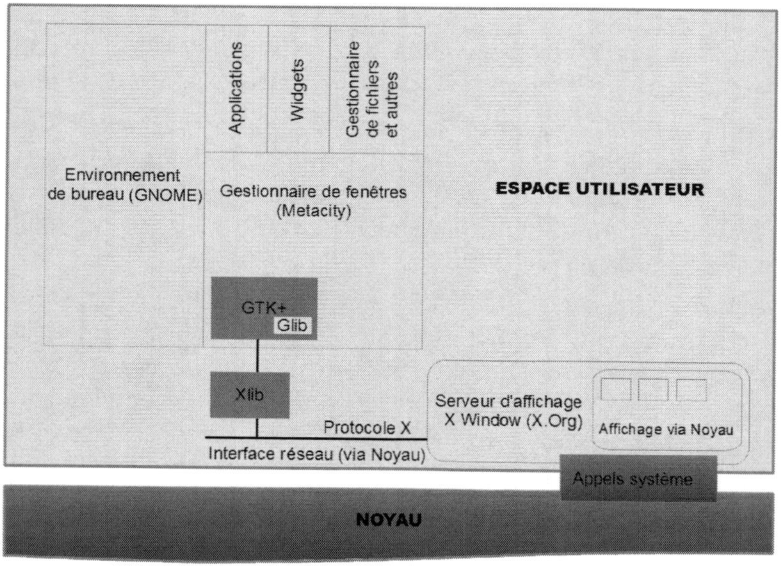

Le **serveur d'affichage** (*Display Server*) ou **système de fenêtrage** (*Window System*) permet aux clients d'interagir avec le matériel (écran, clavier, souris). Le serveur d'affichage n'est pas une interface graphique, mais a le contrôle du matériel à travers le noyau ; il est ainsi la porte d'entrée des clients pour afficher quelque chose à l'écran et est composé des éléments suivants :

- **Protocole X** (X Protocol) : c'est le protocole de communication réseau (IPv4 ou IPv6) entre les clients X et le serveur X, par l'intermédiaire de requêtes d'affichage.

- **XLib** (Librairie X) : c'est la bibliothèque logicielle exploitée par les clients X pour utiliser le protocole X. Elle offre des fonctions toutes faites aux programmes d'applications graphiques (clients). En général, elle n'est pas utilisée directement, mais sert de base à des bibliothèques graphiques de plus haut niveau comme GTK ou Qt.
- Le type de serveur d'affichage actuel est **X Window**, dont l'implémentation libre s'appelle X.Org ; X.Org remplace XFree86 depuis 2004 suite à des questions de licences.
- **Wayland** est appelé à remplacer X Window, avec un nouveau serveur d'affichage (Wayland Compositor), un protocole et une bibliothèque logicielle.

Le **Gestionnaire de fenêtres** (*Window Manager*), principal client du serveur X Window, est chargé de l'affichage, de la décoration et du placement des fenêtres. Intermédiaire entre le serveur d'affichage et l'environnement graphique, il joue le rôle de chef d'orchestre et offre les moyens de déplacer, redimensionner, réduire, fermer, décorer les fenêtres utilisées par les autres clients.

On en trouve surtout deux :

- Metacity : c'est le gestionnaire de fenêtre utilisé pour GNOME 2 utilisant la bibliothèque graphique GTK+.
- Mutter : à partir de GNOME 3, Mutter remplace Metacity et utilise la bibliothèque graphique Clutter.
- Librairies (bibliothèques graphiques) : ensemble de bibliothèques logicielles graphiques, c'est le cœur du Gestionnaire de fenêtre.

  Exemple : GTK+ (Gimp ToolKit). À l'origine développée pour le logiciel de traitement d'image GIMP, cette bibliothèque utilise GLib, qui est un ensemble de bibliothèques de bas niveau pour la partie non graphique de l'interface graphique (ne pas confondre avec glibc).

L'**environnement graphique** ou **environnement de bureau** (*Desktop Environment*) est un gestionnaire de fenêtres enrichi, apportant une expérience unifiée à l'utilisateur. Un ensemble de programmes (par exemple logiciels de traitement de texte et d'image, terminal, navigateur Internet, etc.) est fourni, ainsi que des panneaux, des menus, un gestionnaire de fichiers par défaut, des styles, fonds d'écran, widgets, etc.

On en trouve deux principaux, mais il en existe des multitudes :

- GNOME : environnement de bureau préféré pour RHEL.
  - GNOME 2 : gestionnaire de fenêtres, utilisé pour RHEL 6.X utilisant Metacity.
  - GNOME 3 : cette version de GNOME basée sur Mutter se démarque de la philosophie "Bureau" classique, pour faire place à la philosophie "Shell", plutôt orienté tactile et qui n'est pas sans rappeler un mélange des interfaces Windows 8 et Android.
- KDE : environnement de bureau très célèbre concurrent de GNOME utilisant la bibliothèque Qt.

5.4 Le noyau

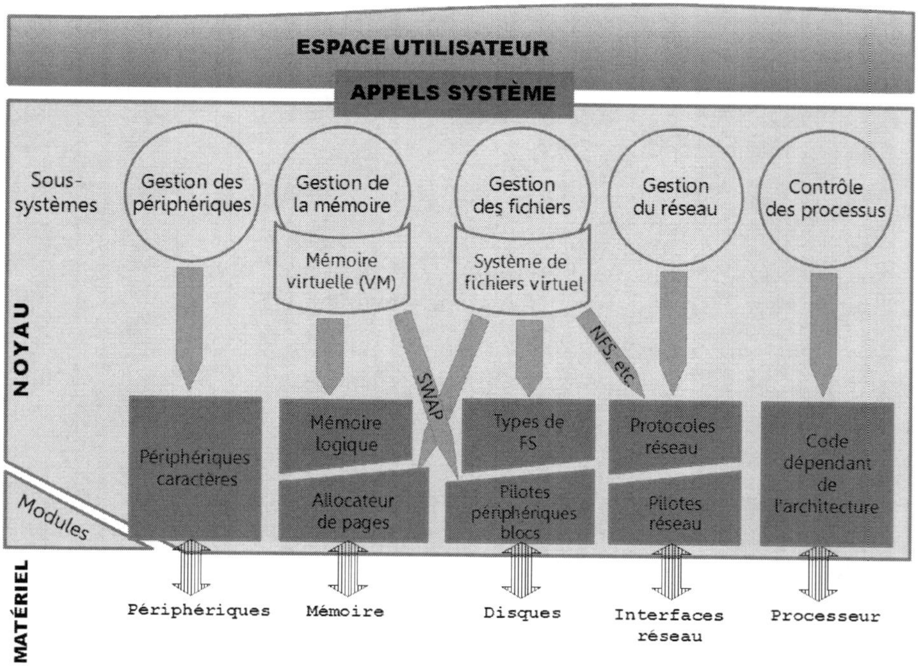

Le noyau comprend les éléments suivants :

- **Appels système** (*System Calls* ou *syscalls*) : il s'agit d'une porte d'entrée vers le noyau pour les programmes se trouvant en espace utilisateur, dont l'objectif est simplement l'utilisation des ressources matérielles (écran, clavier, réseau, mémoire, processeur, etc.). Ce sont des fonctions standards appelées par un programme en espace utilisateur. Elles sont exécutées dans le noyau et le résultat est renvoyé au programme. Ces fonctions sont matérialisées par une bibliothèque logicielle fournie par le système d'exploitation. La bibliothèque est incluse dans le programme, à l'exécution ou à la compilation. Le nombre d'appels système est relativement réduit ; sur les noyaux récents en architecture x86 il y en a environ 350-380.
- **Sous-systèmes principaux** : le noyau est divisé en cinq grandes catégories principales - les sous-systèmes - accessibles grâce aux appels système. Chaque catégorie présente des fonctionnalités, c'est-à-dire une division plus précise des tâches effectuées par le noyau pour un sous-système ; il existe bien d'autres fonctionnalités offertes par les sous-systèmes.
  - **Contrôle des processus** : création et destruction des processus, partage du temps CPU par les processus (ordonnanceur ou *scheduler*), communication des processus avec l'extérieur, *concurrency*, *multitasking*, etc.
  - **Communication interprocessus** (*socket*) : fournir des mécanismes pour la communication entre processus à l'intérieur du système d'exploitation (et non pas vers d'autres machines).
  - **Gestion de la mémoire** : gérer la façon dont la mémoire est organisée, et permettre à plusieurs processus indépendants de partager la mémoire de manière sécurisée, ainsi qu'à une mémoire virtuellement plus importante que la mémoire physique disponible (en utilisant des fichiers d'échange, ou swap) : c'est la mémoire virtuelle. La mémoire est gérée par pages ; un processus se voit affecter un certain nombre de pages. Sur la plupart des architectures, les pages ont une taille de 4 Ko. Le système garde une trace des pages qui sont utilisées, totalement ou en partie, et de celles qui sont vides.
  - **Gestion des fichiers** : organiser la façon dont les données sont stockées, en présentant un modèle unifié quel que soit le support physique de stockage : c'est le système de fichiers virtuel VFS (*Virtual File System*). Le VFS propose la mise en cache avec une couche intermédiaire qui optimise l'accès aux données en les gardant en mémoire pendant quelque temps.

  - **Gestion des périphériques** : présenter une interface d'accès commune à une variété de périphériques physiques.
  - **Gestion du réseau** : fournir l'accès à différents standards et fonctionnalités réseau et types d'interfaces physiques.
- **Implémentation logicielle / matérielle** (couche bas niveau) : c'est le code qui met en œuvre les fonctionnalités décrites ci-dessus. Il est de deux natures :
  - Code noyau indépendant de l'architecture matérielle : la majeure partie du code du noyau est indépendante du matériel, c'est-à-dire qu'elle est commune à toutes les architectures matérielles supportées par Linux et est donc facilement portable d'une architecture à une autre.
  - Code dépendant de l'architecture : une partie du code est dépendante de l'architecture, ne fonctionnant que sur cette architecture matérielle ; il s'agit par exemple du code adapté au jeu d'instructions des processeurs (ARM pour mobile, x86/x64, etc.) fourni par le constructeur (ou les consortiums) et mis en place sur la carte mère. Cela est appelé plus généralement le *Board Support Package* (ou BSP).
- **Modules** : morceaux de code permettant d'ajouter dynamiquement des fonctionnalités au noyau. Les modules sont chargés à la demande par l'utilisateur, contrairement aux patches qui sont des morceaux de code ajoutés au moment de la compilation du noyau. Il existe des modules entre autres pour des pilotes de périphériques, des nouveaux systèmes de fichiers, des pilotes réseau, voire des appels système.

Chapitre 3
Démarrage du système

1. La séquence de démarrage

1.1 Pourquoi il faut la connaître

Pour d'autres systèmes, il n'est pas nécessaire de connaître la séquence de démarrage, qui reste relativement opaque. Pour Linux cependant, il est bien de connaître les différentes étapes de démarrage, depuis le moment où vous appuyez sur le bouton ON de la machine, jusqu'à l'apparition d'une invite de login, ou connexion. Que s'est-il passé entre-temps ?

Les raisons de se poser cette question sont de plusieurs ordres. D'abord, en tant qu'administrateur système, il est bien d'avoir une vue d'ensemble du fonctionnement du système, afin d'en appréhender la philosophie.

Ensuite, **pour obtenir une configuration fine** de votre système, il vous faudra bien sûr intervenir sur des éléments de la vie du système en production, c'est-à-dire une fois qu'il est démarré. Cependant, tôt ou tard (relativement tôt en fait), vous serez amené à modifier aussi le démarrage de la machine.

Vous devrez **adapter le système** à l'utilisation requise. Par exemple, quels services voulez-vous lancer au démarrage ? Il faudra dans ce cas modifier des fichiers dans `/etc/rc*.d/` ou `/etc/systemd/`.

Peut-être voudrez-vous **améliorer les performances** de votre système ? Ou encore **renforcer sa sécurité** ? Dans ce cas, il faudra peut-être mettre un mot de passe au niveau du chargeur de démarrage, ou choisir le type de noyau utilisé à l'initialisation du système.

Au final, c'est aussi **pour le dépannage** qu'il faut connaître le processus de démarrage : pourquoi tel service ne se lance-t-il pas ?

Connaître et comprendre la séquence de démarrage n'est pas difficile. En réalité, c'est même passionnant.

1.2 De l'appui sur le bouton ON jusqu'à l'invite de connexion

Voici en résumé les différentes étapes de démarrage. Il s'agit de la procédure pour les machines les plus courantes, équipées d'un processeur x86 :

- BIOS : le BIOS de la machine effectue une vérification physique de la machine et lance le boot loader (chargeur de démarrage) qui se trouve dans le MBR (*Master Boot Record*) du premier disque dur.
- Boot loader niveau 1 : le boot loader de niveau 1 lance un boot loader de niveau 2 qui se trouve sur la partition `/boot/`.
- Boot loader niveau 2 : le boot loader de niveau 2 charge le noyau en mémoire.
- Boot loader niveau 2 : le boot loader de niveau 2 monte l'image `initrd` et y charge les modules nécessaires. Le noyau monte la partition racine / en lecture seule.
- Noyau : le noyau lance ensuite le premier programme `/sbin/init`.
- Espace utilisateur, Init : `/sbin/init` ou `systemd` charge le reste du système : services, environnement utilisateur et montage des partitions.
- Login : finalement, `/sbin/init` ou `systemd` présente l'invite de connexion à l'utilisateur.

2. BIOS

Cette partie ne concerne pas directement Red Hat Enterprise Linux, mais elle intervient dans le démarrage de la machine, et donc dans l'administration de votre serveur.

Le BIOS (*Basic Input/Output System*, ou système élémentaire d'entrée/sortie) est un programme se trouvant dans une mémoire en lecture seule, dont le principal objectif est de fournir un accès aux différents éléments physiques de la machine. Il peut être utilisé par le système d'exploitation, mais on le connaît surtout pour son utilisation au démarrage de la machine.

Lorsque vous appuyez sur le bouton ON du serveur, le BIOS effectue un POST (*Power-On Self Test*, autotest d'allumage). La mémoire est vérifiée, les disques et autres composants sont déclarés, des diagnostics sont effectués.

Si tout va bien, le BIOS lance alors le système d'exploitation sur le **périphérique d'amorçage**, c'est-à-dire le périphérique qui va lancer le système d'exploitation. En général, il cherche d'abord sur le lecteur de disquette et de CD-ROM, puis sur le disque dur.

Remarque

L'ordre des périphériques d'amorçage est configuré par l'administrateur dans l'interface du BIOS. Cette interface est accessible au démarrage, souvent en appuyant sur la touche [Suppr] ou sur une combinaison de touches.

Précisément, sur le périphérique d'amorçage, l'« amorce » que l'on recherche pour le lancement du système d'exploitation s'appelle un **bootloader** (ou chargeur de démarrage).

Le bootloader installé et utilisé par Red Hat Enterprise Linux s'appelle GRUB.

3. UEFI

L'UEFI, de plus en plus répandu sur les machines récentes, se pose en successeur du BIOS par l'apport de fonctionnalités, comme une interface haute résolution, le support intégré du réseau et le multiboot, c'est-à-dire la possibilité d'installer plusieurs systèmes d'exploitation et d'en faire la sélection à partir de l'UEFI et non à partir du chargeur de démarrage.

Mais la fonctionnalité principale de l'UEFI est le *secure boot*, dont l'objectif est de déjouer l'installation d'un rootkit par un pirate, en installant un noyau contenant des failles de sécurité à la place du noyau légitime.

Le secure boot (démarrage sécurisé) demande ainsi le lancement d'un noyau signé avec une clé privée autorisée. L'UEFI contient un jeu de clés publiques officielles correspondantes. Lorsque cette fonctionnalité est activée, un noyau non signé ne peut être exécuté.

Il est bien entendu que seuls les éditeurs officiels de systèmes d'exploitation possèdent cette clé privée. Ainsi, tous les noyaux officiels fournis par Red Hat sont signés, et vous n'avez rien à faire en tant qu'administrateur, sinon qu'à activer le secure boot si vous le désirez.

Remarque

Le secure boot concerne aussi le chargement de modules signés dans le noyau. Si vous désirez charger des modules externes à Red Hat, reportez-vous à la section 24.7 du guide de l'administrateur système RHEL, disponible dans le Portail Red Hat.

4. Chargeur de démarrage GRUB

4.1 Présentation

Beaucoup de bootloaders ne sont en général qu'un morceau de code se trouvant au début du disque dur d'amorçage, servant à lancer directement le système d'exploitation unique installé sur le système. Pour cette raison, ils ne sont souvent pas remarqués par l'utilisateur.

GRUB, quant à lui, permet de sélectionner au démarrage un des systèmes d'exploitation présents sur le disque dur. S'il s'agit de Linux, il permet également de choisir le noyau à démarrer, voire même de lui passer des options.

Par exemple, GRUB pourrait présenter les choix suivants :

- *Red Hat Linux*
- *Red Hat Linux en mode maintenance (option passée au noyau)*
- *Red Hat Linux SMP (choix d'un autre noyau avec support multiprocesseur)*
- *Microsoft Windows 7 (choix d'un autre système d'exploitation)*

Ainsi, GRUB (*GRand Unified Bootloader*, chargeur de démarrage unifié) ne se limite pas à un système d'exploitation en particulier, même s'il est le plus souvent installé par des systèmes Linux comme Red Hat Enterprise Linux.

GRUB présente beaucoup d'autres avantages, parmi lesquels la possibilité de pouvoir modifier les options de démarrage du système.

Il existe deux versions de GRUB :

- GRUB 0.9x : première version de GRUB, installée sur RHEL 5/6, appelée également GRUB Legacy (GRUB héritage).
- GRUB 2 : réécriture, à partir de RHEL 7.

4.2 GRUB Legacy (RHEL 5/6)

Level 1 et Master Boot Record

Le MBR, ou Zone Amorce en français, est le premier secteur du disque dur, d'une taille de 512 octets. Il contient principalement le bootloader de niveau 1 de GRUB et, comme nous le verrons au chapitre Partitions et système de fichiers, la table de partitions du disque.

Pourquoi « niveau 1 » ?

Le MBR ayant une taille trop réduite pour contenir un bootloader « entier », il est nécessaire de charger un autre programme contenant plus de fonctionnalités. C'est pourquoi GRUB est séparé en deux niveaux.

Le bootloader de niveau 1 indique ainsi à quel endroit trouver le bootloader de niveau 2. Ce bootloader est alors exécuté.

Level 2

C'est le bootloader qui contient toutes les fonctionnalités de GRUB et présente une interface. Ce bootloader a donc une taille plus importante et se trouve sur une partition appelée `/boot/`.

Remarque

Notez que GRUB Legacy ne sait lire que les systèmes de fichiers ext2, ext3 et ext4. C'est pourquoi la partition `/boot/` ne peut pas être formatée en NTFS par exemple (système de fichiers de Windows) ou en LVM.

Remarque

Il existe dans certains cas exceptionnels un bootloader de niveau 1.5 pour des raisons imposées par le matériel.

En fonction de la configuration, le bootloader niveau 2 lance le système d'exploitation. Il s'agit bien souvent d'un système d'exploitation Windows ou de type UNIX/Linux.

Dans le cas d'un système d'exploitation Linux, le bootloader niveau 2 lance le noyau du système d'exploitation se trouvant dans `/boot/`.

Pour résumer, au début du périphérique d'amorçage (le disque dur) se trouve une zone appelée MBR contenant le chargeur de démarrage de niveau 1. Ce dernier lance un chargeur de démarrage de niveau 2 situé à un autre endroit sur le disque. C'est lui qui lance ensuite le système d'exploitation (un noyau Linux par exemple).

Remarque

GRUB Legacy étant maintenant obsolète, il n'est pas traité dans cet ouvrage.

4.3 GRUB 2 (RHEL 7/8)

La version 2 de GRUB a été réécrite à partir de zéro, en ajoutant de nombreuses modifications. Ainsi, GRUB version 2 n'hérite pas du fonctionnement du GRUB d'origine, qu'on appelle rétroactivement GRUB Legacy (GRUB héritage), et par ricochet, GRUB version 2 devient simplement GRUB.

Entre autres modifications importantes, GRUB peut maintenant lire des partitions LVM et RAID. De plus, le fichier de configuration, dont la syntaxe est différente, inclut un langage de script permettant des tests de condition et des boucles.

Le lancement de GRUB se fait en trois étapes :

- Stage 1 : c'est le morceau de code appelé `boot.img` lancé par la machine pour le démarrage de l'OS. Il est stocké sur le secteur 0 de 512 octets où se trouve également la table de partition du disque. Son travail est simplement de lancer le Stage 1.5.
- Stage 1.5 : c'est le code appelé `core.img` (d'environ 20-25 Ko) stocké sur les secteurs 1 à 62 du disque, avant le début de la première partition. Son travail est de charger des pilotes supportant de multiples systèmes de fichiers, puis de lancer le Stage 2 contenu dans l'un de ces systèmes de fichiers.
- Stage 2 : c'est la dernière partie du bootloader chargée d'afficher un menu pour l'utilisateur et de lancer les OS. Le stage 2 est contenu dans le répertoire `/boot/grub`.

4.3.1 Les interfaces

Au démarrage du système, GRUB présente une interface de démarrage, ou interface Menu. Cette interface donne en fait accès à deux autres interfaces.

Interface Menu

C'est l'interface par défaut affichée au démarrage de la machine. Le choix est donné parmi une liste de systèmes d'exploitation, ou de versions de Linux avec différents noyaux. Déplacez-vous avec les flèches du clavier et appuyez sur [Entrée] pour lancer le système que vous avez choisi.

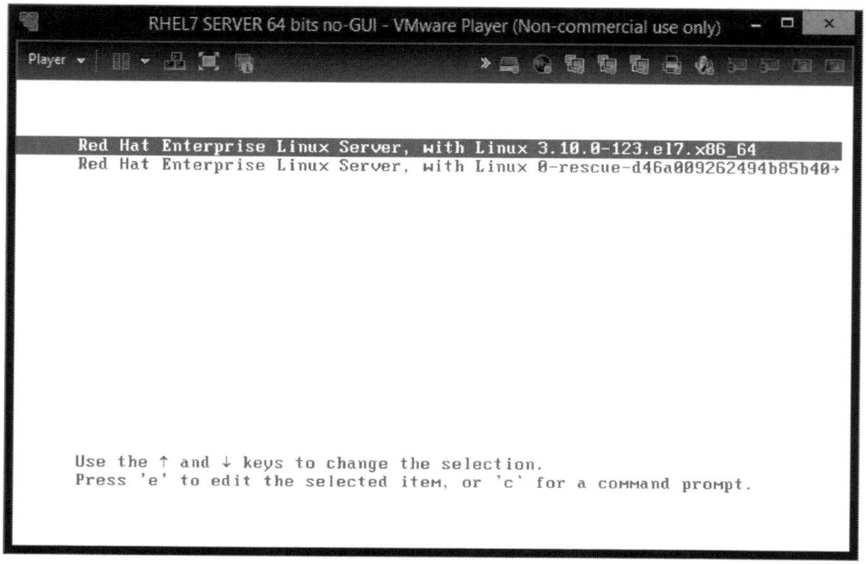

Ce menu vous donne également accès aux deux autres interfaces :

– Appuyez sur la touche `e` pour accéder à l'éditeur d'interface.

– Appuyez sur la touche `c` pour accéder à la ligne de commande.

Éditeur d'interface

Ce menu vous permet de modifier la configuration pour une des entrées de l'interface Menu en appuyant sur la touche `e`.

Chaque entrée de l'interface Menu peut être modifiée grâce à un fichier de configuration `/boot/grub2/grub.cfg` accessible une fois Linux lancé. Cependant, avec l'éditeur d'interface, vous pouvez modifier une entrée dynamiquement, au démarrage, sans avoir à éditer ce fichier.

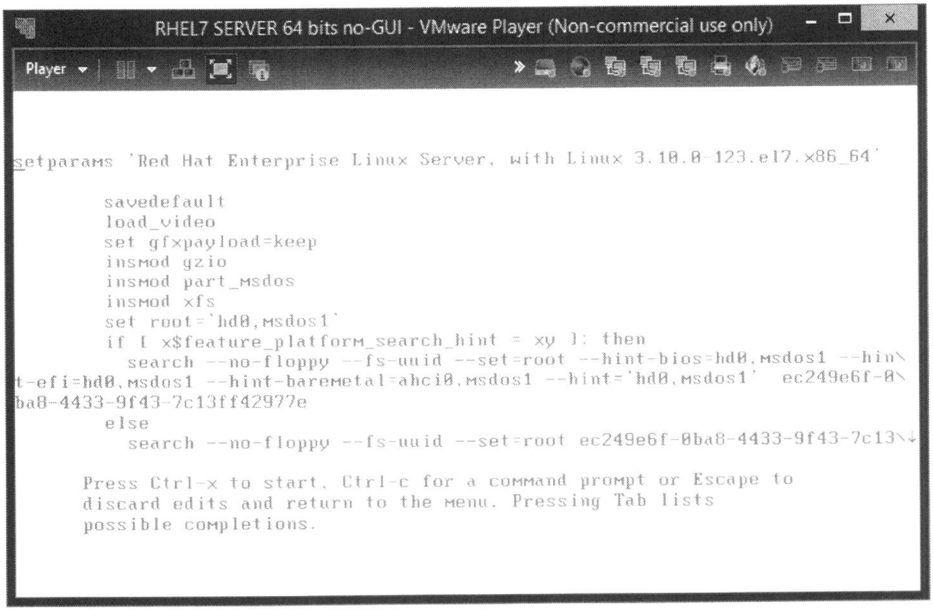

Par exemple, dans la copie d'écran ci-dessus, nous modifions l'entrée pour le démarrage de `Red Hat Enterprise Linux, with Linux 3.10`. Il est possible de modifier les mêmes paramètres que dans le fichier `/boot/grub2/grub.cfg` sur lequel nous reviendrons plus tard.

L'éditeur d'interface est très utile pour tester plusieurs types de démarrage pour un système d'exploitation, ou pour corriger une mauvaise configuration qui empêcherait un système d'exploitation de démarrer.

- Pour l'édition, aidez-vous des flèches et éditez directement le texte désiré.
- Pour lancer l'entrée avec la modification, appuyez sur les touches [Ctrl] X.
- Sinon, appuyez sur la touche [Echap] pour abandonner les modifications et retourner à l'interface Menu.

Remarque

Attention, les modifications faites dans l'éditeur d'interface ne sont pas sauvegardées dans le fichier de configuration de GRUB `/boot/grub2/grub.cfg`.

Ligne de commande

La ligne de commande permet de faire à la main ce que fait le fichier de configuration de GRUB, par exemple démarrer un système d'exploitation ou changer l'image de démarrage. Cela est pratique pour le dépannage par exemple, où une configuration corrompue de GRUB vous empêcherait de démarrer le système.

4.3.2 Fichiers de configuration

Le fichier de configuration du GRUB est `/boot/grub2/grub.cfg`. C'est le fichier utilisé pour l'affichage du menu de démarrage et la sélection du noyau avec les options de démarrage.

Cependant, ce fichier n'est **pas modifiable directement**, contrairement à GRUB Legacy. Vous pourriez le modifier manuellement (c'est un fichier texte facile à éditer), mais vous prendriez le risque de perdre ces modifications à chaque mise à jour de GRUB.

Le fichier `grub.cfg` est construit à partir de scripts de création et d'un fichier de configuration dans `/etc` :

- `/etc/default/grub` : paramètres généraux de GRUB.
- `/etc/grub.d/` : scripts de création du menu GRUB, dont le fichier `40_custom` contenant des entrées personnalisées du menu.

Une fois ces fichiers modifiés selon votre convenance, **il faut générer un nouveau fichier de configuration** avec la commande `grub2-mkconfig`, en n'oubliant pas de préciser l'emplacement du fichier destination :

```
grub2-mkconfig -o /boot/grub2/grub.cfg
```

Pour GRUB sur UEFI, le fichier de configuration se trouve dans `/boot/efi`. Il faut dans ce cas taper la commande suivante pour générer un nouveau fichier de configuration :

```
grub2-mkconfig -o /boot/efi/EFI/redhat/grub.cfg
```

Remarque

Il est important de récréer le menu (c'est-à-dire le fichier `grub.cfg`) après chaque modification, sinon vos changements ne seront pas pris en compte.

Ajouter un nouveau noyau

Pour ajouter un nouveau noyau, c'est très simple :

- Installez le nouveau noyau avec yum. Le nouveau noyau s'installe en tant que vmlinuz-* dans /boot.
- Exécutez la commande de création de configuration ci-dessus, qui détectera automatiquement le nouveau noyau et l'ajoutera au menu.

Changer les paramètres généraux de GRUB 2

Le fichier /etc/default/grub contient les paramètres du comportement général de GRUB. Parmi les variables intéressantes, dont la plupart modifient toutes les entrées du menu, on trouve :

- GRUB_TIMEOUT=<secondes> : délai d'attente avant de démarrer le choix par défaut.
- GRUB_DISTRIBUTOR= : contient le nom du système d'exploitation. C'est un champ dynamique, généré à partir du fichier /etc/system-release créé par Red Hat.
- GRUB_CMDLINE_LINUX="<arguments passés au noyau>" : contient, entre guillemets, la liste des arguments passés au noyau au démarrage. C'est par exemple à cet endroit qu'on changera la cible de systemd pour démarrer en mode graphique ou texte.
- GRUB_DEFAULT = <numéro> : contient le numéro de l'entrée à démarrer par défaut, en partant de 0. Il pointe souvent vers la première entrée dans le menu (l'entrée 0 donc).

  Il est possible de mettre le mot-clé saved pour que GRUB se rappelle de l'entrée choisie au prochain redémarrage (en conjonction avec la variable GRUB_SAVEDEFAULT=true). La valeur est alors sauvegardée dans /boot/grub2/grubenv (appelé "Environment Block"). Il est aussi possible de positionner cette valeur avec la commande grub2-set-default ou grub2-reboot (la valeur est positionnée simplement pour le prochain redémarrage, par exemple pour un test).

Remarque

Vous trouverez plus d'informations à l'adresse https://www.gnu.org/software/grub/manual/, comme par exemple la possibilité de rajouter des thèmes graphiques à GRUB ou de jouer un son au lancement.

Ajouter une entrée manuellement

Nous l'avons dit, les entrées du menu GRUB sont ajoutées automatiquement en fonction des noyaux détectés dans `/boot` et des paramètres généraux. Cependant, il est parfois difficile d'intervenir avec précision sur la configuration des entrées créées automatiquement ; il est alors souhaitable de rajouter une entrée manuelle qui apparaîtra à chaque recompilation (ce qui ne serait pas le cas si vous modifiiez directement le fichier `grub.cfg`).

Ainsi, il est possible d'ajouter une entrée manuellement, avec tous les paramètres désirés, dans le fichier `/etc/grub.d/40_custom`.

Ce fichier doit contenir une ou plusieurs entrées commençant par `menuentry`, suivi d'une section commençant par { et finissant par }. Ces entrées doivent être positionnées après les remarques et commandes du début (en général à partir de la ligne 6).

Par exemple, nous créons ici une entrée manuellement dans le menu GRUB, en plus de celles que GRUB va créer automatiquement. Après avoir "compilé" les différents fichiers avec la commande `grub2-mkconfig`, cette entrée manuelle se retrouvera avec le reste dans le fichier `grub.cfg` :

```
Fichier /etc/grub.d/40_custom :
#!/bin/sh
exec tail -n +3 $0
# This file provides an easy way to add custom menu entries.
# Simply type the menu entries you want to add after this comment.
# Be careful not to change the 'exec tail' line above.
menuentry 'Red Hat Enterprise Linux Server, with Linux 3.10.0-
123.el7.x86_64' --class red --class gnu-linux --class gnu (...) {
        load_video
        insmod gzio
(...)
}
```

Remarque

Vous pouvez bien sûr créer cette entrée de toutes pièces dans `40_custom`, mais le mieux est de copier et de modifier une entrée existante du fichier `/boot/grub2/grub.cfg`.

Configurer l'authentification

La fonctionnalité la plus nécessaire de GRUB est sans doute l'authentification. Il est important de mettre en œuvre la protection contre un accès illicite au menu GRUB.

L'authentification peut se faire :

- Sur l'édition d'une entrée du menu GRUB.
- Sur le simple lancement d'une des entrées pour un OS.

Pour ce faire, il faut créer le fichier `/etc/grub.d/01_users` s'il n'existe pas, avec les droits nécessaires (rappelons-nous que les fichiers dans `/etc/grub.d/` sont des scripts) :

```
touch /etc/grub.d/01_users
chmod 755 /etc/grub.d/01_users
```

Remarque

Ce fichier est normalement créé à l'installation si l'authentification de GRUB a été choisie à ce moment-là.

Pour limiter l'**édition** des entrées à un ou plusieurs utilisateurs (les super-utilisateurs), ajoutez les lignes suivantes dans `/etc/grub.d/01_users` :

```
Fichier /etc/grub.d/01_users :
#!/bin/sh -e
## Declare users and passwords
cat <<EOF
set superusers="<super-utilisateur>"
password <super-utilisateur> <mot de passe>
EOF
```

Remarque

Précisément, le ou les super-utilisateurs sont autorisés à utiliser la ligne de commande GRUB, à éditer ou à démarrer une entrée.

Si vous voulez limiter le **lancement** d'une entrée à un ou plusieurs utilisateurs, ajoutez ces lignes :

```
Fichier /etc/grub.d/01_users :
#!/bin/sh -e
## Declare users and passwords
cat <<EOF
set superusers="<super-utilisateur>"
password <super-utilisateur> <mot de passe>
password <autre-utilisateur> <mot de passe>
EOF
```

Par exemple, les utilisateurs `eunice` et `macy` sont super-utilisateurs. Quant à `rico`, c'est un utilisateur normal :

```
Fichier /etc/grub.d/01_users :
#!/bin/sh -e
## Declare users and passwords
cat <<EOF
set superusers="eunice macy"
password eunice kawabunga
password macy kungfu
password rico yahanajessica
EOF
```

Il faut ensuite éditer l'entrée dont vous désirez limiter le lancement **directement dans le fichier** `/boot/grub2/grub.cfg`. Ajoutez l'option `--users` à l'entrée nécessaire commençant par `menuentry`.

Par exemple, nous remplaçons :

```
menuentry 'Red Hat Enterprise Linux Server, with Linux 3.10' {
```

Par :

```
menuentry 'Red Hat Enterprise Linux Server, with Linux 3.10'
--users "rico" {
```

Ici, seul l'utilisateur `rico` (avec les super-utilisateurs) sera autorisé à **lancer** cette entrée dans le menu. Sans cela, le démarrage ne sera pas effectué, et la machine bloquera au menu GRUB.

Remarque

A l'heure où nous écrivons ces lignes, les développeurs de GRUB n'ont pas encore prévu de moyen pour faire cela dans le fichier `01_users`. La conséquence malheureuse, c'est que cette modification manuelle disparaîtra à la prochaine recréation de `grub.cfg` avec `grub2-mkconfig` (voir www.gnu.org/software/grub/manual/ section Authentication and authorization).

Ainsi, puisque vous avez édité le fichier `grub.cfg` directement, il ne faut pas lancer la commande `grub2-mkconfig`, auquel cas votre modification sera écrasée.

L'alternative consiste à copier cette e5ntrée modifiée du fichier `grub.cfg` dans le fichier `40_custom`. Ainsi, même en cas de recompilation, l'entrée sera recréée.

Authentification lors du lancement d'une entrée

Authentification avec mot de passe hashé

Bien sûr, le mot de passe en clair dans `01_users` doit absolument être évité. Il peut être remplacé par un hash de mot de passe au format PBKDF2 généré en ligne de commande avec la commande `grub2-mkpasswd-pbkdf2`.

Par exemple, nous générons un mot de passe hashé :

```
[root@ariadne ~]# grub2-mkpasswd-pbkdf2
Entrez le mot de passe :
Entrez de nouveau le mot de passe :
Le hachage PBKDF2 du mot de passe est
grub.pbkdf2.sha512.10000.B58A0BD69E60F2EB480617D30E66462DD3FF3B95E59F703615
C0181D8444899C02177FF22C1F58056232DBFB36DC8B53693E3F60B05A3D50BAF9E4C07D8ED
4A8.7B0A3852ED5C8A5CD497ABB904166DE78D383ECAF619AA47B8E681A9CB5A2EF31C02D09
F7A57564B0FAF5C0F949FC0C620C69E6068A6A48DC4A34006A2569190
[root@ariadne ~]#
```

Ensuite, nous copions ce hash dans le fichier `01_users` pour l'utilisateur `rico` (tout est sur une seule ligne) :

```
password_pbkdf2 rico
grub.pbkdf2.sha512.10000.B58A0BD69E60F2EB480617D30E66462DD3FF3B95E59F703615
C0181D8444899C02177FF22C1F58056232DBFB36DC8B53693E3F60B05A3D50BAF9E4C07D8ED
4A8.7B0A3852ED5C8A5CD497ABB904166DE78D383ECAF619AA47B8E681A9CB5A2EF31C02D09
F7A57564B0FAF5C0F949FC0C620C69E6068A6A48DC4A34006A2569190
```

Notez que le mot-clé `password` est remplacé par `password_pbkdf2`.

Réinstallation de GRUB

Il peut être nécessaire de réinstaller GRUB si les différents stages ont été modifiés (par exemple si un autre OS a installé son propre chargeur de démarrage) ou si la configuration a été corrompue.

Vous pouvez au choix :

- Simplement réinstaller les stages 1 et 1.5 avec la configuration existante de GRUB.
- Revenir à la configuration par défaut de GRUB.

Pour **réinstaller les stages de GRUB sur le disque dur** (au cas où ils auraient été effacés), utilisez la commande suivante :

```
grub2-install /dev/<disque>
```

Cette commande réinstallera le stage 1 dans le MBR, le stage 1.5 dans les bons secteurs. Si le stage 2 (`/boot/grub2`) n'existe pas, il sera recréé.

Par exemple, pour réinstaller les stages de GRUB sur le premier disque :

```
[root@ariadne ~]# grub2-install /dev/sda
Installing for i386-pc platform.
Installation terminée, sans erreur.
```

Remarque

Notons que la configuration `/boot/grub2/grub.conf` (stage 2) est indépendante des stages 1 et 1.5.

Réinitialiser la configuration de GRUB consiste à :

- Supprimer les différents fichiers de configurations.
- Demander à yum de réinstaller le paquet.
- Relancer la compilation de grub.cfg.
- Si nécessaire, réinstaller les stages sur le disque.

Pour cela, tapez les commandes suivantes :

```
rm /etc/grub.d/*
rm /etc/sysconfig/grub
yum reinstall grub2-tools
grub2-mkconfig -o /boot/grub2/grub.cfg
```

Ainsi, une nouvelle configuration par défaut sera créée à la réinstallation du paquet grub2-tools. Ensuite, une nouvelle configuration minimale en fonction des noyaux disponibles sera créée par grub2-mkconfig.

Remarque

Il n'est pas nécessaire de réinstaller les stages 1 et 1.5 avec grub2-install *si c'est seulement la configuration du menu qui pose problème.*

5. Lancement du noyau et du processus père

5.1 Rôle du noyau (kernel)

Une fois le système d'exploitation choisi, s'il s'agit d'un système Linux, le chargeur de démarrage lance le noyau, qui prend la suite des opérations de démarrage.

Comme son nom l'indique, le noyau est l'élément essentiel du système d'exploitation. Son rôle est de faire l'interface entre le matériel, la machine, et le logiciel, c'est-à-dire les composants logiciels du système d'exploitation comme le shell (pour le contrôle de la machine) et les différents programmes exécutés.

En tant qu'interface, le noyau fournit une couche d'abstraction aux logiciels.

En effet, les logiciels ne savent pas gérer directement la mémoire, le processeur et les supports de stockage. C'est au noyau de fournir des branchements « universels » aux logiciels pour accéder aux ressources physiques. Bien sûr, grâce au noyau, les logiciels peuvent également communiquer entre eux.

Ainsi, le noyau est un ensemble de mécanismes gérant :

- des fonctions :
  - la gestion des systèmes des fichiers,
  - la gestion des processus (des logiciels),
  - les fonctions réseau : mise en œuvre de IPv4 et IPv6, pare-feu, etc.
  - etc.
  - ces fonctions peuvent faire partie intégrante du noyau, ou être ajoutées dynamiquement en chargeant des modules d'extension.
- des accès aux composants matériels par l'intermédiaire de pilotes :
  - supports de stockage (disques durs IDE/SCSI, USB, etc.),
  - interfaces réseau,
  - carte son,
  - etc.

Les pilotes standards font partie intégrante du noyau (par exemple le support de l'IDE), ou peuvent être chargés.

Le chargeur de démarrage place également une image `initramfs` en mémoire. L'image en question est un système de fichiers virtuels, c'est-à-dire qu'elle contient des répertoires et fichiers qui sont accédés par le noyau comme s'ils étaient sur un disque dur. Le noyau accède à l'image `initramfs` (*Initial RAM Filesystem*, système de fichiers RAM initial) par le chemin `/sysroot/`.

L'image `initramfs` contient des pilotes et des modules qui sont nécessaires au noyau pour le démarrage du système. Comme ces pilotes et modules ne sont pas standard, on préfère ne pas les inclure de manière permanente et statique au noyau, qui peut ainsi les charger au besoin et garder une taille réduite. De fait, la taille d'un noyau ne dépasse pas quelques mégaoctets.

Une fois chargé, le noyau effectue les tâches d'initialisation du matériel pour préparer la suite du démarrage :

- Initialise la mémoire, les composants matériels, le processeur et les périphériques de stockage.
- Décompresse dans `/sysroot/` l'image `initramfs` chargée en mémoire par le chargeur de démarrage.
- Charge à partir de `/sysroot/` les pilotes et modules nécessaires.
- Monte la partition racine en lecture seule dans / pour pouvoir accéder au reste des fichiers nécessaires au démarrage.
- Lance le processus `/sbin/init` sur la partition racine / qui prend le relais pour le démarrage du système.

5.2 Sélection au démarrage

5.2.1 Répertoire /boot

Le noyau et l'image RAM disque initiale se trouvent dans `/boot/`.

Parfois, `/boot/` se trouve sur le disque dur avec le reste du système d'exploitation. Bien souvent cependant, `/boot/` est mis sur une partition à part.

La raison principale, c'est que le système de fichiers principal (qu'on appelle la racine /), contenant le système d'exploitation, est dans un format que ne sait pas lire le chargeur de démarrage GRUB Legacy. Par exemple, la racine / est peut-être en LVM ou en RAID. Or, GRUB ne sait lire que les partitions ext2, ext3 et ext4.

Dans ce cas, pour être accédé par GRUB pour le chargement du noyau, le répertoire `/boot/` doit être sur une partition à part formatée en ext4, qui fait souvent quelques centaines de Mo.

Par exemple, sur le système suivant, le répertoire `/boot` est sur la partition `/dev/sda1` formatée en ext4, tandis que la racine est sur un système de fichiers LVM/ext4 :

```
[root@cobb boot]# mount
/dev/mapper/vg_cobb-lv_root on / type ext4 (rw)
```

```
proc on /proc type proc (rw)
sysfs on /sys type sysfs (rw)
devpts on /dev/pts type devpts (rw,gid=5,mode=620)
tmpfs on /dev/shm type tmpfs
(rw,rootcontext="system_u:object_r:tmpfs_t:s0")
/dev/sda1 on /boot type ext4 (rw)
none on /proc/sys/fs/binfmt_misc type binfmt_misc (rw)
sunrpc on /var/lib/nfs/rpc_pipefs type rpc_pipefs (rw)
```

Le **noyau** (kernel) est dans le fichier commençant par `vmlinuz` :

- Généralement, le noyau est un fichier compressé, d'où le `z` pour zip de `vmlinuz`.
- Les chiffres suivants désignent la version du noyau :
  - Les deux premiers chiffres `3.1`, la version majeure, désignent plutôt un courant, ou une génération de noyau, qui est apparue aux alentours de 2011, après un travail en profondeur et l'ajout de nombreuses fonctionnalités clés.
  - Le troisième chiffre désigne la version mineure, qui est modifiée quand des patches de sécurité, des corrections de bugs, de nouvelles fonctionnalités et des pilotes sont implémentés.
  - La version mineure est souvent très attendue et fait souvent l'objet d'articles dans la presse spécialisée.
  - Red Hat ne met pas à disposition les derniers noyaux. Toujours dans un souci de stabilité, l'entreprise choisit une version relativement ancienne, mais qui a fait ses preuves, la teste et la valide, puis la rend disponible auprès de ses clients.
  - Le quatrième chiffre est un correctif de la version mineure.

L'image RAMDisk initiale est le fichier dont le nom commence par `initramfs` :

- Son numéro de version suit celle du noyau qui lui est associé.
- Son extension `.img` souligne que c'est une image, contenant des fichiers et répertoires.

5.2.2 Informations sur le noyau existant

Il est possible de savoir quel est le noyau existant avec la commande uname. Cette commande affiche des informations sur le système.

Pour connaître la version du noyau installée sur votre système, tapez :

```
uname -r
```

La commande uname -a, plus complète, vous donne plus de détails sur le noyau, ainsi que la plate-forme matérielle supportée (i686 par exemple).

Cette information devrait correspondre à la version de paquet de noyau installée par yum sur votre système. Affichez-la avec la commande suivante :

```
yum list installed "kernel-*"
```

5.3 Installation d'un nouveau noyau

De temps à autre, Red Hat livre de nouveaux noyaux. Le noyau étant la pierre angulaire du système d'exploitation, les noyaux sont configurés et compilés par les équipes de Red Hat, après quoi ils subissent des tests rigoureux.

Pourquoi voudrait-on installer un nouveau noyau ?

Fondamentalement, les raisons sont les mêmes que pour un logiciel :

- pour corriger des bugs ou des failles de sécurité ;
- pour ajouter de nouvelles fonctionnalités ;
- si votre système est stable, ne connaît pas de problèmes particuliers, et que vous n'ayez pas besoin de nouvelles fonctionnalités, alors il est inutile d'installer un nouveau noyau.

Il y a plusieurs façons de savoir si un nouveau noyau est disponible pour votre système :

- Avec yum, vous pouvez comparer la version disponible avec celle installée sur votre système :

```
[root@cobb ~]# yum list updates "kernel-*"
Loaded plugins: refresh-packagekit, rhnplugin, security
```

```
Skipping security plugin, no data
Updated Packages
kernel.i686                2.6.32-71.24.1.el6          rhel-i386-server-6
kernel-firmware.noarch     2.6.32-71.24.1.el6          rhel-i386-server-6
kernel-headers.i686        2.6.32-71.24.1.el6          rhel-i386-server-6
[root@cobb ~]#
```

- Vous avez reçu une alerte Red Hat dans votre boîte e-mail.
- Sur le Red Hat Network ou le Portail Client, on vous indique la disponibilité d'une mise à jour pour le noyau :

▶ Cliquez sur votre serveur.

▶ Allez dans **Software**, puis **Packages**, puis **Upgrade**.

▶ À la lettre k, vérifiez qu'une mise à jour pour `kernel` existe.

▶ Cliquez dessus, puis téléchargez les paquets RPM `kernel` et `kernel-firmware` en cliquant sur **Download Package**.

▶ Vous pouvez aussi copier le lien et télécharger directement le nouveau paquet en ligne de commande avec `wget`.

Méthode d'installation

Il n'est pas recommandé par Red Hat de compiler soi-même son propre noyau. En fait, pour des raisons évidentes, Red Hat n'assure plus le support pour un système avec noyau recompilé, car celui-ci n'obéit plus aux critères de rigueur demandés par Red Hat. L'installation préconisée par Red Hat consiste à utiliser l'installeur de paquet `rpm`.

Remarque

Avant d'installer le nouveau noyau, munissez-vous du CD ou DVD d'installation de Red Hat Enterprise Linux, qui vous permettra de reprendre la main sur le système en cas d'erreur. Le mode mono-utilisateur ne fonctionnera pas avec une mauvaise installation de noyau.

Étapes d'installation :

▶ Téléchargez les paquets RPM `kernel` et `kernel-firmware`.

▶ Installez le `kernel-firmware` et le `kernel` avec `rpm -ivh`.

Remarque

Attention ! N'utilisez pas l'option `-U` pour la commande `rpm`. Nous voulons garder l'ancien noyau (en cas de nécessité de retour).

```
[root@cobb ~]# rpm -ql kernel-firmware-2.6.32-71.14.1.el6.noarch.rpm
le paquetage kernel-firmware-2.6.32-71.14.1.el6.noarch.rpm n'est
pas installé
[root@cobb ~]# rpm -ivh kernel-firmware-2.6.32-71.14.1.el6.noarch.rpm
Préparation...
########################################### [100%]
   1:kernel-firmware
########################################### [100%]
[root@cobb ~]# rpm -ivh kernel-2.6.32-71.14.1.el6.i686.rpm
Préparation...
########################################### [100%]
   1:kernel
########################################### [100%]
```

- Vérifiez la présence des nouveaux fichiers. Vous devriez avoir un nouveau `vmlinuz` et un nouvel `initramfs`. Les deux fichiers doivent avoir les mêmes versions :

```
[root@cobb ~]# ls -1 /boot
config-2.6.32-71.14.1.el6.i686
config-2.6.32-71.el6.i686
efi
grub
initramfs-2.6.32-71.14.1.el6.i686.img
initramfs-2.6.32-71.el6.i686.img
lost+found
symvers-2.6.32-71.14.1.el6.i686.gz
symvers-2.6.32-71.el6.i686.gz
System.map-2.6.32-71.14.1.el6.i686
System.map-2.6.32-71.el6.i686
vmlinuz-2.6.32-71.14.1.el6.i686
vmlinuz-2.6.32-71.el6.i686.el6.i686
```

- Vérifiez si le chargeur de démarrage GRUB est mis à jour pour le nouveau noyau :

```
[root@cobb ~]# cat /boot/grub/grub.conf
# grub.conf generated by anaconda
(...)
title Red Hat Enterprise Linux Server (2.6.32-71.14.1.el6.i686)
        root (hd0,0)
```

```
        kernel /vmlinuz-2.6.32-71.14.1.el6.i686 ro (...)
        initrd /initramfs-2.6.32-71.14.1.el6.i686.img
(...)
```

▶ Redémarrez le système pour charger le système d'exploitation avec le nouveau noyau.

5.4 Paramétrage du noyau

Il est possible de modifier le comportement du noyau pour certaines fonctionnalités. Ces paramètres sont modifiables à chaud, pendant le fonctionnement de l'OS, mais également au démarrage.

Le plus souvent, ces paramètres concernent les fonctionnalités réseau. Il est par exemple possible de passer le noyau en mode routeur, c'est-à-dire d'activer le traitement de paquets traversant la machine (paramètre `IP_FORWARD`). On peut également activer des mécanismes rendant l'OS moins sensible à des attaques réseau, par exemple en activant le paramètre `tcp_syncookies`. On parle alors de renforcement de la pile IP du noyau.

Cela consiste en outre à gérer la façon dont le noyau gère les processus, la mémoire, etc.

Il est possible de lire ou modifier les paramètres noyau par trois méthodes principales :

– dans `/proc/sys/`.

– avec la commande `sysctl`.

– avec les fichiers de configuration `/etc/sysctl.*`.

Paramètres dans /proc/sys

Le répertoire `/proc/sys/` est un répertoire virtuel reflétant l'état des paramètres noyau sous forme de fichiers organisés par catégories. Ainsi, pour connaître l'état d'un paramètre, il suffit de lire le fichier correspondant. Il est également possible de modifier les paramètres de manière dynamique, c'est-à-dire qu'ils prendront effet tout de suite, mais ne seront pas sauvegardés pour le prochain redémarrage.

Par exemple, pour savoir si le routage IPv4 est activé (transformant notre machine en routeur), il suffit de lire l'état d'un fichier en particulier :

```
[root@ariadne kernel]# cat /proc/sys/net/ipv4/ip_forward
0
[root@ariadne kernel]#
```

Nous constatons ici que la fonctionnalité n'est pas activée : elle est à `0`.

Il est possible d'activer cette fonctionnalité, en mettant la valeur `1` dans le fichier correspondant :

```
[root@ariadne kernel]# echo 1 > /proc/sys/net/ipv4/ip_forward
[root@ariadne kernel]# cat /proc/sys/net/ipv4/ip_forward
1
[root@ariadne kernel]#
```

Commande sysctl

La commande `sysctl` permet la lecture ou modification dynamiques des paramètres noyau. En effet, `sysctl` lit principalement le répertoire `/proc/sys`.

Pour connaître l'état de tous les paramètres noyau, tapez :

```
sysctl -a
```

Pour connaître l'état d'un paramètre en particulier :

```
sysctl <paramètre>
```

Par exemple :

```
[root@ariadne ipv4]# sysctl net.ipv4.ip_local_port_range
net.ipv4.ip_local_port_range = 32768    61000
[root@ariadne ipv4]#
```

Remarque

Notez que la nomenclature du nom du paramètre suit le chemin dans `/proc/sys`.

Pour modifier un paramètre :

```
sysctl <paramètre>=<valeur>
```

Remarque

Notez que les paramètres modifiés ne sont pas sauvegardés pour le prochain redémarrage.

Par exemple, nous modifions le paramètre `ip_forward` et regardons ensuite son état dans `/proc/sys` :

```
[root@ariadne ~]# sysctl net.ipv4.ip_forward=0
net.ipv4.ip_forward = 0
[root@ariadne ~]# cat /proc/sys/net/ipv4/ip_forward
0
```

Fichiers de configuration /etc/sysctl.*

Sous RHEL 5/6, les paramètres se trouvent dans `/etc/sysctl.conf`. Modifiez simplement ce fichier pour voir les nouveaux paramètres pris en compte au prochain redémarrage.

Sous RHEL 7, les paramètres par défaut du noyau se trouvent dans `/usr/lib/sysctl.d/00-system.conf`. Même s'il est bien de jeter un coup d'œil à ce fichier, il est cependant risqué de le modifier, car ces modifications pourraient être perdues lors d'une mise à jour des paquets.

Red Hat recommande plutôt l'utilisation de `/etc/sysctl.d/` contenant des fichiers dont les valeurs écraseront les paramètres par défaut.

Ainsi, si vous voulez modifier une valeur par défaut, créez un fichier dans `/etc/sysctl.d/` :

- dont le nom peut être quelconque (mais pertinent).
- dont l'extension doit absolument être `.conf`.
- contenant le paramètre sous la forme `<paramètre>=<valeur>`.

Par exemple, nous modifions un paramètre qui sera pris en compte au prochain démarrage, en créant un fichier dans `/etc/sysctl.d/` :

```
[root@ariadne ~]# cat /etc/sysctl.d/net_forward.conf
# Paramètre noyau ajouté par tbartolone pour transformer la machine en routeur
net.ipv4.ip_forward=1
```

Remarque

Notons que sous RHEL 7, le fichier `/etc/sysctl.d/99-sysctl.conf` est un lien symbolique vers le fichier historique `/etc/sysctl.conf`.

5.5 Modules du noyau

Le noyau est dynamique et modulaire, c'est-à-dire qu'il est possible de charger des modules étendant ses fonctionnalités :

- pilotes pour de nouveaux périphériques matériels ;
- nouveaux systèmes de fichiers ;
- fonctionnalités diverses (par exemple, Interface Bonding, VLAN Tagging, etc.).

Il est possible de passer des options à ces modules, qui en modifient le comportement ; et bien sûr, de les charger automatiquement au démarrage du système d'exploitation.

5.5.1 Lister les modules chargés

Pour connaître la liste des modules déjà chargés :

```
lsmod
```

Cette commande vous donne :

- le nom du module chargé en mémoire ;
- la quantité d'espace mémoire qu'il utilise ;
- le nombre de processus et d'autres modules qui utilisent ce module ;
- le nom des autres modules utilisant ce module.

5.5.2 Afficher les informations sur un module

Utilisez la commande `modinfo` pour avoir des informations sur un module :

```
modinfo <module>
```

Cette commande très utile vous fournit des informations précieuses sur le module :

- nom du module ;
- description du rôle du module ;
- aliases du module : le module peut être chargé sous d'autres noms, pour des raisons pratiques ;
- `parm` : vous donne la liste des paramètres possibles avec une courte description.

Cette dernière information est sans doute la plus intéressante, car elle vous affiche les possibilités dont est capable le module.

5.5.3 Charger un module

Pour charger un module dans le noyau, utilisez la commande `modprobe` :

```
modprobe <module> [paramètre=valeur]
```

Le module peut en effet être chargé tel quel, ou avec les paramètres découverts avec la commande `modinfo`.

Par exemple :

```
[root@cobb ~]# modprobe bonding max_bonds=3 mode=1
```

Remarque

Les modules sont chargés à partir du répertoire `/lib/modules/<version_-du_noyau/kernel/`.

Il est possible d'afficher des détails au moment du chargement du module avec l'option `-v`.

Par exemple :

```
[root@cobb ~]# modprobe -v bonding max_bonds=3 mode=1
insmod /lib/modules/2.6.32-
71.14.1.el6.i686/kernel/drivers/net/bonding/bonding.ko max_bonds=3
mode=1
```

5.5.4 Décharger un module

Avant de décharger un module, vérifiez qu'il n'est pas utilisé par un autre module avec la commande `lsmod`. Ensuite, déchargez le module en utilisant la commande `modprobe` avec l'option `-r` (pour *remove*, enlever) comme suit :

```
modprobe -r <module>
```

5.5.5 Chargement de modules au démarrage

Sur RHEL 7 et 8, le chargement automatique des modules au démarrage est effectué par le service `systemd-modules-load.service` qui lit le contenu du répertoire `/etc/modules-load.d/`.

Les fichiers s'y trouvant peuvent avoir n'importe quel nom mais doivent absolument avoir l'extension `*.conf` et simplement contenir le nom du ou des modules à charger.

Avant toutefois d'installer un nouveau module, demandez-vous si le module n'existe pas déjà, ou si la fonctionnalité n'est pas maintenant incluse en standard dans le noyau.

6. Lancement du système

6.1 Avec /sbin/init (RHEL 5 et 6)

6.1.1 Démarrage général

Remarque

Attention : cette partie couvre une fonctionnalité de RHEL maintenant obsolète. *Cependant, nous la développons dans cet ouvrage, moins pour la culture générale, qui reste intéressante, que parce que certaines des commandes expliquées ci-après existent toujours sur les versions récentes de RHEL, pour une compatibilité historique. L'utilisateur ne sera donc pas surpris de rencontrer la commande* `service` *par exemple, même s'il est* ***absolument déconseillé de l'utiliser****.*

Le premier processus lancé par le noyau est `/sbin/init`. Comme son nom l'indique, c'est le programme initial qui va lancer tous les autres programmes, suivant un ordre bien déterminé. En tant que programme initial, son numéro de processus est le 1, et il est le père (ou le grand-père, indirectement) de tous les autres processus qui tourneront ensuite sur la machine.

`/sbin/init` lance successivement plusieurs scripts de démarrage. La première partie de ces scripts définit la configuration générale du système. La deuxième partie concerne des scripts qui sont lancés en fonction du niveau d'exécution de la machine, ce dont nous parlons plus en détail après.

L'ensemble de ces scripts de démarrage se trouve dans le répertoire `/etc/rc.d/`.

Le premier script lancé par `/sbin/init` est `/etc/rc.d/rc.sysinit` qui configure plusieurs éléments, par exemple :

- Montage dans le système de fichiers des environnements virtuels processeur (`/proc`) et périphériques système (`/sys`).
- Chargement des pilotes d'accès aux périphériques externes sous forme de modules complémentaires du noyau.
- Définition du hostname (nom de machine).
- Démarrage du fichier d'échange mémoire `swap`.
- Montage des différentes partitions selon le fichier `/etc/fstab`.
- Exécution d'autres tâches nécessaires à l'initialisation du système.

Une fois la configuration générale du système effectuée, on passe à la configuration du système selon le niveau d'exécution, développée dans la partie suivante.

À l'issue du lancement des services, les gettys sont lancés. Les programmes gettys (littéralement *Get TTY, attraper le TTY*) ont pour but d'attendre la connexion d'un utilisateur sur les consoles 1 à 6 en mode texte. Une fois l'utilisateur connecté, le getty initialise l'environnement de l'utilisateur et lance le shell associé, le plus souvent `bash`.

Remarque

TTY signifie TeleTYpe. Littéralement, en français, c'est un téléscripteur, c'est-à-dire une interface de connexion physique à une machine.

6.1.2 Niveaux d'exécution

Les niveaux d'exécution, ou *runlevels* en anglais, sont les différents états de la machine. Par exemple, la machine peut être dans l'état éteint, reboot, etc.

Les niveaux d'exécution standards sont les suivants :

- Runlevel 0 : machine éteinte. Passer en runlevel 0 consiste à arrêter les différents services et à éteindre la machine.
- Runlevel 1 : mode mono-utilisateur (*single-user mode* en anglais) : c'est un mode de maintenance ou dépannage. Dans ce mode, le réseau n'est pas activé et les services lancés sont réduits au minimum. On ne dispose pas non plus d'interface graphique. Pour la maintenance, il est donc nécessaire de connnaître ce mode et de savoir utiliser le shell.
- Runlevel 2 : mode multi-utilisateurs sans NFS (et parfois sans réseau). Ce mode est peu utilisé.
- Runlevel 3 : mode multi-utilisateurs (*multi-user mode* en anglais) : c'est le mode standard d'exécution du système d'exploitation. Tous les services sont lancés et le réseau est activé. Ce mode ne charge pas l'interface graphique, il est donc **adapté à l'utilisation serveur**.
- Runlevel 4 : c'est un mode non utilisé, que l'utilisateur peut exploiter à sa convenance.
- Runlevel 5 : c'est le mode 3 + interface graphique. Dans ce mode, l'interface graphique est chargée, c'est donc un mode **adapté à une utilisation client/bureau**.
- Runlevel 6 : mode reboot. Passer en runlevel 6 arrête les services, et redémarre la machine.

Remarque

Pour une utilisation serveur, nous vous recommandons de configurer le runlevel à 3.

En fonction du niveau d'exécution, des services sont démarrés ou arrêtés. Il est possible de passer d'un niveau d'exécution à l'autre. On constate d'ailleurs qu'éteindre la machine consiste à passer au runlevel 0, tandis que la redémarrer consister à passer en mode 6.

Pour savoir dans quel niveau d'exécution se trouve votre machine, tapez la commande :

```
runlevel
```

Par exemple :

```
[root@cobb rc5.d]# runlevel
N 5
```

La première lettre est le runlevel précédent (ici, `N` pour None, aucun), et la deuxième lettre le runlevel courant : la machine a démarré directement en runlevel 5.

Démarrer/arrêter un service

Les scripts de démarrage de services se trouvent dans le répertoire `/etc/init.d/`. On y trouve les scripts pour tous les services qui doivent être démarrés au lancement de la machine.

Ces scripts contrôlent les services. Ils permettent diverses actions sur les services, comme démarrer, arrêter ou avoir le statut du service.

Remarque

Les services sont également appelés démons. Ils sont exécutés au démarrage et fonctionnent en tâche de fond, c'est-à-dire qu'ils ne sont pas visibles de l'utilisateur. Leur rôle consiste à fournir un service, soit à la machine, soit à l'utilisateur, soit à une autre personne à l'extérieur.

Par exemple, on trouve dans `/etc/init.d/` le service `httpd` (pour http daemon), le serveur web standard sous Linux qui sert des pages Web aux clients.

Que se passe-t-il si on lance ce script ?

```
[root@cobb init]# /etc/init.d/httpd
Usage: httpd {start|stop|restart|condrestart|try-restart|force-
reload|reload|status|fullstatus|graceful|help|configtest}
```

La liste des commandes de contrôle disponibles pour ce service est affichée.

Notez que la commande `service` est un raccourci, qui fait la même chose :

```
[root@cobb init]# service httpd
Usage: httpd {start|stop|restart|condrestart|try-restart|force-
reload|reload|status|fullstatus|graceful|help|configtest}
```

Il est ainsi possible de redémarrer le serveur `httpd` :

```
[root@cobb init]# /etc/init.d/httpd restart
Arrêt de httpd :                                          [  OK  ]
Démarrage de httpd :                                      [  OK  ]
```

Vérifier l'état d'un service

Pour vérifier si un service est démarré ou pas, utilisez la commande :

```
service <service> status
```

Par exemple :

```
[root@cobb ~]# service snmpd status
snmpd est arrêté
```

Vérifier les services démarrés au lancement de la machine

Chaque niveau d'exécution dispose d'un répertoire où sont démarrés ou arrêtés les services. Ces répertoires sont `/etc/rc.d/rc*.d/`.

Par exemple, dans `/etc/rc.d/rc5.d/`, on trouve le démarrage et l'arrêt des services pour le niveau d'exécution 5.

Remarque

Notez qu'un lien symbolique existe pour accéder plus rapidement aux répertoires des runlevels. Par exemple, utilisez `/etc/rc5.d/` (au lieu de `/etc/rc.d/rc5.d/`).

Activer/désactiver un service au démarrage

Chaque répertoire contient des fichiers appelés `K*` ou `S*`. Ces fichiers sont en fait des liens symboliques vers les scripts de démarrage de services dans `/etc/init.d/`.

Le nom de ces liens symboliques est significatif :

- La première lettre définit si le service doit être arrêté ou démarré dans ce runlevel :
  - `S` pour *Start* (démarrer).
  - `K` pour *Kill* (tuer).
- Les chiffres suivants définissent l'ordre de démarrage des services.
- Ensuite, le nom du service (identique au nom dans `/etc/init.d/`).

Par exemple, dans `/etc/rc5.d/` on trouve les fichiers suivants :

```
[root@cobb init]# ls -l /etc/rc5.d/
total 0
K01certmonger -> ../init.d/certmonger
K01smartd -> ../init.d/smartd
K02oddjobd -> ../init.d/oddjobd
K10psacct -> ../init.d/psacct
K10saslauthd -> ../init.d/saslauthd
K50dnsmasq -> ../init.d/dnsmasq
(...)
S08iptables -> ../init.d/iptables
S10network -> ../init.d/network
(...)
S85httpd -> ../init.d/httpd
S90crond -> ../init.d/crond
S95atd -> ../init.d/atd
```

Notez que chaque fichier est en fait un lien symbolique vers un fichier dans `/etc/init.d/`.

Remarquez également la première lettre du nom des fichiers. Par exemple, pour le runlevel 5, nous constatons que le service `network` doit être démarré (c'est l'activation du réseau en général).

Enfin, les services sont lancés dans un certain ordre. Très logiquement, le réseau (`network`) est lancé avant le serveur Web (`httpd`). Mais le pare-feu (`iptables`) est lancé avant le réseau.

Il est possible de changer ces paramètres, en renommant (avec la commande `mv`) les noms des liens symboliques.

Cependant, la commande `chkconfig` permet d'agir sur la configuration de démarrage d'un service. Elle dispose de quelques options, et utilisée seule, permet d'afficher la liste des services. Cependant, l'utilisation courante consiste à déclarer si un service est activé ou pas sur certains runlevels :

```
chkconfig --level <runlevels> <service> on|off
```

Par exemple, on décide de ne pas démarrer le service `httpd` sur les runlevels 2 à 5 :

```
chkconfig --level 2345 httpd off
```

6.2 Démarrage System V Init (anciennes versions de RHEL)

Sur les anciennes versions de Red Hat Enterprise, le processus de démarrage décrit plus haut est effectué par un mécanisme établi sur les premiers UNIX (type System V) il y a des dizaines d'années et devenu un standard depuis.

Sur ces anciennes versions, le gros du processus de démarrage est fait par un fichier qui orchestre les différentes étapes de démarrage, que ce soit la configuration générale, la configuration des niveaux d'exécution, le lancement de l'interface graphique et des consoles pour la connexion en mode texte : `/etc/inittab`.

Le fichier `/etc/inittab` développe clairement ces différentes étapes de démarrage d'une manière **séquentielle**.

Remarque

Le fichier `/etc/inittab` et d'autres fichiers relatifs à System V existent toujours sur les versions récentes de RHEL pour une compatibilité historique. Cela illustre le poids et l'impact du mécanisme System V sur les systèmes de type UNIX jusqu'à maintenant.

6.3 Démarrage systemd (RHEL 7/8)

Comme beaucoup d'autres éditeurs de distribution, Red Hat a opté pour systemd pour les dernières versions de son système d'exploitation.

Systemd repose sur le postulat suivant : pourquoi faire un démarrage séquentiel lorsqu'il est possible de démarrer en simultané la plupart des composants du système ?

Systemd répond à cette problématique des manières suivantes :

- Les architectures matérielles modernes sont le plus souvent multi-cœurs ; de plus, les disques durs sont beaucoup plus lents que les processeurs. Il faut donc démarrer le plus de choses possibles en même temps de façon à "nourrir" les cœurs.
- Tous les services sont donc démarrés en même temps ; si un service attend la réponse d'un autre service (parce qu'il en dépend), on met sa requête en mémoire tampon (*bufferisation*) en attendant que ce dernier soit démarré. Cela est possible avec les mécanismes de communication interprocessus comme les sockets UNIX et D-Bus.
- Certains services n'ont aucun intérêt à être lancés au démarrage du système ; pour ceux-là, on surveille un évènement particulier pour les exécuter. L'exemple typique est CUPS, le serveur d'impression de Linux, qui ne démarrera que si une impression se trouve en file d'attente.
- Les scripts historiques de démarrage des services sont trop lents ; ils sont en texte et lancent des dizaines de programmes. À terme, ils doivent être remplacés par des binaires compilés, qui font eux-mêmes les appels système nécessaires et sont donc plus rapides à charger (mais cela est grandement débattu dans la communauté).
- Les partitions sont montées successivement en suivant le fichier `/etc/fstab`. Cela est problématique pour des partitions lentes à monter comme `/home` qui peut être chiffré ou mettre en œuvre des quotas ; autant que faire se peut, il faut monter les partitions en parallèle.

Processus de démarrage

Systemd ne pense pas en termes de niveaux d'exécution (*runlevels*) à la manière de System V, mais en termes de cibles.

Les cibles (*targets*) sont les grandes étapes du démarrage qu'il faut atteindre. Il y a plusieurs cibles intermédiaires, mais au bout du compte, la cible à atteindre est le démarrage final du système. Sur RHEL, il y a principalement deux cibles finales possibles :

- Sur une version serveur, où l'on se passe d'environnement de bureau, il s'agit de la cible `multi-user.target` qui est l'équivalent du *runlevel* 3.
- Sur une version bureau, il s'agit de la cible `graphical.target` qui est l'équivalent du *runlevel* 5 de System V.

Alors comment `systemd` décide-t-il de la cible à atteindre au lancement du système ? En réalité, `systemd` est configuré par défaut pour lancer la cible `default.target`. Mais cette cible n'est rien d'autre qu'un lien symbolique vers la cible de notre choix.

Par exemple, sur un serveur RHEL 7 :

```
[root@rhel7serverRC ~]# ls -l /etc/systemd/system/default.target
lrwxrwxrwx. 1 root root 37 24 mai   22:55
/etc/systemd/system/default.target -> /lib/systemd/system/multi-user.target
```

Alors que sur la version bureau :

```
[root@rhel7 ~]# ls -l /etc/systemd/system/default.target
lrwxrwxrwx. 1 root root 36 23 mai   00:01
/etc/systemd/system/default.target -> /lib/systemd/system/graphical.target
```

Remarque

Il est possible de changer la cible par défaut, en passant l'option `systemd.unit=` au noyau dans le bootloader GRUB. Par exemple, si le système est configuré par défaut pour atteindre la cible `graphical.target`, passer l'option `systemd.unit=multi-user.target` lancera le système en mode "serveur" (texte).

Pour atteindre une cible, `systemd` lance des unités (*units*), des "briques" de base, qui peuvent par exemple être des services (*.service*), des périphériques (*.devices*), des montages de partitions (*.mount*), ou des sockets (*.socket*).

Comme décrit plus haut, les unités sont lancées le plus possible en simultané, pour accélérer le temps de chargement.

La configuration des cibles et des unités se trouve dans le répertoire qui est lu en premier et contiendra le cas échéant les scripts personnels : `/etc/systemd/system`, mais également dans `/usr/lib/systemd/system`.

Remarque

Vous trouverez plus d'informations sur la syntaxe des fichiers de configuration des cibles et des unités dans `man systemd.unit` et `man systemd.target`.

Analyse du temps de démarrage avec systemd

Pour avoir une évaluation du temps de démarrage du système, utilisez la commande :

```
systemd-analyze
```

Par exemple :

```
[root@rhel7 ~]# systemd-analyze
Startup finished in 1.219s (kernel) + 4.618s (initrd) + 33.626s
(userspace) = 39.464s
[root@rhel7 ~]#
```

Notez que le résultat vous donne le temps de démarrage de chaque élément du système. Il a fallu 1,2 seconde pour charger le noyau, puis 4,6 secondes pour charger le disque RAM initial, après quoi l'espace utilisateur chargé avec `systemd` (comprenant entre autres les services, les consoles, et éventuellement l'interface graphique) a été chargé en 33 secondes.

La commande `systemd-analyze` dispose d'autres options très utiles pour connaître en détail et optimiser le démarrage. Par exemple :

- `systemd-analyze blame` : temps de chargement de chaque unité de démarrage. Cela permet de se concentrer sur les unités dont le temps de chargement est très long.
- `systemd-analyze plot` et `dot` : ces deux options permettent de générer des graphiques au format SVG et GraphViz, permettant de voir à quel moment les unités ont été chargées et combien de temps cela a mis. Exportez le résultat dans un fichier adapté.

Par exemple, exportez un graphique du démarrage au format SVG, que vous pourrez lire avec le logiciel libre Inkscape. On notera à ce moment-là que la plupart des unités sont lancées simultanément :

```
[root@rhel7 ~]# systemd-analyze plot > boot2014-05-23.svg
```

- `systemd-analyze critical-chain <unité>` : cette option vous permet de voir l'enchaînement des évènements amenant au chargement de l'unité mentionnée en argument. Cela est très utile pour le diagnostic, mais également pour la pédagogie.

Par exemple, pour afficher les différentes unités amenant au chargement du serveur httpd :

```
[root@rhel7serverRC /]# systemd-analyze critical-chain
httpd.service
The time after the unit is active or started is printed after the
"@" character.
The time the unit takes to start is printed after the "+"
character.

httpd.service +357ms
└─network.target @30.024s
  └─network.service @22.827s +7.192s
    └─NetworkManager.service @20.167s +2.503s
      └─firewalld.service @11.092s +9.052s
        └─basic.target @11.082s
...
```

Remarque

Notez que vous pouvez compléter les options de `systemd-analyze` avec la touche [Tab].

Affichez la liste des unités démarrées par votre système avec la commande :

```
systemctl list-units
```

Le résultat de cette commande est le bienvenu, car il vous affiche les noms et la description des unités. L'état des unités est également affiché : la colonne `LOAD` affiche si l'unité a été bien chargée, la colonne `ACTIVE` affiche si l'unité est encore active ou pas, ce dont la colonne `SUB` donne un détail.

```
[root@ariadne ~]# systemctl list-units
UNIT                                  LOAD   ACTIVE SUB      DESCRIPTION
sys-kernel-config.mount               loaded active mounted  Configuration File System
sys-kernel-debug.mount                loaded active mounted  Debug File System
brandbot.path                         loaded active waiting  Flexible branding
systemd-ask-password-plymouth.path    loaded active waiting  Forward Password Requests to Plymouth Dire
systemd-ask-password-wall.path        loaded active waiting  Forward Password Requests to Wall Director
session-1.scope                       loaded active running  Session 1 of user root
session-13.scope                      loaded active running  Session 13 of user root
session-16.scope                      loaded active running  Session 16 of user root
```

La commande suivante donne le détail pour chaque unité :

```
systemctl status <unité>
```

6.4 Gestion des services avec systemd

Vérifier l'état d'un service

Pour lister tous les services avec leur état, tapez simplement la commande suivante (utilisez les flèches ou les touches <j> et <k> pour monter et descendre, et <q> pour quitter) :

```
systemctl
```

Si vous voulez un détail sur un service en particulier :

```
systemctl status <nom du service>.service
```

Démarrer/arrêter un service

Utilisez simplement les commandes :

```
systemctl start <nom du service>.service
systemctl stop <nom du service>.service
```

Vérifiez ensuite l'état du service avec la commande `status`.

Si le service n'a pas démarré, il est possible d'en connaître la raison en allant visiter les logs (fichier `/var/log/messages`), ou plus simplement en utilisant la commande d'affichage des messages intégré à `systemd` :

```
journalctl_SYSTEMD_UNIT=<nom du service>.service
```

Activer/désactiver un service au démarrage

Pour activer ou désactiver un service au démarrage du système, utilisez :

```
systemctl enable <nom du service>.service
systemctl disable <nom du service>.service
```

Remarque

Attention, ces commandes ne démarrent pas tout de suite le service en question, mais au prochain redémarrage.

À l'installation d'un nouveau service, vous devez exécuter les deux étapes précédentes.

Les versions récentes de systemd permettent de les réaliser en une seule commande, grâce à l'option --now.

Ainsi, pour démarrer un service maintenant et activer son lancement au démarrage, tapez la commande :

```
systemctl enable --now <nom du service>.service
systemctl disable --now <nom du service>.service
```

Remarque

L'option --now a été ajoutée sur la version 219 de systemd (officiellement, la version 220). Vérifiez la version de systemd avec la commande :

```
systemctl --version
```

7. Éteindre le système

L'extinction du système se fait avec la commande /sbin/shutdown. Les deux utilisations principales de shutdown sont :

– Éteindre la machine :

```
shutdown -h now
```

  – L'option -h signifie *halt* : la machine est éteinte après l'arrêt du système d'exploitation.
  – now : il est possible de préciser l'heure d'extinction. now signifie que le système doit s'arrêter maintenant.

  - Il est possible d'utiliser la commande `halt`.
- Redémarrer la machine :

```
shutdown -r now
```

  - L'option `-r` signifie *reboot* : la machine est redémarrée après l'extinction du système d'exploitation.
  - Il est possible d'utiliser la commande `reboot`.
- Programmer une extinction ou un redémarrage : précisez simplement l'heure ou le délai (précédé d'un +).

Pour effectuer un redémarrage à 07:05 (précisez l'heure au format 24h) :

```
shutdown -r 07:05
```

Pour éteindre la machine dans 10 minutes :

```
shutdown +10
```

Pour annuler un `shutdown`, utilisez l'option `-c` (cancel, abandonner) :

```
shutdown -c
```

L'extinction du système d'exploitation doit bien sûr être réalisée proprement. En plus d'éteindre les services, l'extinction du système démonte les partitions du système, garantissant qu'aucune donnée n'est corrompue.

Remarque

Sous RHEL 7, lorsque la commande `shutdown` est tapée, le système fait un `poweroff` par défaut : la machine est éteinte.

8. Notions de cryptographie

La cryptographie est la discipline consistant à renforcer la sécurité informatique à l'aide des mathématiques. Elle fait appel à plusieurs principes qui sont utilisés à de nombreux endroits sur un système d'exploitation : pour l'authentification des utilisateurs bien sûr, mais aussi pour l'authentification machine, pour les VPN, pour la vérification des logiciels, pour le démarrage du système (UEFI), etc. :

- La cryptographie symétrique, ou chiffrement à clé secrète partagée.
- La cryptophie asymétrique, ou chiffrement à clé publique/privée.
- Le hachage, ou fingerprinting (empreinte digitale).
- La signature.
- Les certificats.
- La validation par tiers de confiance.

Ces principes visent à atteindre les objectifs suivants :

- Confidentialité : cacher les données, les chiffrer.
- Authenticité : vérifier qu'une personne est celle qu'elle prétend être (et donc qu'elle est habilitée à voir les données).
- Intégrité : vérifier que les données n'ont pas été modifiées.

Cryptographie symétrique

La **cryptographie symétrique** est la forme la plus connue. Elle consiste à utiliser la **même clé pour chiffrer et déchiffrer des données**. Le chiffrement de manière générale fait appel à deux éléments : un algorithme de chiffrement et une clé de chiffrement.

L'**algorithme** est la formule mathématique utilisée pour obtenir un message codé (chiffré) à partir d'un message en clair. L'objectif de l'algorithme est d'être robuste, c'est-à-dire qu'il ne doit présenter aucune faille permettant de déchiffrer un message sans la clé de déchiffrement. En revanche, l'**algorithme** peut être **connu publiquement**. La clé quant à elle, permet de modifier le résultat de l'algorithme sur un message en clair. Deux messages absolument identiques, chiffrés avec le même algorithme mais avec des clés différentes, produiront des messages chiffrés complètement différents.

Ainsi, il ne suffit pas de connaître l'algorithme pour déchiffrer le message, encore faut-il avoir la bonne clé.

La cryptographie symétrique a cet inconvénient que la **clé** utilisée pour chiffrer et déchiffrer le message est la même ; elle est donc particulièrement sensible et **doit rester secrète**. On dit qu'elle est partagée, puisqu'elle est possédée autant par l'émetteur du message (qui ferme le message avec la clé) que par le destinataire (qui ouvre le message avec la même clé). Cependant, ce type de cryptographie nécessite peu de puissance de calcul, et est donc adapté au chiffrement de grands volumes de données (VPN, protection de partition).

Des algorithmes de chiffrement symétriques connus sont DES, 3DES et AES. Sur les trois, seul AES est considéré comme sûr.

Cryptographie asymétrique

La **cryptographie asymétrique** est peu connue, mais n'en est pas moins utilisée. Dans cette forme de cryptographie, la **clé utilisée pour chiffrer est différente de la clé utilisée pour déchiffrer**. Ce n'est pas simplement une possibilité : la clé de chiffrement ne peut pas déchiffrer. Cette dichotomie amène donc cette possibilité ingénieuse de pouvoir distribuer publiquement une des deux clés. Une des clés est dite privée et doit rester secrète, l'autre est dite publique et peut être distribuée à qui veut.

La cryptographie asymétrique sert à **chiffrer** de courts messages. Si je veux envoyer un message à Alice et garantir que seule Alice pourra l'ouvrir, il me suffit d'utiliser sa clé publique pour chiffrer le message. Alice étant la seule à posséder la clé privée correspondante, elle seule pourra ouvrir le message.

La cryptographie asymétrique sert également à **authentifier** la provenance d'un message. Si je reçois un message prétendant provenir de Bob, il me suffit d'utiliser la clé publique de Bob pour ouvrir le message. Si l'opération réussit, cela signifie que le message a bien été chiffré avec la clé privée de Bob. Ainsi, le message provient forcément de Bob (sauf si Bob s'est fait voler sa clé privée). En général, pour l'authentification, l'expéditeur ne chiffre pas l'ensemble du message. On utilise plutôt la signature, qui utilise le mécanisme de hachage.

Des algorithmes de chiffrement asymétriques connus sont RSA et DSA.

Hachage

Le **hachage** consiste à identifier des données de manière unique. Lorsqu'on applique un algorithme de hachage sur un volume de données (de taille quelconque), on obtient un **résultat** (le hash ou condensat) **de taille fixe**. Le condensat **identifie** la donnée de manière unique, en ce sens qu'il est impossible qu'une donnée, même quasiment identique, obtienne le même hash. En fait, un seul bit de différence dans la donnée en clair produirait un hash complètement différent. L'autre intérêt du hachage est qu'il produit un résultat de taille unique. Par exemple, SHA512 produit un hash de 512 bits. Notons ainsi que le condensat ne contient pas la donnée d'origine, c'est pour cette raison qu'il est comparable à une empreinte digitale. Le hachage a plusieurs applications, mais la plus courante est la vérification d'intégrité.

En **comparant deux hashs** du message, l'un effectué au départ des données par l'émetteur, l'autre effectué à leur arrivée par le destinataire, je peux vérifier que les données n'ont pas été modifiées en chemin, même d'un seul bit.

Remarque

*Vous trouverez plus d'informations sur le hachage (et sur la notion de **sel**) dans le chapitre Gestion des utilisateurs et des groupes.*

Des algorithmes de hachage connus sont MD5, SHA1 et SHA2 (dérivé en plusieurs tailles : SHA256, SHA512, etc.). Sur les trois, seul SHA2 est considéré comme sûr.

Signature électronique

La **signature électronique** est une **combinaison de hachage et de chiffrement asymétrique** servant à vérifier l'**authenticité** (la provenance) et l'**intégrité** du message (s'il n'a pas été modifié en route). L'émetteur applique d'abord un algorithme de hachage sur le message à transmettre pour obtenir un condensat de taille fixe. Ensuite, l'émetteur chiffre le condensat avec sa clé privée. On obtient une signature numérique (ou électronique) du message, qu'on envoie avec le message en clair sur un canal non sécurisé.

À la réception, le destinataire déchiffre la signature avec la clé publique de l'émetteur. Si l'opération réussit, cela garantit que la signature provient bien de l'émetteur légitime, puisqu'il est le seul à posséder la clé privée chiffrant la signature. Le destinataire obtient ainsi le condensat déchiffré du message envoyé par l'émetteur. Il effectue lui-même le hachage du message reçu pour obtenir sa propre version du condensat. Si les deux condensats sont identiques, cela garantit qu'aucun bit n'a été modifié pendant le transit. L'intégrité du message a donc été vérifiée.

Certificats électroniques

La question se pose de l'authenticité de la clé publique. Comment être **sûr que c'est vraiment la clé publique du propriétaire supposé** ? Après tout, n'importe qui peut générer une paire de clés publique/privée et vous envoyer la clé publique en se faisant passer pour quelqu'un d'autre. Il existe différents moyens de vérifier l'authenticité d'une clé :

- SSH utilise un simple hash (empreinte) de la clé publique. Vous trouverez plus de détails au chapitre Réseau - Accès sécurisé au serveur - SSH pour l'administration à distance.
- PGP utilise la confiance horizontale.
- SSL (utilisé sur le Web) et IPsec utilisent la confiance verticale sous forme de PKI (voir chapitre Réseau - Accès sécurisé au serveur - Création de VPN avec RHEL).

Ces deux dernières méthodes utilisent la notion de tiers de confiance, où un tiers vous garantit que la clé publique que vous avez entre les mains est légitime. Pour ce faire, le tiers de confiance signe la clé publique en question avec sa propre clé privée. Précisément, le **tiers de confiance** signe un certificat électronique.

Le certificat électronique est simple à comprendre. C'est un fichier associant la **clé publique** d'une personne (ou d'une machine) à **son identité**. Un certificat électronique contient donc les nom et prénom d'une personne (ou le hostname d'une machine), voire d'autres informations, ainsi que la clé publique générée par la personne ou la machine. Le tout est signé par un tiers de confiance.

Le format le plus courant de certificat est X.509.

Tiers de confiance : PKI

Dans le cas de la confiance verticale, le tiers de confiance est une **infrastructure à clés publiques** (*Public Key Infrastructure*, **PKI**), c'est-à-dire un organisme centralisé, "public", chargé de valider l'authenticité des clés. La PKI a également une clé privée, qui est jalousement gardée (car elle est la pierre angulaire de son activité), et une clé publique distribuée "officiellement" dans un certificat électronique. La clé privée de la PKI sert à signer les certificats électroniques (contenant des clés publiques). La PKI hache le certificat, puis chiffre le condensat avec sa clé privée.

Ainsi, si vous désirez vérifier l'authenticité du certificat et de la clé publique d'un contact auprès d'une PKI, il vous faut au préalable la clé publique de la PKI. Il faut également que la clé publique de votre contact soit signée avec la clé privée de cette PKI.

Lorsque votre contact vous envoie sa clé publique signée par une PKI, il vous suffit d'en déchiffrer la signature avec la clé publique de la PKI, puis de comparer les condensats (comme vu plus haut). Si l'opération fonctionne, cela garantit que le certificat (contenant la clé publique) de votre contact a bien été signé par la PKI. Ainsi, la provenance du certificat (et de la clé publique) est validée.

Remarque

Vous trouverez une démonstration de PKI au chapitre Réseau, section Accès sécurisé au serveur - Création de VPN avec RHEL. La PKI met en œuvre au moins deux entités techniques : l'autorité de certification, servant à signer les certificats, et l'autorité de révocation, servant à annuler un certificat en cas de perte ou de vol.

On peut cependant se demander comment la PKI a vérifié l'identité associée à la clé publique (et contenue dans le certificat). Cela consiste en général à demander une information que seule la personne légitime possède. Par exemple, dans le cas d'un certificat pour un domaine (présenté le plus souvent par le site web de ce domaine), il suffit d'envoyer un e-mail au gestionnaire de ce domaine avec un lien à cliquer pour être sûr que c'est bien lui qui a fait une demande de signature de certificat.

Pour de la validation étendue (*Extended Validation*, EV), la PKI ira jusqu'à demander une photocopie de la carte d'identité ou du passeport du gestionnaire.

Tiers de confiance : PGP

Le schéma de confiance horizontale cherche à se passer d'une autorité centralisée pour établir la validité d'un certificat. Il établit une "chaîne de confiance", où vos "amis", en qui vous avez confiance, se portent garants du certificat (et de la clé publique associée) d'un nouveau contact.

Dans le cas de **PGP** (*Pretty Good Privacy,* assez bonne confidentialité) par exemple, pour valider le certificat d'un nouveau contact, il faut que ce certificat soit signé avec la clé privée d'un de vos amis. Puisque vous avez la clé publique de cet ami, vous êtes à même de vérifier cette signature, et donc l'authenticité de la signature appliquée par votre ami.

Ce type de validation nécessite deux éléments :

- D'abord, il faut que vous ayez au préalable vérifié la validité de la clé publique de votre ami. Cela peut se faire par une autre validation de même ordre, par exemple en allant chercher la clé publique sur un site web légitime lui-même vérifié par SSL, ou par une validation physique : la personne en question vous a remis la clé publique en mains propres.
- Il faut que votre ami ait lui-même vérifié d'une manière sûre la clé publique présentée par votre nouveau contact, peut-être en l'ayant rencontré physiquement. Si c'est le cas, il vous dit en quelque sorte : "C'est bon, je suis sûr de cette clé publique puisque j'ai rencontré son propriétaire, donc tu peux l'utiliser."

Remarque

Les Key Signing Parties (fêtes de signature de clés) sont des évènements où des personnes s'échangent physiquement leurs clés publiques. Cela permet une validation physique de la clé, parfois à l'aide d'une carte d'identité.

PGP définit des règles assez précises sur les niveaux de validité qu'on doit attendre, en fonction du nombre de personnes qui ont signé une nouvelle clé publique et la proximité que vous avez avec eux.

Chapitre 4
Installation de logiciels

1. Introduction et historique

L'installation de logiciels est sans aucun doute l'un des points les plus sensibles de l'administration système. En effet, certaines tâches auparavant peu évidentes sous Linux ont été grandement facilitées, l'installation du système par exemple. D'autres tâches font appel à des compétences techniques importantes et laissent peu de place au hasard, citons la gestion des utilisateurs.

Cependant, pour certaines raisons, la gestion des installations de logiciels est un sujet qu'il faut comprendre dans sa théorie et maîtriser techniquement.

L'une des principales raisons vient du fait qu'il n'y a pas de consensus dans le monde Linux, et dans le monde du libre en général. Là où d'autres systèmes d'exploitation propriétaires ont imposé leur schéma de gestion des logiciels, il y a dans le monde Linux plusieurs options proposées, variables dans leur efficacité et en fonction des besoins.

La cause de cette variété dans la gestion des logiciels est la multiplicité des distributions Linux d'un côté, et le grand nombre de plates-formes matérielles supportées de l'autre côté.

Pour un système d'exploitation propriétaire qui se réduit à quelques moutures sur une ou deux plates-formes matérielles, on trouve des centaines de distributions Linux sur des dizaines de plates-formes, sur lesquelles doit travailler l'auteur d'un logiciel.

Ainsi, alors qu'au début chaque administrateur système devait lui-même compiler le logiciel à installer, avec le temps sont apparues des solutions de plus en plus pratiques.

Gestion des logiciels - Historique

Retour aux sources

Dans ce chapitre, nous allons aborder les différentes façons d'installer un logiciel, en finissant par la plus ancienne. À l'origine, bien souvent l'auteur d'un logiciel fournissait le code source, que les administrateurs devaient compiler eux-mêmes pour le faire fonctionner sur leur machine.

Aujourd'hui encore, il arrive que des logiciels ne soient fournis que sous la forme du code source, ou bien qu'ils ne soient pas disponibles sous forme de binaire pour votre distribution. Dans ce cas, il faudra le compiler vous-même, opération gourmande en temps et qui demande un minimum de connaissances techniques.

Un joli cadeau

C'est pourquoi les éditeurs de distributions Linux ont vite compris la nécessité de produire des logiciels déjà compilés pour leur distribution. Red Hat précisément, est même allé plus loin en sortant le format de paquet RPM (*Red Hat Packet Manager*, gestionnaire de paquets Red Hat) et les outils associés, permettant de faciliter la distribution d'un logiciel. Avec RPM, le programme, sous sa forme binaire est « empaqueté » avec ses fichiers de configuration et d'aide. Lorsque le programme est désempaqueté, il est installé automatiquement sur le système. L'utilisateur n'a plus qu'à taper la commande dans le shell.

Remarque

*Un paquet est donc un logiciel « empaqueté » avec les différents fichiers qui lui sont nécessaires : fichiers de configuration et fichiers d'aide entre autres. Autre précision : alors qu'en anglais, on utilise le mot « packet », en français on utilise indifféremment « **paquet** » ou « **paquetage** ».*

Notons que d'autres éditeurs de distributions ont plus ou moins au même moment sorti des systèmes de paquets. Un autre bien connu est le format de paquet .deb, utilisé principalement dans les distributions Debian et Ubuntu.

Le temps de l'indépendance

Cependant, cela ne résolvait pas un autre problème. En effet, pour fonctionner, un programme dépend bien souvent de librairies tierces, sans lesquelles il ne peut pas fonctionner. Ces dépendances doivent également être installées sous la forme de paquetages. Ainsi, pour installer un logiciel, l'utilisateur devait télécharger le paquet principal du programme et l'ensemble de ses dépendances et les installer les uns après les autres. L'opération étant contraignante, les gestionnaires de paquets sont alors apparus.

Un gestionnaire de paquets est un programme qui indexe l'ensemble des programmes disponibles sous forme de paquets, et l'ensemble des dépendances dont ils ont besoin (qui peuvent être très nombreuses). Tout cela est stocké dans des bases dont la taille est à l'évidence assez importante.

Le gestionnaire de paquets fait ainsi à votre place la « résolution des dépendances ». Lorsque vous installez un logiciel, il cherche dans sa base quels sont les autres paquets nécessaires, et installe le tout, ce qui rend la tâche totale encore plus simple pour l'utilisateur.

Mieux encore, tous ces paquets sont stockés dans des dépôts logiciels (*repositories* en anglais), dans lesquels le gestionnaire de paquet va se servir. Il existe des dépôts avec des milliers de logiciels disponibles. Red Hat alimente ses serveurs avec ses dépôts officiels, mais il existe d'autres dépôts logiciels pour ce système d'exploitation.

Il est possible de gérer l'installation de paquets sur un serveur Red Hat Enterprise Linux avec YUM (maintenant DNF).

2. Installation avec le gestionnaire de paquets YUM

2.1 Introduction à YUM

YUM (*Yellow dog Updater Modified*) est le gestionnaire de paquets officiel de Red Hat Enterprise Linux. Basé sur le format de paquet RPM de Red Hat, il est l'œuvre des auteurs de la distribution Yellow Dog Linux, mais est utilisé sur beaucoup d'autres distributions que Red Hat.

Remarque

Il faut être superutilisateur root pour pouvoir installer, supprimer ou mettre à jour des paquets. De plus, il faut que le système soit enregistré auprès du Portail Client pour pouvoir télécharger des paquets à partir des dépôts de Red Hat. Pour savoir comment enregister le système, rendez-vous au chapitre Déploiement d'un serveur Red Hat. Pour finir, il faut que l'heure sur le système soit correcte.

Remarque

*Les paragraphes suivants développent l'installation de paquets en ligne de commande. Il existe néanmoins un gestionnaire de paquet en interface graphique, dans le menu **Système** - **Administration** - **Ajouter/Enlever des logiciels**.*

YUM est très simple d'utilisation. Voici un résumé des commandes principales.

Lister les dépôts logiciels

Pour afficher la liste des dépôts actifs disponibles, utilisez la commande :

```
yum repolist
```

Cette commande affiche seulement les dépôts actifs. Si vous désirez également voir les dépôts existants mais inactifs, ajoutez `all` :

```
yum repolist all
```

Par exemple, nous constatons ici qu'il existe beaucoup de dépôts, mais un seul est actif :

```
[root@ariadne ~]# yum repolist all
Modules complémentaires chargés : product-id, subscription-manager
id du dépôt                                        nom du dépôt                        statut
rhel-7-server-rpms/7Server/x86_64                  Red Hat Enterprise Linux 7 Server (R activé: 4 844
rhel-7-server-source-rpms/7Server/x86_64           Red Hat Enterprise Linux 7 Server (S désactivé
rhel-7-server-supplementary-beta-debug-rpms/x86_64 Red Hat Enterprise Linux 7 Server -  désactivé
rhel-7-server-supplementary-beta-rpms/x86_64       Red Hat Enterprise Linux 7 Server -  désactivé
```

2.1.1 Chercher et installer des paquets

Lister les paquets

Pour afficher la liste des paquets, tapez :

```
yum list
```

Cela vous affiche une très longue liste. Il peut être utile de rediriger la sortie dans un fichier :

```
[root@cobb ~]# yum list > liste
[root@cobb ~]# vi liste
```

Cette commande n'est cependant pas très claire. S'agit-il de la liste des paquets installés, ou la liste totale de paquets disponibles ? Pour lever tout doute, utilisez les commandes suivantes :

- `yum list installed` : donne la liste des paquets installés sur le système.
- `yum list available` : donne la liste des paquets disponibles pour être installés.
- `yum list all` : donne la liste totale des paquets, installés + disponibles.

Groupes de paquets

Red Hat a réparti les paquets en groupes. En effet, au-delà des dépendances, certains logiciels sont liés entre eux pour former un ensemble ayant un but commun.

Par exemple, plutôt que d'installer plusieurs logiciels pour mettre en place l'interface graphique KDE, installez simplement le groupe `Bureau KDE`.

Vous obtenez la liste des groupes installés et disponibles en tapant :

```
yum grouplist
```

Remarque

L'option `-v` (pour verbose, verbeux) vous donne plus d'informations. Entre parenthèses, vous trouvez l'identifiant du groupe.

Rechercher un fichier, un paquet, afficher des informations sur un paquet

Vous pouvez chercher un mot parmi la liste des paquets disponibles et leurs descriptions, en tapant :

```
yum search <mot>
```

Cela vous permet de retrouver un paquet même si vous ne disposez pas de son nom précis, ou en vous basant sur sa description.

Par exemple :

```
[root@cobb ~]# yum search musi
Loaded plugins: refresh-packagekit, rhnplugin
======================= Matched: musi
===========================
libmusicbrainz.i686 : Library for accessing MusicBrainz servers
libmusicbrainz3.i686 : Library for accessing MusicBrainz servers
libdiscid.i686 : A Library for creating MusicBrainz DiscIDs
rhythmbox.i686 : Music Management Application
dmz-cursor-themes.noarch : X cursors themes
flac.i686 : An encoder/decoder for the Free Lossless Audio Codec
```

Notez qu'il est possible de faire des recherches sur plusieurs mots en même temps.

Une fois un paquet trouvé, vous pouvez avoir plus d'informations dessus, avec la commande :

```
yum info <paquet>
```

Par exemple :

```
[root@cobb ~]# yum info rhythmbox
Loaded plugins: refresh-packagekit, rhnplugin
Installed Packages
Name        : rhythmbox
Arch        : i686
Version     : 0.12.8
Release     : 1.el6
Size        : 12 M
Repo        : installed
From repo   : anaconda-RedHatEnterpriseLinux-201009221732.i386
Summary     : Music Management Application
URL         : http://projects.gnome.org/rhythmbox/
License     : GPLv2+ with exceptions and GFDL
Description: Rhythmbox is an integrated music management
application based on the powerful GStreamer media framework. It
has a number of features, including an easy to use music browser,
searching and sorting, comprehensive audio format support through
GStreamer, Internet Radio support, playlists and more.
```

```
Rhythmbox is extensible through a plugin system.
```

Vous pouvez constater que les informations disponibles sur un paquet sont assez importantes. Notez particulièrement le nom du dépôt dans lequel se trouve le paquet, à la ligne `From repo` (*repository*, dépôt).

Il est même possible de localiser un fichier qui vous intéresse dans un paquet, pour installer ensuite le paquet. Utilisez la commande `yum provides` (*to provide*, fournir) :

```
yum provides <fichier>
```

Par exemple, nous voulons savoir quel paquet fournit le programme `/sbin/ifconfig` :

```
[root@cobb ~]# yum provides "/sbin/ifconfig"
Loaded plugins: refresh-packagekit, rhnplugin
net-tools-1.60-102.el6.i686 : Basic networking tools
Repo        : rhel-i386-server-6
Matched from:
Filename    : /sbin/ifconfig

net-tools-1.60-102.el6.i686 : Basic networking tools
Repo        : installed
Matched from:
Other       : Provides-match: /sbin/ifconfig
```

Remarque

Vous pouvez également rechercher une partie d'un chemin, en utilisant les caractères `*` et `?` mis avec le mot que vous recherchez, le tout entre guillemets. Cela peut être utile si vous ne vous rappelez pas du chemin complet, ou du nom complet d'un programme. Le caractère `?` remplace un seul caractère, tandis que `*` remplace un ou plusieurs caractères. Il est recommandé de mettre le motif entre guillemets.

Par exemple :

```
[root@cobb ~]# yum provides "*/ifconfig"
Loaded plugins: refresh-packagekit, rhnplugin
net-tools-1.60-102.el6.i686 : Basic networking tools
Repo        : rhel-i386-server-6
Matched from:
```

```
Filename    : /sbin/ifconfig
(...)
```

Installer un paquet ou un groupe de paquets

L'installation d'un paquet est très simple. Utilisez la commande :

```
yum install <paquet>
```

Pour installer un groupe de paquets, utilisez :

```
yum groupinstall "<groupe>"
```

Ou encore :

```
yum install @"<groupe>"
```

Remarque

Si le nom du groupe contient des espaces, il doit être mis entre guillemets. Vous pouvez également mettre un identifiant de groupe à la place de son nom.

Par exemple, nous voulons installer le groupe de paquets pour la sauvegarde régulière des données :

```
[root@cobb ~]# yum install @"Serveur de sauvegarde"
(...)
==================================================================
 Package              Arch        Version                 Repository
Size
==================================================================
Installing:
 amanda-server         i686       2.6.1p2-7.el6
InstallMedia        468 k
Installing for dependencies:
 amanda                i686       2.6.1p2-7.el6
InstallMedia        544 k
 xinetd                i686       2:2.3.14-29.el6
InstallMedia        121 k

Transaction Summary
==================================================================
Install       3 Package(s)
Upgrade       0 Package(s)
```

```
Total download size: 1.1 M
Installed size: 3.2 M
Is this ok [y/N]:
```

Suppression de paquets ou de groupes de paquets

Supprimer un paquet se fait de la même manière que l'installation, avec le mot clé `remove` :

```
yum remove <paquet>
```

Remarque

Lorsque vous supprimez un paquet du système, yum doit également supprimer les paquets qui en dépendent. Vérifiez bien chaque paquet qui doit être supprimé avant de continuer.

Vous pouvez également supprimer un groupe de paquets :

```
yum groupremove "<groupe>"
```

ou

```
yum remove @"<groupe>"
```

2.1.2 Mise à jour de paquets

Vérifier les mises à jour disponibles

Pour vérifier quels paquets doivent être mis à jour, tapez :

```
yum check-update
```

Par exemple :

```
[root@cobb ~]# yum check-update
Loaded plugins: refresh-packagekit, rhnplugin

NetworkManager.i686          0.8.1-5.el6_0.1    rhel-i386-server-6
NetworkManager-glib.i686     0.8.1-5.el6_0.1    rhel-i386-server-6
NetworkManager-gnome.i686    0.8.1-5.el6_0.1    rhel-i386-server-6
apr-util.i686                1.3.9-3.el6_0.1    rhel-i386-server-6
apr-util-ldap.i686           1.3.9-3.el6_0.1    rhel-i386-server-6
(...)
```

Le résultat vous indique :

- Le nom du paquet à mettre à jour. Par exemple : `NetworkManager`.
- L'architecture processeur pour laquelle ce paquet a été compilé. Par exemple : `i686`.
- La version du nouveau paquet. Par exemple : `0.8.1-5`.
- Le dépôt logiciel où se trouve le paquet. Par exemple : `rhel-i386-server-6`.

Mettre à jour des paquets

Vous pouvez mettre à jour un paquet, plusieurs paquets d'un coup, ou tous les paquets qui nécessitent des mises à jour. S'il y a des dépendances associées, elles seront mises à jour également.

Pour mettre à jour un paquet :

```
yum update <paquet>
```

Remarque

Il est possible de mettre le nom de plusieurs paquets à mettre à jour.

Pour mettre à jour tous les paquets :

```
yum update
```

Par exemple :

```
[root@cobb ~]# yum update
(...)
Transaction Summary
================================================================
Install       1 Package(s)
Upgrade      75 Package(s)

Total download size: 139 M
Is this ok [y/N]:
```

2.1.3 Plugins yum

Il est possible d'ajouter des fonctionnalités à yum en ajoutant des plugins. Red Hat a mis à disposition des plugins permettant une meilleure symbiose entre le système et le Portail Client, ou encore pour améliorer la sécurité.

Obtenez la liste des plugins installés :

```
yum info yum
```

Par exemple :

```
[root@cobb ~]# yum info yum
Loaded plugins: refresh-packagekit, rhnplugin
(...)
```

La liste des plugins disponibles :

```
[root@cobb ~]# yum search plugin | grep yum
anaconda-yum-plugins.noarch : Installation-related yum plugins
kabi-yum-plugins.noarch : The Red Hat Enterprise Linux kernel ABI
yum plugin
yum-plugin-aliases.noarch : Yum plugin to enable aliases filters
yum-plugin-changelog.noarch : Yum plugin for viewing package
changelogs
yum-plugin-downloadonly.noarch : Yum plugin to add downloadonly
command option
yum-plugin-protect-packages.noarch : Yum plugin to prevents Yum
from removing
yum-plugin-security.noarch : Yum plugin to enable security filters
yum-plugin-tmprepo.noarch : Yum plugin to add temporary
repositories
yum-plugin-verify.noarch : Yum plugin to add verify command, and
options
yum-plugin-versionlock.noarch : Yum plugin to lock specified
packages from being
PackageKit-yum-plugin.i686 : Tell PackageKit to check for updates
when yum exits
yum-dellsysid.i686 : YUM plugin to retrieve the Dell System ID
yum-presto.noarch : Presto plugin for yum
yum-rhn-plugin.noarch : RHN support for yum
```

Paquets et sécurité

Pour la prise en compte des mises de sécurité par yum, installez le plugin `security` de cette manière :

```
yum install yum-plugin-security
```

Ce plugin rajoute entre autres l'option `--security` dans la commande `yum`. Cette option vous permet de gérer les paquets en rapport avec la sécurité.

Pour voir les paquets nécessitant une mise à jour de sécurité :

```
yum check-update --security
```

Par exemple :

```
[root@cobb ~]# yum check-update --security
Loaded plugins: refresh-packagekit, rhnplugin, security
Limiting package lists to security relevant ones
36 package(s) needed for security, out of 79 available

apr-util.i686                1.3.9-3.el6_0.1
rhel-i386-server-6
apr-util-ldap.i686           1.3.9-3.el6_0.1
rhel-i386-server
(...)
```

36 paquets sont concernés par une mise à jour de sécurité.

Il est possible de mettre à jour (*update*) les paquets concernés par la sécurité :

```
yum update --security
```

Cette commande installe la dernière version du logiciel, qu'elle soit pour la sécurité, pour la correction de bugs ou pour l'ajout de fonctionnalités.

L'administrateur sera plutôt intéressé par :

```
yum update-minimal --security
```

Avec cette option, yum fera la mise à jour du paquet à la version corrigeant le problème de sécurité, et rien d'autre.

2.1.4 Réinitialiser yum

Parfois, yum rencontre des problèmes de synchronisation entre son cache et les dépôts logiciels. Cela arrive surtout quand une commande yum a été interrompue.

Dans ce cas, nettoyez le cache de yum et réinitialisez yum de la façon suivante :

```
yum clean all
```

Vérifiez également que votre système est à l'heure.

2.1.5 yum et la cryptographie

La cryptographie est utilisée avec `yum` et de manière générale avec `rpm` pour vérifier **l'authenticité et l'intégrité** des paquets installés.

Les éditeurs de paquets signent leurs paquets avec une clé privée qui leur appartient. À l'installation d'un dépôt logiciel, vous installez également la clé publique correspondante servant à vérifier la signature des paquets.

Les clés sont stockées dans `/etc/pki/rpm-gpg/` et gérées avec OpenPGP auquel se réfèrent les logiciels `yum` et `rpm`.

Par exemple, nous trouvons des clés publiques pour divers dépôts logiciels :

```
[root@ariadne ~]# ls /etc/pki/rpm-gpg/
RPM-GPG-KEY-EPEL-7        RPM-GPG-KEY-redhat-legacy-former   RPM-GPG-KEY-
redhat-legacy-rhx
RPM-GPG-KEY-redhat-beta  RPM-GPG-KEY-redhat-legacy-release  RPM-GPG-KEY-
redhat-release
```

Certaines de ces clés sont installées directement avec le système d'exploitation (les clés Red Hat).

Red Hat fournit donc ces clés publiques ; vous pouvez vérifier leur provenance en comparant leur empreinte (ou condensat) avec celle fournie sur la page officielle dédiée Red Hat, à l'adresse suivante :
https://access.redhat.com/security/team/key/

Par exemple, pour afficher les empreintes des clés Red Hat avec la commande `gpg` :

```
[root@ariadne ~]# gpg --quiet --with-fingerprint /etc/pki/rpm-gpg/RPM-GPG-
KEY-redhat-release
```

```
pub  4096R/FD431D51 2009-10-22 Red Hat, Inc. (release key 2)
<security@redhat.com>
Empreinte de la clef = 567E 347A D004 4ADE 55BA  8A5F 199E 2F91 FD43 1D51
pub  1024D/2FA658E0 2006-12-01 Red Hat, Inc. (auxiliary key)
<security@redhat.com>
Empreinte de la clef = 43A6 E49C 4A38 F4BE 9ABF  2A53 4568 9C88 2FA6 58E0
```

Lors de l'installation, yum vérifie avec la clé publique que la signature du paquet a bien été effectuée avec la clé privée correspondante. Cette vérification est bien sûr automatique ; yum vous prévient en cas de problème.

La configuration de la vérification se trouve dans le fichier de configuration de chaque dépôt, dans le répertoire /etc/yum.repos.d/, avec les deux options suivantes :

- gpgcheck = 1 : si cette option est à 1, la vérification des paquets est activée
- gpgkey = : chemin de la clé publique utilisée pour tous les paquets de ce dépôt

Par exemple, pour le fichier de configuration de tous les dépôts officiels Red Hat /etc/yum.repos.d/redhat.repo :

```
gpgkey = file:///etc/pki/rpm-gpg/RPM-GPG-KEY-redhat-release
```

La commande rpm (dont nous parlons dans la suite de ce chapitre) vérifie également la signature des paquets. Pour vérifier manuellement la signature d'un paquet, utilisez l'option --checksig.

Par exemple, nous effectuons ici la vérification manuelle d'un paquet téléchargé à partir du site FTP de Red Hat :

```
[root@ariadne ~]# rpm --checksig -v ovirt-host-deploy-offline-1.2.1-
1.el7ev.src.rpm
ovirt-host-deploy-offline-1.2.1-1.el7ev.src.rpm:
    Entête V3 RSA/SHA256 Signature, clé ID fd431d51: OK
    Hachage de l'entête SHA1 : OK
(045bfb6ad890cffc4fb4401954bc0f166542dc4b)
    V3 RSA/SHA256 Signature, clé ID fd431d51: OK
    MD5 : OK (27f507e88756c5139cb9e5a095b0c6c7)
```

Vous constatez que la signature du paquet est OK. Cela signifie qu'il a bien été signé avec la clé privée de Red Hat ; nous sommes donc sûrs de sa provenance.

2.2 Application Streams avec RHEL 8

Présentation

Avec RHEL 8, Red Hat répond à un besoin de clarté dans l'organisation des dépôts de paquets et des versions des logiciels installés.

Par exemple, il arrive parfois que deux versions majeures de logiciels soient utilisées par la communauté. C'est le cas de `python`, avec `python2` et `python3` (précisément, `python2.7` et `python3.6`). Ces deux versions majeures sont toujours maintenues, et voient donc se succéder des mises à jour mineures à des rythmes différents. RHEL 8 organise ces deux lignes parallèles de paquets en flux d'applications, ou ***Application Streams***, distincts.

Les ***Application Streams*** (ou *App Streams*, flux d'applications) sont donc les lignes de versions majeures d'un logiciel, avec ses mises à jour. Les mises à jour sont plus faciles à maintenir pour chaque version majeure. Red Hat s'engage à sortir des mises à jour des modules (voir ci-après) pour la durée de vie des *Application Streams*, qui peuvent aller de 2 à 5 ans.

Remarque

Ainsi, l'App Stream de serveur web Apache `httpd 2.4` est maintenu jusqu'en 2024.

De même, le nombre de paquets installés n'est pas le même en fonction des environnements.

Par exemple, un **serveur sécurisé et stable** aura un nombre de paquets installés au strict **minimum**, tandis qu'un **environnement de développement** devra être livré avec un **grand nombre de paquets** contenant des librairies de développement.

Ainsi, chaque *Application Stream* peut se voir équipé d'un profil (*profile*) correspondant à la vocation du serveur (production, développement, etc.).

Un **module** est un jeu de paquets formant une unité logique. Il peut s'agir d'une application, d'une base de données, d'un langage, etc. Ces paquets sont compilés, testés et mis à disposition ensemble.

Ainsi, pour le module `postgresql`, il existe pour l'instant les flux (ou *streams*) `9.6` et `10`. Pour chaque flux, on peut choisir d'installer le profil `client` (adapté à de la simple consultation de bases de données) ou le profil `server` (qui installe le moteur de base de donnée) :

```
yum module install postgresql:9.6/server
```

Dépôts logiciels RHEL 8

Les dépôts logiciels sont également simplifiés. Il existe maintenant deux dépôts standards pour une installation classique :

- **BaseOS** : c'est le dépôt qui contient les paquets pur système pour une installation minimale de l'OS.

  On trouve des paquets RPM classiques dans ce dépôt.
- **AppStream** : ce dépôt contient les applications supplémentaires dont on aura besoin pour l'exploitation.

  Le contenu de ce dépôt est disponible en paquets RPM, mais également en modules.

Il existe d'autres dépôts en fonction des besoins. Par exemple, le dépôt **CodeReady Linux Builder** (*sic*) contient de nombreux modules pour les développeurs, permettant d'ajouter un nombre important d'extensions aux langages de programmations installés.

En fonction de la souscription, il est possible d'utiliser les dépôts **High Availability** (haute disponibilité) pour assurer la fiabilité du serveur, et **Resilient Storage** (stockage résistant) pour assurer la répartition des données sur des stockages physiquement éparpillés (en *clusters*).

Mise à jour de YUM avec la version 4, ou DNF

La version 4 de YUM est en fait l'outil DNF (pour *Dandified Yum*, de *dandy*, élégant) :

```
[root@scott ~]# ls -lh /usr/bin/yum
lrwxrwxrwx. 1 root root 5 14 févr. 07:02 /usr/bin/yum -> dnf-3
[root@scott ~]# yum -version
4.0.9
  Installés : dnf-0:4.0.9.2-5.el8.noarch à lun. 17 juin 2019 21:35:49 GMT
```

```
(...)
  Installés : rpm-0:4.14.2-9.el8.x86_64 à lun. 17 juin 2019 21:24:16 GMT
```

Dans la pratique, cela ne change pas grand-chose, à part que les commandes dnf et yum sont absolument **interchangeables**.

```
[root@scott ~]# dnf repolist
Updating Subscription Management repositories.
(...)
id du dépôt                          nom du dépôt
rhel-8-for-x86_64-appstream-rpms      Red Hat Enterprise Linux 8
for x86_64 - AppStream (RPMs)
rhel-8-for-x86_64-baseos-rpms  Red Hat Enterprise Linux 8 for x86_64
- BaseOS (RPMs)
[root@scott ~]# yum repolist
(...)
id du dépôt                          nom du dépôt
rhel-8-for-x86_64-appstream-rpms      Red Hat Enterprise Linux 8
for x86_64 - AppStream (RPMs)
rhel-8-for-x86_64-baseos-rpms  Red Hat Enterprise Linux 8 for x86_64
- BaseOS (RPMs)
[root@scott ~]#
```

L'outil DNF gère maintenant les *Application Streams*. Ainsi, la commande yum module (ou dnf module) apparaît-elle, en plus des commandes que nous connaissons déjà. Pour le reste, toutes les commandes apprises jusqu'à maintenant sont compatibles.

Remarque

Ainsi, puisque DNF est maintenant l'outil officiel, il n'est pas rare de voir la commande dnf à la place de yum dans les documentations

Afficher la liste des modules disponibles et des informations détaillées

Pour afficher la liste des modules, utilisez la commande :

```
yum module list
```

Par exemple (par souci de clarté, une colonne a été tronquée) :

```
[root@scott ~]# yum module list
Updating Subscription Management repositories.
Dernière vérification de l'expiration des métadonnées effectuée
```

```
il y a 1:06:52 le mar. 25 juin 2019 07:46:05 EDT.
Red Hat Enterprise Linux 8 for x86_64 - AppStream (RPMs)
Red Hat Enterprise Linux 8 for x86_64 - AppStream (RPMs)
Name                       Stream          Profiles
389-ds                     1.4
ant                        1.10 [d]        common [d]
container-tools            1.0             common [d]
container-tools            rhel8 [d][e]    common [d]
(...)
postgresql                 10 [d]          client, server [d]
postgresql                 9.6             client, server [d]
python27                   2.7 [d]         common [d]
python36                   3.6 [d][e]      common [d], build
(...)

Hint: [d]efault, [e]nabled, [x]disabled, [i]nstalled
```

On constate plusieurs points :

- Il existe plusieurs *Application Streams* pour le module `postgresql`. Par défaut, c'est la version 10 qui sera installée.
  - Le `[d]` est la **version installée par défaut.**
- Pour ce module, entre le profil `server` et le profil `client`, c'est le profil `server` qui sera installé par défaut si rien n'est précisé.
- Pour le module `python`, on note que les deux versions (2.7 et 3.6) sont la version par défaut !
  - En y regardant de plus près, le module appelé `python` n'existe pas. En fait, il s'agit de deux modules différents (le module `python27` et le module `python36`).
  - L'une des raisons, c'est qu'il est parfois nécessaire d'installer Python 2.7 et Python 3.6 sur la même machine.
  - En effet, deux **Application Streams** pour le même module ne peuvent pas coexister sur la même machine.

Si vous voulez avoir des **informations sur un module**, utilisez la commande `info` :

```
yum module info <nom du module>
yum module info <nom du module>:<version>
```

Par exemple, ici nous voyons le détail de paquets utilisés pour l'installation de la version 9.6 du module `postgresql`, qui n'est pas la version par défaut :

```
[root@scott ~]# yum module info postgresql:9.6
Updating Subscription Management repositories.
Dernière vérification de l'expiration des métadonnées effectuée
il y a 0:22:15 le ven. 28 juin 2019 10:26:32 EDT.
Name             : postgresql
Stream           : 9.6
Version          : 820190104140337
Context          : 9edba152
Profiles         : client, server [d]
Default profiles : server
Repo             : rhel-8-for-x86_64-appstream-rpms
Summary          : PostgreSQL server and client module
Description      : PostgreSQL is an advanced Object-Relational
database management system (DBMS). The postgresql-server package
contains the programs needed to create and run a PostgreSQL server,
which will in turn allow you to create and maintain PostgreSQL
databases. The base postgresql package contains the client programs
that you'll need to access a PostgreSQL DBMS server.
Artifacts        :
postgresql-0:9.6.10-1.module+el8+2470+d1bafa0e.x86_64
                 :
postgresql-contrib-0:9.6.10-1.module+el8+2470+d1bafa0e.x86_64
                 :
postgresql-docs-0:9.6.10-1.module+el8+2470+d1bafa0e.x86_64
(...)
```

Si vous voulez **connaître précisément ce qui est installé en fonction d'un profil**, ajoutez l'option `--profile` :

```
yum module info <nom du module> --profile
```

Par exemple, nous voulons **connaître les différents profils disponibles** pour le module `php` :

```
[root@scott ~]# yum module info php -profile
Updating Subscription Management repositories.
Dernière vérification de l'expiration des métadonnées effectuée
il y a 0:24:47 le ven. 28 juin 2019 10:26:32 EDT.
Name     : php:7.2:820181215112050:76554e01:x86_64
common   : php-cli
         : php-common
         : php-fpm
```

```
         : php-json
         : php-mbstring
         : php-xml
devel    : libzip
         : php-cli
         : php-common
         : php-devel
         : php-fpm
         : php-json
         : php-mbstring
         : php-pear
         : php-pecl-zip
         : php-process
         : php-xml
minimal  : php-cli
         : php-common
```

Ici, nous constatons que le profil `minimal` n'installe que deux paquets. Le profil `devel` (pour les développeurs) installe en revanche ces deux paquets et beaucoup d'autres.

Installer un module

Vous pouvez maintenant **installer un module**, au besoin en précisant sa version et son profil, avec la commande suivante :

```
yum module install <nom du module>
yum module install <nom du module>:<version>/<profil>
```

Par exemple, nous installons ici la version 9.6 du module `postgresql`, en utilisant le profil `client` :

```
[root@scott ~]# yum module install postgresql:9.6/client
Updating Subscription Management repositories.
Dernière vérification de l'expiration des métadonnées effectuée
il y a 0:31:14 le ven. 28 juin 2019 10:26:32 EDT.
Dépendances résolues.
============================================================
========================================
 Paquet                           Architecture
Version
Dépôt                                              Taille
============================================================
========================================
```

```
Installing group/module packages:
 postgresql                    x86_64                    9.6.10-1.
module+el8+2470+d1bafa0e            rhel-8-for-x86_64-appstream-
rpms                  1.4 M
Installation des dépendances:
 libpq                         x86_64                    10.5-1.el8
                                    rhel-8-for-x86_64-appstream-
rpms                                     188 k
Installing module profiles:
 postgresql/client
Enabling module streams:
 postgresql                                9.6

Résumé de la transaction
============================================================
========================================
Installer  2 Paquets

Taille totale des téléchargements : 1.6 M
Taille des paquets installés : 5.8 M
Voulez-vous continuer ? [o/N] :
```

Concurrence des Application Streams

Il n'est **pas possible d'installer plus d'un *Application Stream* pour un module donné** sur la même machine.

Par exemple, nous avons installé `postgresql:9.6`. Nous essayons maintenant d'installer l'App Stream pour la version 10 :

```
[root@scott ~]# yum module install postgresql:10
Updating Subscription Management repositories.
Dernière vérification de l'expiration des métadonnées effectuée il
y a 0:32:27 le ven. 28 juin 2019 10:26:32 EDT.
The operation would result in switching of module 'postgresql'
stream '9.6' to stream '10'
Erreur : It is not possible to switch enabled streams of a module.
It is recommended to remove all installed content from the module,
and reset the module using 'dnf module reset <module_name>'
command. After you reset the module, you can install the other
stream.
```

Le système nous avertit que cela n'est pas possible, car le module `postgresql` est déjà installé pour un App Stream différent.

Nous avons ici deux options :

– **désinstaller** l'*Application Stream* en concurrence :

```
yum module remove <nom du module>
```

– **désactiver** l'*Application Stream* en concurrence :

```
yum module disable <nom du module:version>
```

Nous choisissons dans cet exemple la deuxième option :

```
[root@scott ~]# yum module info postgresql:9.6
Updating Subscription Management repositories.
Dernière vérification de l'expiration des métadonnées effectuée il y a
0:39:31 le ven. 28 juin 2019 10:26:32 EDT.
Name             : postgresql
Stream           : 9.6 [e] [a]
(...)
Hint: [d]efault, [e]nabled, [x]disabled, [i]nstalled, [a]ctive]
[root@scott ~]# yum module disable postgresql:9.6
Updating Subscription Management repositories.
Dernière vérification de l'expiration des métadonnées effectuée il y a
0:40:49 le ven. 28 juin 2019 10:26:32 EDT.
Dépendances résolues.
========================================================================
========================================================================
==========================
 Paquet
Architecture
Version                                     Dépôt
                      Taille
========================================================================
========================================================================
==========================
Disabling module streams:
 postgresql
                                                        9.6

Résumé de la transaction
========================================================================
========================================================================
==========================

Voulez-vous continuer ? [o/N] : o
Terminé !
[root@scott ~]# yum module install postgresql:10
Updating Subscription Management repositories.
Dernière vérification de l'expiration des métadonnées effectuée il y a
```

```
0:42:08 le ven. 28 juin 2019 10:26:32 EDT.
Dépendances résolues.
(...)
```

Nous constatons :

- À l'origine, que `postgresql:9.6` est bien activé.
- Ensuite, nous le désactivons.
- Puis, nous pouvons installer `postgresql:10`.

Remarque

*Même s'il est possible de faire coexister deux versions du même module, **sur un serveur en production il est préférable de n'en installer qu'une**.*

2.3 Rappel des commandes yum

Voici quelques commandes de base pour une utilisation quotidienne de Yum. Consultez la page de manuel de Yum pour avoir d'autres commandes très pratiques :

Lister les dépôts	
`yum repolist`	lister les dépôts logiciels actifs
`yum repolist all`	lister tous les dépôts logiciels (actifs et inactifs)
Chercher des paquets	
`yum list installed`	lister les paquets installés
`yum list available`	lister les paquets disponibles
`yum list all`	lister tous les paquets
`yum grouplist`	lister les groupes installés et disponibles
Lister les dépôts	
`yum search <mot>`	chercher un mot dans la liste
`yum info <paquet>`	obtenir des informations sur un paquet
`yum provides "*/fichier"`	localiser un fichier dans les paquets
Installer des paquets	
`yum install <paquet>`	installer un paquet

`yum groupinstall "<groupe>"` `yum install @"<groupe>"`	installer un groupe de paquets
Supprimer des paquets	
`yum remove <paquet>`	supprimer un paquet
`yum groupremove "<groupe>"` `yum remove @"<groupe>"`	supprimer un groupe de paquets
Mettre à jour des paquets	
`yum check-update`	vérifier les mises à jour de paquets
`yum update`	mettre à jour tous les paquets
`yum update <paquet>`	mettre à jour un paquet

2.4 Gestion des abonnements

Pour profiter pleinement des services et mises à jour Red Hat, il est nécessaire d'enregistrer votre système auprès de Red Hat. Il vous est ensuite possible d'administrer ces machines en partie à partir du site web Portail Client, qui inclut la gestion des abonnements.

2.5 Portail Client

2.5.1 Gestion des abonnements

Sur votre serveur RHEL, la gestion de l'abonnement auprès du Portail Client se fait principalement avec la commande `subscription-manager`. À la fin du chapitre Déploiement d'un serveur Red Hat, nous expliquons comment enregistrer votre système en ligne de commande.

Cependant, cette commande donne accès à d'autres informations intéressantes, et permet également de détacher le système d'un abonnement, pour libérer un droit qu'on voudrait donner à un autre système.

Détacher le système

Pour se désinscrire d'un abonnement, la procédure est simple :

```
subscription-manager unregister
```

Par exemple :

```
[root@ariadne ~]# subscription-manager unregister
Le système a été désenregistré.
[root@ariadne ~]#
```

Autres commandes

Pour obtenir le **type d'abonnement activé** sur la machine, ainsi que les dates de validité, tapez :

```
subscription-manager list
```

Par exemple, nous voyons ici un abonnement pour le produit RHEL Server, valide pendant un mois :

```
[root@ariadne ~]# subscription-manager list
+-------------------------------------------+
    Statut des produits installés
+-------------------------------------------+
Nom du produit :     Red Hat Enterprise Linux Server
ID du produit :      69
Version :            7.0
Arch :               x86_64
Statut :             Abonné
Détails du statut :
Démarre :            27/09/2014
Termine :            27/10/2014
```

La commande suivante vous donne les **"faits" (facts) du système**, c'est-à-dire la configuration envoyée au Portail Client et disponible dans l'interface web Gestion des abonnements :

```
subscription-manager facts
```

Une dernière commande vous donne la liste des dépôts logiciels auxquels vous avez droit, et lesquels sont activés :

```
subscription-manager repos
```

Interface web : Portail Client

Le Portail Client donne accès aux souscriptions (abonnements), soit via le RHN (Red Hat Network, l'ancienne méthode, avant RHEL6.2), soit à la Gestion des abonnements (Subscription Management, nouvelle méthode).

À partir de ces interfaces web, vous pouvez :

- gérer les abonnements,
- avoir des informations sur les systèmes enregistrés,
- définir des utilisateurs chargés de la gestion des systèmes.

Remarque

Accédez au portail à l'adresse https://access.redhat.com/

En cliquant sur l'onglet **Abonnements**, vous accédez aux catégories suivantes :

- **Vos abonnements** : gestion des abonnements en général.
- **Gestion des abonnements** : gestion des unités, c'est-à-dire des systèmes enregistrés et des personnes habilitées à les gérer.
- **RHN Classic** : idem que la Gestion des abonnements. Le RHN ajoutait l'accès aux erratas, c'est-à-dire la liste des paquets à mettre à jour sur les systèmes. Cette possibilité n'existe plus dans la Gestion des abonnements.
- **Organisation** : gestion des utilisateurs.

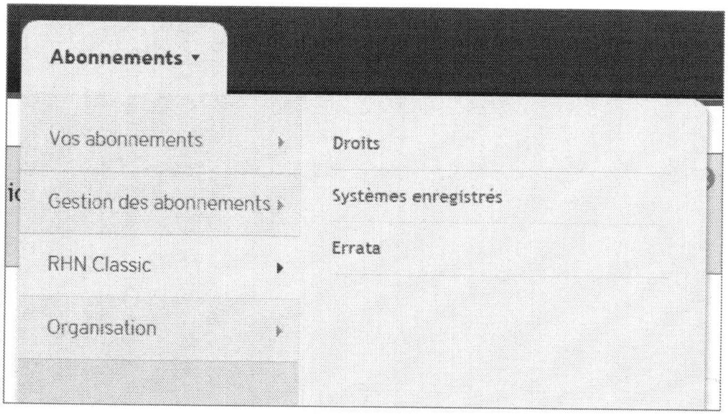

Interface web : Gestion des abonnements

Dans la section **Unités**, vous trouverez un résumé de tous les systèmes attachés à un abonnement, repérables par leur nom de machine ou l'UUID qui leur a été attribué à l'installation.

Choisissez une unité en cliquant sur son nom, et vous obtenez des détails :

- Le ou les abonnements appliqués : il est possible d'empiler plusieurs abonnements de types différents.
- Faits du système : les caractéristiques physiques et logicielles de la machine.
- Certificats d'identité : un certificat identifiant de manière unique la machine (que vous pouvez télécharger).

Interface web : Red Hat Network

Vous trouverez dans le RHN trois sections :

- **Entitlements** : les abonnements souscrits, avec un détail des droits auxquels peuvent souscrire vos systèmes.
- **Registered Systems** : comparable aux Unités dans la Gestion des abonnements, il s'agit des machines sur lesquelles vous avez activé un abonnement.
- **Errata** : vous permet simplement d'activer la réception d'alertes par e-mail.

Page Registered Systems

Cette page vous sera très utile pour la gestion de vos machines, dont elle vous donne la liste.

Cliquez sur le nom d'une machine pour en avoir des informations détaillées, grâce à un sous-menu qui apparaît :

- **Details** : un menu qui vous donne des informations sur la machine :
  - **Overview** (vue d'ensemble) : un résumé des informations pertinentes concernant la machine.
  - **Properties** (propriétés) : possibilité de changer des informations administratives sur la machine (adresse par exemple), ainsi que la description matérielle.

- **Hardware** (matériel) : des informations détaillées très pratiques sur la configuration matérielle du système. Vous y trouverez des informations générales comme le type de processeur, le type de BIOS, la taille de la mémoire, mais encore des informations particulières comme les interfaces réseau et leur configuration, le stockage, les périphériques.
- **Notes** : la possibilité d'ajouter une note sur le système.

- **Software** (logiciel) : les actions possibles pour l'installation et la mise à jour de paquets sur la machine :
  - **Errata** : un détail sur les correctifs logiciels qui concernent votre machine. Ces errata ont une existence officielle chez Red Hat, avec un niveau d'importance, un numéro d'avertissement et un détail sur le problème et le correctif appliqué. C'est le même contenu que les courriers qui vous sont envoyés sur les dernières mises à jour critiques à faire.

Exemple d'un e-mail d'avertissement de mise à jour :

```
Red Hat Network has determined that the following advisory is
applicable to
one or more of the systems you have registered:

Complete information about this errata can be found at the
following location:
    https://rhn.redhat.com/rhn/errata/details/Details.do?eid=10430

Security Advisory - RHSA-2010:0888-1
----------------------------------------------------------------
-----------
Summary:
Important: openssl security update

Updated openssl packages that fix one security issue are now
available for
Red Hat Enterprise Linux 6.
(...)
```

  - **Packages** (paquets) : la gestion des paquets sur votre machine. Vous pouvez installer, supprimer, ou mettre à jour des paquets. Les actions sont alors programmées dans l'agenda (menu général **Schedule**) pour être appliquées sur le système.
  - **Software channels** (canaux logiciels) : les types de paquets auxquels vous avez souscrits et qui sont disponibles pour votre système.

- **Events** (évènements) : les évènements d'installation de logiciels concernant votre machine :
  - **Pending** (en cours) : vous voyez ici les installations programmées de paquets pour ce système. Il est possible de verrouiller (*lock*) un système, pour bloquer des installations.
  - **History** (historique) : la liste des actions précédentes d'installation et de mises à jour.

2.5.2 Politiques de mises à jour et sécurité

Tout comme le schéma de partitionnement, il n'y a pas de recommandations spécifiques, pas de panacée, pour la politique de mise à jour.

Il existe deux politiques en ce qui concerne la mise à jour des paquets sur votre système que les administrateurs système choisissent en fonction de leurs avantages :

- Installation systématique des dernières versions, avec ou sans tests préalables.
  - Avantages : on profite de nouvelles fonctionnalités, d'améliorations de performances et de corrections de failles.
  - Inconvénients : la stabilité de l'architecture est constamment remise en cause, il est fortement recommandé de tester les mises à jour avant de les déployer, dans un environnement de laboratoire reproduisant le plus possible les conditions réelles.
- Installation au besoin : on installe les mises à jour seulement si l'on a besoin de corriger une faille, de réparer un trou de sécurité, ou d'activer une nouvelle fonctionnalité.
  - Avantages : on a une stabilité maximum de l'architecture qui permet à l'administrateur de se concentrer sur d'autres tâches. Le suivi des mises à jour est grandement facilité.
  - Inconvénients : on ne bénéficie pas des dernières améliorations.

Politique commune de sécurité

Quelle que soit la politique adoptée, il est indispensable de maintenir une sécurité maximum sur votre architecture, et cela même si le réseau *semble* protégé. Cette politique de sécurité minimum consiste en plusieurs éléments :

- Connaître et tenir à jour la liste exhaustive des logiciels installés sur le serveur, avec leur numéro de version, par exemple grâce au RHN, mais aussi grâce à une documentation sur les serveurs.
- Se tenir au courant des failles de sécurité récemment découvertes :
  - S'abonner à des listes de distribution générale de sécurité, des *cert advisories*.
  - Activer la liste de distribution Red Hat pour le système.
- Mettre à jour les logiciels souffrant d'une faille de sécurité dès que possible :
  - Les mises à jour de sécurité ne sont pas forcément associées à des mises à jour de fonctionnalités ou de correction de bugs. Red Hat permet une mise à jour du logiciel limitée à la correction de faille de sécurité.

2.6 Utilisation de dépôts de logiciels externes

La base logicielle de Red Hat est très réduite, pour deux raisons :

- Le rôle de Red Hat est de fournir un système d'exploitation, pas des logiciels (du moins, lorsque vous achetez Red Hat Enterprise Linux).
- Il faut vérifier, compiler, certifier et faire un suivi des logiciels. Ces opérations sont coûteuses en temps, ce qui en limite le nombre mis à disposition par Red Hat.

Bien sûr, vous pouvez installer les logiciels que vous désirez sur votre système Red Hat Enterprise Linux, puisque c'en est la raison d'être. Cependant, Red Hat ne saurait assurer le support de tout logiciel tiers installé sous votre responsabilité.

Si vous installez un logiciel professionnel, acheté à un vendeur, et adapté d'une manière ou d'une autre à votre système, c'est auprès de ce vendeur qu'il faut rechercher le support pour ce logiciel.

Logiciels commerciaux

Comment un vendeur pourrait-il vous fournir un logiciel pour votre système ?

- Soit en mettant à disposition un dépôt logiciel compatible Red Hat, à partir duquel vous installerez le logiciel, ses dépendances, et les mises à jour régulières.
  - Dans ce cas, le vendeur vous fournira la marche à suivre, très semblable à celle que nous décrivons juste après, pour ajouter ce dépôt à votre système.
- Soit, le plus souvent, en vous fournissant un ou plusieurs paquets RPM.
  - L'installation de paquet RPM est développée dans la suite de ce chapitre.
- Soit en vous fournissant les sources du logiciel que vous devez compiler vous-même pour votre système et votre plate-forme matérielle.
  - Cette option est relativement rare dans le cas d'un vendeur commercial, qui ne voudra pas divulguer les sources de son logiciel.
  - Elle est plus fréquente dans le cas de projets open source qui ne peuvent pas toujours compiler pour tous les systèmes Linux et pour toutes les plates-formes.
  - La compilation est expliquée à la fin du chapitre.

Logiciels open source

Cependant, à côté des dépôts officiels Red Hat et des logiciels achetés auprès d'un vendeur, il existe d'autres options pour vous procurer des logiciels pour votre système Red Hat Enterprise Linux :

- Les dépôts de paquets non officiels, contenant parfois des milliers de paquets.
- Les paquets RPM seuls, fournis par certains auteurs de logiciels.
- Les sources, fournies par des auteurs de logiciels ou des plates-formes d'hébergement de projet open source.

Nous détaillons dans l'immédiat la première option, avec l'installation de deux dépôts logiciels célèbres dans le monde Red Hat / Fedora / CentOS : RepoForge et EPEL.

2.6.1 Présentation et installation du dépôt EPEL

EPEL, ou *Extra Packages for Enterprise Linux* (paquets supplémentaires pour Enterprise Linux), est un effort à l'initiative de la communauté Fedora visant à fournir un dépôt logiciel contenant des logiciels supplémentaires de qualité pour Red Hat Enterprise Linux. De fait, ils sont également installables sur Fedora et CentOS.

Rappelons que Red Hat Enterprise Linux est également à la source de Fedora, on peut donc avoir confiance dans les paquets mis à disposition. Cela signifie qu'ils ne contiennent aucun code malicieux, provenant de pirates par exemple. En revanche, cela ne veut pas dire que ces logiciels sont certifiés par Red Hat.

Remarque

Si vous avez besoin d'un logiciel assez commun, dites-vous que quelqu'un aura eu ce besoin avant vous, et que ce logiciel a de fortes chances d'être présent sur RepoForge ou EPEL.

Installation du dépôt de paquets EPEL

L'installation du dépôt est simple. Elle se fait par l'installation d'un paquet RPM contenant tous les fichiers de configuration nécessaires à l'ajout de ce dépôt à votre système.

Ainsi, il faut télécharger le RPM adapté à votre version de Red Hat Enterprise Linux, et l'installer avec la commande `rpm`.

Mieux encore, on peut en même temps télécharger et installer le paquet, en précisant l'adresse `http://` directement dans la commande `rpm`.

En root, la commande pour l'installation est la suivante :

```
yum install <http://adresse.http.du/paquet/d'installation/du/dépôt>
```

Pour obtenir l'adresse du paquet d'installation du dépôt :

- Allez à l'adresse suivante http://fedoraproject.org/wiki/EPEL.
- Vous arrivez sur une page intitulée `Extra Packages for Enterprise Linux (EPEL)`.
- Copiez/collez dans votre terminal la commande correspondant à votre version de RHEL.

Par exemple, pour Red Hat Enterprise Linux 8, nous tapons :

```
[root@hopper ~]# yum install https://dl.fedoraproject.org/pub/epel/epel-
release-latest-8.noarch.rpm
Updating Subscription Management repositories.
This system is registered to Red Hat Subscription Management, but
is not receiving updates. You can use subscription-manager to
assign subscriptions.
epel-release-latest-8.noarch.rpm

21 kB/s |  21 kB     00:01
Dépendances résolues.
================================================================
================================================================
================================================================
==========================================
 Paquet                                                    Architecture
Version                                              Dépôt
Taille
================================================================
================================================================
================================================================
==========================================
Installing:
 epel-release                                              noarch
8-5.el8                                       @commandline
21 k


Résumé de la transaction
================================================================
================================================================
================================================================
=============================================
Installer  1 Paquet


Taille totale  : 21 k
Taille des paquets installés : 30 k
Voulez-vous continuer ? [o/N] : y
Téléchargement des paquets :
Test de la transaction en cours
La vérification de la transaction a réussi.
Lancement de la transaction de test
Transaction de test réussie.
Exécution de la transaction
 Préparation en cours   :
1/1
 Installing            : epel-release-8-5.el8.noarch
```

```
1/1
 Exécution du scriptlet: epel-release-8-5.el8.noarch
1/1
 Vérification de        : epel-release-8-5.el8.noarch
1/1
Installed products updated.


 Installé:
   epel-release-8-5.el8.noarch


Terminé !
[root@hopper ~]#
```

Le dépôt logiciel a été automatiquement ajouté dans la configuration de yum :

```
[root@hopper ~]# ls /etc/yum.repos.d/
epel-playground.repo  epel.repo  epel-testing.repo  redhat.repo
[root@hopper ~]#
```

2.6.2 Dépôts non officiels

Il existe des dizaines d'autres dépôts logiciels, contenant des milliers de paquets supplémentaires.

Par exemple, le site CentOS liste des dépôts, certains fournis par l'équipe CentOS, d'autres provenant de sources tierces (*Third Party*).

Vous trouverez la liste, accompagnée de commentaires, à l'adresse suivante : https://wiki.centos.org/AdditionalResources/Repositories

Il convient d'exercer toute la prudence nécessaire à l'égard des dépôts provenant de sources non officielles.

Les deux considérations à prendre en compte sont les suivantes :

– Des paquets plus récents provenant de dépôts non officiels ne devraient pas être installés en lieu et place de paquets officiels.
– On veut pouvoir choisir à partir de quelle source installer un paquet existant sur deux dépôts logiciels.

On peut répondre à ces deux considérations :

- Les dépôts Third Party (tierce partie) n'ont souvent pas pour vocation de remplacer les dépôts officiels de base ; ils ne proposent **pas de paquets en concurrence**.
- Quand deux dépôts offrent le même paquet, c'est le dépôt offrant la dernière version qui est choisie. On peut également désactiver temporairement un dépôt.

Rassurez-vous, vous savez toujours à partir de quel dépôt est installé un paquet.

Par exemple, ici notre paquet nagios est installé à partir du dépôt EPEL :

```
[root@cobb yum.repos.d]# yum install nagios
(...)
=================================================================
Package    Arch   Version            Repository          Size
=================================================================
Installing:
 nagios    i686    3.2.3-7.el6      epel                 2.7 M
```

Cependant, la version 3.2.3-6 existe sur le dépôt RepoForge (qui n'est plus maintenu !).

Comment faire pour contrôler les dépôts utilisés ?

Deux options s'offrent à nous :

- désactiver tous les dépôts supplémentaires ;
- désactiver temporairement un dépôt qu'on ne veut pas utiliser.

Sécurité maximale : désactiver tous les dépôts supplémentaires

Nous vous recommandons, pour être sûr d'éviter tout conflit qui pourrait arriver, de désactiver les dépôts supplémentaires, et de les activer au besoin.

▶ Désactiver les dépôts supplémentaires :

Dans les fichiers de configuration de dépôts EPEL et RepoForge, dans `/etc/yum.repos.d`, mettez l'option `enabled` à `0`.

Par exemple :

```
/etc/yum.repos.d/epel.repo :
[epel]
name=Extra Packages for Enterprise Linux 6 - $basearch
(...)
enabled=0

/etc/yum.repos.d/rpmforge.repo :
[rpmforge]
name = RHEL $releasever - RPMforge.net - dag
(...)
enabled = 0
```

Les dépôts logiciels EPEL et RepoForge ne sont plus activés. La commande `yum repolist` n'affiche que les dépôts activés :

```
[root@cobb yum.repos.d]# yum repolist
Loaded plugins: refresh-packagekit, rhnplugin, security
repo id             repo name                           status
rhel-i386-server-6  RHEL Server (v. 6 for 32-bit x86)  2 827
repolist: 2 827
```

▶ Activer les dépôts nécessaires au besoin :

Il est possible d'activer un dépôt temporairement avec `yum` en utilisant l'option `--enablerepo` :

```
yum commande --enablerepo=<nom_du_dépôt>
```

Par exemple, la commande `yum repolist` en activant temporairement les dépôts EPEL et RepoForge :

```
[root@cobb ~]# yum repolist --enablerepo=epel,rpmforge
Loaded plugins: refresh-packagekit, rhnplugin, security
repo id             repo name                           status
epel                Extra Packages for RHEL6 - i386     4 577
rhel-i386-server-6  RHEL Server (v. 6 for 32-bit x86)  2 827
rpmforge            RHEL 6Server - RPMforge.net - dag   3 439
repolist: 10 843
```

Souplesse : tous les dépôts activés, désactiver temporairement un dépôt

Dans ce cas, on laisse l'option `enabled` à 1 dans les fichiers de configuration de dépôts EPEL et RepoForge. Ces dépôts sont donc activés par défaut.

Ensuite, on utilise l'option `--disablerepo` pour désactiver temporairement un dépôt :

```
yum commande --disablerepo=<nom_du_dépôt>
```

Remarque

Étant donné que EPEL est plus proche de Red Hat que RepoForge, nous recommandons d'utiliser en priorité le dépôt EPEL, et d'installer des paquets à partir de RepoForge en dernier recours.

Par exemple, essayons d'installer le paquet `nagios` en désactivant le dépôt RepoForge :

```
[root@cobb ~]# yum install nagios --disablerepo=rpmforge
Loaded plugins: refresh-packagekit, rhnplugin, security
Setting up Install Process
Resolving Dependencies
(...)
Dependencies Resolved

=============================================================
 Package             Arch      Version        Repository     Size
=============================================================
Installing:
 nagios              i686      3.2.3-7.el6    epel            2.7 M
Installing for dependencies:
 gd                  i686      2.0.35-10      rhel-i386      141 k
 libXpm              i686      3.5.8-2.el6    rhel-i386      58 k
 nagios-common       i686      3.2.3-7.el6    epel           14 k

Transaction Summary
=============================================================
Install      4 Package(s)
Upgrade      0 Package(s)

Total download size: 2.9 M
Installed size: 7.2 M
Is this ok [y/N]:
```

Ici, nous voyons que le paquet `nagios` existe bien dans le dépôt EPEL, nous n'avons pas besoin de recourir au dépôt RepoForge.

Remarque

Vous pouvez à tout hasard vérifier si un dépôt non officiel dispose d'une version plus récente du paquet. Si c'est le cas, vérifiez les différences entre les deux versions dans les changelogs (notes de changements) des versions de logiciels (disponibles sur les sites web des logiciels). Si la version fournie par EPEL vous convient, utilisez celle-là en priorité.

Essayons maintenant d'installer le paquet `darkstat` en désactivant le dépôt RepoForge :

```
[root@cobb ~]# yum install darkstat --disablerepo=rpmforge
Loaded plugins: refresh-packagekit, rhnplugin, security
Setting up Install Process
No package darkstat available.
Error: Nothing to do
```

Le paquet n'est pas disponible. Il faut donc vérifier la présence de ce paquet sur le dépôt RepoForge :

```
[root@cobb ~]# yum install darkstat
Loaded plugins: refresh-packagekit, rhnplugin, security
Setting up Install Process
Resolving Dependencies
(...)
--> Finished Dependency Resolution

Dependencies Resolved

===============================================================
 Package             Arch     Version         Repository     Size
===============================================================
Installing:
darkstat            i686     3.0.713-1       rpmforge       120 k

Transaction Summary
===============================================================
Install       1 Package(s)
Upgrade       0 Package(s)

Total download size: 120 k
```

```
Installed size: 260 k
Is this ok [y/N]:
```

Nous voyons ici que le paquet est disponible sur un dépôt non officiel, c'est donc celui que nous installerons.

Création d'un dépôt logiciel personnel

Il existe des cas où l'utilisation de dépôts logiciels externes est difficile, par exemple si le serveur n'a tout simplement pas accès à Internet, peut-être pour des raisons de sécurité, ou si la bande passante disponible n'est pas suffisante pour le téléchargement de gros volumes de paquets. Il peut s'agir de simples raisons de sécurité ; on préfère parfois passer au crible les paquets qui doivent être installés.

Pour toutes ces raisons et d'autres encore, il est utile de construire son propre dépôt logiciel. On peut imaginer par exemple que seul le serveur abritant le dépôt ait accès à Internet. Ce même serveur est lui-même accédé par les serveurs RHEL internes via une autre interface (ou un autre VLAN).

La création d'un dépôt logiciel est très simple. Sur le serveur abritant le dépôt, il faut les éléments suivants :

- les paquets que vous souhaitez distribuer. Il peut s'agir de paquets divers provenant de sources composites de dépôts existants, ou bien des paquets que vous avez créés vous-même ;
- un moyen de distribuer les paquets (NFS, HTTP, FTP, etc.) ;
- l'indexation des paquets.

Remarque

Cette partie ne traite pas de l'installation d'un miroir de dépôt existant, dont les paquets sont déjà indexés. Ce sujet est expliqué au chapitre Déploiement d'un serveur Red Hat.

Distribution des paquets avec HTTP

▶ Pour cela, il faut d'abord installer le serveur web Apache :

```
yum install httpd
```

- Dans l'arborescence du serveur web, créez un répertoire pour le dépôt :

```
mkdir /var/www/html/repo
```

- Copiez-y les paquets que vous désirez. Bien sûr, les paquets sélectionnés doivent être compatible avec la version d'OS des machines clientes que vous visez.

Par exemple, nous avons pour l'instant un seul paquet, le fichier d'installation de Skype disponible sur leur site web :

```
[root@ariadne ~]# ls /var/www/html/repo/
skype-4.3.0.37-fedora.i586.rpm
```

- Finalement, lancez le serveur web :

```
systemctl start httpd
```

- Ensuite, sur une machine cliente, vérifiez que vous avez bien accès au serveur et au répertoire du dépôt.

Par exemple, avec un client web :

Indexation des paquets avec createrepo

L'indexation consiste à recenser les paquets disponibles, leurs dépendances, ainsi que la plateforme à laquelle ils s'adressent.

Cette indexation est réalisée simplement avec l'outil `createrepo` :

```
createrepo <chemin du dépôt>
```

Par exemple, après avoir installé le logiciel avec la commande `yum install createrepo`, nous lançons l'indexation :

```
[root@ariadne ~]# createrepo /var/www/html/repo/
Spawning worker 0 with 1 pkgs
Workers Finished
Saving Primary metadata
Saving file lists metadata
Saving other metadata
Generating sqlite Dbs
Sqlite DBs complete
```

Dans le répertoire du dépôt, notez la création du répertoire `repodata` :

```
[root@ariadne ~]# ls /var/www/html/repo/repodata/
12aa4b5a1a45644c1c36248ef79b8828f426f6926ce9e1217dedb6532eee66dd-
other.sqlite.bz2
8c3b3cf701c040da7e7fc14e9b5eb5498cbfdfe378d65c018943b42f1b232ad8-
other.xml.gz
91ad53bb6a9b59cd4fc99f4ef0375a885a6153125767b78d9fa6108c5b8a4b10-
primary.xml.gz
a5d4f4535a2bf8a126acb5ecd58643d106b833f1b139b57664c3d81d72ee475a-
primary.sqlite.bz2
f1d1ec328b68eaa79cd11b81c269b14c538e5da7c7a7dc05bfae78483cc0e35e-
filelists.xml.gz
fa4f05dfc93dff404e7a017240a1c61e482327c04372d0e331e46f500651e382-
filelists.sqlite.bz2
repomd.xml
[root@ariadne ~]#
```

Ce répertoire contient l'index `repomd.xml` pointant vers les différentes bases de données (au format sqlite) contenant les informations nécessaires. C'est cet index qui sera ajouté dans la liste de dépôts sur la machine cliente.

Installation du dépôt sur la machine cliente

- Sur la machine RHEL cliente, assurez-vous d'abord que le serveur est accessible en HTTP.
- Ensuite, ajoutez le nouveau dépôt avec la commande `yum-config-manager`. Cette commande ajoutera un fichier avec l'extension `.repo` dans `/etc/yum.repos.d/` :

```
yum-config-manager --add-repo <URL du dépôt>
```

Remarque

Vous pouvez ajouter la commande `yum-config-manager` en installant avec `yum` le paquet `yum-utils`. Encore faut-il avoir accès à un dépôt logiciel adéquat ! À défaut, nous vous indiquons ci-après quel fichier créer pour ajouter un dépôt manuellement.

Par exemple, nous ajoutons notre dépôt suivant :

```
[root@cobb ~]# yum-config-manager --add-repo http://192.168.25.199/repo
Loaded plugins: product-id, refresh-packagekit
adding repo from: http://192.168.25.199/repo

[192.168.25.199_repo]
name=added from: http://192.168.25.199/repo
baseurl=http://192.168.25.199/repo
enabled=1
```

Notez l'apparition d'un nouveau fichier que vous n'hésiterez pas à personnaliser :

```
[root@cobb ~]# ls /etc/yum.repos.d/
192.168.25.199_repo.repo
```

Ainsi, si vous voulez ajouter un dépôt manuellement, créez un fichier contenant tous les dépôts que vous désirez :

- ayant un nom quelconque (mais pertinent),
- portant l'extension `.repo`,
- dans `/etc/yum.repos.d/`,
- ce fichier doit contenir au minimum les lignes suivantes :

```
Fichier /etc/yum.repos.d/<nom>.repo :

[<nom du dépôt>]
name=<commentaire explicatif du dépôt>
baseurl=<URL du dépôt>
enabled=1
```

Si vous ne voulez garder actif que votre dépôt personnel, vous avez plusieurs options :

- passer la ligne `enabled=` à `0` dans tous les fichiers `.repo` de `/etc/yum.repos.d/`,

– utiliser la commande `yum-config-manager --disable <nom du dépôt>` pour tous les dépôts,
– supprimer tous les autres fichiers `.repo` dans `/etc/yum.repos.d/`.

Ensuite, en tapant la commande `yum repolist all`, vous ne devriez voir actif que le dépôt qui vous intéresse. Ce dépôt sera maintenant utilisé pour toute installation de paquet avec `yum`.

Pour finir notre exemple, essayons d'installer notre paquet `skype` :

```
[root@cobb ~]# yum install skype
(...)
================================================================================
Package      Arch      Version          Repository                          Size
================================================================================
Installing:
 skype        i586    4.3.0.37-fc16     192.168.25.199_repo                 19 M
(...)
================================================================================
Install      100 Package(s)
Upgrade       32 Package(s)

Total download size: 119 M
Is this ok [y/N]:
```

3. RPM : installation de paquets indépendants

Certains programmes ne sont pas disponibles dans des dépôts, soit parce qu'ils ne sont pas assez populaires, soit parce qu'ils sont propriétaires. En revanche, beaucoup d'entre eux sont disponibles sur le site de leur éditeur sous la forme de paquets RPM simples, qu'il faut télécharger et installer avec une commande dédiée : `rpm`.

RPM (*RPM Package Manager*, gestionnaire de paquets RPM) est un programme qui gère l'installation de paquets RPM, disponibles sur beaucoup de plates-formes (dont Fedora et CentOS).

Remarque

Le format de paquet RPM, quant à lui, veut dire Red Hat Packet Management.

RPM dispose d'une base de données locale, qui conserve la liste des paquets installés. RPM vous permet donc de savoir quels paquets ont été installés, avec leur numéro de version, et quelles sont leurs dépendances. Il est ainsi possible de les mettre à jour ou de les désinstaller.

Remarque

RPM installe des paquets RPM « isolés », c'est-à-dire qu'il ne fait pas la résolution des dépendances. ***Utilisez Yum quand c'est possible.*** *Notons que Yum utilise aussi le format de paquet RPM, mais d'une manière bien plus puissante.*

3.1 Où trouver des RPM ?

Nous l'avons dit, il est préférable d'utiliser Yum pour installer des logiciels. Cependant, il est des cas où Yum ne répondra pas à vos besoins. Dans ce cas, où trouver des paquets RPM ?

Il y a plusieurs solutions possibles :

- Le DVD d'installation de Red Hat Enterprise Linux. Lorsque vous installez le système d'exploitation, ou lorsque vous utilisez Yum, ce sont en fait des paquets RPM qui sont installés.
- Dans les dépôts logiciels.
  - Les sites web des dépôts logiciels vous donnent souvent la liste des RPM, auxquels vous pouvez accéder avec votre navigateur web.

    Par exemple, pour EPEL, pour Red Hat Enterprise Linux : https://fedoraproject.org/wiki/EPEL/
  - Vous pouvez aussi aller directement à la source, en ouvrant les liens qui se trouvent dans le fichier de configuration Yum dans `/etc/yum.repos.d`.

Par exemple, dans le fichier de configuration du dépôt EPEL :

```
[root@hopper ~]# cat /etc/yum.repos.d/epel.repo
[epel]
name=Extra Packages for Enterprise Linux $releasever - $basearch
#baseurl=https://download.fedoraproject.org/pub/epel/$releasever/
Everything/$basearch
```

Vous pouvez alors ouvrir ce lien dans votre navigateur web :
https://download.fedoraproject.org/pub/epel

- Directement sur les sites d'éditeurs de logiciels.

  Par exemple, sur le site de Skype, http://www.skype.com, dans la section **Télécharger**, puis **Linux**, on trouve des paquets d'installation pour plusieurs distributions Linux, comme Fedora.

- Sur un moteur de recherche de paquets RPM comme RPMFind.

  http://www.rpmfind.net

  Lorsque vous recherchez un paquet RPM, le moteur vous propose tous les paquets disponibles pour les distributions Linux utilisant ce format de paquet. Choisissez le paquet pour votre distribution et votre architecture processeur.

3.1.1 Rapatrier un RPM sur votre serveur Red Hat Enterprise Linux

Pour rapatrier un paquet sur votre machine, vous pouvez au choix :

- Localement, sur la machine Red Hat Enterprise Linux en interface graphique, utiliser le navigateur Firefox.
- À distance, sur un autre poste Windows ou Linux, télécharger le paquet RPM sur votre bureau, et l'envoyer sur le serveur en utilisant SSH/SCP/SFTP.
- Localement, sur le serveur, en ligne de commande, utiliser la commande wget suivi du lien de téléchargement.

Par exemple :

```
[root@cobb ~]# wget http://www.skype.com/go/getskype-linux-beta-fc10
--2011-01-08 14:35:08--  http://www.skype.com/go/getskype-linux-beta-fc10
Résolution de www.skype.com... 78.141.177.7
Connexion vers www.skype.com|78.141.177.7|:80...connecté.
(...)
Sauvegarde en : «skype-2.1.0.81-fc10.i586.rpm»

100%[======================================>] 19 616 090  1,55M/s
ds 14s
```

```
2011-01-08 14:35:23 (1,34 MB/s) - «skype-2.1.0.81-fc10.i586.rpm»
sauvegardé [19616090/19616090]
```

3.1.2 Nomenclature de nommage des paquets

On retrouve dans le nom des paquets des informations pratiques. Ils sont généralement nommés de la même façon.

Par exemple : `cpuburn-1.4-1.2.el6.rf.i586.rpm`.

On retrouve :

- le nom du logiciel : `cpuburn` ;
- la version : `1.4` ;
- la release, ou numéro de sortie de la version : `-1.2` ;
- la version du système d'exploitation principal : `el6` (*Enterprise Linux 6*) ;
- l'architecture processeur : `i586` ;

Remarque

Bien sûr, lorsque vous téléchargez un paquet RPM, vérifiez qu'il est compatible avec votre système Red Hat Enterprise Linux (paquets pour CentOS, Fedora, ou Red Hat), et avec votre architecture matérielle (i386/i586/i686 32 bits, ou x86_64).

3.2 Installation et mise à jour : option -U

Bien que l'option `-i` (pour installation) existe, Red Hat suggère d'utiliser l'option `-U` (`U` majuscule, comme *Upgrade*, mise à jour). En effet, cette option met à jour un paquet existant sur votre système, et l'installe le cas échéant.

De même, Red Hat suggère les options `-v` et `-h` qui présentent l'installation de manière plus parlante, avec un indicateur d'avancement.

Ce qui fait que la commande `rpm` pour l'installation (et la mise à jour) qu'on rencontre souvent est :

```
rpm -Uvh <paquet.rpm>
```

Par exemple :

```
[root@cobb ~]# rpm -Uvh skype-2.1.0.81-fc10.i586.rpm
Préparation... ########################################### [100%]
   1:skype     ########################################### [100%]
```

Remarque

Il existe l'option de Freshening (rafraîchissement) `-F` similaire à l'option de mise à jour `-U`. La différence est que l'option de freshening n'installe pas le paquet s'il n'existe pas déjà, contrairement à l'option de mise à jour.

3.2.1 Résolution de dépendances

Le problème que l'on rencontre le plus souvent avec `rpm`, c'est l'installation de paquets dont dépend le logiciel que vous essayez d'installer.

Si des fichiers nécessaires ne sont pas présents sur votre machine, l'installation vous préviendra. Il vous faudra alors installer les paquets, soit avec `rpm` après les avoir rapatriés d'une manière ou d'une autre, soit avec `yum`.

Par exemple, nous essayons d'installer le logiciel Cacti :

```
[root@cobb ~]# rpm -Uvh cacti-0.8.7g-3.el6.rf.noarch.rpm
erreur: Dépendances requises:
        mysql est nécessaire pour cacti-0.8.7g-3.el6.rf.noarch
        net-snmp-utils est nécessaire pour cacti-0.8.7g-
3.el6.rf.noarch
        php est nécessaire pour cacti-0.8.7g-3.el6.rf.noarch
        php-mysql est nécessaire pour cacti-0.8.7g-3.el6.rf.noarch
        php-snmp est nécessaire pour cacti-0.8.7g-3.el6.rf.noarch
        rrdtool est nécessaire pour cacti-0.8.7g-3.el6.rf.noarch
```

Il faudra alors installer ces différents logiciels, ce que nous vous conseillons de faire avec Yum. Notez que le logiciel Cacti est disponible dans les dépôts logiciels.

Si un simple fichier est requis, vous ne saurez pas forcément quel paquet correspondant installer. Pour cela, utilisez des options pratiques de `yum` et de `rpm` :

- Il se peut que le fichier recherché soit indexé dans la base locale de paquets RPM. Utilisez alors cette option de la commande `rpm` pour le rechercher :

```
rpm -q --whatprovides "<fichier_recherché>"
```

– Vous trouverez avec plus de chances ce fichier dans les dépôts logiciels, où l'indexation est globale (et pas seulement locale à votre machine) :

```
yum provides "/<fichier_recherché>"
```

– En dernier lieu, utilisez Internet pour avoir une indication du paquet contenant un fichier particulier.

3.2.2 Forcer l'installation d'un paquet sans ses dépendances

Il est possible de forcer rpm à installer un paquet sans vérifier ses dépendances, avec l'option --nodeps. Cependant, cela est risqué et n'est pas recommandé par Red Hat. En effet, sans dépendance, il est très probable que les logiciels ne fonctionneront pas normalement, planteront, ou provoqueront des erreurs système.

3.3 Désinstallation : option -e

Pour désinstaller un paquet, tapez la commande suivante :

```
rpm -e <nom_du_logiciel>
```

Notez que vous n'avez pas à utiliser le nom complet du paquet, mais seulement le nom du logiciel.

N'utilisez pas :

```
rpm -e cacti-0.8.7g-3.el6.rf.noarch.rpm
```

Mais plutôt :

```
rpm -e cacti
```

Il se peut que le logiciel que vous voulez désinstaller soit une dépendance d'un autre logiciel. Dans ce cas, rpm vous avertira qu'il est impossible de l'enlever, car certains de ses fichiers servent à d'autres paquets :

```
[root@cobb rhel-i386-server-6]# rpm -e gmp
erreur: Dépendances requises:
        libgmp.so.3 est nécessaire pour (déjà installé) coreutils-
8.4-9.el6.i686
        libgmp.so.3 est nécessaire pour (déjà installé) python-
crypto-2.0.1-22.el6.i686
```

```
        gmp est nécessaire pour (déjà installé) coreutils-8.4-
9.el6.i686
```

Dans ce cas, vous avez plusieurs options :

- Ne pas désinstaller le paquet.
- Désinstaller les autres paquets, mais ces mêmes paquets peuvent eux-mêmes être des dépendances d'autres paquets.
- Forcer la désinstallation avec l'option `--nodeps`. Cela est fortement déconseillé.
- Installer d'autres paquets qui possèdent les mêmes fichiers nécessaires. Vous pouvez rechercher les paquets les contenant avec `rpm -q whatprovides` et `yum provides` décrits plus haut. Cela est possible et réaliste si le paquet que vous désinstallez ne fournit qu'une ou deux dépendances.

3.4 Requête : option -q

La base de données RPM locale peut être interrogée pour obtenir quantité d'informations sur les paquets installés sur votre système.

Il y a plusieurs types de requêtes possibles, toutes se faisant avec l'option `-q` (pour *query*, requête).

Informations sur un paquet

Pour avoir le nom complet du paquet installé correspondant à un programme, tapez simplement la commande suivante :

```
rpm -q <programme>
```

Par exemple :

```
[root@cobb rhel-i386-server-6]# rpm -q sudo
sudo-1.7.2p2-9.el6.i686
```

Les options que vous pouvez associer à `-q` sont extrêmement pratiques :

– `-i` (informations) : donne une description des plus complètes sur le paquet :

```
[root@cobb rhel-i386-server-6]# rpm -qi sudo
Name        : sudo                         Relocations: (not relocatable)
Version     : 1.7.2p2                          Vendor: Red Hat, Inc.
Release     : 9.el6                        Build Date: mer. 01 sept. 2010 10:54:43 CEST
Install Date: dim. 09 janv. 2011 08:55:49 CET      Build Host: hs20-bc2-4.build.redhat.com
Group       : Applications/System           Source RPM: sudo-1.7.2p2-9.el6.src.rpm
Size        : 894476                           License: ISC
Signature   : RSA/8, mer. 01 sept. 2010 20:48:03 CEST, Key ID 199e2f91fd431d51
Packager    : Red Hat, Inc. <http://bugzilla.redhat.com/bugzilla>
URL         : http://www.courtesan.com/sudo/
Summary     : Allows restricted root access for specified users
Description :
Sudo (superuser do) allows a system administrator to give certain
users (or groups of users) the ability
```

Cette option vous donne entre autres informations intéressantes :

- `Release` : numéro de sortie de cette version,
- `Build date` : date de construction du paquet,
- `Install date` : date d'installation sur le système,
- `Build host` : machine sur laquelle à été construit le paquet,
- `Group` : groupe d'applications dans lequel se trouve le paquet, entre autres pour la mise en menu dans l'interface graphique,
- `Source RPM` : nom du paquet RPM de la source du logiciel,
- `Size` : taille du paquet,
- `Packager` : auteur du paquet,
- `URL` : adresse du site web,
- `Summary` : courte description du logiciel,
- `Description` : description détaillée du logiciel.

– `-l` (liste) : affiche la liste des fichiers contenus dans le paquet.

– `-s` (*state*, état) : affiche l'état des fichiers se trouvant dans le paquet.

– `-d` (documentation) : affiche les fichiers de documentation contenus dans le paquet (pages de man, pages d'information, README, etc.).

– `-c` (configuration) : affiche les fichiers de configuration se trouvant dans le paquet.

4. Compilation à partir des sources

La plupart des logiciels dont vous avez besoin devraient être disponibles dans les dépôts logiciels standards, ou sous la forme de RPM précompilés distribués par l'auteur.

Il arrive dans certains cas que les logiciels que vous désirez installer ne soient pas disponibles pour Red Hat Enterprise Linux, mais seulement sous la forme de fichiers sources qu'il faudra compiler.

Même s'il n'est pas développeur, l'administrateur système sera parfois amené à devoir installer un logiciel à partir du code source. Il lui est donc nécessaire de connaître les étapes minimum pour arriver à ses fins.

4.1 Compilation : pourquoi ?

Les programmes exécutés par la machine sont :

- soit des scripts écrits dans un langage interprété, comme les scripts bash. Dans ce cas, il faut un interpréteur, qui va « convertir » ces commandes en langage compréhensible par la machine, bien souvent simplement en lançant des commandes déjà compilées.
- soit des programmes qui sont directement en langage machine et donc exécutables directement. Comme ces programmes n'ont pas besoin d'être interprétés, leur exécution est beaucoup plus rapide que des scripts.

Un bon exemple de cette différence est le logiciel Cacti, dont le but est de faire des graphes d'utilisation de machines. Le logiciel qui se connecte aux machines pour rapatrier des statistiques est appelé un poller. La première version du poller était écrire en PHP, un langage interprété. Pour améliorer les performances de Cacti, il est maintenant conseillé d'utiliser le poller spine, écrit en C et compilé pour la machine.

Bien sûr, les programmes en langage machine, qu'on appelle souvent des **binaires**, ont été écrits dans un langage compréhensible par l'homme. Le programme, encore à son état initial, est appelé le **code source**.

Le code source est ensuite converti en langage machine : c'est la **compilation**.

Le langage le plus utilisé pour la création de binaires est le C et ses dérivés, bien qu'il existe beaucoup d'autres langages compilables.

La compilation crée un exécutable binaire, qui doit tenir compte du système d'exploitation (précisément du noyau) qui va exécuter ce logiciel, mais également du processeur sous-jacent (précisément, du jeu d'instructions utilisé par le processeur).

4.2 Les prérequis pour la compilation

Pour être compilé et exécuté, le code source a besoin de plusieurs éléments :

- Un compilateur, qui permet de convertir le code source en binaire exécutable.

  Pour le C par exemple, on utilise `GCC` : GNU C Compiler.
- Des bibliothèques (ou librairies) : c'est un ensemble de fonctions partagées par des programmes. Cela évite d'avoir à réécrire les mêmes fonctions à chaque fois.
  - On y trouve des fonctions standards du système d'exploitation.
  - Ou des fonctions métiers particulières à certains logiciels.
  - Bibliothèques statiques : la partie de la bibliothèque nécessaire est incluse à la compilation du logiciel. Les fonctions font alors parties du programme, qui n'a plus besoin de ces bibliothèques pour s'exécuter.
  - Bibliothèques partagées (en anglais, *shared libraries*) : ces bibliothèques ne sont pas compilées avec le programme, mais chargées au moment de son exécution. On dit qu'elles sont partagées car plusieurs programmes peuvent utiliser la même bibliothèque. Elles sont appelées Shared Objects sous Linux et ont l'extension `.so.` On les trouve principalement dans `/lib` et dans `/usr/lib` sur architecture 32 bits, et dans `/lib64` et `/usr/lib64` sur architecture 64 bits.

4.2.1 Quels paquets installer ?

Pour procéder à la compilation, il faut d'abord installer le compilateur `gcc` :

```
yum install gcc
```

Par exemple :

```
[root@cobb lib]# yum install gcc
(...)
Dependencies Resolved

==================================================================
===============================================
 Package                     Arch                Version
Repository                       Size
==================================================================
===============================================
Installing:
 gcc                         i686                4.4.4-13.el6
rhel-i386-server-6              8.1 M
Installing for dependencies:
 cloog-ppl                   i686                0.15.7-1.2.el6
rhel-i386-server-6               93 k
 cpp                         i686                4.4.4-13.el6
rhel-i386-server-6              3.4 M
 glibc-devel                 i686                2.12-1.7.el6_0.3
rhel-i386-server-6              961 k
 glibc-headers               i686                2.12-1.7.el6_0.3
rhel-i386-server-6              599 k
 kernel-headers              i686                2.6.32-71.14.1.el6
rhel-i386-server-6              977 k
 mpfr                        i686                2.4.1-6.el6
rhel-i386-server-6              153 k
 ppl                         i686                0.10.2-11.el6
rhel-i386-server-6              1.3 M
Updating for dependencies:
 glibc                       i686                2.12-1.7.el6_0.3
rhel-i386-server-6              4.3 M
 glibc-common                i686                2.12-1.7.el6_0.3
rhel-i386-server-6               14 M

Transaction Summary
==================================================================
=============================================
Install       8 Package(s)
Upgrade       2 Package(s)

Total download size: 34 M
Is this ok [y/N]:
```

Comme vous pouvez le constater, l'installation de `gcc` requiert de nombreuses dépendances, qui sont nécessaires à la compilation. Parmi elles, on trouve des bibliothèques standard (glib) et les **kernel-headers**, qui contiennent les structures pour pouvoir créer des binaires adaptés au noyau qui va les exécuter.

Notez que la taille de l'installation est assez importante. Cela n'affecte pas la stabilité du système, mais prend de la place sur le disque dur et multiplie le nombre de fichiers à sauvegarder. C'est pourquoi de nombreux administrateurs choisissent de compiler les logiciels sur une autre machine et de les déplacer ensuite sur le serveur.

Remarque

Il est possible de créer vos propres paquets RPM à partir des logiciels que vous avez compilés.

La plupart des bibliothèques de base sont installées avec `gcc`. Lors de la compilation, il est très probable que le compilateur `gcc` vous demande d'autres bibliothèques, qu'il faudra installer avec `yum`, ou aller chercher sur Internet et installer avec `rpm` (ou rarement également compiler).

4.2.2 Où trouver des logiciels ?

La plupart des auteurs de logiciels ont des sites Web sur lesquels vous trouvez un détail de leur travail. Très souvent sont expliqués le fonctionnement du logiciel et les *changelogs* (les détails des mises à jour). Les auteurs donnent aussi un lien de téléchargement où vous pouvez trouver les sources du logiciel.

La plupart des projets de logiciels libres sont stockés sur un serveur commun qui, semble-t-il, fédère tous ces projets. Il s'agit de **SourceForge**, accessible à l'adresse www.sourceforge.net. On y trouve plus de 430 000 projets logiciels avec leurs sources, réparties en catégories.

Red Hat et Fedora ont également l'obligation légale de fournir les codes sources des logiciels libres qu'ils incluent dans leurs distributions. Ces codes sources sont disponibles sous la forme de paquets RPM contenus dans les répertoires SRPMS (Source RPMs) sur les plates-formes de téléchargement.

4.3 Les étapes de la compilation

4.3.1 Préalable

Il faut d'abord télécharger les sources des logiciels. Quasiment tous les logiciels en code source sont archivés et compressés en tar.gz ou tar.bzip.

Téléchargez ces sources directement en ligne de commande à partir du site Web, avec `wget`, puis décompressez-les avec `tar`.

Par exemple, nous avons ici téléchargé les sources du logiciel RTG dans un répertoire `~/Sources` créé pour le stockage des fichiers sources :

```
[root@cobb Sources]# wget
http://sourceforge.net/projects/rtg/files/rtg/0.7.4/rtg-
0.7.4.tar.gz/download
(...)
2011-01-21 17:48:51 (748 KB/s) - «rtg-0.7.4.tar.gz» sauvegardé
[710621/710621]
[root@cobb Sources]# tar -xzvf rtg-0.7.4.tar.gz
[root@cobb Sources]# cd rtg-0.7.4
[root@cobb rtg-0.7.4]# ls -1
aclocal.m4
AUTHORS
cgilib-0.4
ChangeLog
config
configure
configure.in
contrib
COPYING
COPYRIGHT
etc
FAQ
gd-1.8.4
INSTALL
libpng-1.2.1
Makefile.am
Makefile.in
man
NEWS
README
src
TODO
zlib-1.1.4
```

Notez la présence des fichiers README, configure, COPYRIGHT, INSTALL et FAQ. Ce sont des fichiers courants qu'on retrouve dans la plupart des sources de logiciels. Le répertoire src contient les sources du logiciel en C.

Le fichier README explique toujours comment installer le logiciel. Souvent, les étapes de compilation sont décrites, ainsi que la configuration du logiciel. Pour le logiciel que nous avons choisi, un extrait du fichier README dit :

```
README :
(...)
RTG is complex to setup, so please read all of the documentation.

  a. Build RTG and install into default location /usr/local/rtg:
         $ gzip -d rtg-x.y.tar.gz
         $ tar -xvf rtg-x.y.tar
         $ cd rtg-x.y/
         $ ./configure
         $ make
         # make install
(...)
```

Le fichier README détaille les trois étapes principales de compilation :

- ./configure : lancement du test de configuration. Ce script vérifie que tous les éléments nécessaires à la compilation sont bien présents. En effet, certaines compilations sont assez longues (des heures parfois), et il serait dommage qu'elles ne puissent se finir comme il faut. Une fois fini, le ./configure crée un fichier makefile, qui est un guide de compilation du logiciel.
- make : c'est la commande de compilation. Lorsque vous la lancez, cette commande démarre la compilation en s'aidant du fichier makefile trouvé dans le répertoire local.
- make install : cette dernière commande installe les fichiers compilés et autres aux bons endroits dans l'arborescence.

4.3.2 Pré-test de compilation et résolution de dépendances

Le script `./configure` teste l'environnement et vérifie que vous ayez bien les éléments nécessaires à la compilation. Une des étapes cruciales et redoutée est la vérification des dépendances de librairies.

Lancez le test de configuration comme ceci :

```
./configure
```

Par exemple :

```
[root@cobb rtg-0.7.4]# ./configure
checking for a BSD-compatible install... /usr/bin/install -c
checking whether build environment is sane... yes
checking for gawk... gawk
checking whether make sets ${MAKE}... yes
checking build system type... i686-pc-linux-gnu
checking host system type... i686-pc-linux-gnu
(...)
configure: error: Cannot find MySQL headers.  Use --with-mysql= to
specify non-default path.
```

Le script déclare qu'il manque des en-têtes de compilation MySQL. Recherchons ces en-têtes (headers) avec `yum`. Souvent, les fichiers nécessaires à la compilation contiennent le mot `devel` :

```
[root@cobb rtg-0.7.4]# yum search mysql
(...)
mysql-devel.i686 : Files for development of MySQL applications
(...)

[root@cobb rtg-0.7.4]# yum install mysql-devel
(...)
Transaction Summary
==============================================================
=============================================
Install       9 Package(s)
Upgrade       4 Package(s)

Total download size: 7.3 M
Is this ok [y/N]: y
```

Nous relançons le script de vérification, qui cette fois va plus loin, avec ce nouveau message :

```
configure: error: Cannot find SNMP headers.  Use --with-snmp= to
specify non-default path.
```

Nous installons alors le paquet `net-snmp-devel` trouvé dans `yum`.

Relançons le script :

```
[root@cobb rtg-0.7.4]# ./configure
checking for a BSD-compatible install... /usr/bin/install -c
checking whether build environment is sane... yes
checking for gawk... gawk
checking whether make sets ${MAKE}... yes
checking build system type... i686-pc-linux-gnu
(...)
checking for snmp_timeout in -lnetsnmp... yes
configure: creating ./config.status
config.status: creating Makefile
config.status: creating cgilib-0.4/Makefile
config.status: creating gd-1.8.4/Makefile
config.status: creating libpng-1.2.1/Makefile
config.status: creating zlib-1.1.4/Makefile
config.status: creating etc/Makefile
config.status: creating src/Makefile
config.status: creating contrib/Makefile
config.status: creating etc/createdb
config.status: creating etc/rtgtargmkr.pl
config.status: creating etc/common.php
config.status: creating config/config.h
config.status: executing default-1 commands
```

La configuration répond à tous les critères pour la compilation du logiciel. Le fichier `makefile` est créé. Il faut maintenant passer à la compilation.

Remarque

Un `./configure` qui se finit bien est la garantie d'une compilation sans encombre.

4.3.3 Compilation

Pour compiler le logiciel, tapez simplement :

```
make
```

Par exemple :

```
[root@cobb rtg-0.7.4]# make
```

La compilation a lieu sans message d'erreur. La plupart du temps, on trouve les binaires compilés dans le répertoire `src/` ou `bin/`.

4.3.4 Installation

Pour installer les divers composants du logiciel aux bons endroits, tapez :

```
make install
```

Par exemple :

```
[root@cobb src]# make install
(...)
install: installed rtg.conf in /usr/local/rtg/etc
install: installed rtgtargmkr.pl in /usr/local/rtg/etc
install: installed routers in /usr/local/rtg/etc
install: installed createdb in /usr/local/rtg/etc
install: installed BER.pm in /usr/local/rtg/etc
install: installed SNMP_Session.pm in /usr/local/rtg/etc
install: installed SNMP_util.pm in /usr/local/rtg/etc
install: installed rtg.php in /usr/local/rtg/web
install: installed 95.php in /usr/local/rtg/web
install: installed view.php in /usr/local/rtg/web
install: installed common.php in /usr/local/rtg/web
install: installed rtg.png in /usr/local/rtg/web
install: installed rtgback.png in /usr/local/rtg/web
install: installed report.pl in /usr/local/rtg/bin
install: installed 95.pl in /usr/local/rtg/bin
```

On constate ici que les divers fichiers sont copiés dans différents répertoires. Le logiciel est maintenant installé, il n'y a plus qu'à le configurer, comme décrit dans le fichier `README`.

4.3.5 Les options de compilation

Beaucoup de logiciels sont compilables avec des options de compilation, qui modifient certaines fonctionnalités du logiciel. Il n'est pas forcément évident de connaître les options de compilation : elles seront parfois données dans la documentation en ligne, dans le fichier README, ou directement lors du test de configuration, lorsqu'une erreur est rencontrée.

Pour le logiciel utilisé pour notre exemple, deux options de compilation sont indiquées lorsque le test de configuration ne trouve pas les éléments de compilation SNMP et MySQL :

```
--with-snmp=
--with-mysql=
```

Ces deux options de compilation servent à préciser les chemins des en-têtes de compilation pour MySQL et SNMP, requis pour la compilation du logiciel.

Si nous avions décidé de les utiliser, il aurait fallu les passer au `./configure`. Par exemple :

```
./configure --with-snmp=/usr/lib/mysql/
```

Chapitre 5
Partitions et système de fichiers

1. Partitionner un disque

1.1 Structure d'un disque dur

1.1.1 Introduction aux disques durs et partitions

Types de disques durs

Dans ce chapitre, nous expliquons les différentes étapes qui vont du choix du disque dur à l'organisation des données, en passant par le partitionnement, le choix d'un système de fichiers et le formatage.

Il existe plusieurs technologies de disques durs, certaines plus orientées entreprises que d'autres :

- IDE : orienté grand public, aujourd'hui obsolète, remplacé par le SATA,
- SCSI : onéreux, mais offrant des performances adaptées aux entreprises,
- SATA (*Serial ATA*) : successeur de l'IDE, peu coûteux et assez performant, même si ce type de disque est plutôt destiné aux particuliers par vocation,
- SAS (*Serial Attached SCSI*) : combine les avantages du SCSI et du SATA,

– SSD : citons cet outsider, qui n'est pas à proprement parler une technologie de disque dur, mais en présente les caractéristiques. Il s'agit de mémoire flash aux performances comparables à celles des disques dur classiques. Son prix a considérablement baissé, il devient donc le choix de préférence dans les datacenters.

Choix du disque dur

Les disques durs SCSI sont à l'évidence les plus répandus en entreprise, du fait de leurs performances.

Par exemple, les vitesses de rotation de disques SCSI sont de l'ordre de 10 000 à 15 000 tours/minute, réduisant les temps d'accès et de transfert. Cependant, les disques durs SATA sont maintenant bien implantés dans le marché de l'entreprise, quand bien même leurs vitesses de rotation seraient inférieures (de 7 200 à 10 000 tours/minute). Il faut en effet comparer d'autres critères que la vitesse de rotation, comme le prix, le taux de transfert, et le type d'utilisation, qui peuvent être adaptés à vos besoins. De plus, les disques SATA de classe entreprise sont de plus en plus fiables : leur MTBF (*Mean Time Between Failure*, temps moyen avant la panne) est de plus en plus grand.

Le SAS peut peut-être résoudre le dilemme. Cette technologie est issue de la volonté de grands constructeurs de rassembler les avantages de SCSI et de SATA, et est considérée comme le successeur du SCSI. Avec le SAS, on a des disques durs performants et fiables.

Retenons donc que, bien que le SCSI soit encore répandu en entreprise, le SAS est la solution fiable et performante, concurrencée par le SATA, moins onéreux. Le SSD quant à lui, pour ses capacités limitées et ses prix moins attractifs, intéressera plutôt les possesseurs de stations de travail ou d'ordinateurs portables nécessitant de bonnes performances. Cependant, son prix a tellement baissé qu'on le trouve maintenant régulièrement en entreprise et en datacenter.

1.1.2 Concepts de partitionnement

Le partitionnement consiste à diviser un disque dur en plusieurs disques. Chaque partition se comporte comme un disque à part entière.

Il existe **deux formats de partitionnement** :

- **MBR** (*Master Boot Record*) : le système de partitionnement historique, qui connaît beaucoup de limitations :
  - 4 partitions primaires,
  - taille maximum de chaque partition : 2 To,
  - nommage simpliste des partitions.
- **GPT** (*GUID Partition Table*) : le système de partionnement moderne, qui enlève ces limitations :
  - nombre illimité de partitions,
  - taille de partition illimitée,
  - nommage des partitions avec des numéros de série appelés GUID,
  - **GPT est associé à UEFI**, un type de BIOS plus moderne.

Remarque

Nous étudierons plus tard dans ce chapitre la technologie LVM (Logical Volume Management) et Stratis, qui sont des types de partitionnement virtuel.

Pourquoi vouloir partitionner votre disque ?

Les raisons de partitionner votre disque sont variées. Auparavant, elles relevaient de la taille maximale des partitions autorisée par les systèmes d'exploitation. Aujourd'hui, il semble que les choix de partitionnement reposent plus sur des questions d'organisation des données. On veut par exemple pouvoir séparer les données systèmes des données utilisateurs. Nous vous proposons dans la suite de ce chapitre quelques idées de partitionnement qui peuvent vous inspirer.

Le partitionnement MBR

Au début du disque dur se trouve une **table de partition**, qui décrit le point de départ et de fin de chaque partition.

À l'origine, le nombre de partitions était **limité à quatre**, car on jugeait cela amplement suffisant. Chacune de ces quatre partitions contenait des données et était appelée **partition primaire**.

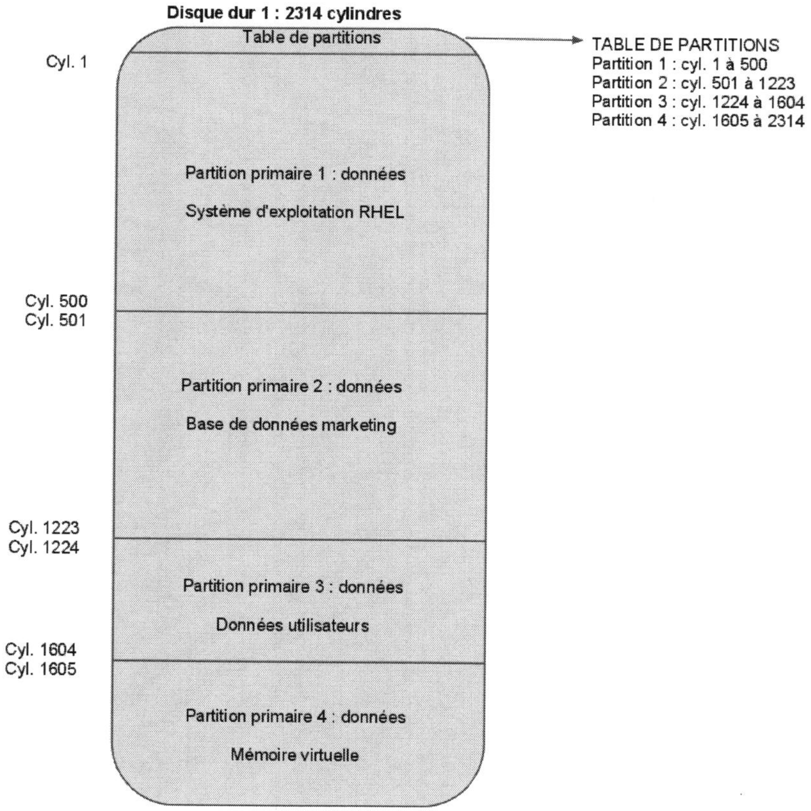

Exemple de partitionnement avec partitions primaires

Remarque

Nous aborderons la notion de cylindres dans la section Utiliser fdisk pas à pas.

Avec le temps, il est devenu évident qu'il y avait besoin d'un nombre de partitions plus important, supérieur à quatre. C'est pourquoi il a fallu trouver un moyen de créer plus de partitions, tout en respectant le schéma désormais établi de quatre partitions primaires.

Le concept de partition étendue est alors apparu. **Une partition étendue, c'est une partition primaire qu'on divise en sous-partitions**.

Ainsi, une partition étendue ne contient pas directement de données, mais des sous-partitions qu'on appelle **partitions logiques**.

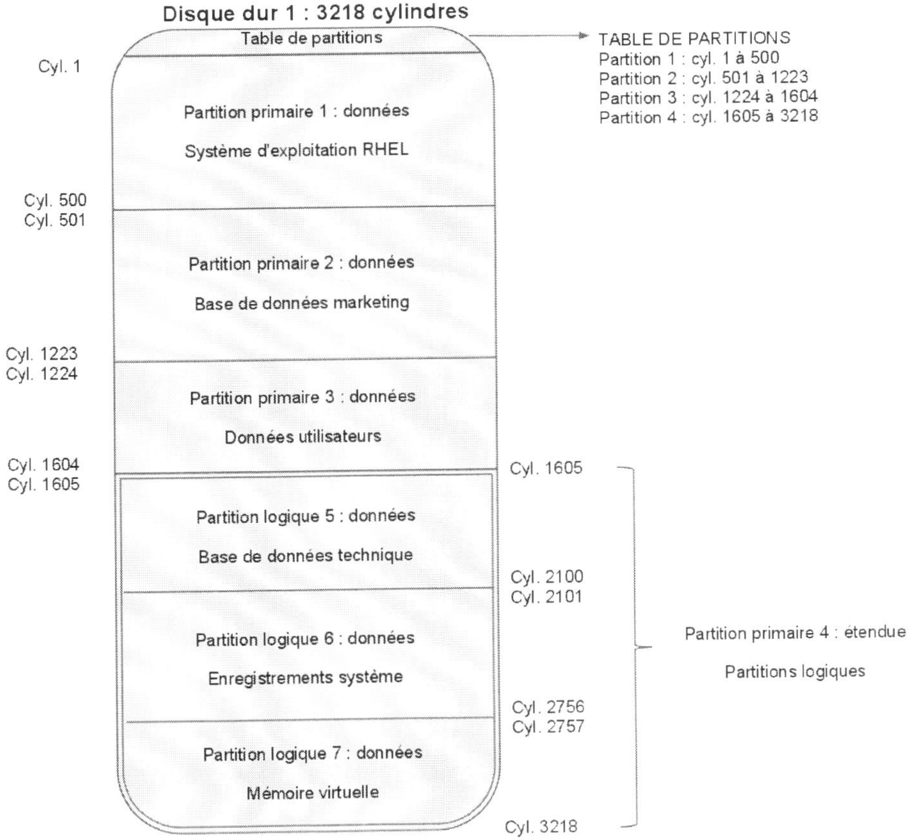

Exemple de partitionnement avec partition étendue et partitions logiques

Notez que les **partitions primaires** et **logiques** sont considérées de la même manière par le système d'exploitation, et que vous pouvez y mettre les données que vous voulez, à une ou deux exceptions près.

1.1.3 Le partitionnement GPT

Sur les disques modernes compatibles, on trouve maintenant le partitionnement GPT (*GUID Partition Table* ou table de partitions GUID).

Remarque

Le GUID (Globally Unique ID, identifiant globalement unique) est un numéro de série associé de manière unique à une ressource.

La plupart des disques partitionnés en GPT **contiennent encore un MBR pour les outils ne reconnaissant pas GPT** :

- Ce MBR décrit un disque avec une seule partition couvrant tout le disque. Le type de cette partition est spécifique (0xEE).
- Cela évite aux outils non compatibles de voir un disque vide.
- On appelle ce MBR le *MBR protecteur*.

Vient ensuite le partitionnement GPT à proprement parler. Il y a précisément deux tables de partitionnement GUID :

- Le GPT primaire, situé juste après le MBR protecteur, contenant la liste des partitions du disque.
- Le GPT secondaire, situé à la fin du disque, qui est une sauvegarde du premier GPT.

Chaque GPT contient un en-tête, puis la **liste des partitions du disque** :

- L'en-tête contient le GUID du disque, c'est-à-dire un numéro de série associé au disque, ainsi que diverses informations, comme l'emplacement du GPT secondaire et des sommes de contrôles (*checksums*) pour la détection d'erreurs.
- La table de partitions contient entre autres le type de partition, le GUID (le numéro de série associé à la partition), le début et la fin de la partition sur le disque, ainsi que le nom de la partition.

Entre les deux GPTs, on trouve les partitions elles-mêmes.

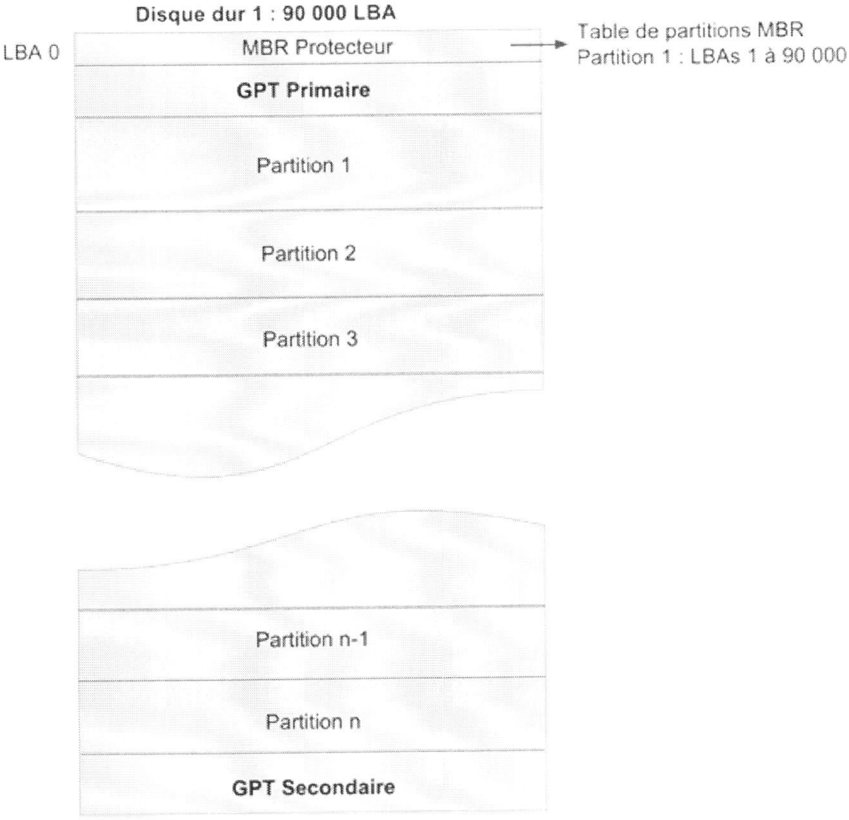

1.1.4 La logique de nommage des partitions sous Linux Red Hat

Sous Linux de manière générale, la façon de nommer les partitions diffère du schéma classique auquel on peut être habitué sous Windows, dans lequel chaque partition se voit affecter une lettre (C:, E:, etc.).

Dans Red Hat Enterprise Linux, la dénomination des partitions est assez parlante et vous permet de dire si la partition est sur un disque dur SCSI (et SAS) ou IDE (et SATA), et s'il s'agit d'une partition primaire ou logique.

Schéma de nommage des partitions

Le nommage se présente sous cette forme : `/dev/xxyN`.

- `/dev/` : c'est le répertoire qui contient les liens vers les périphériques, représentés sous la forme de fichiers dans le monde Linux.
- `xx` : les deux premières lettres dans le nom de la partition indiquent le type de disque dur : `hd` pour un disque IDE ou `sd` pour un disque SCSI.
- `y` : une lettre, à partir de `a`, indiquant sur quel disque dur se trouve la partition.

  Par exemple, `sda` désigne le premier disque dur.

Remarque

L'ordre des disques dépend du numéro de contrôleur de disques et du numéro du disque sur chaque contrôleur.

- `N` : ce chiffre indique le numéro de partition :
  - S'il s'agit d'une partition primaire, ce chiffre est compris entre 1 et 4.
  - S'il s'agit d'une partition logique, ce chiffre commence à 5.

Exemples :

`/dev/hda3` désigne la troisième partition primaire (qui peut être une partition étendue) du premier disque dur IDE. Comme le chiffre est compris entre 1 et 4, il ne peut s'agir d'une partition logique.

`/dev/sdb6` : il s'agit du second disque dur SCSI. Comme le chiffre est supérieur à 4, il s'agit d'une partition logique, la deuxième (la première étant la partition 5).

Nommage des partitions avec le GUID

Sur les disques partitionnés en GPT, les partitions obtiennent un numéro de série unique appelé GUID (*Globally Unique ID*).

Le **GUID est assigné au moment du partitionnement** avec l'outil `parted` expliqué plus bas et est indépendant du type de système de fichiers, ou "formatage" (ext4 / xfs / vfat / etc.).

Remarque

Attention : le GUID est également appelé PARTUID (Partition Unique ID) dans le système.

Nommage des partitions avec identifiant UUID

Le UUID (*Universal Unique ID*) est un numéro de série assigné à un système de fichiers qui permet de l'identifier de manière absolument unique sur le système, sans confusion en comparaison au nommage historique.

Contrairement au GUID, cet identifiant est indépendant de GPT.

Le UUID est une fonctionnalité spécifique aux systèmes de fichiers ext, mais on la trouve également sur XFS. Il est **assigné au moment du "formatage"** (ou création du système de fichiers).

Nommage des partitions ext avec étiquette (ou label)

Enfin, pour certains types de systèmes de fichiers, il est possible d'assigner une étiquette (ou *label*) à une partition au moment de la "formater".

Cette étiquette est la version texte du UUID : il s'agit d'une chaîne de maximum 16 caractères, permettant de **facilement reconnaître une partition**.

Contrairement au GUID, cet identifiant est indépendant de GPT.

L'étiquette (ou *label*) est une fonctionnalité spécifique aux systèmes de fichiers ext, mais on la trouve également sur XFS. Elle est **assignée au moment du "formatage"** (ou création du système de fichiers).

Les différents types d'étiquettes en résumé

GUID/PARTUID	UUID	Label
Spécifique à GPT	"Formatages" XFS/ext4 Fonctionne sur MBR/GPT	"Formatages" XFS/ext4 Fonctionne sur MBR/GPT
Assigné au partitionnement (`parted`)	Assigné au formatage (`mkfs`)	Assigné au formatage ou après

GUID/PARTUID	UUID	Label

Texte assigné manuellement	Numéro de série automatique	Texte assigné manuellement
		`tune2fs`
		`xfs_admin`

1.1.5 Suggestions de partitionnement

Il existe plusieurs solutions de partitionnement ; encore une fois, il n'y a pas de solution idéale, mais nous vous présentons ici quelques suggestions :

- Il est judicieux de mettre en place LVM sur l'ensemble de vos partitions, de façon à pouvoir les gérer dynamiquement (augmenter la taille d'une partition à chaud par exemple).
- `/boot` doit être sur une partition physique, formatée en ext4. Elle peut faire une centaine de mégaoctets.
- Partition Swap : pour la taille de la partition `swap`, consultez la section dédiée dans ce même chapitre.
- Séparez les répertoires suivants sur des partitions séparées :
  - `/tmp` : répertoire temporaire. N'importe qui peut écrire dans ce répertoire et créer de gros fichiers.
  - `/var` : ce répertoire contenant des fichiers de taille variable (comme les e-mails des utilisateurs et les fichiers de logs) peut augmenter considérablement.
  - `/home` : les répertoires utilisateurs. Chaque utilisateur a tout pouvoir dans son répertoire. Notez qu'il est possible d'appliquer des quotas sur les fichiers utilisateurs. Plus d'informations au chapitre Gestion des utilisateurs et des groupes.

Le partionnement permet ainsi de limiter la taille de ces répertoires. En effet, si le système est saturé à 100% (peut-être à cause d'un répertoire), il peut tomber en panne.

1.2 Le partitionnement en pratique

Après avoir ajouté un disque dur à votre machine, ou lors de l'installation du système sur un disque dur vierge, le partitionnement est la première étape. Il existe beaucoup d'outils de partitionnement sous Linux, en ligne de commande ou en interface graphique. Certains de ces outils permettent même de redimensionner une partition sans la détruire.

L'outil officiel recommandé par Red Hat est `parted`, disponible en ligne de commande et interface graphique (`gparted`).

Remarque

L'outil standard qu'on retrouve sur la plupart des distributions est `fdisk` et sa version pour GPT incluant MBR, `gdisk`. Cependant, `parted` est l'outil recommandé officiellement par Red Hat.

1.2.1 Lister, créer, supprimer des partitions avec parted

Parted (*Partition Editor*, éditeur de partitions) est un nouvel outil de partitionnement sous Linux, qui permet non seulement la création et la suppression, mais également la copie et le redimensionnement de partitions.

Sous Gnome (l'interface graphique utilisée par Red Hat Enterprise Linux), il a un **pendant graphique** utilisant les mêmes librairies appelé `gparted`.

Parted est utilisable avec deux modes :

- Une **interface texte** similaire à l'outil historique `fdisk`.

  Une fois `parted` lancé sur la bonne partition, il n'y a plus qu'à taper les commandes nécessaires.
- **`parted` en ligne de commande** : contrairement à `fdisk`, la plupart de ces **opérations** sont **possibles en ligne de commande en utilisant des options**, ce qui rend `parted` utilisable dans des scripts. La nature laconique de l'interface pourra en dérouter certains.

Par exemple :

```
[root@cs30 ~]# parted /dev/sdb
GNU Parted 3.1
Utilisation de /dev/sdb
```

```
Bienvenue sur GNU Parted ! Tapez 'help' pour voir la liste des
commandes. (parted) print
Modèle: VMware, VMware Virtual S (scsi)
Disque /dev/sdb : 21,5GB
Taille des secteurs (logiques/physiques): 512B/512B
Table de partitions : gpt
Disk Flags:


Numéro Début Fin Taille Système de fichiers Nom Fanions
(parted)
```

Nous lançons ici `parted` pour effectuer des opérations sur le disque `/dev/sdb`. Nous entrons alors dans l'interface, avec l'invite (`parted`). Il ne reste plus qu'à entrer des commandes propre à `parted`, comme ici la commande `print`.

```
[root@cs30 ~]# parted /dev/sdb print
Modèle: VMware, VMware Virtual S (scsi)
Disque /dev/sdb : 21,5GB
Taille des secteurs (logiques/physiques): 512B/512B
Table de partitions : gpt
Disk Flags:

Numéro Début Fin Taille Système de fichiers Nom Fanions
[root@cs30 ~]#
```

Ici, nous utilisons `parted` en ligne de commande. La ligne de commande inclut directement la commande `print`, ce qui envoie un résultat, puis nous ramène au shell, et non pas à l'interface de `parted`.

Lister des partitions

Vous pouvez obtenir des informations en ligne de commande :

```
parted -l
```

Avec l'option `-l`, il n'est pas possible de préciser en argument un disque dur en particulier. Des informations sur l'ensemble des disques sont délivrées.

```
[root@cs30 ~]# parted -l
Modèle: VMware, VMware Virtual S (scsi)
Disque /dev/sda : 21,5GB
Taille des secteurs (logiques/physiques): 512B/512B
Table de partitions : msdos
```

```
Disk Flags:


Numéro Début    Fin      Taille   Type      Système de fichiers  Fanions
1      1049kB   1075MB   1074MB   primary   xfs                  démarrage
2      1075MB   21,5GB   20,4GB   primary                        lvm
(gestionnaire de volumes logiques)


Modèle: VMware, VMware Virtual S (scsi)
Disque /dev/sdb : 21,5GB
Taille des secteurs (logiques/physiques): 512B/512B
Table de partitions : gpt
Disk Flags:

Numéro Début    Fin      Taille   Système de fichiers  Nom      Fanions
1      1049kB   5000MB   4999MB
2      5000MB   10,0GB   5001MB                        primary
```

Comme vous pouvez le constater, `parted` vous donne des informations pertinentes, qui vous permettent de voir tout de suite la taille et le type d'une partition.

Précisément, vous trouvez :

– le nom du disque (nous avons ici deux disques : `/dev/sda` et `/dev/sdb`),

– le type de table de partitions utilisé : MBR (msdos) ou GPT.

Remarque

Il est important de noter le type de partitionnement présent sur le disque, puisqu'il modifiera la façon dont vous allez créer des partitions par la suite.

– le nombre et la taille des partitions,

– éventuellement, leur type de système de fichiers.

Vous pouvez isoler le résultat pour un disque spécifique avec la commande `print` :

```
[root@cs30 ~]# parted /dev/sdb print
Modèle: VMware, VMware Virtual S (scsi)
Disque /dev/sdb : 21,5GB
Taille des secteurs (logiques/physiques): 512B/512B
Table de partitions : gpt
Disk Flags:
```

```
Numéro Début   Fin     Taille  Système de fichiers  Nom     Fanions
1      1049kB  5000MB  4999MB
2      5000MB  10,0GB  5001MB
```

Remarque

Notez qu'une partition GPT n'a ***pas de type primaire ou étendu*** *comme avec MBR.*

Création d'un partitionnement MBR ou GPT avec `mklabel/mktable`

Créez des nouvelles partitions sur des disques "neufs", ou vides. Il peut s'agir de disques physiques ou de disques virtuels que vous créez à votre convenance dans VMware.

Voici à quoi ressemble un disque sans partitionnement. Nous avons ici ajouté un disque (`sdb`) en plus du disque principal (`sda`) :

```
[root@rhel-eni ~]# parted /dev/sdb print
Erreur: Impossible d'ouvrir /dev/sdb - étiquette de disque non
reconnue.
Modèle: VMware, VMware Virtual S (scsi)
Disque /dev/sdb : 21,5GB
Taille des secteurs (logiques/physiques): 512B/512B
Table de partitions : unknown
Disk Flags:
[root@rhel-eni ~]#
```

Pour éditer le partitionnement d'un disque, tapez simplement :

```
parted <disque>
```

Par exemple, nous allons ici créer des partitions sur le disque `/dev/sdb` :

```
[root@rhel-eni ~]# parted /dev/sdb
GNU Parted 2.1
Utilisation de /dev/sdb
Bienvenue sur GNU Parted ! Tapez 'help' pour voir la liste des
commandes.
```

Remarque

***Si vous ne précisez pas le disque**, `parted` lance quand même son interface sur le premier disque dur, ce qui peut être dangereux !*

Affichez les commandes disponibles en tapant `help` :

```
[root@rhel-eni ~]# parted /dev/sda
GNU Parted 3.1
Utilisation de /dev/sda
Bievenue sur GNU Parted ! Tapez 'help' pour voir la liste des
commandes. (parted) help
 align-check TYPE N                          contrôle l'alignement
de type TYPE (min|opt) de la partition N
 help [COMMANDE]                             affiche l'aide générale
ou l'aide concernant la COMMANDE
 mklabel,mktable LABEL-TYPE                  crée une nouvelle
étiquette de disque (table de partition)
 mkpart PART-TYPE [FS-TYPE] DEBUT FIN        créer une partition
```

Remarque

*Attention : contrairement à `fdisk`, il n'y a pas de commande d'écriture de la table de partitions (commande `w` dans `fdisk`). **Vos modifications sont prises en compte immédiatement !***

Pour **définir un partitionnement de type MBR** pour le disque en édition, tapez :

```
mktable msdos
```

Pour **définir un partitionnement de type GPT**, tapez :

```
mktable gpt
```

Pour avoir des informations plus précises sur une commande, tapez

```
help <commande>
```

Par exemple, nous constatons que les commandes `mktable` et `mklabel` sont interchangeables :

```
(parted) help mktable
 mklabel,mktable LABEL-TYPE                  crée une nouvelle
étiquette de disque (table de partition)
```

```
LABEL-TYPE est une des valeurs : aix, amiga, bsd, dvh, gpt, mac,
msdos, pc98, sun, loop
```

Autre exemple :

```
(parted) help mkpart
  mkpart PART-TYPE [FS-TYPE] DEBUT FIN     créer une partition

PART-TYPE est une des valeurs : primary, logical, extended
(...)
```

Vous remarquez ici que la commande `mkpart` peut contenir les arguments nécessaires à la création d'une partition en une seule ligne. Cependant, un mode interfactif (avec questions/réponses) existe.

Dans notre exemple, nous définissons l'utilisation de MBR pour le disque `/dev/sdb` :

```
[root@rhel-eni ~]# parted /dev/sdb
GNU Parted 3.1
Utilisation de /dev/sdb
Bievenue sur GNU Parted ! Tapez 'help' pour voir la liste des
commandes.
(parted) mktable msdos
(parted) print
Modèle: VMware, VMware Virtual S (scsi)
Disque /dev/sdb : 21,5GB
Taille des secteurs (logiques/physiques): 512B/512B
Table de partitions : msdos
Disk Flags:

Numéro Début Fin Taille Type Système de fichiers Fanions
```

Pour le disque `/dev/sdc`, nous créons un partitionnement de type GPT :

```
[root@rhel-eni ~]# parted /dev/sdc
GNU Parted 3.1
Utilisation de /dev/sdc
Bievenue sur GNU Parted ! Tapez 'help' pour voir la liste des
commandes.
(parted) mklabel gpt
(parted) print
Modèle: VMware, VMware Virtual S (scsi)
Disque /dev/sdc : 21,5GB
```

```
Taille des secteurs (logiques/physiques): 512B/512B
Table de partitions : gpt
Disk Flags:

Numéro Début Fin Taille Système de fichiers Nom Fanions
```

Créer des partitions MBR

Pour créer une partition, tapez mkpart dans l'interface de parted, puis appuyez sur [Entrée]. Cela déclenche le mode interactif : il n'y a qu'à répondre aux questions.

Pour le mode non interactif, la commande est :

mkpart <type> <début> <fin>

- le type peut être primary, extended ou logical,
- le début et la fin sont en Mo par défaut, mais on peut préciser G (pour Go).

La subtilité avec MBR réside dans le fait que si vous voulez créez plus de quatre partitions, il vous faudra d'abord créer une partition étendue, puis dans cette partition étendue, créer une partition logique.

Par exemple, nous choisissons d'abord de créer une **simple partition primaire** :

```
(parted) mkpart
Type de partition ?  primary/primaire/extended/étendue? primary
Type de système de fichiers ?  [ext2]?
Début ? 0
Fin ? 5000
Avertissement: L'alignement de la partition ainsi définie n'est pas
optimal au niveau performance.
Ignorer/Ignore/Annuler/Cancel?
(parted)
```

Les réponses sont relativement simples : nous avons créé une partition primaire (primary), puis opté **pour le choix par défaut** pour la question suivante (ext2), quitte à changer plus tard.

Cependant nous obtenons ce message d'erreur assez courant pour la création de la première partition d'un disque (Avertissement).

Essayons plutôt de la manière suivante :

```
(parted) mkpart
Type de partition ? primary/primaire/extended/étendue? primary
Type de système de fichiers ?  [ext2]? ext4
Début ? 0%
Fin ? 5000
(parted)
```

Le secret pour résoudre ce problème consiste ici à préciser : **0%.**

L'outil `parted` s'occupe alors des calculs pour "aligner" la partition.

Nous désirons maintenant créer un nombre de partitions assez important (supérieur à 4). Nous choisissons donc de créer une partition étendue, dans laquelle nous créerons des partitions logiques. Auparavant, nous avons fait un `print` pour avoir la structure du disque dur :

```
(parted) print
Modèle: VMware, VMware Virtual S (scsi)
Disque /dev/sdb : 21,5GB
Taille des secteurs (logiques/physiques): 512B/512B
Table de partitions : msdos
Disk Flags:


Numéro Début   Fin     Taille  Type     Système de fichiers
Fanions
1      1049kB  5000MB  4999MB  primary
(parted) mkpart
Type de partition ?  primary/primaire/extended/étendue? extended
Début ? 5000
Fin ? 100%
(parted)
```

Notez plusieurs points :

- `mkpart` ne nous propose pas encore la création de partitions logiques,
- le début de la nouvelle partition est contigu à la partition existante. Si nous avions tapé 4999, nous aurions obtenu un message d'erreur,
- nous désirons remplir l'espace restant, donc nous pouvons mentionner 100%.

Pour la création de la partition logique, nous optons pour **une création non interactive** (c'est-à-dire que nous tapons la commande directement avec les bons paramètres). L'aide en ligne nous donne les paramètres à taper :

```
(parted) help mkpart
 mkpart PART-TYPE [FS-TYPE] DEBUT FIN      créer une partition

PART-TYPE est une des valeurs : primary, logical, extended
DEBUT et FIN sont des emplacements sur un disque, comme 4GB ou 10%.
Les valeurs négatives se comptent à partir de la fin du disque. Par
exemple, =-1s spécifie précisément le dernier secteur.
(...)

(parted) mkpart logical 5000 7010
Avertissement: L'alignement de la partition ainsi définie n'est pas
optimal au niveau performance.
Ignorer/Ignore/Annuler/Cancel? c
(parted) mkpart logical 5001 7000
(parted)
```

Remarque

Il est important de comprendre que, les partitions logiques étant contenues dans la partition étendue, le ***début de la première partition logique coïncide avec le début de la partition étendue****.*

Nous rencontrons à nouveau le problème d'alignement. Si cela vous arrive, faites varier le début ou la fin de la partition (ici, nous avons passé `5000` à `5001`).

Nous pouvons créer d'autres partitions logiques à l'intérieur de la partition étendue.

Créer des partitions GPT

La création de partition GPT est encore plus simple, car il n'existe maintenant que des partitions primaires, dont le nombre est virtuellement sans limite.

Nous pouvons au choix nous laisser guider par la commande `mkpart` (mode interactif) ou choisir le mode ligne de commande.

Pour le mode non interactif, la commande est :

`mkpart <type> <début> <fin>`

- le type peut être `primary`, `extended` ou `logical`,
- le `début` et la `fin` sont en Mo par défaut, mais on peut préciser `G` (pour Go).

Par exemple, nous avons le disque vide `/dev/sdc` déjà défini en GPT. Nous créons une première partition qui commence à 0 Mo et fait une taille de 5000 Mo :

```
[root@rhel-eni ~]# parted /dev/sdc
GNU Parted 3.1
Utilisation de /dev/sdc
Bievenue sur GNU Parted ! Tapez 'help' pour voir la liste des
commandes.

(parted) mkpart
Nom de la partition ?  []?
Type de système de fichiers ?  [ext2]?
Début ? 0%
Fin ? 5G
```

Remarque

Notez que l'on peut écrire `5G` au lieu de `5000`.

Créons une deuxième partition, contiguë à la première. Auparavant, nous avons fait un `print` pour avoir la structure du disque dur, puis nous optons pour une création non interactive (c'est-à-dire que nous tapons la commande directement avec les bons paramètres) :

```
(parted) print
Modèle: VMware, VMware Virtual S (scsi)
Disque /dev/sdb : 21,5GB
Taille des secteurs (logiques/physiques): 512B/512B
Table de partitions : gpt
Disk Flags:

Numéro  Début   Fin     Taille  Système de fichiers  Nom  Fanions
1       1049kB  5000MB  4999MB
(parted)
(parted) mkpart primary 5000 10G
```

```
(parted)
(parted) print
Modèle: VMware, VMware Virtual S (scsi)
Disque /dev/sdc : 21,5GB
Taille des secteurs (logiques/physiques): 512B/512B
Table de partitions : gpt
Disk Flags:

Numéro  Début   Fin     Taille  Système de fichiers  Nom  Fanions
1       1049kB  5000MB  4999MB
2       5000MB  10,0GB  5001MB                        primary

(parted)
```

Notons que :

- Même si cela n'est pas précisé, la taille des partitions est en mégaoctets. Vous pouvez préciser la taille en gigaoctets en tapant par exemple 3G pour 3 gigaoctets.
- parted ne donne **pas de choix par défaut** pour le début ou la fin d'une partition (par exemple, le premier bloc disponible, ou la taille maximale possible), ce qui peut être déroutant au début. Il est bien d'avoir fait un print auparavant pour avoir la structure du disque en tête.
- Avec parted, il est possible **en même temps de partitionner et créer un système de fichiers** ("formater").
- La **modification est prise en compte immédiatement**.

Commandes disponibles dans l'interface de parted	
Commande	**Explication**
align-check	Vérifier l'alignement d'une partition
check	Faire une vérification simple du système de fichiers
cp	Copier le système de fichiers SOURCE vers une autre partition DESTINATION
help [COMMANDE]	Afficher l'aide générale ou l'aide concernant la COMMANDE

Commandes disponibles dans l'interface de `parted`	
Commande	**Explication**
`mklabel gpt	msdos` `mktable gpt	msdos`	Créer une nouvelle table de partitions sur un disque, **MBR** (type `msdos`) ou **GPT** (type `gpt`)
`mkfs NUMERO TYPE-FS`	Créer un système de fichiers de type `TYPE-FS` sur une partition
`mkpart`	Créer une partition
`mkpartfs`	Créer une partition avec un système de fichiers
`move`	Déplacer une partition
`name`	Donner un nom à une partition
`print [devices|free|list, all|NOMBRE]`	Afficher la table des partitions, les périphériques disponibles, l'espace libre, toutes les partitions, ou une partition précise
`quit`	Quitter le programme
`rescue`	Restaurer une partition perdue entre deux points
`resize`	Modifier la taille de la partition (et du système de fichiers)
`rm`	Détruire la partition
`select PÉRIPHÉRIQUE`	Sélectionner le périphérique à éditer
`set`	Changer l'état du fanion sur une partition
`toggle`	Inverser l'état du fanion sur une partition
`unit UNITE`	Affecter l'unité par défaut à `UNITE`
`version`	Afficher la version courante de GNU Parted ainsi que l'information sur le copyright

Remarque

Nous vous donnons dans ce tableau les commandes disponibles dans l'interface de `parted`. Toutes ces commandes peuvent utiliser des options, mais la plupart sont aussi interactives. Elles vous posent les questions nécessaires ; cependant, la réponse attendue n'est parfois pas la plus évidente.

Suppression d'une partition

On supprime très simplement une partition dans l'interface en tapant la commande `rm` et en précisant le numéro de partition :

```
(parted) print
Modèle: VMware, VMware Virtual S (scsi)
Disque /dev/sdb : 21,5GB
Taille des secteurs (logiques/physiques): 512B/512B
Table de partitions : msdos

Numéro  Début   Fin     Taille  Type      Système de fichiers
Fanions
1       1049kB  5000MB  4999MB  primary
2       5000MB  10,0GB  5001MB  primary
3       10,0GB  21,5GB  11,5GB  extended                      lba
5       10,0GB  13,0GB  2999MB  logical

(parted) rm
Numéro de partition ? 1
(parted)
```

1.2.2 Partitionnement graphique : GParted

Red Hat a choisi de ne pas inclure d'outil de partitionnement dans l'interface graphique, pour des raisons de sécurité. L'éditeur considère qu'un bon partitionnement doit être effectué à l'installation du système d'exploitation, et que LVM doit être mis en place dans tous les cas pour une gestion souple des partitions virtuelles.

Si vous désirez quand même disposer d'un outil graphique de partitionnement, installez `gparted` à partir du dépôt logiciels EPEL.

GParted est ensuite disponible dans l'interface graphique :

▶ Cliquez sur le menu **Applications** dans la barre de programmes.

- Cliquez sur **Outils système**.
- Cliquez sur **GParted Partition Editor**.

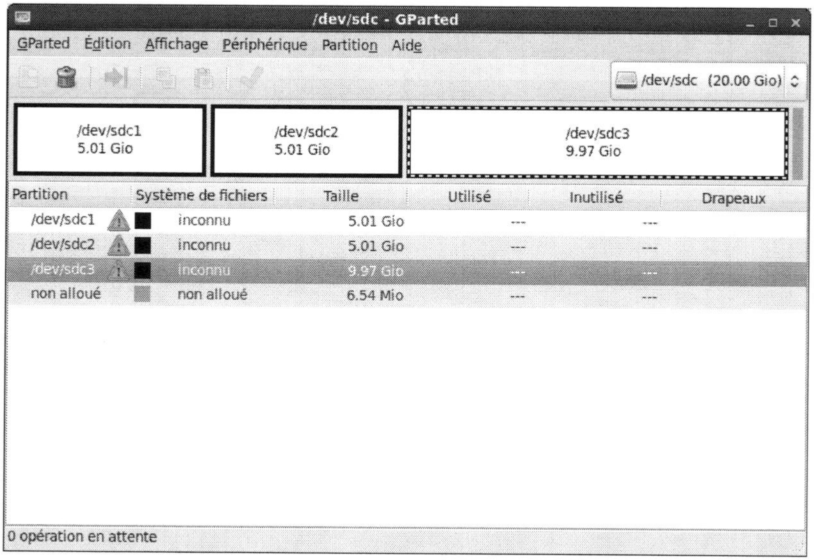

Utilitaire de partitionnement GParted

2. LVM (Logical Volume Manager)

2.1 Présentation

LVM (*Logical Volume Manager*, gestion de volumes logiques) répond à un besoin de **souplesse dans le partitionnement** apparu avec le temps.

Il est vrai que le système classique de partitionnement a essayé d'évoluer avec les besoins. Les partitions logiques à l'intérieur d'une partition étendue permettaient d'étendre le nombre de partitions. Il est également devenu possible de redimensionner une partition, mais cette opération est coûteuse en temps, parfois risquée, et ne peut pas se faire à chaud (quand le système de fichiers est utilisé).

LVM est, comme son nom l'indique, un type de gestions de volumes logiques, c'est-à-dire que l'on n'opère plus directement sur les partitions physiques du disque dur. On rajoute entre le disque dur et le système d'exploitation une couche intermédiaire, logicielle, bien plus souple à manipuler.

Fonctionnement

Le fonctionnement de LVM consiste à regrouper les disques durs et partitions physiques en un grand « fond commun », que l'on va redistribuer sous forme de nouvelles partitions, non plus physiques, mais logiques cette fois.

- Les **disques durs et partitions physiques** sont appelés ***volumes physiques***.
- Ce **réservoir commun** dans lequel ils sont réunis est appelé *groupe de volumes*.
- La **redivision** de ce fond commun en **partitions logiques** est appelée ***volumes logiques***.

Une fois que l'on a compris la logique de LVM, l'administration en est relativement simple, car les commandes sont très explicites.

Volumes physiques

En anglais, les *Physical Volumes* (PV) peuvent être :

- un disque entier (déconseillé),
- des partitions d'un disque créées avec `parted`, primaires ou logiques,
- des partitions ou disques durs sur un volume RAID physique (cela est transparent pour LVM),
- un volume iSCSI ou Fibre Channel qui passe pour une partition aux yeux du système.

Il est ainsi possible de répartir vos données sur plusieurs partitions, disques durs, voire même à travers le réseau.

Groupes de volumes

En anglais, les *Volume Groups* (VG) sont la concaténation de volumes physiques (PV).

Volumes logiques

Les groupes de volumes sont découpés en volumes logiques (en anglais, *Logical Volumes*, LV).

Les **LV sont vus comme des partitions par le système d'exploitation**. Ils peuvent avoir n'importe quelle taille, et être formatés avec n'importe quel type de système de fichiers.

Remarque

LVM est indépendant du type de système de fichiers que l'on y met.

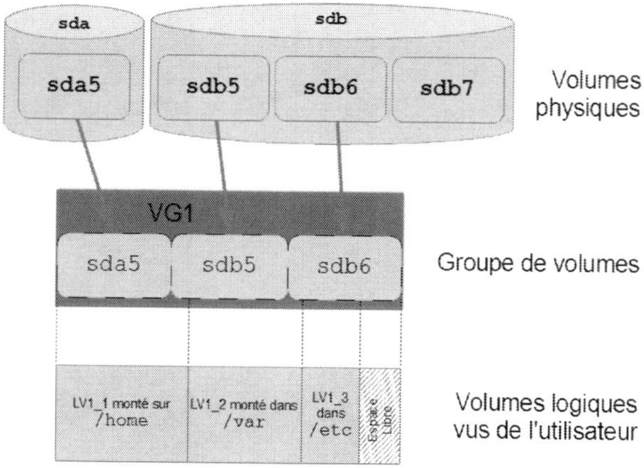

2.2 Notions avancées

2.2.1 Extensions

Extensions physiques ou PE

Les extensions **physiques** (en anglais, *Physical Extents*, PE) sont les plus petites unités de données des volumes physiques.

Ils ont la même taille que les extensions logiques des volumes logiques appartenant au même groupe de volumes.

Extensions logiques ou LE

Les extensions **logiques** (*Logical Extents*, LE) sont les "morceaux" composant les volumes logiques.

Ce sont en fait des extensions physiques attribuées à des volumes logiques (LV). Ils ont donc la **même taille que les extensions physiques** des volumes physiques dont ils sont pris.

Allocations des extensions

Lorsque l'on crée un groupe de volumes (VG), on définit la taille des Physical Extents (PE). En général, elle est fixée à 4 Mo.

Lorsque des volumes physiques sont ajoutés au groupe de volumes, ils sont **découpés en *physical extents* (PE)**. On obtient un certain nombre de PE pour un volume physique, qui sont ajoutées au réservoir commun d'extensions physiques, c'est-à-dire au groupe de volumes.

Lorsque l'on **crée un volume logique** dans un groupe de volumes, un **certain nombre de ces PE sont allouées au volume logique**. À ce moment-là, on ne parle plus d'extensions physiques, mais d'extensions logiques.

Illustrons :

```
[root@cobb ~]# vgdisplay -v
    Finding all volume groups
    Finding volume group "Database"
```

```
  --- Volume group ---
  VG Name               Database
  System ID
  Format                lvm2
(...)
  Cur LV                1
(...)
  Cur PV                2
(...)
  VG Size               6,02 GiB
  PE Size               4,00 MiB
  Total PE              1540
  Alloc PE / Size       125 / 500,00 MiB
  Free  PE / Size       1415 / 5,53 GiB
(...)

  --- Logical volume ---
  LV Name                /dev/Database/LV-Oracle
  VG Name                Database
(...)
  LV Size                500,00 MiB
  Current LE             125

  --- Physical volumes ---
  PV Name               /dev/sdb1
(...)
  Total PE / Free PE    770 / 745

  PV Name               /dev/sdb2
(...)
  Total PE / Free PE    770 / 670
```

Dans notre exemple, nous avons :

- Un groupe de volumes appelé `Database`.
  - La taille des extensions physiques de ce groupe de volumes est 4 Mo.
  - Ce groupe de volumes est composé de deux volumes physiques `/dev/sdb1` et `/dev/sdb2`.
  - Le volume physique `/dev/sdb1` possède au total 770 extensions physiques (770 unités de données de 4 Mo = 3080 Mo) dont 745 libres.
  - Le volume physique `/dev/sdb2` possède également 770 extensions physiques (770 unités de données de 4 Mo = 3080 Mo) dont 670 libres.

 - Le **groupe de volumes** possède donc **au total 1540 extensions physiques** qu'il peut allouer ensuite aux volumes logiques.

- Un volume logique appelé `LV-Oracle` composé de **125 extensions (logiques) parmi les 1540 disponibles**. Sa taille est donc de 125 x 4 Mo = 500 Mo.
  - Il semble que les 125 extensions logiques de ce volume logique sont réparties sur deux volumes physiques : 25 sur `/dev/sdb1` et 100 sur `/dev/sdb2`.

Remarque

Les valeurs données dans cet exemple ne reflètent pas la réalité et ont été modifiées pour des besoins pédagogiques.

Correspondance des extensions

Il y a donc une correspondance (*mapping*) entre le numéro d'extensions physiques et les numéros d'extensions logiques.

Par exemple, les extensions logiques du volume logique LV-Oracle sont numérotées de 1 à 125.

Cependant, ces 125 extensions logiques sont réparties sur deux volumes physiques.

On peut supposer que :

- Les extensions logiques 1 à 25 correspondent aux extensions physiques 1 à 25 de `/dev/sdb1`.
- Les extensions logiques 26 à 125 correspondent aux extensions physiques 1 à 100 de `/dev/sdb2`.

Ce type de correspondance est appelé **correspondance linéaire** (***linear mapping***). Les extensions logiques sont *réparties en série* sur les volumes physiques.

Il est possible d'avoir une **correspondance par bande** (***striped mapping***), où les extensions logiques sont *réparties en parallèle* sur les volumes physiques.

Par exemple :

- L'extension logique 1 correspond à l'extension physique 1 sur `/dev/sdb1`.
- L'extension logique 2 correspond à l'extension physique 1 sur `/dev/sdb2`.
- L'extension logique 3 correspond à l'extension physique 2 sur `/dev/sdb1`.
- L'extension logique 4 correspond à l'extension physique 2 sur `/dev/sdb2`.
- Et ainsi de suite jusqu'à l'extension logique 125.

Remarque

Ce type de correspondance par bande peut améliorer les performances à l'instar du RAID 0. Par exemple si les volumes physiques sont sur deux disques durs différents, un fichier peut être lu ou écrit en parallèle sur les deux disques, permettant en théorie de doubler la vitesse de lecture/écriture. Cela est valable si la taille du volume logique n'est pas augmentée. Si l'on étend le volume logique, les choses peuvent se compliquer.

2.2.2 Clichés (snapshots)

LVM permet de réaliser des clichés de volumes logiques, c'est-à-dire de faire une copie d'un volume logique à un moment précis dans le temps.

Lorsqu'un cliché est effectué, un nouveau volume logique snapshot est créé. Cette opération est faite à chaud, même si le volume logique d'origine est en train d'être utilisé.

Un snapshot n'est pas une copie à l'identique d'un LV. En fait, le snapshot **ne contient que les différences par rapport à l'original**.

La taille du snapshot est la taillée allouée pour enregistrer les différences entre le snapshot à un instant t et le LV principal qui continue d'évoluer.

Ainsi, si des données sont ajoutées sur le LV principal, le snapshot doit noter que ces nouvelles données ne lui appartiennent pas.

À l'inverse, si de la donnée est supprimée sur le LV principal, le snapshot doit conserver ces données de son côté.

Ainsi, le snapshot a une taille souvent plus réduite qu'un LV classique.

Le snapshot peut avoir plusieurs utilisations. Cette technologie vous permet notamment de faire du *rollback* (retour arrière), par exemple sur une mise à jour de logiciel. Avant de faire la mise à jour, effectuez un snapshot. Si tout se passe bien, après tests, vous pouvez supprimer le snapshot. Sinon, vous pouvez faire un retour arrière sur le snapshot.

Une autre utilisation courante consiste à faire la sauvegarde d'un service avec le minimum de *downtime* (temps de coupure). Pour certaines bases de données typiquement, pendant une sauvegarde qui peut prendre plusieurs minutes (voire plusieurs dizaines de minutes), on doit empêcher l'écriture sur la base (poser un verrou ou *lock*), ce qui limite considérablement le service.

Avec le snapshot, il suffit de mettre un verrou, puis de prendre une "photo" du volume, ce qui est très rapide. Après un court instant, on enlève le verrou sur la base, qui peut continuer d'évoluer et fournir le service avec un temps de coupure minimum.

Remarque

La mise en œuvre du snapshot est touchée du doigt dans la suite de ce chapitre.

2.3 Administration de LVM

2.3.1 En bref : trois étapes

Nous vous détaillons ci-dessous les étapes de création d'un LV :

1. Déclarer une partition en tant que PV :

```
pvcreate /dev/<partition>
```

2. Création d'un VG et ajout du PV à ce nouveau VG :

```
vgcreate <nom_VG> /dev/<PV récemment créé>
```

3. Création d'un LV dans le VG précédemment créé :

```
lvcreate -L taille -n <nom_LV> <nom_VG>
```

2.3.2 Étape 1 : Volumes physiques (PV)

Toutes les commandes relatives aux volumes physiques commencent par pv. Pour les voir s'afficher, dans le shell, tapez pv puis appuyez deux fois sur la touche [Tab] :

```
[root@cobb ~]# pv
pvchange    pvcreate    pvmove      pvresize    pvscan
pvck        pvdisplay   pvremove    pvs         pv.sh
```

Création d'un volume physique (PV)

Il faut d'abord déclarer une partition physique ou un disque dur comme étant utilisable par LVM.

Même si cela est possible, il est déconseillé d'utiliser un disque entier comme volume physique.

Bien sûr, les partitions auront été au préalable créées, grâce à l'outil fdisk par exemple.

La création d'un volume physique se fait en utilisant la commande :

```
pvcreate <partition>
```

Nous pouvons avoir des informations sur le volume physique créé avec :

```
pvdisplay
```

Par exemple, soit une partition */dev/sdb5* de 3 Go créée avec *fdisk* :

```
[root@cobb ~]# pvcreate /dev/sdb5
  Physical volume "/dev/sdb5" successfully created
[root@cobb ~]# pvdisplay
 "/dev/sdb5" is a new physical volume of "3,01 GiB"
  --- NEW Physical volume ---
  PV Name               /dev/sdb5
  VG Name
  PV Size               3,01 GiB
  Allocatable           NO
  PE Size               0
  Total PE              0
  Free PE               0
  Allocated PE          0
```

```
PV UUID                Tsflu0-TzDJ-SYt1-jmaK-R4Hi-vwky-Hj4AVB
```

La partition */dev/sdb5* est maintenant utilisable par LVM.

Suppression d'un volume physique

La suppression d'un volume physique se fait avec la commande `pvremove` :

```
pvremove <volume_physique>
```

Par exemple :

```
[root@cobb ~]# pvremove /dev/sdb5
  Labels on physical volume "/dev/sdb5" successfully wiped
```

Remarque

Le PV ne doit pas être utilisé dans un groupe de volumes.

Utilisez la commande `pvdisplay` pour avoir des informations détaillées sur les PV.

Par exemple, nous voyons ici que nous avons un PV de 19 Go, `/dev/sda2`, dont tous les PE ont été alloués :

```
[root@cs30 ~]# pvdisplay
  --- Physical volume ---
  PV Name               /dev/sda2
  VG Name               rhel
  PV Size               19,00 GiB / not usable 3,00 MiB
  Allocatable           yes (but full)
  PE Size               4,00 MiB
  Total PE              4863
  Free PE               0
  Allocated PE          4863
  PV UUID               hxoZT6-esWS-i6zf-OtOS-KXYW-4N3c-1tvcy9
```

La commande `pvs` donne des informations pertinentes avec un format réduit, elle est donc priviliégiée des administrateurs.

2.3.3 Étape 2 : Groupes de volumes (VG)

Création d'un groupe de volumes (VG)

Toutes les commandes concernant les groupes de volumes commencent par vg :

```
[root@cobb ~]# vg
vgcfgbackup    vgconvert    vgextend       vgmknodes   vgs
vgcfgrestore   vgcreate     vgimport       vgreduce    vgscan
vgchange       vgdisplay    vgimportclone  vgremove    vgsplit
vgck           vgexport     vgmerge        vgrename
```

Vous devez créer un groupe de volumes à partir d'au moins un volume physique. Ainsi, avec la commande vgcreate, il faut préciser le nom du groupe de volumes, mais également un ou plusieurs volumes physiques :

```
vgcreate <nom_du_VG> <volume_physique> [<volume_physique>]
```

Par exemple :

```
[root@cobb ~]# vgcreate Database /dev/sdb1
  Volume group "Database" successfully created
[root@cobb ~]#
```

Nous avons ici créé un nouveau VG appelé Database, constitué pour l'instant d'un seul PV /dev/sdb1.

Étendre un groupe de volumes

Une fois le groupe de volumes créé, on peut rajouter des volumes physiques très facilement, avec la commande vgextend. Cela est possible à chaud, c'est-à-dire même si le groupe de volumes contient des données et est utilisé par le système.

```
vgextend <nom_du_VG> <volume_physique>
```

Par exemple :

```
[root@cobb ~]# vgextend Database /dev/sdb2
  Volume group "Database" successfully extended
[root@cobb ~]#
```

Dans cet exemple, nous avons ajouté un volume physique au groupe de volumes `Database` créé plus haut.

Informations sur le groupe de volumes

Affichez des informations sur le groupe de volumes avec la commande `vgdisplay`.

Par exemple :

```
[root@cobb ~]# vgdisplay
  --- Volume group ---
  VG Name               Database
  System ID
  Format                lvm2
  Metadata Areas        2
  Metadata Sequence No  2
  VG Access             read/write
  VG Status             resizable
  MAX LV                0
  Cur LV                0
  Open LV               0
  Max PV                0
  Cur PV                2
  Act PV                2
  VG Size               6,02 GiB
  PE Size               4,00 MiB
  Total PE              1540
  Alloc PE / Size       0 / 0
  Free  PE / Size       1540 / 6,02 GiB
  VG UUID               NBLJhj-ycDO-GEWU-Y37R-kYg0-aLMB-s8nkdy
```

Il est également possible d'afficher les volumes physiques participant à un groupe de volumes, avec l'option `-v` :

```
[root@cobb ~]# man vgdisplay
[root@cobb ~]# vgdisplay -v
    Finding all volume groups
    Finding volume group "Database"
  --- Volume group ---
  VG Name               Database
  (...)

  --- Physical volumes ---
```

```
PV Name               /dev/sdb1
PV UUID               9KSNrK-UUBm-snFW-SskU-ep9V-LhpT-Kesb3H
PV Status             allocatable
Total PE / Free PE    770 / 770

PV Name               /dev/sdb2
PV UUID               pq83aS-rHWk-xBpm-8fnu-jaWO-53qP-WvqZen
PV Status             allocatable
Total PE / Free PE    770 / 770
```

Dans cet exemple, nous voyons les deux volumes physiques `/dev/sdb1` et `/dev/sdb2` composant le groupe de volumes `Database`.

La commande `vgs` est également très prisée des administrateurs, car **pertinente et rapide à taper**.

2.3.4 Étape 3 : Volumes logiques (LV)

Création d'un volume logique : lvcreate

Toutes les **commandes concernant les volumes logiques** commencent par `lv` :

```
[root@cobb ~]# lv
lvchange      lvdisplay     lvmchange     lvmdump       lvreduce
lvresize
lvconvert     lvextend      lvmconf       lvmsadc       lvremove
lvs
lvcreate      lvm           lvmdiskscan   lvmsar        lvrename
lvscan
```

Nous pouvons **diviser un groupe de volumes en volumes logiques**, vus comme des partitions par le système.

Pour définir un volume logique dans un groupe de volumes, utilisez la commande `lvcreate` :

```
lvcreate -L taille -n <nom_LV> <nom_VG>
```

- L'option `-L` est la taille du volume logique en mégaoctets. Pour définir une taille en gigaoctets, il est possible par exemple de taper 10G pour 10 gigaoctets.

- L'option -n permet de définir le nom du volume logique. Si cette option n'est pas précisée, le nom par défaut est lvol1 (s'il s'agit du premier volume logique).
- Il faut **préciser le nom du groupe de volumes** dans lequel on crée notre volume logique.

Par exemple, dans le groupe de volumes Database créé plus haut, nous utilisons 500 Mo pour un volume logique appelé LV-Oracle :

```
[root@cobb ~]# lvcreate -L 500 -n LV-Oracle Database
  Logical volume "LV-Oracle" created
```

Informations sur le volume logique

Affichez des informations sur le volume logique avec la commande lvdisplay.

Par exemple :

```
[root@cobb ~]# lvdisplay
  --- Logical volume ---
  LV Name                /dev/Database/LV-Oracle
  VG Name                Database
  LV UUID                rQ5y5B-toiU-TeR0-vaCD-PdUX-HHhH-PsUDwW
  LV Write Access        read/write
  LV Status              available
  # open                 0
  LV Size                500,00 MiB
  Current LE             125
  Segments               1
  Allocation             inherit
  Read ahead sectors     auto
  - currently set to     256
  Block device           253:2
```

Notons les éléments suivants :

- LV Name : le volume logique est vu comme un périphérique à part entière dans /dev/.
  - Son chemin complet comprend le nom du groupe de volumes dont il est issu.

- `LV UUID` : comme n'importe quel périphérique du système, le volume logique possède un UUID (*Universal Unique Identifer*, identifiant unique universel).

Utilisez la commande `lvs` pour une information pertinente et rapide à taper, comme déjà mentionné.

Notation du LV dans le système

Dans le système, le LV est connu sous deux noms interchangeables :

- Le VG est un sous-répertoire de `/dev` contenant le LV :

`/dev/<vg>/<lv>`

- Le nom VG+LV est un device dans `/dev/mapper` :

`/dev/mapper/<vg>-<lv>`

Par exemple, voici un LV connu sous deux noms :

```
[root@rhel-eni ~]# ls /dev/mapper/rhel-root -l
lrwxrwxrwx. 1 root root 7  3 juil. 23:20
/dev/mapper/rhel-root -> ../dm-0
[root@rhel-eni ~]# ls /dev/rhel/root -l
lrwxrwxrwx. 1 root root 7  3 juil. 23:20 /dev/rhel/root -> ../dm-0
```

Nous remarquons que les devices sont en fait des liens symboliques vers un device appelé *device mapper*, qui est la représentation dans le système des blocs de données concaténés provenant des différents volumes physiques.

Utilisation du volume logique

Le volume logique ainsi créé doit être utilisé tel quel et considéré comme une partition à part entière. La prochaine étape consiste à le formater, c'est-à-dire à **créer un système de fichiers** (voir la section dédiée plus loin dans ce chapitre).

2.4 Administration avancée de LVM

2.4.1 Suppression de volumes logiques

La suppression d'un volume logique est la plus simple des opérations de suppression de LVM. Supprimer un volume logique revient à retirer un disque dur logique de la machine.

Auparavant, il faut quand même démonter le volume logique du système de fichiers, avec la commande `umount` :

```
umount <point_de_montage>
```

ou :

```
umount <périphérique_lvm>
```

Remarque

Le montage et le démontage sont expliqués dans la suite de ce chapitre.

Ensuite, il faut supprimer le volume logique avec la commande `lvremove` :

```
lvremove <périphérique_lvm>
```

Par exemple :

```
[root@cobb /]# umount /dev/Database/LV-Oracle
[root@cobb /]# lvremove /dev/Database/LV-Oracle
Do you really want to remove active logical volume LV-Oracle? [y/n]: y
  Logical volume "LV-Oracle" successfully removed
```

Suppression d'un groupe de volumes

La suppression d'un groupe de volumes se fait à l'aide de la commande `vgremove` :

```
vgremove <nom_du_VG>
```

Bien que cette commande soit simple, elle est lourde de conséquences. En effet, tous les volumes logiques qui dépendent du groupe de volumes sont supprimés.

Par exemple :

```
[root@cobb /]# vgremove Database
Do you really want to remove volume group "Database" containing 2
logical volumes? [y/n]: y
Do you really want to remove active logical volume LV-mysql?
[y/n]: y
  Logical volume "LV-mysql" successfully removed
Do you really want to remove active logical volume LV-Oracle?
[y/n]: y
  Logical volume "LV-Oracle" successfully removed
  Volume group "Database" successfully removed
```

Suppression d'un volume physique

Supprimer un volume physique consister à enlever ce volume physique du groupe de volumes. C'est donc une commande de gestion de groupe de volumes, commençant par vg, qu'il faut utiliser :

```
vgreduce <groupe_de_volume> <volume_physique>
```

Par exemple :

```
[root@cobb /]# vgreduce Database /dev/sdb1
```

Il faut cependant que le volume physique retiré ne soit pas utilisé, c'est-à-dire que ses extensions physiques ne soient pas allouées à un volume logique, sinon vous aurez un message d'erreur :

```
[root@cobb /]# vgreduce Database /dev/sdb1
  Physical volume "/dev/sdb1" still in use
```

Pour vérifier qu'un volume physique n'est pas utilisé par un volume logique, utilisez la commande `vgdisplay -v` ou `pvdisplay`.

Par exemple :

```
[root@cobb /]# pvdisplay /dev/sdb1
  --- Physical volume ---
  PV Name               /dev/sdb1
  VG Name               Database
  PV Size               3,01 GiB / not usable 2,75 MiB
  Allocatable           yes
  PE Size               4,00 MiB
```

```
Total PE              770
Free PE               645
Allocated PE          125
PV UUID               9KSNrK-UUBm-snFW-SskU-ep9V-LhpT-Kesb3H
```

Nous voyons ici qu'il y a 125 extensions physiques allouées, ce volume physique ne peut donc être retiré du groupe de volumes.

Pour pouvoir retirer un volume physique utilisé, il faut déplacer ses extensions physiques vers un autre volume physique, avec la commande `pvmove`, puis vérifier que le volume physique n'est plus utilisé :

```
pvmove <volume_physique_source><volume_physique_destination>
```

Par exemple :

```
[root@cobb /]# pvmove /dev/sdb1 /dev/sdb2
  /dev/sdb1: Moved: 6,4%
  /dev/sdb1: Moved: 100,0%
[root@cobb /]# pvdisplay /dev/sdb1
  --- Physical volume ---
  PV Name               /dev/sdb1
  VG Name               Database
  PV Size               3,01 GiB / not usable 2,75 MiB
  Allocatable           yes
  PE Size               4,00 MiB
  Total PE              770
  Free PE               770
  Allocated PE          0
  PV UUID               9KSNrK-UUBm-snFW-SskU-ep9V-LhpT-Kesb3H
```

Nous voyons ici que les extensions physiques de `/dev/sdb1` ont été bien déplacées ; il n'y a en effet plus d'extensions physiques allouées (`Allocated PE` à `0`).

Il est donc maintenant possible de supprimer */dev/sdb1* :

```
[root@cobb /]# vgreduce Database /dev/sdb1
  Removed "/dev/sdb1" from volume group "Database"
```

2.4.2 Étendre un volume logique

La possibilité d'étendre ou de réduire un volume logique – une partition – fait partie des avantages qu'apporte LVM par rapport au système de partitionnement classique. Si le système de fichiers installé sur le volume logique le permet (par exemple ext4 ou XFS), il est même possible de redimensionner la partition logique à chaud.

L'extension d'un volume logique se fait en deux étapes :

1. Au niveau de LVM avec la commande `lvextend` :

```
lvextend -L<nouvelle_taille> <volume_logique>
```

`<nouvelle_taille>` n'est **pas séparé par un espace**, et peut être une valeur absolue ou relative :

– `-L800` : le volume logique est étendu à 800 Mo ;

– `-L4G` : le volume logique est étendu à 4 Go ;

– `-L+300` : on rajoute 300 Mo au volume logique ;

– `-l+100%FREE` : on prend tout l'espace disponible.

Remarque

Il s'agit d'un `l` minuscule pour cette dernière option, qui est très utile, bien que n'étant pas renseignée explicitement dans la page de man de la commande `lvextend`.

2. Au niveau du système avec la commande adaptée :

– Commande `xfs_growfs` pour XFS :

```
xfs_growfs <partition>
xfs_growfs <point de montage>
```

– Commande `resize2fs` pour ext4 :

```
resize2fs <partition>
```

Remarque

En l'absence d'options, le redimensionnement prendra tout l'espace disponible.

Dans notre exemple, nous affichons des informations sur un volume logique. Nous constatons la taille du volume logique grâce aux commandes `df` et `lvdisplay` :

```
[root@cobb /]# df -h
Sys. de fichiers    Taille  Uti. Disp. Uti% Monté sur
/dev/mapper/vg_cobb-lv_root
                       18G  2,6G   14G  16% /
tmpfs                 504M  124K  504M   1% /dev/shm
/dev/sda1             485M   29M  431M   7% /boot
/dev/mapper/Database-LV--Oracle
                      485M   11M  449M   3% /Oracle

[root@cobb /]# lvdisplay
  --- Logical volume ---
  LV Name                /dev/Database/LV-Oracle
  VG Name                Database
  LV UUID                q36rdm-DwTQ-PNAc-tmNe-vF5z-eouA-wLoFlt
  LV Write Access        read/write
  LV Status              available
  # open                 1
  LV Size                500,00 MiB
  Current LE             125
  Segments               1
  Allocation             inherit
  Read ahead sectors     auto
  - currently set to     256
  Block device           253:2
```

Ensuite, nous étendons le volume logique de 500 Mo à 800 Mo :

```
[root@cobb /]# lvextend -L800 /dev/Database/LV-Oracle
  Extending logical volume LV-Oracle to 800,00 MiB
  Logical volume LV-Oracle successfully resized
```

Constatons maintenant la nouvelle taille :

```
[root@cobb /]# lvdisplay
  --- Logical volume ---
  LV Name                /dev/Database/LV-Oracle
  VG Name                Database
  LV UUID                q36rdm-DwTQ-PNAc-tmNe-vF5z-eouA-wLoFlt
  LV Write Access        read/write
  LV Status              available
```

```
  # open                  1
  LV Size                 800,00 MiB
  Current LE              200
  Segments                1
  Allocation              inherit
  Read ahead sectors      auto
  - currently set to      256
  Block device            253:2

[root@cobb /]# df -h
Sys. de fichiers    Taille  Uti. Disp. Uti% Monté sur
/dev/mapper/vg_cobb-lv_root
                      18G  2,6G   14G  16% /
tmpfs                504M  124K  504M   1% /dev/shm
/dev/sda1            485M   29M  431M   7% /boot
/dev/mapper/Database-LV--Oracle
                     485M   11M  449M   3% /Oracle
```

La nouvelle taille est bien connue de LVM mais pas du système d'exploitation (commande `df`). Il faut avertir le système d'exploitation en utilisant la commande `resize2fs` :

```
[root@cobb /]# resize2fs /dev/Database/LV-Oracle
resize2fs 1.41.12 (17-May-2010)
Le système de fichiers de /dev/Database/LV-Oracle est monté sur
/Oracle ; le changement de taille doit être effectué en ligne
old desc_blocks = 2, new_desc_blocks = 4
En train d'effectuer un changement de taille en ligne de
/dev/Database/LV-Oracle vers 819200 (1k) blocs.
Le système de fichiers /dev/Database/LV-Oracle a maintenant une
taille de 819200 blocs.
```

Le changement de taille a été effectué « en ligne », c'est-à-dire qu'il n'a pas fallu démonter la partition. Le système d'exploitation voit bien la nouvelle taille de la partition logique :

```
[root@cobb /]# df -h
Sys. de fichiers    Taille  Uti. Disp. Uti% Monté sur
/dev/mapper/vg_cobb-lv_root
                      18G  2,6G   14G  16% /
tmpfs                504M  124K  504M   1% /dev/shm
/dev/sda1            485M   29M  431M   7% /boot
/dev/mapper/Database-LV--Oracle
                     775M   11M  725M   2% /Oracle
```

2.4.3 Réduire un volume logique

La réduction d'un volume logique est plus difficile qu'une extension. En effet, il faut tenir compte du fait que les données sont réparties sur l'ensemble de la partition. Il peut être également difficile de faire coïncider la taille du système de fichiers avec la taille du volume logique. De plus, le système de fichiers doit être démonté avant d'effectuer la réduction. Enfin, une erreur dans l'ordre des manipulations peut endommager la partition. Heureusement, il est plus courant d'augmenter un volume logique que de le réduire.

L'élément important dont il faut se rappeler, c'est qu'il faut réduire le système de fichiers *avant* de réduire le volume logique qui la contient.

La réduction du système de fichiers se fait avec des commandes propres au type de système de fichiers.

Ensuite, la commande utilisée pour réduire un volume logique est `lvreduce` :

```
lvreduce -L<nouvelle_taille> <volume_logique>
```

Cette commande s'utilise de la même manière que `lvextend`.

Exemple de réduction d'un volume logique formaté en ext2, ext3 ou ext4

Nous vous proposons une technique simple et sûre pour réduire un volume.

Dans l'exemple proposé, l'objectif est de réduire un volume logique de 800 Mo à 550 Mo.

Affichons tout d'abord la taille du système de fichiers. Il fait pour l'instant 775 Mo :

```
[root@cobb Oracle]# df -h
Sys. de fichiers    Taille  Uti. Disp. Uti% Monté sur
/dev/mapper/vg_cobb-lv_root
                       18G  2,6G   14G  16% /
tmpfs                 504M  124K  504M   1% /dev/shm
/dev/sda1             485M   29M  431M   7% /boot
/dev/mapper/Database-LV--Oracle
                      775M  454M  282M  62% /Oracle
```

Il faut maintenant démonter le système de fichiers (commande `umount`), le vérifier (commande `e2fsck`) et réduire sa taille. On a choisi une taille arbitraire de 500 Mo :

```
[root@cobb /]# umount /dev/Database/LV-Oracle
[root@cobb /]# e2fsck -f /dev/Database/LV-Oracle
e2fsck 1.41.12 (17-May-2010)
Passe 1 : vérification des i-noeuds, des blocs et des tailles
Passe 2 : vérification de la structure des répertoires
Passe 3 : vérification de la connectivité des répertoires
Passe 4 : vérification des compteurs de référence
Passe 5 : vérification de l'information du sommaire de groupe
/dev/Database/LV-Oracle : 12/203200 fichiers (0.0% non contigus),
484399/819200 blocs
[root@cobb /]# resize2fs /dev/Database/LV-Oracle 500M
resize2fs 1.41.12 (17-May-2010)
En train de retailler le système de fichiers sur /dev/Database/LV-
Oracle à 512000 (1k) blocs.
Le système de fichiers /dev/Database/LV-Oracle a maintenant une
taille de 512000 blocs.
```

Réduisons la taille du volume logique (commande `lvresize`) à la taille requise de 550 Mo :

```
[root@cobb /]# lvresize -L550 /dev/Database/LV-Oracle
  Rounding up size to full physical extent 552,00 MiB
  WARNING: Reducing active logical volume to 552,00 MiB
  THIS MAY DESTROY YOUR DATA (filesystem etc.)
Do you really want to reduce LV-Oracle? [y/n]: y
  Reducing logical volume LV-Oracle to 552,00 MiB
  Logical volume LV-Oracle successfully resized
```

Nous pouvons maintenant demander au système de fichiers de s'étendre automatiquement jusquà la taille maximum de 550 Mo :

```
[root@cobb /]# resize2fs /dev/Database/LV-Oracle
resize2fs 1.41.12 (17-May-2010)
En train de retailler le système de fichiers sur /dev/Database/LV-
Oracle à 565248 (1k) blocs.
Le système de fichiers /dev/Database/LV-Oracle a maintenant une
taille de 565248 blocs.
```

Nous pouvons enfin remonter le système et vérifier la taille du système de fichiers :

```
[root@cobb /]# mount /dev/Database/LV-Oracle /Oracle/
[root@cobb Oracle]# df -h
Sys. de fichiers    Taille  Uti. Disp. Uti% Monté sur
/dev/mapper/vg_cobb-lv_root
                      18G  2,6G   14G  16% /
tmpfs                504M  124K  504M   1% /dev/shm
/dev/sda1            485M   29M  431M   7% /boot
/dev/mapper/Database-LV--Oracle
                     535M  448M   60M  89% /Oracle
```

Créer un snapshot

Pour prendre un "cliché" d'un LV à un instant donné, tapez la commande suivante :

```
lvcreate -L <taille du snapshot> -s -n <nom du snapshot> <LV source>
```

Créer un snapshot revient donc à créer un LV avec des options spécifiques :

- `-s` : précise que le nouveau LV est un snapshot, qui sera donc "lié" à son LV source.
- `-L` : on doit définir d'avance la taille du snapshot.
  - Vous pouvez essayer de prévoir la taille des données qui seront écrites sur le LV source après la création du snapshot. Pour une sauvegarde journalière, allouez une taille de données écrites en moyenne sur une journée, avec de la marge.
  - Vous pouvez choisir de donner beaucoup d'espace à votre snapshot, qui de toute façon doit être temporaire.
- `-n` : donner un nom significatif à votre snapshot.
- `<LV source>` : précisez ici le LV à partir duquel on fait le snapshot. Cela sous-entend que le LV source et le LV snapshot sont sur le même VG, qui doit donc avoir assez d'espace libre.

Si votre snapshot a atteint son but et que vous désirez conserver le LV source tel quel, supprimez simplement le LV snapshot :

```
lvremove /dev/<vg source>/<nom du snapshot>
```

Si au contraire vous désirez faire un retour arrière, c'est-à-dire supprimer les données en cours sur le LV source et revenir sur le snapshot, il faut alors "convertir" le LV snapshot en LV source (après avoir démonté le LV source) :

```
lvconvert --merge /dev/<vg source>/<nom du snapshot>
```

Par exemple, voici sur le serveur `hopper` le LV `database` de 10 Go, monté dans `/database`. Ce LV contient une base de données de 1 Go :

```
[root@hopper ~]# ls -lh /database/
-r--rw----. 1 root root 1,0G 13 sept. 02:38 sql
[root@hopper ~]# df -hP /database/
Sys. de fichiers        Taille Utilisé Dispo Uti% Monté sur
/dev/mapper/vg-database    10G    1,2G  8,9G  12% /database
[root@hopper ~]# lvs
 LV       VG   Attr       LSize  Pool Origin Data%  Meta%  Move Log
Cpy%Sync  Convert
 home      rhel -wi-ao---- <5,00g
 root      rhel -wi-ao---- 12,00g
 swap      rhel -wi-ao----  2,00g
 database vg   -wi-ao---- 10,00g
```

Pour avoir un état cohérent de la base lors de la sauvegarde, nous faisons un *Flush to Disk* de la base de données, avec un *verrou* (opération non montrée).

Cela bloque l'écriture des données dans la base et garantit que l'ensemble de la base est bien complet sur le disque (c'est-à-dire qu'il ne reste pas des parties de la base qui sont seulement en mémoire vive).

Une fois cette opération faite, créons le snapshot du LV `database`, d'une taille de 5 Go :

```
[root@hopper ~]# lvcreate -L 5G -s -n backup /dev/vg/database
  Logical volume "backup" created.
[root@hopper ~]#
```

En un instant, le volume de snapshot `backup` est créé. Nous pouvons maintenant enlever le verrou sur la base de données, qui reprend ses activités normales.

Nous pouvons à présent monter le LV snapshot dans un répertoire précédemment créé :

```
[root@hopper ~]# mount /dev/vg/backup /mnt/backup/
mount: /mnt/backup : mauvais type de système de fichiers, option
erronée, superbloc erroné sur /dev/mapper/vg-backup, page de code
ou programme auxiliaire manquant, ou autre erreur.
[root@hopper ~]# tail /var/log/messages
Sep 13 02:52:46 hopper kernel: XFS (dm-6): Filesystem has duplicate
UUID 78fd52e0-9921-4da6-acc0-ae47de3aa6c1 - can't mount
```

Cela ne fonctionne pas. En effet, notre LV snapshot a exactement le même numéro de série (UUID) que son LV source. Il faut donc demander un montage sans prendre en compte l'UUID XFS :

```
[root@hopper ~]# mount -o nouuid /dev/vg/backup /mnt/backup/
[root@hopper ~]#
```

Nous constatons que le LV source et le LV snapshot contiennent exactement les mêmes données.

```
[root@hopper ~]# ls -lh /database/
total 2,0G
-r--rw----. 1 root root 1,0G 13 sept. 02:38 sql
[root@hopper ~]# ls -lh /mnt/backup/
total 1,0G
-r--rw----. 1 root root 1,0G 13 sept. 02:38 sql
```

Notons que la base sur le LV source peut continuer d'évoluer de son côté (ici par exemple, une modification à 2h59) :

```
[root@hopper ~]# ls -lh /database/
total 2,0G
-r--rw----. 1 root root 1,0G 13 sept. 02:59 sql
```

Tandis que le volume de snapshot est comme "figé" à 2h38 :

```
[root@hopper ~]# ls -lh /mnt/backup/
total 1,0G
-r--rw----. 1 root root 1,0G 13 sept. 02:38 sql
```

Il est temps de copier la base vers le serveur de backup `eleven` avec l'outil `rsync` via SSH :

```
[root@hopper ~]# rsync -avz -e ssh --stats /mnt/backup/
root@eleven:/backups/hopper/database/
sending incremental file list
sql
sent 1,074,353,347 bytes  received 229,423 bytes  11,252,175.60 bytes/
sec
total size is 1,073,741,824  speedup is 1.00
[root@hopper ~]#
```

La sauvegarde distante a exactement la même heure (ici sur le serveur `eleven`). Le snapshot a donc bien rempli son rôle de prendre une photo de la base à un instant T, tandis que la base de données continue de fonctionner normalement :

```
[root@eleven ~]# ls -lh /backups/hopper/database/
total 1,0G
-r--rw----. 1 root root 1,0G 13 sept. 02:38 sql
```

Imaginons simplement que la base en cours soit victime d'une corruption (ici, avec un exemple qui ne reflète en rien la réalité) :

```
[root@hopper ~]# ls -lh /database/
total 1,0G
-r--rw----. 1 root root 1,0G 13 sept. 03:28 sql
-r--rw----. 1 root root    0 13 sept. 03:28 sql.1.corrup
```

Nous pouvons facilement revenir sur le LV snapshot que n'avons pas encore supprimé, en commençant par démonter les LV, puis en utilisant la commande `lvconvert` :

```
[root@hopper ~]# lvconvert --merge /dev/vg/backup
 Merging of volume vg/backup started.
 vg/database: Merged: 100,00%

[root@hopper ~]# mount /dev/vg/database /database/
[root@hopper ~]# ls -lh /database/
total 1,0G
-r--rw----. 1 root root 1,0G 13 sept. 02:38 sql
```

Nous constatons que le LV a bien été restauré à son état précédent.

3. Stratis

Stratis, dont la promotion reste relativement discrète, est un outil développé par Red Hat et intégré à la version 8 de RHEL.

Stratis est un outil de gestion et de contrôle du stockage visant à unifier les technologies existantes et performantes de stockage, et les proposer dans une interface unique développée dans l'Espace Utilisateur (*User Space*). Cette ten-dance permet de faire remonter des fonctions de bas niveau autrefois réservées au noyau, ce qui permet de développer facilement de nouvelles fonctionnalités sans avoir à recompiler le noyau.

Stratis reprend dans une interface unique les concepts relatifs à LVM et XFS, et en récupère également de BTRFS, abandonné dans RHEL 8. Ainsi, dans la démonstration suivante, on retrouve des concepts familiers de LVM, tels que :

- *blockdev* : équivalent du Physical Volume (LVM), les partitions et disques durs participant au *pool*.
- *pool* : équivalent du Volume Group (LVM), regroupe les *blockdevs* en réservoirs de blocs de données, dans lesquel on pioche pour créer les *filesystems*.
- *filesystem* : équivalent du Logical Volume (LVM), c'est la partition logique finale que l'on va monter dans notre arborescence. Notons que Stratis crée déjà le système de fichiers, contrairement à LVM qui nécessite ensuite l'utilsation de *mkfs* après la création du LV.

La création d'un système de fichiers avec Stratis est identique à la création d'un LV dans LVM.

3.1 Création d'un système de fichiers

D'abord, installez et démarrez Stratis, si cela n'est pas fait :

```
yum install stratisd stratis-cli
systemctl enable --now stratisd
```

1) Déclaration de *blockdevs* et création d'un *pool*

```
stratis pool create <nom du pool> </dev/disque> </dev/disque>
```

Il est possible d'ajouter un *blockdev* à un *pool* existant :

```
stratis pool add-data <nom du pool> </dev/disque>
```

Notons que le *blockdev* peut être un LV LVM.

2) Création d'un *filesystem*

```
stratis filesystem create <nom du pool> <nom du filesystem>
```

Contrairement à LVM, on ne précise pas la taille du *filesystem*. En effet, ce dernier est créé en *thin provisionning*, c'est-à-dire qu'à sa création, encore vide, il a une taille réduite. Au fur et à mesure que des données sont écrites sur le *filesystem*, il prend plus de place dans le *pool*.

Ainsi, surveillez régulièrement la place disponible dans votre *pool*.

Nous n'avons pas besoin de créer le système de fichiers, cela est déjà fait. Il ne reste plus qu'à le monter.

3) Montage du *filesystem*

```
mount </dev/stratis/filesystem> <point de montage>
```

4) Afficher les *blockdevs* ajoutés, les *pools* et les *filesystems* créés avec Stratis :

```
stratis blockdev list
stratis pool list
stratis filesystem list
```

5) Réaliser un snapshot :

```
stratis filesystem snapshot <pool> <filesystem source> <nom du
snapshot>
```

Notons que nous devons préciser le *filesystem* source et le *pool* qui le contient. Pour la création d'un snapshot avec LVM, ces deux informations (VG et LV) sont contenues dans le chemin du LV source (`/dev/<VG>/<LV>`).

Dans l'exemple suivant, nous créons le pool `test-pool`, qui contiendra les blockdevs `/dev/sdc` (de 30 Go) et `/dev/sdb` (de 20 Go). Nous constatons ensuite l'existence du pool de 50 Go :

```
[root@hopper ~]# stratis pool create test-pool /dev/sdc /dev/sdb
[root@hopper ~]# stratis blockdev list
Pool Name  Device Node    Physical Size   State  Tier
```

```
test-pool  /dev/sdb              30 GiB  In-use  Data
test-pool  /dev/sdc              20 GiB  In-use  Data
[root@hopper ~]# stratis pool list
Name         Total Physical Size  Total Physical Used
test-pool                 50 GiB               88 MiB
```

3.2 Exemple de création d'un système de fichiers

Nous créons maintenant deux systèmes de fichiers, sans préciser la taille :

```
[root@hopper ~]# stratis filesystem create test-pool
test-filesystem1
[root@hopper ~]# stratis filesystem create test-pool test-
filesystem2
[root@hopper ~]# stratis filesystem list
Pool Name  Name              Used     Created              Device
                 UUID
test-pool  test-filesystem1  546 MiB  Sep 13 2019 10:15  /stratis/test-
pool/test-filesystem1  86aee48b1118475aa5f946b1a2341f7e
test-pool  test-filesystem2  546 MiB  Sep 13 2019 10:15  /stratis/test-
pool/test-filesystem2  5ab98d82cece4128a825a6520f6feb2c
```

Il ne reste plus qu'à monter les systèmes de fichiers, dans des points de montage créés auparavant. Notez dans `/dev` le chemin du périphérique Stratis :

```
[root@hopper ~]# mkdir /test-filesystem1
[root@hopper ~]# mkdir /test-filesystem2
[root@hopper ~]# mount /stratis/test-pool/test-filesystem1
/test-filesystem1
[root@hopper ~]# mount /stratis/test-pool/test-filesystem2
/test-filesystem2
```

Sans taille précisée, les systèmes de fichiers ont une taille de 1 To par défaut, ce qui ne correspond évidemment pas à la réalité :

```
[root@hopper ~]# df -hP /test-filesystem1 /test-filesystem2
Sys. de fichiers
Taille Utilisé Dispo Uti% Monté sur
/dev/mapper/stratis-1-1b8f5ccdc27c4f53b25b156ae6be4c3d-thin-fs-
86aee48b1118475aa5f946b1a2341f7e   1,0T    7,2G 1017G
1% /test-filesystem1
/dev/mapper/stratis-1-1b8f5ccdc27c4f53b25b156ae6be4c3d-thin-fs-
5ab98d82cece4128a825a6520f6feb2c   1,0T    7,2G 1017G
1% /test-filesystem2
```

3.3 Exemple de création d'un snapshot

Illustrons maintenant l'utilisation d'un snapshot pour récuperer des données supprimées.

Nous avons créé le fichier `IMPORTANT` dans le système de fichiers que nous venons de créer :

```
[root@hopper ~]# ls /test-filesystem1 -lh
total 0
-r--rw----. 1 root root 1,0G 16 sept. 01:16 IMPORTANT
```

Créons un snapshot de ce système de fichiers :

```
[root@hopper ~]# stratis filesystem snapshot test-pool test-
filesystem1 test-filesystem1-snapshot
[root@hopper ~]# stratis filesystem list
Pool Name  Name                       Used     Created
 Device                                        UUID
test-pool  test-filesystem2           546 MiB  Sep 13 2019 10:15
/stratis/test-pool/test-filesystem2           5ab98d82ce
ce4128a825a6520f6feb2c
test-pool  test-filesystem1           546 MiB  Sep 13 2019 10:15
/stratis/test-pool/test-filesystem1
86aee48b1118475aa5f946b1a2341f7e
test-pool  test-filesystem1-snapshot  546 MiB  Sep 16 2019 01:17
/stratis/test-pool/test-filesystem1-snapshot
86622a4ead344ecebc6ac682ca77d800
```

Nous montons le snapshot pour vérifier qu'il s'agit bien d'un miroir du système de fichiers source, après quoi nous le démontons. Nous constatons que le snapshot contient bien notre fichier `IMPORTANT`, avec la même taille et date :

```
[root@hopper ~]# mkdir /test-filesystem1-snapshot
[root@hopper ~]# mount /stratis/test-pool/test-filesystem1-
snapshot /test-filesystem1-snapshot
[root@hopper ~]# ls /test-filesystem1-snapshot -lh
total 0
-r--rw----. 1 root root 1,0G 16 sept. 01:16 IMPORTANT
[root@hopper ~]# umount /test-filesystem1-snapshot
```

Supprimons (par inadvertance) le fichier IMPORTANT :

```
[root@hopper ~]# rm /test-filesystem1/IMPORTANT
[root@hopper ~]# ls -lh /test-filesystem1/
total 0
[root@hopper ~]#
```

Récupérons nos données perdues à partir du snapshot. Nous démontons d'abord le système de fichiers source, que nous détruisons. Ensuite, nous réalisons un snapshot... du snapshot, pour obtenir un système de fichiers avec un nom adéquat :

```
[root@hopper ~]# umount /test-filesystem1/
[root@hopper ~]# stratis filesystem destroy test-pool
test-filesystem1 [root@hopper ~]# stratis filesystem snapshot
test-pool
test-filesystem1-snapshot test-filesystem1
```

Lorsque nous montons notre nouveau système de fichiers, nous constatons que notre fichier IMPORTANT est bien là, et récupéré à l'identique :

```
[root@hopper ~]# mount /stratis/test-pool/test-filesystem1
/test-filesystem1
[root@hopper ~]# ls -lh /test-filesystem1
total 0
-r--rw----. 1 root root 0 16 sept. 01:16 IMPORTANT
[root@hopper ~]#
```

4. RAID

4.1 Présentation

4.1.1 Qu'est-ce que le RAID ?

RAID est l'acronyme de *Redundant Array of Independent* (ou *Inexpensive*) *Disks* (arrangement redondant de disques indépendants (ou peu onéreux)), qui essaie de décrire tant bien que mal la technique consistant à répartir les données sur plusieurs disques, pour augmenter la fiabilité, la tolérance aux pannes ou les performances.

4.1.2 Niveaux de RAID

RAID 0 : volume agrégé par bandes

Le RAID 0 n'a pas pour but d'apporter de la fiabilité, mais de la performance. En effet, cette configuration permet de faire travailler plusieurs disques en parallèle.

Les données sont réparties par bandes sur l'ensemble des disques. Il est ainsi possible d'accéder à plusieurs données en même temps, réduisant significativement les temps d'accès.

Cependant, si l'un des disques tombe en panne, l'ensemble du volume est perdu.

RAID 1 : disques en miroir

Cette configuration veut apporter une fiabilité maximum, en écrivant sur deux ou plusieurs disques les mêmes données au même moment. Les disques sont ainsi des miroirs les uns des autres.

Suivant la configuration, même si plusieurs disques tombent en panne, les données sont toujours présentes et accessibles tant qu'il reste un disque valide.

Bien sûr, l'espace disponible est réduit. Pour un RAID 1 sur deux disques, on n'utilise que 50 % de l'espace disque total.

Cette configuration n'apporte aucun gain de performance.

RAID 5 : volume agrégé par bandes à parité réparties

Le RAID 5 essaie de faire un compromis entre du RAID 1 et un meilleur rendement de l'espace disque, en utilisant les mathématiques.

Cette technologie utilise une parité qui permet de reconstruire des blocs de données perdus. On répartit les blocs de données et les blocs de parité sur l'ensemble des disques (3 au minimum).

Si l'un des disques vient à tomber en panne, les autres disques (contenant les blocs de parité et les autres blocs de données) permettent de reconstruire les données manquantes.

L'espace total est donc plus rentabilisé qu'avec du RAID 1, pour une solution relativement fiable. Par exemple, pour un volume RAID 5 à trois disques (c'est le minimum), on peut utiliser 66 % de l'espace total.

L'inconvénient de cette solution est le temps de reconstruction des données perdues qui peut être assez long, jusqu'à plusieurs heures, une fois que l'on a remplacé le disque défaillant. Cela peut être gênant si un autre disque tombe en panne à ce moment-là.

De plus, le RAID 5 peut être source de problèmes pour des utilisations intensives sur du long terme. C'est pourquoi il est recommandé de bien se renseigner sur les avantages et les inconvénients de cette solution avant de la mettre en place.

RAID 6

Le RAID 6 est une évolution du RAID 5 qui augmente le niveau de fiabilité en augmentant les informations de redondance. Avec cette solution, il est possible de perdre plus d'un disque en même temps. Cependant, les calculs, reposant sur des formules plus compliquées, sont plus longs à l'écriture des données en exploitation normale et à la reconstruction en cas de défaillance.

4.1.3 RAID physique ou logiciel ?

Il faut distinguer le RAID matériel et le RAID bios. Le RAID matériel est effectué par une carte RAID spécialisée. Cette solution est performante et fiable, et elle autorise parfois le remplacement à chaud de disque, de manière transparente pour le système d'exploitation. Cette fonctionnalité est à vérifier dans les spécifications techniques du contrôleur et des disques durs. En effet, même si le contrôleur supporte le changement à chaud, il se peut que les disques subissent des dommages irréversibles lors de cette opération (même les disques qui n'ont pas besoin d'être changés).

Le RAID bios n'est pas un « vrai » RAID. C'est une fonctionnalité ajoutée au Bios de la machine sur des contrôleurs de disques standard. Pour cette raison, ce type de RAID n'est pas fiable, et peut souffrir de performances pauvres.

Le RAID logiciel (*Software RAID*) est mis en œuvre par le système d'exploitation. Si le processeur est puissant, il peut bénéficier d'excellentes performances, comparables à du RAID matériel.

L'inconvénient principal du RAID logiciel, c'est qu'il est rarement possible de changer de disque à chaud, au niveau des disques pour les raisons évoquées ci-dessus, et au niveau du contrôleur de disque.

Il est possible de faire du RAID entre partitions de même taille. Si c'est le cas, faites toujours du RAID entre des partitions de disques branchés sur des contrôleurs différents.

4.2 RAID logiciel : mise en œuvre

4.2.1 Création de volume RAID

La création d'un volume RAID se fait avec la commande `mdadm` :

```
mdadm --create --verbose /dev/md0 <autres_options...>
```

- L'option `--create` spécifie que la commande `mdadm` est en mode création.
- L'option `--verbose` permet d'avoir un détail en temps réel des opérations effectuées.
- `/dev/md0` : c'est le nom du volume RAID créé, qui sera alors **considéré comme un disque dur à part entière**, **en procédant d'abord au formatage**. Pour créer des volumes RAID supplémentaires, incrémentez le dernier chiffre.
- Il faut ensuite rajouter des options en fonction du niveau de RAID choisi.

Informations sur les volumes

Les informations sur les volumes créés sont mises à jour régulièrement dans le fichier `/proc/mdstat`. Il sera donc utile d'afficher ce fichier après nos opérations.

De plus, pour avoir des informations encore plus détaillées (sur le volume `RAID /dev/md0` par exemple), utilisez la commande :

```
mdadm --detail /dev/md0
```

RAID-0

Pour créer un volume RAID-0 avec deux disques qui ont à peu près la même taille, tapez :

```
mdadm --create --verbose /dev/md0 --level=stripe
--raid-devices=2 /dev/<disque1> /dev/<disque2>
```

– l'option --level=stripe définit le niveau de RAID. Dans ce cas, il s'agit du RAID-0 (ou RAID en bandes, *stripes*).
– --raid-devices définit le nombre de disques durs utilisés dans le volume.
– /dev/<disque> : nom des disques durs utilisés pour le RAID.

Remarque

Pour le cas du RAID-0, utilisez de préférence des disques durs différents. Il est possible d'utiliser des partitions ; dans ce cas, choisissez des partitions sur des disques différents (vous perdez sinon le seul bénéfice du RAID-0, la performance).

Nous créons dans notre exemple un volume RAID-0 à partir des disques /dev/sdb et /dev/sdc :

```
[root@cobb ~]# mdadm --create --verbose /dev/md0 --level=stripe
--raid-devices=2 /dev/sdb /dev/sdc
mdadm: chunk size defaults to 512K
mdadm: Defaulting to version 1.2 metadata
mdadm: array /dev/md0 started.
```

Notez que le volume RAID est démarré immédiatement. On peut tout de suite le formater et commencer à y stocker nos données.

L'affichage de /proc/mdstat nous permet de connaître l'état du RAID :

```
[root@cobb ~]# cat /proc/mdstat
Personalities : [raid0]
md0 : active raid0 sdc[1] sdb[0]
      41940992 blocks super 1.2 512k chunks
```

Nous voyons ici que le volume md0 est actif, en RAID-0 sur les disques /dev/sdb et /dev/sdc.

RAID-1

Pour créer un volume RAID-1 avec deux disques qui ont à peu près la même taille, tapez :

```
mdadm --create --verbose /dev/md0 --level=mirror
--raid-devices=2 /dev/<disque1> /dev/<disque2>
```

– l'option `--level=mirror` définit le niveau de RAID en RAID-1 (miroir).

Remarque

Pour du RAID-1, utilisez toujours des disques durs différents ou des partitions sur des disques différents.

Dans notre exemple, nous avons créé un volume RAID-1 à partir des disques `/dev/sdb` et `/dev/sdc`. Consultons `/proc/mdstat` :

```
[root@cobb ~]# cat /proc/mdstat
Personalities : [raid0] [raid1]
md0 : active raid1 sdc[1] sdb[0]
      20970424 blocks super 1.2 [2/2] [UU]
      [======>..............]  resync = 30.5% (6400000/20970424)
finish=1.2min speed=200000K/sec
```

Nous constatons ici que le volume RAID-1 `/dev/md0` est bien en train d'être construit. En effet, puisque nous faisons un miroir du disque `/dev/sdb` sur `/dev/sdc`, les données doivent être copiées de l'un vers l'autre.

Remarque

Remarquons que même pendant la construction, le volume est actif. Cela veut dire que nous pouvons d'ores et déjà le formater et y stocker nos données. Bien sûr, la fiabilité n'est pas assurée pendant la construction : si le disque dur « principal » tombe en panne, les données sont perdues.

RAID-1 et disque de secours

Il est possible d'inclure un disque de secours (un disque de *spare*) dans le volume RAID-1 au cas où l'un des disques tomberait en panne. Vous êtes bien sûr averti de la panne et devez procéder au plus vite à l'entretien en remplaçant le disque défectueux. Il est cependant possible de demander à RAID de reconstruire le volume sur un disque de rechange le plus vite possible. Ainsi, si un autre disque a le malheur de tomber en panne avant votre intervention, vous êtes quand même protégé.

Pour créer un volume RAID-1 avec deux disques et un disque de secours, tapez :

```
mdadm --create --verbose /dev/md0 --level=mirror
--raid-devices=2 /dev/<disque1> /dev/<disque2>
--spare-devices=1 /dev/<disque_spare>
```

- `--spare-devices` définit le nombre de disques de secours.
- `/dev/<disque_spare>` : suit alors le nom du ou des disques de secours.

Illustrons en créant un volume RAID-1 à partir des disques `/dev/sdb` et `/dev/sdc` avec le disque de secours `/dev/sdd`. Consultons `/proc/mdstat` :

```
[root@cobb ~]# cat /proc/mdstat
Personalities : [raid0] [raid1]
md0 : active raid1 sdd[2](S) sdc[1] sdb[0]
      20970424 blocks super 1.2 [2/2] [UU]
```

Nous voyons bien ici notre volume RAID-1 `/dev/md0` avec le disque `/dev/sdd` en secours (lettre `S` entre parenthèses).

Que se passe-t-il si nous provoquons une panne du disque `/dev/sdc` (possible avec l'option `--fail`) ?

```
[root@cobb ~]# mdadm --manage /dev/md0 --fail /dev/sdc
mdadm: set /dev/sdc faulty in /dev/md0
[root@cobb ~]# cat /proc/mdstat
Personalities : [raid0] [raid1]
md0 : active raid1 sdd[2] sdc[1](F) sdb[0]
      20970424 blocks super 1.2 [2/1] [U_]
      [===>.................]  recovery = 17.1% (3601408/20970424)
finish=1.4min speed=200078K/sec
```

Nous constatons ici qu'une reconstruction est en cours. Le volume est en train d'être réparé avec le disque de secours, jusqu'à présent inutilisé. Ce disque fait maintenant partie intégrante du volume, ce n'est plus un disque de secours (la lettre S a disparu).

RAID-5 ou 6

La création d'un volume RAID-5 ou 6 se fait de la même manière que pour RAID-1, à l'exception que RAID-5 nécessite au moins trois disques, quatre pour RAID-6. Il est également possible d'utiliser un ou plusieurs disques de secours, utilisés seulement si un des disques du volume tombe en panne.

La commande est la suivante :

```
mdadm --create --verbose /dev/md0 --level=5 --raid-
devices=3 /dev/sdb1 /dev/sdc1 /dev/sdd1 --spare-
devices=1 /dev/sde1
```

- `--level=5` : il est possible d'indiquer un numéro plutôt qu'un nom de level RAID.
- `/dev/sdb1` : le RAID peut être fait, non seulement sur des disques entiers, mais également sur des partitions.

La création d'un volume RAID-5/6 passe par la même étape de construction du volume, en répartissant les données et leurs blocs de parités sur les différents disques. Cette opération est généralement plus longue que pour le RAID-1 au regard de la complexité des calculs à effectuer.

Pour exemple, attardons-nous auprès de la commande `mdadm --detail` pour un volume RAID-5 :

```
[root@cobb ~]# mdadm --detail /dev/md0
/dev/md0:
        Version : 1.2
  Creation Time : Tue Jan 11 02:33:16 2011
     Raid Level : raid5
     Array Size : 31454208 (30.00 GiB 32.21 GB)
  Used Dev Size : 15727104 (15.00 GiB 16.10 GB)
   Raid Devices : 3
  Total Devices : 4
    Persistence : Superblock is persistent
```

```
    Update Time : Tue Jan 11 02:34:57 2011
          State : clean
 Active Devices : 3
Working Devices : 4
 Failed Devices : 0
  Spare Devices : 1

         Layout : left-symmetric
     Chunk Size : 512K

           Name : cobb.acme.fr:0  (local to host cobb.acme.fr)
           UUID : 46d7655d:3a1757d0:0a53de37:dd27f3f1
         Events : 18

    Number   Major   Minor   RaidDevice State
       0       8       16        0      active sync   /dev/sdb
       1       8       32        1      active sync   /dev/sdc
       4       8       48        2      active sync   /dev/sdd

       3       8       64        -      spare   /dev/sde
[root@cobb ~]# mdadm --detail --scan
ARRAY /dev/md0 metadata=1.2 spares=1 name=cobb.acme.fr:0
UUID=46d7655d:3a1757d0:0a53de37:dd27f3f1
```

Cette commande livre quantité d'informations intéressantes. Parmi elles, nous trouvons :

- `Raid Level` : le niveau de RAID.
- `Array Size` : la capacité de notre volume. Elle est fonction du niveau de RAID, du nombre de disques et de la taille des disques. Pour du RAID5 sur trois disques de 15 Go, nous avons (2/3)x15 = 30 Go d'espace disponible.
- `Used Dev Size` : taille des disques utilisés. Chaque disque sera utilisé à hauteur du plus petit disque. Dans cet exemple, le plus petit disque (qui est le disque de secours) a une taille de 15 Go. Les autres disques doivent être utilisés à hauteur de 15 Go, bien que leur taille réelle soit de 20 Go, car n'oublions pas que les données sont réparties de manière égale sur l'ensemble des disques.
- Nous trouvons l'état individuel des disques : dans le cas présent, ils sont soit en état actif (*active*), soit en état secours (*spare*). Il peuvent être également en état défaillance (*default*).

4.2.2 Surveillance du RAID

Le RAID logiciel inclut bien sûr la possibilité d'être averti si un disque du volume RAID tombe en panne.

La surveillance est également effectuée avec la commande `mdadm`, qui peut déclencher différentes actions si une défaillance est détectée, comme l'envoi d'un e-mail, le lancement d'un programme, ou l'écriture d'une ligne dans syslog. Ces options sont disponibles dans la manpage.

Voici par exemple une surveillance avec envoi d'un message en cas de problème :

```
mdadm --monitor --mail=noc@acme.com --delay=300
/dev/md0 &
```

Ici, `mdadm` vérifie l'état du volume RAID */dev/md0* toutes les 300 secondes. En cas de défaillance, un e-mail est envoyé à l'adresse e-mail précisée.

Il est préférable de configurer la surveillance au lancement de la machine. Pour cela :

- Modifiez le fichier de configuration `/etc/mdadm.conf` avec l'adresse e-mail souhaitée.
- Activez le service `mdmonitor` au démarrage de la machine :

```
chkconfig --level 2345 mdmonitor on
```

5. Installer un système de fichiers

5.1 Présentation

Un **système de fichiers** décrit la façon dont sont **stockées et organisées les données** sur un support de stockage quelconque, comme la mémoire de masse (disque dur, CD-ROM ou clé USB) ou le réseau.

Il est en effet nécessaire de décrire précisément comment s'effectue le stockage des données sur le support physique : comment sont indexés les fichiers et répertoires, comment les ouvrir, les supprimer ou les copier, comment y accéder.

Le système de fichiers fournit également une **représentation des données à l'utilisateur**, relativement indépendante de la structure physique des données : la plupart du temps, l'utilisateur verra les fichiers comme une arborescence de répertoires, dans lesquels se trouvent des fichiers et sous-répertoires.

Il existe plusieurs philosophies, plus ou moins standards, dans la façon d'organiser les données. Elles sont en général dépendantes des systèmes d'exploitation pour lesquels les systèmes de fichiers ont été créés. On peut en général les répartir dans les catégories suivantes :

- Systèmes de fichiers non journalisés.
- Systèmes de fichiers journalisés.
- Système de fichiers réseau.
- Système de fichiers distribués ou en cluster.
- Il existe bien sûr beaucoup d'autres types de système de fichiers, dédiés à des applications bien spécifiques. On peut citer les systèmes de fichiers cryptographiques par exemple, le système de fichiers virtuels et les pseudo-systèmes de fichiers.

Par extension, le système de fichiers **décrit également la partition** qu'on a formatée dans un type de système de fichiers particulier.

Par exemple, on parlera d'opérations telles que le montage d'un système de fichiers, ou la vérification d'un système de fichiers.

Systèmes de fichiers non journalisés

Les systèmes de fichiers non journalisés sont très variés, et l'organisation des données est différente d'un système à un autre. On les range cependant dans la même catégorie car ils ont une caractéristique commune : leurs limitations font qu'ils ne sont pas adaptés aux supports de stockage actuels, de plus en plus gros, et demandeurs en performances.

Les deux principaux systèmes de fichiers non journalisés qui nous intéressent pour une utilisation sur un serveur Red Hat Enterprise Linux sont :

- FAT et toutes ses dérivées, pour la compatibilité avec le monde Windows.
- ext2, le grand-père du système de fichiers actuel utilisé sur Red Hat Enterprise Linux, ext4.

Le système de fichiers FAT utilise une table d'allocation des fichiers (*file allocation table*, FAT) qui est une sorte de carte reflétant l'organisation et l'état des fichiers sur le disque. Pour accéder à un fichier, il faut donc d'abord accéder à la FAT, qui indique à quel endroit se trouvent les données sur le disque. Il faudra parfois parcourir l'ensemble de la FAT, ce qui peut dégrader les performances si l'on stocke des fichiers volumineux sur des partitions de taille très importante.

En ce qui concerne ext2, son organisation est semblable à celle de ext3/ex4, **sans la journalisation**. Nous développons la philosophie *inode* dans la partie Structure des données sous Linux.

Le principal inconvénient des systèmes de fichiers non journalisés se révèle lors d'un arrêt brutal du système. Au redémarrage, il est nécessaire de vérifier l'intégrité des données en parcourant l'intégralité du système de fichiers, ce qui peut être extrêmement long pour de gros supports. Par exemple, si un fichier était en train d'être supprimé, ou une copie en train d'être faite, aucune trace de ces actions n'a été conservée et il est nécessaire de vérifier la cohérence de données.

Systèmes de fichiers journalisés

Les systèmes de fichiers journalisés ont des façons variées d'organiser les données, mais ils ont en commun le principe de journalisation, qui permet de revenir très rapidement à un état normal du support après un arrêt brutal.

Chaque opération est enregistrée dans un journal ; ainsi une trace des actions est conservée. On sait à tout moment quelles actions sont bel et bien finies, et quelles sont les actions en cours. Dans le cas d'un arrêt brutal du système, il suffit simplement de consulter le journal, et de s'assurer que la dernière action en cours a été bien accomplie ou pas. Cela prend un temps infiniment moindre que pour un système de fichiers non journalisé.

Les systèmes de fichiers journalisés les plus courants sont :

- **ext4** : c'est le système de fichiers utilisé par défaut sur Red Hat Enterprise Linux jusqu'à la version 6.
- **NTFS** : c'est le système de fichiers utilisé par les systèmes d'exploitation Microsoft depuis Windows NT. Linux sait utiliser ce système de fichiers.

– **XFS** : un système de fichiers haute performance, capable de supporter des débits et des tailles de fichiers importants, c'est le FS utilisé par défaut à partir de RHEL 7.

Systèmes de fichiers réseau

Le principe des systèmes de fichiers réseau consiste à accéder aux données stockées sur une autre machine à travers le réseau. Il est évident que l'accès aux données n'est pas défini de la même manière que pour un accès à un support de stockage local.

Les systèmes de fichiers réseau se déclinent en deux saveurs principales :

– SMB/CIFS : le protocole de partage de fichiers de Microsoft, supporté sous Linux par le logiciel Samba.
– NFS : le protocole de partage de fichiers natif aux serveurs Unix/Linux.

Système de fichiers répartis

Les systèmes de fichiers répartis ou systèmes de fichiers distribués, permettent de répartir une partition sur plusieurs machines. Cela est adapté à un environnement en cluster, ou plusieurs machines exécutent une tâche en commun.

Sur Red Hat Enterprise Linux, le type de système de fichiers distribué choisi est GFS (*Global Filesystem*).

Métadonnées

Derrière ce nom barbare se cache un principe simple : les métadonnées sont des données à propos des données. En effet, il est nécessaire de stocker des informations sur les fichiers et les répertoires stockés sur le support.

Sous Unix/Linux, les métadonnées les plus courantes sont :

– droits d'accès,
– utilisateur et groupe propriétaires,
– taille,
– date d'accès, de changement et de modification du fichier,

- type de fichier (fichier standard, lien symbolique, répertoire, périphérique, etc.),
- nombre de liens physiques et symboliques,
- attributs étendus et listes de contrôle d'accès,
- adresses des blocs de données.

Remarque

Fait intéressant, la date de création d'un fichier n'est stockée nulle part !

Bien qu'il existe d'autres métadonnées, les données décrites ici sont conservées dans l'*inode*, que nous expliquons juste après.

5.2 Structure des données sous Linux

5.2.1 Extended File System

Extended File System (système de fichiers étendu) appelé plus couramment **ext**, est le premier système de fichiers créé spécifiquement pour Linux. Réellement, les concepts majeurs utilisés maintenant ont été complètement implémentés dans la version 2 de ext (**ext2**) qui est l'ancêtre des versions **ext3** et **ext4** utilisées sur les serveurs Red Hat Enterprise Linux. Avec le temps, d'autres types de systèmes de fichiers sont apparus, comme XFS, également utilisé par Red Hat.

Virtual File System

La demande d'unification des types de systèmes de fichiers a poussé à la création de Virtual File System (système de fichiers virtuel), qui est une couche intermédiaire entre les systèmes de fichiers, **hétérogènes**, et la structure de l'arborescence. Il offre une vue unifiée à l'utilisateur, bien que des systèmes de fichiers différents soient utilisés. Il permet ainsi une généralisation des concepts propres aux systèmes de fichiers *ext* sur des systèmes de fichiers qui ne les implémentent pas, comme NTFS. VFS réalise dans ce cas une conversion.

Ainsi, les concepts propres à Linux que nous allons explorer maintenant sont implémentés, soit physiquement sur le système de fichiers, soit virtuellement grâce à VFS.

Au cœur de la famille des systèmes de fichiers `ext` utilisés sous Linux, il y a la notion d'inode, qui fait partie des concepts fondamentaux à comprendre pour bien appréhender la structure des systèmes de fichiers Linux.

5.2.2 Superbloc

Le superbloc (*superblock* en anglais) contient les informations générales sur le système de fichiers. On trouve entre autres informations pertinentes :

- Nombre de montages : cette notion est expliqué à la partie Monter le système de fichiers.
- Inodes disponibles.
- Blocs de données disponibles.
- Premier inode : cette information est nécessaire pour comprendre le fonctionnement du système de fichiers ext. Le premier inode contient le numéro d'inode du répertoire racine (nommé /) du système de fichiers.

Comme le superbloc contient des informations capitales pour le système de fichiers, il est situé au tout début du système de fichiers et répété à intervalles réguliers.

5.2.3 Inodes

Les inodes (ou inœuds en français, moins souvent utilisé) sont des structures de données, des « cases », stockant les métadonnées des fichiers. En revanche, les inodes ne contiennent pas le nom de ces fichiers.

Lorsqu'un utilisateur veut accéder à un fichier, le système accède d'abord à l'inode de ce fichier et y lit les métadonnées de ce fichier. Il vérifie entre autres les permissions pour savoir si l'utilisateur a le droit de lire, de modifier, ou d'exécuter les données du fichier.

En fonction des permissions, le système cherche ensuite l'adresse des données contenues dans l'inode. Il peut finalement accéder à la donnée proprement dite, qui se trouve à l'adresse indiquée quelque part sur le disque dur.

Les répertoires sont aussi des fichiers référencés par des inodes. Lister le contenu d'un répertoire, c'est donc suivre la même procédure : consulter l'inode du répertoire, puis accéder à ses données : ces données sont la liste des fichiers contenus dans le répertoire, avec leur numéro d'inode correspondant.

5.2.4 Table des inodes

La table des inodes contient les inodes alloués aux systèmes de fichiers.

Le nombre d'inodes est défini à la création du système de fichiers, lorsque vous formatez la partition. Puisqu'un fichier correspond en général à un inode, cela signifie que le nombre de fichiers est limité sur un système de fichiers ext2/3/4.

Pour avoir le nombre total d'inodes pour un système de fichiers monté dans l'arborescence, ainsi que le nombre d'inodes disponibles, utilisez la commande :

```
df -i
```

Par exemple :

```
[root@cobb ~]# df -i
Sys. de fichiers       Inodes   IUtil.  ILib.      IUti% Monté sur
/dev/sda1              1150560  96204   1054356     9%    /
```

On constate que pour la partition `/dev/sda1`, 1150560 inodes ont été alloués lors de la création du système de fichiers.

Pour un système de fichiers formaté, mais pas encore monté, la commande `tune2fs` donne également le nombre total et disponible d'inodes, en plus d'autres informations très intéressantes (option `-l` pour *list*) :

```
tune2fs -l /dev/<partition>
```

Par exemple, la partition `/dev/sde1` n'est pas encore montée :

```
[root@cobb ~]# tune2fs -l /dev/sde1
tune2fs 1.41.12 (17-May-2010)
Filesystem volume name:   <none>
Last mounted on:          <not available>
Filesystem UUID:          f390de17-7655-4990-b768-a5fba7b5e170
Filesystem magic number:  0xEF53
Filesystem revision #:    1 (dynamic)
Filesystem features:      has_journal ext_attr resize_inode
dir_index filetype sparse_super
```

```
Filesystem flags:         signed_directory_hash
Default mount options:    (none)
Filesystem state:         clean
Errors behavior:          Continue
Filesystem OS type:       Linux
Inode count:              28112
Block count:              112420
Reserved block count:     5621
Free blocks:              103202
Free inodes:              28101
First block:              1
Block size:               1024
(...)
```

Cette partition contient en tout 28112 inodes, dont 28101 disponibles.

5.2.5 Tables des blocs

La table des blocs (*block table* en anglais) contient les blocs des données des fichiers, c'est-à-dire le contenu véritable des fichiers.

Là encore, le nombre de blocs disponibles est défini à la création du système de fichiers (lorsque la partition est formatée). Les blocs ont une taille fixe dans le système de fichiers.

Dans l'exemple précédent, nous voyons que la partition `/dev/sde1` possède au total 112 420 blocs de données. Chaque bloc de données a une taille de 1024 octets. Au formatage, certains blocs de données sont utilisés par le système, il reste 103202 blocs de données, ce qui fait 103 202 ko d'espace disque disponible (environ 100 Mo).

5.2.6 Illustration de la structure du système de fichiers

Retracer les différentes étapes d'accès à un fichier illustre le fonctionnement du système de fichiers `ext`.

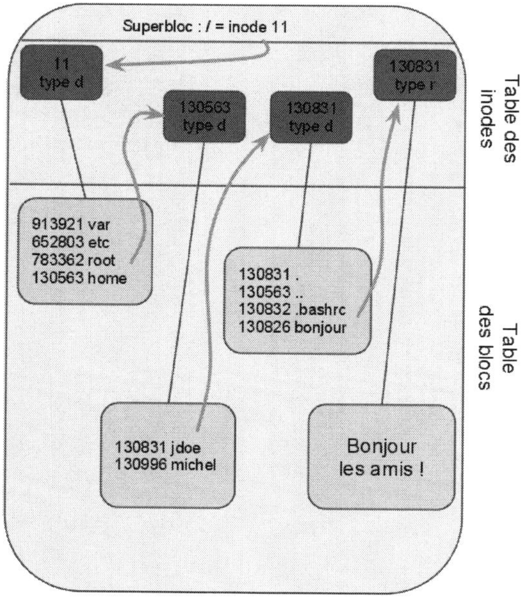

Structure du système de fichiers

Lorsque l'utilisateur `jdoe` tape la commande :

```
cat /home/jdoe/bonjour
```

1. Le système d'exploitation regarde dans le superbloc le numéro du premier inode correspondant à la racine `/`. Le premier inode a le numéro `11`.

```
[root@cobb jdoe]# debugfs /dev/sda2
debugfs:  stats
Filesystem volume name:   <none>
Last mounted on:          /
(...)
First inode:              11
```

2. Le système accède à l'inode `11`, vérifie les permissions d'accès à ce répertoire, et cherche l'adresse du bloc de données : `9217`

```
debugfs:  show_inode_info /
Inode: 2   Type: directory    Mode:  0555   Flags: 0x0
(...)
BLOCKS:
```

```
(0):9217
```

3. Le système ouvre le bloc de données 9217 contenant les listes des répertoires et fichiers contenus dans /. Il y trouve une correspondance entre les noms et les numéros d'inodes :

```
783361 dev       261121 proc        391681 sys
913921 var       652801 tmp         652803 etc
783362 root      130562 selinux     391685 srv
130618 misc      261122 usr         391682 bin
130563 home      783365 lib         391683 media
130564 mnt       391684 opt         130565 sbin
```

4. Le système accède à l'inode 130563 correspondant au répertoire /home, vérifie les permissions d'accès à ce répertoire, et cherche l'adresse du bloc de données : 532482.

```
debugfs:  show_inode_info /home
Inode: 130563   Type: directory    Mode:  0755   Flags: 0x80000
(...)
BLOCKS:
(0): 532482
```

5. Le système ouvre le bloc de données 532482 contenant les listes des répertoires et fichiers contenus dans /home. Il y trouve une correspondance entre les noms et les numéros d'inodes :

```
debugfs:  ls /home
130563 .         2          ..         130831 jdoe
130996 michel    130994 admin         131009 ITprojets
```

6. Le système accède à l'inode 130831 correspondant au répertoire jdoe, vérifie les permissions d'accès à ce répertoire, et cherche l'adresse du bloc de données : 532492

```
debugfs:  show_inode_info /home/jdoe
Inode: 130831   Type: directory    Mode:  0700   Flags: 0x80000
(...)
BLOCKS:
(0): 532492
```

7. Le système ouvre le bloc de données 532492 contenant les listes des répertoires et fichiers contenus dans jdoe. Il y trouve une correspondance entre les noms et les numéros d'inodes :

```
debugfs:  ls /home/jdoe
130831 .          130563 ..          130832 .bashrc
(...)
130826 bonjour
```

8. Le système accède à l'inode 130826 correspondant au fichier bonjour, vérifie les permissions d'accès à ce fichier, et cherche l'adresse du bloc de données. Nous voyons ici les permissions : l'utilisateur propriétaire a l'UID 500, le groupe propriétaire a le GID 500 et les droits d'accès sont 0664. Les données de ce fichier sont stockées au bloc 3707450.

```
debugfs:  show_inode_info /home/jdoe/bonjour
Inode: 130826   Type: regular    Mode:  0664   Flags: 0x80000
Generation: 4191462316    Version: 0x00000000:00000001
User:   500   Group:   500   Size: 19
(...)
BLOCKS:
(0): 3707450
```

9. En dernier lieu, comme le système constate que le type de fichier est regular, il ouvre la donnée se trouvant au bloc 3707450 et la passe à la commande cat qui en affiche le contenu :

```
[jdoe@cobb ~]$ cat /home/jdoe/bonjour
Bonjour les amis !
```

5.2.7 Liens symboliques et liens physiques

Nous avons choisi d'expliquer les liens ici, car ils utilisent des concepts directement liés à la structure du système de fichiers.

Les liens sont des fichiers servant de raccourcis vers d'autres fichiers (ou répertoires).

Il existe deux types de liens : les liens physiques et les liens symboliques.

Liens symboliques

Les liens symboliques (en anglais, *symbolic links*, ou *symlinks*) sont les plus simples à comprendre. Ce sont des entrées dans les répertoires, comme des fichiers réguliers. Cependant, au lieu de pointer vers un numéro d'inode, comme un fichier régulier, **le lien symbolique pointe vers le nom d'un autre fichier**. On peut les considérer comme des alias de fichiers, dont l'idée n'est pas complètement éloignée des raccourcis utilisés sous Windows.

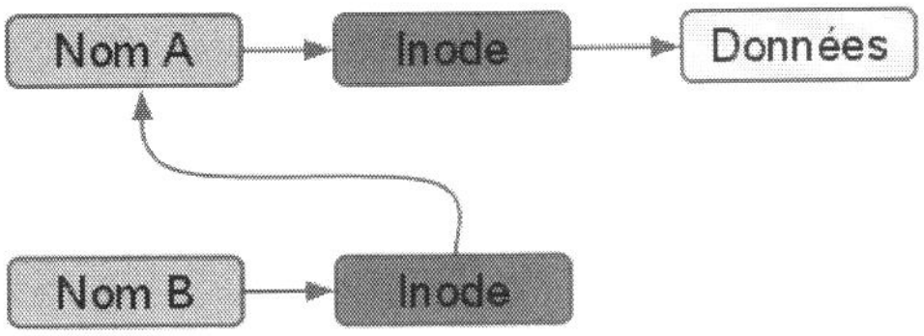

Schéma explicatif du lien symbolique

Par exemple, dans `/etc/rc5.d/`, on trouve des liens symboliques :

```
[root@cobb rc5.d]# ls -l
lrwxrwxrwx. 1 root root K01certmonger -> ../init.d/certmonger
lrwxrwxrwx. 1 root root K01smartd -> ../init.d/smartd
lrwxrwxrwx. 1 root root K02oddjobd -> ../init.d/oddjobd
lrwxrwxrwx. 1 root root K10psacct -> ../init.d/psacct
```

On voit ici que le fichier `K01smartd` pointe vers le fichier régulier `smartd` dans le répertoire `init.d`.

Ainsi, lorsqu'on appelle `/etc/rc5.d/K01smartd`, c'est `/etc/init.d/smartd` qui est ouvert.

À savoir sur les liens symboliques

- Dans le résultat du `ls`, le type de fichier d'un lien symbolique est `l` (*link*).
- Un lien symbolique peut pointer vers un fichier régulier ou un répertoire.
- Un lien symbolique peut pointer vers un fichier avec un chemin relatif ou absolu.
- Un lien symbolique est un fichier spécial, contenant le lien vers le fichier pointé. Le lien symbolique a donc un numéro d'inode différent du fichier pointé.

– L'action qui consiste à voir le fichier pointé plutôt que le lien symbolique s'appelle **déréférencement**.
– Les liens symboliques sont **utilisés absolument partout dans l'arborescence** de votre serveur. **Apprenez à les repérer** en utilisant la commande `ls -lh` le plus possible. **Apprenez également à les utiliser** pour faciliter l'administration de votre serveur.

Liens physiques (ou liens matériels)

Les liens physiques (en anglais *hardlinks*, liens durs) sont des pointeurs vers les données physiques d'un autre fichier. Précisément, un lien physique pointe vers le même inode que le fichier d'origine.

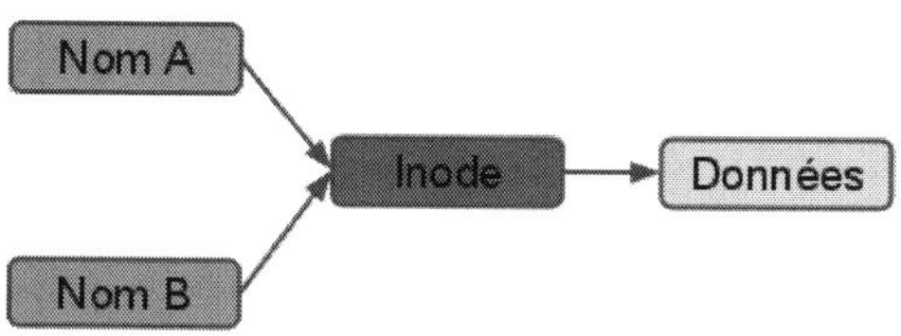

Schéma explicatif du lien physique

Nous savons, d'après les explications précédentes, qu'un fichier est l'assemblage de trois éléments :

– un nom, ou une étiquette dans un répertoire, pointant vers un inode,
– un inode, contenant des métadonnées, et pointant vers les données,
– les données.

Lorsque l'on crée un lien physique, on crée en fait une nouvelle entrée dans un répertoire, pointant vers le même inode. Ainsi, **tout fichier régulier est lui-même un lien physique**. Un autre lien physique est au même niveau que le premier lien physique.

À savoir sur les liens physiques

– Tous les liens physiques ont le même numéro d'inode.
– Supprimer un des liens physiques ne supprime pas la donnée, s'il y a encore d'autres liens physiques qui doivent accéder à cette donnée. Le système doit donc garder trace du nombre de liens physiques qui accèdent à la donnée.

C'est le chiffre qu'on trouve dans le résultat du `ls -l`, juste avant la colonne propriétaires.

Par exemple, la commande `ls -il` affiche le détail des fichiers avec leur numéro d'inode (option `-i`).

```
[root@cobb ~]# ls -il
799111 -rw-r--r--. 2 root root    19 12 janv. 12:54 fichier
799111 -rw-r--r--. 2 root root    19 12 janv. 12:54 memefichier
```

Les deux fichiers ont le même numéro d'inode (`799111`). Ce sont des liens physiques, qui pointent vers les mêmes données (précisément, vers le même inode).

Notez le chiffre 2 pour chaque fichier, à la troisième colonne. C'est le nombre de liens physiques pour un fichier.

Supprimons un des liens physiques et regardons à nouveau ce chiffre : il a diminué de 1.

```
[root@cobb ~]# rm -f fichier
[root@cobb ~]# ls -il
799111 -rw-r--r--. 1 root root    19 12 janv. 12:54 memefichier
```

Différence entre lien symbolique et lien physique

La différence entre un lien symbolique et un lien physique, c'est principalement qu'un **lien symbolique dépend du fichier pointé**.

Si le fichier pointé n'existe plus, le lien symbolique est cassé, inutilisable.

Le lien physique, quant à lui, ne dépend pas du fichier pointé. En fait, il est au même niveau que le fichier d'origine : il accède directement aux données. D'ailleurs, tout fichier est en fait un lien physique, accédant à des données.

Si le premier lien physique, le « premier » fichier, vient à disparaître, le deuxième lien physique continue d'accéder aux données.

Création de liens physiques ou symboliques

Pour créer un lien (symbolique ou physique), utilisez la commande `ln`.

Lien physique :

```
ln <fichier_originel> <nouveau_fichier>
```

Lien symbolique (option `-s`) :

```
ln -s <fichier_pointé> <nouveau_fichier>
```

Dans le cas d'un lien symbolique, attention aux points suivants lorsque vous précisez le chemin (relatif ou absolu) du fichier pointé :

- Chemin relatif : si le fichier pointé ou le lien symbolique sont déplacés, le lien est cassé, mais si les deux sont déplacés ensemble, en gardant la même distance relative, le lien est conservé.
- Chemin absolu : si le fichier pointé est déplacé, le lien est cassé. Le lien symbolique peut quant à lui être déplacé sans conséquences.

Il n'est pas forcément évident de manipuler les liens symboliques. Faites des essais pour vous familiariser avec le concept.

Copy-on-Write, ou stockage optimisé (XFS)

Le Copy-on-Write (CoW ou COW, copie à l'écriture) optimise la façon dont les données redondantes sont stockées dans le système de fichiers. Lorsque deux fichiers partagent des données en commun, plutôt que d'écrire deux fois ces données, il est **possible de les mutualiser**. Les fichiers accèdent alors aux mêmes blocs de données, qui ne sont écrits qu'une seule fois.

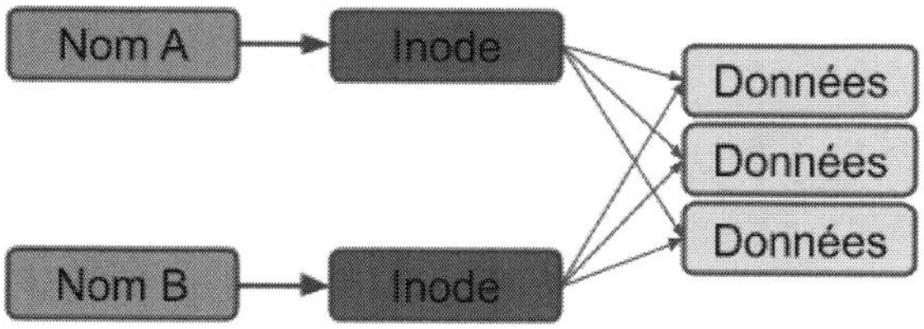

Copy-on-Write : deux fichiers se partagent les mêmes blocs de données

C'est seulement lorsque des données sont ajoutées à l'un des deux fichiers que l'espace disque commence à être consommé. Les blocs de données communs continuent d'être mutualisés dans la mesure du possible.

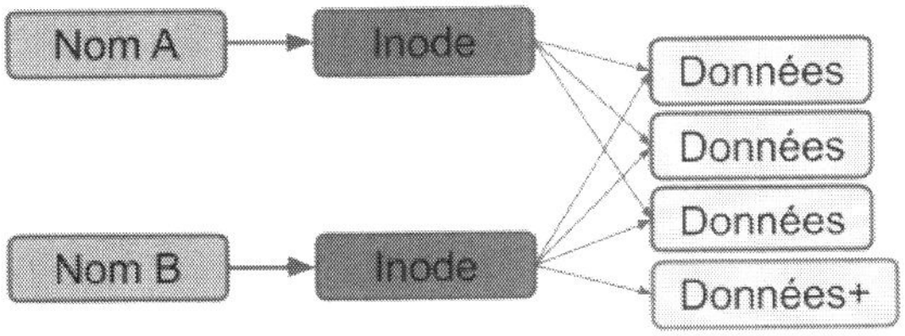

Copy-on-Write : ajout de données à l'un des deux fichiers

Le COW a les trois avantages suivants :

- rapidité : lors d'une copie, les blocs de données ne sont pas dupliqués. Seules les métadonnées sont écrites (nom de fichier, inode). La copie est ainsi instantanée, même pour des fichiers de taille importante.
- optimisation de l'espace disque : le fichier copié à l'identique consomme un espace nul. Cette méthode est déjà utilisée dans les baies de stockage SAN (*Storage Area Network*), où des milliards de fichiers, certains possédant des blocs de données identiques, peuvent être stockés.
- transparence : les fichiers bénéficiant du COW ont les mêmes propriétés que des fichiers standards.

Remarque

La fonctionnalité COW est activée par défaut sur XFS. On peut le vérifier avec la commande `xfs_info <point de montage>`.

La fonctionnalité COW n'est disponible que sur le système de fichiers XFS (et BTRFS, abandonné sur RHEL 8), où **elle est appelée reflink**.

Par défaut, lors d'une copie de fichiers, le COW n'est pas utilisé.

Pour réaliser une copie de fichier avec COW, utilisez l'option `--reflink` :

```
cp --reflink <source> <destination>
```

Dans notre exemple, nous avons un fichier de 2 Go appelé test2G (contenant de la donnée aléatoire, généré avec la commande dd) :

```
[root@scott democow]# dd if=/dev/urandom of=test2G bs=1M
count=2048
2048+0 enregistrements lus
2048+0 enregistrements écrits
2147483648 octets (2,1 GB, 2,0 GiB) copiés, 98,0044 s, 21,9 MB/s
[root@scott democow]# ls -lh
total 4,0G
-rw-r--r--. 1 root root 2,0G  6 juil. 05:13 test2G
[root@scott democow]# df -hP /
Sys. de fichiers      Taille Utilisé Dispo Uti% Monté sur
/dev/mapper/rhel-root    17G    6,0G  11,1G  47% /
```

Faisons une copie classique du fichier test2G vers test2G_cp_classique (chronométrée avec la commande time). Nons constatons que la copie prend un certain temps : il faut 58 secondes pour dupliquer les blocs de données de ce nouveau fichier, qui occupe maintenant 2 Go d'espace disque en plus (commande df) :

```
[root@scott democow]# time cp test2G test2G_cp_classique

real    0m58,731s
user    0m0,020s
sys     0m7,293s
[root@scott democow]# ls -lh
total 4,0G
-rw-r--r--. 1 root root 2,0G  6 juil. 05:13 test2G
-rw-r--r--. 1 root root 2,0G  6 juil. 05:15 test2G_cp_classique
[root@scott democow]# df -hP /
Sys. de fichiers      Taille Utilisé Dispo Uti% Monté sur
/dev/mapper/rhel-root    17G    8,0G  9,1G  47% /
```

Effectuons maintenant une copie COW en utilisant l'option --reflink, vers un nouveau fichier appelé test2G_cp_reflink_CoW. Combien de temps prend la copie ? Nous constatons qu'elle est quasiment instantanée :

```
[root@scott democow]# time cp --reflink test2G test2G_cp_reflink_CoW

real    0m0,006s
user    0m0,001s
sys     0m0,004s
```

```
[root@scott democow]# ls -lh
total 6,0G
-rw-r--r--. 1 root root 2,0G  6 juil. 05:13 test2G
-rw-r--r--. 1 root root 2,0G  6 juil. 05:15 test2G_cp_classique
-rw-r--r--. 1 root root 2,0G  6 juil. 05:17 test2G_cp_reflink_CoW
```

Nous voyons également que cette copie en COW n'utilise pas d'espace disque supplémentaire ; l'espace utilisé est le même qu'avant la copie :

```
[root@scott democow]# df -hP /
Sys. de fichiers      Taille Utilisé Dispo Uti% Monté sur
/dev/mapper/rhel-root    17G    8,0G  9,1G  47% /
```

Comment cela se fait-il ? La commande `xfs_bmap` nous permet de voir les adresses des blocs de données utilisés par les fichiers :

```
[root@scott democow]# xfs_bmap -v test2G test2G_cp_reflink_CoW
test2G_cp_classique
test2G:
EXT: FILE-OFFSET      BLOCK-RANGE        AG AG-OFFSET            TOTAL
  0: [0..4194303]:    20562136..24756439  3 (1687768..5882071) 4194304
100000
test2G_cp_reflink_CoW:
EXT: FILE-OFFSET      BLOCK-RANGE        AG AG-OFFSET            TOTAL
  0: [0..4194303]:    20562136..24756439  3 (1687768..5882071) 4194304
100000
test2G_cp_classique:
EXT: FILE-OFFSET          BLOCK-RANGE        AG AG-OFFSET         TOTAL
  0: [0..130943]:         24756440..24887383  3 (5882072..6013015)
130944
  1: [130944..2097023]:  2775224..4741303     0 (2775224..4741303)
1966080
  2: [2097024..4194303]: 7997128..10094407    1 (1705672..3802951)
2097280
```

Nous voyons ici que le fichier copié en COW utilise exactement les mêmes blocs de données que le fichier d'origine, ce qui n'est pas le cas du fichier copié de manière classique, qui utilse ses propres blocs.

5.2.8 Fragmentation

La gestion de la fragmentation dans les systèmes de fichiers *ext* est assez élégante. Au lieu d'être mis bout à bout dans une tentative de les « resserrer vers le début » comme pour d'autres systèmes de fichiers, *ext* répartit les fichiers sur l'ensemble de la partition.

Les fichiers sont « aérés », il y a de l'espace entre eux. Ainsi, un fichier peut grossir librement en occupant les blocs de données libres suivants. Cela limite fortement la fragmentation, pourvu que votre système de fichiers ait un taux d'occupation assez réduit : il faut en effet conserver de l'espace entre les fichiers.

5.2.9 Descripteurs de fichiers (File Descriptors)

On réduit trop souvent le concept de descripteur de fichiers à l'entrée et sortie standards. Pourtant, c'est un concept omniprésent dans l'OS qu'il est important de comprendre.

En termes simples, un descripteur de fichiers est un moyen simple pour un processus de gérer un fichier. Chaque fichier auquel le processus doit accéder se voit attribuer un numéro par le noyau. Au lieu d'accéder directement au fichier (par son chemin absolu ou son inode par exemple), un processus accède au fichier par son numéro de FD (*File Descriptor*).

Par exemple, dans un terminal nous avons demandé à `tail` d'ouvrir le fichier de logs `/var/log/messages` (commande `tail -f /var/log/messages`). Voyons comment le fichier `messages` est vu par `tail` en utilisant la commande `lsof` sur le numéro de processus de `tail` :

```
[root@ariadne ~]# lsof -p 4638
COMMAND  PID   USER  FD  TYPE  DEVICE   SIZE/OFF  NODE       NAME
(...)
tail     4638  root  3r  REG   253,0    1391224   33977225   /var/log/messages
```

Comme vous pouvez le voir dans la colonne FD, `tail` gère le fichier `messages` en utilisant le FD numéro 3. `tail` n'ouvre pas le fichier directement en accédant au disque dur avec le numéro d'inode. C'est le travail du noyau. `tail` demande juste au noyau d'ouvrir un fichier particulier. Le noyau ouvre ce fichier et dit à `tail` : "À partir de maintenant, pour utiliser ce fichier, utilise le FD numéro 3."

À noter :

- Les numéros de FD sont locaux à chaque processus. Si un fichier est accédé par plusieurs processus, chaque processus le verra avec un numéro de FD local, qui peut être différent.

Le fichier `/var/log/messages` est peut-être au même moment vu par `syslogd` avec le numéro de FD 14.

- Si un fichier n'est accédé par aucun processus, il n'a pas de numéro de FD.
- Un processus peut bien sûr accéder à plusieurs fichiers en même temps, qu'il verra avec autant de numéros de FD que nécessaire.
- En fonction des droits d'accès et d'autres paramètres, un processus pourra accéder à un fichier en lecture (`r`), écriture (`w`), ou les deux (`u`).

Dans notre exemple, `tail` ne peut accéder à `messages` qu'en lecture.

Les numéros de FD commencent à 3 car les numéros 0, 1 et 2 sont réservés pour l'utilisation des FD les plus couramment vus par l'utilisateur. En effet, sous Linux/UNIX, "tout est fichier", y compris le clavier et l'écran, qui se voient donc attribuer, en tant que "fichiers", des numéros de FD :

- Entrée standard (standard input, `stdin`) : FD numéro 0, désigne d'où viennent les flux de caractères entrant dans le processus.
- Sortie standard (standard output, `stdout`) : FD numéro 1, désigne où sortent les messages affichés par le processus.
- Erreur standard (standard error, `stderr`) : FD numéro 2, désigne où sortent les erreurs envoyées par le processus.

Ainsi, un processus s'occupe peu d'où viennent les flux qui lui arrivent. Tout ce qu'il sait, c'est qu'il doit lire le descripteur de fichiers numéro 1 pour les voir. Ce qu'il y a derrière ce FD n'est pas son problème, mais celui du noyau et dans certains cas celui de l'utilisateur.

Par exemple, tout ce qui intéresse le shell pour l'affichage de messages, c'est qu'il doit les sortir sur le FD 1. Quand je tape la commande `ls`, le shell envoie le résultat de cette commande sur ce FD. Mais nous pouvons savoir quelle est la destination réelle derrière le FD 1 pour le shell courant.

Faisons un `lsof` sur le PID du `bash` dans lequel nous nous trouvons :

```
[root@ariadne ~]# lsof -p 4643
COMMAND  PID  USER  FD   TYPE  DEVICE   SIZE/OFF   NODE  NAME
(...)
bash     4643 root  0u   CHR   136,2    0t0        5     /dev/pts/2
bash     4643 root  1u   CHR   136,2    0t0        5     /dev/pts/2
bash     4643 root  2u   CHR   136,2    0t0        5     /dev/pts/2
```

Nous constatons que lorsque le `bash` envoie un message sur le FD 1, il l'envoie en fait sur le pseudo-terminal 2 (`PTS/2`), qui est en fait le SSH avec lequel nous sommes connectés :

```
[root@ariadne ~]# ls /
bin   etc   lib64  opt   run   sys  var
boot  home  media  proc  sbin  tmp
dev   lib   mnt    root  srv   usr
```

Cette commande est réellement la même chose qu'une redirection du FD 1 vers le pseudo-terminal PTS/2 :

```
[root@ariadne ~]# ls / 1>/dev/pts/2
bin   etc   lib64  opt   run   sys  var
boot  home  media  proc  sbin  tmp
dev   lib   mnt    root  srv   usr
```

Nous pouvons cependant rediriger le FD 1 vers un autre fichier, par exemple un autre terminal (virtuel, comme un SSH, ou physique, comme une console locale), ou un fichier quelconque. Le bash continuera d'envoyer les messages sur le FD 1, sans savoir que la destination réelle a changé :

```
[root@ariadne ~]# ls / 1>/dev/tty1
[root@ariadne ~]#
```

Ici, le bash a bien envoyé le résultat de la commande `ls` au FD 1, mais le fichier derrière ce FD n'est plus le SSH local. C'est pourquoi nous ne voyons pas le résultat dans le terminal en cours. Le résultat a été envoyé vers la console physique 1 (`tty1`), qu'il faut consulter en allant physiquement sur la machine.

Notons que puisque le FD 1 est la "sortie standard", il n'est pas nécessaire de préciser son numéro lorsque nous faisons une redirection. La commande `ls > /dev/tty1` revient implicitement à `ls 1> /dev/tty1`.

Remarque

Ainsi, les redirections dont nous parlons dans le chapitre Les scripts bash consistent en fait à manipuler les descripteurs de fichiers.

5.3 Les systèmes de fichiers sous Red Hat Enterprise Linux

5.3.1 ext4

La dernière version ext4 apporte des fonctionnalités adaptées aux supports de stockages récents, qui ont des tailles de plus en plus importantes. La taille maximale d'une partition en ext4 peut en effet monter jusqu'à 1024 pétaoctets, c'est-à-dire plus de un million de téraoctets.

ext4 limite également la fragmentation, en utilisant la notion d'*extent*, qui consiste à réserver une zone contiguë de blocs de données libres pour un fichier. Si le fichier vient à grossir, au lieu d'être morcelé sur d'autres zones du disque, il utilisera ces blocs de données réservés. Notons quand même que des outils de défragmentation existent en standard pour ext4.

Un autre avantage majeur de ex4 est la compatibilité avec ext2 et ext3, ces systèmes de fichiers pouvant être montés par le système comme des systèmes de fichiers ext4. Un système de fichiers ext4 peut également être monté en ext3 s'il n'a pas encore utilisé d'extents.

5.3.2 XFS

XFS est un système de fichiers hautes performances créé par Silicon Graphics. Il a été créé pour supporter des systèmes de fichiers de tailles extrêmement importantes et un nombre de fichiers qui se comptent en dizaine de millions. C'est pour ces avantages particuliers que Red Hat a choisi de l'inclure dans sa distribution et qu'il est reconnu par le support technique de l'entreprise.

XFS est un système de fichiers journalisé qui peut être défragmenté et dont la taille peut être augmentée à chaud, en pleine utilisation. Il est particulièrement rapide sur des fichiers de grandes tailles, c'est pourquoi il est utilisé pour des bases de données.

Avec RHEL 7, XFS remplace ext4 en tant que système de fichiers par défaut.

5.3.3 GFS2

Global File System 2 est un système de fichiers distribué, également supporté par Red Hat. Ce système de fichiers est conçu pour fonctionner dans un SAN, en FibreChannel ou iSCSI. Les partitions créées sont réparties sur plusieurs serveurs.

5.3.4 L'espace Swap

La partition Swap (échange) est utilisée quand la mémoire physique est pleine. Quand ce problème arrive, le système d'exploitation doit quand même continuer à fournir de la mémoire aux programmes qui en demandent. Il est dans ce cas obligé de simuler de la mémoire sur le disque dur. Un concept similaire existe sous Windows sous la forme du fichier d'échange.

D'ailleurs, sous Linux, l'espace Swap peut aussi être un fichier, mais il est fortement conseillé d'utiliser une partition dédiée, formatée dans un type de système de fichiers adapté à l'utilisation Swap. Cette partition n'est pas vue par l'utilisateur.

L'utilisation de l'espace Swap n'est pas un remède magique au manque de mémoire physique. On considère que le disque dur est jusqu'à 100 000 fois plus lent que la mémoire physique. Ainsi, utiliser trop de Swap ralentit considérablement les performances de la machine et doit être évité à tout prix.

Au chapitre Maintenance du système en production, nous vous indiquons des méthodes pour surveiller l'utilisation de la mémoire physique et Swap.

Quelle taille pour la partition Swap ?

Il existe sur Internet des débats actifs et différentes conjectures sur la taille de la partition Swap, mais il est difficile de faire une règle.

Red Hat suggère le principe suivant :

- Si la taille de la mémoire physique est inférieure ou égale à 2 Go, alors la partition Swap doit faire deux fois la taille de la mémoire physique.
- Sinon, la taille de la mémoire Swap est égale à la mémoire physique + 2 Go.

Il est possible de redimensionner la partition Swap.

5.3.5 Connaître le type de système de fichiers d'une partition

Pour savoir avec quel type de système de fichiers est « formatée » une partition montée, utilisez simplement la commande `mount` ou :

```
df -T
```

Pour des partitions non montées, utilisez :

```
file -sL <partition>
```

Remarque

Plus généralement, la commande `file`, très pratique, vous permet de connaître le type de n'importe quel fichier.

Par exemple :

```
[root@ariadne ~]# df -TH
Sys. de fichiers        Type       Taille Utilisé Dispo Uti% Monté sur
/dev/mapper/rhel-root   xfs          19G    918M   18G   5% /
devtmpfs                devtmpfs    956M       0  956M   0% /dev
tmpfs                   tmpfs       962M       0  962M   0% /dev/shm
tmpfs                   tmpfs       962M    9,0M  953M   1% /run
tmpfs                   tmpfs       962M       0  962M   0% /sys/fs/cgroup
/dev/sda1               xfs         521M    101M  421M  20% /boot
/dev/sdb1               xfs          11G     34M   11G   1% /media/data
[root@ariadne ~]# file -sL /dev/sda1
/dev/sda1: SGI XFS filesystem data (blksz 4096, inosz 256, v2 dirs)
```

5.4 Création du système de fichiers

La **création du système de fichiers** sur une partition consiste, en termes simples, à **formater** la partition, c'est-à-dire à la préparer à recevoir des données.

La commande permettant de créer un système de fichiers s'appelle tout naturellement `mkfs` (*make filesystem*, créer un système de fichiers). Son utilisation est simple, car des raccourcis ont été créés pour les différents types de système de fichiers qu'on peut utiliser. Ces raccourcis commencent tous par `mkfs`.

Tapez ces premiers caractères et appuyez deux fois sur la touche [Tab] : les différentes options apparaissent.

```
[root@cobb jdoe]# mkfs
mkfs           mkfs.ext2    mkfs.ext4      mkfs.msdos
mkfs.cramfs    mkfs.ext3    mkfs.ext4dev   mkfs.vfat
```

Les systèmes de fichiers peuvent être créés sur des partitions simples (primaires et logiques), sur des volumes RAID logiciels, sur des volumes logiques créés avec LVM, sur des clés USB et bien d'autres types de supports.

Après le formatage, le système de fichiers est prêt à être utilisé : il faut le monter dans l'arborescence (voir Monter le système de fichiers).

5.4.1 Création d'un système de fichiers en ext4

Pour formater une partition en ext4, tapez :

```
mkfs.ext4 /dev/<partition>
```

Par exemple, nous venons de créer une partition sur le disque `/dev/sdc` avec la commande `parted`.

Nous créons maintenant un système de fichiers sur cette partition :

```
[root@rhel-eni ~]# mkfs.ext4 /dev/sdc4
mke2fs 1.42.9 (28-Dec-2013)
Étiquette de système de fichiers=
Type de système d'exploitation : Linux
Taille de bloc=4096 (log=2)
Taille de fragment=4096 (log=2)
« Stride » = 0 blocs, « Stripe width » = 0 blocs
122160 i-noeuds, 488192 blocs
24409 blocs (5.00%) réservés pour le super utilisateur
Premier bloc de données=0
Nombre maximum de blocs du système de fichiers=501219328
15 groupes de blocs
32768 blocs par groupe, 32768 fragments par groupe
8144 i-noeuds par groupe
Superblocs de secours stockés sur les blocs :
        32768, 98304, 163840, 229376, 294912

Allocation des tables de groupe : complété
Écriture des tables d'i-noeuds : complété
```

```
Création du journal (8192 blocs) : complété
Écriture des superblocs et de l'information de comptabilité
du système de fichiers : complété

[root@rhel-eni ~]#
```

Il est utile de noter plusieurs informations intéressantes :

- Il est possible de mettre une étiquette au système de fichiers, ce qui permet d'identifier de manière plus simple et plus parlante votre partition.
- La taille des blocs est indiquée. Ici chaque bloc de données fait 4 ko.
- On obtient également le nombre de blocs de données disponibles, qui correspond à la taille totale de la partition (2 Go).
- Le nombre total d'inodes est donné, ce qui nous renseigne sur le nombre maximum de fichiers autorisés sur la partition.
- 5 % de l'espace est réservé à l'utilisateur root, ce qui est assez conséquent sur de gros volumes où cet espace réservé est inutile.

Remarque

Lorsque vous devez libérer de l'espace rapidement (disque saturé), réduisez cette valeur avec la commande `tune2fs -m`.

Le journal est bien créé.

Vérification, réparation et configuration

Red Hat met à disposition plusieurs outils de gestion des partitions ext3/ext4 appelés `e2fsprog` (programmes de gestion de filesystems ext).

- `tune2fs` : modification de paramètres d'un système de fichiers

  L'outil `tune2fs` permet d'ajuster (*tune*) des paramètres modifiables d'une partition ext3/ext4. Par exemple, il est possible de réduire l'espace dédié au système (option `-m`).
- `resize2fs` : retailler un système de fichiers

  Ce programme permet de modifier la taille d'un système de fichiers. Sur une partition ext4, l'agrandissement peut être fait à chaud, quand le système de fichiers est monté.

– `fsck` : vérification d'un système de fichiers

`fsck` permet de vérifier la consistance d'un système de fichiers ext3/ext4. Il est lancé après un plantage de la machine, par exemple.

Remarque

Cette commande ne doit pas être exécutée sur une partition montée.

– `dumpe2fs` : affichage détaillé d'informations sur le système de fichiers

`dumpe2fs` permet d'afficher le contenu du superbloc, qui contient les informations pertinentes sur un système de fichiers.

5.4.2 Création d'un système de fichiers en XFS

XFS est le système de fichiers par défaut pour RHEL 7 et 8.

Pour formater une partition en XFS, utilisez :

```
mkfs.xfs <partition>
```

Par exemple, nous formatons une partition primaire :

```
[root@ariadne ~]# mkfs.xfs /dev/sdb1
meta-data=/dev/sdb1              isize=256    agcount=4, agsize=655360 blks
         =                       sectsz=512   attr=2, projid32bit=1
         =                       crc=0
data     =                       bsize=4096   blocks=2621440, imaxpct=25
         =                       sunit=0      swidth=0 blks
naming   =version 2              bsize=4096   ascii-ci=0 ftype=0
log      =internal log           bsize=4096   blocks=2560, version=2
         =                       sectsz=512   sunit=0 blks, lazy-count=1
realtime =none                   extsz=4096   blocks=0, rtextents=0
```

La taille du FS est la multiplication du nombre de blocs par la taille de chaque bloc. Ici, 2621440 blocs de 4096 octets nous donnent environ 10 Go. La taille du FS est souvent fonction de la taille de la partition le contenant.

Remarque

Vous pouvez obtenir les mêmes informations sur une partition déjà formatée avec la commande `xfs_info <partition>`.

Augmentation d'un système de fichiers XFS

La taille d'un FS XFS peut être augmentée à chaud, mais pas réduite.

Utilisez la commande `xfs_growfs` pour augmenter la taille d'un FS XFS avec les deux options suivantes :

- `-d` : augmenter le FS à la taille maximale disponible.
- `-D <nombre de blocs>` : augmenter le FS à une taille définie.

Remarque

Vous pourriez ici convertir la taille désirée en nombre de blocs, mais il est plus simple de se baser sur la taille et le nombre de blocs existants.

Par exemple, pour passer la partition ci-dessus à 15 Go, ajoutez simplement 2621440/2 au nombre de blocs existants.

Remarque

Attention ! Augmenter un FS XFS n'augmente pas la partition qui le contient. Il faut donc augmenter la partition avant d'augmenter le système de fichiers. Cela est plus simple sur une partition LVM.

Par exemple, voici un système de fichiers XFS dans une partition LVM de 1,1 Go. Ce système de fichiers est monté dans `/media/database` :

```
[root@ariadne ~]# df -TH
Sys. de fichiers         Type     Taille Utilisé Dispo Uti% Monté sur
(...)
/dev/mapper/VG1-database xfs        1,1G     34M  1,1G   4% /media/database
```

Augmentons maintenant le FS à 2 Go. Commençons par augmenter la taille de la partition LVM. Notez que nous effectuons tout cela sans démonter le FS :

```
[root@ariadne ~]# lvextend -L +1G /dev/mapper/VG1-database
```

Ensuite, augmentons le système de fichiers XFS à la taille maximale et constatons la nouvelle taille avec la commande `df` :

```
[root@ariadne ~]# xfs_growfs -d /media/database/
meta-data=/dev/mapper/VG1-database isize=256    agcount=4, agsize=65536 blks
         =                       sectsz=512   attr=2, projid32bit=1
         =                       crc=0
data     =                       bsize=4096   blocks=262144, imaxpct=25
```

```
         =                       sunit=0      swidth=0 blks
naming   =version 2              bsize=4096   ascii-ci=0 ftype=0
log      =internal               bsize=4096   blocks=2560, version=2
         =                       sectsz=512   sunit=0 blks, lazy-count=1
realtime =none                   extsz=4096   blocks=0, rtextents=0
data blocks changed from 262144 to 524288

[root@ariadne ~]# df -TH
Sys. de fichiers        Type     Taille Utilisé Dispo Uti% Monté sur
(...)
/dev/mapper/VG1-database xfs        2,2G     34M  2,2G   2% /media/database
```

Réparation

Pour réparer un système de fichiers XFS corrompu, utilisez la commande `xfs_repair` :

```
xfs_repair <partition>
```

Remarque

Il faudra démonter le système avant d'effectuer cette réparation.

Ici, nous effectuons une réparation sur le FS d'une machine qui dysfonctionne :

```
[root@ariadne ~]# xfs_repair /dev/mapper/VG1-database
Phase 1 - find and verify superblock...
Phase 2 - using internal log
        - zero log...
        - scan filesystem freespace and inode maps...
(...)
Phase 7 - verify and correct link counts...
Done
```

Création d'une étiquette (ou label)

Il est possible de créer ou modifier l'étiquette (*label* en anglais) du système de fichiers pour en faciliter la gestion. Cela est possible avec XFS en utilisant le commande `xfs_admin` :

```
xfs_admin -L "<étiquette> " <partition>
```

Remarque

Il est possible ensuite d'utiliser cette étiquette au montage pour identifier la partition plus facilement.

Par exemple, nous avons créé un système de fichiers XFS sur la partition /dev/sdc5. Assignons-lui un label :

```
[root@rhel-eni usr]# xfs_admin -L "MediasClient" /dev/sdc5
writing all SBs
new label = "MediasClient"
```

6. Monter le système de fichiers

Le montage du système de fichiers consiste à donner une existence dans votre arborescence au système de fichiers que vous venez de créer. S'il est vrai que sur certains systèmes d'exploitation, comme Windows, cette étape est transparente, elle doit être effectuée par l'administrateur sur un serveur Red Hat Enterprise Linux.

La raison principale à cela, c'est que sous Linux, l'administrateur a certains choix à faire. La conception de l'arborescence dans les systèmes Linux fait que votre nouvelle partition sera complètement intégrée et donc transparente : un utilisateur non averti (et les logiciels) ne pourront dire si un répertoire est sur le disque local ou sur un autre disque.

Monter un système consiste donc à **choisir un point d'accès** à ce système de fichiers dans votre arborescence.

Cela se fait en définissant un répertoire qui permettra d'accéder à ce nouveau système de fichiers. En entrant dans ce répertoire, vous accédez en fait aux fichiers de la partition en question.

Ce répertoire d'accès est appelé **point de montage**.

Par exemple, vous venez de créer la partition /dev/sdb1. Il faut maintenant déclarer son existence dans l'arborescence. Vous créez un répertoire /database et associez ce répertoire à votre nouveau système de fichiers.

En entrant dans le répertoire /database/, vous accédez en fait aux fichiers de la partition /dev/sdb1.

L'intérêt de ce mécanisme, c'est que l'implémentation d'un nouveau système de fichiers est transparente pour le système d'exploitation et pour les programmes qui utilisent le disque. Pour vous, c'est donc moins de travail de configuration à faire.

Par exemple, supposons que le répertoire `/home` contenant les fichiers des utilisateurs est sur le disque principal, avec le reste de l'arborescence. Vous décidez maintenant que les fichiers des utilisateurs seront sur une partition séparée.

Vous déplacez tous les fichiers des utilisateurs sur cette nouvelle partition. Vous montez ensuite la partition dans le répertoire `/home`. Maintenant, en entrant dans leur répertoire, les utilisateurs accèdent à une partition séparée (mais ne s'en rendent pas compte).

Nous allons expliquer comment monter un système de fichiers manuellement et comment configurer le montage automatique de ce système de fichiers au démarrage de la machine.

6.1 Informations préalables nécessaires au montage

6.1.1 Connaître le type de système de fichiers d'une partition

Pour pouvoir monter une partition, il est nécessaire de connaître son type de système de fichiers, voire un éventuel label.

La commande `parted -l` nous donne la liste des partitions créées sur un disque et d'autres informations. Cependant, le type de système de fichiers n'apparaît pas toujours. D'autres outils sont disponibles pour obtenir cette information.

Pour savoir avec quel type de système de fichiers est « formatée » une **partition montée**, utilisez simplement la commande `mount` ou :

```
parted -l
df -T
```

Pour des partitions non montées, utilisez :

```
parted -l
file -sL <partition>
blkid <partition>
```

Remarque

Plus généralement, la commande `file`, très pratique, vous permet de connaître le type de n'importe quel fichier.

Par exemple :

```
[root@ariadne ~]# df -TH
Sys. de fichiers        Type      Taille  Utilisé Dispo Uti% Monté sur
/dev/mapper/rhel-root   xfs       19G     918M    18G   5% /
devtmpfs                devtmpfs  956M    0       956M  0% /dev
tmpfs                   tmpfs     962M    0       962M  0% /dev/shm
tmpfs                   tmpfs     962M    9,0M    953M  1% /run
tmpfs                   tmpfs     962M    0       962M  0% /sys/fs/cgroup
/dev/sda1               xfs       521M    101M    421M  20% /boot
/dev/sdb1               xfs       11G     34M     11G   1% /media/data
[root@ariadne ~]# file -sL /dev/sda1
dev/sda1: SGI XFS filesystem data (blksz 4096, inosz 256, v2 dirs)
```

Nous constatons ici que la partition `/dev/sda1` montée dans le répertoire `/boot` contient un système de fichiers XFS.

Remarque

Affichez le type de FS de toutes les partitions du disque `/dev/sdc` (par exemple) avec la commande `file -sL /dev/sdc*` et `file -sL /dev/mapper/*` pour les partitions LVM.

Affichons maintenant des informations pour des partitions non montées. Ici, les partitions physiques et LVM du disque `/dev/sdb` ne sont montées nulle part, nous ne pouvons pas les voir avec la commande `df` et la commande `parted` apporte des informations partielles, le type de FS des partitions 1, 4 et 5 n'étant pas fourni :

```
[root@hopper ~]# df -T | grep sdb
[root@hopper ~]# parted -l
(...)
Modèle: VMware, VMware Virtual S (scsi)
Disque /dev/sdb : 32,2GB
Taille des secteurs (logiques/physiques): 512B/512B
```

```
Table de partitions : gpt
Disk Flags:

Numéro  Début   Fin     Taille  Système de fichiers  Nom    Fanions
 1      1049kB  5000MB  4999MB                       data
 2      5000MB  7000MB  2001MB  xfs                   video
 3      7000MB  12,0GB  5000MB  ext4                  sound
 4      12,0GB  15,0GB  3000MB                       data2
 5      15,0GB  20,0GB  5000MB                       data3
(...)
```

Nous obtenons une information complémentaire :

```
[root@hopper ~]# file -sL /dev/sdb*
/dev/sdb:  DOS/MBR boot sector; partition 1 : ID=0xee, start-CHS
(0x0,0,2), end-CHS (0x3ff,254,63), startsector 1, 62914559 sectors,
extended partition table (last)
/dev/sdb1: LVM2 PV (Linux Logical Volume Manager), UUID:
j9CSCJ-eeed-j7s0-k68t-WnUI-212S-dNWAYU, size: 4998561792
/dev/sdb2: SGI XFS filesystem data (blksz 4096, inosz 512, v2 dirs)
/dev/sdb3: Linux rev 1.0 ext4 filesystem data, UUID=e1778688-3c8c-
4c13-bc16-ce086521faeb (extents) (64bit) (large files) (huge files)
/dev/sdb4: LVM2 PV (Linux Logical Volume Manager), UUID:
bc20sw-GTER-NzLa-CDd1-uEBR-Dg3O-cdJxa9, size: 2999975936
/dev/sdb5: LVM2 PV (Linux Logical Volume Manager), UUID:
kpO69d-Y49v-k55T-dev1-gMv9-01dJ-BH0sHU, size: 4999610368
```

Les partitions `sdb1`, `sdb4` et `sdb5` ne contiennent pas un FS directement, mais font sans doute partie d'un VG LVM.

Vérifions :

```
[root@hopper ~]# pvs
  PV         VG        Fmt  Attr PSize   PFree
  /dev/sda2  rhel      lvm2 a--  <19,00g      0
  /dev/sdb1  datastore lvm2 a--    4,65g      0
  /dev/sdb4  datastore lvm2 a--    2,79g <2,45g
  /dev/sdb5  datastore lvm2 a--    4,65g  4,65g
```

Nous constatons ici que ces trois partitions sont utilisées dans le VG appelé `datastore`. Existe-t-il une partition LVM créée dans ce VG ?

```
[root@hopper ~]# lvs
  LV     VG        Attr       LSize   Pool Origin Data%  Meta%  Move
Log Cpy%Sync Convert
```

```
  storeVM datastore -wi-a-----  5,00g
  home    rhel      -wi-ao---- <5,00g
  root    rhel      -wi-ao---- 12,00g
  swap    rhel      -wi-ao----  2,00g
[root@hopper ~]# file -sL /dev/datastore/storeVM
/dev/datastore/storeVM: DOS/MBR boot sector, code offset 0x58+2,
OEM-ID "mkfs.fat", sectors/cluster 8, Media descriptor 0xf8,
sectors/track 63, heads 255, sectors 10485760 (volumes > 32 MB),
FAT (32 bit), sectors/FAT 10224, serial number 0x3a879b0b, unlabeled
[root@hopper ~]# blkid /dev/datastore/storeVM
/dev/datastore/storeVM: UUID="3A87-9B0B" TYPE="vfat"
```

Ici, nous constatons bien qu'il existe une partition LVM, dont le type est FAT32 (ou VFAT). **Cette information nous sera utile pour monter la partition.**

6.1.2 Connaître les UUID, GUID et label d'une partition

Pour connaître ces différentes informations sur un FS, utilisez la commande `blkid` :

```
blkid

blkid <partition>
```

Par exemple, affichons les identifiants de la partition ext4 `/dev/sdc4` sur un disque GPT :

```
[root@rhel-eni usr]# blkid /dev/sdc4
/dev/sdc4: LABEL="BaseOracle" UUID="d1780594-78b3-4474-a752-
580e0c80575c" TYPE="ext4" PARTLABEL="primary" PARTUUID="399bf003-
daa1-4348-941c-027be9c16d2e"
```

Expliquons ces identifiants :

- `/dev/sdc4` : c'est le nommage historique de la partition.
- `LABEL=` : c'est l'étiquette créée avec la commande `tune2fs -L`.
- `UUID=` : c'est l'identifiant assigné au moment de la création du système de fichiers ext4.
- `PARTUID=` : c'est le GUID, l'identifiant GPT assigné au moment du partitionnement avec `parted`.
- `PARTLABEL=` : c'est un identifiant supplémentaire souvent utilisé comme champ de commentaire par les outils de partitionnement.

Examinons une partition XFS sur un disque MBR :

```
[root@rhel-eni usr]# blkid /dev/sdb6
/dev/sdb6: LABEL="Archives" UUID="a3d38455-dd8e-48e2-b7ef-
eef5e9781a52" TYPE="xfs"
```

Les champs sont les mêmes. Notons cependant l'absence du champ PARTUID (ou GUID). En effet, il s'agit d'un disque MBR et non GPT.

Enfin, considérons le cas d'une partition LVM sur un disque MBR, avec un système de fichiers VFAT :

```
[root@rhel-eni usr]# blkid /dev/systeme/data
/dev/systeme/data: LABEL="HISTORIQUE" UUID="4008-C30E" TYPE="vfat"
```

On retrouve les nommages similaires aux exemples précédents. l'UUID est cependant de taille réduite, à cause des restrictions de VFAT.

6.2 Montage manuel

Pour monter un système de fichiers :

- Créez le répertoire qui sera point de montage.
- Effectuez le montage en utilisant la commande `mount` :

```
mount <système_de_fichiers> <point_de_montage> [-o<options>] [-t <type_de_FS>]
```

Les options sont les suivantes :

- `<système_de_fichiers>` :
  - soit un chemin dans `/dev`.

Par exemple, pour une partition classique `/dev/sdb1` :

```
mount /dev/sdb1 /home
```

Pour une partition LVM `/dev/groupe/lvol1` :

```
mount /dev/groupe/lvol1 /images
```

  - soit une étiquette, avec l'option `LABEL=<étiquette_du_FS>`.

Par exemple, le label Oracle a été attribué auparavant à la partition /dev/sde1. On la monte dans /var/oracledb :

```
mount LABEL=Oracle /var/oracledb
```

– soit avec l'UUID, avec l'option `UUID=<UUID_du_FS>`.

Par exemple, pour le système de fichiers suivant :

```
mount UUID="5b903db2-57d4-4c29-94c9-18ef4d95d543" /var/log/
```

Remarque

Pour avoir l'UUID (et le label) d'un système de fichiers (affecté par le système d'exploitation), tapez la commande `blkid`.

- `<point_de_montage>` : répertoire où doit être monté le système de fichiers.
- `-o <options>` : les options, non obligatoires, détaillent comment le système de fichiers doit être accédé (voir Les options de montage plus bas).
- `-t <type_de_FS>` : dans la plupart des cas, le système d'exploitation détecte automatiquement le type de système de fichiers, il n'est donc pas besoin de le préciser. Les types disponibles sont :
  - `auto` : même si le type de FS est détecté automatiquement, cette option est utile dans `/etc/fstab` développé juste après, quand vous ne voulez pas préciser le type de FS.
  - `ext4` ou `exfs`
  - `swap`
  - `vfat` et `ntfs` : `vfat` pour les systèmes de fichiers formatés en FAT32 sous Windows. NTFS est le type système de fichiers actuellement utilisé pour les disques durs par les systèmes Windows.

Pour démonter un système de fichiers :

```
umount /dev/<système_de_fichiers>
```

ou :

```
umount <point_de_montage>
```

Remarque

Bien sûr, le système de fichiers ne doit pas être utilisé au moment du démontage. Une fois démonté, il n'est plus accessible.

Le système refuse parfois de démonter un système de fichiers, affichant ce message :

```
umount: Device or resource busy
```

La plupart du temps, c'est parce qu'un processus est en train d'utiliser le système de fichiers. Parfois, il **s'agit simplement d'un utilisateur qui a fait un cd dans le point de montage**.

Pour connaître **quel processus utilise un système de fichiers**, utilisez la commande suivante :

```
fuser -vm <point de montage>
fuser -vm <périphérique>
```

Une fois le processus connu, à vous de voir comment libérer le système de fichiers :

- Gérer directement le processus ou l'utilisateur.
- Demander simplement à l'utilisateur de sortir du répertoire ou d'arrêter un processus qui l'utiliserait.
- Demander au processus de s'éteindre (`kill -1`).
- Tuer le processus (`kill -9`).

Par exemple, nous constatons ici que le shell en cours utilise le système de fichiers. En effet, nous sommes dans le répertoire `/boot`, utilisé comme point de montage de `/dev/sda1` :

```
[root@serveur boot]# fuser -vm /dev/sda1
                     UTIL.        PID ACCÈS  COMMANDE
/dev/sda1:           root     kernel mount /boot
                     root      65900 ..c.. bash
[root@serveur boot]#
```

6.3 Montage automatique /etc/fstab

Le fichier `/etc/fstab` est utilisé au démarrage pour lire les systèmes de fichiers à monter.

C'est ici qu'il faut ajouter les nouveaux systèmes de fichiers que vous venez de créer. Cela se fait simplement en ajoutant une ligne à la fin de ce fichier, contenant les informations suivantes :

```
<périphérique> <point de montage> <type_de_FS><options>
<activation_dump> <priorité_fsck>
```

Les quatre premiers champs sont exactement les mêmes que pour la commande `mount`. Les autres sont :

- `<activation_dump>` : ce champ, historique, était utilisé par l'utilitaire de sauvegarde `dump`, pour savoir quels systèmes de fichiers devaient être copiés. Ce champ n'est plus utilisé, puisqu'on utilise maintenant des outils de sauvegarde ayant leurs propres fichiers de configuration. On le laisse en général à 0 (zéro).
- `<priorité_fsck>` : décide de la priorité de vérification des systèmes de fichiers au démarrage.
  - La priorité la plus élevée est `1` et devrait être appliquée au système de fichiers contenant la racine.
  - `2` devrait être utilisé pour les autres.
  - `0` désactive la vérification.

Remarque

C'est une mauvaise idée de désactiver la vérification au démarrage.

Voici quelques exemples dans `/etc/fstab` :

```
/dev/sdb1              swap                swap   defaults        0 0
/dev/sdc4              /compta             ext4   defaults        1 2
LABEL="oracle2"        /database2           xfs   defaults        1 2
UUID=" fdaa99c9-5ead-413f-955c-64bfaff128a2"
                       /media               xfs   noexec,nosuid 1 2
/dev/mapper/backoffice-web /var/www2        xfs   noexec          1 2
```

6.3.1 Commande mount et /etc/fstab

La commande `mount` permet également de contrôler le montage des systèmes de fichiers référencés dans `/etc/fstab`.

Si vous tapez :

```
mount <système_de_fichiers>
```

ou :

```
mount <point_de_montage>
```

le système ira voir dans `/etc/fstab` et montera le système de fichiers en s'y référant (avec les options).

Pour remonter un système de fichiers, après avoir modifié `/etc/fstab` par exemple, ajoutez l'option `-o remount`.

Pour monter tous les systèmes de fichiers dans `/etc/fstab`, tapez :

```
mount -a
```

Pour remonter en lecture/écriture un système de fichiers qui était en lecture seule :

```
mount -o remount,rw <système_de_fichiers>
```

Pour voir quels systèmes de fichiers sont montés, tapez simplement :

```
mount
```

6.3.2 Les options de montage

Les options de montage que l'on peut passer à la commande `mount` ou configurer dans `/etc/fstab` sont les suivantes :

- `sync` et `async` : définit comment l'écriture doit être effectuée sur le système de fichiers, de manière synchrone ou asynchrone.
  - `sync` signifie que l'écriture réelle est faite au moment où elle est demandée par le programme. Particulièrement adaptée aux supports qui peuvent être retirés à tous moments, comme les clés USB ou les disquettes.

  - async signifie que les données sont stockées en mémoire quelques temps avant d'être écrites effectivement sur le support. On attend qu'un certain volume de données soit arrivé avant d'écrire. Cela permet de gagner en rapidité en diminuant le nombre d'accès au support de stockage, plus lent que la mémoire. async est l'option par défaut.
- user et nouser : ces options, très pratiques, déterminent si les utilisateurs ont le droit de monter ou démonter des systèmes de fichiers. Par défaut, c'est l'option nouser qui est activée, ce qui signifie que seul l'utilisateur root peut effectuer ces opérations.
- exec et noexec : ces options spécifient s'il est possible ou pas d'exécuter les fichiers binaires (les programmes) sur le système de fichiers. Par défaut, exec est activé.
- ro et rw : ro (*read only*, lecture seule) définit que le système de fichiers doit être monté en lecture seule. Il n'est pas possible de modifier les fichiers et répertoires. Par défaut, c'est l'option rw (*read write*, lecture-écriture) qui est activée.
- auto et noauto : définit si le système de fichiers doit être monté automatiquement au démarrage (ou avec l'option -a de mount). Par défaut, l'option auto est activée.
- suid et nosuid : autorise ou pas l'utilisation des bits SetUID et SetGID des fichiers et répertoires.
- dev et nodev : active ou désactive l'interprétation des fichiers périphériques (qu'on rencontre dans /dev) sur le système de fichiers.
- default définit les options par défaut qui sont : rw, suid, dev, exec, auto, nouser, async.

Remarque

Retrouvez ces options dans la manpage de mount. Pour augmenter la sécurité, il n'est pas rare de renconter les options nosuid, nodev, noexec pour des systèmes de fichiers qui ne contiennent que de la donnée.

Montage manuel ou montage automatique ?

Il existe ainsi deux méthodes pour monter un système :

- Monter manuellement, configurer `/etc/fstab`, puis redémarrer pour vérifier.
- Configurer `/etc/fstab`, puis taper la commande `mount -a`.

Pour gagner du temps en examen, **la deuxième méthode est à privilégier** : elle vous évite d'avoir à redémarrer le système pour vérifier si le montage s'effectue bien.

Remarque

Ainsi, si la commande `mount -a` ne génère pas d'erreurs, vous avez vérifié que le nouveau système de fichiers sera bien monté au redémarrage.

6.3.3 Déplacer /home sur une autre partition

Vous pouvez décider, après l'installation, de déplacer certains répertoires sur d'autres partitions. C'est souvent le cas pour les répertoires `/var` et `/var/log` et le répertoire `/home`, qui peuvent prendre beaucoup de place et qu'il est bien de séparer du reste du système.

L'opération consiste en plusieurs étapes :

1. Redémarrer en mode mono-utilisateur (runlevel 1) : il est conseillé de redémarrer dans un mode où la modification limitera l'impact sur les fichiers. Le mode mono-utilisateur, qu'on pourrait considérer comme un mode de maintenance, est particulièrement adapté (voir le chapitre Maintenance du système en production).

2. Monter le nouveau système de fichiers dans un répertoire quelconque.

3. Déplacer les données dans ce répertoire.

4. Démonter le nouveau système de fichiers et le remonter dans le répertoire cible (en l'occurrence `/home`).

5. Inscrire cette modification dans `/etc/fstab`.

6. Redémarrer.

L'exemple suivant va illustrer ces étapes : déplacement des fichiers utilisateurs dans /home sur /dev/sdb2.

(Le système a été redémarré en mode mono-utilisateur.)

```
# mkdir /repertoire
# mount /dev/sdb2 /repertoire
# mv /home/* /repertoire
ls /home
```

Le répertoire /home est maintenant vide.

```
ls /repertoire
```

Le répertoire /repertoire contient les fichiers des utilisateurs.

```
umount /dev/sdb2
mount /dev/sdb2 /home
ls /home
```

Le répertoire /home affiche bien les fichiers des utilisateurs (qui se trouvent maintenant sur la nouvelle partition).

Modification de /etc/fstab : ajout de la ligne :

```
/dev/sdb2 /home ext4 defaults 1 1
```

Redémarrage en runlevel normal :

```
reboot
```

Au redémarrage, le répertoire /home affiche bien les répertoires des utilisateurs :

```
[root@cobb ~]# ls /home
ftp  ITprojets  jdoe  lost+found  marcel  messcripts  thibault
vftp
```

La commande mount montre que /home se trouve bien sur la nouvelle partition :

```
[root@cobb ~]# mount
/dev/mapper/vg_cobb-lv_root on / type ext4 (rw)
(...)
/dev/sda1 on /boot type ext4 (rw)
/dev/sdb2 on /home type ext4 (rw)
```

6.3.4 Utilisation des systèmes de fichiers

Afficher l'espace libre sur les partitions

Il est important de vérifier régulièrement la quantité d'espace disque sur les partitions. Pour cela, utilisez la commande `df` :

```
df -h
```

L'option `-h` signifie *human-readable* et affiche les tailles de façon plus lisible (plutôt qu'en octets).

Par exemple :

```
[root@cobb home]# df -h
Sys. de fichiers    Taille  Uti.  Disp. Uti% Monté sur
/dev/mapper/vg_cobb-lv_root
                     18G   2,9G   14G   18% /
tmpfs                504M  432K  504M    1% /dev/shm
/dev/sda1            485M   47M  414M   11% /boot
/dev/sdb2            5,0G  181M  4,6G    4% /home
```

Afficher la taille des répertoires

Lorsque vous devez faire la chasse aux octets pour libérer de l'espace disque, vous désirez savoir quels répertoires consomment le plus. Cela est réalisable avec la commande `du` (*disk usage*).

Voici une commande rapide à taper :

```
du -sxhm * 2> /dev/null
```

- L'option `-x` exclut les répertoires situés sur un autre FS.
- L'option `-s` affiche seulement le total.
- L'option `-h` affiche les tailles de manière plus lisible.
- L'option `-m` affiche les tailles en mégaoctets.

Commencez par la racine pour taper cette commande, puis descendez dans les différents répertoires.

Par exemple, qu'est-ce qui utilise le plus d'espace sur ce disque ?

```
[root@rhel-eni /]# cd /
[root@rhel-eni /]# du -sxh * 2> /dev/null
0       bin
132M    boot
0       dev
36M     etc
4,0M    home
9,1M    run
8,0K    tmp
2,7G    usr
524M    var
[root@rhel-eni /]# cd usr
[root@rhel-eni usr]# du -sxh * 2> /dev/null
126M    bin
0       etc
0       games
36K     include
504M    lib
767M    lib64
37M     libexec
12K     local
54M     sbin
1,3G    share
```

7. L'espace d'échange (Swap)

La partition Swap (échange) est utilisée quand la mémoire physique est pleine. Quand ce problème arrive, le système d'exploitation doit quand même continuer à fournir de la mémoire aux programmes qui en demandent. Il est dans ce cas obligé de simuler de la mémoire sur le disque dur. Un concept similaire existe sous Windows sous la forme du fichier d'échange.

D'ailleurs, sous Linux, l'espace Swap peut aussi être un fichier, mais il est fortement conseillé d'**utiliser une partition dédiée**, formatée dans un type de système de fichiers adapté à l'utilisation du Swap. Cette partition n'est pas vue par l'utilisateur.

L'utilisation de l'espace Swap n'est pas un remède magique au manque de mémoire physique. On considère que le disque dur est jusqu'à 100 000 fois plus lent que la mémoire physique. Ainsi, utiliser trop de Swap ralentit considérablement les performances de la machine et doit être évité à tout prix.

De plus, aujourd'hui le Swap est de moins en moins important, car la mémoire RAM est devenue bon marché.

Quelle taille pour la partition Swap ?

Il existe sur Internet des débats actifs et différentes conjectures sur la taille de la partition Swap, mais il est difficile d'établir une règle. Cependant, cette question est de moins en moins importante, l'espace Swap étant de moins en moins utilisé (bien que nécessaire), car les serveurs possèdent maintenant de la RAM (mémoire vive ou mémoire physique) en quantité importante.

Red Hat suggère le principe suivant :

- Si la taille de la mémoire physique est inférieure ou égale à 2 Go, alors la partition Swap doit faire deux fois la taille de la mémoire physique.
- Sinon, la taille de la mémoire Swap est égale à la mémoire physique + 2 Go.

Remarque

Il est possible de redimensionner la partition Swap, mais cela n'est pas couvert dans ce chapitre.

7.1 Visualiser l'espace Swap

Pour visualiser l'espace Swap existant, utilisez les commandes suivantes :

```
swapon -s
cat /proc/swaps
```

Par exemple, voici l'espace existant sur un serveur :

```
[root@rhel-eni ~]# swapon -s
Nom de fichier                          Type            Taille  Utilisé Priorité
/dev/dm-1                               partition       2097148 0       -1
```

Nous voyons que nous avons environ 2 Go de Swap sur la partition `/dev/dm-1`. Il n'est pas forcément évident de savoir ce qu'est cette partition. Les partitions `/dev/dm` sont souvent des partitions LVM.

Pour savoir de quelle partition il s'agit, affichez les numéros majeur et mineur (les identifiants matériels internes) du périphérique :

```
[root@rhel-eni ~]# ls -l /dev/dm-1
brw-rw----. 1 root disk 253, 1  3 juil. 22:47 /dev/dm-1
```

Remarque

Recherchez le LV correspondant avec ces numéros majeur et mineur :

```
[root@rhel-eni ~]# lvdisplay | grep -B 16 253:1
 --- Logical volume ---
 LV Path                /dev/rhel/swap
 LV Name                swap
 VG Name                rhel
 LV UUID                MBC5sW-bmcR-I3Fw-b6ZV-c9cC-S87y-03sm59
 LV Write Access        read/write
 LV Creation host, time asterix.evilcorp.com, 2017-06-12 18:52:49 +0200
 LV Status              available
 # open                 2
 LV Size                2,00 GiB
 Current LE             512
 Segments               1
 Allocation             inherit
 Read ahead sectors     auto
 - currently set to     8192
 Block device           253:1
```

7.2 Ajouter du Swap

Il est possible d'ajouter du Swap à partir d'une partition LVM ou d'une partition physique.

Les étapes pour ajouter du Swap sont :

– Créer une partition physique avec `parted`, ou un volume logique.

– Préparer la partition pour le Swap :

```
mkswap <partition>
```

– Ajouter l'espace Swap au système :

```
swapon <partition>
```

– Ajouter le Swap à `/etc/fstab` :

```
<partition> swap swap defaults 0 0
```

– Rebooter pour vérifier.

– Vérifier le résultat :

```
swapon -s
cat /proc/swaps
```

Par exemple, nous avons la partition physique suivante disponible :

```
root@rhel-eni ~]# parted /dev/sdb5 print
Erreur: Impossible d'ouvrir /dev/sdb5 - étiquette de disque non
reconnue.
Modèle: Inconnu (unknown)
Disque /dev/sdb5 : 2000MB
Taille des secteurs (logiques/physiques): 512B/512B
Table de partitions : unknown
Disk Flags:
```

Cet espace ne contient aucun système de fichiers.

Préparons l'espace disque pour le Swap :

```
[root@rhel-eni ~]# mkswap /dev/sdb5
Configure l'espace d'échange (swap) en version 1,
taille = 1952764 Kio
pas d'étiquette, UUID=41663fe8-cf5a-4b03-942e-8ddbe05b88a5
[root@rhel-eni ~]#
```

Il ne reste plus qu'à déclarer cet espace au système :

```
[root@rhel-eni ~]# swapon /dev/sdb5
[root@rhel-eni ~]#
```

Vérifions : nous voyons qu'un Swap a été ajouté en plus du Swap d'origine :

```
[root@rhel-eni ~]# swapon -s
Nom de fichier                  Type         Taille    Utilisé Priorité
/dev/dm-1                       partition    2097148   0       -1
/dev/sdb5                       partition    1952764   0       -2
```

Créons maintenant un espace Swap à partir d'un volume logique :

```
[root@rhel-eni ~]# lvdisplay /dev/systeme/swap
  --- Logical volume ---
  LV Path                /dev/systeme/swap
  LV Name                swap
  VG Name                systeme
  LV UUID                vomkGO-3z4q-uhz3-EN6j-MZA7-P8RD-fk9wHD
  LV Write Access        read/write
  LV Creation host, time rhel-eni, 2017-07-03 23:00:47 +0200
  LV Status              available
  # open                 0
  LV Size                1,95 GiB
```

Préparons ce LV pour le Swap :

```
[root@rhel-eni ~]# mkswap /dev/systeme/swap
Configure l'espace d'échange (swap) en version 1, taille = 2047996 Kic
pas d'étiquette, UUID=6cbd6e1f-7667-4d42-a87a-0502b38fb5d3
[root@rhel-eni ~]#
```

Déclarons finalement cet espace au système :

```
[root@rhel-eni ~]# swapon /dev/systeme/swap
[root@rhel-eni ~]#
```

Vérifions :

```
[root@rhel-eni ~]# swapon -s
Nom de fichier                  Type            Taille  Utilisé Priorité
/dev/dm-1                       partition       2097148 0       -1
/dev/sdb5                       partition       1952764 0       -2
/dev/dm-2                       partition       2047996 0       -3
[root@rhel-eni ~]#
```

Nous avons maintenant trois espaces d'échange, avec environ 6 Go en tout.

7.3 Supprimer un Swap

Pour supprimer un espace d'échange, désactivez-le du système :

```
swapoff <partition>
```

Il est ensuite possible de supprimer la partition correspondante.

Par exemple, nous supprimons l'espace disque configuré à l'installation :

```
[root@rhel-eni ~]# swapoff /dev/mapper/rhel-swap
[root@rhel-eni ~]# swapon -s
Nom de fichier                  Type            Taille   Utilisé Priorité
/dev/sdb5                         partition       1952764  0        -1
/dev/dm-2                         partition       2047996  0        -2
```

Nous supprimons même le LV pour libérer de l'espace dans le VG :

```
[root@rhel-eni ~]# lvremove /dev/rhel/swap
Do you really want to remove active logical volume swap? [y/n]: y
 Logical volume "swap" successfully removed
[root@rhel-eni ~]#
```

Nous constatons maintenant que le VG a 2 Go de disponible :

```
[root@rhel-eni ~]# vgs
 VG       #PV #LV #SN Attr   VSize  VFree
 rhel       1   1   0 wz--n- 19,51g 2,04g
 systeme    3   1   0 wz--n-  5,58g 3,62g
```

8. Système de fichiers chiffré

8.1 Installation

Il est possible de chiffrer un système de fichiers entier. Le chiffrement consiste à cacher les informations, de façon à les rendre illisibles pour une personne non autorisée.

Il existe un module sur Red Hat Enterprise Linux permettant de chiffrer tous les nouveaux fichiers créés sur une partition. Pour installer le chiffrement de systèmes de fichiers, tapez :

```
yum install ecryptfs-utils
```

8.2 Création d'un système de fichiers chiffré

Le chiffrement du système de fichiers consiste en fait à monter un système de fichiers existant **sur lui-même**, en activant le type `ecryptfs` :

```
mount -t ecryptfs /<point_de_montage>
/<point_de_montage>
```

Précisons que le système de fichiers existe et contient déjà des fichiers et répertoires.

Le montage de ce système de fichiers est interactif et propose plusieurs méthodes pour verrouiller/déverrouiller la partition chiffrée :

- Phrase de passe : il s'agit d'un mot de passe très long, contenant des espaces.
- tspi : une interface de chiffrement vers d'autres programmes.
- openssl : utilisation d'un certificat existant (qui devra être ouvert avec une phrase de passe le cas échéant).

Par exemple, nous décidons de chiffrer le système de fichiers contenant `/home` avec une phrase de passe :

```
[root@cobb ~]# mount -t ecryptfs /home /home
Select key type to use for newly created files:
 1) passphrase
 2) tspi
 3) openssl
Selection: 1
Passphrase: <nous tapons une phrase ici>
Select cipher:
 1) aes: blocksize = 16; min keysize = 16; max keysize = 32 (not
loaded)
 2) blowfish: blocksize = 16; min keysize = 16; max keysize = 56
(not loaded)
 3) des3_ede: blocksize = 8; min keysize = 24; max keysize = 24
(not loaded)
```

```
 4) twofish: blocksize = 16; min keysize = 16; max keysize = 32
(not loaded)
 5) cast6: blocksize = 16; min keysize = 16; max keysize = 32 (not
loaded)
 6) cast5: blocksize = 8; min keysize = 5; max keysize = 16 (not
loaded)
Selection [aes]: 1
Select key bytes:
 1) 16
 2) 32
 3) 24
Selection [16]: 1
Enable plaintext passthrough (y/n) [n]:
Enable filename encryption (y/n) [n]: y
Filename Encryption Key (FNEK) Signature [d4088ec1bffb4aca]:
Attempting to mount with the following options:
  ecryptfs_unlink_sigs
  ecryptfs_fnek_sig=d4088ec1bffb4aca
  ecryptfs_key_bytes=16
  ecryptfs_cipher=aes
  ecryptfs_sig=d4088ec1bffb4aca
WARNING: Based on the contents of [/root/.ecryptfs/sig-cache.txt],
it looks like you have never mounted with this key
before. This could mean that you have typed your
passphrase wrong.

Would you like to proceed with the mount (yes/no)? : yes
Would you like to append sig [d4088ec1bffb4aca] to
[/root/.ecryptfs/sig-cache.txt]
in order to avoid this warning in the future (yes/no)? : yes
Successfully appended new sig to user sig cache file
Mounted eCryptfs
[root@cobb ~]#
```

Le système de fichiers est maintenant monté. Tous les nouveaux fichiers seront chiffrés. Tant que le système de fichiers est monté avec cryptfs, cela est transparent :

```
[root@cobb ~]# cd /home
[root@cobb home]# ls
aquota.group  ftp        jdoe        marcel      sebastien  vftp
aquota.user   ITprojets  lost+found  messcripts  thibault
[root@cobb home]# vi salut
```

Dans l'exemple, nous créons un nouveau fichier `salut` dans lequel nous mettons du texte. Le contenu de ce fichier et son nom sont chiffrés.

Démontons le système de fichiers et affichons le contenu du répertoire `/home` :

```
[root@cobb /]# umount /home
[root@cobb /]# cd /home
[root@cobb home]# ls
aquota.group
aquota.user
ECRYPTFS_FNEK_ENCRYPTED.FWbI06v.jzh8mUS0oNXq6cAVDDg4bOwDTck39b7xlm
DXY91wDP66J7IJvE--
ftp
ITprojets
jdoe
```

Nous constatons que le nom du nouveau fichier est chiffré. Les anciens fichiers ne sont pas chiffrés.

Essayons d'afficher le contenu du nouveau fichier :

```
[root@cobb home]# cat ECRYPTFS_FNEK_ENCR(...)
A'\$Á_xPö+ÔÛâÚ0ø 843©Õ]æ³<a;µÛª
#Ë!ÌÈx!hJa%..MçýÉB¿   IqG[root@cobb home]#
```

Le contenu est chiffré également.

Pour remonter le système de fichiers automatiquement, sans repasser par le montage interactif, il faut préciser en ligne de commande les options de chiffrement. Ces options peuvent également être mises dans `/etc/fstab`. Notez que la phrase de passe sera toujours demandée.

Par exemple (tout est sur la même ligne) :

```
mount -t ecryptfs /home /home -o ecryptfs_unlink_sigs
ecryptfs_key_bytes=16 ecryptfs_cipher=aes
ecryptfs_sig=d4088ec1bffb4aca
```

9. L'arborescence du système de fichiers RHEL

9.1 Une arborescence conforme au FHS

Le FHS (*Filesystem Hierarchy Standard*, standard de hiérarchie du système de fichiers) définit les noms, les chemins et les permissions des fichiers et répertoires composant l'arborescence.

Ainsi, les systèmes UNIX/Linux respectant ce standard assurent une compatibilité minimum entre eux, ce qui rend les choses plus aisées pour les administrateurs et concepteurs de logiciels. Red Hat respecte le FHS pour son système d'exploitation.

Le site web associé à ce standard est : http://www.pathname.com/fhs

Ce site explique de manière assez complète l'arborescence FHS, mais nous allons ici expliquer quelques-uns des répertoires cruciaux pour l'administrateur.

9.2 Le répertoire /dev

Le répertoire `/dev` contient des fichiers représentant des périphériques connectés au système. Ces fichiers sont essentiels au bon fonctionnement du système.

On y trouve :

- Les périphériques connectés au système (exemple : disque dur, souris, carte son).
- Les périphériques virtuels créés par le noyau (exemple : système de fichiers virtuel (RAMdisk).

Ces fichiers de périphériques, qu'on appelle nœuds de périphériques (*device nodes*) sont créés dynamiquement par le service `udev`, au démarrage du système, et lorsque de nouveaux périphériques sont détectés une fois le système démarré.

Les périphériques dans /dev/sont :

- Soit de type caractère (*character*) : les données sont lues et écrites dans un flux séquentiel. Pour avoir une information précise sur un périphérique caractère, il faut attendre que le flux se déroule (exemple : le clavier, la souris, ou un modem RTC).
- Soit de type bloc (*block*) : les données sont accessibles de manière aléatoire. On peut accéder directement à la donnée que l'on désire avec un système d'adressage (exemple : partition de disque dur).

9.3 Le répertoire /boot

Ce répertoire contient les fichiers nécessaires à l'initialisation du système d'exploitation, c'est-à-dire le noyau et le RAM disque initial. On y trouve également le répertoire `/boot/grub` contenant les fichiers de configuration du chargeur de démarrage Grub.

9.4 Le répertoire /etc

Le répertoire `/etc` est réservé aux fichiers de configuration locaux sur votre ordinateur. Il contient de nombreux sous-répertoires répartis en catégories. Ce livre contient de nombreuses références à ce répertoire.

Le répertoire `/etc/sysconfig` est spécifique à Red Hat Enterprise Linux. Il contient des fichiers de configuration système, n'ayant jamais trouvé de place officielle. Il est bien d'explorer ce répertoire pour découvrir quelle configuration on peut y effectuer.

9.5 Les répertoires /lib et /lib64

Le répertoire `/lib` contient des bibliothèques (*librairies*) nécessaires à l'exécution de programmes dans `/bin` et `/sbin`. Ces bibliothèques partagées sont particulièrement importantes pour le démarrage du système et l'exécution de commandes dans le système de fichiers racine. Sur un processeur 64 bits, ce répertoire est `/lib64`.

9.6 Le répertoire /mnt et /media

Le répertoire /mnt se réfère aux systèmes de fichiers montés (*mounted*) de façon temporaire, comme parfois un montage NFS.

Pour les médias qu'on peut extraire, comme le CD, DVD, et USB, le répertoire /media est plutôt utilisé, et c'est là que ces périphériques sont montés automatiquement.

9.7 Le répertoire /proc

Le répertoire /proc contient des "fichiers" spéciaux reflétant l'état du noyau. Ce sont des extraits des informations du noyau.

Ce répertoire contient une immense variété de données disponibles, vous permettant de connaître en détail l'état du système. N'hésitez pas à l'explorer pour vous y habituer, car il accompagne l'administrateur dans ses tâches.

9.8 Le répertoire /sbin

Le répertoire /sbin contient des programmes (binaires) utilisés pour l'administration du système.

Au minimum, les programmes suivants doivent être dans /sbin : arp, clock, getty, halt, init, fdisk, fsck.*, grub, ifconfig, mkfs.*, mkswap, reboot, route, shutdown, swapoff, swapon, update.

Certains de ces fichiers servent par exemple à démarrer ou éteindre l'OS ou à manipuler le disque dur.

9.9 Le répertoire /var

Comme son nom l'indique, le répertoire `/var` contient les fichiers dont la taille est variable. Cela comprend des fichiers de préparation d'impression (`spool`), les messageries des utilisateurs, les fichiers des serveurs web, les données administratives et de journalisation, de même que certains fichiers temporaires.

Deux répertoires sont spécifiques au système Red Hat :

- `/var/cache/yum/` contient des fichiers utilisés par `yum`.
- `/var/lib/rpm/` contient des fichiers utilisés par `rpm`.

9.10 Le répertoire /home

Ce répertoire contient les répertoires personnels des utilisateurs.

9.11 Le répertoire /tmp

`/tmp` est réservé à l'enregistrement temporaire des fichiers de tous les utilisateurs. Les fichiers qui y sont stockés ne sont pas permanents. Un processus système y supprime périodiquement les anciens fichiers. Par conséquent, n'y copiez aucun fichier ou répertoire que vous souhaitez conserver.

Ce répertoire peut être monté sur un type de système de fichiers optimisé pour cette tâche, `tmpfs`, comme sur RHEL 7.

Chapitre 6
Gestion des utilisateurs et des groupes

1. Utilisateurs et groupes

La gestion des utilisateurs est un élément clé de l'administration d'un serveur Red Hat Enterprise Linux.

En effet, **sous Linux, tout est fichier**. Des fichiers réels à l'état du processeur et de la mémoire, en passant par les périphériques, tout est représenté d'une manière ou d'une autre sous la forme de fichiers. Ainsi, gérer *qui* a accès à ces fichiers et *comment* est une tâche essentielle qu'il faut comprendre et maîtriser.

1.1 Utilisateurs, groupes et fichiers

1.1.1 Utilisateurs, groupes et rôles

Les **utilisateurs** peuvent être des personnes réelles ou des applications. Les personnes réelles se connectent à la machine, manipulent des fichiers, lancent des programmes. Les applications exécutent des tâches sur la machine, par exemple un travail de service, qui consiste à répondre à des requêtes, ou des tâches de maintenance. Autant les utilisateurs réels que les applications manipulent des fichiers, et possèdent donc un compte sur la machine.

Les **groupes** sont des ensembles d'utilisateurs, réels ou applicatifs, regroupés dans un but commun.

Bien sûr, comme les machines travaillent avec des chiffres, les comptes utilisateurs et groupes se voient attribuer des numéros :

- un **userid** (identifiant d'utilisateur), **UID** : le numéro de compte d'un utilisateur ;
- un **groupid** (identifiant de groupe), **GID** : le numéro de compte d'un groupe.

Différents rôles

Sur les systèmes d'exploitation UNIX/Linux en général, il faut distinguer un utilisateur spécial : l'**administrateur** de la machine, qui a un compte appelé **`root`** avec un userid `0` (zéro).

L'utilisateur root a tout pouvoir sur la machine. C'est lui l'administrateur, il peut donc lire, modifier, ou supprimer n'importe quel fichier. Il peut éteindre et redémarrer la machine. Mais son travail principal consistera à effectuer des tâches d'administration, diverses et variées, en fait à peu près tout ce qui est décrit dans ce livre.

Bien sûr, l'administrateur de la machine est une personne réelle, qui possède son propre compte, mais qui devra devenir utilisateur root le temps d'effectuer des tâches d'administration sur le système.

Les autres utilisateurs, quant à eux, ont des pouvoirs qui se limitent aux fichiers qu'ils possèdent. La plupart du temps, ces fichiers sont stockés dans leur répertoire utilisateur. Cela signifie qu'un utilisateur mal intentionné ne pourra faire que très peu de dégâts sur le serveur Red Hat Enterprise Linux.

Il est bien que toutes les personnes réelles et les applications aient un compte utilisateur pour faire leur travail. Le compte root ne devra être utilisé que rarement.

1.1.2 Fichiers et permissions

Chaque fichier sur la machine est la propriété d'un utilisateur qui dispose d'un accès à ce fichier en lecture, en écriture, en exécution. Il s'agit de l'utilisateur propriétaire de ce fichier.

Un fichier a également un groupe propriétaire, qui dispose lui aussi d'un accès en lecture, en écriture, en exécution. Tous les utilisateurs de ce groupe ont les mêmes droits d'accès à ce fichier.

Ainsi, un fichier possède des droits d'accès pour :

- son utilisateur propriétaire, en lecture, écriture, exécution ;
- son groupe propriétaire, en lecture, écriture, exécution ;
- tous les autres utilisateurs, en lecture, écriture, exécution.

Bien sûr, tous les droits ne sont pas « activés » de la même manière pour ces trois catégories. L'utilisateur propriétaire peut par exemple avoir le droit de lire et d'écrire dans le fichier, le groupe seulement le droit de lire le fichier, et les autres utilisateurs n'auront aucun droit.

Les répertoires possèdent le même type de droits.

Remarque

Nous définissons dans la suite de ce chapitre ce que font précisément ces droits, ou permissions, sur les fichiers et répertoires.

1.2 Gestion des utilisateurs et des groupes

1.2.1 Ajout d'un utilisateur en ligne de commande

Pour ajouter un utilisateur sur la machine, utilisez la commande :

```
useradd <nom_d'utilisateur>
```

Le compte de l'utilisateur est « verrouillé » : l'utilisateur n'a pas de mot de passe, il ne peut donc pas s'authentifier. Créez un mot de passe temporaire :

```
passwd <nom_d'utilisateur>
```

Définissez alors son mot de passe temporaire. Une fois authentifié avec ce mot de passe, l'utilisateur devra le changer avec la même commande, sans préciser de nom d'utilisateur.

Par exemple, nous créons ici un compte pour Robert Smith avec un mot de passe temporaire pour la première connexion de l'utilisateur.

```
[root@cobb ~]# useradd rsmith
[root@cobb ~]# passwd rsmith
Changement de mot de passe pour l'utilisateur rsmith.
Nouveau mot de passe :
MOT DE PASSE INCORRECT : basé sur un mot du dictionnaire
MOT DE PASSE INCORRECT : est trop simple
Retapez le nouveau mot de passe :
passwd : mise à jour réussie de tous les jetons d'authentification.
```

Notez ici qu'il y a une vérification sur la « qualité » du mot de mot de passe défini. Pour un utilisateur quelconque, le système refuse tout simplement de créer le mot de passe s'il est faible. Cependant, `root` ayant tous les droits, le mot de passe « faible » est quand même pris en compte.

L'utilisateur `rsmith` se connecte maintenant sur la machine. Il définit son nouveau mot de passe. Notez les différents refus du système pour des mots de passe « faibles » :

```
ssh rsmith@cobb
rsmith@cobb's password:
[rsmith@cobb ~]$ passwd
Changement de mot de passe pour l'utilisateur rsmith.
Changement du mot de passe pour rsmith.
Mot de passe UNIX (actuel) :
Nouveau mot de passe :
MOT DE PASSE INCORRECT : trop court
Nouveau mot de passe :
MOT DE PASSE INCORRECT : basé sur votre nom d'utilisateur
Nouveau mot de passe :
Retapez le nouveau mot de passe :
passwd : mise à jour réussie de tous les jetons d'authentification.
[rsmith@cobb ~]$
```

1.2.2 Modification des paramètres du compte utilisateur

Il est possible de modifier un compte utilisateur, même après sa création, avec la commande `usermod` :

```
usermod <options> <utilisateur>
```

Vous trouverez un détail des options les plus utiles dans le tableau ci-dessous.

1.2.3 Ajout et modification : options avancées

À la création avec la commande `useradd`, il est possible de changer certains paramètres du compte utilisateur.

Il est également possible de changer certains paramètres une fois le compte créé, avec la commande `usermod`.

Options intéressantes de useradd/usermod	
Options communes	**Description**
`-c '<informations>'`	Vous pouvez mettre n'importe quelle chaîne de caractères, entre guillemets simples. Il est recommandé de mettre au moins le nom complet de l'utilisateur.
`-d <répertoire_utilisateur>`	Vous pouvez définir un répertoire différent du répertoire standard dans `/home`.
`-e <date>`	Date d'expiration du compte, au format `AAAA-MM-JJ`. Très utile pour des comptes temporaires.
`-s <chemin_du_shell>`	Précise un shell différent du shell standard.
`-r`	Création d'un compte système, qui n'a pas de shell, de répertoire utilisateur et dont le UID est inférieur à 500.

Remarque

Il est possible de changer les options par défaut utilisées à la création d'un utilisateur, dans `/etc/default/useradd`. De plus, les fichiers utilisés pour la création du répertoire utilisateur se trouvent dans `/etc/skel`.

Options intéressantes spécifiques à usermod	
Options	**Description**
`-a -G <groupes>`	Ajoute l'utilisateur à un ou plusieurs groupes supplémentaires (séparés par des virgules).
`-L`	Verrouille le compte de l'utilisateur, si bien qu'il ne peut plus se connecter.
`-U`	Déverrouille le compte utilisateur.
`-m -d <nouveau_répertoire_utilisateur>`	Change le répertoire utilisateur vers un nouvel endroit.

1.2.4 Suppression d'un utilisateur en ligne de commande

Pour supprimer un utilisateur du système, il suffit de taper :

```
userdel <utilisateur>
```

Remarque

Avec cette commande simple, le répertoire de l'utilisateur (dans `/home`) n'est pas supprimé. Précisez l'option `-r` pour supprimer le répertoire utilisateur en même temps que la suppression de son compte.

1.2.5 Gestion des utilisateurs et des groupes via l'interface graphique

La gestion d'utilisateurs et de groupes en interface graphique se trouve dans le menu **Système** - **Administration** - **Utilisateurs et Groupes**.

1.2.6 La séquence en détail

Que se passe-t-il lorsque vous créez un compte utilisateur sur le système ? Comprendre ce processus vous permettra une meilleure gestion des comptes utilisateurs en effectuant des *réglages fins* et vous permettra certainement de gagner du temps.

Création du compte utilisateur

Lorsque vous tapez la commande `useradd michel` :

1. Une ligne est ajoutée dans `/etc/passwd` :

```
michel:x:501:501::/home/michel:/bin/bash
```

Cette ligne comprend les champs suivants :

- `michel` : nom de l'utilisateur créé.
- `x` : ancien emplacement du mot de passe. La présence d'un x indique que les mots de passe shadow (cachés) sont maintenant utilisés.
- `501` : UID de l'utilisateur, qui doit être supérieur ou égal à 500. Les UID inférieurs à 500 sont réservés au système. On incrémente le dernier UID utilisé qui se trouve dans le fichier.
- `501` : GID de l'utilisateur, supérieur à 500 également. Un utilisateur peut appartenir à plusieurs groupes, mais c'est ce groupe qu'il se verra attribuer à sa connexion.
- Informations de l'utilisateur. On peut y trouver les noms et prénoms de l'utilisateur, son adresse, son numéro de téléphone. Ce champ est appelé GECOS, du nom d'un système d'exploitation créé par la société General Electric dans les années 1960.
- `/home/michel` : c'est le répertoire utilisateur.
- `/bin/bash` : le shell lancé à la connexion de l'utilisateur.

2. Une nouvelle ligne est ajoutée à `/etc/shadow` :

```
michel:!!:14983:0:99999:7:::
michel:!!:DATE:MIN_DAYS:MAX_DAYS:WARNDAYS:INACTIVE:EXPDATE:
```

Remarque

Nous vous donnons les noms correspondant à ces valeurs pour l'utilisation avec la commande `chage` expliquée ci-après.

- `michel` : ce premier champ identifie l'utilisateur auquel appartient le mot de passe.
- `!!` : le compte est verrouillé : l'utilisateur ne peut pas s'authentifier.

- `14983` : dernière fois que le mot de passe a été changé, à compter du 1er janvier 1970 (qui sert ici de point de référence).
- `0` : champ appelé *Minimum*, c'est le nombre minimum de jours que l'utilisateur doit garder son mot de passe. Il n'est pas autorisé à le changer avant.
- `99999` : champ appelé *Maximum*, c'est le nombre maximum de jours que l'utilisateur peut garder son mot de passe. Il doit le changer ensuite.
- `7` : champ *Avertissement*, l'utilisateur est averti pendant ce nombre de jours avant que son mot de passe expire.
- champ *Inactif* : il s'agit d'un nombre de jours après l'expiration du mot de passe, au bout duquel le compte est désactivé.
- champ *Expiré* : la date d'expiration après laquelle le compte ne peut plus être utilisé, en nombre de jours depuis le 1/01/70. Ce champ est pratique pour créer un compte temporaire.

3. Une ligne est ajoutée dans `/etc/group` :

```
michel:x:501
```

- `michel` : ici, on crée un nouveau groupe portant le nom de l'utilisateur. Il s'agit d'un **UPG** (*User Private Group*, groupe privé de l'utilisateur).

Remarque

Bien qu'il porte le nom d'un utilisateur, il s'agit bien d'un groupe. Le UPG répond à une problématique : quand on crée un utilisateur, à quel groupe l'associer par défaut ?

- `x` : généralement, ce champ Mot de passe n'est pas utilisé. La présence du `x` signifie que le mot de passe du groupe est stocké dans un fichier à part `/etc/gshadow`.
- `501` : GID, qui devrait être identique au UID de l'utilisateur. C'est le GID qu'on retrouve dans le fichier des utilisateurs `/etc/passwd`.
- Il est possible, en quatrième champ, d'ajouter les noms d'utilisateurs appartenant à ce groupe, séparés par des virgules.

4. Une ligne est ajoutée dans `/etc/gshadow` :

```
michel:!::
```

– `michel` : ce premier champ identifie le groupe auquel appartient le mot de passe.
– `!` : le point d'exclamation signifie que le groupe est verrouillé, c'est-à-dire que personne ne peut s'authentifier avec ce groupe (à part l'utilisateur qui le prend à la connexion). Si un mot de passe est défini, d'autres utilisateurs peuvent accéder à ce groupe en tapant la commande `newgrp`.
– les autres champs sont blancs.

5. Le répertoire de l'utilisateur est créé : `/home/michel`.

```
[root@cobb ~]# ls -l /home
drwx------.  4 michel michel 4096 10 janv. 00:38 michel
```

– Les droits de ce répertoire sont 700 (`rwx------`). Seul michel a le droit de lire, écrire et entrer dans son répertoire.

6. Les fichiers de base contenus dans le répertoire utilisateur sont créés.

– Précisément, le système fait une copie des fichiers du répertoire `/etc/skel` vers le répertoire utilisateur.

Arrivé à ce point, le compte de l'utilisateur est créé, mais l'utilisateur ne peut s'y connecter car le compte est verrouillé. Il faut que l'administrateur crée un mot de passe, que l'utilisateur utilisera pour sa première connexion, et qu'il devra changer.

1.2.7 Mot de passe

Une fois le compte de l'utilisateur créé, l'administrateur doit définir un mot de passe temporaire qu'il communiquera à l'utilisateur.

La commande utilisée par l'administrateur est :

```
passwd <nom_utilisateur>
```

L'utilisateur, quant à lui, peut redéfinir son mot de passe lorsqu'il est connecté à son compte, en utilisant la commande `passwd` sans arguments.

```
passwd
```

Lorsque le mot de passe est défini, il est soumis à divers contrôles (provenant du schéma d'authentification PAM).

Ensuite, le mot de passe est ajouté à la ligne concernant l'utilisateur dans le fichier `/etc/shadow`, sous forme *hachée*.

Par exemple, extrait de `/etc/shadow` (la ligne est répartie sur trois lignes) :

```
michel:$6$4YV9EFBb$C4ql3KaAceg2Nya9u69PZuS
oLvlO0g32/4gqV9IF7NhA7ZbDBz5U8ycRVf4QyB.S
oeFIQiPkhrnb8Vmw34Cyd/:14984:0:99999:7:::
```

Remarque

Les paramètres utilisés pour la création du mot de passe, comme le type de hachage, sont stockés dans `/etc/login.defs`.

Stockage du mot de passe

Les mots de passe des utilisateurs sont stockés dans un fichier différent du fichier contenant les informations des comptes utilisateurs.

En effet, le fichier `/etc/passwd` doit avoir des droits en lecture universelle, c'est-à-dire qu'il doit pouvoir être lu par n'importe quel utilisateur, pour diverses raisons. Par exemple, lorsqu'un utilisateur tape la commande `ls -l`, les noms des propriétaires des fichiers sont retrouvés grâce à ce fichier.

On voit ici que le fichier `/etc/passwd` a les droits en lecture pour tous :

```
[root@cobb ~]# ls -l /etc/passwd
-rw-r--r--. 1 root root 1827 10 janv. 00:38 /etc/passwd
```

Pour cette raison, le mot de passe ne doit pas être stocké dans `/etc/passwd`, mais dans un fichier différent, `/etc/shadow`, dont les droits sont totalement restreints. Aucun utilisateur ne peut lire le contenu de ce fichier, et ainsi voir les mots de passe des autres utilisateurs.

C'est ce que nous constatons sur notre machine d'exemple :

```
[root@cobb pam.d]# ls -l /etc/shadow
----------. 1 root root 1226 10 janv. 01:22 /etc/shadow
```

Les mots de passe sont ainsi « mis à l'ombre » (*shadowed*).

Hachage du mot de passe

En plus d'être stocké à un endroit sécurisé, le mot de passe est caché dans ce fichier. On dit qu'il est *haché*, c'est-à-dire transformé pour ne plus être lisible.

Précisément, le hachage consiste à transformer le mot de passe en un *hash*, c'est-à-dire une suite de caractères illisibles, qui identifie de manière unique le mot de passe. Cela signifie qu'un hash ne correspondra qu'à un mot de passe et un seul. À la manière d'une empreinte digitale identifiant une personne, **le hash représente le mot de passe, mais ne le contient pas**. Il est donc impossible de retrouver le mot de passe à partir du hash. D'ailleurs, même la longueur du hash n'a rien à voir avec la longueur du mot de passe originel, comme nous pouvons le voir dans l'exemple au début de cette partie.

Lorsque l'utilisateur se connecte, il entre son mot de passe, qui est haché par le système d'exploitation et comparé avec le hash stocké dans `/etc/shadow`. S'ils sont identiques, cela signifie que l'utilisateur a entré le bon mot de passe.

Il est cependant possible de deviner le mot de passe en hachant toutes les combinaisons de lettres possibles (de potentiels mots de passe), puis en comparant les résultats avec le hash contenu dans `/etc/shadow`.

Lorsque la correspondance est trouvée entre le hash « cible » et un des hashs calculés, il est alors facile de trouver le mot de passe, puisque l'on connaît, pour chaque résultat obtenu, la combinaison de lettres originelle.

Illustrons avec un exemple simplifié :

Voici le hash extrait de `/etc/shadow : 23FASX45KG27`. Quel est le mot de passe originel ?

Calculons tous les hashs possibles, que l'on va mettre dans une table :

```
Mot de passe               Hash
a              <=>         GH56FC4534ED
aa             <=>         BJ5DCG3DRT56
aaa            <=>         GBH34ASXVF23
(...)
renarb         <=>         GV652TR1GH83
renarc         <=>         DC34HJN8JZ28
renard         <=>         23FASX45KG27
```

```
(...)
zzzzzzzz        <=>               POT653CVRE42
```

En consultant notre table, nous trouvons bien le hash 23FASX45KG27. Il suffit de voir dans la colonne de gauche quelle est la combinaison d'origine : renard. C'est notre mot de passe.

Dans la réalité, en fonction de l'algorithme utilisé, le calcul d'une telle table peut prendre des semaines, des mois, voire des années. C'est pourquoi des groupes ont précalculé tous les mots de passes possibles pour éviter à un éventuel pirate de le faire sur son ordinateur personnel : ce sont les *rainbow tables* (tables arc-en-ciel). En consultant une rainbow table, un pirate peut retrouver un mot de passe en quelques secondes.

La réponse aux rainbow tables consiste à ajouter un « sel » au mot de passe. Le salage consiste à ajouter une chaîne de caractères quelconques au mot de passe avant de hacher l'ensemble. Cela permet de renforcer la sécurité du mot de passe, en multipliant le nombre de combinaisons à calculer pour chaque mot de passe.

Par exemple, si le sel utilisé est une chaîne de caractères générés au hasard, on réalise l'opération suivante :

```
Chaîne quelconque + mot de passe        Hash
gy65 renard                         ==>  45THCD32DX21
```

Cela signifie que si un pirate veut calculer une rainbow table, il faudra qu'il calcule chaque combinaison de lettres, chacune multipliée par toutes les combinaisons de caractères quelconques, ce qui fait au total un nombre de combinaisons à calculer infiniment supérieur à un mot de passe sans sel.

Comment le système d'exploitation fait-il alors pour valider le mot de passe entré par un utilisateur ?

Le sel est en réalité stocké en clair avec le hash dans le fichier /etc/shadow. Lorsque l'utilisateur entre son mot de passe, le système d'exploitation y ajoute le sel extrait de /etc/shadow, le hache, et compare le résultat avec le hash contenu dans /etc/shadow. Si le résultat est le même, le mot de passe est le bon.

Par exemple, extrait de `/etc/shadow` :

```
michel:$6$4YV9EFBb$C4ql3KaAceg2Nya9u69PZuS
oLvlO0g32/4gqV9IF7NhA7ZbDBz5U8ycRVf4QyB.S
oeFIQiPkhrnb8Vmw34Cyd/:14984:0:99999:7:::
```

Le mot de passe haché est le deuxième champ compris entre les deux « : ». Dans ce hash, il y a plusieurs champs séparés par des « $ » :

- `6` : type de fonction de hachage, SHA-512
- `4YV9EFBb` : sel
- `C4ql3K...` : hash du mot de passe

Ainsi, l'utilisation du sel ne cherche pas à rendre le mot de passe plus compliqué, mais à rendre impossible le calcul de tous les mots de passe à l'avance.

Remarque

Le type de hachage utilisé par Red Hat Enterprise Linux 6 est SHA-512, générant des hashs de 512 bits de long. Cette fonction est bien plus difficile à casser que le MD5 utilisé auparavant.

Sécurité du mot de passe

Le mot de passe est à l'évidence un élément clé de la sécurité de votre système. Bien sûr, il est possible avec Red Hat Enterprise Linux d'utiliser des solutions d'authentification plus sécurisées que le mot de passe, comme l'authentification par Token ou l'authentification centralisée par serveur Kerberos.

Cependant, si vous choisissez l'option standard d'authentification par mot de passe, ne négligez pas l'importance d'avoir une bonne politique de sécurité à ce niveau-là.

Cette politique devrait inclure au moins les deux éléments suivants :

- Robustesse des mots de passe : les mots de passe définis doivent être assez compliqués pour ne pas être facilement devinés ou trouvés par une attaque de type force brute. La politique minimum suivante devrait être suivie :
  - Mot de passe de quatre classes mimimum : le mot de passe doit contenir des lettres majuscules et minuscules, des chiffres et des caractères spéciaux (lettres accentuées, signes de ponctuation, etc.).

- Le mot de passe doit avoir une longueur de 8 caractères minimum.
- Il est possible d'adopter cette politique de manière systématique, à l'aide de PAM.
- Il est clair que ce genre de mots de passe n'est pas facile à retenir. Cependant, il existe des moyens mnémotechniques pour s'en rappeler, comme prendre les premières lettres d'un proverbe ou du refrain d'une chanson. Par exemple : `w11W3!!r@kyou` (« We will rock you »).
- Vous pouvez également utiliser un portefeuille de mots de passe (*password wallet*), c'est-à-dire un programme stockant vos mots de passe dans un fichier sécurisé, chiffré et protégé par mot de passe ou certificat. Ce genre de logiciel vous donne également des suggestions de mots de passe.

- Renouvellement régulier des mots de passe :
  - On voit dans trop d'entreprises des mots de passe utilisés depuis des années, alors même que des employés sont partis en emportant avec eux les précieux sésames. De plus, la probabilité qu'un mot de passe soit découvert augmente avec son âge.
  - Ainsi, il est nécessaire de définir pour tous les comptes utilisateurs une politique d'expiration des mots de passe. Au-delà d'un certain délai, on force l'utilisateur à changer son mot de passe. Cette fonctionnalité est configurable avec la commande `chage` et automatisable avec le fichier `/etc/login.defs`.
  - Supprimer les comptes des utilisateurs qui sont partis.
- Définition précise des responsabilités :
  - Ce critère répond à la formule suivante : « la sécurité d'un mot de passe est inversement proportionnelle au nombre de personnes qui le connaissent ». Autrement dit, plus de gens connaissent un mot de passe, moins ce mot de passe est sécurisé. La règle, c'est que **les comptes ne doivent pas être partagés** par plusieurs utilisateurs.
  - L'autre raison, c'est qu'un compte partagé dilue également les responsabilités et donc les risques de problèmes. En effet, si plusieurs personnes partagent un compte et qu'une erreur est faite, comment retrouver le responsable ?
  - Il faut ainsi définir qui fait quoi sur un serveur. Avec le mécanisme `sudo` examiné à la fin de ce chapitre, il est possible de scinder les responsabilités de l'administrateur système entre plusieurs comptes.

1.2.8 Temporisateurs du compte utilisateur

Les temporisateurs du compte utilisateur, expliqués plus haut, sont des valeurs déterminant les politiques de mise à jour des mots de passe. On peut ainsi fixer un délai avant lequel l'utilisateur ne peut pas changer son mot de passe, ou un délai à partir duquel il doit changer son mot de passe.

À la création d'un compte, les valeurs par défaut des temporisateurs sont fixées par des fichiers de configuration. Ce sont ces valeurs-là qui sont utilisées à la création d'un compte utilisateur avec la commande `useradd` :

```
Fichier /etc/login.defs
PASS_MAX_DAYS
PASS_MIN_DAYS
PASS_WARN_AGE

Fichier /etc/default/useradd
INACTIVE
```

Pour un compte donné, vous pouvez modifier ces temporisateurs avec la commande `chage` expliquée ci-après.

Ces valeurs peuvent être difficiles à comprendre, c'est pourquoi elles sont expliquées sous forme d'une ligne de temps, qui montre à quel moment ces temporisateurs interviennent, mais également l'action requise de l'utilisateur et, le cas échéant, de l'administrateur. Mettez ce schéma en concurrence avec les explications données au sous-titre Création du compte utilisateur, et particulièrement avec la ligne créée dans le fichier `/etc/shadow` que nous reprenons ici :

```
michel:!!:DATE:MIN_DAYS:MAX_DAYS:WARNDAYS:INACDAYS:EXPDATE:
```

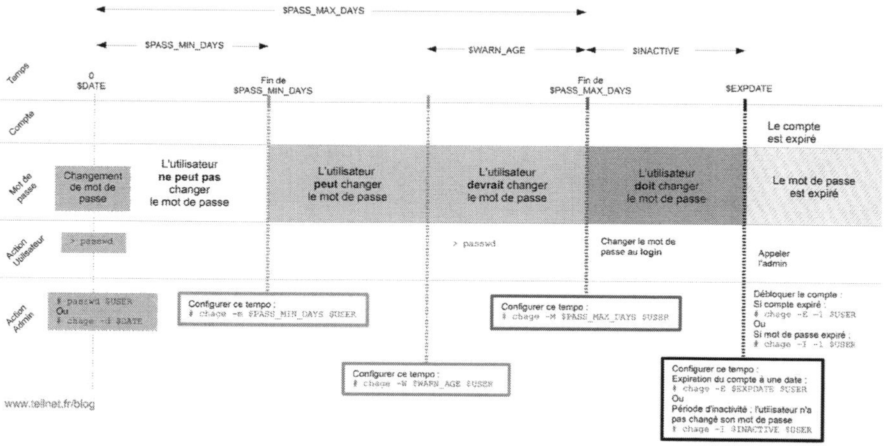

Temporisateurs du compte utilisateur, et leur configuration avec `chage`

Changement de mot de passe à la première connexion

Vous pouvez jouer sur ces temporisateurs pour forcer l'utilisateur à changer son mot de passe à la première connexion. Cela est nécessaire lorsque vous venez de créer un compte ; il faut que l'utilisateur définisse son propre mot de passe. La procédure est donc la suivante :

- Créer le compte utilisateur.
- Définir un mot de passe temporaire (mais compliqué) que l'on va transmettre à l'utilisateur.
- Mettre le temporisateur `$DATE` à `0` :

```
chage -d 0 <utilisateur>
```

- Laisser l'utilisateur s'authentifier avec le mot de passe temporaire.
- Le login lui demande de définir un nouveau mot de passe.

Par exemple, pour l'utilisateur `yahana` :

```
[root@ariadne ~]# chage -d 0 yahana
```

L'utilisateur se connecte ensuite avec le mot de passe temporaire :

```
login as: yahana
yahana@192.168.56.199's password:
You are required to change your password immediately (root enforced)
WARNING: Your password has expired.
You must change your password now and login again!
Changement de mot de passe pour l'utilisateur yahana.
Changement du mot de passe pour yahana.
Mot de passe UNIX (actuel) :
Nouveau mot de passe :
Retapez le nouveau mot de passe :
passwd : mise à jour réussie de tous les jetons d'authentification.
```

1.3 Personnalisation du compte utilisateur

Lorsque l'utilisateur lance un shell, divers fichiers de configurations, personnalisant l'environnement de l'utilisateur, sont exécutés.

Cependant, les fichiers sont différents en fonction du contexte d'exécution du shell :

- login shell (shell avec connexion) : le shell est lancé directement après un login, par exemple lorsque l'utilisateur se connecte en console texte et entre son nom et son mot de passe ;
- non-login shell (shell sans connexion) : le shell est lancé alors que l'utilisateur est déjà connecté, par exemple lorsque l'utilisateur lance un shell dans l'interface graphique, à laquelle il est déjà connecté.

1.3.1 Fichiers de lancement

Les fichiers de lancement du shell ne sont pas les mêmes, si le shell est avec connexion, ou sans connexion. En effet, il est des choses que vous voulez voir apparaître ou définies une seule fois à la connexion, mais pas à chaque lancement de shell.

Par exemple, vous voulez un script qui affiche l'état de la machine à chaque connexion. Mais ce script ne doit pas s'afficher à chaque ouverture de shell.

Les deux types de fichiers sont :

- `profile` : lu seulement à la connexion ;
- `bashrc` : lu à la connexion et au lancement du shell.

De même, pour chaque type de shell, certains fichiers communs à tous les utilisateurs sont lancés, et certains sont spécifiques à l'utilisateur.

Les types de fichiers sont alors :

- fichiers dans `/etc/` : communs à tous les utilisateurs ;
- fichiers dans ~ (répertoire utilisateur) : spécifique à l'utilisateur.

Les fichiers de démarrage d'un shell sont lancés dans l'ordre suivant :

- pour un shell avec connexion :

1. `/etc/profile` : contient des paramètres globaux communs à tous les utilisateurs ;
2. `/etc/profile.d/` : d'autres paramètres sous la forme de scripts ;
3. `~/.bash_profile` : contient des paramètres uniques à l'utilisateur ;
4. `~/.bashrc` ;
5. `/etc/bashrc`.

- pour un shell sans connexion :

1. `~/.bashrc` ;
2. `/etc/bashrc` ;
3. `/etc/profile.d`.

Ainsi, la règle est la suivante :

- si vous êtes utilisateur :
  - paramètres seulement à la connexion : `~/.bash_profile`
  - paramètres pour chaque lancement du shell : `~/.bashrc`

- si vous êtes administrateur, et que vous voulez définir des paramètres communs à tous les utilisateurs :
  - paramètres seulement à la connexion : /etc/profile
  - paramètres pour chaque lancement du shell : /etc/bashrc

1.3.2 Variables d'environnement

Les variables d'environnement sont des variables particulières, contenant des valeurs définissant certains paramètres de l'environnement utilisateur.

Pour afficher les variables d'environnement, utilisez la commande :

```
set
```

ou :

```
env
```

Voici quelques-unes de ces variables :

- $PATH : chemin parcouru par le shell à la recherche d'exécutables que vous lancez en ligne de commande.

  Pour ajouter un chemin à la variable PATH, tapez :

```
PATH=$PATH:<chemin>
```

- $HOME : contient le répertoire utilisateur.
- $LANG : contient la localisation de l'utilisateur.

  En France, utilisez LANG=fr_FR.
- $PWD : contient le répertoire courant.
- $PS1 : configuration de l'invite utilisateur, les premiers caractères apparaissant à chaque ligne.
- $SHELL : contient le shell exécuté à la connexion.

Pour définir une variable d'environnement, utilisez la commande export suivie de la variable. En effet, si la commande export n'est pas utilisée, la variable définie reste locale au bash courant. Si la commande export est utilisée, la variable est exportée à tous les programmes et bash lancés depuis le bash courant.

Le fichier `profile` (local ou commun) est en général utilisé pour la définition des variables d'environnement.

1.3.3 Alias de commandes

Les alias sont des raccourcis de commandes, se trouvant en mémoire.

Par exemple, au lieu de tapez `ls -lh`, vous pourriez définir l'alias `lh` qui fait la même chose.

Pour définir un alias, tapez :

```
alias <alias>='<commande>'
```

Par exemple :

```
[jdoe@cobb ~]$ alias lh='ls -lh'
[jdoe@cobb ~]$ lh
total 48K
-rw-rw-r--. 1 jdoe jdoe   19 11 janv. 23:48 bonjour
drwxr-xr-x. 2 root root 4,0K 12 janv. 10:33 bureau
drwxr-xr-x. 3 jdoe jdoe 4,0K 14 janv. 18:14 Bureau
drwxr-xr-x. 2 jdoe jdoe 4,0K  9 janv. 09:12 Documents
```

Le fichier `bashrc` (local ou commun) est en général utilisé pour la définition d'alias.

2. Droits sur les fichiers et répertoires

2.1 Présentation

Dans les systèmes UNIX/Linux, l'accès aux fichiers est la combinaison de deux types d'éléments :

- *comment* on accède aux fichiers (et répertoires) : cela est défini par des droits, ou permissions :
  - Lecture (symbolisé par la lettre `r`, *read*).
  - Écriture (symbolisé par la lettre `w`, *write*).
  - Exécution (symbolisé par la lettre `x`, *execute*).

- *qui* accède aux fichiers : pour chaque fichier et répertoire, ces droits sont définis pour trois catégories d'utilisateurs :
  - L'utilisateur propriétaire (symbolisé par la lettre `u`, *user*) : c'est le propriétaire du fichier.
  - Le groupe propriétaire (symbolisé par la lettre `g`, *group*) : tous les utilisateurs membres de ce groupe auront les droits d'accès définis pour ce groupe.
  - Les autres utilisateurs (symbolisé par la lettre `o`, *others*) : il s'agit des autres utilisateurs, qui ne sont ni utilisateur propriétaire, ni membres du groupe propriétaire.

Qu'il s'agisse d'un fichier ou d'un dossier, les droits lecture, écriture, ou exécution, ne font pas le même type d'action. Cela est développé dans la suite de ce chapitre.

2.2 Afficher les droits

Pour afficher les droits positionnés sur des fichiers et répertoires, utilisez la commande suivante :

```
ls -l
```

Cette commande vous renvoie ce type de résultat :

```
[root@cobb etc]# ls -l
-rw-r--r--.  1 root root    813 24 août  22:55 yum.conf
drwxr-xr-x.  2 root root   4096 24 août  22:55 yum.repos.d
```

Ce résultat contient plusieurs informations intéressantes :

- Type de fichier : la toute première lettre à gauche décrit le type de fichier. Au fil de ce livre, certains de ces fichiers sont examinés :
  - `-` : fichier ordinaire.
  - `d` (*directory*) : répertoire.
  - `l` (*link*) : lien symbolique.
  - `s` (*socket*) : socket.
  - `p` (*pipe*) : pipe nommé.
  - `b` (*block*) : fichier de périphérique en mode bloc.

  - `c` (*character*) : fichier de périphérique en mode caractère.
- Droits : les neuf lettres suivantes sont en fait trois « paquets » de trois lettres définissant les droits pour l'utilisateur propriétaire, le groupe propriétaire, et les autres utilisateurs.

  Si la lettre est présente, l'utilisateur possède le droit (en lecture, écriture, exécution). Sinon, la lettre est remplacée par un tiret.
- Après ces neuf caractères (les droits), un caractère isolé apparaît (souvent un point `.`). Cela spécifie si d'autres types d'accès (avancés) sont appliqués au fichier (voir la manpage de `ls` pour plus d'informations).
- Le nom de l'utilisateur propriétaire.
- Le nom du groupe propriétaire.

Quels sont donc les droits pour les fichiers et répertoires suivants ?

```
[root@cobb romans]# ls -l
-rw-r-----.  1 victor  editeurs   813     24 août  23:53 livre1
-rw-r--r--.  1 emile   editeurs   813     24 août  21:12 livre2
-rwxr-x---.  1 ludwig  auteurs  16213     24 août  08:55 musique
drwxr-xr-x.  2 edgar   editeurs  4096     24 août  12:38 nouvelles
```

On constate que :

- Le propriétaire du fichier `livre1` est `victor`. Il peut lire et écrire dans ce fichier. Les membres du groupe `editeurs` ne peuvent que lire ce fichier. Les autres utilisateurs ne peuvent rien faire avec ce fichier.
- Le propriétaire du fichier `livre2` est `emile`. Il peut lire et écrire dans ce fichier. Les membres du groupe `editeurs` ne peuvent que lire ce fichier. Les autres utilisateurs peuvent également lire (c'est le choix d'`emile`).
- Le fichier `musique` est un exécutable, c'est-à-dire un programme qui exécute une action. Son propriétaire, `ludwig`, peut le lire, le modifier et l'exécuter. Le groupe `auteurs` peut seulement le lire et l'exécuter. Les autres utilisateurs ne peuvent rien faire.
- Finalement, le répertoire `nouvelles` (le premier caractère est un `d`) est la propriété d'`edgar`, qui a les droits en lecture, écriture et exécution. Le groupe `editeurs` et les autres utilisateurs ont seulement les droits en lecture et exécution.

2.3 Droits sur les fichiers

Les droits sur les fichiers sont relativement simples à comprendre :

- Le droit en lecture signifie que le contenu du fichier peut être lu.
- Le droit en écriture signifie que le contenu du fichier peut être écrit.
- Le droit en exécution signifie que le fichier peut être exécuté. Notons que ce n'est pas l'extension du fichier qui le rend exécutable, mais bien ce droit en exécution. Un fichier exécutable peut être un binaire, compilé spécifiquement pour le système d'exploitation et le processeur. Cela peut également être un script, écrit dans un langage comme bash (voir chapitre Les scripts bash).

2.4 Droits sur les répertoires

Les droits sur les répertoires sont un peu moins instinctifs à comprendre. En effet, que signifie par exemple « exécutable » pour un répertoire ?

La réponse est plus évidente si l'on considère un répertoire comme un fichier contenant la liste des fichiers qu'il contient (c'est d'ailleurs littéralement le cas). Ainsi, avoir le droit en lecture sur un répertoire, c'est d'une certaine manière avoir le droit de lire le contenu du « fichier » répertoire, donc de lister le contenu de ce répertoire.

Ainsi, les droits s'appliquent de la manière suivante sur les répertoires :

- **Le droit en lecture est requis pour lister le contenu du répertoire** (avec la commande `ls` par exemple). Cependant, pour effectuer certaines tâches, il faudra également le droit en exécution sur le répertoire.
- **Le droit en écriture permet de modifier le contenu du répertoire**, c'est-à-dire d'ajouter, de supprimer ou de changer le nom d'un fichier ou d'un sous-répertoire s'y trouvant, **même s'ils sont la propriété d'un autre utilisateur**. De même, il faudra souvent ajouter le droit en exécution au droit en écriture.

- **Le droit en exécution *seul* permet principalement de traverser le répertoire**, c'est-à-dire d'accéder à un sous-répertoire pour lequel on a les droits. Il permet également d'accéder aux fichiers se trouvant dans le répertoire, tant que l'on a des droits sur ces fichiers et que l'on connaît leur nom.

Illustrons. Soit un dossier `voitures` dans le répertoire `/home`. Le répertoire appartient à l'utilisateur `root` et au groupe `root` :

```
[root@cobb home]# ls -l
total 8
drwx------. 25 jdoe jdoe 4096 10 janv. 01:07 jdoe
drwxr-x---.  3 root root 4096 10 janv. 13:34 voitures
```

Que peut faire un « autre » utilisateur comme `jdoe` en fonction des droits appliqués à « autres » sur ce répertoire ?

Si `voitures` a le droit `x` **seul** positionné :

```
drwxr-x--x. 3 root root 4096 10 janv. 13:34 voitures
```

L'utilisateur `jdoe` essaie certaines actions :

```
[jdoe@cobb home]$ cd voitures/
[jdoe@cobb voitures]$ ls
ls: impossible d'ouvrir le répertoire .: Permission non accordée
[jdoe@cobb voitures]$ rm citroen
rm: impossible de supprimer « citroen »: Permission non accordée
[jdoe@cobb voitures]$ cat /home/voitures/citroen
Lettre de la part de Citroen :
Cher monsieur, merci de votre confiance.
[jdoe@cobb voitures]$ cd /home/voitures/autres/
```

On constate que `jdoe` peut :

- Entrer dans le répertoire mais pas en lister le contenu ni y ajouter ou supprimer un fichier.
- Traverser le répertoire pour accéder à un sous-répertoire en fonction de ses droits sur ce répertoire.
- Travailler sur un fichier en fonction de ses droits sur ce fichier.

Si le droit `r` est ajouté au répertoire `voitures` :

```
drwxr-xr-x. 3 root root 4096 10 janv. 14:02 voitures
```

Que peut alors faire l'utilisateur `jdoe` ?

```
[jdoe@cobb home]$ ls voitures/
autres  citroen  peugeot  renault
[jdoe@cobb home]$ cd voitures/
[jdoe@cobb voitures]$ ls -l
drwxrwxrwx. 2 michel michel 4096 10 janv. 13:34 autres
-rw-rw-rw-. 1 michel michel   72 10 janv. 14:02 citroen
-rw-rw-rw-. 1 michel michel    0 10 janv. 13:27 peugeot
-rw-rw-rw-. 1 michel michel    0 10 janv. 13:27 renault
```

L'utilisateur `jdoe` peut lister le contenu du répertoire.

Si le droit `w` est ajouté au répertoire `voitures` :

```
drwxr-xrwx. 3 root root 4096 10 janv. 14:02 voitures
```

Que peut maintenant faire `jdoe` dans ce répertoire ?

```
[jdoe@cobb home]$ touch voitures/ferrari
[jdoe@cobb home]$ mkdir voitures/occasions
[jdoe@cobb home]$ rm voitures/citroen
[jdoe@cobb home]$ rmdir voitures/autres
[jdoe@cobb home]$ ls voitures/
ferrari  occasions  peugeot  renault
```

L'utilisateur peut créer un nouveau fichier ou un nouveau sous-répertoire dans ce répertoire.

Notez également que `jdoe` peut également supprimer des fichiers ou des sous-répertoires de ce répertoire, **quand bien même il n'en est pas propriétaire** (c'est l'utilisateur `michel` qui est propriétaire de ces fichiers et répertoires).

Remarque

Ce comportement, insolite au premier regard, est finalement assez logique. En effet, si l'utilisateur a les droits en écriture sur un répertoire, il peut en quelque sorte modifier la liste des fichiers de ce répertoire, même s'ils ne lui appartiennent pas. Pour contourner ce problème, un palliatif existe sous la forme du sticky bit, examiné plus loin.

2.5 Droits spéciaux

Certains besoins particuliers nécessitent quelques adaptations, ou quelques ajouts, aux droits standards lecture, écriture et exécution.

Ces droits spéciaux sont :

- les droits SetUID et SetGID ;
- le sticky bit ;
- ces droits ont une action différente s'ils sont appliqués à un fichier ou à un répertoire.

Les droits SetUID et SetGID sur les fichiers exécutables

Les droits SetUID et SetGID (souvent raccourcis SUID et SGID) permettent à un utilisateur de prendre les droits du propriétaire d'un fichier lorsqu'il l'exécute. Si le bit SUID est positionné, l'utilisateur prend les droits de l'utilisateur propriétaire du fichier. Si le bit SGID est positionné, il prend le droit du groupe propriétaire du fichier.

Ces droits donnent aux utilisateurs la possibilité de faire des tâches qu'ils ne pourraient pas faire autrement.

Un exemple typique est le mécanisme de changement du mot de passe.

Nous savons que les mots de passe sont stockés dans le fichier `/etc/shadow`, qui n'est accessible qu'à l'utilisateur `root`. Tout autre utilisateur ne peut ni lire, ni écrire dans ce fichier :

```
----------. 1 root root 1127 10 janv. 14:13 /etc/shadow
```

Pourtant, un utilisateur doit pouvoir changer son propre mot de passe. Ainsi, que se passe-t-il lorsqu'il tape la commande `passwd` ?

```
[jdoe@cobb ~]$ passwd
Changement de mot de passe pour l'utilisateur jdoe.
Changement du mot de passe pour jdoe.
Mot de passe UNIX (actuel) :
Nouveau mot de passe :
Retapez le nouveau mot de passe :
passwd : mise à jour réussie de tous les jetons
```

```
d'authentification.
```

Dans ce cas, le fichier /etc/shadow est bel et bien modifié. Cela est possible en positionnant le bit SetUID sur le programme /usr/bin/passwd comme nous le voyons ici :

```
[root@cobb ~]# ls -l /usr/bin/passwd
-rwsr-xr-x. 1 root root 26968 28 janv.  2010 /usr/bin/passwd
```

La lettre s remplaçant la lettre x pour les droits utilisateurs signifie que le bit SetUID est positionné. Les autres utilisateurs ayant le droit x activé sur ce programme, il peuvent l'exécuter. Le droit SetUID étant activé, le programme est alors exécuté avec les droits de l'utilisateur propriétaire root.

Ainsi, lorsqu'un utilisateur exécute la commande passwd, il « prend » les droits de root, capable ainsi de modifier le fichier /etc/shadow.

Le Sticky bit sur les répertoires

Le Sticky bit intervient dans le cas particulier des répertoires partagés entre plusieurs utilisateurs.

Comme nous l'avons vu plus haut, pour qu'un utilisateur puisse créer des fichiers dans un répertoire, il faut qu'il ait le droit d'écriture sur ce répertoire. Cela lui donne cependant le droit de supprimer n'importe quel fichier, même ceux qui ne lui appartiennent pas.

Ce cas est particulièrement problématique dans le cas de répertoires partagés par plusieurs utilisateurs, ce que l'on peut réaliser en donnant les droits d'écriture à un groupe (tous les membres du groupe peuvent alors modifier le contenu du répertoire) ou à tous les « autres » utilisateurs (n'importe qui peut alors modifier le contenu du répertoire).

Pour remédier à ce problème, le Sticky bit définit qu'un utilisateur ne peut supprimer que des fichiers dont il est propriétaire, même s'il a les droits en écriture sur le répertoire.

Le Sticky bit est symbolisé par la lettre t minuscule appliquée à la place du x pour les utilisateurs « others ».

Remarque

Le Sticky bit (bit collant) doit son nom à son emploi précédent, lorsque ce droit définissait qu'un programme devait rester « collé » en mémoire, même après la fin de son exécution.

Un exemple typique du Sticky bit est le répertoire `/tmp`, dont la vocation est de contenir les fichiers temporaires de tous les utilisateurs :

```
drwxrwxrwt. 12 root root 4096 10 janv. 13:57 tmp
```

Nous voyons ici que tout le monde (l'utilisateur propriétaire, le groupe propriétaire, et les autres) a le droit en écriture (`w`). Cependant, le Sticky bit (symbolisé par la lettre `t` remplaçant le droit `x` pour les autres utilisateurs) est positionné.

```
[jdoe@cobb etc]$ cd /tmp
[jdoe@cobb tmp]$ ls -l
(...)
-rw-rw-r--. 1 michel michel    0 10 janv. 15:55 monfichiertemp
[jdoe@cobb tmp]$ rm monfichiertemp
rm : supprimer fichier vide (protégé en écriture)
« monfichiertemp » ? y
rm: impossible de supprimer « monfichiertemp »: Opération non
permise
```

Ici, nous constatons que le système d'exploitation empêche l'utilisateur de supprimer un fichier qui ne lui appartient pas, même s'il a le droit en écriture sur le répertoire.

Le droit SetGID sur les répertoires

Le droit SetGID s'applique également à un répertoire partagé par plusieurs utilisateurs.

Si le droit SetGID est appliqué à un répertoire, tous les fichiers et sous-répertoires qui y sont créés auront comme groupe propriétaire le groupe propriétaire du répertoire parent, et non le groupe de l'utilisateur qui crée ce fichier.

Le droit SetGID est symbolisé par la lettre s minuscule appliquée à la place du droit x pour le groupe.

Illustrons avec l'exemple d'un répertoire `/home/projets` dédié au groupe `EquipeIT`. Le groupe `EquipeIT` est propriétaire de ce répertoire :

```
drwxrwxrwt. 2 root EquipeIT 4096 10 janv. 15:35 projets
```

Notons que les droits du répertoire `projets` sont en lecture, écriture et exécution pour tout le monde. Il est bien dans ce cas de positionner le Sticky bit.

Cas du répertoire sans SetGID :

L'utilisateur `jdoe` fait partie du groupe `EquipeIT` et il essaie de créer un fichier pour son groupe dans le répertoire `projets` :

```
[jdoe@cobb ~]$ cd /home
[jdoe@cobb home]$ touch projets/livrejaune
[jdoe@cobb home]$ ls -l projets/
-rw-rw-r--. 1 jdoe jdoe 0 10 janv. 16:31 livrejaune
```

Si le répertoire `projets` n'a pas le bit SetGID positionné, le fichier `livrejaune` appartient au UPG (groupe privé de l'utilisateur) et non au groupe `EquipeIT` pour lequel est dédié ce répertoire.

Cas du répertoire avec SetGID :

Activons maintenant le droit SetGID sur le répertoire `projets` :

```
drwxrwsrwt.  2 root   EquipeIT 4096 10 janv. 16:31 projets
L'utilisateur jdoe crée maintenant son fichier :
[jdoe@cobb home]$ touch projets/livrevert
[jdoe@cobb home]$ ls -l projets/
-rw-rw-r--. 1 jdoe jdoe     0 10 janv. 16:31 livrejaune
-rw-rw-r--. 1 jdoe EquipeIT 0 10 janv. 16:34 livrevert
```

Nous constatons que le nouveau fichier `livrevert` devient automatiquement la propriété du groupe `EquipeIT` qui est le groupe propriétaire du répertoire contenant ce fichier.

Interaction entre les répertoires

Il est important de comprendre comment les droits de répertoire s'imbriquent les uns dans les autres. Un sous-répertoire hérite-t-il automatiquement des droits de son répertoire parent ?

En réalité, la règle est simple : les droits des répertoires sont indépendants les uns des autres. Un sous-répertoire peut avoir des droits et des propriétaires complètement différents de son répertoire parent.

La seule condition requise, c'est que le droit x doit être activé sur tous les répertoires parents pour pouvoir accéder au sous-répertoire.

Prenons le cas d'un répertoire `administration` dans `/home`. La seule permission activée pour `others` est le droit en exécution (on peut traverser le répertoire) :

```
[root@cobb home]# ls -l /home
drwxr-x--x.  3 root   root   4096 10 janv. 16:54 administration
```

Dans `/home/administration`, un répertoire `retraite` a été créé par l'administrateur de la machine :

```
[root@cobb home]# ls -l /home/administration/
drwxr-xr-x. 2 jdoe EquipeIT 4096 10 janv. 16:55 retraite
```

Notons que les propriétaires et les droits du répertoire `retraite` n'ont rien à voir avec les droits et propriétaires de son répertoire parent (`administration`).

Sans surprise, l'utilisateur `jdoe` ne peut pas lister le contenu de `/home/administration`, ni y créer de fichiers ou sous-répertoires (car il n'a pas les droits sur le répertoire `administration`) :

```
[jdoe@cobb ~]$ cd /home
[jdoe@cobb home]$ ls administration/
ls: impossible d'ouvrir le répertoire administration/: Permission
non accordée
[jdoe@cobb home]$ mkdir administration/truc
mkdir: impossible de créer le répertoire « administration/truc »:
Permission non accordée
[jdoe@cobb home]$ touch administration/bidule
touch: impossible de faire un touch « administration/bidule »:
Permission non accordée
```

En revanche, l'utilisateur `jdoe` peut entrer dans le répertoire `administration` (car il a le droit exécution dessus) et même le traverser pour accéder directement au répertoire `retraite` dont il est le propriétaire :

```
[jdoe@cobb home]$ cd administration/
[jdoe@cobb administration]$ cd retraite
[jdoe@cobb retraite]$
```

Dans ce répertoire, il peut créer des fichiers et des sous-répertoires, et en lister le contenu, car il a les droits en écriture et en lecture sur le répertoire `retraites` :

```
[jdoe@cobb administration]$ cd retraite
[jdoe@cobb retraite]$ pwd
/home/administration/retraite
[jdoe@cobb retraite]$ touch cotisants
[jdoe@cobb retraite]$ mkdir database
[jdoe@cobb retraite]$ ls
cotisants  database
```

Cet exemple illustre le fait que les droits de répertoires sont indépendants les uns des autres.

Remarque

Il est cependant possible, au moment d'appliquer des droits à un répertoire, de les appliquer à l'ensemble de ses sous-répertoires de manière récursive (voir ci-dessous).

2.6 Modification des propriétaires et des droits sur les fichiers

2.6.1 Modification de propriétaire

La mise en place des droits d'accès aux fichiers commence par définir *qui* possède ces droits. Cela se fait en décidant de l'utilisateur et du groupe propriétaires d'un fichier. La modification de ces deux paramètres se fait avec les commandes `chown` et `chgrp`.

La commande chown (pour *change owner*, changer le propriétaire) permet de changer l'utilisateur propriétaire d'un fichier ou d'un répertoire :

```
chown <utilisateur_propriétaire> <fichier_ou_répertoire>
```

En fait, la commande chown permet de changer simultanément l'utilisateur propriétaire et le groupe propriétaire, en les séparant par le caractère « : » (deux points) :

```
chown <utilisateur_propriétaire>:<groupe_propriétaire>
<fichier_ou_répertoire>
```

Par exemple, l'utilisateur root désire créer un répertoire /home/ITprojets appartenant à l'utilisateur jdoe et au groupe EquipeIT. Il devra pour cela créer le répertoire, qui aura d'abord comme utilisateur et groupe propriétaires root:root. Ensuite, il devra changer les propriétaires avec la commande chown :

```
[root@cobb home]# mkdir ITprojets
[root@cobb home]# ls -l
drwxr-xr-x. 2 root  root    4096 10 janv. 19:27 ITprojets
[root@cobb home]# chown jdoe:EquipeIT ITprojets
[root@cobb home]# ls -l
drwxr-xr-x. 2 jdoe  EquipeIT 4096 10 janv. 19:27 ITprojets
```

Remarque

Pour des raisons de sécurité, seul l'utilisateur root peut changer les propriétaires d'un fichier ou d'un répertoire. L'utilisateur propriétaire d'un fichier peut également changer le groupe d'un fichier s'il est lui-même membre de ce groupe.

Si vous désirez seulement changer le groupe propriétaire d'un fichier ou d'un répertoire, utilisez chgrp (pour *change group*, changer le groupe) :

```
chgrp <groupe_propriétaire> <fichier_ou_répertoire>
```

Pour les deux commandes, il est pratique d'utiliser l'option -v (pour *verbose*, verbeux) qui décrit les actions accomplies :

```
[root@cobb home]# chown -v jdoe:EquipeIT Itprojets
appartenance changée de « ITprojets » en jdoe:EquipeIT
```

Pour une arborescence déjà existante, il est bien d'appliquer les modifications de manière **récursive**, c'est-à-dire à l'ensemble des sous-répertoires et fichiers contenus dans le répertoire cible avec l'option `-R` (utilisable par `chown` et `chgrp`).

Il est utile alors d'ajouter l'option `-v` pour connaître l'étendue des actions effectuées :

```
[root@cobb home]# chown -Rv jdoe:EquipeIT ITprojets
appartenance changée de « ITprojets/Centreon » en jdoe:EquipeIT
appartenance changée de « ITprojets/Cacti/reponsable » en jdoe:EquipeIT
appartenance changée de « ITprojets/Cacti/Deadlines » en jdoe:EquipeIT
appartenance changée de « ITprojets/Cacti/devs » en jdoe:EquipeIT
appartenance changée de « ITprojets/Cacti » en jdoe:EquipeIT
appartenance changée de « ITprojets/Liste » en jdoe:EquipeIT
appartenance changée de « ITprojets/README » en jdoe:EquipeIT
appartenance changée de « ITprojets/Nagios » en jdoe:EquipeIT
appartenance changée de « ITprojets/Cisco » en jdoe:EquipeIT
appartenance changée de « ITprojets » en jdoe:EquipeIT
```

Notez dans cet exemple que les propriétaires ont été changés pour les sous-répertoires des sous-répertoires et tous les fichiers qu'ils contiennent. L'arborescence d'un répertoire est ainsi parcourue jusqu'à ce que tous les fichiers et sous-répertoires aient été modifiés.

Remarque

La modification récursive est nécessaire pour ce cas d'une arborescence existante dont on veut changer les propriétaires. Sans l'option `-R`, les sous-répertoires et fichiers appartiendraient toujours aux anciens propriétaires.

2.6.2 Modification de droits

Pour modifier les permissions (ou droits) d'accès aux fichiers et répertoires, utilisez la commande `chmod` (pour *change mode*). Cette commande vous permet de modifier les droits d'accès en lecture, écriture et exécution pour l'utilisateur propriétaire (`user`), le groupe propriétaire (`group`), les autres utilisateurs (`others`), ou pour tout le monde d'un coup (`all`, tous).

La commande générale est :

```
chmod <droits> <fichier_ou_répertoire>
```

Il y a deux façons de modifier ces droits :

- ajout ou suppression de droits, en valeurs alphabétiques ;
- changement absolu, en valeur octale.

Tout comme pour le changement de propriétaire, l'option `-R` permet de faire des modifications de manière récursive, en les appliquant à tout ce qui se trouve dans le répertoire cible. L'option `-v` décrit les modifications apportées.

Remarque

Seuls l'utilisateur root et l'utilisateur propriétaire ont la possibilité de changer les droits sur un fichier ou un répertoire.

Ajout ou suppression de droits, en valeurs alphabétiques

Ce type de modification avec `chmod` est écrit de la manière suivante :

- une ou plusieurs lettres représentant le ou les utilisateurs concernés : `u` (pour *user*), `g` (pour *group*), `o` (pour *others*), `a` (pour *all*) ;
- un signe + (ajout de la permission) ou – (suppression de la permission) ;
- une ou plusieurs lettres représentant le ou les droits : `r` (pour *read*), `w` (pour *write*), `x` (pour *execute*).

L'écriture est assez flexible, on peut accoler plusieurs types d'utilisateurs ou plusieurs droits, voire dans la même commande modifier plusieurs ensembles de droits séparés par une virgule.

Par exemple :

`chmod u+rw fichier` : ajoute les droits lecture et écriture pour l'utilisateur propriétaire du fichier.

`chmod a-x fichier` : le fichier n'est plus exécutable pour l'ensemble des utilisateurs.

`chmod ug+w répertoire` : le répertoire devient modifiable pour l'utilisateur et le groupe propriétaires.

`chmod ug+rw,o-rw fichier` : le fichier est en lecture et écriture pour le groupe propriétaire, et les autres utilisateurs ne peuvent plus le lire ni le modifier.

`chmod a+x fichier` : tout le monde peut exécuter le fichier.

Remarque

Il est important de comprendre que cette notation effectue des ***modifications incrémentales*** *: elle ajoute ou soustrait des droits aux droits existants, sans modifier les permissions qui ne sont pas concernées. Par exemple, pour le dernier cas illustré ici, la commande ne change rien à d'éventuelles valeurs* `r` *ou* `w` *positionnées (ou pas).*

Changement absolu, en valeur octale

Cette façon d'écrire les droits consiste à :

- Affecter une valeur à chaque droit :
  - droit `r` : valeur 4
  - droit `w` : valeur 2
  - droit `x` : valeur 1
- Faire la somme de ces valeurs pour chaque type d'utilisateur (`user`, `group` ou `others`) :
  - `rw-` : 4 (valeur de `r`) + 2 (valeur de `w`) + 0 (`x` n'est pas activé) = 6
  - `r-x` : 4 (valeur de `r`) + 0 (`w` n'est pas activé) + 1 (valeur de `x`) = 5
- Appliquer cette méthode à tous les types d'utilisateurs :
  - `rwxrwxr-x` : 775
  - `rw-r-----` : 640
  - `rwxr-x---` : 750

Par exemple :

`chmod 755 fichier` : donne tous les droits à l'utilisateur propriétaire, et les droits en écriture et exécution pour le groupe propriétaire et les autres utilisateurs.

`chmod 644 fichier` : donne à l'utilisateur les droits en lecture et écriture, et seulement en lecture au groupe propriétaire et aux autres utilisateurs.

Remarque

*Notez dans ce cas que **la modification n'est pas incrémentale, mais absolue** : elle modifie absolument tous les droits existant sur le fichier ou le répertoire cible. Ne l'utilisez donc pas quand il s'agit simplement d'ajouter un droit aux droits existants !*

Modifier les droits spéciaux : Sticky bit

Il est bien sûr possible de modifier les droits spéciaux `Sticky bit`, `SetUID` et `SetGID` avec la commande `chmod`.

En notation alphabétique, le Sticky bit est représenté par la lettre `t`. En notation octale, il a la valeur `1000`, à laquelle on doit ajouter les droits classiques.

Par exemple, pour ajouter le Sticky bit à un fichier en notation alphabétique :

```
[root@cobb home]# chmod +t Itprojets/
[root@cobb home]# ls -l
drwxr-xr-t.  6 jdoe   EquipeIT 4096 10 janv. 19:38 ITprojets
```

Pour enlever le Sticky bit en notation alphabétique :

```
[root@cobb home]# chmod -t ITprojets/
[root@cobb home]# ls -l
drwxr-xr-x.  6 jdoe   EquipeIT 4096 10 janv. 19:38 ITprojets
```

Modification totale avec Sticky bit en notation octale : ici on donne tous les droits à l'utilisateur propriétaire, les droits lecture et exécution pour le groupe propriétaire et les autres utilisateurs, et on active le Sticky bit.

```
[root@cobb home]# chmod 1755 administration/
```

Modifier les droits spéciaux : SetUID/SetGID

Les droits SetUID/SetGID ont la lettre `s` appliquée tantôt à l'utilisateur propriétaire, tantôt au groupe propriétaire.

En notation octale, SetUID a la valeur `4000`, à laquelle on doit ajouter les droits classiques. SetGID a la valeur `2000`, à laquelle on doit ajouter les droits classiques.

Par exemple, pour appliquer le droit SetUID à un fichier en notation alphabétique :

```
[root@cobb bin]# chmod u+s superprogramme
[root@cobb bin]# ls -l superprogramme
-rwsr-xr-x. 1 root root 0 10 janv. 21:16 superprogramme
```

Pour appliquer le droit SetGID sur un répertoire en notation alphabétique :

```
[root@cobb home]# chmod g+s ITprojets/
[root@cobb home]# ls -l
drwxrwsr-x.  6 jdoe   EquipeIT 4096 10 janv. 19:38 ITprojets
```

En notation octale, on donne ici tous les droits pour l'utilisateur et le groupe propriétaires, les droits en lecture et exécution pour les autres, et on ajoute le droit SetGID sur le répertoire :

```
[root@cobb home]# chmod 2775 ITprojets/
```

2.6.3 Droits par défaut avec umask

Propriétaires par défaut

Lorsqu'un fichier est créé par un utilisateur, quels sont les droits et les propriétaires affectés par défaut ?

Le propriétaire du fichier est celui qui crée le fichier. Le groupe propriétaire est le groupe dans lequel se trouve l'utilisateur au moment de la création du fichier.

Remarque

Il est possible pour un utilisateur de changer de groupe en tapant la commande newgrp <nom_du_groupe>. Si le groupe a un mot de passe, il lui sera demandé.

Droits par défaut

Quant aux permissions qui sont affectées par défaut au fichier, elles sont le résultat d'une opération faite avec le umask.

Le umask (pour *user mask*, masque utilisateur) est le masque par défaut appliqué à la création d'un fichier ou d'un répertoire. Par masque, on sous-entend la soustraction de permissions aux permissions totales.

Pour un fichier, les permissions totales sont 0666. Les permissions totales des répertoires sont 0777. Cela signifie que si rien n'est spécifié, les fichiers et les répertoires créés par un utilisateur seront accessibles avec tous les droits par tout le monde.

Pour éviter cela, on applique un umask courant de 0002 (sous Red Hat Enterprise Linux), qui soustrait 0002 aux permissions totales lors de la création d'un fichier ou d'un répertoire.

Ainsi, un fichier aura par défaut les permissions 0666 - 0002 = 0664. Un répertoire aura les permissions 0777 - 0002 = 0775.

C'est ce que nous constatons par exemple lorsque l'utilisateur `jdoe` crée un fichier ou un répertoire :

```
[jdoe@cobb ~]$ touch nouveaufichier
-rw-rw-r--. 1 jdoe jdoe    0 10 janv. 21:47 nouveaufichier
```

Le nouveau fichier est bien créé avec les permissions 0664. De même pour un nouveau répertoire créé avec les droits 0775 :

```
[jdoe@cobb ~]$ mkdir nouveaurepertoire
[jdoe@cobb ~]$ ls -l
drwxrwxr-x. 2 jdoe jdoe 4096 10 janv. 21:50 nouveaurepertoire
```

Remarque

Le umask est plus restrictif pour l'utilisateur root, fixé à 0022.

Il est possible de connaître et définir le umask avec la commande `umask`.

Le umask pour les utilisateurs standards et l'utilisateur root est fixé dans le fichier `/etc/profile`.

3. Gestion avancée des disques et des utilisateurs

3.1 Quotas de disque par utilisateur ou groupe

L'utilisation de l'espace disque peut être contrôlée par l'administrateur. Il peut fixer des limites pour certains utilisateurs et groupes, et être averti en cas de saturation du disque.

Il est par exemple possible de définir l'espace utilisé par les utilisateurs pour leurs fichiers personnels, comme l'e-mail, et l'espace utilisé par un groupe, pour un projet.

La gestion des quotas se fait sur chaque partition. Cela illustre nettement l'intérêt de mettre en place un partitionnement adapté à l'utilisation du serveur dans l'entreprise.

Par exemple, pourquoi ne pas mettre le répertoire */home* dans une partition séparée avec des quotas utilisateurs, et le reste du système sans quota ?

La mise en place de quotas passe par les étapes suivantes :

- Activer le mécanisme de quotas pour la partition dans `/etc/fstab` et remontage de la partition.
- Analyser l'utilisation du disque et générer une base de quotas.
- Assigner des quotas aux utilisateurs et aux groupes.
- Activer les quotas.

3.1.1 Activation des quotas sur les systèmes de fichiers

Pour activer les quotas sur une partition, il faut éditer le fichier `/etc/fstab` et ajouter les options `usrquota` et `grpquota` pour le système de fichiers concerné (séparées par des virgules).

Par exemple :

```
/etc/fstab
/dev/sdb2    /home    ext4    defaults,usrquota,grpquota    1 1
```

Il faut ensuite remonter la partition. On peut utiliser `mount` avec l'option `-o remount` qui démonte et remonte dans la foulée. On vérifie ensuite que la partition est bien remontée avec les nouvelles options.

Par exemple :

```
[root@cobb ~]# mount -o remount /home
[root@cobb ~]# mount
/dev/sdb2 on /home type ext4 (rw,usrquota,grpquota)
```

3.1.2 Analyse du disque

Ensuite, le système de fichiers doit être analysé pour savoir quelle est son utilisation, c'est-à-dire quel volume de données est utilisé par quels utilisateurs et quels groupes.

Utilisez pour cela la commande suivante :

```
quotacheck -cug <point_de_montage>
```

- `-c` (*create*) : crée le fichier d'analyse de la partition montée dans le répertoire.
- `-ug` : active l'analyse pour les utilisateurs et les groupes.

Par exemple :

```
[root@cobb ~]# quotacheck -cug /home
```

Grâce à cette analyse, initialisez maintenant une base de quotas qui servira ensuite à affecter les quotas aux utilisateurs et aux groupes :

```
quotacheck -avug
```

- `-a` : lance la création pour tous (*all*) les systèmes de fichiers avec quotas.
- `-v` (verbeux) : affiche le résultat.

Par exemple :

```
[root@cobb /]# quotacheck -avug
quotacheck: Your kernel probably supports journaled quota but you
are not using it. Consider switching to journaled quota to avoid
running quotacheck after an unclean shutdown.
quotacheck: Parcours de /dev/sdb2 [/home] terminé
quotacheck: Vérifié 115 répertoires et 119 fichiers
```

3.1.3 Assignation de quotas

Pour assigner des quotas à un utilisateur, tapez la commande :

```
edquota <utilisateur>
```

Cela ouvre un fichier contenant les quotas alloués à l'utilisateur, répartis en colonne.

Par exemple :

```
Quotas disque pour user jdoe (uid 500) :
FS              blocs  souple stricte     inodes souple stricte
/dev/sdb2       7788   0      0           205    0      0
```

- Colonne 1 `système de fichiers` : système de fichiers concerné.
- Colonne 2 `blocs` : nombre de blocs utilisés par l'utilisateur.
- Colonne 3 `souple` : limite souple fixée pour les blocs utilisés. Cette limite peut être dépassée par l'utilisateur pendant un certain nombre de jours appelé *grace period* (temps de grâce).
- Colonne 4 `stricte` : limite stricte fixée pour les blocs. Cette limite ne peut absolument pas être dépassée.

Remarque

Sur la plupart des systèmes de fichiers, les blocs ont une taille de 1 Ko.

- Les colonnes 5, 6 et 7 répètent le même schéma pour le nombre d'inodes utilisés.

Changez les valeurs de ce tableau selon ce que vous désirez. Une valeur à `0` (zéro) signifie aucune limite.

Remarque

Éditez les valeurs pour un groupe avec la commande edquota `-g <groupe>`.

Assigner des quotas en volumes

La commande `edquota` n'est pas adaptée pour modifier un grand nombre d'utilisateurs. Si vous devez modifier les quotas pour de nombreux utilisateurs, il faudra utiliser la commande `setquota`, qui est exploitable dans un script :

```
setquota -u <utilisateur> <limite_blocs_souples>
<limite_blocs_stricte> <limite_inode_souple>
<limite_inode_stricte> -a
```

Par exemple :

```
[root@cobb /]# setquota -u jdoe 200000 300000 0 0 -a /home
```

Remarque

Éditez les valeurs pour un groupe avec l'option `-g <groupe>`.

Vérifiez ensuite la mise en œuvre des quotas pour l'utilisateur avec la commande :

```
quota <utilisateur>
```

Par exemple :

```
[root@cobb /]# quota jdoe
Disk quotas for user jdoe (uid 500):
Système fichiers   blocs   quota  limite   sursisfichiers    quota  limite  sursis
      /dev/sdb2    7792*    2000  300000   6days     207         0       0   6days
```

Remarque

Les champs `sursis` et `fichiers` dans ce résultat sont deux champs différents.

3.1.4 Délai de grâce

Le délai de grâce est le temps pendant lequel l'utilisateur peut dépasser la limite souple fixée par l'administrateur.

Ce délai est fixé pour l'ensemble des systèmes de fichiers avec la commande `edquota` :

```
equota -t
```

Dans le fichier qui s'affiche, éditez la valeur du sursis en `days`, `hours`, `minutes` ou `seconds`. On considère en général qu'un délai de 7 jours est suffisant.

3.1.5 Activer les quotas

Il est nécessaire en dernier lieu d'activer les quotas. Tapez la commande :

```
quotaon
```

Pour désactiver les quotas, tapez simplement `quotaoff`.

3.2 Droits pour plusieurs utilisateurs : les ACL

3.2.1 Principe des ACL

Les droits UNIX classiques sont limités dans le nombre d'utilisateurs pouvant avoir des droits sur un fichier. En effet, les seuls droits possibles sont positionnés pour *un* utilisateur propriétaire et *un* groupe propriétaire. Mais que se passe-t-il si je veux donner des droits d'accès à d'autres utilisateurs ? Il est bien souvent impossible de mettre ces utilisateurs dans le groupe propriétaire, car ils auraient accès à tous les fichiers de ce groupe.

La solution réside dans les listes de contrôles d'accès sur les fichiers, ou ACL (*File Access Control Lists*). Avec les ACL, il est possible d'ajouter des droits pour un nombre illimité d'utilisateurs et de groupes, en plus des droits classiques UNIX.

Les ACL sont appliquées sur les fichiers (et répertoires) par deux commandes simples : `setfacl` (pour *Set File ACL*, changer les File ACL) et `getfacl` (pour *Get File ACL*, obtenir les File ACL).

Remarque

Les ACL sont activées par défaut sur les systèmes de fichiers. Si toutefois elles ne fonctionnaient pas, ajoutez l'option `acl` pour le système de fichiers dans `/etc/fstab` et remontez-le.

3.2.2 Modifier les ACL sur les fichiers

Pour modifier les droits, utilisez la commande `setfacl` de la manière suivante :

```
setfacl -m u:<utilisateur>:<droits>,g:<groupe>:<droits> <fichier>
```

- L'option `-m` veut dire *modify*.
- Vous pouvez mettre les droits pour un utilisateur supplémentaire, ou un groupe, ou les deux en même temps, ou plusieurs groupes ou plusieurs utilisateurs en même temps.
- Les droits s'appliquent en écriture alphabétique (type `rwx`).

Par exemple, pour le répertoire suivant, nous avons rajouté des droits pour deux utilisateurs :

```
[root@cobb home]# setfacl -m u:ana:rwx,u:thibault:rx/home/ITprojets/
```

Affichez les ACL pour un fichier avec la commande `getfacl` :

```
getfacl <fichier>
```

Par exemple :

```
[root@cobb home]# getfacl ITprojets/
# file: ITprojets/
# owner: jdoe
# group: EquipeIT
# flags: -s-
user::rwx
user:thibault:r-x
user:ana:rwx
group::rwx
mask::rwx
other::r-x
```

Nous voyons ici les droits pour l'utilisateur et le groupe classiques, et des droits pour les utilisateurs `thibault` et `ana`.

Supprimez un utilisateur ou un groupe des ACL d'un fichier avec la commande :

```
setfacl -x u:<utillisateur>,g:<groupe> <fichier>
```

Par exemple, l'utilisateur `ana` a été supprimé des ACL du fichier :

```
[root@cobb home]# setfacl -x u:ana ITprojets/
[root@cobb home]# getfacl ITprojets/
# file: ITprojets/
# owner: jdoe
# group: EquipeIT
# flags: -s-
user::rwx
user:thibault:r-x
group::rwx
mask::rwx
other::r-x
```

Remarque

Bon à savoir : les ACL sont visibles dans un simple `ls -l`. Des droits finissant par + signifient : "Attention, il y a d'autres droits sur ce fichier."

Par exemple, ici le fichier `client` a une ACL :

```
[root@ariadne ~]# ls -lh
total 16K
-rw-------. 1 root root 1,1K 12 août  23:21 anaconda-ks.cfg
-rw-rwxr--+ 1 root root  106 15 août  12:10 client
-rw-r--r--. 1 root root  701 15 août  12:11 fournisseur
```

3.3 Attributs étendus

Les systèmes de fichiers Linux *ext* offrent la possibilité d'appliquer des attributs étendus aux fichiers.

Tandis que les ACL définissent **de manière plus complète qui** a accès aux fichiers, les attributs étendus définissent **de manière plus complète comment** les fichiers sont accédés.

Par exemple, les attributs classiques définissent qu'un fichier peut être accédé en lecture, écriture ou exécution. Un attribut étendu ajoute d'autres types d'accès, comme par exemple la protection des fichiers contre la suppression de contenu. On ne peut pas supprimer de contenu, seulement en ajouter.

Les attributs étendus ne sont supportés que par certains systèmes de fichiers. Il est recommandé de ne pas s'appuyer trop lourdement dessus si l'on doit souvent transférer les fichiers vers d'autres types de système de fichiers (par exemple FAT ou NTFS). De plus, des tests sont à effectuer sur un système similaire avant la mise en production.

Il y a une dizaine d'attributs de fichiers disponibles, mais en voici quelques-uns parmi les plus intéressants :

- *append only* (`a`), « ajouter seulement » - réservé à root : protège le fichier contre la suppression de contenu : on ne peut que lui en ajouter.
- *no atime updates* (`A`), « pas de mise à jour de la date de dernier accès » : à chaque fois qu'on accède à un fichier, la date du dernier accès est modifiée. Dans un système de fichiers avec de nombreux fichiers souvent accédés (c'est le cas pour les serveurs de news), ces modifications peuvent ralentir le système. Donner à un fichier l'attribut *no atime updates* permet d'éviter ce problème. Notez que la même option existe pour le montage d'une partition (`mount -o noatime`).
- *immutable* (`i`), « immuable » - réservé à root : protège le fichier contre toute modification (suppression, modification, déplacement, changement de permissions), même par root, et empêche qu'on crée un lien vers lui. Seule la modification des attributs étendus est permise à son propriétaire et seul root peut enlever l'attribut « immuable » d'un fichier.
- *secure deletion* (`s`), « effacement sécurisé » : un fichier portant cet attribut est non seulement « effacé » mais en plus les blocs qu'il occupait dans le système de fichiers sont recouverts de zéros pour éviter qu'on puisse récupérer les données malgré l'effacement.

3.3.1 Modifier les attributs étendus

Pour changer les attributs étendus d'un fichier, utilisez la commande `chattr` :

```
chattr <attribut> <fichier>
```

On applique l'attribut avec +, - ou = :

- + : ajoute l'attribut.
- - : enlève l'attribut.

– = : le fichier n'a que cet attribut.

Utilisez l'option `-R` pour appliquer l'attribut de manière récursive.

3.3.2 Lister les attributs étendus

Pour lister les attributs étendus d'un fichier, utilisez `lsattr` :

```
lsattr <fichier>
```

L'option `-R` liste les attributs des fichiers d'une hiérarchie de manière récursive.

4. Autres types d'authentification

4.1 PAM : modules d'authentification

4.1.1 Introduction

PAM (*Pluggable Authentication Modules*, modules d'authentification branchables) vient de la nécessité de faire évoluer de manière souple les moyens d'authentification du système Linux.

Au départ, les méthodes d'authentification étaient statiques : la procédure d'authentification par mot de passe était écrite directement dans les programmes.

Lorsque d'autres méthodes d'authentification sont apparues, cela est devenu un problème. Il a fallu mettre en place une méthode dynamique d'intégration de nouveaux moyens d'authentification.

Même si l'administrateur doit rarement intervenir dans PAM, il est bien d'en connaître le fonctionnement.

4.1.2 Fonctionnement

PAM est une interface entre les programmes nécessitant l'authentification, et les moyens d'authentification :

1. Les programmes s'adressent à PAM avec des fonctions standardisées.

2. PAM convertit ces requêtes en fonction des types d'authentification qui sont configurés.

3. Les programmes nécessitant l'authentification adressent à PAM des requêtes entrant dans quatre catégories (quatre mécanismes) :

- `auth` : assurer l'authentification réelle, éventuellement en demandant et en vérifiant un mot de passe, et définir des « certificats d'identité » tels que l'appartenance à un groupe ou des « tickets » kerberos.
- `account` : vérifie si le compte demandé est disponible (si le compte n'est pas arrivé à expiration, si l'utilisateur est autorisé à se connecter à cette heure de la journée, etc.).
- `password` : permet de mettre à jour le jeton d'authentification (en général un mot de passe), soit parce qu'il a expiré, soit parce que l'utilisateur souhaite le modifier.
- `session` : mise en place et fermeture de la session. Il est activé une fois qu'un utilisateur a été autorisé afin de lui permettre d'utiliser son compte. Il lui fournit certaines ressources et certains services, par exemple en montant son répertoire personnel, en rendant sa boîte aux lettres disponible, en lançant un agent ssh, etc.

4. les quatre mécanismes sont définis dans PAM qui les interprète et s'adresse à des modules d'authentification.

- certains modules ne s'occupent que d'un seul mécanisme, d'autres de plusieurs ;
- ces modules se trouvent dans `/lib/security/` ou `/lib64/security/` :
  - ce sont des bibliothèques partagées `.so` (*shared object*),
  - leur nom commence toujours par `pam_*`,
  - il est possible de leur passer des arguments.

4.1.3 Configuration

La configuration est dans `/etc/pam.d/`.

Ce répertoire contient des fichiers de configuration portant le nom du service demandant l'authentification.

- Lorsqu'un programme veut utiliser un des quatre mécanismes d'authentification, PAM regarde dans `/etc/pam.d/` à la recherche du fichier de configuration pour ce programme.
- Il cherche dans le fichier de configuration comment est configuré le mécanisme d'authentification et exécute les différentes actions.
- Beaucoup de programmes utilisent les mécanismes exactement de la même façon : leur fichier de configuration font souvent référence à des fichiers de configuration par défaut, définissant des comportements standards.
- Il est possible de mélanger les deux : d'abord une configuration propre au programme, puis une configuration standard.

Par exemple, un utilisateur se connecte en SSH au serveur. Le serveur de connexion `sshd` doit authentifier cet utilisateur. Il va s'adresser à PAM en utilisant le mécanisme `auth`.

PAM consulte `/etc/pam.d/sshd` à la recherche de la configuration pour le mécanisme `auth` :

```
/etc/pam.d/sshd :
#%PAM-1.0
auth        include       system-auth
```

Pour `auth`, PAM doit consulter le fichier de configuration standard `/etc/pam.d/system-auth` :

```
/etc/pam.d/system-auth :
#%PAM-1.0
# This file is auto-generated.
# User changes will be destroyed the next time authconfig is run.
auth        required      pam_env.so
auth        sufficient    pam_unix.so nullok try_first_pass
auth        requisite     pam_succeed_if.so uid >= 500 quiet
auth        required      pam_deny.so
```

Le fichier de configuration définit plusieurs étapes par lesquelles `sshd` doit passer pour authentifier l'utilisateur.

Configuration des modules

Dans les fichiers de configuration, on définit des lignes de contrôles auxquelles les programmes doivent se soumettre. Ces lignes sont de la forme :

```
<mécanisme> <type_de_contrôle> <nom_module><arguments_du_module>
```

- `<mécanisme>` : un des quatre mécanismes : `account`, `auth`, `password`, `session`.
- `<type_de_contrôle>` : ce qui est requis de la vérification :
  - `required` : le contrôle est nécessaire, mais les autres contrôles sont examinés.
  - `requisite` : comme `required`, mais en cas d'échec, les autres contrôles ne sont pas examinés et l'application reprend la main.
  - `sufficient` : ce contrôle est suffisant s'il y a succès. Si échec, les règles suivantes doivent être examinées.
  - `optional` : le succès ou l'échec de ce contrôle n'a pas de conséquences.
  - `include` : inclure les règles d'un autre fichier.
- `<nom_module>` : nom du module PAM appelé pour effectuer ce contrôle.
- `<arguments_du_module>` : arguments donnés aux modules réalisant le contrôle.

Documentation des modules

On trouve de nouveaux modules permettant d'effectuer des authentifications variées. Le répertoire `/lib/security` en contient déjà certains, comme par exemple `pam_ldap` qui permet de stocker les comptes dans une base de données LDAP, ou `pam_krb5` qui permet de faire de l'authentification Kerberos.

Souvent, un `man` sur le nom du module PAM vous donne la documentation associée et la façon de configurer le module (par exemple `man pam_systemd` pour `pam_systemd.so`).

La page officielle de PAM recense la plupart des modules PAM disponibles, et donne le fonctionnement et la configuration des modules standard : http://www.kernel.org/pub/linux/libs/pam/

Remarque

Inutile de dire que PAM est un service sensible. Soyez sûr de vous avant de toucher à la configuration. Gardez toujours une autre session ouverte en root pendant les modifications.

4.2 NSS

4.2.1 Introduction

Les machines fonctionnent avec des chiffres. Par exemple, les serveurs sont identifiés avec des adresses IP et les utilisateurs sur le système avec des UID.

Cependant, les humains fonctionnent plutôt avec des noms. Un humain préfère http://www.google.com/ et voir le nom de l'utilisateur `jdoe` apparaître dans le résultat d'un `ls`.

Il existe différents services permettant de faire la conversion entre les chiffres et les noms :

- pour les noms de machines par exemple, on peut au choix utiliser `/etc/hosts` ou envoyer une requête au serveur DNS ;
- pour les noms d'utilisateur, on consulte le fichier `/etc/passwd`.

Néanmoins, qui centralise les moyens de correspondance entre les chiffres et les noms ? Il s'agit du service **NSS** ou **Name Service Switch** (commutateur de services de noms).

NSS permet de définir les procédures de résolution de noms pour les machines, les utilisateurs, les groupes, etc.

4.2.2 Configuration

La configuration de NSS est dans `/etc/nsswitch.conf`.

Ce fichier contient une ligne par définition de service :

```
<service> <méthodes de résolution>
```

Par exemple, la ligne concernant la résolution des noms de machines :

```
hosts:      files dns
```

Cette ligne indique que la résolution doit d'abord être faite dans un fichier (`/etc/hosts`) puis avec DNS.

Il est possible d'ajouter des méthodes, comme par exemple une base de données.

5. Sécurité de l'administration : sudo

5.1 Présentation

L'utilisateur root est l'administrateur de la machine. Il a tous les droits, peut faire ce qu'il veut sur la machine, comme supprimer des fichiers en lecture seule. Nous comprenons là toute la prudence dont il faut faire preuve lorsque l'on endosse les droits d'administrateur, en faisant un `su -` par exemple.

Cependant, les droits d'administrateur sont parfois malmenés. Il existe deux pratiques dangereuses en entreprise qu'il faut éviter :

- Utiliser le compte root pour toutes les tâches, même pour des tâches qui reviennent à un utilisateur :
  - Beaucoup d'administrateurs utilisent le compte root comme leur compte personnel, ou pire, se connectent à l'interface graphique en tant qu'utilisateur root.
  - Les erreurs de manipulation ne sont pas rares, et lorsqu'elles sont effectuées en tant que root, elles peuvent être dévastatrices pour le système.
- Distribuer le mot de passe du compte root à tous ceux qui ont besoin d'effectuer des tâches d'administration sur le serveur :
  - Les tâches d'administration nécessitent parfois plusieurs intervenants.

- Certaines personnes ont parfois besoin de lancer des commandes ou d'accéder à des fichiers qui sont réservés à l'administrateur.
- Une solution : jouer sur les permissions sur les fichiers, et sur les listes de contrôle d'accès (le plus temporairement possible).
- Mais on n'a parfois pas le choix : il faut donner le mot de passe root.
- La règle suivante s'applique : « *la sécurité d'un mot de passe est inversement proportionnelle au nombre de personnes qui le connaissent* ». En fait, distribuer le mot de passe root peut avoir de fâcheuses conséquences et **doit être absolument évité quelle que soit la raison**.
- Si des erreurs sont faites, on ne connaît pas le responsable, puisque tout le monde utilise le même compte.

Le mécanisme **sudo** (*super-user do*, le super-utilisateur fait) permet de résoudre ces problèmes s'il est bien utilisé. Il consiste à :

- Donner les droits d'administrateur à certains utilisateurs sous certaines conditions.
  - Les utilisateurs doivent taper la commande `sudo` avant d'effectuer toute tâche d'administration.
- À désactiver le compte administrateur : plus personne ne peut s'y connecter.

Les avantages de l'utilisation de `sudo` sont :

- Les usagers n'ont pas à se souvenir d'un mot de passe supplémentaire, qu'ils peuvent facilement oublier. Certains utilisateurs ayant activé le compte root notent le mot de passe sur un papier, afin de le retrouver en cas d'oubli.
- Cela évite le comportement du "Je peux tout faire sur ma machine". Avant d'effectuer une action d'administration, le système demande le mot de passe, ce qui devrait faire réfléchir aux conséquences d'une action.
- sudo conserve une trace des actions de l'utilisateur (dans le fichier de journal `/var/log/secure`). Il est plus facile de retrouver le responsable, voire les commandes qu'il a tapées.
- Tous les pirates tenteront d'abord de pénétrer sur votre système en essayant de forcer le compte root standard. En revanche, ils ne connaissent pas les identifiants des autres utilisateurs de la machine.

- Un transfert rapide des droits d'administration est possible, autant pour du long que pour du court terme, par le simple ajout ou retrait d'un utilisateur dans le groupe d'administration, le tout sans compromettre le compte root.
- sudo peut être configuré avec une politique bien plus raffinée que le compte root.

On pourrait croire que sudo est moins sécurisé que l'utilisation du compte root. Mais en plus des raisons de sécurité évoquées ci-dessus, il faut préciser que :

- Tout le monde n'est pas autorisé à utiliser la commande sudo.
- Les actions d'un utilisateur avec sudo sont enregistrées.
- sudo permet un contrôle très fin des droits administrateur.
  - Alors que l'utilisation du compte root ne permet pas de demi-mesure (root a accès à vraiment tout), sudo permet de définir des droits d'administrateur pour certains types de commande et pas d'autres.
  - Ainsi, l'utilisation de sudo prend tout son sens lorsque les droits root doivent être morcelés et partagés entre plusieurs utilisateurs. Il appartient à l'administrateur de la machine de choisir le meilleur procédé (`su -` ou `sudo`) en fonction de l'utilisation de ses serveurs.

5.2 Configuration de sudo

La configuration de sudo se trouve dans `/etc/sudoers`.

On y accède en tapant la commande suivante en tant qu'administrateur :

```
visudo
```

La dernière partie de ce fichier définit comment attribuer des droits d'administrateur à des utilisateurs (ou à des groupes). La syntaxe générale est :

```
<utilisateur> <machine> = <commandes>
```

- `<utilisateur>` : définit qui a le droit sudo :
  - Si c'est un utilisateur simple, mettez simplement son nom.
  - Si c'est un groupe, précédez du caractère `%`. Par exemple : `%ITadmins`.

- `<machine>` : définit la machine sur laquelle ces droits s'appliquent. Ce champ est très utile si le fichier `sudoers` doit être partagé par plusieurs machines :
  - Vous pouvez donc préciser ici le nom de la machine locale.
  - En général, on met simplement `ALL` (toutes les machines), car la plupart du temps le fichier `sudoers` est local.
- `<commandes>` : définit les commandes qui peuvent être utilisées par l'utilisateur :
  - `ALL` : autoriser toutes les commandes (comme l'utilisateur `root`).
  - Il peut s'agir d'un groupe de commandes, défini au début, et toujours en majuscules. Par exemple : `NETWORKING`, `SOFTWARE`, `SERVICES`.
  - Il peut s'agir de commandes uniques, toujours en minuscules, avec leur chemin complet, voire leurs arguments.
    Par exemple : `/sbin/mount`, `/sbin/shutdown -h now`.

Pour chaque champ, on peut utiliser des *alias*. Les alias permettent de définir un groupe d'utilisateurs, de machines, ou de commandes, avec un seul mot (toujours en majuscules).

Au début du fichier `sudoers`, on trouve des définitions d'alias bien pratiques, surtout pour certaines commandes qu'on a définies en catégories :

- `NETWORKING` : commandes relatives au réseau.
- `SOFTWARE` : installation des logiciels (commandes `rpm` et `yum`).
- `SERVICES` : lancement et définition des services au démarrage.
- `STORAGE` : commandes relatives au stockage, comme le partitionnement, le montage et le démontage.
- `PROCESSES` : gestion des processus.

Remarque

Il est possible de faire un contrôle très fin de la délégation des droits avec sudo. Consultez la manpage de `sudoers` pour des exemples et plus d'informations.

Exemples :

```
root     ALL=(ALL)          ALL
```

Cette ligne signifie que l'utilisateur est autorisé à tout faire sur toutes les machines. La directive (ALL) entre parenthèses signifie que root peut lancer les commandes avec les droits de tous les autres utilisateurs sans avoir à s'authentifier (avec leur mot de passe). Cette directive est optionnelle.

```
%ITadmin    ALL = NETWORKING
```

Cette ligne définit que les utilisateurs faisant partie du groupe ITadmin ont le droit d'exécuter toutes les commandes définies dans l'alias NETWORKING.

```
ana    ALL = NOPASSWD: /bin/kill
```

Pour toutes les commandes exécutées avec sudo, l'utilisateur doit entrer son mot de passe. L'utilisation de la directive NOPASSWD: devant une commande signifie que l'utilisateur pourra l'utiliser sans mot de passe.

```
sebastien    ALL = ALL
```

Ici, l'utilisateur sebastien a les droits root. Il peut taper n'importe quelle commande sur n'importe quelle machine.

Pour finir, notons dans le fichier /etc/sudoers la présence en standard de la ligne suivante :

```
## Allows people in group wheel to run all commands
%wheel  ALL=(ALL)       ALL
```

Cela signifie que les utilisateurs membres du groupe UNIX wheel ont les droits root en utilisant la commande sudo.

Ainsi, si l'on veut donner les droits root via sudo à un utilisateur, plutôt que d'éditer les fichiers sudoers, il peut être **plus fiable et plus pratique d'ajouter simplement cet utilisateur au groupe wheel** avec la commande suivante :

```
usermod -aG wheel <utilisateur>
```

5.2.1 Utiliser sudo

Une fois que l'utilisateur est défini pour exécuter certaines commandes (ou toutes) avec les droits d'administrateur, il utilise sudo de la façon suivante :

```
sudo <commande>
```

Par exemple, l'utilisateur `jdoe` a été défini avec tous les droits :

```
[jdoe@cobb /]$ ifconfig eth0.3 down
SIOCSIFFLAGS: Permission non accordée
[jdoe@cobb /]$ sudo ifconfig eth0.3 down
[sudo] password for jdoe:
[jdoe@cobb /]$
```

L'utilisateur ne peut pas exécuter la commande `ifconfig` directement. Il doit la précéder de `sudo`. Lorsque c'est la première fois qu'il utilise `sudo`, on lui demande son mot de passe.

Remarque

Par défaut, `sudo` ne redemande plus le mot de passe pendant 5 minutes. Il est possible de modifier cette valeur avec la directive `timestamp_timeout` dans `sudoers`.

Autre exemple : ici, `sebastien` n'est pas encore défini dans `/etc/sudoers` :

```
[sebastien@cobb ~]$ passwd jdoe
passwd : Seul le super-utilisateur peut indiquer un nom
d'utilisateur.
[sebastien@cobb ~]$ sudo passwd jdoe
sebastien is not in the sudoers file.  This incident will be
reported.
```

L'utilisateur essaie d'utiliser la commande `passwd` avec `sudo`. Comme il n'a pas les droits, il reçoit un message d'avertissement : son comportement est signalé.

En effet, on trouve dans `/var/log/secure` :

```
Jan 20 22:26:33 cobb sudo: sebastien : user NOT in sudoers ;
TTY=pts/0 ; PWD=/home/sebastien ; USER=root ;
COMMAND=/usr/bin/passwd jdoe
```

Maintenant, l'utilisateur `sebastien` a les droits d'administrateur. Il essaie la commande à nouveau :

```
[sebastien@cobb ~]$ sudo passwd jdoe
We trust you have received the usual lecture from the local System
Administrator. It usually boils down to these three things:
    #1) Respect the privacy of others.
```

```
    #2) Think before you type.
    #3) With great power comes great responsibility.
[sudo] password for sebastien:
Changement de mot de passe pour l'utilisateur jdoe.
Nouveau mot de passe :
MOT DE PASSE INCORRECT : trop court
MOT DE PASSE INCORRECT : est trop simple
Retapez le nouveau mot de passe :
passwd : mise à jour réussie de tous les jetons d'authentification.
```

L'utilisateur `sebastien` peut maintenant taper la commande et redéfinir le mot de passe de l'utilisateur `jdoe`. Notez qu'on lui demande son mot de passe avant de pouvoir exécuter l'action. Ensuite, on lui demande le nouveau mot de passe pour l'utilisateur.

Les actions de `sebastien` sont également enregistrées :

```
Jan 20 22:25:53 cobb sudo: sebastien : TTY=pts/0 ;
PWD=/home/sebastien ; USER=root ; COMMAND=/usr/bin/passwd jdoe
Jan 20 22:25:56 cobb passwd: pam_unix(passwd:chauthtok): password
changed for jdoe
```

5.2.2 Autre usage

Lorsque vous avez oublié de précéder votre commande de `sudo`, il peut être long de devoir la retaper. Pour rappeler la dernière commande avec `sudo`, tapez :

```
sudo !!
```

Par exemple :

```
[jdoe@cobb ~]$ ifconfig eth0.3 down
SIOCSIFFLAGS: Permission non accordée
[jdoe@cobb ~]$ sudo !!
sudo ifconfig eth0.3 down
[jdoe@cobb ~]$
```

5.2.3 Désactiver le compte root

Une fois que sudo est activé pour au moins un utilisateur qui a tous les droits, vous pouvez désactiver le compte root avec l'option `-l` (*lock*, verrouiller), ce qui augmentera la sécurité du système :

```
passwd -l root
```

Par exemple :

```
[jdoe@cobb ~]$ sudo passwd -l root
Verrouillage du mot de passe pour l'utilisateur root.
passwd: Succès
```

Remarque

Si vous avez tous les droits, vous pouvez toujours entrer en compte root en tapant la commande `sudo su -`.

Si nécessaire, déverrouillez le compte root avec l'option `-u` (*unlock*, déverrouiller) :

```
passwd -u root
```

5.3 SELinux

SELinux (*Security-Enhanced Linux*, Linux avec sécurité améliorée) est un logiciel définissant une politique d'accès aux ressources du serveur plus fine que les simples permissions sur les fichiers.

Le modèle classique UNIX d'accès aux ressources ainsi que les File ACL sont appelés **DAC** (*Discretionary Access Control*), ou accès basé sur l'utilisateur. Dans ce mode, c'est l'utilisateur propriétaire qui détermine qui a accès à ses fichiers. Si l'utilisateur est `root`, l'utilisateur peut lui-même accéder à absolument tous les fichiers du système. Cela peut poser problème par exemple en cas de processus avec les droits root qui se trouve compromis.

Illustrons : dans notre exemple, nous avons un fichier utilisé pour la collaboration du groupe `team`, dont l'utilisateur propriétaire est l'utilisateur `elliot`. Ce fichier ne donne aucun accès à `autres`, car son contenu est sensible :

```
[elliot@cs30 ~]$ ls -lh secret
-rw-rw----. 1 elliot team 0 10 juin  23:13 secret
```

Cependant, cela déplaît à `elliot`, qui décide de révéler le contenu de ce fichier en donnant l'accès en lecture/écriture à tout le monde :

```
[elliot@cs30 ~]$ chmod o+rw secret
[elliot@cs30 ~]$ ls -lh secret
-rw-rw-rw-. 1 elliot team 0 10 juin  23:13 secret
```

Comme nous le voyons ici, le modèle classique de permission de Linux/UNIX, le DAC, ne suffit pas. Il faut un socle qui empêche ce genre d'action : le MAC.

Le modèle de sécurité **MAC** (*Mandatory Access Control*, ou accès basé sur le système) fait intervenir d'autres vérifications en plus des vérifications DAC classiques. Ces **vérifications sont imposées par le système**, et se posent comme un "cadre" en dehors duquel il est impossible de sortir, même si l'on est un utilisateur ou un processus root.

Remarque

*Il existe également le modèle **RBAC** (Role-Based Access Control, contrôle d'accès basé sur les rôles), qui est mis en œuvre avec `sudo` sur Linux.*

SELinux s'inscrit donc le plus souvent dans un modèle MAC, et définit donc des **contextes de sécurité**, qui enferment les services et les utilisateurs dans des limites qui ne dépendent pas que des permissions d'accès aux fichiers. Ainsi, chaque processus et chaque fichier sur le système :

- est d'abord comparé aux permissions classiques,
- puis comparé à des règles SELinux définissant qui et comment on peut y accéder.

Des contextes de sécurité sont définis pour la plupart des services connus. Il est possible de définir des contextes de sécurité pour de nouveaux services.

Remarque

La politique de sécurité n'est pas livrée avec chaque logiciel. En fait, elle est fournie dans le paquet `selinux-policy-targeted` et stockée dans `/etc/selinux/targeted/`.

Du fait qu'il est relativement difficile à comprendre, et qu'il est plutôt adapté à des serveurs très sensibles, SELinux est souvent décrié pour son manque de clarté et sa complexité de configuration. Il comble cependant le vide laissé par les seuls contrôles d'accès aux fichiers.

Un administrateur voulant un niveau de sécurité maximum sur sa machine pourra activer SELinux s'il installe des services standards. Il faut que ces services correspondent précisément aux contextes de sécurité définis, sinon on sera en butte à divers refus d'accès qu'il sera parfois difficile de surmonter.

Pour pallier ce problème, il existe avec SELinux le **mode permissif**, qui active la surveillance du système mais ne fait qu'émettre des avertissements quand les contextes de sécurité sont violés (contrairement au **mode strict** qui bloque l'accès à la ressource). Ce mode permissif peut servir de mode d'apprentissage : on installe un nouveau service, et on demande à SELinux d'en enregistrer le comportement et d'en définir un contexte de sécurité qui pourra être appliqué par la suite en mode strict.

Remarque

Ainsi, de manière générale lorsque l'on diagnostique un dysfonctionnement sur le système, après avoir cherché en vain les causes du problème, il peut parfois être utile en dernier ressort de jeter un coup d'œil du côté de SELinux.

5.3.1 Contrôle du mode SELinux

Il existe trois modes SELinux :

- **Strict** : les règles sont appliquées. En cas de violation, les ressources sont bloquées.
- **Permissif** : les règles sont appliquées, mais les ressources ne sont pas bloquées.
- **Désactivé** : les règles ne sont pas appliquées.

Consultation du mode

Pour voir le mode SELinux actuellement en cours sur la machine, utilisez la commande :

```
getenforce
```

Pour des informations plus complètes, utilisez :

```
sestatus
```

Modification du mode

Modifiez le mode SELinux **temporairement** avec la commande `setenforce`.

Pour activer le **mode strict** :

```
setenforce enforcing
```

Pour activer le **mode permissif** :

```
setenforce permissive
```

Par exemple, le mode actuel est permissif :

```
[root@cs30 ~]# getenforce
Permissive
```

Comment activer le mode strict ? Tapons simplement la commande `setenforce` pour le savoir :

```
[root@cs30 ~]# setenforce
usage:  setenforce [ Enforcing | Permissive | 1 | 0 ]
```

Activons le mode strict : nous pourrions taper `setenforce enforcing`, mais nous utilisons un autre mot-clé :

```
[root@cs30 ~]# setenforce 1
[root@cs30 ~]# getenforce
Enforcing
```

Pour modifier le mode SELinux de manière **permanente** (au démarrage), modifiez avec `vi` le fichier `/etc/sysconfig/selinux` :

```
#     enforcing - SELinux security policy is enforced.
#     permissive - SELinux prints warnings instead of enforcing.
#     disabled - No SELinux policy is loaded.
SELINUX=enforcing
```

Remarque

/etc/sysconfig/selinux est en fait un lien symbolique vers /etc/selinux/config.

Notez que le changement de mode avec la commande setenforce est immédiat, à moins que le paramètre booléen SELinux secure_mode_policyload soit à on. Ce paramètre interdit la modification de la politique de sécurité par n'importe quel processus. La politique ne peut alors être modifiée que dans les fichiers de démarrage.

Par exemple, nous voyons ici que le paramètre est mis à on :

```
[root@serveur ~]# setsebool secure_mode_policyload on
[root@serveur ~]# semanage boolean -l | grep secure_mode_policyload
secure_mode_policyload         (ouvert,fermé)  Allow secure to mode
policyload
```

En conséquence, la modification du mode SELinux est impossible :

```
[root@serveur ~]# getenforce
Enforcing
[root@serveur ~]# setenforce permissive
setenforce:  setenforce() failed
[root@serveur ~]# getenforce
Enforcing
[root@serveur ~]#
```

Répertorier et identifier le contexte des fichiers et des processus SELinux

Pour expliquer de manière simpliste, SELinux met en rapport les contextes des processus et les contextes des fichiers. Les deux contextes doivent correspondre.

Par exemple, un processus d'un certain contexte peut ou ne peut pas accéder à un fichier d'un autre contexte.

Un **contexte** s'applique à une ressource (un processus ou un fichier) et est constitué de trois ou quatre parties :

– un utilisateur SELinux : finissant par _u ;

– un rôle SELinux : finissant par _r ;

– un type ou domaine SELinux : finissant par `_t` ;

– en option, une sevérité (*sensitivity*).

La **politique de sécurité** est un ensemble de règles définissant les autorisations possibles entre contextes de sécurité : par exemple, un processus dans tel domaine peut accéder à un fichier dans tel autre domaine.

La plupart des règles de sécurité utilisent simplement le type `_t`.

Pour visualiser les contextes, utilisez l'option `-Z` avec les commandes classiques, comme `ps` ou `ls`.

```
ls -lhZ
ps -efZ
```

Illustrons ces principes fondamentaux. Affichons le **contexte de sécurité du processus `httpd`** (serveur web Apache) :

```
[root@ariadne ~]# ps -efZ | grep httpd
system_u:system_r:httpd_t:s0    root      3607      1  1 08:54 ?
00:00:00 /usr/sbin/httpd -DFOREGROUND
```

Nous voyons ici que le type (ou domaine) du processus `httpd` défini dans la politique de sécurité est `httpd_t`.

Pour voir le **contexte de sécurité des fichiers** dans `/var/www` (répertoire contenant les pages servies par Apache) :

```
[root@ariadne ~]# ls -Z /var/www/
drwxr-xr-x. root root system_u:object_r:
httpd_sys_script_exec_t:s0 cgi-bin
drwxr-xr-x. root root system_u:object_r:
httpd_sys_content_t:s0 html
```

Le type ou domaine de `/var/www/html` est `httpd_sys_content_t`.

Regardons si la **politique de sécurité** de SELinux autorise la mise en correspondance de ces deux domaines :

```
[root@serveur contexts]# sesearch --allow -s httpd_t -c file -p read |
grep httpd_sys_content_t    allow httpd_t httpd_sys_content_t : file
{ ioctl read getattr lock open } ;
```

Comme nous le constatons ici, la politique de sécurité définit l'accès (`allow`) du type `httpd_t` au type `httpd_sys_content_t`, pour les fichiers (`file`), entre autres en lecture (`read`).

Remarque

La commande `sesearch` est installée avec le paquet `setools-console`.

Nous constatons que **les deux contextes de sécurité correspondent**. Le processus `httpd` sera autorisé à accéder aux fichiers dans `/var/www`, d'abord par les droits classiques UNIX, puis par SELinux.

Cela est confirmé lorsque nous essayons d'accéder aux pages dans `/var/www` à partir d'une autre machine ; `httpd` est bien autorisé à envoyer la page au client web :

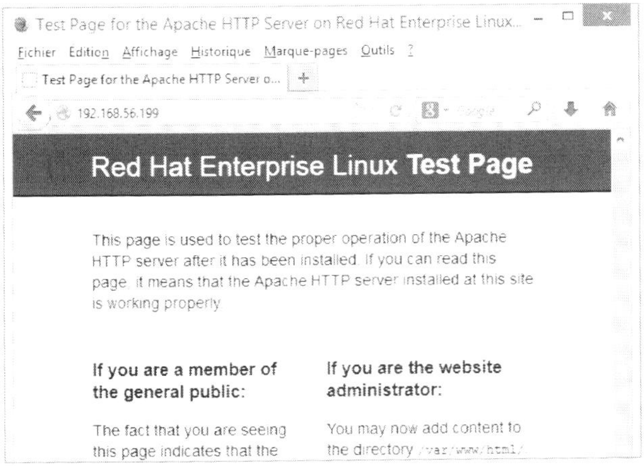

Mauvais contexte de sécurité

Prenons maintenant l'exemple d'une page web qui a été créée dans un autre contexte de sécurité. Soit la page `coucou.html` créée dans `/tmp`, puis déplacée dans `/var/www/html` :

```
[root@ariadne ~]# echo COUCOU! > /tmp/coucou.html
[root@ariadne ~]# mv /tmp/coucou.html /var/www/html
```

Essayons maintenant d'accéder à la page :

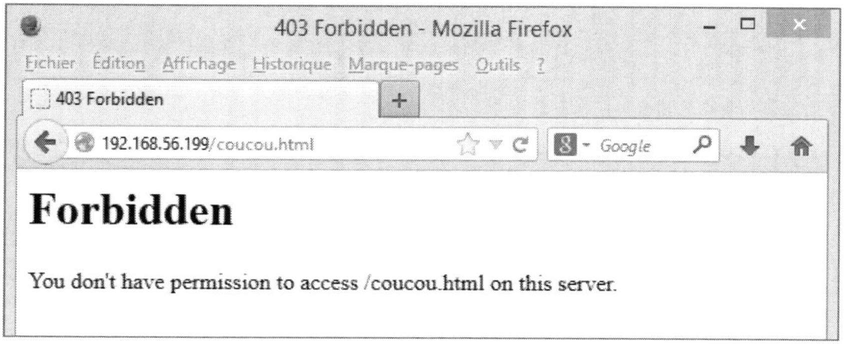

Nous n'avons pas le droit d'accéder à la page. Pourtant les **droits classiques UNIX permettent** au processus `httpd` (propriétaire `root`) d'accéder au fichier en lecture universelle :

```
[root@ariadne html]# ls -l /var/www/html/
total 4
-rw-r--r--. 1 root root 8  3 oct.  09:08 coucou.html
```

Cela vient bien sûr de SELinux qui interdit l'accès à un fichier dont le contexte de sécurité ne correspond pas, bien que le processus `httpd` soit tout-puissant :

```
[root@ariadne html]# ls -Z
-rw-r--r--. root root unconfined_u:object_r:user_tmp_t:s0 coucou.html
```

En effet, la politique de sécurité ne définit pas l'accès du type `httpd_t` (du processus `httpd`) au type `user_tmp_t` du fichier `coucou.html`. Lorsqu'on interroge la **politique de sécurité** sur cette relation, la réponse est vide :

```
[root@serveur contexts]# sesearch --allow -s httpd_t -c file
-p read | grep user_tmp_t
[root@serveur contexts]#
```

Mais pourquoi le fichier `coucou.html` a-t-il le mauvais contexte de sécurité ? Nous comprenons que ce fichier a été créé dans `/tmp`, un répertoire non sécurisé dont il a pris le contexte de sécurité, puis déplacé ensuite.

Remarque

Cette sécurité permet ***d'éviter la possibilité d'injection d'un fichier corrompu créé dans un répertoire public****, ce qui aurait été autorisé avec les simples permissions UNIX.*

L'administrateur doit alors intervenir pour rétablir le contexte de sécurité, si le fichier est légitime.

Remarque

Ce cas n'est pas isolé. Il arrive par exemple que des fichiers de configuration modèles, créés dans un autre répertoire (et donc dans un autre contexte), déplacés tels quels dans le répertoire de configuration d'un service (dans `/etc`), soient interdits d'accès : le service ne peut pas lire le fichier. ***Nous avons beau chercher, les droits UNIX sont corrects, mais ce que nous n'avons pas vu, c'est SELinux****.*

5.3.2 Rétablissement du contexte de sécurité par défaut

Il y a plusieurs modifications possibles de SELinux :

- **Restauration d'un contexte de sécurité** : ce que nous allons voir maintenant, qui consiste à rétablir le contexte de sécurité d'une ressource à partir des contextes prédéfinis.
- **Modification d'un contexte de sécurité** : il est possible de modifier les contextes prédéfinis.
- **Modification de la politique de sécurité** : cela est réservé aux utilisateurs avancés et dépasse le cadre de cet ouvrage.
- **Modification des booléens** : les booléens permettent d'avoir facilement une incidence sur la politique de sécurité, en modifiant certains "interrupteurs" prédéfinis par le créateur de la politique, nous laissant ainsi une certaine latitude.

Des contextes de sécurité prédéfinis existent dans `/etc/selinux/targeted/contexts/` ; ils s'appliquent à des fichiers et des répertoires standards du système.

Le plus souvent, lors d'un problème d'autorisation SELinux, **il suffira de rétablir le contexte de sécurité** d'une ressource (un fichier en général) en fonction des règles prédéfinies.

Cela est fait avec la commande `restorecon`, qui rétablit le contexte pour un fichier donné, dont le contexte ne correspond pas pour diverses raisons :

```
restorecon <chemin/fichier>
restorecon -R <chemin>
```

L'option `-R` rétablit les contextes de manière récursive dans un répertoire.

Pour continuer notre exemple, corrigeons le problème de contexte de sécurité.

Les contextes prédéfinis stipulent quel doit être le contexte d'un fichier se trouvant dans `/var/www` :

```
[root@serveur ~]# grep www /etc/selinux/targeted/contexts/files/
file_contexts
(...)
/var/www(/.*)?  system_u:object_r:httpd_sys_content_t:s0
```

Nous voyons ici que le type par défaut d'un fichier dans `/var/www` doit être `httpd_sys_content_t`.

Restaurons alors le contexte de sécurité du fichier qui fait défaut dans notre exemple :

```
[root@ariadne ~]# restorecon /var/www/html/coucou.html
[root@ariadne ~]# ls -Z /var/www/html/coucou.html
-rw-r--r--. root root unconfined_u:object_r:httpd_sys_content_t:s0
/var/www/html/coucou.html
```

Nous constatons que le contexte a été rétabli pour correspondre au processus `httpd`. Si nous essayons d'accéder à la page web, nous sommes rassurés : `httpd` est maintenant autorisé à accéder au fichier par le DAC (UNIX) et le MAC (SELinux) :

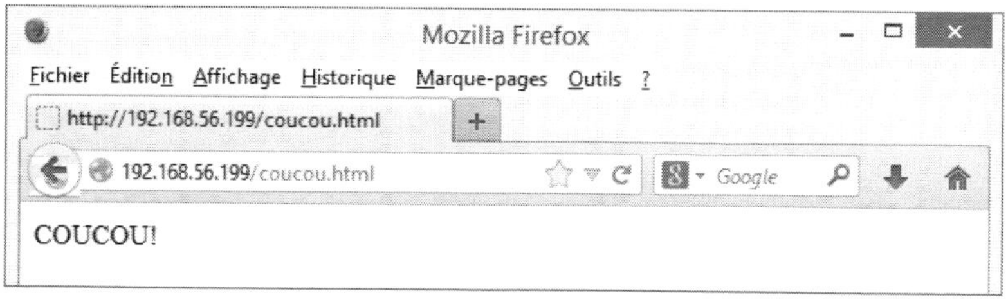

Détecter et gérer les violations des politiques SELinux de routine

La première étape pour détecter un problème d'accès est de **s'interroger sur les permissions UNIX classiques**.

En effet, les contrôles DAC interviennent avant même de passer la main à SELinux. Il serait dommage d'essayer de diagnostiquer un problème au niveau de SELinux si la cause se trouve autre part.

Remarque

Reportez-vous à la section Détecter et résoudre les problèmes d'autorisation sur les fichiers dans ce chapitre pour ce type de diagnostic.

Une fois les permissions UNIX écartées, il faut examiner SELinux.

Les **messages d'erreur SELinux** sont consignés dans le fichier de logs suivant : `/var/log/audit/audit.log`.

Remarque

Pour obtenir une explication détaillée des différents champs, référez-vous à https://access.redhat.com/documentation/en-US/Red_Hat_Enterprise_Linux/7/html/Security_Guide/sec-Understanding_Audit_Log_Files.html

Cependant, les messages renvoyés par SELinux sont difficiles à interpréter.

Utilisez la commande `sealert` pour obtenir un **décryptage des messages d'alerte SELinux** :

```
sealert -a /var/log/audit/audit.log
```

Pour avoir un résumé de cette explication, vous permettant un **diagnostic encore plus rapide**, passez ce résultat à la commande `audit2allow` :

```
sealert -a /var/log/audit/audit.log | audit2allow
```

Remarque

*Notez que ces deux résultats vous **expliquent également comment résoudre le problème** !*

Par exemple, pour le problème d'accès de `httpd` au fichier `/var/log/html/coucou.html` évoqué plus haut, la commande `sealert` vous affiche une explication simple à comprendre (mais mélangeant curieusement le français et l'anglais) :

```
[root@serveur audit]# sealert -a /var/log/audit/audit.log
100% done
found 1 alerts in /var/log/audit/audit.log
--------------------------------------------------------------

SELinux is preventing /usr/sbin/httpd from open access on the file
/var/www/html/coucou.html.

*****  Plugin restorecon (92.2 confidence) suggests *********************

If vous souhaitez corriger l'étiquette.
L'étiquette par défaut de /var/www/html/coucou.html devrait être
httpd_sys_content_t.
Then vous pouvez exécuter restorecon.
Do
# /sbin/restorecon -v /var/www/html/coucou.html

*****  Plugin catchall_boolean (7.83 confidence) suggests   ****************


If vous souhaitez allow httpd to read user content
Then vous devez en informer SELinux en activant le booléen
« httpd_read_user_content ».

Do
setsebool -P httpd_read_user_content 1
```

Pour avoir encore moins de lecture à faire, utilisez `audit2allow` :

```
[root@serveur ~]# sealert -a /var/log/audit/audit.log |
audit2allow
#============= httpd_t ==============

#!!!! The file '/var/www/html/coucou.html' is mislabeled on
your system.
#!!!! Fix with $ restorecon -R -v /var/www/html/coucou.html
#!!!! This avc can be allowed using the boolean 'httpd_read_u-
ser_content'
allow httpd_t user_tmp_t:file open;
[root@serveur ~]#
```

Chapitre 7
Réseau

1. Principes généraux

Une configuration réseau de base sur un serveur exige quatre éléments :

- un nom de machine,
- une adresse IP et un masque de réseau,
- une passerelle par défaut,
- l'adresse des serveurs DNS.

Il y a deux façons d'obtenir ces éléments :

- Automatiquement : par un serveur DHCP (et, en IPv6, par le routeur) : la machine sollicite un serveur DHCP sur le réseau, qui lui renvoie ces paramètres dans une réponse dédiée. L'adresse IP peut changer régulièrement, dans le cas d'une station utilisateur. Le serveur DHCP peut aussi choisir d'affecter une adresse IP permanente, dans le cas d'un serveur : on dit que l'adresse IP est *statique* ou *réservée*.
- Manuellement : c'est l'administrateur de la machine qui configure ces divers paramètres. Là encore, l'administrateur peut choisir (rarement) de changer l'adresse IP en fonction de ses besoins, mais le plus souvent, il choisira une adresse IP statique.

Pour ces paramètres réseau, il est possible de les consulter et de les configurer de deux manières :

- Outils historiques (ou *legacy*) : historiquement, la configuration réseau est effectuée manuellement, dans des fichiers de configuration commandés avec des scripts. Les modifications sont consultables avec des commandes telles que `route`, `ifconfig`, etc. Ces commandes existent toujours à des fins d'analyse, mais la configuration à proprement parler est effectuée avec le nouvel outil `nmcli`.
- Nouvel outil unifié `nmcli` : les fichiers de configuration et scripts associés devenant de plus en plus nombreux et hétérogènes selon les distributions, sur les versions récentes de Linux (dont font partie RHEL 7 et 8), l'outil `nmcli` vise à homogénéiser la façon de configurer le réseau.

Dans la **première partie**, nous examinons d'abord les **commandes historiques utiles à des fins d'analyse**.

Nous examinerons en deuxième partie **l'outil de configuration `nmcli`**, basée sur le service **NetworkManager**.

Bien sûr, pour réaliser ces opérations de configuration, il faut être connecté en `root`.

Pour chaque étape, nous vous indiquons la marche à suivre pour valider le bon fonctionnement.

Remarque

Précisons que la configuration en ligne de commande qui suit s'applique aux interfaces Ethernet filaires. Les connexions Wi-Fi étant plutôt réservées à une utilisation bureau, Red Hat prévoit que la configuration Wi-Fi s'effectue en interface graphique plutôt qu'en ligne de commande.

1.1 Hostname

Nous avons déjà parlé du hostname (nom de machine) et du FQDN (*Fully Qualified Domain Name*, nom de domaine complètement qualifié) au chapitre Déploiement d'un serveur Red Hat - Autres éléments nécessaires à l'installation.

Le hostname définit le nom associé à la machine. Il permet en général de la distinguer d'autres machines lorsqu'on y est connecté. Cela est important pour des tâches de configuration par exemple, qu'on doit être sûr de réaliser sur la bonne machine.

De plus, ce nom peut être associé à l'adresse IP de la machine dans un serveur DNS. Cela permet à l'administrateur une gestion plus simple des machines : on préfère se rappeler d'un nom plutôt que d'une adresse IP.

1.2 Adresse IP et masque

L'adresse IP est l'identifiant d'une machine sur un réseau. On parle ici spécifiquement de l'adresse IPv4 (*IP version 4*).

Sans entrer dans le détail, cette adresse est composée de :

- l'identifiant de réseau, ou NetID : à quel réseau IP la machine appartient-elle ?
- l'identifiant de machine sur le réseau, ou HostID : quel est le numéro de la machine sur le réseau IP auquel elle appartient.

Remarque

Cet identifiant de réseau dans l'adresse IP fait toute la différence avec l'adresse MAC, ou adresse physique, de la machine. Cette adresse distingue « électriquement » une machine sur un réseau en diffusion, type de réseau où plusieurs machines se partagent le support de transmission. L'adresse MAC ne sert donc pas à transporter des informations à travers plusieurs réseaux comme l'adresse IP, c'est pourquoi elle ne possède pas d'identifiant réseau.

C'est le masque de réseau qui permet de distinguer, dans une adresse IP, le NetID du HostID. Il faut « superposer » le masque et l'adresse IP pour déduire chacune des parties. Pour simplifier, les parties où il y a 255 dans le masque de réseau correspondent aux parties du NetID dans l'adresse IP.

Tout cela permet à la machine de déduire le réseau IP auquel elle est connectée localement et de pouvoir envoyer des paquets IP **aux autres machines du même réseau**.

Remarque

Ne pas confondre une adresse IP statique, qui est une adresse IP affectée de manière permanente à une machine, et une configuration statique, qui est une façon de configurer permanente, stockée dans des fichiers.

1.3 Passerelle par défaut

La passerelle par défaut est notre porte de sortie vers le monde extérieur, vers d'autres réseaux. C'est une machine (souvent un routeur ou un pare-feu) recevant les paquets provenant de notre machine et les relayant vers la bonne destination.

Il faut configurer la passerelle par défaut sur votre machine Red Hat, lui dire à qui envoyer les paquets destinés au monde extérieur.

Remarque

Si vous avez configuré l'interface en DHCP, pour obtenir les paramètres automatiquement, il y a de fortes chances qu'une passerelle par défaut ait déjà été définie.

1.4 Adresse des résolveurs DNS

Les résolveurs DNS font la correspondance entre une adresse IP et un nom de machine.

En effet, les machines sur Internet (et éventuellement sur votre réseau) sont identifiées et accédées grâce à des adresses IP. Cependant, il est plus facile de se rappeler des noms des machines. Lorsque vous tentez d'accéder à une machine par son nom, une requête DNS est envoyée à un serveur DNS, qui vous renvoie l'adresse IP correspondante. C'est la résolution DNS.

Bien souvent, ce sont les serveurs DNS de votre fournisseur d'accès Internet qui se chargent de cette tâche, et parfois des serveurs DNS internes à votre entreprise. Il faut définir dans votre machine Red Hat Enterprise Linux l'adresse IP du ou des serveurs DNS à qui envoyer les requêtes. On les appelle des *Resolvers DNS*.

Remarque

Si vous avez configuré l'interface en DHCP, pour obtenir les paramètres automatiquement, il y a des fortes chances que les serveurs DNS aient déjà été définis.

1.5 IPv6

IPv6 est conçu pour avoir le moins de travail à faire sur les machines. Cela signifie que, par défaut, IPv6 est activé et que les interfaces ont un moyen d'obtenir une adresse IPv6 automatiquement. Ainsi, l'essentiel de la configuration IPv6 se fait dans le routeur passerelle, qui avertit le préfixe IPv6, ou dans le serveur DHCPv6 donnant la partie suivante de l'adresse IPv6, ou les deux.

Si vous voulez quand même définir une adresse IPv6 manuellement, la configuration est également faite avec la commande `nmcli`.

Une interface activée en IPv6 peut parfaitement avoir plusieurs adresses IPv6 :

- adresse lien-local (*link-local*) : une interface activée en IPv6 aura **forcément au moins cette adresse** commençant par FE80. Utilisée principalement par les services IPv6 (et peu par l'utilisateur final), cette adresse ne permet d'accéder qu'à des machines situées sur le réseau local (et non sur Internet).
- adresse *Unicast Global* : il s'agit de l'équivalent d'une adresse IPv4 publique. IPv6 n'est pas conçu par défaut pour délivrer des adresses IP privées (comme les adresses 192.168). Les adresses IPv6 publiques commencent par des chiffres compris entre `2000` et `3FFF`.

2. Outils de consultation et de diagnostic réseau

2.1 Hostname

Pour vérifier le hostname affecté à la machine, tapez simplement la commande `hostname` sur la machine en question :

```
[root@cobb ~]# hostname
cobb.acme.com
```

Ou bien connectez-vous à partir d'une autre machine. Vous devriez voir le hostname au moins dans l'invite :

```
[root@eames ~]# ssh jdoe@192.168.0.37
jdoe@192.168.0.37's password:
Last login: Sun Dec 12 21:31:24 2010 from 192.168.0.1
[jdoe@cobb ~]$
[jdoe@cobb ~]$ hostname
cobb.acme.com
```

2.2 État des interfaces réseau

2.2.1 Consultation avec ifconfig

Vous pouvez d'abord voir les interfaces existantes sur votre machine en tapant simplement `ifconfig` :

```
[root@cobb ~]# ifconfig
eth0      Link encap:Ethernet  HWaddr 00:0C:29:29:64:96
          inet adr:192.168.0.37  Bcast:192.168.0.255
          Masque:255.255.255.0
          adr inet6: fe80::20c:29ff:fe29:6496/64 Scope:Lien
          UP BROADCAST RUNNING MULTICAST  MTU:1500  Metric:1
          RX packets:14280 errors:0 dropped:0 overruns:0 frame:0
          TX packets:1676 errors:0 dropped:0 overruns:0 carrier:0
          collisions:0 lg file transmission:1000
          RX bytes:1826809 (1.7 MiB)  TX bytes:234914 (229.4 KiB)
          Interruption:19 Adresse de base:0x2000

lo        Link encap:Boucle locale
          inet adr:127.0.0.1  Masque:255.0.0.0
          adr inet6: ::1/128 Scope:Hôte
          UP LOOPBACK RUNNING  MTU:16436  Metric:1
          RX packets:4 errors:0 dropped:0 overruns:0 frame:0
          TX packets:4 errors:0 dropped:0 overruns:0 carrier:0
          collisions:0 lg file transmission:0
          RX bytes:240 (240.0 b)  TX bytes:240 (240.0 b)
```

Le résultat de la commande `ifconfig` est intéressant et chargé d'informations. Une section apparaît par interface. L'interface `eth0` est la première interface Ethernet. Dans cette section, on trouve entre autres :

- `HWaddr` : l'adresse MAC, ou adresse physique de l'interface. Utilisé pour la communication Ethernet sur le réseau local, mais également très utile à l'administrateur pour faire la correspondance entre une interface physique sur la machine et son existence dans le système d'exploitation.
- `inet adr` : l'adresse IPv4 de l'interface.
- `adr inet6` : l'une des adresses IPv6 de l'interface, avec son masque (`/64`).
- la `MTU` de l'interface : la taille maximum de la donnée dans la trame Ethernet.
- `RX packets/bytes` : nombre de paquets / octets reçus (*Received*).
- `TX packets/bytes` : nombre de paquets / octets transmis (*Transmitted*).
- D'autres informations utiles, comme le nombre d'erreurs (`errors`) ou de collisions.

À quoi sert l'interface lo ?

C'est l'interface de loopback (bouclage). Bien qu'on voie souvent dans les manuels qu'il s'agit d'une interface de test, il s'agit également et surtout d'une interface permettant à la machine de communiquer avec elle-même.

En effet, quand vous envoyez un paquet à l'adresse de cette interface 127.0.0.1, vous envoyez en fait un paquet en interne au système d'exploitation.

Par exemple, imaginons qu'une application doive communiquer avec une base de données locale, sur la même machine. L'application enverra les paquets à l'adresse 127.0.0.1, sur le port écouté par le serveur de base de données.

2.2.2 Consultation avec ip address

La commande `ip` remplace les commandes `ifconfig`, `route` et autres (même si ces commandes existent toujours). Elle permet de consulter l'état des interfaces et de la table de routage, mais aussi les entrées ARP, le multicast, et d'autres éléments.

L'équivalent de `ifconfig` permettant de consultat l'état des interfaces est :

```
ip address
ip a
```

Par exemple, nous avons ici en un coup d'œil les adresses IPv4 et IPv6, l'adresse MAC et l'état des interfaces :

```
[root@hopper ~]# ip a
(...)
2: ens33: <BROADCAST,MULTICAST,UP,LOWER_UP> mtu 1500 qdisc
fq_codel state UP group default qlen 1000
   link/ether 00:0c:29:02:87:d7 brd ff:ff:ff:ff:ff:ff
   inet 192.168.1.42/24 brd 192.168.1.255 scope global dynamic
noprefixroute ens33
      valid_lft 60427sec preferred_lft 60427sec
   inet6 2a01:cb08:226:de00:9f4c:3600:eee0:d0ef/64 scope global
dynamic noprefixroute
      valid_lft 1754sec preferred_lft 554sec
   inet6 fe80::c585:1eb7:be37:1f9/64 scope link noprefixroute
      valid_lft forever preferred_lft forever
(...)
```

2.3 Table de routage

2.3.1 Avec la commande route

Consultez la table de routage en tapant la commande `route`. Votre passerelle par défaut devrait apparaître sur la ligne correspondant à la route par défaut :

```
[root@cobb ~]# route
Table de routage IP du noyau
Destination     Passerelle      Genmask         Indic Metric Ref Use Iface
192.168.0.0     *               255.255.255.0   U     0      0   0 eth0
link-local      *               255.255.0.0     U     1002   0   0 eth0
default         192.168.0.254   0.0.0.0         UG    0      0   0 eth0
```

Pour vérifier le fonctionnement de la passerelle par défaut, il faut tester l'envoi de paquets vers l'extérieur. Votre machine sait-elle à qui adresser ces paquets, et a-t-elle les moyens d'y parvenir ?

Un bon moyen pour cela consiste à faire un ping sur une machine extérieure à notre réseau. Il peut s'agir d'une machine sur un autre réseau ou une machine se trouvant sur Internet.

Dans l'exemple suivant, nous « pingons » avec succès l'adresse IP du site web de Red Hat. Vous pouvez constater un taux de réussite de 100 %. Nous constatons que nous pouvons atteindre un réseau extérieur, la passerelle est donc bien configurée sur notre machine :

```
[root@cobb ~]# ping 92.123.16.112
PING 92.123.16.112 (92.123.16.112) 56(84) bytes of data.
64 bytes from 92.123.16.112: icmp_seq=1 ttl=51 time=10.2 ms
64 bytes from 92.123.16.112: icmp_seq=2 ttl=51 time=10.2 ms
64 bytes from 92.123.16.112: icmp_seq=3 ttl=51 time=12.5 ms
^C
--- 92.123.16.112 ping statistics ---
3 packets transmitted, 3 received, 0% packet loss, time 2129ms
rtt min/avg/max/mdev = 10.215/11.030/12.583/1.104 ms
```

Remarque

Pour de l'administration à distance, vous voulez parfois vous connecter à votre serveur à partir d'Internet, mais cela ne fonctionne pas. Pourtant, vous êtes sûr de l'adresse IP, qui est bien configurée sur la machine. De plus, vous êtes sûr que l'interface fonctionne bien, car vous arrivez bien à y accéder depuis des machines du même réseau. Dans ce cas, vérifiez si la passerelle par défaut est bien configurée sur le serveur (en plus d'autres diagnostics).

2.3.2 Avec la commande ip route

La commande `ip` permet également de consulter la table de routage du serveur.

L'équivalent de la commande historique `route` est tout simplement :

```
ip route
ip r
```

Par exemple, nous voyons ici la passerelle par défaut (192.168.1.1) :

```
[root@hopper ~]# ip route
default via 192.168.1.1 dev ens33 proto dhcp metric 100
192.168.1.0/24 dev ens33 proto kernel scope link src 192.168.1.42 metric 100
192.168.122.0/24 dev virbr0 proto kernel scope link src 192.168.122.1
linkdown
```

Nous voyons également les deux réseaux locaux auxquels sont connectées les interfaces. L'interface `ens33` est connectée à 192.168.1.0/24, et l'interface `virbr0` est connectée à 192.168.122.0/24.

La commande `ip route` permet également d'obtenir facilement la table de routage IPv6 en rajoutant l'option `-6` :

```
ip -6 route
ip -6 r
```

Par exemple, nous voyons ici sur la dernière ligne la passerelle par défaut :

```
[root@hopper ~]# ip -6 route
::1 dev lo proto kernel metric 256 pref medium
2a01:cb08:226:de00::/64 dev ens33 proto ra metric 100 pref medium
fe80::/64 dev ens33 proto kernel metric 100 pref medium
default via fe80::2a9e:fcff:fe90:a970 dev ens33 proto ra metric 100
pref high
```

2.4 Résolution de noms

2.4.1 Résolution locale avec /etc/hosts

Il est possible de définir des correspondances statiques dans votre machine. Ces correspondances sont locales. Elles se trouvent dans `/etc/hosts`. Ce fichier est consulté en premier lieu pour la résolution de noms de machines.

Chaque ligne a la syntaxe suivante :

```
/etc/hosts :
<adresse_IP>        <nom1>  <nom2>  etc.
```

Remarque

Le fichier `/etc/hosts` peut également contenir des résolutions de noms avec des adresses IPv6.

Par exemple, dans le serveur `cobb`, on a ajouté cette ligne dans `/etc/hosts` :

```
192.168.0.14    toto    titi    tata.truc.com
```

Les différents noms sont bien résolus sur la bonne adresse IP :

```
[root@cobb ~]# ping toto
PING toto (192.168.0.14) 56(84) bytes of data.
^C
```

```
--- toto ping statistics ---
2 packets transmitted, 0 received, 100% packet loss, time 1554ms

[root@cobb ~]# ping titi
PING toto (192.168.0.14) 56(84) bytes of data.
^C
--- toto ping statistics ---
1 packets transmitted, 0 received, 100% packet loss, time 460ms

[root@cobb ~]# ping tata.truc.com
PING toto (192.168.0.14) 56(84) bytes of data.
^C
```

2.4.2 Résolveurs DNS avec /etc/resolv.conf

En deuxième lieu, si la correspondance de noms n'est pas trouvée dans `/etc/hosts`, la résolution est effectuée auprès des serveurs DNS.

Les adresses des serveurs DNS sont définies dans `/etc/resolv.conf` :

```
/etc/resolv.conf :
search acme.com
nameserver 212.27.40.240
nameserver 212.27.40.241
```

Les paramètres sont :

- `nameserver <adresse IP du serveur DNS>` : mettez ici l'adresse IP du serveur DNS, séparée de `nameserver` par un espace. Souvent, deux serveurs DNS sont définis, au cas où l'un des deux tombe.
- Il existe d'autres paramètres définis dans la manpage.

Cette configuration est prise en compte immédiatement, il n'y a pas besoin de redémarrer la machine.

Remarque

Les résolveurs DNS peuvent également être en IPv6 dans `/etc/resolv.conf`, même si cela n'est pas encore courant. Quoi qu'il en soit, un résolveur DNS IPv4 peut également renvoyer des correspondances IPv6 lorsqu'on lui demande la résolution dun nom de domaine.

2.5 Diagnostic

Le diagnostic de la configuration réseau se fait en plusieurs étapes :

- Commencer par vérifier la résolution DNS. Faites un ping sur un nom de domaine bien connu (par exemple `ping www.google.com`) . Si cela ne fonctionne pas, faites un ping sur une adresse IP sur Internet bien connue (par exemple `ping 8.8.8.8` ou `ping 8.8.4.4`). **Si ce deuxième test fonctionne, mais pas le premier**, il s'agit vraisemblablement d'un **problème de configuration des résolveurs DNS** dans `/etc/resolv.conf`.

Dans l'exemple suivant, un ping sur un nom de domaine ne fonctionne pas, tandis qu'un ping sur une adresse IP fonctionne. Cela vient de la configuration des résolveurs DNS, qui est fautive dans `/etc/resolv.conf` :

```
[root@hopper network-scripts]# ping www.google.com
^C
[root@hopper network-scripts]# ping 8.8.8.8
PING 8.8.8.8 (8.8.8.8) 56(84) bytes of data.
64 bytes from 8.8.8.8: icmp_seq=1 ttl=52 time=2.81 ms
64 bytes from 8.8.8.8: icmp_seq=2 ttl=52 time=2.36 ms
^C
--- 8.8.8.8 ping statistics ---
2 packets transmitted, 2 received, 0% packet loss, time 3ms
rtt min/avg/max/mdev = 2.358/2.582/2.806/0.224 ms
[root@hopper network-scripts]# cat /etc/resolv.conf
nameserver 105.105.105.105
```

- Vérifier la configuration de l'interface avec `ifconfig` ou `ip address` : l'interface apparaît-elle ? Sinon, est-elle bien branchée au réseau ? A-t-elle la bonne adresse IP et le bon masque ?
- Afficher la table de routage avec la commande `route` ou `ip route` : voyez-vous le réseau local apparaître ?

Par exemple, si vous avez configuré l'adresse IP 192.168.0.37 masque 255.255.255.0 sur votre interface, vous devriez voir le réseau 192.168.0.0 dans la table de routage :

```
[root@cobb ~]# route
Table de routage IP du noyau
Destination     Passerelle      Genmask         Indic Metric Ref
```

```
Use Iface
192.168.0.0     *               255.255.255.0   U     0      0
0 eth0
link-local      *               255.255.0.0     U     1002   0
0 eth0
```

– Faire un `ping` sur une adresse IP existante du réseau local. Par exemple, « pinguez » la passerelle par défaut, ou toute autre machine appartenant au même réseau local que votre machine. Cela fonctionne-t-il ?

Ici, nous avons effectué un test de ping vers la machine 192.168.0.1 avec un retour positif. Cela signifie que notre interface est connectée au réseau, bien configurée, et capable de communiquer avec d'autres machines du même réseau :

```
[root@cobb ~]# ping 192.168.0.1
PING 192.168.0.1 (192.168.0.1) 56(84) bytes of data.
64 bytes from 192.168.0.1: icmp_seq=1 ttl=64 time=0.492 ms
64 bytes from 192.168.0.1: icmp_seq=2 ttl=64 time=0.618 ms
64 bytes from 192.168.0.1: icmp_seq=3 ttl=64 time=0.846 ms
64 bytes from 192.168.0.1: icmp_seq=4 ttl=64 time=0.787 ms
```

– Si le ping local fonctionne, faire un ping distant vers une machine sur Internet. Si cela ne fonctionne pas, il s'agit peut-être de la passerelle par défaut.

Remarque

Vous trouverez plus loin dans ce chapitre divers outils pour effectuer une analyse réseau plus poussée.

2.6 Configuration du réseau avec NetworkManager (RHEL 7)

À partir de RHEL 7, Red Hat met en avant un outil qui existe depuis longtemps dans le monde Linux.

L'objectif de **NetworkManager** est d'unifier et de simplifier la configuration réseau de la machine. Ainsi, en lieu et place d'outils disparates (`ifconfig`, `route`, `resolv.conf`, fichiers de configuration dans `/etc`, outils graphiques concurrents), on a affaire une interface unique et simple.

Même si certains reprocheront l'omniprésence de **NetworkManager** au détriment d'outils historiques comme `ifconfig`, il s'agit maintenant de s'habituer à cette nouvelle façon de configurer le réseau. Heureusement, nous allons voir que l'outil est bien pensé.

NetworkManager est composé des éléments suivants :

- Un service qui gère les connexions réseau et rapporte leur état, contrôlable par une API (*Application Programming Interface*, interface de programmation).
  - D-BUS est une interface de communication entre processus, qui est utilisée ici pour contrôler le NetworkManager.
- Des front-ends graphiques ou en ligne de commande, qui ne peuvent se faire concurrence. Au lieu d'éditer des fichiers de configuration, ils passent par l'API de configuration du service.

Remarque

Le cas échéant, vous pouvez toujours revenir aux outils classiques en installant le paquet `net-tools` et en désactivant le service `NetworkManager`.

NetworkManager ne crée pas ses propres fichiers de configuration, ni ne modifie les fichiers de configuration standard avec sa propre syntaxe. Ainsi, même s'il est recommandé d'utiliser les nouveaux outils de configuration, il est toujours possible de modifier les fichiers de configuration à la main ; ils seront compris et pris en compte par NetworkManager.

2.6.1 Service NetworkManager

NetworkManager est un démon, ou service, qui tourne en tâche de fond. Il surveille l'état des interfaces et, quand l'une d'entre elle devient disponible, active un profil de configuration adéquat. De plus, il surveille et met à jour les fichiers de configuration.

La tâche de NetworkManager était auparavant dévolue à une multitude de scripts textes dans `/etc/init.d` et autres. Désormais, la gestion du réseau est plus réactive, centralisée et simplifiée.

Le service NetworkManager doit toujours être actif. Vérifiez son état avec la commande :

```
systemctl status NetworkManager.service
```

Par exemple, on constate ici que le démon est actif sur la machine `ariadne` :

```
[root@ariadne ~]# systemctl status NetworkManager.service
NetworkManager.service - Network Manager
   Loaded: loaded (/usr/lib/systemd/system/NetworkManager.ser-
vice; enabled)
   Active: active (running) since mar. 2014-08-12 23:25:43 CEST;
6h ago
```

Le cas échéant, activez le service avec l'option `start` :

```
systemctl start NetworkManager.service
```

2.6.2 L'outil en ligne de commande nmcli en bref

L'outil de configuration fourni avec NetworkManager est `nmcli` (*NetworkManager Command Line Interface*), même s'il est possible de trouver des outils tiers complètement compatibles.

Voici les commandes principales de `nmcli` qui sont détaillées ensuite.

Paramétrer le hostname :

```
nmcli general hostname <nom machine>
```

Afficher la liste des profils :

```
nmcli connection
```

Afficher les paramètres d'un profil (actif ou inactif) :

```
nmcli connection show id <profil>
```

Afficher la liste des interfaces réseau (filaires et sans fil) :

```
nmcli device
```

Configuration manuelle :

```
nmcli connection add con-name <profil> ifname <interface>
type ethernet ip4 <adresse/masque> gw4 <passerelle>
```

Configuration automatique avec DHCP (même commande, mais arrêtez-vous à `ethernet`) :

```
nmcli connection add con-name <profil> ifname <interface>
type ethernet
```

Ajouter des serveurs DNS IPv4 :

```
nmcli connection mod <profil> ipv4.dns "<serveurs DNS>"
```

Ajouter des serveurs DNS IPv6 :

```
nmcli con mod <profil> ipv6.dns "<serveurs DNS IPv6>"
```

Activer un profil :

```
nmcli connection up <profil>
```

Désactiver une connexion :

```
nmcli connection down <profil>
```

Modifier un ou plusieurs paramètres d'un profil :

```
nmcli connection modify <profil> <paramètre> <valeur>
```

2.6.3 Fonctionnement détaillé de nmcli

`nmcli` s'utilise en mode ligne de commande et est organisé en cinq branches dont il faut se rappeler :

- **General** : donne l'état général de NetworkManager. Cette partie est plutôt logistique.
- **Networking** (réseau) : donne l'état de la connectivité de la machine à Internet (quelle que soit l'interface) :
  - **none** : la machine n'est connectée à aucun réseau.
  - **portal** : la machine est derrière un proxy et n'a pas un accès complet à Internet.
  - **limited** : la machine est connectée à un réseau, mais n'a pas d'accès à Internet.
  - **full** : la machine est connectée à un réseau et a un accès complet à Internet.
  - **unknown** : la connectivité est inconnue.

- **Radio** : contrôle l'activité des interfaces sans fil, telles que les interfaces Wi-Fi.
- **Device** (périphérique) : affiche et contrôle l'activité des interfaces réseau, filaires et sans fil. Alors que la partie **Connection** ci-dessous s'occupe de profils de configuration, la partie **Device** se concentre sur les périphériques
- **Connection** : sans doute la partie la plus importante de `nmcli`, elle gère la configuration réseau de manière extensive, et introduit la notion de profils de connexion.

Remarque

Chaque branche peut être accédée en tapant la première lettre. Par exemple, vous pouvez taper `nmcli general` ou `nmcli g`

Tous les niveaux de `nmcli` sont décrits avec l'option `help`. Aidez-vous de cette commande pour savoir comment utiliser les options que nous ne décrivons pas en détail ici.

Par exemple, on explore ici l'aide de plusieurs niveaux de `nmcli` :

```
nmcli help
nmcli general help
nmcli general status help
```

Remarque

Notez l'option `-p` (pretty, joli) qui affiche des résultats plus agréables à l'œil (et souvent plus lisibles), ainsi que `-f` qui permet d'ajouter des champs (fields) aux résultats. Toutes les options doivent se trouver juste après `nnmcli`.

Notion de profils (Connections)

Les profils répondent aux besoins provoqués par les comportements nomades des utilisateurs. Tout en utilisant la même interface (typiquement l'interface Wi-Fi), l'utilisateur peut vouloir des paramètres réseau différents en fonction de sa localisation. Avec RHEL 7, il n'a qu'à enregistrer ces paramètres dans des profils différents, et activer ces profils en fonction du besoin.

Par exemple, un utilisateur configure son interface Wi-Fi en DHCP à la maison. Mais dans le contexte du BYOD (*Bring Your Own Device*, amenez votre équipement personnel), il utilise ce même équipement au travail où il doit configurer tous les matins une adresse IP statique.

Illustrons en pratique. Nous avons sur la machine `ariadne` deux profils, `Maison` et `Travail`, reliés à l'interface Ethernet `ens33` (même si ce n'est pas évident à constater ici) :

```
[root@ariadne ~]# nmcli c show
NOM       UUID                                  TYPE
PÉRIPHÉRIQUE
Maison    c3b79b50-9e6a-49e5-a414-a43f3fb06cb8  802-3-ethernet   -
Travail   0a00a741-5b9e-445f-9417-692d9da94646  802-3-ethernet   ens33
```

Comme nous pouvons le voir, c'est le profil `Travail` qui est activé. Voici donc les paramètres configurés par l'utilisateur : il s'agit d'une adresse IP statique configurée manuellement :

```
[root@ariadne ~]# nmcli d show
GENERAL.PÉRIPHÉRIQUE:                    ens33
GENERAL.TYPE:                            ethernet
GENERAL.ADR.-MAT.:                       00:0C:29:AA:AB:8A
GENERAL.MTU:                             1500
GENERAL.ÉTAT:                            100 (connecté)
GENERAL.CONNECTION:                      Travail
GENERAL.CON-PATH:
/org/freedesktop/NetworkManager/ActiveConnection/3
WIRED-PROPERTIES.PORTEUSE:               marche
IP4.ADRESSE[1]:                          ip = 192.168.25.199/24,
gw = 192.168.25.1
IP6.ADRESSE[1]:                      ip = fe80::20c:29ff:feaa:ab8a/64,
gw = :           :
```

Activons maintenant le profil `Maison` :

```
[root@ariadne ~]# nmcli c up Maison
Connection successfully activated (D-Bus active path:
/org/freedesktop/NetworkManager/ActiveConnection/7)
```

C'est maintenant ce profil qui est actif :

```
[root@ariadne ~]# nmcli c show
NOM       UUID                                  TYPE
PÉRIPHÉRIQUE
```

```
Maison    c3b79b50-9e6a-49e5-a414-a43f3fb06cb8  802-3-ethernet  ens33
Travail   0a00a741-5b9e-445f-9417-692d9da94646  802-3-ethernet  --
```

La configuration IP a changé :

```
[root@ariadne ~]# nmcli d show
GENERAL.PÉRIPHÉRIQUE:                   ens33
GENERAL.TYPE:                           ethernet
GENERAL.ADR.-MAT.:                      00:0C:29:AA:AB:8A
GENERAL.MTU:                            1500
GENERAL.ÉTAT:                           100 (connecté)
GENERAL.CONNECTION:                     Maison
GENERAL.CON-PATH:
/org/freedesktop/NetworkManager/Active Connection/7
WIRED-PROPERTIES.PORTEUSE:              marche
IP4.ADRESSE[1]:                         ip = 192.168.113.128/24, gw =
0.0.0.0
IP4.DNS[1]:                             192.168.113.1
IP4.DOMAIN[1]:                          localdomain
IP6.ADRESSE[1]:                         ip = fe80::20c:29ff:feaa:ab8a/
64,
gw = ::
```

Remarque

D'après cet exemple, il faut donc bien faire la distinction entre le ***device*** *qui est l'interface réseau, et le profil, ou* ***connection****, qui est un jeu de paramètres appliqués à ce device. Dans le contexte d'un serveur, on n'utilise en général qu'un seul profil au fil du temps.*

Les ***connections*** **sont donc des profils**, ou des jeux de paramètres, associés à une interface réseau (*device*). Il peut y avoir plusieurs profils possibles, mais un seul actif pour l'interface à un moment donné.

Cette distinction existe dans les fichiers de configuration réseau, dans `/etc/sysconfig/network-scripts/` :

- Les noms de **profils** se trouvent dans le **nom des fichiers** de configuration `ifcfg-`.
- Les interfaces auxquelles ils sont associés sont dans les fichiers de configuration, au champ `DEVICE`.

Par exemple, pour la machine `Ariadne`, on trouve deux profils, `Internet` et `Maison`, tous deux associés à l'interface `ens33` :

```
[root@ariadne ~]# grep DEVICE /etc/sysconfig/network-scripts/ifcfg-Maison
DEVICE=eth0
[root@ariadne ~]# grep DEVICE /etc/sysconfig/network-scripts/ifcfg-Internet
DEVICE=eth0
```

Noms d'interfaces réseau prévisibles

D'où vient ce nom d'interface réseau `ens33` ?

Sous le nom du mécanisme *Predictable Network Interface Names* se cache la possibilité d'avoir des noms d'interfaces qui ne sont pas dépendants de l'état physique de la machine à un instant précis et qui pourraient donc changer au cours du temps.

Remarque

Ne pas confondre Predictable Network Interface Names avec Consistent Network Device Naming (nommage d'interfaces cohérent) qui est une fonctionnalité plus large déjà présente sous RHEL 6.

Les noms d'interfaces prévisibles peuvent être perturbants pour les habitués aux versions précédentes de RHEL car au premier abord un nom comme `ens33` semble plus compliqué que `eth0`.

Ces anciens noms (de type `ethX`) étaient donnés par `udev` aux interfaces au fur et à mesure qu'elles étaient détectées au démarrage. Cependant, les technologiques récentes rendent ce mécanisme périlleux, puisque les interfaces peuvent être détectées dans un ordre différent au prochain redémarrage. Des noms d'interfaces basés sur des critères matériels déterministes, délivrés par le BIOS, garantissent une pérennité de votre serveur au cours de sa vie en production.

Remarque

La procédure de nommage par `udev` est expliquée en détail dans le Guide Réseau de RHEL 7, au chapitre 9, disponible sur le Portail Client Red Hat.

Si vous désirez **revenir à l'ancienne méthode de nommage** (noms de type ethX), ajoutez les options suivantes au noyau lors de son démarrage (pour un OS déjà installé ou lors du lancement d'une nouvelle installation) :

```
biosdevname=0 net.ifnames=0
```

Par exemple, dans le fichier de configuration du bootloader GRUB2 :

```
Fichier /etc/grub2.cfg
(...)
linux16 /vmlinuz-3.10.0-123.el7.x86_64 (...) rhgb quiet
LANG=fr_FR.UTF-8
biosdevname=0 net.ifnames=0
```

Pour une interface déjà configurée, il faudra alors mettre à jour le ou les fichiers de configuration des connexions (profils) qui lui sont associés, en modifiant le champ DEVICE.

Par exemple, pour l'interface ens33 (qui deviendra eth0 après modification des options du noyau), j'ai les profils Internet et Maison :

```
[root@ariadne ~]# nmcli -f CONNECTIONS dev show ens33
CONNECTIONS.AVAILABLE-CONNECTION-PATHS:
/org/freedesktop/NetworkManager/Settings/{0,1}
CONNECTIONS.AVAILABLE-CONNECTIONS[1]:   0a00a741-5b9e-445f-9417-
692d9da94646 | Travail
CONNECTIONS.AVAILABLE-CONNECTIONS[2]:   c3b79b50-9e6a-49e5-a414-
a43f3fb06cb8 | Maison
```

Il faut modifier les fichiers ifcfg-Internet et ifcfg-Maison et redémarrer :

```
Fichier ifcfg-Internet avant modification :
DEVICE=ens33
```

```
Fichier ifcfg-Internet après modification :
DEVICE=eth0
```

Après redémarrage, le nom de l'interface a bien changé, avec les profils qui lui sont associés (et tous leur paramètres) :

```
[root@ariadne ~]# nmcli -f CONNECTIONS dev show eth0
CONNECTIONS.AVAILABLE-CONNECTION-PATHS:
/org/freedesktop/NetworkManager/Settings/{0,1}
```

```
CONNECTIONS.AVAILABLE-CONNECTIONS[1]:    0a00a741-5b9e-445f-9417-
692d9da94646 | Travail
CONNECTIONS.AVAILABLE-CONNECTIONS[2]:    c3b79b50-9e6a-49e5-a414-
a43f3fb06cb8 | Maison
```

2.6.4 Paramétrer le hostname

Avec nmcli, cela est très simple :

```
nmcli general hostname <nom machine>
```

Cette modification est prise en compte instantanément et au redémarrage de l'OS. Elle modifie le fichier /etc/hostname.

2.6.5 Paramétrer une interface

Afficher les profils

Pour afficher la **liste des profils**, la commande la plus simple est sans doute :

```
nmcli connection
```

Cette commande affiche les profils **actifs** et **inactifs**, c'est-à-dire ceux qui deviendront potentiellement actifs sur une interface (lorsque l'utilisateur retourne à la maison par exemple).

On constate par exemple que le profil Travail est actif sur l'interface ens33 :

```
[root@ariadne ~]# nmcli connection
NOM      UUID                                  TYPE
PÉRIPHÉRIQUE
Maison   c3b79b50-9e6a-49e5-a414-a43f3fb06cb8  802-3-ethernet  --
Travail  0a00a741-5b9e-445f-9417-692d9da94646  802-3-ethernet  ens33
```

Cependant, notez qu'il n'est pas du tout évident dans ce résultat que le profil Maison, inactif, est associé à l'interface eno1677736. Cette commande pourrait même laisser penser qu'un profil peut être associé à n'importe quelle interface, ce qui n'est pas le cas (à moins bien sûr de modifier en profondeur la configuration).

Aussi, pour voir tous les profils, actifs et inactifs, associés à une interface spécifique, utilisez la commande suivante, plus complète :

```
nmcli -f CONNECTIONS device show <interface>.
```

Par exemple, ici nous affichons tous les profils associés à l'interface ens33 :

```
[root@ariadne ~]# nmcli -p -f CONNECTIONS dev show ens33
=================================================================
=======
                  Détails de périphérique (ens33)
=================================================================
=======
CONNECTIONS.AVAILABLE-CONNECTION-PATHS:
/org/freedesktop/NetworkManager/Settings/{0,1}
CONNECTIONS.AVAILABLE-CONNECTIONS[1]:   0a00a741-5b9e-445f-9417-
692d9da94646 | Travail
CONNECTIONS.AVAILABLE-CONNECTIONS[2]:   c3b79b50-9e6a-49e5-a414-
a43f3fb06cb8 | Maison
```

Remarque

Rassurons-nous : en général sur un serveur, il n'y a qu'un seul profil possible pour une interface, et les deux portent souvent le même nom, ce qui est transparent pour l'administrateur. En conclusion, si vous avez toujours le même profil sur votre machine, vous n'avez pas de raison d'utiliser souvent la commande `nmcli connection`.

Pour afficher les **paramètres d'un profil** (actif ou inactif), utilisez la commande :

```
nmcli connection show id <profil>
```

Cette commande affiche de manière exhaustive les paramètres suivants :

- couche 2 : adresse MAC (dans le cas d'une interface Ethernet), MTU, vitesse et mode, etc.
- couche 3 IPv4 et IPv6 : adresse IP/masque, passerelle par défaut, type de méthode d'obtention de l'adresse (manuelle ou automatique/DHCP).
- DNS : adresses des serveurs DNS.
- les paramètres configurés (reflet du fichier de configuration `ifcfg-`) et les paramètres actifs.

Par exemple avec l'option pretty `-p` (les lignes inutiles ont été enlevées) :

```
[root@ariadne ~]# nmcli -p c show id Travail
======================================================================
=======
                    Connection profile details (Travail)
======================================================================
=======
connection.id:                          Travail
connection.uuid:                        0a00a741-5b9e-445f-9417-
692d9da94646
connection.interface-name:              ens33
----------------------------------------------------------------------
-------
802-3-ethernet.port:                    -
802-3-ethernet.speed:                   0
802-3-ethernet.duplex:                  -
802-3-ethernet.auto-negotiate:          yes
802-3-ethernet.mac-address:             -
----------------------------------------------------------------------
-------
ipv4.method:                            manual
ipv4.dns:                               192.168.25.1
ipv4.dns-search:
ipv4.addresses:                        { ip = 192.168.25.199/24, gw =
192.168.25.1 }
----------------------------------------------------------------------
-------
ipv6.method:                            auto
ipv6.addresses:
----------------------------------------------------------------------
-------
======================================================================
=======
     Activate connection details (0a00a741-5b9e-445f-9417-
692d9da94646)
======================================================================
=======
GENERAL.NOM:                            Travail
GENERAL.UUID:                           0a00a741-5b9e-445f-9417-
692d9da94646
GENERAL.PÉRIPHÉRIQUES:                  ens33

----------------------------------------------------------------------
-------
IP4.ADRESSE[1]:                         ip = 192.168.25.199/24, gw =
```

```
192.168.25.1
----------------------------------------------------------------
-------
IP6.ADRESSE[1]:                         ip = fe80::20c:29ff:feaa:ab8a/
64,
gw = ::
----------------------------------------------------------------
-------
```

Dans ce résultat, notez la différence entre la section `Connection profile details` et `Activate connection details`. La première fait apparaître la configuration, alors que la deuxième fait apparaître les paramètres actifs sur l'interface. C'est pourquoi nous voyons une différence pour IPv6 : il n'y a pas d'adresse IPv6 configurée manuellement (`method auto`). La configuration active montre une adresse IPv6 active sur l'interface, qui est configurée automatiquement (l'adresse `fe80::`).

Bien sûr, pour un profil inactif, la deuxième section n'apparaîtrait pas.

Afficher les interfaces

Pour afficher **la liste des interfaces réseau** (filaires et sans fil) sur votre machine, utilisez :

```
nmcli device
```

Cette commande vous affiche l'état des interfaces, et sur quel profil elles sont configurées.

Par exemple, nous voyons ici que l'interface `ens33` est connectée (il y a bien un câble branché, elle fonctionne) et que le profil réseau choisi est `Travail` :

```
[root@ariadne ~]# nmcli dev
PÉRIPHÉRIQUE  TYPE      ÉTAT         CONNECTION
ens33         ethernet  connecté     Travail
wls35u1       wifi      déconnecté   -
lo            loopback  non-géré     --
```

Affichez le **détail de la configuration actuelle** des interfaces avec la commande :

```
nmcli device show
```

Cette commande est orientée interface physique, avec donc une configuration actuelle plus détaillée. On y trouve l'équivalent d'un `ifconfig`, avec adresse MAC et adresses IP actives **en ce moment**.

Remarque

*Vous pouvez utiliser deux autres **commandes très pratiques**, pour avoir la configuration des interfaces, et la passerelle par défaut :*

```
ip address
ip route
```

Créer un profil

Avec `nmcli`, vous pouvez **créer un profil** pour une interface en une seule ligne.

Pour une configuration manuelle :

```
nmcli connection add con-name <profil> ifname <interface> type
ethernet ip4
<adresse/masque> gw4 <passerelle>
```

Pour ajouter une adresse IPv6, ajoutez simplement ce paramètre à la fin de la ligne (le masque n'est pas nécessaire puisque sur un réseau local, le masque doit être `/64`) :

```
ip6 <adresse >
```

Pour une configuration automatique avec DHCP (même commande, mais arrêtez-vous à `ethernet`) :

```
nmcli connection add con-name <profil> ifname <interface> type
ethernet
```

Remarque

Attention ! Quand IPv6 n'est pas explicitement mentionné, il est par défaut activé en automatique, ce qui peut représenter un trou de sécurité.

Ajoutez des **serveurs DNS** :

```
nmcli connection mod <profil> ipv4.dns "<serveurs DNS>"
```

Pour IPv6 :

```
nmcli con mod <profil> ipv6.dns "<serveurs DNS IPv6>"
```

Avec ces deux commandes, nous avons ajouté tous les paramètres nécessaires au fonctionnement d'une interface :

- adresse IP et masque,
- passerelle,
- serveurs DNS.

Remarque

Reportez-vous à la partie Principes généraux dans ce même chapitre pour une explication et un diagnostic de ces éléments. Nous expliquons dans la suite de ce chapitre comment ajouter une deuxième adresse IP à une interface.

Par exemple, nous ajoutons le profil `Client` à l'interface `ens33` :

```
[root@ariadne ~]# nmcli con add con-name Client ifname ens33 type
ethernet ip4 10.0.0.14/24 gw4 10.0.0.254
Connection 'Client' (23c242ab-d24a-4703-9b5a-9e821ab00630)
successfully added.
[root@ariadne ~]# nmcli con mod Client ipv4.dns "8.8.8.8 4.4.4.4"
[root@ariadne ~]# nmcli con
NOM      UUID                                  TYPE
PÉRIPHÉRIQUE
Client   23c242ab-d24a-4703-9b5a-9e821ab00630  802-3-ethernet  -
Maison   c3b79b50-9e6a-49e5-a414-a43f3fb06cb8  802-3-ethernet  -
Travail  0a00a741-5b9e-445f-9417-692d9da94646  802-3-ethernet  ens33
```

Notez la création d'un fichier de configuration dans `/etc/sysconfig/network-scripts/` :

```
[root@ariadne ~]# cat /etc/sysconfig/network-scripts/ifcfg-
Client
TYPE=Ethernet
BOOTPROTO=none
IPADDR0=10.0.0.14
PREFIX0=24
GATEWAY0=10.0.0.254
DEVICE=ens33
ONBOOT=yes
```

```
DNS1=8.8.8.8
DNS2=4.4.4.4
(...)
```

Remarque

Remarquez également que les adresses de serveurs DNS sont maintenant incluses dans le fichier `ifcfg`. Avec NetworkManager, le fichier `/etc/resolv.conf` n'est plus nécessaire.

Vous constatez qu'il est très simple de créer des profils adaptés à vos besoins, avec `nmcli` ou en éditant ou créant des fichiers `ifcfg`.

Par exemple, pour un serveur avec l'interface `ens33` et le profil `DMZ` :

```
[root@walter network-scripts]# nmcli con
NOM    UUID                                  TYPE            PÉRIPHÉRIQUE
DMZ    0a00a741-5b9e-445f-9417-692d9da94646  802-3-ethernet  ens33
```

Pour le cas où l'on veut tester une nouvelle configuration réseau, on peut très bien créer un nouveau profil de la manière suivante :

```
[root@walter ~]# cd /etc/sysconfig/network-scripts/
[root@walter network-scripts]# cp ifcfg-DMZ ifcfg-DMZbak
```

Dans le nouveau profil ainsi créé, on aura pris soin de :

- changer la variable `NAME` avec le nouveau nom de profil,
- supprimer la ligne `UUID`,
- modifier les paramètres que nous désirons, comme l'adresse IP ou les adresses de serveurs DNS.

Remarque

L'UUID (Universal Unique Identifier) est une valeur unique permettant de distinguer deux profils. En effet, pour ce faire, le nom de profil ne suffit pas, car plusieurs profils peuvent avoir le même nom.

Il faut ensuite demander à NetworkManager de relire les fichiers de configuration. Nous constatons ensuite qu'un nouveau profil a été pris en compte :

```
[root@walter ~]# nmcli con reload
[root@walter ~]# nmcli con
NOM    UUID                                  TYPE            PÉRIPHÉRIQUE
```

```
DMZ    0a00a741-5b9e-445f-9417-692d9da94646  802-3-ethernet  ens33
DMZbak 1ef1845c-32ef-1f3b-c7fe-eded62facc74  802-3-ethernet  --
```

Activer ou désactiver un profil

Pour activer un profil, tapez :

```
nmcli connection up <profil>
```

Remarque

Tout autre profil déjà actif pour la même interface sera désactivé. Le nouveau profil restera actif, même après le redémarrage de l'OS.

Nous activons par exemple le profil `Client` créé précédemment :

```
[root@ariadne ~]# nmcli con up Client
Connection successfully activated (D-Bus active path:
/org/freedesktop/NetworkManager/ActiveConnection/1)
[root@ariadne ~]# nmcli dev show Client
GENERAL.PÉRIPHÉRIQUE:                   ens33
GENERAL.TYPE:                           ethernet
GENERAL.ADR.-MAT.:                      00:0C:29:AA:AB:8A
GENERAL.MTU:                            1500
GENERAL.ÉTAT:                           100 (connecté)
GENERAL.CONNECTION:                     Client
GENERAL.CON-PATH:
/org/freedesktop/NetworkManager/ActiveConnection/3
WIRED-PROPERTIES.PORTEUSE:              marche
IP4.ADRESSE[1]:                         ip = 10.0.0.14/24, gw =
10.0.0.254
IP4.DNS[1]:                             8.8.8.8
IP4.DNS[2]:                             4.4.4.4
IP6.ADRESSE[1]:                        ip = fe80::20c:29ff:feaa:ab8a/
64,
gw = ::
```

Pour désactiver une connexion, tapez :

```
nmcli connection down <profil>
```

Remarque

Attention ! Dans ce cas, NetworkManager cherchera à activer un autre profil relié à l'interface. Si vous souhaitez absolument faire tomber tous les profils possibles, il faut descendre l'interface réseau associée à ces profils (voir Activer ou désactiver une interface un peu plus loin dans ce chapitre).

Vous pouvez activer ou désactiver des profils à volonté. Cela peut être extrêmement pratique pour se déplacer de réseau en réseau comme nous l'avons vu, mais également pour faire des tests. Nous vous proposons une autre utilisation, dans le cadre d'une migration d'adresse IP.

Dans notre exemple, notre serveur `walter`, sur le profil `DMZ`, a l'adresse IP active `192.168.25.199` :

```
[root@walter ~]# nmcli -p con show DMZ
===========================================================================
                      Connection profile details (DMZ)
===========================================================================
connection.interface-name:               ens33
ipv4.addresses:                          { ip = 192.168.25.199/24, gw =
192.168.25.1 }
---------------------------------------------------------------------------
--
===========================================================================
     Activate connection details (0a00a741-5b9e-445f-9417-692d9da94646)
===========================================================================
IP4.ADRESSE[1]:                          ip = 192.168.25.199/24, gw =
192.168.25.1
```

Pour certaines raisons, l'administrateur réseau nous demande de changer l'adresse IP du serveur vers la nouvelle adresse `192.168.25.215`. En suivant les étapes de la section Créer un profil ci-dessus, nous ajoutons un nouveau profil de test `DMZbak` avec la nouvelle adresse IP, non encore active :

```
[root@walter ~]# nmcli -p con show DMZbak
===============================================================
                    Connection profile details (DMZbak)
===============================================================
connection.interface-name:              ens33
ipv4.addresses:                         { ip = 192.168.25.215/24, gw =
192.168.25.1 }
---------------------------------------------------------------
[root@walter ~]# nmcli con
NOM    UUID                                  TYPE            PÉRIPHÉRIQUE
DMZ    0a00a741-5b9e-445f-9417-692d9da94646  802-3-ethernet  ens33
```

```
DMZbak 1ef1845c-32ef-1f3b-c7fe-eded62facc74  802-3-ethernet --
```

Il ne reste plus qu'à activer ce nouveau profil. Mais comme nous sommes connectés en SSH, nous prenons le risque qu'en cas de mauvais fonctionnement (mauvaise configuration IP par exemple), nous soyons déconnectés sans pouvoir reprendre la main.

La procédure dans ce genre de situation consiste :

- à programmer au préalable un retour aux conditions précédentes au cas où les modifications provoqueraient une coupure.
- ensuite appliquer les modifications :
  - si les modifications fonctionnent, annuler le retour aux conditions précédentes.
  - si les modifications ne fonctionnent pas, attendre le retour programmé aux conditions précédentes.

Ainsi, avant d'activer le profil `DMZbak`, programmons un retour au profil `DMZ` dans cinq minutes :

```
[root@walter ~]# echo 'nmcli con up DMZ' | at now + 5 minutes
job 3 at Fri Aug 15 14:22:00 2014
```

Cas où la migration fonctionne : activons maintenant le nouveau profil. De retour sur `saito`, tentons de nous reconnecter sur la nouvelle adresse de `walter` :

```
[root@walter ~]# nmcli con up DMZbak
Connection to 192.168.25.199 closed.
[root@saito ~]#
[root@saito ~]# ssh 192.168.25.215
The authenticity of host '192.168.25.215 (192.168.25.215)' can't be
established.
ECDSA key fingerprint is
c2:15:87:67:12:e5:9e:fb:30:8a:48:0a:66:02:02:9a.
Are you sure you want to continue connecting (yes/no)? Yes
Warning: Permanently added '192.168.25.215' (ECDSA) to the list of
known
hosts.
root@192.168.25.215's password:
Last login: Fri Aug 15 14:47:15 2014 from 192.168.25.129
[root@walter ~]#
[root@walter ~]# atq
```

```
5       Fri Aug 15 14:54:00 2014 a root
[root@walter ~]# atrm 5
[root@walter ~]# atq
[root@walter ~]#
```

Ici, la reconnexion sur la nouvelle adresse IP du serveur `walter` a **fonctionné**. Sur `walter`, il faut donc annuler le retour aux conditions précédentes avec la commande `atrm`.

Cas où la migration ne fonctionne pas : activons maintenant le nouveau profil. De retour sur `saito`, tentons de nous reconnecter sur la nouvelle adresse de `walter` :

```
[root@walter ~]# nmcli con up DMZbak
Connection to 192.168.25.199 closed.
[root@saito ~]#
[root@saito ~]# ssh 192.168.25.215
ssh: connect to host 192.168.25.215 port 22: No route to host
[root@saito ~]# ssh 192.168.25.199
ssh: connect to host 192.168.25.199 port 22: No route to host
[root@saito ~]# date
ven. août 15 09:57:17 CEST 2014
[root@saito ~]# date
ven. août 15 10:03:27 CEST 2014
[root@saito ~]# ssh 192.168.25.199
root@192.168.25.199's password:
Last login: Fri Aug 15 14:58:07 2014 from 192.168.25.129
[root@walter ~]#
```

Ici, nous constatons qu'après avoir migré sur le nouveau profil, la reconnexion sur la nouvelle adresse IP du serveur n'a **pas fonctionné**. Nous décidons alors d'attendre 5 minutes. Au bout de 5 minutes, le serveur `walter` devrait être retourné sur l'ancien profil `DMZ` qui fonctionne. La reconnexion sur l'ancienne adresse IP a fonctionné, et nous pouvons maintenant essayer de comprendre pourquoi la migration n'a pas fonctionné.

Activer ou désactiver une interface

Pour réaliser ces tâches, utilisez les commandes suivantes :

```
nmcli device connect <interface>
nmcli device disconnect <interface>
```

Remarque

Pour l'activation, le premier profil valide sera utilisé pour la configuration de l'interface. Pour une désactivation, l'interface tombe et plus aucun profil n'est activé sur cette interface.

Modifier un profil

Pour modifier un ou plusieurs paramètres d'un profil, utilisez la commande suivante :

```
nmcli connection modify <profil> <paramètre> <valeur>
```

Ensuite, désactivez et réactivez le profil pour prendre en compte les nouveaux paramètres.

Remarque

Il est également possible d'ajouter ou supprimer un paramètre, ou de modifier plusieurs paramètres en une fois. Pour obtenir plus d'informations, utilisez la commande `nmcli connection modify help`.

Affichez les paramètres d'un profil avec la commande `nmcli -p con show <profil>`.

Par exemple, voici les paramètres du profil `Travail` :

```
[root@ariadne ~]# nmcli -p con show Travail
===============================================================
                     Connection profile details (Travail)
===============================================================
---------------------------------------------------------------
ipv4.method:                            manual
ipv4.dns:                               192.168.25.1
ipv4.dns-search:
ipv4.addresses:                         { ip = 192.168.25.199/24,
gw = 192.168.25.1 }
```

Changeons l'adresse du serveur DNS :

```
[root@ariadne ~]# nmcli con mod Travail ipv4.dns 8.8.8.8
[root@ariadne ~]# nmcli -p con show Travail
================================================================
==========
```

```
                    Connection profile details (Travail)
=================================================================
==========
-----------------------------------------------------------------
----------
ipv4.method:                           manual
ipv4.dns:                              8.8.8.8
ipv4.dns-search:
ipv4.addresses:                        { ip = 192.168.25.199/24,
gw =
192.168.25.1 }
```

Ajoutons un autre serveur DNS en faisant précéder le paramètre d'un + :

```
[root@ariadne ~]# nmcli con mod Travail +ipv4.dns 4.4.4.4
[root@ariadne ~]# nmcli -p con show Travail
=================================================================
==========
                    Connection profile details (Travail)
=================================================================
==========
-----------------------------------------------------------------
----------
ipv4.method:                           manual
ipv4.dns:                              8.8.8.8, 4.4.4.4
ipv4.dns-search:
ipv4.addresses:                        { ip = 192.168.25.199/24,
gw =
192.168.25.1 }
```

Remarque

Si vous désirez modifier un profil avec adresse manuelle vers DHCP, nous vous recommandons plutôt de créer simplement un nouveau profil en DHCP, de supprimer l'ancien, puis de renommer le nouveau avec le paramètre `connection.id`.

2.6.6 L'interface en mode texte nmtui

Le frontend `nmtui` (*NetworkManager Text User Interface*) est une interface "graphique" en mode texte. Basée sur des menus et boîtes de dialogue, elle est très facile à utiliser dans n'importe quelle ligne de commande, même en SSH. Cependant, elle souffre encore de quelques bugs et limitations. N'hésitez pas à l'explorer pour modifier des paramètres existants, mais préférez `nmcli` pour une utilisation extensive.

Pour la lancer, tapez simplement `nmtui` :

```
[root@ariadne ~]# nmtui
```

Déplacez-vous dans l'interface avec les flèches et la touche [Tab], et la touche [Entrée] pour valider un choix.

Remarque

Notez que `nmcli` dispose d'un mode interactif avec le mot-clé `edit`.

2.7 Configuration graphique

Si l'interface graphique est installée, il est possible d'effectuer la configuration de base du réseau grâce à l'outil NetworkManager.

Il est vrai que la configuration graphique peut vous faciliter la vie. Cependant, l'administrateur d'un système Red Hat Enterprise Linux ne devrait pas se reposer exclusivement sur l'interface graphique (cela est vrai dans d'autres cas). En effet, la plupart des tâches d'administration s'effectuent souvent plus efficacement en ligne de commande, à distance. De plus, sur les serveurs où l'on cherche à économiser le plus de ressources possible, nous avons la chance de pouvoir nous passer de l'interface graphique.

Notons également que Red Hat **met maintenant à disposition Cockpit, l'outil de configuration graphique via le Web**. Avec l'arrivée de Cockpit, l'utilisation de l'outil décrit ci-après, reposant sur une interface graphique lourde consommant les ressources du serveur, est amenée à disparaître.

2.7.1 Les différents éléments

Le gestionnaire graphique de configuration réseau est en fait l'assemblage de trois éléments présents sur le système :

- Un service NetworkManager, présent en mémoire vive, qui est le moteur de configuration utilisé par l'outil graphique.

Il est possible de connaître l'état de ce service, voire de l'arrêter ou de le redémarrer :

```
[root@cobb ~]# service NetworkManager status
NetworkManager (pid  1296) en cours d'exécution...
[root@cobb ~]# service NetworkManager
Syntaxe : /etc/init.d/NetworkManager {start|stop|status|restart|
condrestart}
```

- Un outil de configuration graphique, accessible dans les menus de l'interface graphique :

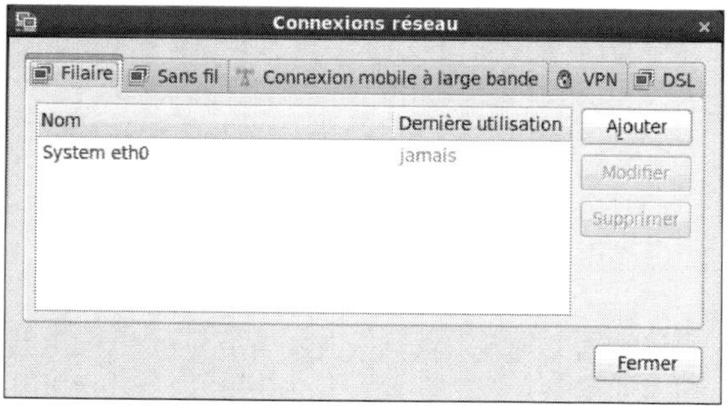

Gestionnaire de configuration réseau

- Une applet GNOME de notification en barre des tâches, à partir de laquelle on peut également accéder à l'outil de configuration graphique.

L'applet réseau (à gauche de la date)

Si cette applet n'apparaît pas, vous pouvez la lancer en ligne de commande dans l'interface graphique :

```
[root@cobb ~]# nm-applet &
```

2.7.2 Utiliser le gestionnaire réseau

Le gestionnaire de configuration réseau est accessible par le menu **Applications** - **Outils système** - **Paramètres** - **Réseau** ou en cliquant sur l'icône **Réseau** dans la barre de tâche en haut à droite.

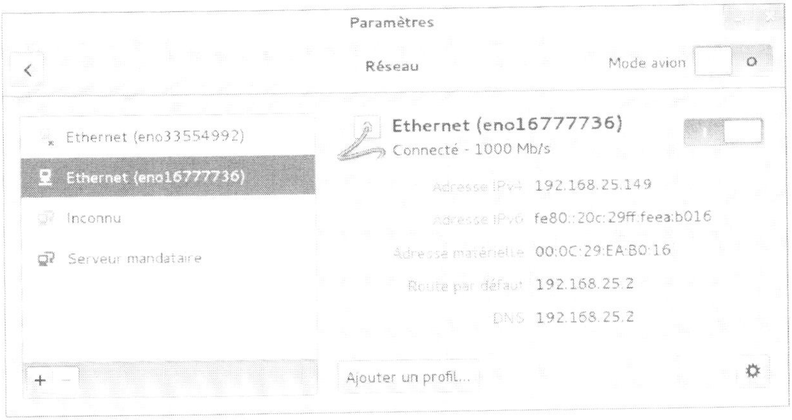

Paramètres réseau RHEL 7

La fenêtre **Paramètres réseau** apparaît, avec dans la partie gauche les interfaces disponibles, et dans la partie droite la configuration active sur l'interface.

Pour modifier le profil de connexion en cours, cliquez sur le petit engrenage en bas à droite de la fenêtre.

Pour ajouter un nouveau profil de connexion :

- Cliquez sur le bouton **Ajouter un profil**.
- Dans la fenêtre **Nouveau profil** qui apparaît, cliquez sur l'onglet **Identité**.
- Dans le champ **Nom**, vous pouvez définir le nom du profil de connexion (par exemple **Maison** ou **Travail**).
- Dans les onglets **IPv4** et **IPv6**, définissez les adresses de l'interface.

Pour supprimer un profil de connexion :

- Choisissez le profil en question et cliquez sur l'engrenage.

- Dans la fenêtre qui apparaît, cliquez sur l'onglet **Réinitialiser**, puis sur **Oublier**.

Pour activer un profil de connexion :

- Dans la barre de tâches en haut à droite, cliquez sur l'icône **Réseau**.
- Pour une interface donnée, les différents profils apparaissent. Sélectionnez celui que vous désirez.

2.8 Diagnostic et dépannage du réseau

Il existe plusieurs outils pour faire du diagnostic réseau. Certains d'entre eux ont déjà été utilisés, comme `ping` et `traceroute`. Expliquons-les plus en détail.

2.8.1 Accessibilité d'une machine : ping

La commande `ping` permet de tester qu'une machine répond bien (si elle y est autorisée) :

```
ping <adresse_IP_machine>
```

Remarque

On peut bien sûr utiliser le nom de la machine.

Si la machine répond, un ping simple affichera les temps de retour :

```
[root@saito sysconfig]# ping 194.51.3.65
PING 194.51.3.65 (194.51.3.65) 56(84) bytes of data.
64 bytes from 194.51.3.65: icmp_seq=1 ttl=47 time=52.8 ms
64 bytes from 194.51.3.65: icmp_seq=2 ttl=47 time=16.0 ms
```

Remarque

Le ping n'arrête jamais de tourner. Pour le stopper, appuyez sur les touches [Ctrl] C.

`ping` peut aussi être utile pour charger les interfaces avec du trafic. Envoyez plusieurs pings avec des tailles de paquets importantes, avec l'option `-s`.

Envoi de pings de 15000 octets :

```
[root@saito sysconfig]# ping -s 15000 194.51.3.65
PING 194.51.3.65 (194.51.3.65) 15000(15028) bytes of data.
15008 bytes from 194.51.3.65: icmp_seq=1 ttl=47 time=418 ms
15008 bytes from 194.51.3.65: icmp_seq=2 ttl=47 time=424 ms
```

Pour tester l'accès à une machine distante en IPv6, utilisez la commande `ping6` :

```
ping6 <adresse_IPv6_distante>
```

Si maintenant vous voulez faire un ping vers une machine sur le même réseau local, en utilisant son adresse lien-local de type `FE80::/10`, il est nécessaire de préciser à IPv6 par quelle interface vous sortez (en effet, le réseau `FE80::/10` est présent sur toutes les interfaces) :

```
ping6 <adresse_Lien-local_ipv6_distante>%<interface>
```

Par exemple, le premier ping sur une adresse lien-local sans préciser l'interface ne fonctionne pas. Il est nécessaire de préciser l'interface :

```
[root@cobb ~]# ping6 fe80::20c:29ff:fe46:ba46
connect: Argument invalide
[root@cobb ~]# ping6 fe80::20c:29ff:fe46:ba46%eth0
PING fe80::20c:29ff:fe46:ba46%eth0(fe80::20c:29ff:fe46:ba46) 56
data bytes
64 bytes from fe80::20c:29ff:fe46:ba46: icmp_seq=1 ttl=64
time=0.096 ms
64 bytes from fe80::20c:29ff:fe46:ba46: icmp_seq=2 ttl=64
time=0.087 ms
```

2.8.2 Chemin des paquets : traceroute

Traceroute permet de vérifier le chemin emprunté par les paquets jusqu'à une destination. Cela permet de vérifier que les tables de routage des différents équipements sur le chemin dirigent le flux selon vos attentes :

```
traceroute <adresse_IP_machine>
```

Le traceroute vous donne les adresses IP et les temps d'aller-retour des différents points sur le chemin. La résolution DNS inverse vous donne même le nom des machines traversées, ce qui peut être intéressant à étudier.

Exemple de traceroute vers un site web en Polynésie française :

```
[root@saito sysconfig]# traceroute www.vini.pf
traceroute to www.vini.pf (202.3.228.210), 30 hops max, 40 byte
packets
 1  192.168.0.254 (192.168.0.254)  5.236 ms  6.226 ms  5.770 ms
(...)
 9  londres-6k-1-po101.intf.routers.proxad.net (212.27.51.186)
43.525 ms * *
10  newyork-6k-1-po1.intf.routers.proxad.net (212.27.58.206)
113.235 ms * *
11  NYCL-PEER-03.twtelecom.net (198.32.118.36)  104.229 ms
110.095 ms  108.232 ms
12  hnl1-ar3-xe-0-0-0-0.us.twtelecom.net (66.192.250.202)  231.635
ms  231.307 ms  233.626 ms
13  ip64-75-161-10.hsia.aloha.net (64.75.161.10)  274.846 ms
(...)
16  eth-lln2.core1.mana.pf (202.3.224.165)  268.874 ms  268.862 ms
269.616 ms
17  210.228.3.202.ll.sta.mana.pf (202.3.228.210)  271.665 ms * *
```

On voit clairement ici les routeurs et les réseaux traversés.

Remarque

La version de traceroute pour IPv6 est `traceroute6`.

2.8.3 Ports ouverts sur la machine avec netstat

Netstat fait partie des outils qu'il faut maîtriser et comprendre pour réaliser une bonne administration de votre machine. Il vous permet de savoir quels ports sont ouverts sur votre machine et par quels services.

Netstat vous servira déjà à optimiser votre machine. Analysez les ports en écoute, et désactivez les services associés dont vous ne voulez pas.

Lorsque vous configurez un service réseau, assurez-vous qu'il écoute bien sur les bonnes adresses IP et sur les bons ports.

Lancez un `netstat` de temps en temps pour savoir ce qui se passe sur la machine au niveau réseau.

Netstat vous donne la liste des connexions établies avec des machines distantes (`ESTABLISHED`), ainsi que les ports en attente de connexion (port en écoute `LISTEN`).

Remarque

Il y a plusieurs options intéressantes avec netstat. Familiarisez-vous avec : `netstat --help`.

Nous vous proposons une combinaison d'options qui pourrait servir vos besoins :

```
netstat -anp --inet --inet6
```

Options :

- `-a` : affiche toutes les connexions, et pas seulement les connexions établies.
- `-n` : désactive la résolution de noms. Enlevez cette option si vous voulez les noms des machines et des ports.
- `-p` : affiche les noms et PID de programmes à l'origine des connexions.
- `--inet` : affiche les connexions IPv4.
- `--inet6` : affiche les connexions IPv6.

Exemple : `netstat -anp --inet6 --inet.`

```
tcp      192.168.0.11:53      0.0.0.0:*     LISTEN       1651/named
tcp      127.0.0.1:53         0.0.0.0:*     LISTEN       1651/named
tcp      0 0.0.0.0:22         0.0.0.0:*     LISTEN       19346/sshd
```

Nous voyons ici que le programme `named`, avec le PID 1651, écoute (`LISTEN`) les connexions sur les adresses 192.168.0.11 (interface `eth0`) et 127.0.01 (`loopback`), sur le port 53 (DNS).

Le programme `sshd` écoute sur le port 22 sur toutes les adresses IP (donc sur toutes les interfaces).

Autre exemple :

```
tcp      cobb.acme.fr:53156    www.google.fr:http ESTABLISHED
6466/firefox
```

Ici, nous voyons une connexion établie de la machine `cobb.acme.com` (port dynamique 53156) vers le serveur www.google.fr (port bien connu `http`). Le logiciel Firefox est à l'origine de cette connexion.

Remarque

La combinaison de ces cinq éléments (adresse IP source, port source, adresse IP destination, port destination, type de protocole TCP ou UDP) est appelée un ***socket*** *et permet d'identifier de manière unique une connexion entre deux applications distantes.*

Si nous ne voulons pas les connexions établies, mais **seulement les ports en écoute** (`LISTEN`), c'est-à-dire ouverts par des services (comme `httpd` ou `nginx`), utilisez l'option `-l` :

```
netstat -lnp --inet6 --inet
```

Autre outil intéressant pour lister les ports ouverts sur la machine : la commande `lsof`. Cette commande sert d'abord à connaître les fichiers ouverts par un processus, mais on peut aussi utiliser l'option `-i` :

```
[root@ariadne ~]# lsof -i
COMMAND     PID  USER   FD   TYPE DEVICE SIZE/OFF NODE NAME
avahi-dae  798 avahi   12u  IPv4  16110      0t0  UDP *:mdns
avahi-dae  798 avahi   13u  IPv4  16111      0t0  UDP *:41736
sshd      1356  root    3u  IPv4  18596      0t0  TCP *:ssh (LISTEN)
sshd      1356  root    4u  IPv6  18598      0t0  TCP *:ssh (LISTEN)
master     1626  root   13u  IPv4  19442      0t0  TCP localhost:
smtp (LISTEN)
master     1626  root   14u  IPv6  19443      0t0  TCP localhost:
smtp (LISTEN)
openvpn    2802  root    4u  IPv4  23834      0t0  UDP *:openvpn
sshd       3201  root    3u  IPv4  26196      0t0  TCP
192.168.25.199:
ssh->192.168.25.1:28244 (ESTABLISHED)
sshd       3201  root    8u  IPv6  26325      0t0  TCP
localhost:6011 (LISTEN)
sshd       3201  root    9u  IPv4  26326      0t0  TCP
localhost:6011 (LISTEN)
```

Dans cet exemple, nous constatons qu'il y a plusieurs processus en écoute, ainsi qu'une communication établie par le processus `3201 sshd`. Nous pouvons alors examiner les fichiers ouverts par ce processus :

```
[root@ariadne ~]# lsof -p 3201
COMMAND  PID USER   FD   TYPE            DEVICE SIZE/OFF     NODE NAME
sshd    3201 root  cwd    DIR             253,0     4096      128 /
sshd    3201 root  rtd    DIR             253,0     4096      128 /
sshd    3201 root  txt    REG             253,0   648696 67983905
```

```
/usr/sbin/sshd
sshd    3201 root  DEL    REG                0,4    26260    /dev/zero
sshd    3201 root  mem    REG              253,0    15472 67292617
/usr/lib64/security/pam_lastlog.so
sshd    3201 root  mem    REG              253,0    20024 67196225
/usr/lib64/libcap.so.2.22
sshd    3201 root  mem    REG              253,0    40312 67275026
/usr/lib64/security/pam_systemd.so
sshd    3201 root  mem    REG              253,0    19584 67292618
/usr/lib64/security/pam_limits.so
```

2.8.4 Ports ouverts sur la machine avec ss

L'outil `ss` est considéré comme le successeur, ou, pour le moins, le rival de `netstat`.

Son avantage principal, c'est qu'il est rapide à taper en ligne de commande, même si le résultat peut être plus difficile à lire.

Voici les équivalents des commandes `netstat` précédentes.

Pour afficher les ports en écoute :

```
ss -ltunp
```

Pour afficher tous les ports (connexions établies et en écoute) :

```
ss -atunp
```

Avec les options suivantes :

- `-l` : *listening*, afficher les ports en écoute.
- `-a` : *all*, afficher tous les ports (en écoute et connexions établies).
- `-t` : *TCP*, afficher les ports TCP.
- `-u` : *UDP*, afficher les ports UDP.
- `-n` : *numeric*, désactive la résolution de noms. Enlevez cette option si vous voulez les noms des machines et des ports.
- `-p` : *process*, affiche les noms et PID de programmes à l'origine des connexions.

2.8.5 Analyse de réseau : nmap

Le célèbre logiciel nmap (*Network Mapper*, cartographie réseau) est l'outil d'analyse réseau par excellence. Utile autant aux pirates qu'aux administrateurs, il vous permettra d'analyser une machine ou un réseau cible.

Cette commande dispose de nombreuses options qu'il est intéressant de découvrir dans la documentation détaillée et pédagogique fournie par l'auteur sur son site web.

Remarque

Nmap doit être installé avec yum.

Nous vous proposons deux types d'analyse intéressants :

– Détection de système d'exploitation (ou prise d'empreinte de pile) :

```
nmap -O <adresse_IP_cible>
```

Exemple sur la machine `saito`, **sans pare-feu activé** :

```
[root@cobb ~]# nmap -O saito
(...)
MAC Address: 00:0C:29:9C:BB:66 (VMware)
Device type: general purpose
Running: Linux 2.6.X
OS details: Linux 2.6.13 - 2.6.28
```

Nmap arrive à trouver le type de système d'exploitation et la version du noyau.

La machine `saito` a maintenant **son pare-feu activé** :

```
[root@cobb ~]# nmap -O saito
(...)
Aggressive OS guesses: Linux 2.6.13 - 2.6.28 (96%), Linux 2.6.18
(96%), Linux 2.6.18 - 2.6.27 (96%), Linux 2.6.26 (96%), Linux
2.6.9 - 2.6.18 (96%), Linux 2.6.24 - 2.6.28 (96%), Linux 2.6.22 -
2.6.23 (95%), Linux 2.6.21 (95%), AXIS 211A Network Camera (Linux
2.6) (94%), AXIS 211A Network Camera (Linux 2.6.20) (94%)
No exact OS matches for host (test conditions non-ideal).
```

Nmap a plus de mal à trouver le type de système d'exploitation.

– Analyse des ports et des services ouverts :

```
nmap -sV <adresse_IP_cible>
```

Exemple sur la machine `saito` :

```
[root@cobb ~]# nmap -sV saito
(...)
PORT    STATE SERVICE VERSION
21/tcp  open  ftp     vsftpd 2.2.2
22/tcp  open  ssh     OpenSSH 5.3 (protocol 2.0)
25/tcp  open  smtp    Postfix smtpd
53/tcp  open  domain
80/tcp  open  http    Apache httpd 2.2.15 ((Red Hat))
111/tcp open  rpcbind 2-4 (rpc #100000)
631/tcp open  ipp     CUPS 1.4
Service Info: Host:  cobb.acme.fr; OS: Unix
```

Nmap arrive à trouver les ports ouverts, et même le nom et la version du serveur qui écoute. Notons que le pare-feu intervient peu, car dans ce cas, Nmap analyse des ports qui doivent être légitimement ouverts pour écouter les requêtes provenant des clients. Vous pouvez quand même voir que certains ports n'ont pas forcément besoin d'être accessibles depuis l'Internet.

Remarque

D'autres logiciels d'analyse réseau sur http://www.insecure.org.

2.8.6 Analyse de protocoles : TCPdump et Wireshark

TCPdump et Wireshark sont des analyseurs de protocoles : ils captent les paquets entrant et sortant (voire tous les paquets passant à proximité de l'interface réseau) et vous en affichent le contenu en le décodant.

Ces deux outils sont utiles pour comprendre ce qui se passe sur le réseau, mais également pour diagnostiquer des pannes, en ayant une vue en profondeur des paquets échangés entre les machines.

TCPdump

TCPdump est un analyseur en mode texte, installé en standard sur Red Hat Enterprise Linux. Il dispose de nombreuses options permettant de sélectionner avec soin le type de flux que vous souhaitez analyser.

Wireshark

Le célèbre Wireshark est l'analyseur de protocoles par excellence, en mode graphique. Téléchargeable gratuitement, il vous donnera une vue claire et détaillée des trames et des contenus transitant sur le réseau.

Remarque

Wireshark est disponible dans le dépôt logiciel EPEL.

2.8.7 Forgeur de paquets : ncat et hping

Couteau suisse réseau : ncat

L'outil ncat (anciennement netcat) est un outil client/serveur en ligne de commande vous permettant d'ouvrir une connexion avec une machine distante de multiples manières.

Un exemple d'utilisation consiste à exécuter ncat en tant que serveur sur une machine, et ncat en tant que client sur une autre machine. Vous pouvez alors faire transiter des données entre les deux, de la manière que vous désirez : en tcp, udp, IPv4, IPv6, etc.

Les données peuvent être lues en entrée standard ou à partir d'une autre commande. Ainsi, ncat peut s'intégrer dans des scripts et vous permettre de bâtir de véritables petits serveurs maison très rapidement.

Ce logiciel dispose de nombreuses autres options qui en font un véritable couteau suisse réseau.

Construction de paquets : Hping3

Hping est un forgeur de paquets, il vous permet de construire virtuellement n'importe quel type de paquet désiré et de modifier tous les champs d'un paquet IP.

L'intérêt principal de Hping3 est l'audit de réseau.

Remarque

Hping est disponible dans le dépôt logiciel EPEL.

2.9 Création de routes statiques

La solution idéale veut que les différentes routes menant à des réseaux différents soient installées sur les passerelles par défaut. Cependant, pour certains besoins, il est parfois nécessaire de devoir installer des routes vers des réseaux sur le serveur Red Hat Enterprise Linux.

Par exemple, un serveur Red Hat Enterprise Linux chez un fournisseur d'accès Internet et MPLS devra peut-être faire la supervision de réseaux différents. Il se peut que ces réseaux doivent être configurés directement sur le serveur.

Configuration

La configuration d'une route statique est simple avec l'outil `nmcli`. Il suffit d'ajouter la paramètre `ipv4.routes` au profil voulu :

```
nmcli c modify <profil> +ipv4.routes "<réseau/masque> <passe-
relle>"
```

Remarque

La passerelle est également appelée next-hop (prochain saut) dans le jargon réseau, abrégé `nh` par `nmcli`. Il est possible de rajouter une métrique, abrégée `mt`, pour évaluer le coût du chemin.

Par exemple, ajoutons un chemin vers le réseau `172.18.1.0/24` :

```
[root@ariadne ~]# nmcli c modify Travail +ipv4.routes
"172.18.1.0/24 192.168.25.41"
[root@ariadne ~]# nmcli c show Travail
(...)
ipv4.addresses:                         { ip = 192.168.25.199/24,
gw = 192.168.25.1 }
ipv4.routes:                            { dst = 172.18.1.0/24,
nh = 192.168.25.41, mt = 0 }
```

Notez l'apparition du fichier `/etc/sysconfig/network-scripts/route-Travail` contenant les lignes suivantes, assurant que la route fonctionnera au redémarrage :

```
ADDRESS0=172.18.1.0
NETMASK0=255.255.255.0
```

```
GATEWAY0=192.168.25.41
```

Configuration temporaire

Il est possible d'ajouter, à la main, une route temporaire, avec la commande `route`. Ajouter une route temporaire peut être utile à des fins de tests par exemple.

Utilisez la commande `ip route` de la manière suivante :

```
ip route add <réseau/masque> via <passerelle>
```

Remarque

Attention : ces routes seront effacées au redémarrage.

Par exemple, la commande `ip route` fait appaître la table suivante :

```
[root@ariadne ~]# ip route
default via 192.168.25.1 dev ens33 proto static metric 1024
192.168.25.0/24 dev ens33 proto kernel scope link src
192.168.25.199
```

Nous constatons ici qu'il y a un réseau directement connecté (`192.168.25.0`, c'est le réseau de l'interface) et une passerelle par défaut vers l'Internet (a priori). Ajoutons un chemin vers un réseau distant `172.17.0.0/16` via une passerelle locale :

```
[root@ariadne ~]# ip route add 172.17.0.0/16 via 192.168.25.30
[root@ariadne ~]# ip route
default via 192.168.25.1 dev ens33 proto static metric 1024
172.17.0.0/16 via 192.168.25.30 dev ens33
192.168.25.0/24 dev ens33 proto kernel scope link src
192.168.25.199
[root@ariadne ~]#
```

Remarque

Attention ! La passerelle pour un réseau distant doit être une machine connue de notre serveur, c'est-à-dire qu'elle doit être sur un réseau directement connecté.

Vérification

Il y a plusieurs moyens de vérifier si une route fonctionne bien :

1. Affichez la table de routage :

```
route
```

2. Faites un ping vers une machine appartenant au réseau distant :

```
ping <adresse_machine_distante>
```

- Si vous avez une réponse, c'est qu'a priori la route fonctionne bien.
- Encore faut-il que la passerelle existe bien, fasse son travail de relayage, que la machine distante fonctionne bien, et qu'elle sache vous répondre.
- Si une de ces conditions n'est pas remplie, la résolution du problème ne dépend plus de vous.

3. La solution ultime consiste à faire un traceroute vers une machine du réseau destination. Le traceroute permet de voir le chemin emprunté par les paquets : ils doivent passer par la passerelle configurée dans la route.

```
traceroute <adresse_machine_distante>
```

2.10 Interface Teaming

Pour réaliser l'agrégation d'interfaces physiques, RHEL 7 propose le Teaming. Le Teaming offre plus de possibilités que le Bonding en vogue jusqu'à RHEL 6, en plus d'être mieux géré par le système.

Remarque

Pour la liste des différences entre le Bonding et le Teaming, voir le Guide Réseau sur le Portail Client, chapitre 5.3.

Le teaming est composé des éléments suivants :

- Un pilote intégré en standard dans le noyau, réalisant l'agrégation.
- La librairie `libteam.so` gérant la distribution des paquets et la surveillance des interfaces. Cette libraire implémente des "runners", similaires à des modules, des morceaux de code offrant des nouvelles fonctionnalités.

- Le service, `teamd`, contrôlant les interfaces par l'intermédiaire de la librairie. `teamd` est accessible en D-BUS par de nombreuses interfaces de configuration, dont `teamdctl` et `nmcli`.
- L'outil utilisateur `teamdctl`, pour le contrôle de `teamd` par l'utilisateur.

Les runners réalisent la distribution du trafic sur les interfaces. Pour l'instant, on trouve les suivants :

- `broadcast` (diffusion) : les données sont transférées sur toutes les interfaces physiques à la fois.
- `round-robin` : les données sont transférées sur toutes les interfaces, mais à tour de rôle.
- `active-backup` : les données sont envoyées sur un seul port, les autres sont gardées en secours.
- `loadbalance` : utilise les statistiques de charge des interfaces pour distribuer le trafic.
- `lacp` : implémentation du protocole standard 802.3ad LACP (*Link Aggregation Control Protocol*, protocole de contrôle d'agrégation des liens). LACP doit être également activé sur l'équipement en face (typiquement un commutateur Ethernet), contrairement aux autres modes.

Les runners suivants permettent de connaître l'état des interfaces :

- `ethtool` : en détectant localement l'état des interfaces remonté par le noyau, avec `ethtool`, un outil en ligne de commande.
- `arp_ping` : en envoyant régulièrement des requêtes ARP à l'équipement distant sur chaque interface. Si l'on n'a pas de réponse, cela signifie que le lien est tombé (voir l'outil `arping`).
- `nsna_ping` : similaire à `arp_ping`, mais en IPv6.

Création d'une interface Team

Il est possible de créer des interfaces Team de plusieurs manières : avec `nmcli` ou l'interface graphique (peu d'options), par le démon `teamd` (seulement en dynamique), mais nous avons choisi ici d'expliquer l'utilisation des fichiers de configuration standard `ifcfg-X`. Ceux-ci sont plus complets et compréhensibles par toutes les autres méthodes.

Remarque

Si le service de contrôle du Teaming n'est pas installé, tapez `yum install teamd`.

Il faut créer un fichier de configuration pour l'interface Team (appelée Master, maître), puis un fichier de configuration pour chaque interface physique faisant partie du Teaming (elles sont appelées Ports ou Slaves). Attention, il ne s'agit pas de profils de connexion, mais bien d'interfaces physiques.

Utilisez l'outil bond2team pour convertir vos fichiers de configuration de Bonding vers le Teaming.

Pour l'interface maître, créez un fichier `ifcfg-X` portant le nom que vous désirez, avec les paramètres suivants :

```
Fichier /etc/sysconfig/network-scripts/ifcfg-<nom de l'interface
maître>
DEVICE=<nom de l'interface maître>
DEVICETYPE=Team
ONBOOT=yes
BOOTPROTO=none
IPADDR=<Adresse IP de l'interface>
NETMASK=255.255.255.0
TEAM_CONFIG='{"runner": {"name": "activebackup"}, "link_watch":
{"name":
"ethtool"}}'
```

Pour chaque interface physique esclave, créez des fichiers `ifcfg-X` contenant simplement le nom de l'interface et son adresse MAC, ainsi que les paramètres de Teaming avec les paramètres suivants :

```
Fichier /etc/sysconfig/network-scripts/ifcfg-<nom de l'interface
physique>
DEVICE=<nom de l'interface physique>
HWADDR=<adresse MAC de l'interface physique>
DEVICETYPE=TeamPort
ONBOOT=yes
TEAM_MASTER=<nom de l'interface maître>
TEAM_PORT_CONFIG='{"prio": 100}'
```

Remarque

Obtenez auparavant les adresses MAC avec `nmcli` ou la commande `ip link`.

Par exemple, créons l'interface `team0` :

```
/etc/sysconfig/network-scripts/ifcfg-team0
DEVICE=team0
DEVICETYPE=Team
ONBOOT=yes
BOOTPROTO=none
IPADDR=192.168.25.40
NETMASK=255.255.255.0
TEAM_CONFIG='{"runner": {"name": "activebackup"}, "link_watch":
{"name":
"ethtool"}}'
```

Ensuite, nous obtenons ici les adresses MAC des interfaces physiques :

```
[root@ariadne network-scripts]# ip link
1: lo: <LOOPBACK,UP,LOWER_UP> mtu 65536 qdisc noqueue state UNKNOWN
mode DEFAULT
    link/loopback 00:00:00:00:00:00 brd 00:00:00:00:00:00
2: ens33: <BROADCAST,MULTICAST,UP,LOWER_UP> mtu 1500 qdisc
pfifo_fast
state UP mode DEFAULT qlen 1000
    link/ether 00:0c:29:e5:5a:50 brd ff:ff:ff:ff:ff:ff
6: eno33554992: <BROADCAST,MULTICAST> mtu 1500 qdisc pfifo_fast
state DOWN
mode DEFAULT qlen 1000
    link/ether 00:0c:29:e5:5a:5a brd ff:ff:ff:ff:ff:ff
8: eno50332216: <BROADCAST,MULTICAST> mtu 1500 qdisc pfifo_fast
state DOWN
mode DEFAULT qlen 1000
    link/ether 00:0c:29:e5:5a:64 brd ff:ff:ff:ff:ff:ff
```

Créons maintenant les fichiers correspondants :

```
Fichier /etc/sysconfig/network-scripts/ifcfg-eno33554992
DEVICE=eno33554992
HWADDR=00:0c:29:e5:5a:5a
DEVICETYPE=TeamPort
ONBOOT=yes
```

```
TEAM_MASTER=team0
TEAM_PORT_CONFIG='{"prio": 100}'
```

```
Fichier /etc/sysconfig/network-scripts/ifcfg-eno50332216
DEVICE=eno50332216
HWADDR=00:0c:29:e5:5a:64
DEVICETYPE=TeamPort
ONBOOT=yes
TEAM_MASTER=team0
TEAM_PORT_CONFIG='{"prio": 100}'
```

Remarque

Vous trouverez des exemples de configuration maître-esclaves dans `/usr/share/doc/teamd-*`.

Activation des interfaces

Demandez d'abord à `nmcli` de relire les fichiers de configuration `ifcfg-X` :

```
nmcli connection reload
```

Par exemple :

```
[root@ariadne ~]# nmcli connection reload
[root@ariadne ~]# nmcli connection
NOM                  UUID                                  TYPE
PÉRIPHÉRIQUE
Team team0           702de3eb-2e80-897c-fd52-cd0494dd8123  team team0
Travail              0a00a741-5b9e-445f-9417-692d9da94646  802-
3-ethernet ens33
Système eno50332216  66187835-2df9-660a-3c2a-6de536860e05  802-3-
ethernet eno50332216
Système eno33554992  c231a056-9eb3-cd70-1d06-ab0361508f39  802-3-
ethernet eno33554992
```

Remarque

Notez l'apparition de "profils" de connexion un peu particuliers, puisqu'il s'agit en fait d'interfaces physiques, avec des noms contenant des espaces. Ainsi, il faudra le cas échéant manipuler l'interface `team` avec des guillemets (par exemple `"Team team0"`), alors que la manipulation des interfaces physiques devra être limitée.

Si nécessaire, activez les interfaces en montant les différents "profils" avec `nmcli connection`.

Par exemple :

```
[root@ariadne network-scripts]# nmcli connection up "Team team0"
Connection successfully activated (D-Bus active path:
/org/freedesktop/NetworkManager/ActiveConnection/4)
```

Remarque

Le guide utilisateurs nous affirme que démarrer l'interface maître ne démarre pas les interfaces esclaves. Vérifiez que toutes vos interfaces sont bien démarrées, même après redémarrage.

Contrôle des interfaces et vérification du fonctionnement

Contrôlez les interfaces Team essentiellement avec l'outil `teamdctl`.

Pour vérifier l'état général, utilisez :

```
teamdctl <interface team> state view
```

Par exemple, nous voyons ici quelles interfaces physiques font partie de l'interface Team. Nous constatons également quelle interface est active (puisque nous sommes dans le mode `activebackup`) :

```
[root@ariadne network-scripts]# teamdctl team0 state view
setup:
  runner: activebackup
ports:
  eno33554992
    link watches:
      link summary: up
      instance[link_watch_0]:
        name: ethtool
        link: up
  eno50332216
    link watches:
      link summary: up
      instance[link_watch_0]:
        name: ethtool
        link: up
runner:
```

```
  active port: eno50332216
[root@ariadne network-scripts]#
```

La vérification du fonctionnement s'effectuera généralement avec la même commande, ainsi qu'en effectuant des tests sur les interfaces.

Remarque

Plus d'informations sur le Teaming dans le Guide Réseau de Red Hat au chapitre 5, disponible sur le Portail Client.

2.11 Affectation de plusieurs adresses IP à une interface

L'ajout d'une adresse IP se fait directement sur la même interface ; il n'y a pas besoin de créer une nouvelle sous-interface. Ajoutez simplement un paramètre IPv4 dans le profil et redémarrez-le (`nmcli connection down` puis `nmcli c up`) :

```
nmcli connection mod <profil> +ipv4.addresses <Adresse IP/masque>
```

Par exemple, pour rajouter l'adresse `10.0.0.1/24` au profil `Travail` :

```
[root@ariadne ~]# nmcli connection mod Travail +ipv4.addresses
10.0.0.1/24
[root@ariadne ~]# nmcli connection show Travail
(...)
ipv4.addresses:                         { ip = 192.168.25.199/24,
gw = 192.168.25.1 }; { ip = 10.0.0.1/24, gw = 0.0.0.0 }
(...)
IP4.ADRESSE[1]:                          ip = 192.168.25.199/24,
gw =  0.0.0.0
IP4.ADRESSE[2]:                          ip = 10.0.0.1/24,
gw = 0.0.0.0
```

Notez l'apparition d'une nouvelle ligne dans le fichier `ifcfg-X` correspondant, garantissant que la nouvelle adresse sera prise en compte au redémarrage :

```
[root@ariadne ~]# cat /etc/sysconfig/network-scripts/ifcfg-Travail
(...)
IPADDR0=192.168.25.199
PREFIX0=24
GATEWAY0=192.168.25.1
```

```
IPADDR1=10.0.0.1
PREFIX1=24
```

La commande `ip addr` fait également apparaître la nouvelle adresse :

```
[root@ariadne ~]# ip add
2: ens33: <BROADCAST,MULTICAST,UP,LOWER_UP> mtu 1500 qdisc pfifo_-
fast state UP qlen 1000
    link/ether 00:0c:29:e5:5a:50 brd ff:ff:ff:ff:ff:ff
    inet 192.168.25.199/24 brd 192.168.25.255 scope global ens33
       valid_lft forever preferred_lft forever
    inet 10.0.0.1/24 brd 10.0.0.255 scope global ens33
       valid_lft forever preferred_lft forever
    inet6 fe80::20c:29ff:fee5:5a50/64 scope link
       valid_lft forever preferred_lft forever
```

2.12 VLAN Tagging 802.1Q

Il est d'usage pour les administrateurs réseau de créer pour une entreprise des sous-réseaux physiques séparés. Pour des raisons diverses, on peut isoler « physiquement » des machines. La technique courante aujourd'hui consiste à créer des réseaux locaux virtuels, ou VLAN (*Virtual LAN*). La technique des VLAN consiste simplement à découper un commutateur Ethernet en « sous-commutateurs », séparés les uns des autres. Cela se fait en créant des VLAN et en assignant des ports du commutateur à différents VLAN.

On peut par exemple décider d'affecter :

- Les ports 1 à 10 du commutateur au VLAN2.
- Les ports 11 à 20 au VLAN3.
- Les ports 21 à 24 au VLAN4.

Chaque VLAN (ou sous-réseau) a une adresse de sous-réseau :

- VLAN2 : 192.168.2.0/24
- VLAN3 : 192.168.3.0/24
- VLAN4 : 192.168.4.0/24

Les machines sur un VLAN sont séparées physiquement des machines sur les autres VLAN et ne peuvent communiquer avec elles. Ordinairement, c'est un routeur, branché aux trois VLAN, qui permettra à ces machines de communiquer entre elles en IP.

Que se passe-t-il si les machines de trois VLAN doivent toutes accéder à un serveur central de messagerie ? Il y a deux options principales :

- Le serveur est sur un des VLAN, et le routeur s'occupe de router tous les flux vers les deux autres VLAN :
  - Si les volumes échangés sont importants, cela peut congestionner le réseau : le routeur a beaucoup de données à traiter, et le lien entre le routeur et le commutateur est saturé.
- Le serveur est connecté aux trois VLAN :
  - On installe trois interfaces sur le serveur, et chacune est connectée, via trois câbles Ethernet, à trois interfaces sur le commutateur, une dans chaque VLAN.
  - Cette solution n'est pas idéale, pas « propre », car elle occupe de la place physique sur le serveur et le commutateur, sans parler des câbles. De plus, les interfaces peuvent être onéreuses.

La solution réside dans la mise en œuvre de VLAN directement « dans » le serveur, et pas seulement dans le commutateur. Vu du commutateur, le serveur sera vu comme un autre commutateur sur lequel on a configuré des VLAN. Il n'y aura **qu'un seul lien** entre le commutateur et le serveur, mais à l'intérieur transiteront les VLAN configurés.

Le lien entre deux commutateurs (en l'occurrence, entre le commutateur et le serveur) s'appelle un trunk (tronc), à l'intérieur duquel transitent des trames « tagguées » (les trames contiennent un tag, ou une étiquette), le tout respectant le protocole 802.1Q.

Remarque

802.1Q se prononce 802dot1Q en anglais, d'où le nom raccourci dot1Q.

2.12.1 Configuration

Il y a plusieurs façons de configurer les VLAN sur Red Hat Enterprise Linux, mais nous vous proposons une méthode similaire à la configuration de l'Interface Bonding en trois étapes :

- Configuration des interfaces pour les VLAN.
- Chargement du module de VLAN et redémarrage.
- Configuration du commutateur Ethernet sur lequel est branché le trunk.

Configuration des interfaces pour les VLAN

Bonne nouvelle, à partir de **RHEL 7**, la configuration du VLAN Tagging se fait en utilisant la commande `nmcli` pour rajouter des interfaces tagguées, en précisant l'interface physique dont dépend la nouvelle sous-interface :

```
nmcli con add type vlan ifname <nom sous-interface> dev <interface
physique> id <numéro de VLAN>
```

Il suffit ensuite de configurer les sous-interfaces comme des interfaces classiques.

Vous pouvez aussi directement configurer les sous-interfaces avec les bons paramètres :

```
nmcli con add type vlan ifname <nom sous-interface> dev <interface
physique> id <numéro de VLAN> ip4 <adresse IP/masque> gw4 <adresse
passerelle>
```

Remarque

Notez qu'une machine avec plusieurs interfaces ne peut avoir qu'une seule passerelle par défaut (sauf exceptions bien sûr).

Par exemple, pour ajouter deux VLAN (`Commercial VLAN11` et `Tech VLAN12`) à l'interface physique `ens33` :

```
[root@ariadne ~]# nmcli con add type vlan ifname Commercial dev ens33
id 11 ip4 10.0.11.254/24
Connection 'vlan-Commercial' (0a568df1-a06f-42fc-9aa5-a82e7144e901)
successfully added.
[root@ariadne ~]# nmcli con add type vlan ifname Tech dev ens33 id 12
ip4 10.0.12.254/24
```

```
Connection 'vlan-Tech' (795a36ca-0c85-41aa-8953-ed5d3d3e159c)
successfully
added.
```

Vous constatez que les deux nouvelles sous-interfaces ont été ajoutées :

```
[root@ariadne ~]# nmcli con
NOM                UUID                                  TYPE
PÉRIPHÉRIQUE
vlan-Tech          795a36ca-0c85-41aa-8953-ed5d3d3e159c  vlan
Tech
vlan-Commercial    0a568df1-a06f-42fc-9aa5-a82e7144e901  vlan
Commercial
```

Configurez des adresses IP sur ces deux sous-interfaces. Ainsi, le serveur a maintenant accès à deux VLAN. Jetez un coup d'œil à la configuration précise de l'interface vlan-Tech :

```
[root@ariadne ~]# nmcli con show vlan-Tech
ipv4.addresses:                { ip = 10.0.12.254/24, gw = 0.0.0.0 }
vlan.interface-name:           Tech
vlan.parent:                   ens33
vlan.id:                       12
```

Remarque

Notez également l'apparition du fichier `ifcfg-vlan-Tech` dans `/etc/sysconfig/network-scripts/`.

Configuration du module de VLAN Tagging

Sur RHEL 7, le module responsable du 802.1Q est chargé par défaut.

Configuration du commutateur Ethernet

Le commutateur sur lequel est branché le serveur doit bien sûr avoir les VLAN configurés.

De plus, et surtout, l'interface du commutateur Ethernet à laquelle est branché le serveur doit être configurée en mode trunk, avec le protocole 802.1Q, pour accueillir les trames tagguées.

Sur un commutateur Cisco de type Cisco 3560, si l'interface est la FastEthernet 0/1, la configuration est la suivante :

```
interface FastEthernet0/1
switchport trunk encapsulation dot1q
switchport mode trunk
```

2.12.2 Vérification

Pour vérifier le bon fonctionnement du 802.1Q sur votre serveur, plusieurs étapes sont possibles :

- Vérifiez le chargement du module 8021q au démarrage :

```
[root@cobb ~]# lsmod | grep 8021q
8021q                  19491  0
```

- Vérifiez l'existence et le contenu des fichiers dans `/proc/net/vlan/`.

```
cat /proc/net/vlan/config
VLAN Dev name     | VLAN ID
Name-Type: VLAN_NAME_TYPE_RAW_PLUS_VID_NO_PAD
eth0.2          | 2  | eth0
eth0.3          | 3  | eth0
eth0.4          | 4  | eth0
[root@cobb ~]# cat /proc/net/vlan/eth0.2
eth0.2  VID: 2   REORDER_HDR: 1  dev->priv_flags: 1
         total frames received            0
          total bytes received            0
      Broadcast/Multicast Rcvd            0

      total frames transmitted           43
       total bytes transmitted         6326
            total headroom inc            0
           total encap on xmit           43
Device: eth0
INGRESS priority mappings: 0:0  1:0  2:0  3:0  4:0  5:0  6:0 7:0
 EGRESS priority mappings:
```

Remarque

Notez que ces fichiers vous donnent des informations précieuses sur le fonctionnement des interfaces en 802.1Q.

- Vérifiez la présence des interfaces avec **`ifconfig`**.

▶ Essayez un ping à partir du serveur vers des machines existantes sur chacun des VLAN.

3. Configuration du pare-feu pour un serveur

3.1 Introduction

Il n'est plus nécessaire de souligner l'importance de la sécurité. Tout au long de ce livre, nous insistons sur le fait que la sécurisation de votre serveur doit être réflexe. Bien sûr, le pare-feu est la première défense à mettre en place sur votre machine.

Le pare-feu est un filtre de paquets, c'est-à-dire qu'il filtre les paquets entrants et sortants d'une machine ou d'un réseau. Il existe deux grands types de pare-feu :

- Pare-feu machine (ou pare-feu système) : c'est un filtre de paquets équipant la machine. Il filtre les paquets entrants et sortants de la machine.
- Pare-feu réseau : c'est une machine positionnée à l'entrée du réseau, qui filtre les flux entrants et sortants du réseau.

Même si les technologies sont assez similaires sur les deux types de pare-feu, les configurations sont relativement différentes. Conscients qu'il existe des outils spécialisés dans le filtrage de réseau, et que Red Hat Enterprise Linux n'en fait pas partie, nous vous présenterons ici la configuration du pare-feu pour un serveur.

La présence du pare-feu sur le serveur n'empêche pas de mettre en place une sécurité robuste sur le réseau, avec les équipements suivants :

- Pare-feu réseau
- IDS (*Intrusion Detection System*) : système détectant les comportements anormaux sur le réseau, et vous avertissant s'il y a soupçon d'intrusion.
- Proxy : utilisation d'un serveur mandataire pour les connexions vers l'Internet. Cela permet une sécurisation accrue des flux sortant.
- VPN : connexion sécurisée entre deux sites distants.

La configuration du pare-feu sur un serveur consiste principalement à filtrer les flux entrants. On décide de ce qui est autorisé à entrer sur la machine, précisément à se connecter aux services de la machine. Le reste est interdit.

Netfilter est l'ensemble de composants formant le pare-feu au sein du noyau Linux.

Le fait que le pare-feu fonctionne au sein du noyau lui permet un contrôle à tous les moments nécessaires du flux de données entrant, sortant et transitant par la machine.

Historiquement, jusqu'à la version 6 de RHEL, Netfilter était contrôlé par l'utilisateur avec la commande `iptables` pour la version IPv4 et `ip6tables` pour la version IPv6.

À partir de RHEL 7, c'est l'outil `firewall-cmd` qui est utilisé en standard pour la configuration d'un pare-feu simple pour un serveur. Mais `firewall-cmd` repose en fait sur `iptables` pour le contrôle du noyau. Ainsi, de *frontend* (interface visible par l'utilisateur), `iptables` devient *backend* (outil au service du système).

L'outil `iptables`, qui existe depuis un bon moment (depuis le noyau 2.4), fait voir ses limites et est remplacé dans RHEL 8 par `nftables`, outil plus performant mais dont la logique de configuration est repensée. Cela pose peu de problèmes, car `firewall-cmd` reste toujours l'outil *frontend* pour la configuration du pare-feu.

Nous développons maintenant le *frontend* `firewall-cmd`. La logique de configuration des *backend* `iptables` et `nftables` est expliquée après.

3.2 Configuration en ligne de commande avec firewall-cmd

3.2.1 Présentation de firewalld

À partir de RHEL 7, `firewalld` vise à simplifier l'administration du pare-feu Linux. Contrairement à `iptables` qui est généraliste (donc convient à une utilisation de pare-feu réseau), `firewalld` est orienté serveur : la configuration est adaptée à la gestion des flux entrants sur la machine (et non pas la traversant vers un autre réseau).

Par conséquent, la configuration est simple : on ajoute quelques ports autorisés pour les flux entrants. Tous les flux sortants de la machine sont autorisés.

`firewalld` est au pare-feu ce qu'est NetworkManager au réseau : un service qui surveille l'état du pare-feu, et qui centralise sa configuration en offrant une API à des frontends graphiques ou textes, avec les composants suivants :

- `firewalld` : c'est un service offrant la gestion dynamique du pare-feu. Contrairement à la gestion du pare-feu sur RHEL 6, lors de modification il n'est pas besoin de réinitialiser toutes les règles du pare-feu. Les nouvelles règles et les modules nécessaires sont chargés et appliqués sans interruption du réseau.
  - D-BUS est une interface de communication entre processus utilisée pour contrôler `firewalld`.

Remarque

Attention ! `firewalld` continue de s'appuyer sur `netfilter` et son interface de programmation `iptables`. Il est déconseillé de configurer le pare-feu directement en utilisant `iptables` si `firewalld` est installé, et il ne faut plus utiliser l'ancien outil de configuration `system-config-firewall`.

- RHEL 7 propose des frontends graphiques et en ligne de commande : `firewalld-cmd` pour la ligne de commande et `firewall-config` pour l'interface graphique sont les outils standards à utiliser.

Sur RHEL 7, il est possible de revenir au pare-feu statique `iptables` en tant que *frontend* et service chargeant des règles au démarrage, en installant et en activant le paquet `iptables-service` et en désactivant `firewalld` (sans le supprimer).

```
yum install iptables-services
systemctl mask firewalld.service
systemctl enable iptables.service
systemctl enable ip6tables.service
```

Sur RHEL 8, il n'est pas possible à l'heure actuelle de supprimer `firewalld` au profit de `nftables` en tant que service. `nftables` existe sur le système, mais en tant que *backend* intermédiaire entre `firewalld` et le noyau.

Ainsi, si l'on souhaite absolument utiliser exclusivement nftables, il est toujours possible de désactiver le service firewalld (comme décrit ci-dessus), mais il faudra alors charger les règles nftables manuellement (à l'aide d'un script de démarrage).

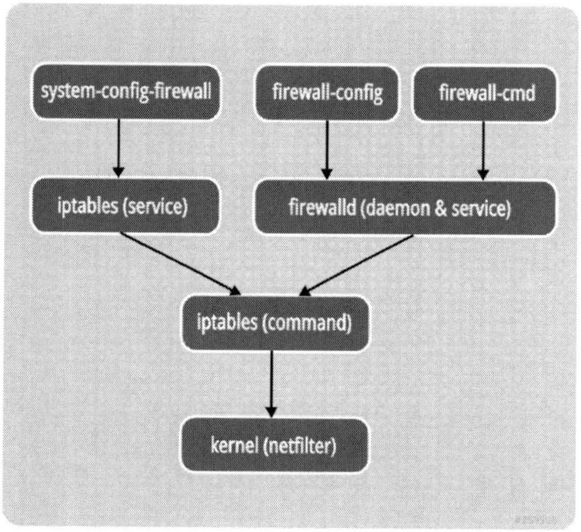

Différence entre RHEL 6 et RHEL 7 pour la gestion du firewall. Dans RHEL 8, nftables vient remplacer iptables (source : access.redhat.com).

La configuration du pare-feu est la combinaison des éléments suivants :

- Interfaces réseau que vous avez créées avec NetworkManager. Le nom de l'interface réseau est transmis par NetworkManager à firewalld. Par conséquent, firewalld ne voit pas les noms de profils.
- Services, blocs ICMP : liste des ports TCP/UDP autorisés et des paquets ICMP interdits. Les services sont prédéfinis, mais vous pouvez en plus ajouter des ports à votre convenance.

Remarque

*Attention ! Alors que tous les ports TCP/UDP sont interdits par défaut et qu'il faut en autoriser certains, **ICMP est tout autorisé** sur les interfaces. Ajouter un "bloc ICMP" consiste à définir quels messages ICMP seront interdits d'entrer.*

- Zones : jeux de règles prédéfinies dans lesquelles sont mise une interface. On trouve plusieurs zones :
  - `trusted` : l'interface est sur un réseau fiable, tous les ports sont autorisés.
  - `work, home, internal` : réseaux partiellement fiables, avec quelques ports ouverts.
  - `dmz, public, external` : réseaux non fiables, avec peu de ports ouverts.
  - `block, drop` : tout est interdit, mais la zone `drop` n'envoie pas de paquets d'erreur en retour des paquets interdits, donnant ainsi le moins d'informations possible à un éventuel attaquant.

Remarque

Vous trouverez le détail pour chaque zone en listant la configuration (voir section de configuration ci-après). Pour un serveur en direct sur Internet, utilisez les zones `dmz, public` ou `external`.

La procédure est simple :

- Ajouter des services à une zone si nécessaire, en plus des services prédéfinis de la zone.
- Définir dans quelle zone se trouve l'interface :
  - Une interface ne peut être que dans une seule zone à la fois.
  - Plusieurs interfaces peuvent être dans la même zone.
  - Si une interface n'est dans aucune zone, elle se retrouve à sa création ou à son activation dans la zone par défaut.

Service firewalld

Le service `firewalld` doit toujours être démarré, ainsi que le service NetworkManager qui lui fournit des détails sur les interfaces.

Vérifier l'état du service `firewalld` :

```
systemctl status firewalld.service
```

La configuration de `firewalld` se trouve principalement en XML à deux endroits :

- `/usr/lib/firewalld/` : la configuration par défaut. C'est là qu'on trouve les définitions par défaut des zones, services et blocs ICMP. **Ne stockez pas vos modifications à cet endroit**, ces fichiers pouvant être modifiés par le système lors d'une mise à jour de `firewalld`.
- `/etc/firewalld` : vous trouverez à cet endroit le fichier `firewalld.conf` - la configuration générale du service, ainsi que des répertoires où stocker **vos propres définitions** pour les zones, les services et les types ICMP.

3.2.2 Configuration en ligne de commande firewall-cmd

En bref

Pour lister la configuration de base :

```
firewall-cmd --list-all
```

Pour lister la configuration complète (y compris les zones non utilisées) :

```
firewall-cmd --list-all-zones
```

Voir la liste des services prédéfinis qu'on peut ajouter :

```
firewall-cmd --get-services
```

Pour les lignes suivantes, pour une configuration permanente, ajoutez l'option `--permanent` à chaque ligne, et redémarrez `firewalld` :

```
firewall-cmd --reload
```

Ajouter ou enlever un service prédéfini à la zone par défaut :

```
firewall-cmd --add-service=<service>
firewall-cmd --remove-service=<service>
```

Ajouter ou enlever un service non prédéfini à la zone par défaut :

```
firewall-cmd --zone=<zone> --add-port=<port>/<protocole>
firewall-cmd --zone=<zone> --remove-port=<port>/<protocole>
```

Lister la configuration

Pour obtenir la liste de toutes les zones, services et types ICMP **prédéfinis**, tapez les commandes suivantes :

```
firewall-cmd --get-zones
firewall-cmd --get-services
firewall-cmd --get-icmptypes
```

Ces commandes ne vous donnent pas la configuration, mais les possibilités existantes.

- Pour obtenir la configuration **courante** :
  - Les zones dans lesquelles se trouvent les interfaces :

```
firewall-cmd --get-active-zones
```

  - Ou la zone d'une interface en particulier :

```
firewall-cmd --get-zone-of-interface=<interface>
```

- Pour **lister tous les éléments** de configuration pour une zone donnée :

```
firewall-cmd --list-all --zone=<zone>
```

- Les services autorisés définis pour une zone :

```
firewall-cmd --zone <zone> --list-services
```

- Les ports autorisés définis manuellement pour une zone :

```
firewall-cmd --list-ports --zone=<zone>
```

- Les blocs ICMP interdits définis pour une zone :

```
firewall-cmd --zone=public --list-icmp-blocks
```

- Si vous enlevez l'option `--zone`, la commande vous donnera le résultat pour la zone courante dans laquelle se trouve l'interface.

Finalement, pour avoir la **liste complète** de toutes les zones avec configuration complète, ainsi que les zones actives pour les interfaces et la zone par défaut, tapez :

```
firewall-cmd --list-all-zones
```

Par exemple, nous voyons ici que l'interface `ens33` se trouve dans la zone par défaut `public`, car elle n'a pas encore été configurée. Pour l'instant donc, seuls les services `ssh` et `dhcpv6-client` sont accessibles sur cette interface (même si d'autres écoutent peut-être) :

```
[root@ariadne ~]# firewall-cmd --list-all-zones
(...)
public (default, active)
  interfaces: ens33
  sources:
  services: dhcpv6-client ssh
  ports:
  masquerade: no
  forward-ports:
  icmp-blocks:
  rich rules:
```

Remarque

Pour afficher le détail des ports ouverts pour un service, affichez le contenu de son fichier XML se trouvant dans `/usr/lib/firewalld/services/`. À l'évidence, utiliser la commande `iptables -L -vn` (et son équivalent en IPv6) permet de constater ce qui est réellement configuré.

Configuration des zones

La zone par défaut dans laquelle se retrouve une interface à son activation est `public`.

Pour changer la zone par défaut, utilisez :

```
firewall-cmd --set-default-zone=<zone>
```

Remarque

Pour toutes les commandes qui suivent, si vous ne précisez pas l'option `--zone`, les modifications sont appliquées à la zone par défaut.

Pour ajouter une interface à une zone, ou l'en supprimer, utilisez :

```
firewall-cmd --zone=<zone> --add-interface=<interface>
firewall-cmd --zone=<zone> --remove-interface=<interface>
```

Si l'interface est déjà dans une zone, utilisez la commande suivante pour l'en changer :

```
firewall-cmd --zone=<zone> --change-interface=<interface>
```

Configuration des services autorisés et paquets ICMP interdits

Pour ajouter un service ou un bloc ICMP prédéfini à une zone, ou l'en supprimer, utilisez :

```
firewall-cmd --zone=<zone> --add-service=<service>
firewall-cmd --zone=<zone> --remove-service=<service>
firewall-cmd --zone=<zone> --add-icmp-block=<icmptype>
firewall-cmd --zone=<zone> --remove-icmp-block=<icmptype>
```

Par exemple, la zone active pour l'interface `work` n'autorise que trois services :

```
[root@ariadne ~]# firewall-cmd --list-services --zone=work
dhcpv6-client ipp-client ssh
```

Quels sont les services prédéfinis sur la machine `ariadne` ?

```
[root@ariadne ~]# firewall-cmd --get-services
amanda-client bacula bacula-client dhcp dhcpv6 dhcpv6-client dns ftp high-availability http https imaps ipp ipp-client ipsec kerberos kpasswd ldap ldaps libvirt libvirt-tls mdns mountd ms-wbt mysql nfs ntp openvpn pmcd pmproxy pmwebapi pmwebapis pop3s postgresql proxy-dhcp radius rpc-bind samba samba-client smtp ssh telnet tftp tftp-client transmission-client vnc-server wbem-https
```

Ajoutons le service `https` à la zone `work`. Nous voyons maintenant que des clients externes peuvent accéder au service `https` (port TCP/443) sur notre machine :

```
[root@ariadne ~]# firewall-cmd --zone=work -add-service=https
success
[root@ariadne ~]# firewall-cmd --list-services -zone=work
dhcpv6-client https ipp-client ssh
```

Ajouter des ports et des services non prédéfinis

Si vous avez des services écoutant sur des ports TCP ou UDP exotiques, qui ne sont pas prédéfinis, il est possible de les autoriser (ou de les supprimer) avec les commandes suivantes :

```
firewall-cmd --zone=<zone> --add-port=<port>/<protocole>
firewall-cmd --zone=<zone> --remove-port=<port>/<protocole>
```

Remarque

Il est possible de définir une plage de ports (une liste continue).

Par exemple, pour définir les ports 6400 à 6409 en TCP :

```
[root@ariadne ~]# firewall-cmd --zone=work --add-port=6400-6409/
tcp
success
[root@ariadne ~]# firewall-cmd --list-all --zone=work
work
  interfaces:
  sources:
  services: dhcpv6-client https ipp-client ssh
  ports: 6400-6409/tcp
  masquerade: no
  forward-ports:
  icmp-blocks:
  rich rules:
```

Vous préférez peut-être autoriser des ports en tant que nouveau service. Pour cela, vous pouvez **créer un nouveau service** dans le répertoire `/etc/firewalld/services/` en vous inspirant des fichiers de configuration déjà existants.

Dans l'exemple suivant, 1) nous copions un fichier de configuration existant et 2) le modifions. Ensuite, 3) nous rechargeons la configuration et 4) vérifions que `firewalld` connaît bien ce nouveau service.

```
# Étape 1)
[root@ariadne ~]# cp /usr/lib/firewalld/services/ssh.xml
/etc/firewalld/services/sshperso.xml

# Étape 2) Édition de /etc/firewalld/services/sshperso.xml
```

```
<?xml version="1.0" encoding="utf-8"?>
<service>
  <short>SSHperso</short>
  <description>Ouverture d'un port SSH non standard pour éviter les
scans automatiques.</description>
  <port protocol="tcp" port="2222"/>
</service>

[root@ariadne ~]# firewall-cmd --get-services
amanda-client (...) ssh telnet tftp tftp-client
transmission-client vnc-server wbem-https

# Étape 3)
[root@ariadne ~]# firewall-cmd --reload
success

# Étape 4)
[root@ariadne ~]# firewall-cmd --get-services
amanda-client (...) ssh sshperso telnet tftp tftp-client
transmission-client vnc-server wbem-https
```

Remarque

Vous pouvez procéder de la même manière pour créer de nouvelles zones et nouveaux types ICMP.

Configuration riche

Avec la configuration de base, vous pouvez seulement décider des ports TCP/UDP et des types ICMP autorisés.

Par exemple, si le port SSH est configuré sur la zone de l'interface, un paquet arrivant sur le port TCP/22 sera autorisé, quelle que soit son adresse IP.

La configuration riche vous permet de préciser des règles (*rules*) avec bien d'autres paramètres, tels que l'adresse IP source ou destination, en utilisant l'interface de `firewalld`, donc d'une manière bien moins compliquée qu'avec `iptables`.

Ajoutez une règle riche de la manière suivante :

```
firewall-cmd [--zone=<zone>] --add-rich-rule='rule <critères>
<action>'
```

avec <critères> contenant un jeu de paramètres de la manière suivante :

- source address="<adresse IP source>" : d'où vient un paquet entrant. Il peut s'agir d'une adresse IP unique ou d'un réseau, mais pas d'un nom de machine.
- destination address="<adresse IP destination>" : où va le paquet. Plutôt utile dans le cas d'un paquet traversant la machine, par exemple si le masquerading est activé.
- port port="<numéro de port>" protocol="tcp ou udp" : numéro de port destination du paquet. Vous noterez que le numéro de port source n'existe pas, car il s'agit d'un port dynamique provenant d'un client.
- service name="<nom d'un service prédéfini>" : il peut également s'agir d'un port déjà prédéfini en tant que service.

Les <actions> déterminent ce que devient un paquet entrant qui correspond aux critères :

- accept : le paquet correspondant aux critères est autorisé.
- reject : le paquet est détruit, avec renvoi d'un message d'erreur à l'expéditeur.
  - Optionnellement, le message d'erreur peut être défini avec type="<type d'erreur>". Voir la page de man.
- drop : le paquet est détruit, sans aucun message d'erreur.

Par exemple, la commande suivante, appliquée à la zone active, autorise tous les paquets provenant du réseau 192.168.0.0/24 vers le port udp/69 (tftp) :

```
firewall-cmd --add-rich-rule='rule family=ipv4 source
address="192.168.0.0/24" service name="tftp" accept'
```

Affichons les règles dans IPTables avec la commande iptables -L -n :

```
(...)
target   prot opt  source            destination
ACCEPT   udp  --   192.168.0.0/24    0.0.0.0/0      udp dpt:69 ctstate NEW
(...)
```

Nous constatons bien que les paquets avec le port destination udp/69 sont ACCEPT.

Remarque

La règle est appliquée à IPv4 et IPv6, à moins qu'une adresse IPv4 ou IPv6 soit donnée en argument, ou que l'option `family="ipv4"` ou `"ipv6"` soit définie.

Par exemple, appliquons une règle riche à la zone active, sans préciser la famille :

```
[root@ariadne ~]# firewall-cmd --add-rich-rule='rule port
port="1234" protocol="tcp" accept'
success
```

Affichons maintenant ce qui a été configuré dans IPTables IPv4 et IPv6 :

```
[root@ariadne ~]# iptables -L -n
(...)
target   prot opt  source       destination
ACCEPT  tcp  --  0.0.0.0/0  0.0.0.0/0    tcp dpt:1234 ctstate NEW
(...)
[root@ariadne ~]# ip6tables -L -n
(...)
target   prot opt  source       destination
ACCEPT  tcp       ::/0        ::/0          tcp dpt:1234 ctstate NEW
(...)
```

Nous constatons que la règle a été appliquée à IPv4 et IPv6.

Pour **supprimer** une règle riche :

```
firewall-cmd [--zone=<zone>] --remove-rich-rule='<rule>'
```

Pour `<rule>`, copiez la règle telle qu'elle apparaît dans le résultat de `firewall-cmd --list-all-zones`.

Par exemple :

```
[root@ariadne ~]# firewall-cmd --list-all-zones
(...)
public (default, active)
  interfaces: ens33
  sources:
  services: dhcpv6-client ssh
  ports:
  masquerade: no
  forward-ports:
```

```
  icmp-blocks:
  rich rules:
        rule family="ipv4" source address="192.168.0.0/24" service
name="tftp" accept
[root@ariadne ~]#
[root@ariadne ~]# firewall-cmd --remove-rich-rule="rule
family="ipv4"
source address="192.168.0.0/24" service name="tftp" accept"
success
[root@ariadne ~]#
```

Remarque

Vous trouverez d'autres options intéressantes pour les règles riches dans la manpage `firewalld.richlanguage`, comme par exemple les options intéressantes `log` et `limit`.

Remarque

Notez l'option `--direct`, qui est un mode encore plus complet que les rich-rules, puisqu'il permet de configurer le pare-feu avec une syntaxe `iptables` en passant par `firewall-cmd`.

Autres commandes et options

Tout ce que vous tapez avec `firewall-cmd` est écrit en mémoire vive et pas sur disque. Si la machine s'éteint, la configuration est perdue.

Pour **sauvegarder la configuration**, ajoutez l'option `--permanent` pour chaque ligne. Les modifications seront écrites dans `/etc/firewalld/`.

Attention cependant, l'option `--permanent` ne modifie pas la configuration courante. Les modifications ne seront prises en compte qu'au prochain redémarrage de `firewalld`, ce qui peut être pratique dans certains cas.

Par conséquent, si vous voulez écrire les modifications en mémoire et sur disque, il faudra taper les lignes de configuration deux fois :

```
[root@ariadne ~]# firewall-cmd --zone=work --remove-interface=ens33
--permanent
success
[root@ariadne ~]# firewall-cmd --zone=work -remove-interface=ens33
success
```

Remarque

Ces deux états peuvent être adaptés à des cas pratiques. Par exemple, si vous désirez tester des modifications sans les sauvegarder, ne mettez pas l'option `--permanent`. En cas de problème, vous pouvez toujours redémarrer `firewalld` ou la machine. En revanche, il est des cas où vous désirez modifier une configuration, mais ne l'appliquer qu'ultérieurement (le lendemain matin à 6h). N'écrivez alors vos modifications qu'avec `--permanent` et programmez un `reload` de `firewalld` à l'heure adéquate.

Pour **redémarrer** `firewalld`, utilisez la commande :

```
firewall-cmd --reload
```

Cette commande demande à `firewalld` de relire les fichiers de configuration. Seules les différences sont prises en compte et les modules nécessaires chargés, sans interrompre le réseau.

Remarque

Attention ! La commande `firewall-cmd --complete-reload` ne devrait être utilisée qu'en ***dernier ressort****, quand la commande `--reload` ne fonctionne pas, que les modifications ne sont pas prises en compte ou que le service `firewalld` ne redevient pas actif. Cette commande recharge complètement le pare-feu avec ses modules, déconnectant les sessions actives.*

Remarque

Il existe de nombreuses autres utilisations de `firewalld`, telles que le masquerading (NAT), la redirection de ports et la gestion des logs. Consultez le Guide de Sécurité RHEL 7 sur le Portail Client.

Le **mode panique** est très utile en cas d'urgence sécurité ; il consiste à bloquer en une commande tout le trafic réseau. Vous l'activez et le désactivez comme suit :

```
firewall-cmd --panic-on
firewall-cmd --panic-off
```

Pour connaître l'état du mode panique, utilisez la commande :

```
firewall-cmd --query-panic
```

3.3 Configuration du pare-feu avec iptables (RHEL 7)

Nous expliquons ici des concepts relatifs à `iptables`, pour l'utilisateur curieux ou qui voudrait se passer de `firewall-cmd`.

L'outil `iptables`, qui sert de support à `firewall-cmd` dans RHEL 7, dispose de trois modes de contrôle des flux (trois *tables*) :

- `filter` : filtrage de paquets.
- `nat` : traduction d'adresses IP pour d'autres machines.
- `mangle` : modification à la volée de certains champs des paquets traités par la machine.

Nous nous concentrerons sur l'aspect filtrage dans une utilisation adaptée au serveur. La table `filter` est la table utilisée par défaut, il n'y a pas besoin de la préciser dans la configuration.

3.3.1 Filtrage

La table `filter` est responsable du filtrage des paquets. Son utilisation principale est de supprimer (`DROP`) ou de laisser passer (`ACCEPT`) les paquets. La table fournit :

- Une chaîne `INPUT` : pour le filtrage des paquets entrant sur le système.
- Une chaîne `OUTPUT` : pour le filtrage des paquets sortant du système.
- Une chaîne `FORWARD` : pour le filtrage des paquets traversant le système, dans le cas où le système doit servir de pare-feu et de routeur pour un réseau.

Dans l'utilisation serveur, les chaînes `INPUT` et `OUTPUT` sont particulièrement concernées. Lors de l'ajout de règles de filtrage, il faut spécifier sur quelle chaîne on veut travailler, c'est-à-dire quels flux on veut filtrer.

Pour chaque chaîne, on va ajouter des règles opérant le filtrage, en deux temps :

1. Sélection des flux à filtrer selon des critères.
2. Actions sur les flux (supprimer ou autoriser) : appelées `TARGET` (cible).

3.3.2 Configuration : ajout ou modification de règles

Pour ajouter (*add*) une règle analysant les flux entrants (chaîne INPUT), la syntaxe générale est :

```
iptables -A INPUT <critères> -j <action>
```

Pour insérer une règle à la troisième ligne :

```
iptables -I INPUT 3 <critères> -j <action>
```

Pour supprimer la troisième règle de la chaîne INPUT :

```
iptables -D INPUT 3 critères -j TARGET
```

Pour supprimer (*flush*) toutes les règles de la chaîne INPUT :

```
iptables -F INPUT
```

Remarque

Les règles sont examinées dans l'ordre pour chaque paquet. Attention donc à l'ordre des règles.

3.3.3 Critères de base

La sélection la plus simple des paquets peut se faire sur les critères suivants :

- Protocole : tcp, udp, icmp ou all.
- Adresses IP sources et destination : il peut s'agir de l'adresse d'une seule machine ou d'un réseau entier avec son masque en notation CIDR.
- Interface entrante ou sortante : il faut alors préciser le nom des interfaces.
- Il est possible de précéder le critère d'un point d'exclamation, qui signifie « tout sauf » ; par exemple : -p ! tcp signifie : « tout sauf TCP ».
- Il est possible de mettre plusieurs critères pour une seule règle.

Dans iptables, cela donne :

```
-p, --protocol [!] <protocole>
--dport [!] <port_destination>
--sport [!] <port_source>
-s, --source [!] <addresse>[/<masque>]
-d, --destination [!] <addresse>[/<masque>]
-i, --in-interface [!] <nom_interface>
```

```
-o, --out-interface [!] <nom_interface>
```

3.3.4 Actions

Pour une règle donnée avec ses critères, plusieurs actions sont possibles :

- -j ACCEPT : le paquet examiné est accepté.
- -j DROP : le paquet est supprimé.
- -j REJECT : le paquet est supprimé et un message est envoyé à la source. La manpage liste les types de messages.
- -j <chaîne-utilisateur> : il est possible de faire une sélection de paquets et de les envoyer vers une sous-chaîne, créée par l'utilisateur, où ils recevront un traitement particulier.

  Les chaînes utilisateurs permettent d'optimiser le traitement de paquets ou d'obtenir une meilleure organisation pour l'administrateur.

Par exemple :

```
iptables -A OUTPUT -p tcp --dport 53 -j ACCEPT
```

Autorise les flux sortants à destination du port TCP/53.

```
iptables -A INPUT -p icmp -s 194.51.3.65 -j DROP
```

Interdit les flux entrants provenant de 194.51.3.65 en ICMP.

3.3.5 Politique par défaut

Que faire des paquets qui sont examinés, mais ne correspondent à aucune règle ?

Il faut convenir d'une politique par défaut pour décider de leur sort. La politique par défaut est la dernière action d'une chaîne pour les paquets qui n'ont correspondu à aucun critère : on peut choisir de tous les laisser passer ou de tous les supprimer.

Politique **Tout autoriser** pour la chaîne OUTPUT :

```
iptables -P OUTPUT ACCEPT
```

Politique **Tout interdire** pour la chaîne INPUT :

```
iptables -P INPUT DROP
```

3.3.6 Listage des règles

Lister toutes les règles de la table filter (par défaut) :

```
iptables -L
```

Lister les règles en mode verbeux sans résolution de noms :

```
iptables -L -vn
```

3.3.7 Sauvegarde des règles

Les règles que vous ajoutez sont temporaires : elles sont effacées au prochain arrêt du système.

Red Hat a prévu la sauvegarde des règles dans le script de démarrage du service IPTables :

```
iptables-save > /etc/sysconfig/iptables
```

Ces règles sont sauvegardées dans /etc/sysconfig/iptables et lues au démarrage de la machine par le service iptables.service.

3.3.8 Contrôle du service iptables

Il est possible de contrôler le service iptables.service avec la commande systemctl :

```
systemctl start iptables
systemctl stop iptables
```

Exemple de configuration pour IPv4

Vous trouverez ci-dessous un exemple de configuration adaptée à un serveur, que vous pouvez modifier en fonction de vos besoins. Vous pouvez la taper directement dans un shell, mais il est plutôt conseillé de la mettre dans un script de configuration avec les droits d'exécution (chmod +x) :

```
# Commencer par vider les chaînes
# et remettre les politiques par défaut
```

```
iptables -F
iptables -P INPUT DROP
iptables -P OUTPUT ACCEPT
iptables -P FORWARD DROP

# Exemple d'autorisation :
# paquet provenant d'un réseau vers le port SSH
iptables -A INPUT -s 22.2.1.0/24 -p tcp --dport ssh --jump ACCEPT
# Autorisation de tout ICMP entrant,
# ainsi que de tout ce qui vient de l'interface loopback
iptables -A INPUT -p icmp -j ACCEPT
iptables -A INPUT -i lo -j ACCEPT

# Accepter également les paquets retour des paquets sortants
# ainsi que les paquets reliés à des sessions parallèles
iptables -A INPUT -m conntrack --ctstate ESTABLISHED,RELATED
--jump ACCEPT
```

Remarque

*Notez la présence **indispensable** de la ligne `ESTABLISHED, RELATED`. Sans cette partie de la configuration, les réponses aux paquets sortants de la machine ne sont pas autorisées. Accepter les paquets provenant de la machine (interface loopback `lo`) est également nécessaire.*

Sauvegardez ensuite les règles définies (`iptables-save`).

Vous pouvez également modifier directement le fichier `/etc/sysconfig/iptables`, mais ces modifications ne seront prises qu'au rechargement du service `iptables` (ce qui peut être préférable dans certains cas).

Ensuite, demandez au service `iptables` de recharger la configuration :

```
systemctl restart iptables
```

3.4 Configuration du pare-feu avec nftables (RHEL 8)

3.4.1 Présentation

L'outil `nftables` remplace `iptables` dans RHEL 8. De par sa conception, on estime que `nftables` est plus performant que `iptables`. Il est également moins enfermé dans un cadre prédéfini, il offre ainsi plus de possibilités d'adaptation à de nouveaux protocoles.

En effet, avec `iptables`, les tables et les chaînes (décrites à la section précédente) sont créées d'avance dans le noyau, selon une "armature" rigide.

L'avantage, c'est que cette structure est déjà créée pour vous. Il vous suffit simplement de remplir les chaînes existantes (`INPUT`, `OUTPUT`, `FORWARD` par exemple dans la table `filter`).

L'inconvénient, cependant, c'est que ces chaînes et ces tables existent même si vous ne les utilisez pas. Les paquets doivent les parcourir obligatoirement, posant des problèmes de performances. Il est aussi impossible d'optimiser cette armature, par exemple en réutilisant une chaîne pour des types de paquets différents. De plus, la prise en compte de nouveaux protocoles (et donc de nouvelles chaînes) oblige à recompiler le noyau.

Avec `nftables`, par défaut il n'existe aucune table et aucune chaîne dans le noyau. Il existe simplement des *hooks* (accroches), c'est-à-dire des possibilités de capter les flux bit à bit, quelle que soit leur nature. Si des chaînes sont créées (dans l'espace utilisateur, ou *userspace*, et non pas dans le noyau, comme avec `iptables`), les flux sont captés et "remontent" pour être examinés.

Si rien n'est défini, les paquets circulent librement, sans aucune chaîne à traverser, permettant donc des performances maximum.

L'inconvénient, c'est qu'il faut créer soi-même les tables et les chaînes, mais l'on peut alors créer une "armature" adaptée précisément à nos besoins (par exemple en définissant des noms différents, avec `ENTRANT` au lieu de `INPUT`). Comme ce sont des flux bit à bit qui remontent vers le *userspace* (sans être interprétés comme tel ou tel protocole par le noyau), il est également possible alors d'y ajouter dynamiquement des modules permettant d'examiner de nouveaux protocoles.

3.4.2 Configuration

Nous décrivons aussi les différentes étapes pour créer cette "armature", puis la remplir avec des règles d'examen des paquets. Nous utilisons ici des notions propres à Netfilter également utilisées par `iptables` ; veuillez vous référer à la partie précédente sur `iptables` pour en comprendre le fonctionnement.

Remarque

Vous trouverez des explications très complètes et bien construites à la page officielle du projet `nftables` : https://wiki.nftables.org.

Étape 1 : créer une table

Commande

```
nft add table <nom de la table>
```

Afficher les tables existantes

```
nft list tables
```

Remarque

Attention à ne pas oublier le `s` à la fin de `tables`.

Dans notre exemple, nous pourrions construire plusieurs tables, mais par souci de simplicité, nous ne construirons que la table appelée `PARE-FEU`.

```
[root@hopper ~]# nft add table PARE-FEU
[root@hopper ~]# nft list tables
table ip PARE-FEU
[root@hopper ~]#
```

Étape 2 : créer les chaînes dans les tables

Commande

```
nft add chain <famille> <nom de la table> <nom de la chaîne> { type
filter hook <accroche> priority 0 \; policy <politique de sécurité> }
```

- `<famille>` : quelle famille de protocoles est examinée dans cette chaîne, `ip` (pour IPv4), `ipv6`, `inet` (IPv4 + IPv6), etc.
- `<nom de la table>` : dans quelle table existante la chaîne doit-elle être créée.
- `<nom de la chaîne>` : avec `iptables`, pour la table `filter`, les noms de chaînes sont prédéfinis (`INPUT`, `OUTPUT`, `FORWARD`). Nous pouvons ici donner un nom pertinent à notre chaîne.
- `type filter` : il existe d'autres types de chaînes (`nat`, `route`), mais nous nous limitons ici à un simple filtre de paquets.

- `<accroche>` : c'est ici que nous définissons le point de capture des paquets dans le noyau. Il existe plusieurs accroches (ou *hooks*), mais nous utiliserons seulement `INPUT` et `OUTPUT` (voir la section `iptables` pour l'explication de ces *hooks*).
- `politique de sécurité` : c'est le devenir des paquets si aucune règle dans la chaîne ne correspond. Nous utiliserons `ACCEPT` et `DROP`, mais d'autres politiques existent.

Afficher les chaînes dans une table

```
nft list table <nom de la table>
```

Illustrons : dans notre table `PARE-FEU`, nous allons définir :

- une chaîne appelée `ENTRANT`, pour filtrer les flux entrants IPv4 et IPv6 (famille `inet`), avec une politique par défaut **Tout interdire**,
- une chaîne appelée `SORTANTv4`, pour filtrer les flux sortants IPv4 (famille `ip`), avec une politique par défaut **Tout autoriser**,
- une chaîne appelée `SORTANTv6`, pour filtrer les flux sortants IPv6 (famille `ipv6`), avec une politique par défaut **Tout autoriser**,
- pas de chaîne `FORWARD`, car nous n'avons pas besoin de filtrer les flux traversant la machine (notre système est un serveur, et non un pare-feu réseau ou un routeur), ainsi nous optimisons les performances.

```
[root@hopper ~]# nft add chain ip PARE-FEU ENTRANT { type filter hook
input priority 0 \; policy drop \; }
[root@hopper ~]# nft add chain ip PARE-FEU SORTANTv4 { type filter hook
output priority 0 \; policy accept \; }
[root@hopper ~]# nft add chain ip PARE-FEU SORTANTv6 { type filter hook
output priority 0 \; policy accept \; }
[root@hopper ~]# nft list table PARE-FEU
table ip PARE-FEU {
        chain ENTRANT {
                type filter hook input priority 0; policy drop;
        }

        chain SORTANTv4 {
                type filter hook output priority 0; policy accept;
        }

        chain SORTANTv6 {
                type filter hook output priority 0; policy accept;
```

```
        }
}
[root@hopper ~]#
```

Remarque

Attention, n'effectuez pas ces manipulations via SSH, au risque de vous couper la communication avec la machine. Il est préférable d'être "physiquement" devant la machine.

Étape 3 : remplir les chaînes avec des règles de filtrage

Pour cette étape, on peut construire les règles à la main. On peut également utiliser l'outil de **conversion de règles `iptables-translate`**, en prenant soin d'adapter les noms de table et de chaîne :

```
iptables-translate <règle iptables>
```

Le résultat de cette commande doit être modifié, puis tapé en ligne de commande pour être pris en compte.

Par exemple, adaptons la configuration d'exemple donnée dans la section iptables précédente :

```
[root@hopper ~]# iptables-translate -A INPUT -s 22.2.1.0/24 -p
tcp --dport ssh --jump ACCEPT
nft add rule ip filter INPUT ip saddr 22.2.1.0/24 tcp dport 22 counter
accept
[root@hopper ~]# nft add rule ip PARE-FEU ENTRANT ip saddr
22.2.1.0/24 tcp dport 22 counter accept
[root@hopper ~]# nft list table PARE-FEU
table ip PARE-FEU {
        chain ENTRANT {
                type filter hook input priority 0; policy drop;
                ip saddr 22.2.1.0/24 tcp dport ssh counter packets 0
bytes 0 accept
        }
(...)
```

Nous avons ici adapté le résultat de la commande `iptables-translate` avec le nom de table `PARE-FEU` et le nom de chaîne `ENTRANT`.

Cette règle est bien ajoutée à notre chaîne.

Ajoutons les autres règles :

```
[root@hopper ~]# iptables-translate -A INPUT -p icmp -j ACCEPT
nft add rule ip filter INPUT ip protocol icmp counter accept
[root@hopper ~]# iptables-translate -A INPUT -i lo -j ACCEPT
nft add rule ip filter INPUT iifname "lo" counter accept
[root@hopper ~]# iptables-translate -A INPUT -m conntrack
--ctstate ESTABLISHED,RELATED --jump ACCEPT
nft add rule ip filter INPUT ct state related,established counter
accept
[root@hopper ~]# nft add rule ip PARE-FEU ENTRANT ip protocol icmp
counter accept
[root@hopper ~]# nft add rule ip PARE-FEU ENTRANT iifname "lo"
counter accept
[root@hopper ~]# nft add rule ip PARE-FEU ENTRANT ct state
related,established counter accept
```

Étape 4 : afficher l'ensemble des règles

Commande

```
nft list ruleset
```

Exporter les règles

```
nft list ruleset > <nom de fichier>
```

Étape 5 : supprimer les règles

Commande

```
nft flush ruleset
```

Étape 6 : importer un jeu de règles

Commande

```
nft -f <nom de fichier>
```

Dans l'exemple suivant, notre pare-feu n'a aucune règle définie :

```
[root@hopper ~]# nft list ruleset
[root@hopper ~]#
```

Nous importons alors un jeu de règles conçu pour protéger notre serveur, contenues dans le fichier `regles_de_securite`, puis nous affichons les règles pour vérifier que cela a bien été pris en compte :

```
[root@hopper ~]# nft -f regles_de_securite
[root@hopper ~]# nft list ruleset
table ip PARE-FEU {
        chain ENTRANT {
                type filter hook input priority 0; policy accept;
                ip saddr 22.2.1.0/24 tcp dport ssh counter packets 0
bytes 0 accept
                ip protocol icmp counter packets 0 bytes 0 accept
                iifname "lo" counter packets 0 bytes 0 accept
                ct state established,related counter packets 56 bytes
4048 accept
        }

        chain SORTANTv4 {
                type filter hook output priority 0; policy accept;
        }

        chain SORTANTv6 {
                type filter hook output priority 0; policy accept;
        }
}
[root@hopper ~]#
```

Notons qu'il n'existe pas de service `nftables` (qui serait ainsi chargé au démarrage du système). Si nous voulons nous passer de `firewalld/firewall-cmd`, il nous faudra créer un fichier de configuration pour un service `systemd`, contenant la commande `nft -f <nom de fichier>`.

3.5 Autres mécanismes de sécurité : xinetd

Xinetd peut être le deuxième niveau de contrôle d'accès à un serveur.

Xinetd est un super-serveur, c'est-à-dire un serveur orchestrant des serveurs. Sur une machine donnée, c'est lui qui canalise les tentatives de connexions à un service, en écoutant les ports réseau des interfaces. Si les vérifications nécessaires ont été validées, il lance le serveur concerné et lui passe le contrôle de la session déjà établie. Ainsi, seul xinetd est exécuté en permanence, les serveurs finaux sont exécutés seulement quand cela est nécessaire.

Ce fonctionnement a le double avantage de concentrer la gestion des serveurs, et d'éviter le gâchis de ressources précieuses, contrairement aux versions de serveurs dits « standalone », qui, individuellement, tournent sans cesse sur la machine, attendant la connexion d'un client.

Xinetd permet un contrôle très fin des serveurs qui sont lancés en termes de ressources utilisées. Cela est utile pour la sécurité. Il évite qu'un serveur devienne trop gourmand en ressources, même si celui-ci a été piraté.

Malgré tous ces avantages, xinetd est de moins en moins utilisé, car beaucoup de services préfèrent contrôler eux-mêmes l'accès au réseau. C'est le cas de services qui font le succès de Linux, tels que Apache et Samba. D'ailleurs, **xinetd n'est plus installé par défaut à partir de RHEL 6**.

Démarrage de xinetd

Xinetd n'est pas installé par défaut sur RHEL 7/8. Pour l'installer et le démarrer, tapez :

```
dnf install xinetd
systemctl enable --now xinetd
```

Configuration de xinetd

La configuration par défaut de xinetd se trouve dans le fichier `/etc/xinetd.conf`. Elle y définit les options par défaut qui seront héritées ensuite par les fichiers de configuration spécifiques des serveurs gérés par xinetd.

Les fichiers en question se trouvent dans `/etc/xinetd.d/`. Ces fichiers sont ajoutés par les serveurs à leur installation.

Exemple de configuration xinetd pour le serveur `rsync` :

```
/etc/xinetd.d/rsync
# default: off
# description: The rsync server is a good addition to an ftp
server, as it \
#       allows crc checksumming etc.
service rsync
{
        disable = yes
        socket_type     = stream
        wait            = no
```

```
        user            = root
        server          = /usr/bin/rsync
        server_args     = --daemon
        log_on_failure  += USERID
}
```

Les options principales sont les suivantes :

- `service` : nom du service. Correspond au service défini dans `/etc/services` pour faire l'association avec le numéro de port.
- `user` : sous quel utilisateur le service doit être lancé.
- `server` : définit le programme à lancer.
- `disable` : définit si le service est actif ou pas.
  - `disable = yes` : le service est désactivé.

En cas de changement dans les fichiers de configuration, il faut faire un `systemctl restart`.

Remarque

Plus d'informations sur la configuration de xinetd dans la manpage de `xinetd` et de `xinetd.conf`.

4. Accès sécurisé au serveur

4.1 SSH pour l'administration à distance

4.1.1 Présentation

SSH (*Secure Shell*, Shell sécurisé) est une ligne de commande à distance sécurisée. SSH vous permet de vous connecter en ligne de commande sur un autre système Linux (entre autres). Cela vous permet d'administrer la machine à distance, sans être physiquement devant et sans avoir besoin d'importantes ressources graphiques.

Une connexion SSH présente de nombreux avantages :

- Sécurisation :
  - Les données transitant dans la connexion SSH sont chiffrées, c'est-à-dire cachées.
  - La machine à laquelle on se connecte est authentifiée, c'est-à-dire qu'on est sûr que c'est la bonne machine (et non pas la machine d'un pirate qui usurpe une identité).
- Compression : les données peuvent être compressées, pour améliorer la vitesse de transfert des informations.
- Tunneling (tunnelisation) : à l'intérieur de la connexion SSH, il est possible de faire transiter des données provenant d'autres applications, en plus de la ligne de commande. Ces données sont donc sécurisées, voire compressées : c'est un tunnel, dont le concept n'est pas si éloigné du VPN.

4.1.2 Utilisation simple

L'utilisation simple de SSH consiste à se connecter à une autre machine avec un simple mot de passe, ou plus précisément une paire *nom d'utilisateur / mot de passe*.

Lorsque vous vous connectez sur une autre machine avec un nom d'utilisateur, le compte doit exister sur la machine distante. C'est ce compte que vous utiliserez une fois connecté.

Remarque

En anglais, on parle de login / password (souvent raccourci l/p), qui est un abus de langage. En effet, « login » vient de « to log in » (se connecter) et désigne l'invite de connexion qui demande le nom d'utilisateur.

Pour se connecter à une machine distante, tapez la commande suivante :

```
ssh login@machine
```

ou :

```
ssh machine -l login
```

- `machine` est l'adresse IP ou le hostname de la machine distante.

– `login` est un nom d'utilisateur existant sur la machine distante (l'option `-l` signifie *login*).

Dans l'exemple suivant, nous nous connectons à la machine `eames` avec son adresse IP, en utilisant le compte `guest` :

```
[jdoe@cobb ~]$ ssh guest@192.168.0.1
The authenticity of host '192.168.0.1 (192.168.0.1)' can't be
established.
RSA key fingerprint is
52:b3:c1:72:eb:01:e4:94:57:69:49:25:b2:8b:b4:ec.
Are you sure you want to continue connecting (yes/no)? yes
Warning: Permanently added '192.168.0.1' (RSA) to the list of
known hosts.
guest@192.168.0.1's password:
Last login: Wed Dec  8 18:07:24 2010 from 192.168.0.39
[guest@eames ~]$ pwd
/home/guest
[guest@eames ~]$
```

Plusieurs choses à noter dans cet exemple :

– Authenticity : il s'agit de l'authenticité de la machine à laquelle nous nous connectons. Est-ce bien la bonne machine ? SSH nous explique qu'il n'a pas moyen de le vérifier. C'est en effet la première fois que nous connectons, et nous n'avons pas de moyen de comparaison.
  – Cependant, la machine distante `eames` nous fournit sa fingerprint (empreinte digitale) qui l'identifie de manière unique. Cette empreinte est enregistrée sur la machine locale `cobb`.
  – La prochaine fois que nous nous connecterons, nous comparerons l'empreinte fournie par `eames` avec l'empreinte stockée sur `cobb`. Si c'est la même, cela signifiera que nous avons affaire à la même machine. Si l'empreinte fournie par `eames` est différente, il s'agit probablement d'un usurpateur.
– Après avoir entré un mot de passe, nous sommes maintenant connecté sur `eames`, en tant qu'utilisateur `guest`.
  – Le nom de machine et le nom d'utilisateur apparaissent bien dans l'invite : `guest@eames`.
  – Nous vérifions en tapant la commande `pwd`. Nous sommes bien dans le répertoire de l'utilisateur `guest`.

Remarque

Il existe plusieurs raccourcis-claviers pratiques dans SSH. Vous pouvez en afficher la liste dans une connexion courante en tapant ~? (touches [Alt Gr]+2, puis [Espace] puis [Alt Gr]+3.

4.1.3 Prise en main graphique à distance

Certains outils graphiques sous Red Hat Enterprise Linux sont vraiment très pratiques, même si Red Hat a mis à disposition leur version en ligne de commande. On pense à des outils disponibles dans l'interface graphique, comme par exemple la configuration du pare-feu ou des interfaces.

Cependant, il n'est pas conseillé de démarrer l'interface graphique sur un serveur. Cela est moins sécurisé, mais surtout occupe de l'espace disque, du temps processeur et de la mémoire.

SSH permet de lancer à distance des programmes « graphiques », bien que l'interface graphique sur le serveur ne soit pas lancée. En effet, le protocole sous-jacent à l'interface graphique (X window) permet à des fenêtres d'être « clientes » de l'interface graphique locale, mais également d'une interface graphique distante.

Ainsi, une fenêtre lancée sur le serveur distant peut s'ouvrir sur votre machine locale. Le seul prérequis est d'avoir également une interface graphique de type Linux sur la machine locale.

Mise en œuvre

La mise en œuvre est simple grâce à SSH :

- Sur votre poste, disons un PC sous Linux CentOS, lancez l'interface graphique.
- Ouvrez un terminal et connectez-vous en SSH au serveur que vous voulez administrer à distance, avec l'option `-X` (X majuscule, pour X window).
- Une fois connecté, lancez le programme désiré : le programme s'exécute sur le serveur distant, mais apparaît sur votre machine locale !

Remarque

La prise en main graphique avec PuTTY sous Windows est expliquée à la section suivante.

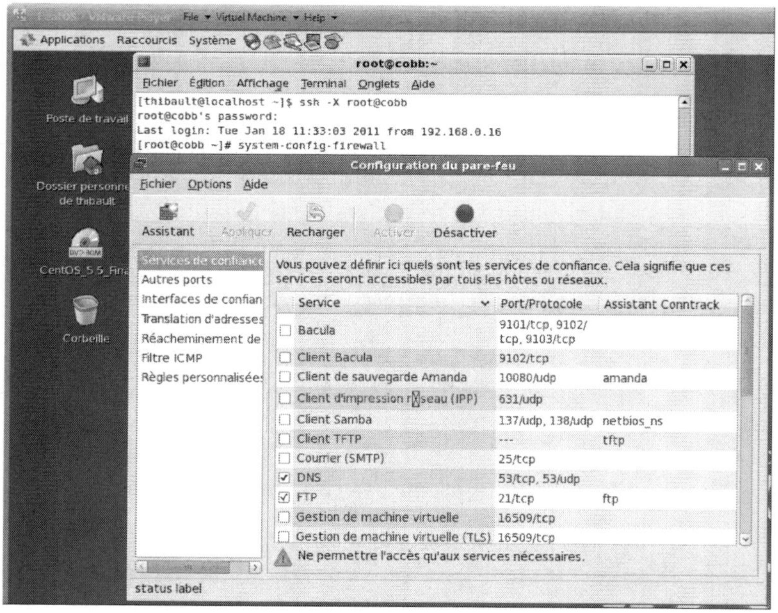

Connexion à partir d'un Linux CentOS à notre serveur Red Hat Enterprise Linux cobb, à partir duquel on a lancé la configuration du pare-feu

4.1.4 Connexion SSH simple avec PuTTY sous Windows

PuTTY est un client de connexion très célèbre qui permet de se connecter à des machines distantes en Rlogin, Telnet, SSH, ou physiquement en utilisant le port série de votre PC.

Pour SSH, PuTTY autorise toutes les options possibles de SSH, particulièrement l'authentification forte et le relayage de ports, dont nous parlerons plus tard.

Le logiciel PuTTY est disponible ici :
http://www.chiark.greenend.org.uk/~sgtatham/putty/download.html

Vous pouvez choisir de télécharger seulement le client PuTTY pour la connexion à distance, ou d'autres logiciels utiles :

- `putty.exe` : le client graphique de connexion à distance.
- `plink.exe` : le client de connexion à distance, en ligne de commande.
- `puttytel.exe` : le client de connexion à distance, sans SSH.
- `pscp.exe` : le client en ligne de commande pour du transfert de fichier sécurisé, utilisant le protocole SCP (*Secure Copy*, copie sécurisée).
- `psftp.exe` : le client en ligne de commande pour du transfert de fichier sécurisé, utilisant le protocole SFTP (*Secure FTP*, FTP sécurisé). SFTP est un protocole de transfert de fichiers plus standard que SCP.
- `pageant.exe` : un agent de connexion pour SSH, qui automatise l'entrée de la phrase de passe lors d'une connexion SSH.
- `puttygen.exe` : un logiciel de génération de clés de sécurité.

Pour vous connecter en SSH, ouvrez simplement PuTTY :

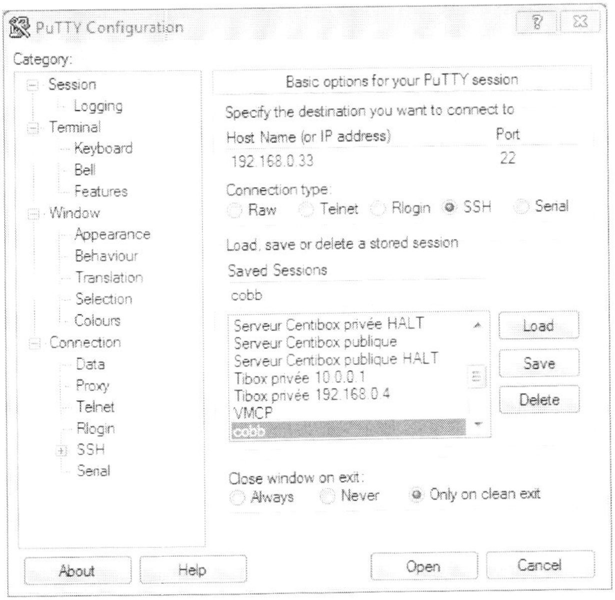

PuTTY, un client de connexion SSH

Pour une connexion SSH simple, renseignez les champs suivants :

- **Host Name (or IP address)** : adresse IP ou nom de la machine à laquelle vous vous connectez.
- **Port** : le serveur SSH écoute sur le port 22 par défaut. Il peut parfois être utile de demander au serveur d'écouter sur un autre port, pour des raisons de sécurité par exemple.
- **Connection type** : Type de connexion, SSH bien sûr.
- **Saved Sessions** (Sessions sauvegardées) : pour une machine à laquelle vous vous connectez souvent, nous vous recommandons d'en sauvegarder le profil. Entrez un nom et cliquez sur **Save**. Notez que dans le panneau de gauche, vous avez la possibilité de modifier beaucoup d'options de la session SSH, et de sauvegarder tout cela.

▶ Cliquez ensuite sur **Open** (ou double cliquez sur une session sauvegardée). Une session SSH s'établit, où l'on vous demande d'entrer le login/password :

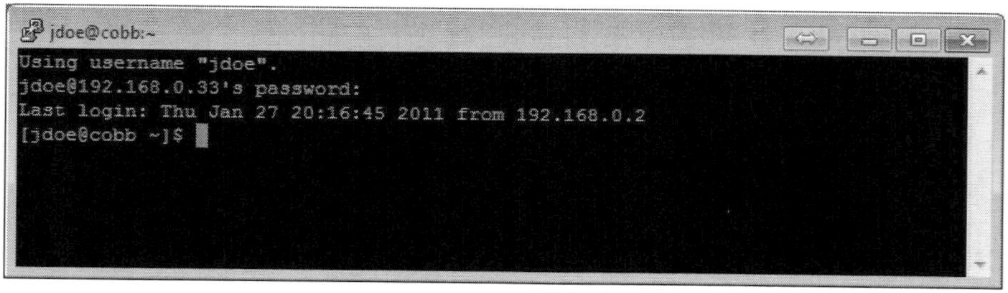

La session est établie, vous êtes connecté à la machine distante.

4.1.5 Prise en main à distance sous Windows

Pour afficher une fenêtre distante sur une machine Windows, il vous faut combiner l'utilisation du client SSH PuTTY avec l'option X et un serveur d'affichage XWindow sur Windows.

Il existe de nombreux serveurs d'affichage XWindow comme le célèbre Exceed Hummingbird, mais nous vous recommandons l'installation de **XMing**, qui est gratuit et remplit très bien son rôle (disponible à l'adresse http://www.straightrunning.com/XmingNotes/).

▶ Après avoir installé XMing, lancez-le et autorisez-le à écouter le port X.

▶ Ensuite, pour une session SSH dans PuTTY, activez le protocole X. Dans la fenêtre principale de PuTTY, sélectionnez la session désirée, puis dans le menu **Category** (à gauche), cliquez sur **Connection - SSH - X11** et cochez **Enable X11 forwarding**.

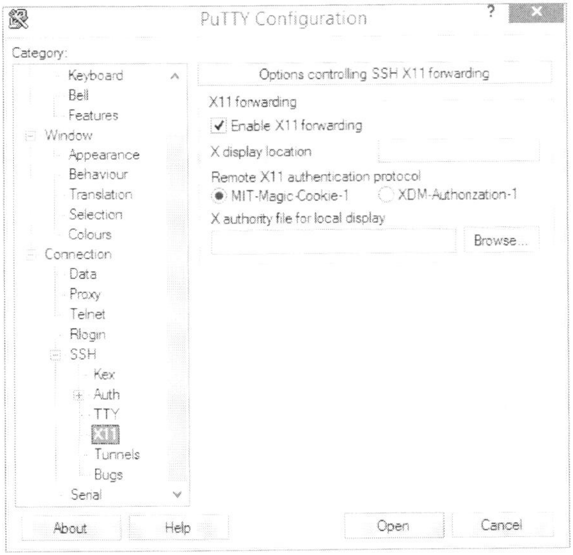

▶ Revenez dans **Session**, puis sauvegardez ce nouveau paramètre en cliquant sur **Save**.

▶ Lancez ensuite la session et authentifiez-vous. Le protocole X est activé.

▶ Ensuite, exécutez une application graphique sur la machine distante (comme le célèbre `xclock`). Elle s'affiche localement sur votre station Windows.

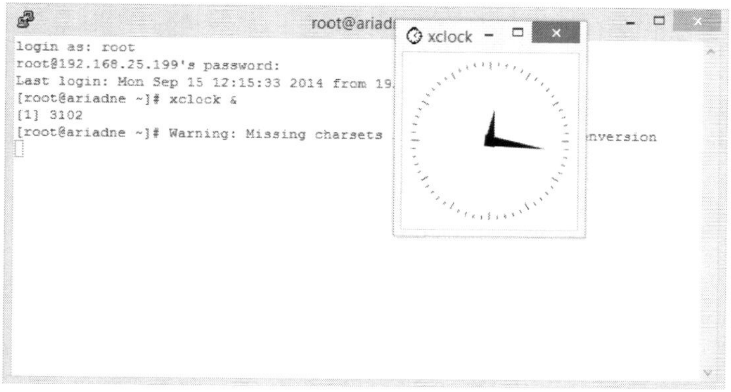

Remarque

Nous avons remarqué lors de nos tests l'absence du mécanisme `xauth` nécessaire à l'authentification machine sous X. Si besoin, installez-le avec `yum install xorg-x11-xauth`.

4.1.6 Authentification à clé publique

Authentification utilisateur

En connexion SSH simple, l'authentification de l'utilisateur, c'est-à-dire le mécanisme qui vérifie que c'est la bonne personne qui se connecte à la machine, est très limitée. En effet, elle repose sur un simple mot de passe.

L'authentification à clé publique, ou authentification à cryptographie asymétrique, permet d'offrir une authentification plus forte, et donc d'augmenter la robustesse de vos machines.

Le système repose sur l'utilisation de trois éléments :

- Une clé privée, qui est secrète et doit rester sur votre machine.
- Une clé publique, distribuée sur chaque machine à laquelle vous désirez vous connecter en SSH.
- Une phrase de passe, qui permet d'autoriser l'utilisation de la clé privée.

L'authentification est dite forte, car elle repose sur au moins deux éléments : la clé, et la phrase de passe.

L'intérêt de ce type d'authentification, c'est que la sécurité ne dépend pas d'un mot de passe qui peut être lu par un éventuel pirate ayant pris la main sur le serveur, mais d'une clé privée qui reste stockée sur votre machine, indépendante de la clé publique (peu importe d'ailleurs si la clé publique est lue par quelqu'un).

Authentification machine

L'authentification consiste également à vérifier, en tant qu'utilisateur, que vous êtes connecté à la machine légitime, et non pas à un faux serveur monté par un pirate. La cryptographie asymétrique joue encore son rôle ici, mais l'intervention de l'utilisateur (et même de l'administrateur) est assez limitée.

L'authentification machine joue sur une paire clé publique/clé privée associée à la machine (et non à l'utilisateur), générée à l'installation du serveur SSH :

- La clé privée doit rester sur le serveur, dans `/etc/ssh`.
  - Il s'agit des clés privées `ssh_host_ecdsa_key` et `ssh_host_rsa_key`.
- La clé publique associée est stockée par le client.
  - À chaque connexion SSH du client vers le serveur, le client vérifie, grâce à la clé publique du serveur qu'il possède, que les données sont bien signées avec la clé privée associée, qui ne peut être détenue que par le serveur.
  - Sur le serveur, dans `/etc/ssh/`, ce sont les fichiers `ssh_host_ecdsa_key.pub` et `ssh_host_rsa_key.pub`.
  - Sur le client, elles sont stockées dans le répertoire utilisateur dans le fichier `~/.ssh/known_hosts`.

La première connexion au serveur est stratégique ; c'est à ce moment qu'est rapatriée la clé publique du serveur pour être stockée sur le client ; il faut donc qu'à ce moment là on soit sûr d'être connecté à la bonne machine.

C'est ce que l'on constate ici. La clé publique du serveur est rapatriée à la première connexion. Le client SSH nous demande si l'on est sûr :

```
[root@eames .ssh]# ssh root@192.168.25.199
The authenticity of host '192.168.25.199 (192.168.25.199)' can't be
established.
RSA key fingerprint is 1e:1c:1e:c6:a4:be:ce:ff:c8:20:7d:bf:97:42:71:81.
Are you sure you want to continue connecting (yes/no)?
```

Mais nous pouvons nous assurer d'être connecté sur le bon serveur. En effet, l'empreinte de la clé est donnée au moment de la connexion. Il suffit de se rendre physiquement sur le serveur, de calculer l'empreinte de la clé publique et de vérifier que les deux empreintes sont identiques. Si elles diffèrent, c'est que la clé envoyée à la première connexion n'est pas la même que celle qui est stockée sur le serveur ; vous avez alors peut-être affaire à une autre machine.

Ainsi, sur le serveur `cobb` :

```
[root@cobb ~]# ssh-keygen -lf /etc/ssh/ssh_host_rsa_key.pub
2048 1e:1c:1e:c6:a4:be:ce:ff:c8:20:7d:bf:97:42:71:81   (RSA)
[root@ariadne ~]#
```

Vous constatez que les deux empreintes sont identiques : la clé publique rapatriée par le client à la première connexion est bien la clé originale du serveur.

Remarque

Il existe plusieurs mécanismes pour améliorer la sécurité de votre serveur SSH : les deux plus courants consistent à empêcher la connexion en root et à changer le port d'écoute du serveur (de 22 à un port quelconque). Pour contrer les tentatives de connexion malveillantes, on peut également mettre en place des outils comme Fail2Ban ou DenyHosts.

Mise en œuvre de l'authentification utilisateur

Pour la connexion au serveur `cobb`, l'authentification de l'utilisateur est faite selon les étapes suivantes :

- Sur la machine cliente `eames` : génération d'une paire de clés privée/publique.
- Copie de la clé publique de `eames` sur le serveur `cobb`.

– Connexion au serveur cobb en SSH en utilisant la cryptographie asymétrique.

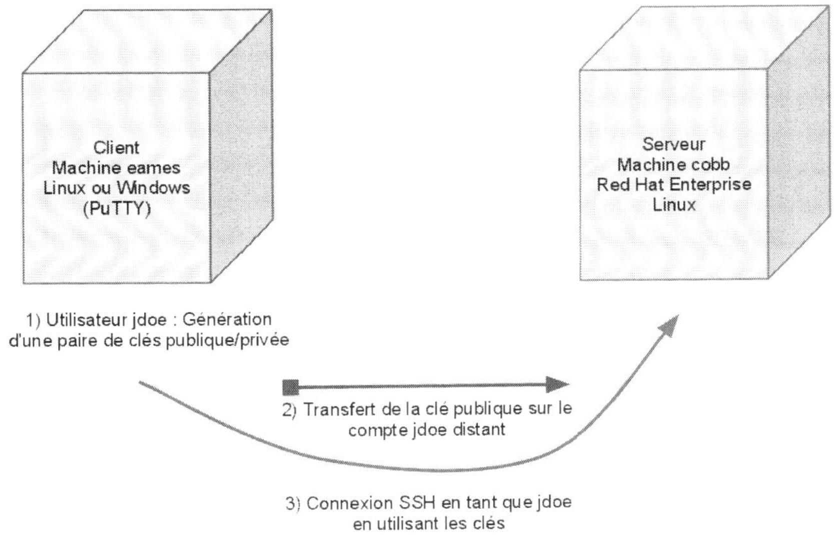

Étapes de mise en œuvre d'une connexion SSH avec clé publique

Remarque

Notez que l'utilisateur sur la machine à laquelle vous allez vous connecter doit exister sur la machine cliente.

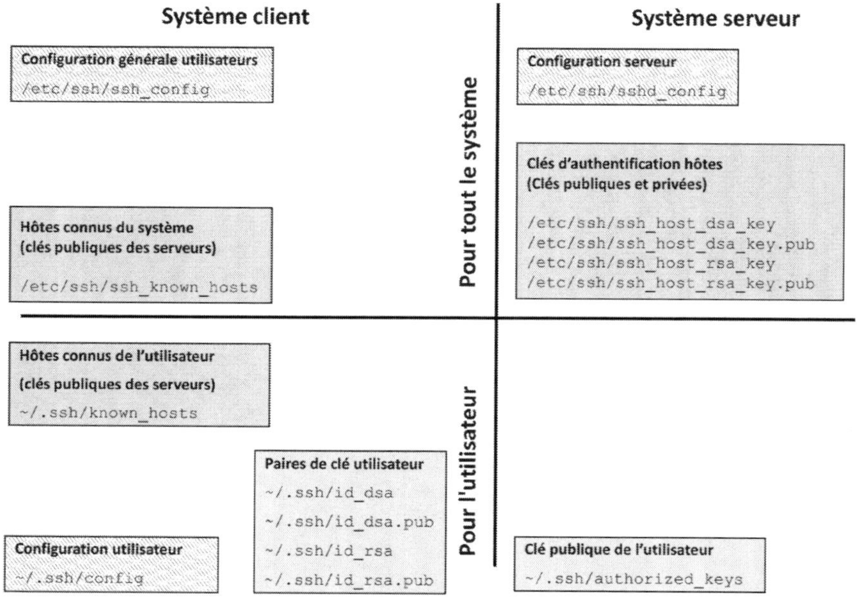

Fichiers de configuration de OpenSSH

Génération des clés

Il existe plusieurs types de clés :

- RSA ou DSA : algorithme de génération de clés. DSA est plus récent et plus sécurisé, c'est donc lui qu'il faut utiliser.
- SSH1 ou 2 : version du protocole SSH. La version 1 a des failles de sécurité, il faut donc utiliser la version 2.
- Longueur de la clé : sans entrer dans le détail, plus la clé est longue, plus l'échange est sécurisé. Une longueur de 1024 bits est suffisante.

Sous Linux, utilisez l'outil en ligne de commande `ssh-keygen` pour générer les clés.

Options de `ssh-keygen` :

– `-b <longueur>` : longueur de la clé, `1024` par défaut.

– `-t <type>` : `rsa` ou `dsa`. `rsa` est l'option par défaut.

```
[jdoe@eames ~]$ ssh-keygen -b 1024 -t dsa
Generating public/private dsa key pair.
Enter file in which to save the key (/home/jdoe/.ssh/id_dsa):
Created directory '/home/jdoe/.ssh'.
Enter passphrase (empty for no passphrase):
Enter same passphrase again:
Your identification has been saved in /home/jdoe/.ssh/id_dsa.
Your public key has been saved in /home/jdoe/.ssh/id_dsa.pub.
The key fingerprint is:
07:8c:dd:3b:16:e0:b4:3e:43:7c:f4:2c:98:5c:15:1d jdoe@eames
[jdoe@eames ~]$
```

Laissez les choix par défaut pour toutes les questions, sauf pour la passphrase (phrase de passe).

Notez que deux clés sont générées sur la machine cliente, avec leur emplacement :

– clé privée : `/home/jdoe/.ssh/id_dsa`

– clé publique : `/home/jdoe/.ssh/id_dsa.pub`

La question de la phrase de passe

La phrase de passe est un mot de passe compliqué, qui déverrouille l'accès à la clé privée. Elle est assez longue, donc plus difficile à deviner. Entrez une phrase quelconque, mais **attention !** Il faut vous en rappeler, sans quoi vous ne pourrez pas utiliser les clés.

Il est important de noter qu'il n'est pas nécessaire d'entrer une phrase de passe. La phrase de passe est utile pour offrir une authentification forte. Cependant, si vous ne la définissez pas au moment de la génération des clés, vous pourrez vous servir de la clé privée sans entrer de phrase de passe. Cela peut être nécessaire par exemple dans le cas de tâches automatiques, où on ne peut pas attendre d'interaction avec un utilisateur (il est aussi possible dans ce cas-là d'utiliser une phrase de passe avec un agent).

Transfert de la clé publique vers le serveur

Il faut maintenant transférer la clé publique sur le ou les serveurs Red Hat Enterprise Linux auquel nous voulons nous connecter.

La clé publique de la machine cliente doit être collée sur le serveur dans le fichier `~/.ssh/authorized_keys`.

Ce fichier doit avoir les permissions 644, sinon SSH refuse catégoriquement de l'utiliser.

Il y a deux méthodes pour copier la clé sur le serveur :

- Copier/coller la clé à la main.
- Transférer la clé avec SCP.

Copie à la main

Dans cet exemple, sur la machine cliente, nous affichons la clé publique avec la commande `cat`, après quoi nous nous connectons au serveur, où nous collons la clé en utilisant l'éditeur `vi`. Au final, nous modifions les permissions sur le fichier :

```
[jdoe@eames ~]$ cat /home/jdoe/.ssh/id_dsa.pub
ssh-dss
AAAAB3NzaC1kc3MAAACBAJ8pdek2XF6Ahuo1Wvuo7V+nbLj2XLcAhwSGKqTH0Eg2Tt
q0Hzx4LX0xkRSGBE/+ZnHHx4TualQstQIXUFxnR5Z+ihiItJ0jQXoL/
+AdIo02ZM8rWWNj8Gz4XX5soQ3O0VPn3JeZUV2ISruTmTQyHjd0U0wBWV0JK7NYpWK
BeJetAAAAFQDXtNcyzZdkC+wvuyZCI9ZMVr74ZwAAAIBaG0E6ELX4QPsHZv6FFu6j6
L/fQmNREmIXKsRDITRGRoSjgmebagnMBd7pu4NvqqVNPcFjFO3MVDGeTTzD51U2Z+B
vrjwkXok4b5RygkQmqhnZJGR3GIMGSPjDGiLIoY8nRBA/mcV7Jy8ZbmLTXQbq/e5rT
H4eWpFJQQ+z1XjoLQAAAIEAmUwUlWcJAdUNrJDoX6PikQxxLNcEOtizR9jDzS0AIAE
6lCh1hpe+d/Sn1v9wD1FeUITWsTGvbqBsVrDaePRlbWt93263PmfcdpAgZUMBW3DVk
EPFSYtqTAOgFy0mZr3XjC9yFzh2S+KR4nAG/LaxDl1fln7w3SX3JHlqJPaag18=
jdoe@eames
[jdoe@eames ~]$ ssh jdoe@cobb
The authenticity of host 'cobb (192.168.0.37)' can't be
established.
RSA key fingerprint is
48:64:1e:e6:87:c2:aa:21:98:dd:bc:0a:86:fc:3c:43.
Are you sure you want to continue connecting (yes/no)? yes
Warning: Permanently added 'cobb,192.168.0.37' (RSA) to the list
of known hosts.
jdoe@cobb's password:
Last login: Tue Dec 21 07:28:04 2010 from 192.168.0.2
```

```
[jdoe@cobb ~]$ vi .ssh/authorized_keys

On colle ici la clé

[jdoe@cobb .ssh]$ chmod 644 authorized_keys
[jdoe@cobb ~]$ exit
logout
Connection to cobb closed.
```

Remarque

Pour copier du texte sous Linux, sélectionnez simplement le texte. Il est alors automatiquement copié en mémoire. Pour coller du texte sous Linux en ligne de commande, vous pouvez appuyer simultanément sur les touches [Shift] et [Inser] de votre clavier. Avec la souris, cliquez sur les boutons gauche et droit en même temps, ou le bouton du milieu. Il suffit parfois d'appuyer sur le bouton droit.

Transfert avec SCP

Dans cet exemple, nous transférons la clé en SCP. Notez que le fichier transféré prend les droits du fichier d'origine (644) :

```
[jdoe@eames ~]$ ls -lh /home/jdoe/.ssh/id_dsa.pub
-rw-r--r-x 1 jdoe jdoe 600 dec 24 18:18
/home/jdoe/.ssh/id_dsa.pub
[jdoe@eames ~]$ chmod o-x /home/jdoe/.ssh/id_dsa.pub
[jdoe@eames ~]$ ls -lh /home/jdoe/.ssh/id_dsa.pub
-rw-r--r-- 1 jdoe jdoe 600 dÃ©c 24 18:18
/home/jdoe/.ssh/id_dsa.pub
[jdoe@eames ~]$ scp /home/jdoe/.ssh/id_dsa.pub jdoe@cobb:~/.ssh/authorized_keys
jdoe@cobb's password:
id_dsa.pub                                    100%  600
0.6KB/s   00:00
[jdoe@eames ~]$
```

Connexion en SSH en utilisant la clé publique

Le serveur SSH de Red Hat Enterprise Linux est configuré pour utiliser la cryptographie asymétrique si les clés existent. Il n'y a donc plus qu'à se connecter.

Ici, de la machine cliente, nous effectuons un simple SSH vers le serveur. Notez que l'on nous demande la phrase de passe pour débloquer l'accès à la clé privée qui sert à l'authentification :

```
[jdoe@eames ~]$ ssh jdoe@cobb
Enter passphrase for key '/home/jdoe/.ssh/id_dsa':
Last login: Tue Dec 21 08:43:52 2010 from 192.168.0.1
[jdoe@cobb ~]$
```

Plusieurs types d'authentification en même temps

Attention cependant, car par défaut sur Red Hat Enterprise Linux, l'authentification par clé publique et l'authentification par mot de passe sont toutes les deux activées.

Nous illustrons cela dans cet exemple, où à défaut d'avoir la phrase de passe de la clé privée, nous utilisons le mot de passe de l'utilisateur :

```
[jdoe@eames ~]$ ssh jdoe@cobb
Enter passphrase for key '/home/jdoe/.ssh/id_dsa':
Enter passphrase for key '/home/jdoe/.ssh/id_dsa':
Enter passphrase for key '/home/jdoe/.ssh/id_dsa':
jdoe@cobb's password:
Last login: Tue Dec 21 08:51:29 2010 from 192.168.0.1
[jdoe@cobb ~]$
```

Cela peut présenter une faille de sécurité, c'est pourquoi il est bien de désactiver l'authentification par mot de passe dans la configuration du serveur SSH :

```
/etc/ssh/sshd_config
PasswordAuthentication no
```

Redémarrez ensuite le serveur ssh :

```
[root@cobb jdoe]# service sshd restart
Arrêt de sshd :
[  OK  ]
Démarrage de sshd :
[  OK  ]
```

Remarque

Redémarrer sshd ne déconnecte pas les sessions SSH courantes.

Une fois cette modification effectuée, on constate que l'authentification par mot de passe ne fonctionne plus :

```
[jdoe@eames ~]$ ssh jdoe@cobb
Enter passphrase for key '/home/jdoe/.ssh/id_dsa':
Enter passphrase for key '/home/jdoe/.ssh/id_dsa':
Enter passphrase for key '/home/jdoe/.ssh/id_dsa':
Permission denied (publickey,gssapi-keyex,gssapi-with-mic).
[jdoe@eames ~]$
```

Notez en revanche que tous les utilisateurs désirant se connecter au serveur doivent utiliser la même méthode d'authentification.

Remarque

Gardez toujours une session SSH active pendant que vous opérez sur la configuration de SSH, pour pouvoir effectuer des opérations le cas échéant. Il serait en effet malheureux de ne plus pouvoir se connecter si l'on s'est trompé.

4.1.7 Authentification à clé publique avec PuTTY sous Windows

Pour PuTTY, nous procédons en suivant les mêmes étapes.

Génération des clés

Pour générer une paire de clés privée/publique avec PuTTY, il faut utiliser le programme `puttygen.exe` disponible sur le site de développeur.

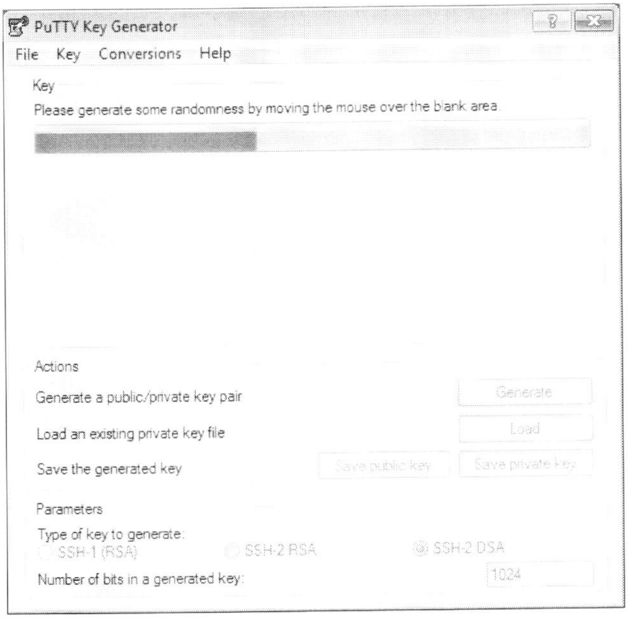

Le générateur de clés de PuTTY

Une fois le générateur de clés de PuTTY ouvert :

▶ Choisissez **SSH-2 DSA**.

▶ Utilisez une longueur de clé de 1024 bits.

▶ Cliquez sur **Generate**.

▶ Ici, il faut générer des chiffres aléatoires avec la souris. Sous Linux, avec l'outil `ssh-keygen`, cela est fait par la machine. Avec PuTTY, c'est l'utilisateur, en faisant des mouvements de souris aléatoires dans la partie libre située sous la barre de progression.

▶ Pour **Key Comment** (commentaire sur la clé), vous pouvez entrer un commentaire explicite sur l'utilisation de clé, par exemple : `jdoe@cobb`.

▶ Pour **Key Passphrase**, entrez la phrase de passe associée à la clé. Confirmez juste en dessous.

▶ Cliquez ensuite sur **Save public key** pour sauvegarder votre clé publique. Mettez-la dans un répertoire protégé de votre machine, avec un nom explicite ; par exemple : `jdoe@cobb.pub`.

▶ Faites de même pour la clé privée en cliquant sur **Save private key**, en utilisant par exemple un nom comme `jdoe@cobb.priv.ppk`.

Remarque

Il est possible d'ouvrir une clé avec `puttygen.exe` pour en modifier certains paramètres après coup.

Transfert de la clé publique vers le serveur

Il y a deux méthodes pour copier la clé sur le serveur :

- Copier/coller à la main la clé.
- Transférer la clé avec SCP.

Copie à la main

Lorsque vous ouvrez une clé privée avec `puttygen`, la clé publique s'affiche dans la partie haute de la fenêtre. C'est ce texte qu'il faut coller sur le serveur, dans `~/.ssh/authorized_keys`.

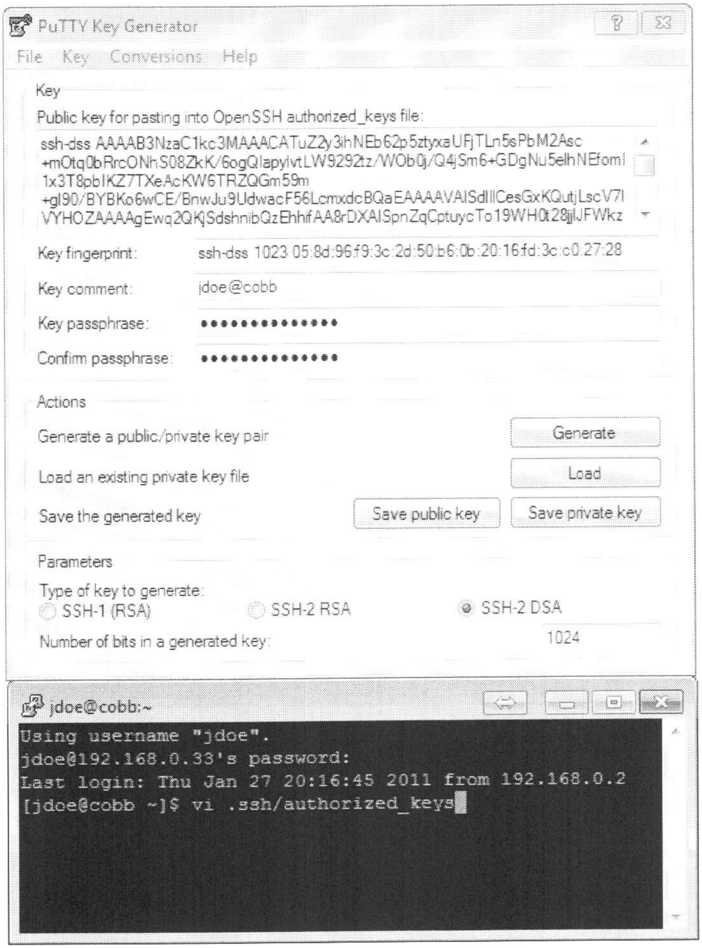

Copie de la clé publique sur le serveur

Là encore, nous devons appliquer les droits nécessaires sur le fichier :

```
[jdoe@cobb ~]$ chmod 644 .ssh/authorized_keys
```

Connexion en SSH en utilisant la clé publique

Connectons-nous maintenant avec PuTTY à notre serveur. Créons un profil pour notre serveur, dont nous allons définir quelques paramètres supplémentaires.

Dans cet exemple, nous créons un profil pour notre serveur `cobb` :

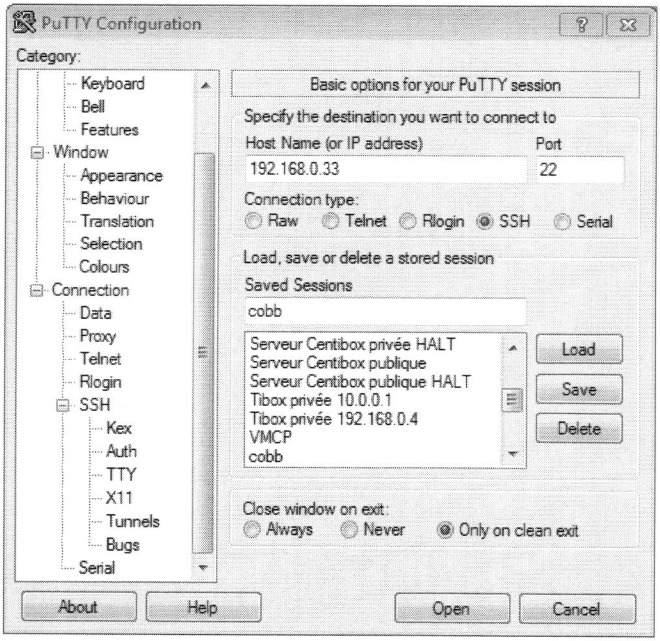

- Dans le panneau de gauche, cliquez d'abord sur **Connection** - **Data**, puis remplissez le champ **Auto-login username** (connexion automatique avec un nom d'utilisateur).

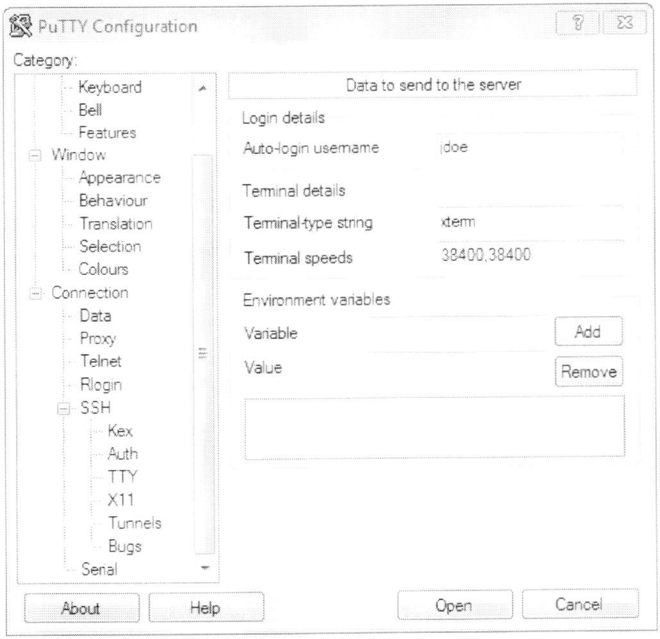

- Cliquez ensuite sur **Connection** - **SSH** - **Auth**. Dans le champ **Private key file for authentication** (clé privée pour authentification), indiquez le chemin de la clé privée générée avec `puttygen.exe` plus haut.

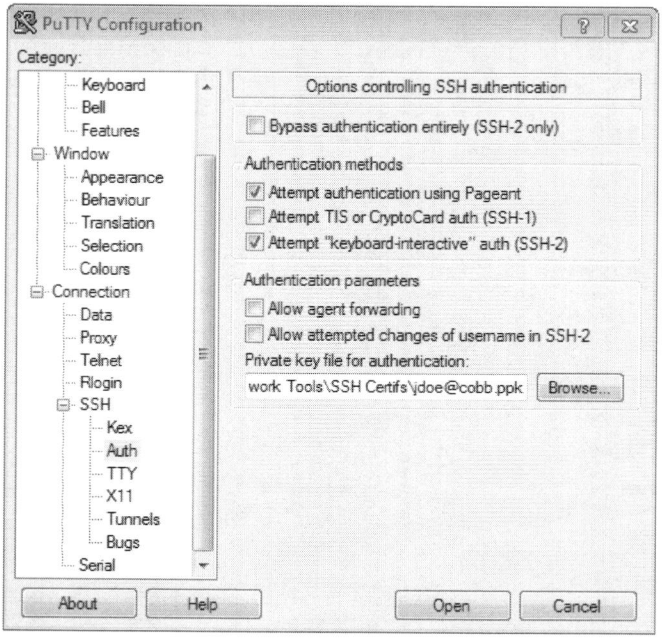

- Toujours dans le panneau de gauche, retournez dans **Session** et sauvegardez votre session avec ses nouveaux paramètres (bouton **Save**).
- Ouvrez maintenant votre session sur le serveur en cliquant sur **Open**. La nouvelle session s'ouvre, en vous demandant la phrase de passe nécessaire :

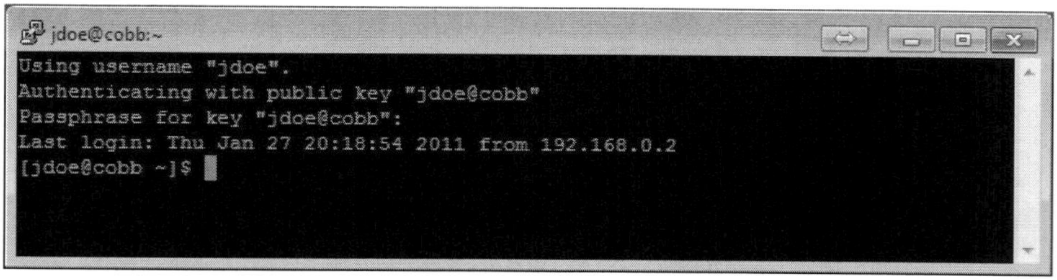

4.1.8 Authentification avec clé publique et agent

L'utilisation d'une phrase de passe pour l'authentification améliore considérablement la sécurité. En effet, même si quelqu'un vous vole votre clé privée, sans la phrase de passe, cette personne ne peut usurper votre identité.

Cependant, il est des cas où l'utilisation d'une phrase de passe peut être ennuyeuse, particulièrement en exploitation, lorsqu'il faut se connecter régulièrement à de nombreuses machines, ou dans le cas de scripts automatiques qui ne peuvent attendre une réponse de l'utilisateur.

Pour ces cas, il est pratique d'utiliser un agent d'authentification, qui détecte l'accès à une clé privée et entre la phrase de passe à votre place. Cela sous-entend l'utilisation d'un programme résident en mémoire.

Utilisation de l'agent sous Linux

Sous Linux, utilisez le programme `ssh-agent`. Dans les commandes suivantes, `ssh-agent` lance un nouveau shell, qu'il surveillera à l'affût d'un ssh vers un serveur :

```
[jdoe@eames ~]$ ssh-agent $SHELL
[jdoe@eames ~]$ ssh-add
Enter passphrase for /home/jdoe/.ssh/id_dsa:
Identity added: /home/jdoe/.ssh/id_dsa (/home/jdoe/.ssh/id_dsa)
[jdoe@eames ~]$ ssh jdoe@cobb
Last login: Tue Dec 21 14:21:56 2010 from 192.168.0.1
```

Utilisation de l'agent PuTTY sous Windows

Sous Windows, l'agent d'authentification s'appelle `pageant.exe` et est disponible sur le site du développeur de PuTTY.

La mise en œuvre est très simple :

- Lancez `pageant.exe`. L'agent se met en barre des tâches.
- Double cliquez sur l'icône de `pageant` : .
- Cliquez sur **Add Key** et ouvrez la clé privée utilisée pour votre session.
- Entrez la phrase de passe. Cette phrase est stockée par `pageant`.

▶ Cliquez sur **Close**.

Maintenant, ouvrez la session vers le serveur qui utilise cette clé. Vous constatez que nous n'avez pas à entrer de phrase de passe.

Dans l'exemple qui suit, nous nous connectons au serveur cobb, avec une phrase de passe entrée par l'agent d'authentification :

4.1.9 Lancement de commandes automatiques sur serveurs distants

En ligne de commande

Dans la gestion de serveurs, il est extrêmement pratique de pouvoir exécuter des commandes à distance de manière automatique, non interactive, par exemple pour aller chercher une information à partir d'un script ou pour automatiser une tâche.

Il est par exemple possible avec SSH de lancer une commande juste le temps d'une connexion, de manière très simple. Il suffit de mettre la commande entre guillemets simples :

```
ssh utilisateur@machine '<commande>'
```

Dans l'exemple suivant, à partir de la machine eames, on se connecte automatiquement à la machine cobb (avec clé publique + agent), et on demande certaines informations : nom de la machine, utilisation des disques, utilisateurs connectés :

```
[root@eames ~]# ssh root@cobb 'hostname ; df -h ; who'
cobb.acme.com
Sys. de fichiers    Taille  Uti. Disp. Uti% Monté sur
/dev/mapper/vg_cobb-lv_root
                       18G  2,6G   14G  16% /
tmpfs                 504M  112K  504M   1% /dev/shm
/dev/sda1             485M   47M  414M  11% /boot
```

```
jdoe     tty1          2011-01-03 09:33 (:0)
jdoe     pts/0         2011-01-03 09:35 (192.168.0.2)
```

Notez qu'il n'y a pas de messages de connexion, et qu'on retourne automatiquement à la machine `eames`. On pourrait également copier ces informations dans un fichier, les envoyer par courrier électronique à l'administrateur, et automatiser tout cela chaque matin à la même heure pour un ensemble de machines :

```
[root@eames ~]# ssh root@cobb 'hostname ; df -h ; who' >
 infos_cobb_`date +%F`
[root@eames ~]#
[root@eames ~]# cat infos_cobb_2011-01-03
cobb.acme.com
Sys. de fichiers    Taille  Uti. Disp. Uti% Monté sur
/dev/mapper/vg_cobb-lv_root
                       18G  2,6G   14G  16% /
tmpfs                 504M  112K  504M   1% /dev/shm
/dev/sda1             485M   47M  414M  11% /boot
jdoe     tty1         2011-01-03 09:33 (:0)
jdoe     pts/0        2011-01-03 09:35 (192.168.0.2)
```

Les informations demandées sont ici envoyées dans un fichier, portant le nom de la machine, ainsi que la date du jour. On affiche ensuite ce fichier avec la commande `cat`. Notez que l'utilisation de la commande `date` entre guillemets simples inversés crée un fichier portant la date du jour.

Avec PuTTY

On peut vouloir faire la même chose avec PuTTY sous Windows, pour lancer rapidement des commandes sur un serveur Red Hat Enteprise Linux distant.

- Il faut pour cela éditer le profil de connexion au serveur. Dans le panneau de gauche, cliquez sur **SSH**. Éditez le champ **Remote command** avec la commande désirée.

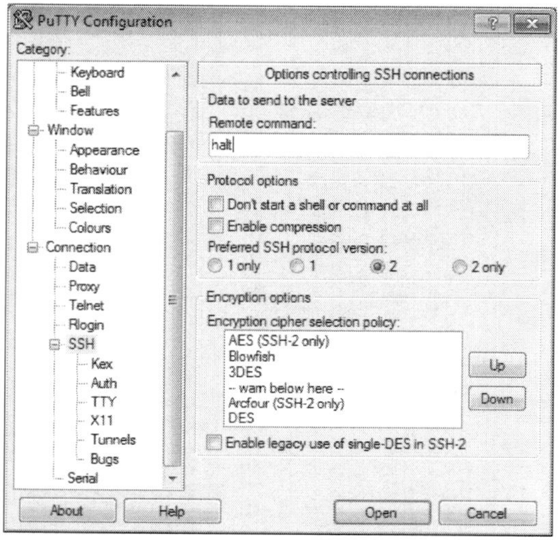

Dans notre exemple, nous envoyons la commande `halt` à la machine distante.

- Sauvegardez ces nouveaux paramètres dans un nouveau profil de connexion spécialement pour cette commande, en cliquant sur **Session**, entrez un nom parlant, puis cliquez sur le bouton **Save**.

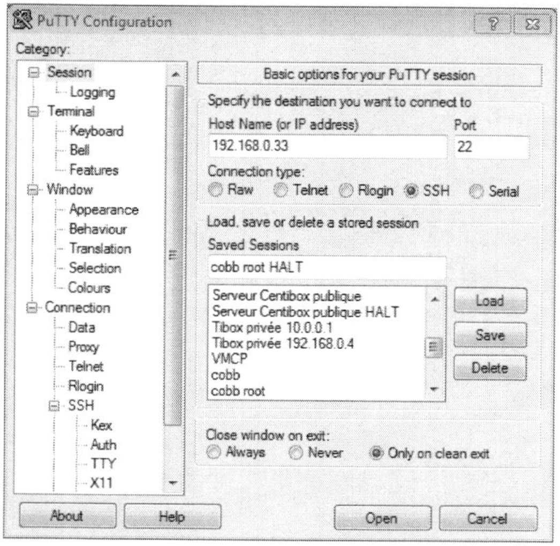

Nous sauvegardons maintenant ce profil avec le nom `cobb root HALT`.

- Il n'y a plus qu'à double cliquer sur le profil correspondant dans PuTTY pour lancer automatiquement la commande sur le serveur distant.

Mieux encore, il est possible sous Windows de créer un raccourci, automatisant le lancement de PuTTY avec le profil désiré. Créez sous Windows un raccourci avec la commande suivante :

```
"C:\Program Files\PuTTY\putty.exe " -load "<profil PuTTY>"
```

Bien sûr, là encore, donnez un nom explicite à ce raccourci. Il n'y a plus ensuite qu'à double cliquer dessus pour exécuter la commande automatiquement.

Par exemple, nous créons un raccourci pour notre profil de connexion :

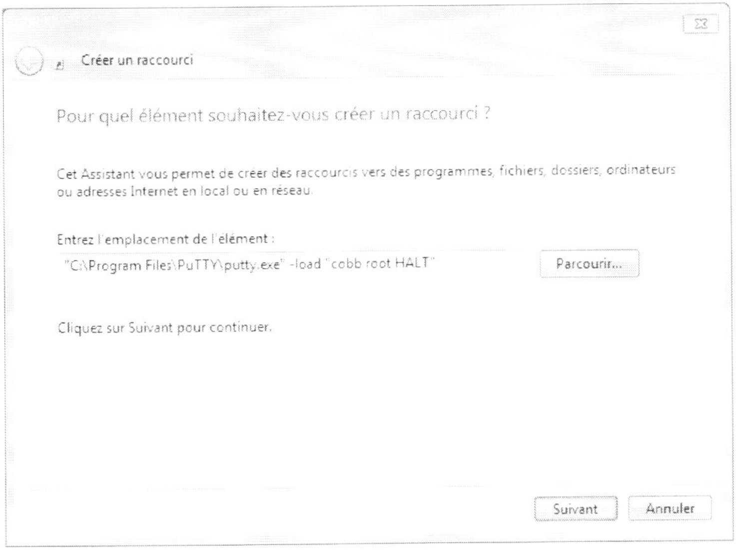

Nous avons donné le nom `Putty Cobb HALT` à ce raccourci. Lorsque nous double cliquons dessus, le serveur Cobb est éteint à distance, sans aucune autre intervention.

Remarque

Attention avec l'automatisation de certaines tâches. Soyez bien sûr de ce que vous faites lorsque vous les exécutez.

4.1.10 Améliorer la sécurité du serveur SSH

L'activation de l'authentification par clé publique améliore clairement la sécurité de votre serveur SSH, au moins parce qu'elle empêche les attaques par cassage de mot de passe.

Dans les autres améliorations de sécurité, citons **au moins** les suivantes :

- Désactivation de la connexion directe en root : parce que c'est le premier utilisateur tenté par les pirates, il est préférable de se connecter d'abord en tant qu'un utilisateur, puis d'obtenir les droits root avec `sudo` ou `su -`.
- Changement du port par défaut : le port 22/TCP est un des ports les plus testés par les pirates. Il est bien de configurer votre serveur SSH pour qu'il écoute sur un port non prévisible.
- Blocage après tentatives répétées : au bout d'un certain nombres de tentatives de connexion échouées (pour le même utilisateur ou pour des utilisateurs différents), l'adresse IP source est bloquée (mise en liste noire, ou *blacklist*) pendant un certain temps.

Pour cette dernière amélioration, il est possible d'utiliser au choix les modules PAM `pam_faillock` ou `pam_tally2`, ou le célèbre script Fail2Ban.

Pour les deux premières améliorations, il faut éditer la configuration du serveur SSH :

```
/etc/ssh/sshd_config
(...)
#Port 22
Port 22667
(...)
#PermitRootLogin yes
PermitRootLogin no
(...)
```

- `PermitRootLogin no` : il n'est plus possible de s'authentifier en root en SSH. Vérifiez qu'il est possible d'obtenir les droits root à partir d'un autre utilisateur avant d'activer cette fonctionnalité !

- `Port <numéro>` : choisissez un numéro de port assez élevé. En TCP/IP, les ports vont jusqu'à 65535.
  - Il faut bien sûr autoriser ce port dans le pare-feu, et interdire le port standard 22/TCP.

Une fois les modifications effectuées, redémarrez le serveur SSH :

```
systemctl restart sshd
```

Illustrons cette dernière modification. Nous constatons que notre serveur écoute sur le port standard avec une adresse IP publique accessible sur Internet :

```
root@vps:/var/log# netstat -lnpe --inet -inet6
Proto Local Address  Foreign Address State       PID/Program name
tcp   0.0.0.0:22     0.0.0.0:*       LISTEN       19181/sshd
```

Peu de temps après, nous commençons à voir des enregistrements (logs) inquiétants dans le fichier `/var/log/auth.log` qui consigne les tentatives de connexion :

```
Jul 18 07:45:33 vps sshd[23990]: Disconnected from invalid user
dnscache 51.68.80.29 port 37728 [preauth]
Jul 18 07:45:33 vps sshd[23988]: Failed password for root from
153.36.242.114 port 61532 ssh2
Jul 18 07:45:35 vps sshd[23988]: Failed password for root from
153.36.242.114 port 61532 ssh2
Jul 18 07:45:35 vps sshd[23992]: Failed password for root from
122.195.200.148 port 47832 ssh2
Jul 18 07:45:37 vps sshd[23988]: Failed password for root from
153.36.242.114 port 61532 ssh2
Jul 18 07:45:37 vps sshd[23988]: Received disconnect from
153.36.242.114 port 61532:11:  [preauth]
Jul 18 07:45:37 vps sshd[23988]: Disconnected from authenticating
user root 153.36.242.114 port 61532 [preauth]
Jul 18 07:45:37 vps sshd[23988]: PAM 2 more authentication fai-
lures; logname= uid=0 euid=0 tty=ssh ruser= rhost=153.36.242.114
user=root
Jul 18 07:45:37 vps sshd[23992]: Failed password for root from
122.195.200.148 port 47832 ssh2
Jul 18 07:45:39 vps sshd[23994]: pam_unix(sshd:auth): authentica-
tion failure; logname= uid=0 euid=0 tty=ssh ruser=
rhost=153.36.242.114 user=root
```

```
Jul 18 07:45:40 vps sshd[23992]: Failed password for root from
122.195.200.148 port 47832 ssh2
Jul 18 07:45:40 vps sshd[23992]: Received disconnect from
122.195.200.148 port 47832:11:  [preauth]
root@vps:~# grep "Failed password" /var/log/auth.log | wc -l
5958
```

Ce ne sont pas moins de 5900 tentatives de connexion effectuées en 13 heures par des pirates !

Remarquons que la plupart de ces connexions sont effectuées avec le compte `root`.

Changeons maintenant le port d'écoute du serveur SSH

Après modification, nous constatons maintenant que le serveur n'écoute plus sur le port standard, mais sur le port 18312 :

```
root@vps:~# netstat -lnpe --inet --inet6 | grep ssh
tcp        0      0 0.0.0.0:18312           0.0.0.0:*
LISTEN
0          280732402  4660/sshd
tcp6       0      0 :::18312                :::*
LISTEN
0          280732413  4660/sshd
```

Remarque

Remarquons que le serveur SSH écoute également en IPv6. Si vous ne contrôlez pas ce protocole, il est préférable de le désactiver.

Depuis que le port d'écoute a été changé, le nombre de tentatives de connexion échouées a curieusement diminué (puisqu'il est tombé à 0) :

```
root@vps:~# journalctl _SYSTEMD_UNIT=ssh.service
--since="20 hours ago" | egrep "Failed|Failure" | wc -l
0
```

Nous voyons ici l'importance de prendre des dispositions pour protéger l'accès au serveur, par exemple en changeant le port d'écoute et en interdisant la connexion directe en root. Cela rend le serveur moins sensible aux attaques "aveugles".

Pour les attaques dirigées spécifiquement contre notre serveur, on peut utiliser des méthodes supplémentaires, comme la double authentification (voir ci-après).

4.1.11 Double-authentification (ou Authentification Multi-Facteurs)

L'utilisation de mots de passe compliqués et de clés d'authentification est excellente pour améliorer la sécurité d'accès au serveur.

Cependant, que se passe-t-il si la machine d'administration permettant de se connecter aux serveurs ou le mot de passe sont compromis ?

Pour la connexion SSH, on peut vouloir ajouter une deuxième authentification, qui soit assurée par un canal séparé. Le **MFA** (*Multi-Factor Authentication*) est de plus en plus populaire, tant auprès des professionnels que des particuliers (par exemple, transaction bancaire par Internet avec envoi d'un code par SMS), car les pirates redoublent d'ingéniosité.

La solution de MFA proposée gratuitement par Google Authenticator, repose sur le principe suivant :

- Le mot de passe est stocké sur une machine différente, par exemple sur un téléphone mobile.
- Le mot de passe change régulièrement, par exemple toutes les 30 secondes, et ne peut être réutilisé.

Ainsi, même si un pirate arrive à obtenir le mot de passe "permanent" du serveur, ou votre clé privée SSH, il lui faudrait encore votre téléphone pour pouvoir se connecter. Et même s'il arrivait à voir (par-dessus votre épaule ?) le mot de passe délivré par votre téléphone, ce mot de passe n'a qu'une utilisation unique, il est déjà périmé.

Cette authentification, appelée **TOTP** (*Time-Based One-Time Password*, mot de passe à usage unique basé sur le temps), s'appuie sur un standard Internet. Il faut préciser qu'il n'y a pas de communication entre le téléphone mobile et le serveur, et que les clés temporaires sont générées à partir d'une clé privée se trouvant sur le téléphone et sur le serveur.

Pour installer Google Authenticator, après avoir installé le dépôt de paquets EPEL, tapez la commande suivante en tant que root :

```
yum install google-authenticator
```

Cette commande ajoute un module PAM d'authentification dans le répertoire `/lib64/security`.

Par exemple :

```
[root@eleven ~]# ls -lh /lib64/security/pam_google_authentica-
tor.so
-rwxr-xr-x. 1 root root 32K 17 août   2017 /lib64/security/pam_-
google_authenticator.so
```

Remarque

Retrouvez PAM (Pluggable Authentication Modules) au chapitre Gestion des utilisateurs et des groupes.

Étapes à réaliser sur le compte utilisateur servant à la connexion SSH

Remarque

Attention ! Avant de procéder aux étapes suivantes, si vous êtes connecté à distance à votre serveur, gardez toujours une session root ouverte de côté, en cas de problème d'authentification.

Chaque utilisateur doit générer la clé secrète personnalisée pour son compte, et la synchroniser avec son téléphone.

En tant qu'utilisateur, tapez la commande suivante, puis répondez aux questions. La commande vous génère un code secret et un code QR qu'il vous faudra utiliser ensuite :

```
google-authenticator
```

Remarque

Conservez précieusement une copie du QR Code, du code de vérification, de la clé secrète (secret key) et des codes de secours (scratch codes) dans un endroit sécurisé, physiquement séparé. Ces codes vous serviraient en cas de perte de votre téléphone par exemple, pour pouvoir retrouver l'accès à votre serveur.

Voici un déroulé de la configuration :

```
[tbartolone@eleven ~]$ google-authenticator

Do you want authentication tokens to be time-based (y/n) y
Warning: pasting the following URL into your browser exposes the
OTP secret to Google:
```

```
Your new secret key is: 2EZWOG4TI6MHA3JBMINWXC6R34
Your verification code is 394858
Your emergency scratch codes are:
 13331374
 19376966
 44569113
 68542833
 93216171

Do you want me to update your "/home/tbartolone/
.google_authenticator" file? (y/n) y

Do you want to disallow multiple uses of the same authentication
token? This restricts you to one login about every 30s, but it
increases your chances to notice or even prevent man-in-the-middle at-
tacks
(y/n) y

By default, a new token is generated every 30 seconds by the mobile
app.
In order to compensate for possible time-skew between the client and
the server, we allow an extra token before and after the current time.
This allows for a time skew of up to 30 seconds between
authentication server and client. If you experience problems with poor
time synchronization, you can increase the window from its
default size of 3 permitted codes (one previous code, the current code,
the next code) to 17 permitted codes (the 8 previous codes, the current
code, and the 8 next codes). This will permit for a time skew of up to
4 minutes between client and server.
```

```
Do you want to do so? (y/n) y

If the computer that you are logging into isn't hardened against brute-
force login attempts, you can enable rate-limiting for the
authentication module. By default, this limits attackers to no more
than 3 login attempts every 30s.
Do you want to enable rate-limiting? (y/n) y
[tbartolone@eleven ~]$
```

Ensuite, installez sur le téléphone mobile l'application Google Authenticator :

- 1. Lancez l'application.
- 2. Appuyez sur l'icône **+** pour ajouter un compte.
- 3. Prenez en photo le code QR ou la clé fournie ci-dessus.

Cela ajoute sur le téléphone le compte associé à l'utilisateur et à la machine sur laquelle vous avez installé Google Authenticator. Un code est maintenant généré toutes les 30 secondes.

Remarque

Il faut donc que le téléphone et le client soient à l'heure précise. Côté serveur, cela se fait avec l'installation d'un client/serveur de temps NTP.

Ajout du compte sur l'application mobile Google Authenticator

Éditez d'abord la configuration PAM de SSH et ajoutez la ligne suivante à la fin du fichier :

```
/etc/pam.d/sshd
(...)
# Used with polkit to reauthorize users in remote sessions
-session   optional     pam_reauthorize.so prepare
auth required pam_google_authenticator.so nullok
```

Remarque

L'option `nullok` en fin de ligne déclare que cette authentification TOTP est optionnelle. ***Si vous désirez que l'ensemble de vos utilisateurs y soient soumis, il faudra l'enlever.***

Éditez la configuration du service SSH et mettez l'option suivante à `yes` :

```
/etc/ssh/sshd_config
(...)
# Change to no to disable s/key passwords
ChallengeResponseAuthentication yes
#ChallengeResponseAuthentication no
(...)
```

Redémarrez le service SSH sur votre serveur :

```
systemctl restart sshd.service
```

Vérification en tant qu'utilisateur

À ce stade, l'utilisateur peut désormais s'authentifier en utilisation le code fourni par son téléphone mobile.

Dans notre exemple, nous avons bien la double authentification, par mot de passe puis par code temporaire :

```
login as: tbartolone
Using keyboard-interactive authentication.
Password:
Using keyboard-interactive authentication.
Verification code:
Last login: Sun Jul 14 21:58:34 2019
[tbartolone@eleven ~]$
```

Si le code temporaire n'est pas fourni, l'accès n'est pas autorisé :

```
login as: tbartolone
Using keyboard-interactive authentication.
Password:
Using keyboard-interactive authentication.
Verification code:
Access denied
Using keyboard-interactive authentication.
Password:
Using keyboard-interactive authentication.
Verification code:
Access denied
```

Il y a quelques étapes supplémentaires si vous vous authentifiez auprès du serveur avec une paire clé privée/clé publique.

Éditez d'abord le fichier de configuration du serveur SSH, et ajoutez la ligne suivante **à la fin du fichier** :

```
/etc/ssh/sshd_config
(...)
AuthenticationMethods publickey,password publickey,
keyboard-interactive
```

Nous ajoutons ici trois méthodes d'authentification :

- `publickey` : clé SSH
- `password publickey` : mot de passe
- `keyboard-interactive` : code MFA

Puis redémarrez le service SSH :

```
systemctl restart sshd.service
```

Ensuite, nous supprimons l'authentification par mot de passe.

Éditez le fichier de configuration PAM de SSH et mettez en commentaire la ligne suivante :

```
/etc/pam.d/sshd
(...)
#auth        substack     password-auth
```

Nous constatons maintenant que la clé SSH et le code MFA sont demandés pour se connecter :

```
login as: tbartolone Authenticating with public key "rsa-key-
20190714"
Further authentication required
Using keyboard-interactive authentication.
Verification code:
Last failed login: Sun Jul 14 22:48:19 CEST 2019 from nzxt.home
on ssh:notty
Last login: Sun Jul 14 22:47:34 2019 from nzxt.home
[tbartolone@eleven ~]$
```

Cette méthode vous permettra assurément de renforcer la sécurité de serveurs sensibles.

4.1.12 Rapatrier des fichiers

SSH peut également servir au transfert de fichiers entre deux machines, grâce à deux protocoles de transfert :

- SCP (*Secure Copy*, copie sécurisée) : protocole permettant de faire une simple copie de fichiers à distance.
- SFTP (*Secure File Transfer Protocol*, protocole de transfert de fichier sécurisé) : ce protocole se veut plus standard, plus indépendant de la plate-forme.

L'intérêt de l'utilisation de SCP ou SFTP, outre l'aspect sécurité, important dans le cas de transfert de fichiers sensibles, est qu'il n'y a pas besoin d'installer un autre serveur. Si SSH est installé et fonctionne, SCP et SFTP fonctionneront.

On utilise bien souvent le protocole SCP, avec la commande `scp` disponible maintenant sous tous les serveurs Linux. La commande `sftp` existe aussi pour le protocole SFTP. Pour un simple transfert de fichiers entre deux machines, les deux commandes s'utilisent de la même manière.

Pour le transfert d'un fichier local vers une machine distante avec le protocole SCP :

```
scp </chemin/vers/fichier_local>
utilisateur@machine:</chemin/vers/fichier_distant>
```

Il faut bien sûr que `utilisateur` sur la machine distante ait le droit d'écrire dans le répertoire destination que vous avez précisé.

Pour le transfert d'un fichier d'une machine distante vers la machine locale :

```
scp utilisateur@machine:</chemin/vers/fichier_distant>
</chemin/vers/fichier_local>
```

Il faut bien sûr que `utilisateur` sur la machine distante ait le droit de lire le fichier que vous voulez rapatrier.

Remarque

Avec SFTP, remplacez simplement `scp` par `sftp`.

Exemple d'envoi de fichier

Par exemple, envoyons un fichier de configuration créé sur la machine `eames`, vers `cobb` dans `/etc` :

```
[guest@eames ~]$ scp exemple_config root@cobb:/etc
root@cobb's password:
exemple_config                                       100%    0
0.0KB/s   00:00
[guest@eames ~]$
```

Vérifions la présence de ce fichier sur `cobb` :

```
[root@cobb ~]# ls -lh /etc/exemple_config
-rw-r--r--. 1 root root 0  3 janv. 10:58 /etc/exemple_config
[root@cobb ~]#
```

Notez les droits appliqués au nouveau fichier. Ils sont les mêmes qu'un fichier créé localement par l'utilisateur `root`.

Exemple de réception de fichier

Maintenant, récupérons un fichier de la machine `cobb` vers `eames`. Notons que seul l'utilisateur `root` a les droits en lecture sur ce fichier :

```
[root@cobb ~]# ls -lh /etc/fichier_privé
-rw-------. 1 root root 0  3 janv. 11:03 /etc/fichier_privé
```

Sur `eames`, on essaie de récupérer ce fichier, en utilisant l'utilisateur `jdoe` de la machine `cobb` :

```
[root@eames ~]# scp jdoe@cobb:/etc/fichier_privé .
scp: /etc/fichier_privé: Permission denied
```

Notez que, même si l'utilisateur local sur `eames` est `root`, c'est l'utilisateur distant `jdoe` qui compte pour l'accès au fichier distant.

4.1.13 Tunneling simple

Au chapitre des fonctionnalités pratiques, le tunnel SSH a décidément sa place. Le tunnel SSH, ou relayage de ports, consiste à encapsuler des flux de données à l'intérieur de la connexion SSH que vous avez établie avec le serveur distant.

Les données sont pour ainsi dire « aspirées » à une extrémité du tunnel, pour être « expulsées » à l'autre extrémité vers une destination choisie.

Non seulement le tunnel SSH permet aux données de transiter de manière sécurisée, mais il leur permet aussi de franchir certaines barrières difficilement surmontables autrement.

Il existe deux types de tunnel SSH que nous allons expliquer en les illustrant :

- Redirection locale : de la machine locale vers la machine distante et au-delà.
- Redirection distante : de la machine distante vers la machine locale et au-delà.

Redirection locale

Dans le cas d'une redirection locale, le client SSH écoute les données arrivant sur un port local particulier. Il aspire ces flux et les relaye vers le serveur SSH à travers le tunnel. Il demande au serveur SSH, soit de les envoyer en interne, soit de les « expulser » vers une machine distante.

La commande est la suivante :

```
ssh utilisateur@machine -L
<port_local>:<@IP_destination>:<port_destination>
```

Exemple :

Sur la machine `eames`, un client web Firefox veut se connecter à un serveur Web distant.

La connexion directe est impossible, soit parce que eames ne connaît pas le chemin pour atteindre le serveur Web, soit parce qu'un pare-feu l'en empêche.

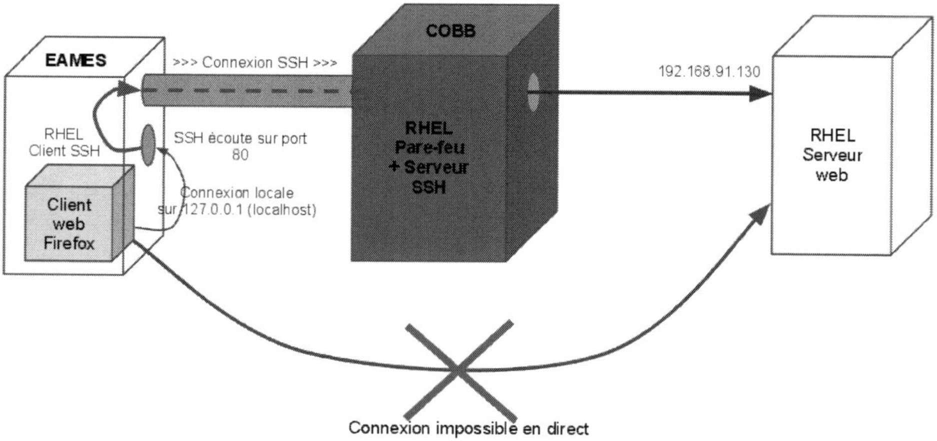

Pour notre exemple, nous n'utiliserons pas un client Firefox, mais une simple connexion telnet vers le port 80 du serveur web (dont l'adresse est 192.168.91.130) :

```
[root@eames ~]# telnet ServeurWEB 80
Trying 192.168.91.130...



telnet: connect to address 192.168.91.130: Connection timed out
telnet: Unable to connect to remote host: Connection timed out
```

Comme on peut le constater, la connexion ne s'établit pas.

La solution consiste à ouvrir une connexion SSH de eames vers cobb, en ouvrant un tunnel local vers le serveur Web distant :

```
[root@eames ~]# ssh jdoe@cobb -L 80:ServeurWEB:80
Last login: Mon Jan  3 12:13:29 2011 from 192.168.0.1
[jdoe@cobb ~]$
```

Les données arrivant sur le port local 80 de eames sont envoyées à travers le tunnel SSH, puis relayées vers ServeurWEB sur le port 80.

Sans surprise donc, SSH écoute sur *eames* sur le port 80 :

```
[root@eames ~]# netstat -anpe | grep ssh
tcp 0 0 127.0.0.1:80 0.0.0.0:* LISTEN 0 54748 7594/ssh
```

Il faut donc se connecter en Web localement, sur le port 80, pour établir la connexion vers le serveur web distant :

```
[root@eames ~]# telnet localhost 80
Trying 127.0.0.1...
Connected to localhost.localdomain (127.0.0.1).
Escape character is '^]'.
GET
<html>

<head>
<title> Bienvenue ! </title>
</head>

<body bgcolor="white" text="blue">

<h1> Bienvenue sur le site Web 192.168.91.130</h1>
</body>
(...)
</html>

Connection closed by foreign host.
[root@eames ~]#
```

Nous avons effectué une connexion locale (sur localhost), sur le port 80. Le GET est la requête envoyée par le client web. Nous recevons alors une page web envoyée par le serveur. La connexion est bien établie.

Remarque

Il est également possible pour une machine tierce de se connecter sur le port 80 de `eames`, pour avoir accès au serveur Web distant.

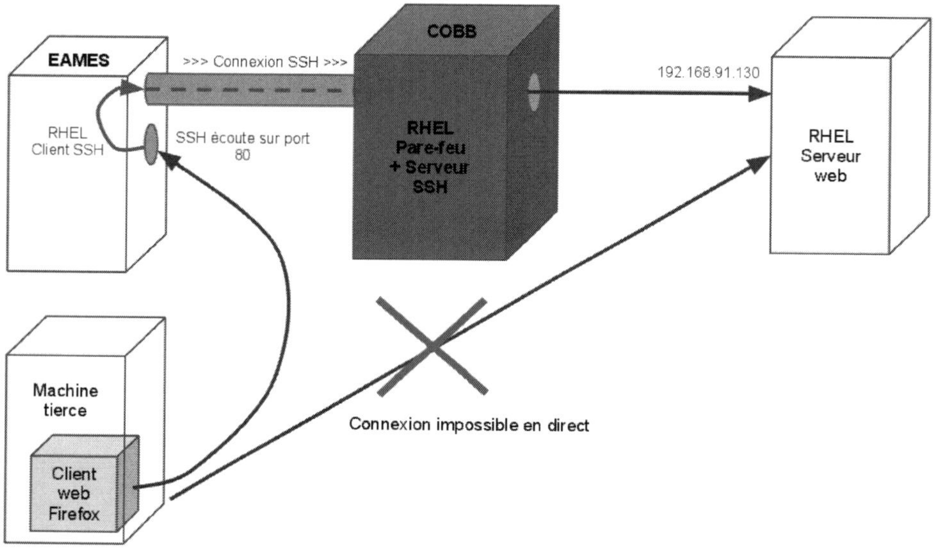

Il faut dans ce cas demander à SSH d'écouter sur **toutes les interfaces** en port 80, et pas seulement l'interface locale. Notez dans l'exemple suivant l'étoile * précédant le port d'écoute de SSH :

```
[root@eames ~]# ssh jdoe@cobb -L *:80:ServeurWEB:80
```

Redirection distante

Dans le cas d'une redirection distante, c'est l'inverse de la redirection locale. Le client SSH demande au serveur SSH d'écouter les données arrivant sur un de ses ports et de les lui renvoyer. À la réception, le client SSH peut relayer ces données, soit en interne, soit vers une autre machine.

La commande est la suivante :

```
ssh utilisateur@machine -R
<port_local_machine_distante>:<@IP_destination>:<port>
```

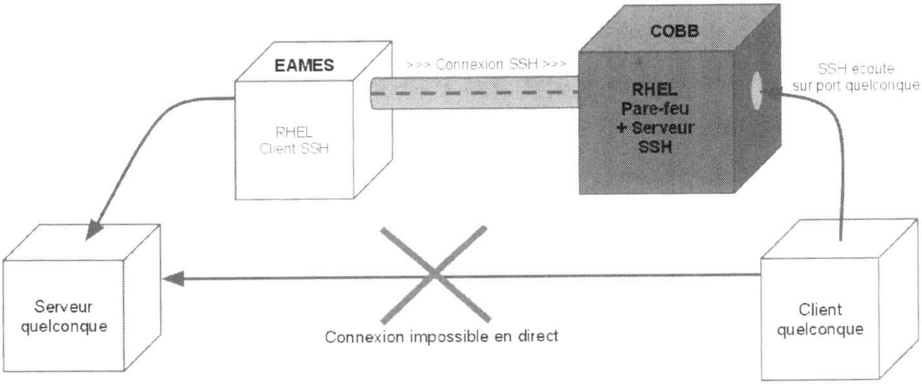

Dans l'exemple ci-dessus, une session SSH est établie de `eames` vers `cobb`. `cobb` écoute sur un port particulier, précisé dans la commande SSH, capte le flux, et l'envoie au travers du tunnel à `eames` qui relaye ces flux vers le serveur destination.

Pour établir ce flux, la commande serait donc :

```
ssh jdoe@cobb -R 80:Serveur_quelconque:80
```

4.2 Création de VPN avec RHEL

4.2.1 Introduction

Les réseaux privés virtuels (*Virtual Private Network*, VPN) sont un moyen pour relier de manière sécurisée deux sites distants à travers un réseau peu fiable.

En utilisant un VPN, deux réseaux locaux séparés par un réseau public comme Internet ont l'impression d'être connectés directement. Les différentes architectures VPN sont les combinaisons des types de connexion (client-à-site ou site-à-site) et des architectures résultantes (routées ou pontées).

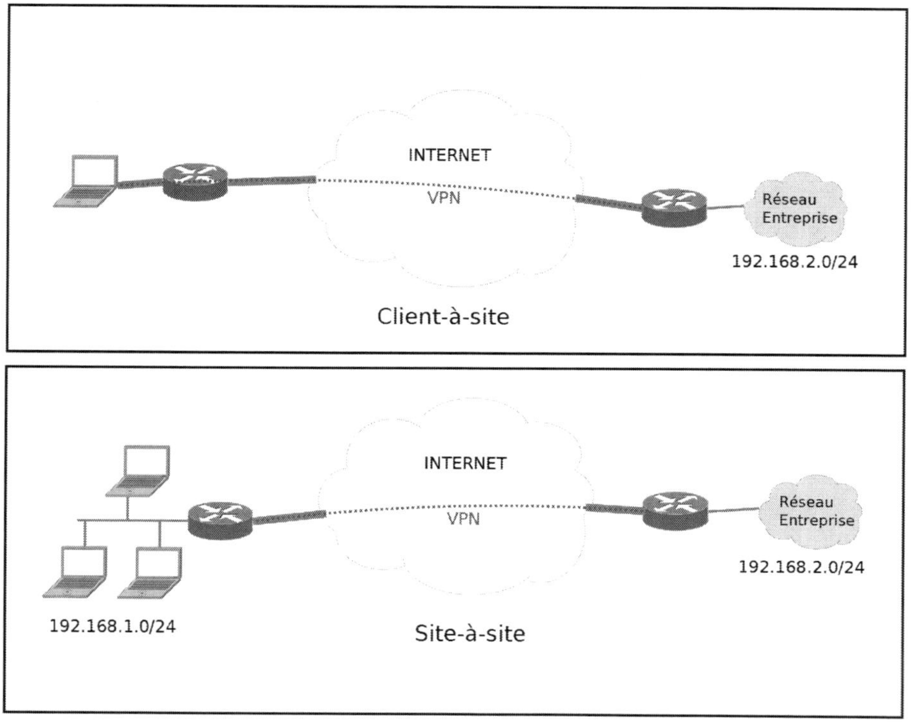

Architecture physique d'un VPN

Le **VPN routé** est l'option la plus simple et la plus facile à mettre en œuvre. Cependant, puisque virtuellement un routeur se trouve entre deux réseaux IP, il n'est possible de faire transiter que des paquets IP dans le VPN.

Par exemple, à Marseille, le réseau Agence avec l'adresse IP 192.168.1.0/24 et à Paris le réseau Siège avec l'adresse IP 192.168.2.0/24. Chacun est connecté à Internet. Il est possible de mettre en place un VPN qui donne l'impression que ces deux réseaux n'ont qu'un seul routeur entre eux, et rien d'autre. On parle de **VPN site-à-site routé**.

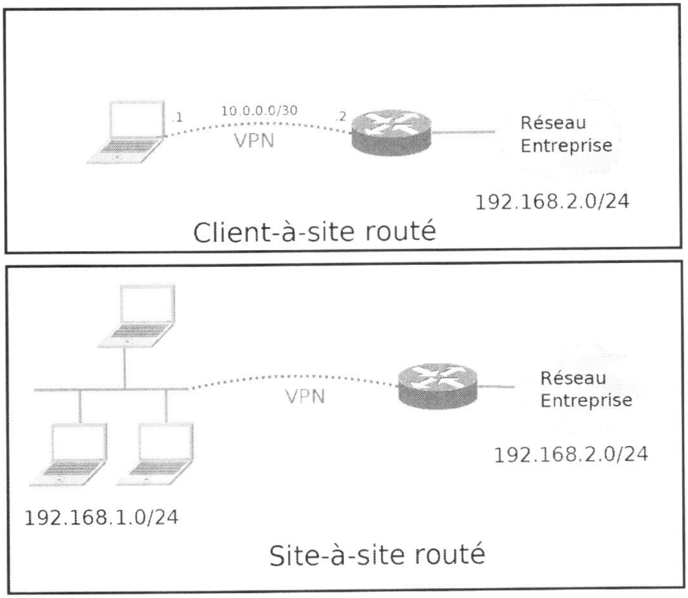

Architecture logique résultante, pour du VPN routé

Il est possible également que ces deux réseaux aient la même adresse de réseau, et que toutes les machines aient l'impression d'être sur le même réseau. On dit dans ce cas que ces réseaux sont pontés (ou bridgés).

Cette option (**VPN bridgé**) est la plus complète, mais la moins évidente à mettre en œuvre. Deux réseaux locaux ont l'impression d'être connectés directement, donc tout type de paquets niveau 3 peut transiter : IP, IPX, etc. De plus, contrairement au mode routé où le broadcast s'arrête à la frontière des réseaux, dans le cas d'un VPN ponté, le broadcast (et le multicast) peut transiter. Cela amène des avantages non négligeables, mais nécessite une gestion et une sécurité plus fines.

Par exemple, à Marseille, le réseau Agence avec l'adresse IP 192.168.1.0/24 et à Paris le réseau Siège avec l'adresse IP 192.168.1.0/24. Chacun est connecté à Internet. Le VPN mis en place donne à toutes les machines des deux réseaux l'impression d'être connectées sur le même réseau local 192.168.1.0/24. On parle alors de **VPN site-à-site bridgé** (ou ponté).

Une variante consiste à n'intégrer qu'une seule machine à un réseau par l'intermédiaire d'un VPN.

Par exemple, l'utilisateur Francis est chez lui, connecté à Internet avec une box. Il lance un client VPN sur son PC, qui le connecte au réseau de son entreprise 192.168.1.0/24. Il fait maintenant partie intégrante de ce réseau, il a donc une adresse en 192.168.1.X. Ce type de VPN est appelé VPN client, ou **VPN client-à-site**.

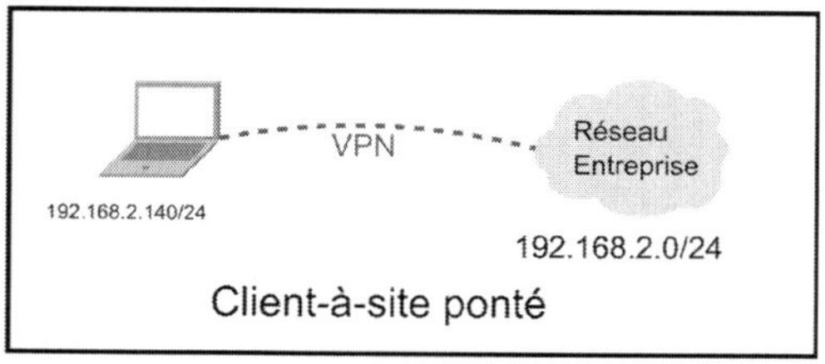

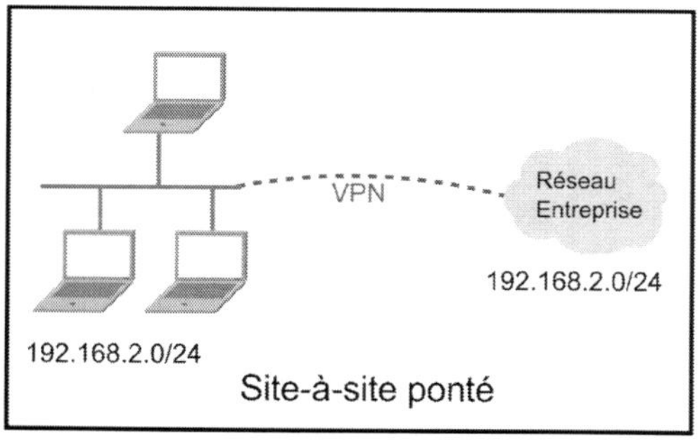

Architecture logique résultante, pour du VPN Ponté

La plupart de ces architectures reposent sur des solutions dédiées, avec des équipements dont la vocation est d'établir des VPN et de faire de la sécurité en général. Pour des VPN site-à-site ou client-à-site, il est possible d'utiliser des pare-feu Checkpoint ou Cisco ASA.

Il est cependant possible de mettre en place des VPN avec un serveur Red Hat Enterprise Linux. La solution préconisée par Red Hat est le VPN IPsec. Il existe en parallèle une solution simple et populaire en SSL appelée OpenVPN que nous allons également développer.

Ces solutions utilisent le principe du *tunneling*, c'est-à-dire l'encapsulation des flux de données circulant entre les deux réseaux dans un tunnel protégé, mettant en place trois mécanismes :

- Authentification : on vérifie l'identité des deux extrémités mettant en place le VPN.
- Intégrité : on est sûr que les données reçues sont bien celles qui ont été envoyées (elles n'ont pas été modifiées sur le chemin).
- Confidentialité : les données sont cachées, invisibles à une personne non autorisée. On utilise en général le chiffrement des données pour les rendre confidentielles.

Remarque

Les exemples développés ci-dessous ont été effectués dans un laboratoire de machines virtuelles. Ainsi, les adresses IP des passerelles VPN sont des adresses privées sur le même réseau. Cependant, dans une mise en œuvre réelle, les adresses IP des passerelles VPN sont publiques et sur des réseaux différents. De plus, les configurations sont simplifiées pour être adaptées à des serveurs, elles ne font donc apparaître que les passerelles, et non d'éventuels réseaux internes qui se trouveraient derrière elles.

4.2.2 VPN IPsec

IPsec est un ensemble de protocoles ouverts pour la sécurité indépendants des applications. IPsec agit en dessous de la couche application. Ainsi, la mise en œuvre de IPsec est transparente pour les applications, qui n'ont pas besoin de se conformer aux standards IPsec. Il est possible de faire du VPN site-à-client ou site à site, et IPsec existe maintenant pour IPv6.

Il existe deux types de sécurité IPsec :

- ESP (*Encapsulation Security Payload*) : les données sont authentifiées et chiffrées.
- AH : les données sont seulement authentifiées.

Établissement d'un tunnel

L'établissement d'un tunnel IPsec se fait en deux étapes :

1. Authentifier les extrémités : avant de pouvoir chiffrer les données, il faut échanger des clés qui serviront à ce chiffrement. C'est le rôle d'IKE (*Internet Key Exchange*) qui opère en deux phases :

- Première phase : authentifier les extrémités et établir la phase 2 sécurisée pour l'échange des clés :
  - Soit par cryptographie asymétrique en utilisant des certificats : chaque extrémité a un certificat qui garantit son identité.
  - Soit par cryptographie symétrique avec l'échange d'un secret partagé : les deux extrémités ont le même mot de passe.
  - Les clés seront elles-mêmes chiffrées.
- Deuxième phase : chiffrer les clés et les échanger, et établir une association de sécurité (les paramètres du futur tunnel).

2. Chiffrer les données : la deuxième étape consiste à protéger les données en les chiffrant avec les clés de chiffrement échangées à l'étape 1 phase 2.

Pour créer un tunnel IPsec, il faut définir les paramètres de chacune de ces étapes.

Étape 1 phase 1 : paramètres

Les paramètres de la phase 1 préparent la phase 2 (échange de clés). Ils sont les suivants :

- Algorithme de chiffrement de l'échange des clés :
  - DES, 3DES, AES : AES est recommandé, les autres connaissent des failles de sécurité.
- Vérification de l'intégrité des clés :
  - MD5, SHA1 : SHA1 est recommandé, MD5 étant considéré comme faible.

- Groupe Diffie-Helman :
  - 1 (768 bits), 2 (1024 bits), 5 (1536 bits), 14 (2048 bits) : un groupe 2 est considéré suffisant.
- Temps de renégociation des associations de sécurité IKE :
  - En général, 1440 minutes sont suffisantes.

Étape 1 phase 2 : paramètres

Les clés sont échangées grâce à la phase 1. Il faut maintenant définir les paramètres de la phase 2 qui préparent l'échange des données

- Algorithme de chiffrement de l'échange des données :
  - DES, 3DES, AES : utilisez AES.
- Vérification de l'intégrité des données :
  - MD5, SHA1 : utilisez SHA1.
- Groupe Diffie-Helman :
  - 1 (768 bits), 2 (1024 bits), 5 (1536 bits), 14 (2048 bits) : un groupe 2 est considéré suffisant.
- Temps de renégociation des associations de sécurité IPsec :
  - en général, 3600 secondes sont suffisantes.

Étape 2 : transfert de données

Un canal de données chiffré est alors établi avec les clés de chiffrement échangées à l'étape précédente.

Mise en œuvre VPN sous Red Hat Enterprise Linux

La mise en œuvre du VPN IPsec sous Linux se fait avec le logiciel OpenSwan sous RHEL 5/6, qui devient Libreswan sous RHEL 7 suite à des problèmes légaux.

Pour installer OpenSwan ou Libreswan, tapez au choix :

```
yum install openswan
yum install libreswan
```

Le paquet installe le service `ipsec`, dont la configuration se trouve dans `/etc/ipsec.conf` et le répertoire `/etc/ipsec.d/`.

Nous expliquons ici la configuration d'un VPN machine à machine (*host-to-host*) car c'est la configuration la plus souvent rencontrée sur un serveur. Pour l'authentification, nous avons choisi d'utiliser la cryptographie asymétrique Raw RSA, où chaque partie possède la clé publique de l'autre (cela sous-entend que la machine en face ne peut pas être authentifiée si elle n'a pas la clé privée correspondante). La méthode Raw RSA permet de faire de la cryptographie asymétrique sans autorité de certification, et est donc adaptée pour des architectures non évolutives contenant un petit nombre de VPN.

Pour un VPN hôte à hôte, on ne considère pas qu'il y a un client et un serveur, mais une partie "gauche" et une partie "droite". La partie gauche sera un serveur RHEL 7, tandis que la partie droite sera un serveur RHEL 6.X. Cependant, il est d'usage d'avoir un équipement de sécurité dédié en face du serveur RHEL, type Checkpoint ou Cisco ASA.

Remarque

Bien sûr, tout l'intérêt d'un VPN est que les extrémités sont distantes sur Internet. Si vos machines ont une adresse IP publique directement accessible, la configuration ne posera pas trop de problème (pourvu que les ports IPsec soient ouverts sur le pare-feu). Si les machines se trouvent derrière un Proxy NAT (une box par exemple), il faut simplement activer la redirection des ports UDP/500 et UDP/4500 vers la machine en interne. IPsec supporte cela avec le protocole NAT-T activé par défaut.

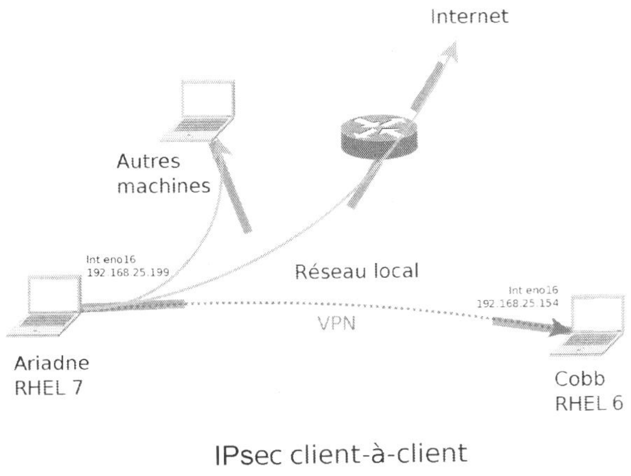

Architecture utilisée pour l'exemple IPsec

RHEL 7 à gauche

▶ Il faut simplement demander à la commande `ipsec` de générer une nouvelle paire de clés publique/privée. La génération de ces clés peut prendre plusieurs minutes en fonction de l'activité de votre machine, pas d'inquiétude donc si vous ne recevez pas de réponse immédiate :

```
ipsec newhostkey --configdir /etc/ipsec.d --output /etc/ipsec.d/
<nom_machine>.secrets
```

Par exemple, après environ 5 minutes :

```
[root@ariadne ipsec.d]# ipsec newhostkey --configdir /etc/ipsec.d --output
/etc/ipsec.d/ariadne.secrets
Résultat :
Generated RSA key pair using the NSS database
```

▶ Affichez maintenant la clé publique générée. La valeur à retenir est celle qui apparaît après `leftrsasigkey=`. Cette clé devra être copiée dans le fichier de configuration :

```
ipsec showhostkey --left
```

Par exemple :

```
[root@ariadne ipsec.d]# ipsec showhostkey -left
        # rsakey AQPLFi4SN


leftrsasigkey=0sAQPLFi4SN8St(...)B+uS9H8tT0GLXaAnqIsTIp8Co3LZ9r4h2B
```

▶ Editez le fichier /etc/ipsec.conf, et enlevez la remarque à la ligne ci-dessous, pour que les fichiers de configuration dans /etc/ipsec.d/ soient pris en compte :

```
Fichier /etc/ipsec.conf
include /etc/ipsec.d/*.conf
```

▶ Créez maintenant un fichier de configuration en .conf (avec un nom pertinent) dans /etc/ipsec.d/ avec les valeurs comme dans l'exemple ci-dessous :

- leftid= : nom de la machine, tel qu'on le retrouve dans le nom du fichier de la clé générée au début.
- left= : adresse IP de l'interface extrémité gauche du tunnel.
- leftrsasigkey= : clé publique de la machine de gauche copiée à partir du résultat de la commande ipsec showhostkey --left.
- rightid= : nom de la machine distante.
- right= : adresse IP de l'interface de la machine droite distante.
- rightrsasigkey= : clé publique de la machine de droite distante copiée à partir du résultat de la commande ipsec showhostkey --right exécutée sur cette machine. Il faut donc avoir rempli les premières étapes de la partie suivante pour pouvoir complètement remplir le fichier de configuration.
- authby=rsasig
- auto=start

Par exemple, pour la machine ariadne se trouvant à gauche :

```
Fichier /etc/ipsec.d/ariadne-à-cobb.conf :

conn tunnel_ariadne_cobb
    leftid=@ariadne
    left=192.168.25.199
    leftrsasigkey=0sAQPLFi4SN8St(...)B+uS9H8tT0GLXaAnqIsTIp8Co3LZ9r4h2B
    rightid=@cobb
```

```
right=192.168.25.154
rightrsasigkey=0sAQPi8dRayUF(...)jCQamkbOsoqfrqajNnVNca+cL5wHgLIydt
authby=rsasig
# load and initiate automatically
auto=start
```

▶ Redémarrez le service `ipsec` et vérifiez son état :

```
systemctl restart ipsec
systemctl status ipsec
```

▶ Ajoutez et activez ensuite le tunnel, en précisant le nom défini dans le fichier de configuration :

```
ipsec auto --add <nom_tunnel>
ipsec auto --up <nom_tunnel>
```

Par exemple :

```
[root@ariadne ipsec.d]# ipsec auto --add ariadne_cobb

[root@ariadne ipsec.d]# ipsec auto --up ariadne_cobb
117 " ariadne_cobb" #10: STATE_QUICK_I1: initiate
004 " ariadne_cobb" #10: STATE_QUICK_I2: sent QI2, IPsec SA established
tunnel mode {ESP=>0x3cf733a7 <0x4931631d

xfrm=AES_128-HMAC_SHA1 NATOA=none NATD=none DPD=none}
[root@ariadne ipsec.d]#
```

▶ IPsec est activé en ESP : les données sont chiffrées et authentifiées.

Remarque

Il faut bien sûr que le pare-feu autorise les ports UDP/500 et UDP/4500 en entrée. Avec RHEL 7, cela est fait très facilement en ajoutant le service `ipsec` prédéfini dans la zone active.

RHEL 6 à droite

▶ Sous RHEL 6, la configuration est quasiment identique. Après avoir installé openswan avec yum, il faut simplement créer une base de données de clés, ce qui est fait à l'installation sous RHEL 7. N'entrez pas de mot de passe, car il serait demandé à chaque établissement du tunnel (potentiellement à chaque démarrage de la machine) :

```
certutil -N -d /etc/ipsec.d
```

Par exemple :

```
root@cobb ipsec.d]# certutil -N -d /etc/ipsec.d
Enter a password which will be used to encrypt your keys.
The password should be at least 8 characters long,
and should contain at least one non-alphabetic character.

Enter new password:
Re-enter password:
[root@cobb ipsec.d]#
```

▶ Une fois cela effectué, les étapes sont les mêmes que sous RHEL 7. Créez les clés publique/privée et affichez la clé publique. Cette clé doit apparaître en tant que clé de droite dans le fichier de configuration :

```
ipsec newhostkey --configdir /etc/ipsec.d --output
/etc/ipsec.d/<nom_machine>.secrets
ipsec showhostkey --right
```

Par exemple, sur la machine `cobb` :

```
[root@cobb ipsec.d]# ipsec newhostkey --configdir /etc/ipsec.d --output
/etc/ipsec.d/cobb.secret
Generated RSA key pair using the NSS database
[root@cobb ipsec.d]# ipsec showhostkey -right
ipsec showhostkey nss directory showhostkey: /etc/ipsec.d
        # rsakey AQPi8dRay

 rightrsasigkey=0sAQPi8dRayUF(...)jCQamkbOsoqfrqajNnVNca+cL5wHgLIydt
```

▶ Éditez le fichier `/etc/ipsec.conf`, et enlevez la remarque à la ligne ci-dessous, pour que les fichiers de configuration dans `/etc/ipsec.d/` soient pris en compte :

```
Fichier /etc/ipsec.conf
include /etc/ipsec.d/*.conf
```

▶ Créez maintenant un fichier de configuration en `.conf` (avec un nom pertinent) dans `/etc/ipsec.d/` avec un contenu rigoureusement identique à la machine de gauche :

```
Fichier /etc/ipsec.d/ariadne-à-cobb.conf :

conn tunnel_ariadne_cobb
    leftid=@ariadne
    left=192.168.25.199
    leftrsasigkey=0sAQPLFi4SN8St(...)B+uS9H8tT0GLXaAnqIsTIp8Co3LZ9r4h2B
```

```
    rightid=@cobb
    right=192.168.25.154
    rightrsasigkey=0sAQPi8dRayUF(...)jCQamkbOsoqfrqajNnVNca+cL5wHgLIydt
    authby=rsasig
    # load and initiate automatically
    auto=start
```

▶ Redémarrez le service `ipsec` :

```
service ipsec restart
```

▶ Ajoutez la connexion VPN définie plus haut dans la base de données, et activez-la ensuite, en précisant le nom défini dans le fichier de configuration :

```
ipsec auto --add <nom_tunnel>
ipsec auto --up <nom_tunnel>
```

Par exemple :

```
[root@cobb ipsec.d]# ipsec auto --add ariadne_cobb
/usr/libexec/ipsec/addconn Non-fips mode set in /proc/sys/crypto/
fips_enabled
[root@cobb ipsec.d]#


[root@cobb ipsec.d]# ipsec auto --up ariadne_cobb
117 " ariadne_cobb" #9: STATE_QUICK_I1: initiate
004 " ariadne_cobb" #9: STATE_QUICK_I2: sent QI2, IPsec SA established
tunnel mode {ESP=>0x899eb970 <0xec81a705

xfrm=AES_128-HMAC_SHA1 NATOA=none NATD=none DPD=none}
```

▶ Comme vous pouvez le constater, IPsec est activé en ESP.

Vérification du fonctionnement

Dans la version actuelle, Libreswan ne configure pas une interface virtuelle simulant un lien point-à-point, rendant le diagnostic d'IPsec difficile à lire. On se conforme plutôt à l'utilisation classique d'une SPD (*Security Policy Database*, base de données de politiques de sécurité), qui est une liste de traitements à appliquer aux paquets en fonction de certains critères (typiquement l'adresse IP source et destination du paquet).

En fonction des critères, les paquets sortants sont envoyés tels quels, sont modifiés avec IPsec, ou sont bloqués.

Pour afficher la SPD :

```
ip xfrm policy
```

Par exemple, nous affichons la SPD sur la machine `ariadne` dont l'adresse IP est `192.168.25.199` :

```
[root@ariadne ~]# ip xfrm policy
src 192.168.25.199/32 dst 192.168.25.154/32
        dir out priority 2080 ptype main
        tmpl src 192.168.25.199 dst 192.168.25.154
                proto esp reqid 16385 mode tunnel
src 192.168.25.154/32 dst 192.168.25.199/32
        dir fwd priority 2080 ptype main
        tmpl src 192.168.25.154 dst 192.168.25.199
                proto esp reqid 16385 mode tunnel
src 0.0.0.0/0 dst 0.0.0.0/0
        socket out priority 0 ptype main
src 0.0.0.0/0 dst 0.0.0.0/0
        socket in priority 0 ptype main
(...)
```

Nous constatons que :

- Si le paquet va de la machine locale (`src 192.168.25.199`) vers le correspondant (`dst 192.168.25.154`), on applique IPsec ESP (chiffrement).
- Si le paquet vient de la machine distante vers la machine locale, il doit contenir de l'ESP.
- Sinon, si les paquets vont de n'importe où (`0.0.0.0`) vers n'importe où (`0.0.0.0`), on les laisse passer.

Affichez l'état des connexions IPsec établies. Cela vous permet de voir l'état de chaque côté de la connexion, localement et vu de l'autre côté :

```
ip xfrm state
```

Vous pouvez également surveiller le passage des paquets avec les commandes suivantes :

```
ip xfrm monitor
tcpdump -n -i <interface> esp
```

Par exemple, un ping est exécuté en continu entre la machine `192.168.25.199` et la machine `192.168.25.154`. Le ping fonctionne parfaitement, chaque `echo request` reçoit un `echo reply`. Parallèlement on exécute un ping vers un site quelconque sur Internet (ce trafic ne doit pas être modifié par IPsec). Effectuons une capture du trafic IPsec en ESP avec `tcpdump` :

```
[root@ariadne ~]# tcpdump -n -i ens33 esp
tcpdump: verbose output suppressed, use -v or -vv for full protocol decode
listening on ens33, link-type EN10MB (Ethernet), capture size 65535
bytes
07:40:15.722463 IP 192.168.25.199 > 192.168.25.154:
ESP(spi=0x2ed55a8f,seq=0xcc4), length 132
07:40:15.723384 IP 192.168.25.154 > 192.168.25.199:
ESP(spi=0x571de5d8,seq=0xcca), length 132
07:40:16.724002 IP 192.168.25.199 > 192.168.25.154:
ESP(spi=0x2ed55a8f,seq=0xcc5), length 132
```

Nous constatons que le premier ping est bien vu par `tcpdump` : il s'agit bien de trafic IPsec. Nos pings sont donc chiffrés et authentifiés. Le deuxième ping vers Internet n'apparaît pas, car il n'est pas touché par IPsec et sort donc en clair.

4.2.3 VPN SSL avec OpenVPN

OpenVPN est un VPN basé sur le protocole standard SSL/TLS utilisé pour sécuriser les applications Internet, comme le Web, l'e-mail, etc.

Il apporte les mêmes fonctionnalités qu'un VPN classique mais tout en souplesse : en effet SSL/TLS a été conçu pour être très facile à mettre en place par les applications. De plus, étant placé entre la couche Transport et la couche Application, il est complètement transparent pour le système d'exploitation et peut passer les proxys NAT, contrairement à IPsec qui nécessite des ajouts (encapsulation dans une couche Transport avec NAT-T, ce que fait OpenVPN nativement).

OpenVPN suit peu ou prou les mêmes étapes que IPsec, avec une authentification au préalable, puis un échange de clé de chiffrement.

Remarque

Le site `openvpn.net` *propose une version Community (qu'on trouve sur les dépôts et que nous utilisons ici) et une version AS (Access Server) payante, avec beaucoup de fonctionnalités dont une configuration simplifiée par interface web.*

Dans la suite de ce chapitre, nous vous proposons d'abord une configuration simple avec clé partagée (cryptographie symétrique) pour vous permettre de repérer les options minimum, puis nous vous faisons découvrir la cryptographie asymétrique avec certificats par la mise en place d'une autorité de certification.

Remarque

Même remarque que pour IPsec : bien sûr, tout l'intérêt d'un VPN est que les extrémités soient distantes sur Internet. Si vos machines ont une adresse IP publique directement accessible, la configuration ne posera pas trop de problèmes (pourvu que le port OpenVPN soit ouvert sur le pare-feu). Si les machines se trouvent derrière un proxy NAT (une box par exemple), il faut simplement activer la redirection du port UDP/1194 vers la machine en interne, de chaque côté.

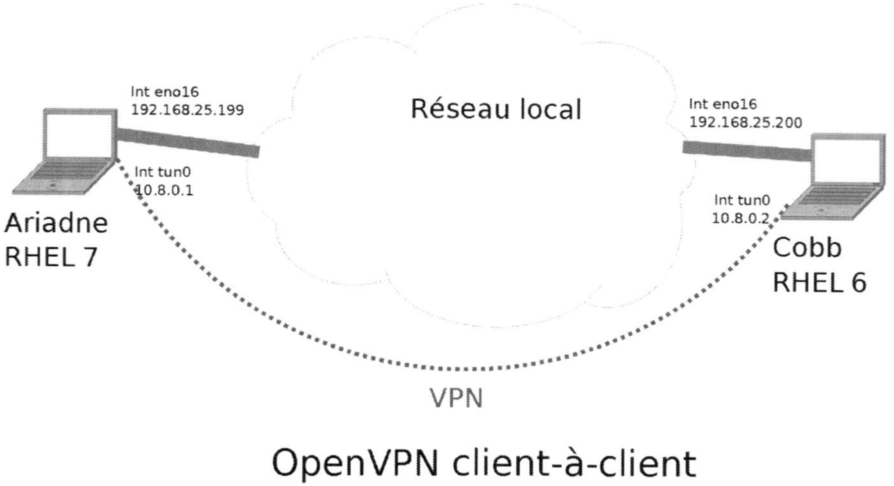

Architecture utilisée pour l'exemple OpenVPN

Configuration simple

Commençons par une configuration simple avec le minimum de paramètres. Pour l'authentification, nous utiliserons une clé statique partagée (symétrique) entre le client et le serveur. OpenVPN s'occupe du reste.

Remarque

Vous trouverez plus d'informations sur la cryptographie symétrique au chapitre Installation de logiciels.

Le paquet OpenVPN est disponible sur le dépôt EPEL. Si nécessaire, installez ce dépôt, puis installez OpenVPN sur le client et le serveur :

```
yum install openvpn
```

Côté serveur, générons une clé statique pour l'authentification, puis lançons le serveur avec les options minimum :

```
root@ariadne ~]# openvpn --genkey --secret static.key
[root@ariadne ~]# openvpn  --dev tun --ifconfig 10.8.0.1 10.8.0.2 --secret
static.key
Thu Aug 21 03:19:49 2014 OpenVPN 2.3.2 x86_64-redhat-linux-gnu [SSL (OpenSSL)]
[LZO] [EPOLL] [PKCS11] [eurephia] [MH] [IPv6] built on Sep 12 2013
(...)
Fri Aug 22 15:52:36 2014 /usr/sbin/ip addr add dev tun0 local 10.8.0.1 peer
10.8.0.2
Fri Aug 22 15:52:36 2014 UDPv4 link local (bound): [undef]
Fri Aug 22 15:52:36 2014 UDPv4 link remote: [undef]
```

Les options utilisées sont les suivantes :

- `--genkey --secret static.key` : génération d'une clé statique non-TLS dont le nom est `static.key`.
- `--dev tun` : création d'un VPN en mode routé (tunnel). Cette commande fera apparaître une interface `tun`, une interface virtuelle qui est une extrémité du tunnel VPN.
- `--genkey --secret static.key` : définit les adresses IP de chaque machine dans le tunnel. Le serveur aura l'adresse 10.8.0.1, et le client 10.8.0.2.
- `--genkey --secret static.key` : définit la clé à utiliser pour l'authentification.

Le serveur est ensuite lancé en écoute sur le port UDP/1194, dans l'attente d'un client pour établissement d'un tunnel.

Remarque

Il faut bien sûr que le pare-feu autorise le port UDP/1194 en entrée. Avec RHEL 7, cela est fait très facilement en ajoutant dans la zone active le service `openvpn` *prédéfini.*

Côté client, il faut d'abord rapatrier la clé partagée statique du serveur, nécessaire à l'authentification. Utilisons `scp` :

```
[root@cobb ~]# scp root@192.168.25.199:static.key .
root@192.168.25.199's password:
static.key                                  100%  636     0.6KB/s   00:00
```

Lançons ensuite le client VPN avec les options minimum :

```
[root@cobb ~]# openvpn --remote 192.168.25.199 --dev tun --ifconfig
10.8.0.2 10.8.0.1 --secret static.key
Thu Aug 21 06:06:46 2014 /sbin/ip addr add dev tun0 local 10.8.0.2 peer
10.8.0.1
Thu Aug 21 06:06:46 2014 UDPv4 link local (bound): [undef]
Thu Aug 21 06:06:46 2014 UDPv4 link remote: [AF_INET]192.168.25.199:1194
```

Les options sont les mêmes que pour le serveur. Bien sûr, les adresses IP des extrémités du tunnel sont inversées. L'option en plus est :

- `--remote 192.168.25.199` : c'est l'option qui définit OpenVPN en tant que client puis qu'elle demande d'initier une connexion vers un serveur distant.

La connexion s'effectue alors. Vous devriez alors obtenir les messages suivants. Côté serveur :

```
Fri Aug 22 16:00:47 2014 Peer Connection Initiated with
[AF_INET]192.168.25.152:1194
Fri Aug 22 16:00:47 2014 Initialization Sequence Completed
```

Et côté client :

```
Thu Aug 21 06:11:00 2014 Peer Connection Initiated with
[AF_INET]192.168.25.199:1194
Thu Aug 21 06:11:02 2014 Initialization Sequence Completed
```

Bien sûr, il ne faut pas interrompre les programmes.

Sur le client (ici, un RHEL 6), nous voyons apparaître une interface `tun`, extrémité du tunnel, avec l'adresse IP configurée :

```
[root@cobb ~]# ip address
11: tun0: <POINTOPOINT,MULTICAST,NOARP,UP,LOWER_UP> mtu 1500 qdisc
pfifo_fast state UNKNOWN qlen 100
    link/[65534]
    inet 10.8.0.2 peer 10.8.0.1/32 scope global tun0
```

Même chose sur le serveur (ici un RHEL 7) :

```
[root@ariadne openvpn]# ip address
15: tun0: <POINTOPOINT,MULTICAST,NOARP,UP,LOWER_UP> mtu 1500 qdisc
pfifo_fast state UNKNOWN qlen 100
    link/none
    inet 10.8.0.1 peer 10.8.0.2/32 scope global tun0
       valid_lft forever preferred_lft forever
```

Nous pouvons ajouter les options basiques suivantes (sur le serveur et le client) :

- `--comp-lzo` : activer la compression des flux.
- `--keepalive 10 60` : définit les délais au-delà desquels il y a déconnexion si aucune nouvelle n'est reçue de l'autre partie (un "ping").
  - `10` : envoie un ping toutes les 10 secondes au client si aucune donnée n'est échangée. Cela permet d'abord de maintenir la connexion au niveau du proxy NAT et du pare-feu, mais également pour la détection du délai décrit ci-dessous.
  - `60` : utilisé dans le cas où le client a une adresse IP dynamique résolue avec un DNS dynamique. Si aucun ping n'est reçu dans les 60 secondes, le serveur suppose que le client a changé d'adresse IP et va relire sa configuration, pour obtenir la nouvelle adresse IP du client associé au nom configuré.
- `--persist-tun` et `--persist-key` : le cas échéant, cette option demande à ne pas redémarrer l'interface `tun` et à relire la clé si un redémarrage doit s'effectuer dans le cas décrit ci-dessus.
- `--ping-timer-rem` : cette option permet de ne lancer les temporisateurs que lorsqu'un client s'est connecté (et non pas au démarrage du serveur).

Configuration simple en mode service

Pour un lancement automatique du VPN au démarrage de l'OS, il faut configurer OpenVPN en tant que service et l'activer dans `/etc/init.d/` pour RHEL 5/6 et `systemd` pour RHEL 7.

Pour l'activation du **client openvpn sous RHEL 5/6** (le serveur est quasi-identique à quelques lignes près dans la configuration), créez un fichier de configuration avec l'extension `.conf` dans `/etc/openvpn`. Mettez les droits de tous les fichiers de ce répertoire en `600`. Ensuite, démarrez le service avec la commande `service`.

Remarque

Le script de démarrage de OpenVPN lance un processus OpenVPN pour chaque fichier `.conf`. Il exécute au préalable tout script `.sh` portant le même nom. Il est ainsi possible d'avoir plusieurs VPN lancés au démarrage de l'OS, et d'exécuter certaines commandes à ce moment.

Par exemple, pour la configuration cliente précédente :

```
Fichier /etc/openvpn/client.conf
remote 192.168.25.199
dev tun
ifconfig 10.8.0.2 10.8.0.1
secret /etc/openvpn/static.key

comp-lzo
keepalive 10 60
persist-tun
persist-key
ping-timer-rem
```

Également, nous avons copié dans le répertoire `/etc/openvpn` la clé d'authentification `static.key`, et positionné les droits sur tous les fichiers :

```
[root@cobb ~]# ls -lh /etc/openvpn/
total 8,0K
-rw-------. 1 root root 154 21 août  07:37 client.conf
-rw-------. 1 root root 636 21 août  03:16 static.key
```

Il ne reste plus qu'à lancer (ou redémarrer) le service openvpn :

```
[root@cobb openvpn]# service openvpn restart
Arrêt de openvpn :                                          [  OK  ]
Démarrage de openvpn :                                      [  OK  ]
[root@cobb openvpn]
```

Remarque

Nous avons remarqué lors de nos tests des erreurs dans les logs à propos du fichier `static.key` provoquant une incapacité du service à démarrer. Cela vient parfois de SELinux qui est activé. Si c'est le cas, tapez la commande suivante pour que les nouveaux fichiers soient mis dans le bon contexte de sécurité (ou désactivez SELinux) :

```
restorecon -Rv /etc/openvpn
```

Nous constatons que le processus est bien démarré :

```
[root@cobb openvpn]# tail /var/log/messages
Aug 21 07:43:23 cobb openvpn[9545]: SIGTERM[hard,] received, process
exiting
Aug 21 07:43:25 cobb openvpn[9612]: OpenVPN 2.3.2 x86_64-redhat-linux-gnu
[SSL (OpenSSL)] [LZO] [EPOLL] [PKCS11] [eurephia] [MH] [IPv6] built on Sep
12 2013
Aug 21 07:43:25 cobb openvpn[9612]: TUN/TAP device tun0 opened
Aug 21 07:43:25 cobb kernel: tun0: Disabled Privacy Extensions
Aug 21 07:43:25 cobb openvpn[9612]: do_ifconfig, tt->ipv6=0, tt-
>did_ifconfig_ipv6_setup=0
Aug 21 07:43:25 cobb openvpn[9612]: /sbin/ip link set dev tun0 up mtu 1500
Aug 21 07:43:25 cobb openvpn[9612]: /sbin/ip addr add dev tun0 local
10.8.0.2 peer 10.8.0.1
Aug 21 07:43:25 cobb openvpn[9619]: UDPv4 link local (bound): [undef]
Aug 21 07:43:25 cobb openvpn[9619]: UDPv4 link remote:
[AF_INET]192.168.25.199:1194

[root@cobb openvpn]# ps -ef | grep openvpn
root      9619     1  0 07:43 ?        00:00:00 /usr/sbin/openvpn --daemon
--writepid /var/run/openvpn/client.pid --cd /etc/openvpn --config
client.conf --script-security 2
```

Pour l'activation de OpenVPN en tant que **serveur sous RHEL 7**, il faut de la même manière créer un fichier de configuration avec l'extension `.conf` dans `/etc/openvpn`. Mettez les droits de tous les fichiers de ce répertoire en `600`.

En utilisant la commande `systemctl`, il faudra ensuite démarrer le service portant le nom du fichier de configuration :

```
systemctl start openvpn@<nom_fichier>.service
```

Par exemple, si le nom du fichier de configuration est `/etc/openvpn/server_intranet.conf`, il faudra utiliser la commande `systemctl start openvpn@server_intranet.service`.

Ainsi, pour la configuration serveur précédente :

```
Fichier /etc/openvpn/server.conf
dev tun
ifconfig 10.8.0.1 10.8.0.2
secret static.key

comp-lzo
keepalive 10 60
persist-tun
persist-key
ping-timer-rem
```

Également, nous avons copié dans le répertoire `/etc/openvpn` la clé d'authentification `static.key`, et positionné les droits sur tous les fichiers :

```
[root@ariadne ~]# ls -lh /etc/openvpn/
total 8,0K
-rw-------. 1 root root 119 22 août  17:56 server.conf
-rw-------. 1 root root 637 22 août  17:49 static.key
```

Il ne reste plus qu'à lancer (ou redémarrer) le service `openvpn` :

```
[root@ariadne openvpn]# systemctl start openvpn@server.service
```

Nous constatons que le processus est bien démarré :

```
[root@ariadne openvpn]# systemctl status -l openvpn@server.service
openvpn@server.service - OpenVPN Robust And Highly Flexible Tunneling
Application On server
   Loaded: loaded (/usr/lib/systemd/system/openvpn@.service; disabled)
   Active: active (running) since ven. 2014-08-22 18:01:40 CEST; 2min 22s
ago
(...)
[root@ariadne openvpn]# ps -ef | grep openvpn
root      5299     1  0 18:01 ?        00:00:00 /usr/sbin/openvpn --daemon
--writepid /var/run/openvpn/server.pid --cd /etc/openvpn/ --config
server.conf
```

Remarque

Vous pouvez également regarder dans les logs avec `journald` ou dans `/var/log/messages`.

Lorsque le client et le serveur sont connectés, on trouve ce message dans les logs, signifiant que le VPN est prêt à être utilisé :

```
Aug 22 18:14:50 ariadne openvpn[5328]: Peer Connection Initiated with
[AF_INET]192.168.25.152:1194
Aug 22 18:14:50 ariadne openvpn[5328]: Initialization Sequence Completed
```

Vérification du fonctionnement

On assiste à l'apparition d'une interface virtuelle `tun0` (pour le mode routeur, ou `tap0` pour le mode bridge). L'utilisation d'une interface est intéressante conceptuellement : elle montre que le VPN peut être considéré comme une ligne point-à-point dédiée, comme le serait une liaison louée à un opérateur. Cela facilite autant la compréhension que l'administration du pare-feu par exemple.

Par exemple :

```
[root@ariadne openvpn]# ip add
(...)
2: ens33: <BROADCAST,MULTICAST,UP,LOWER_UP> mtu 1500 qdisc pfifo_fast
state UP qlen 1000
    link/ether 00:0c:29:e5:5a:50 brd ff:ff:ff:ff:ff:ff
    inet 192.168.25.199/24 brd 192.168.25.255 scope global ens33
       valid_lft forever preferred_lft forever
    inet6 fe80::20c:29ff:fee5:5a50/64 scope link
       valid_lft forever preferred_lft forever
4: tun0: <POINTOPOINT,MULTICAST,NOARP,UP,LOWER_UP> mtu 1500 qdisc
pfifo_fast state UNKNOWN qlen 100
    link/none
    inet 10.8.0.1 peer 10.8.0.2/32 scope global tun0
       valid_lft forever preferred_lft forever
```

Remarque

L'apparition de cette interface ne signifie pas que le tunnel est établi, mais simplement que OpenVPN est bien exécuté ; comme n'importe quelle interface, l'interface `tun0` peut être présente mais n'être connectée à rien.

Ainsi, dans tous les types de configuration OpenVPN (statique ou PKI détaillée après), c'est le message suivant affiché dans les logs qui nous indique que le tunnel VPN est bien établi :

```
Aug 22 18:14:50 ariadne openvpn[5328]: Peer Connection Initiated with
[AF_INET]192.168.25.152:1194
Aug 22 18:14:50 ariadne openvpn[5328]: Initialization Sequence Completed
```

Lorsque le VPN est établi, il est possible de transmettre des paquets entre les deux machines de manière sécurisée.

Par exemple, un simple ping :

```
[root@cobb openvpn]# ping 10.8.0.1
PING 10.8.0.1 (10.8.0.1) 56(84) bytes of data.
64 bytes from 10.8.0.1: icmp_seq=1 ttl=64 time=0.585 ms
64 bytes from 10.8.0.1: icmp_seq=2 ttl=64 time=1.50 ms
64 bytes from 10.8.0.1: icmp_seq=3 ttl=64 time=1.43 ms
64 bytes from 10.8.0.1: icmp_seq=4 ttl=64 time=0.522 ms
```

Le fait que le ping réponde sur l'adresse IP utilisée par le tunnel garantit que les paquets sont chiffrés.

4.2.4 VPN avec authentification par certificats

La configuration d'un VPN avec certificats passe par les étapes suivantes :

- Installation d'une autorité de certification sur un serveur (PKI, *Public Key Infrastructure*). Il y aura donc création d'un certificat racine CA (autorité de certification) qui servira à signer les autres certificats.
- Création d'un certificat pour le serveur VPN et configuration du serveur VPN. Pour des raisons pratiques, le serveur PKI et le serveur VPN seront sur la même machine.
- Création d'un certificat pour le client VPN et configuration du client VPN. Le certificat client devra être transféré du serveur PKI vers la machine abritant le client VPN.

Remarque

L'autorité de certification (CA) est la partie de la PKI s'occupant de la création de certificats. Une PKI comprend d'autres structures, comme la révocation et le stockage. Plus d'explications sur la cryptographie asymétrique au chapitre Installation de logiciels.

Création d'une autorité de certification (CA)

▶ Sur la machine où se trouve le serveur VPN (dans nos exemples un RHEL 7), il faut d'abord installer le paquet `easy-rsa`, qui est un script facilitant l'utilisation de `openssl` pour la mise en place de la PKI :

```
yum install easy-rsa
```

▶ Copiez ensuite le modèle des fichiers de configuration vers le répertoire racine :

```
cp -ai /usr/share/easy-rsa/2.0 ~/easy-rsa
```

▶ Éditez ensuite le nouveau fichier de configuration du script, et modifiez les variables suivantes à votre convenance :

```
Fichier ~/easy-rsa/vars
export KEY_COUNTRY="FR"
export KEY_PROVINCE="FR"
export KEY_CITY="Paris"
export KEY_ORG="Tellnet"
export KEY_EMAIL="tbartolone@tellnet.fr"
export KEY_OU="DSI"
export KEY_SIZE=2048
```

▶ Il faut maintenant mettre ces variables en mémoire en "sourçant" le fichier `vars` , puis réinitialiser pour une première utilisation le répertoire `~/easy-rsa/keys` où se trouveront les clés générées :

```
cd /root/easy-rsa
. vars
./clean-all
```

▶ Avant de commencer à générer des certificats, pensez bien à mettre votre serveur à l'heure. L'utilisation du protocole NTP est recommandée, mais vous pouvez utiliser la commande `date`.

Par exemple :

```
[root@ariadne easy-rsa]# date 08261651
mar. août 26 16:51:00 CEST 2014
```

▶ Vous allez maintenant générer les certificats et clés de la CA, avec la commande :

```
./build-ca
```

Le `Common Name` contient normalement le hostname du serveur, mais pour une CA, vous pouvez mettre le nom de l'entité. Par exemple :

```
[root@ariadne easy-rsa]# ./build-ca
Generating a 2048 bit RSA private key
.....+++
.........+++
writing new private key to 'ca.key'
-----
You are about to be asked to enter information that will be incorporated
into your certificate request.
What you are about to enter is what is called a Distinguished Name or a DN.
There are quite a few fields but you can leave some blank
For some fields there will be a default value,
If you enter '.', the field will be left blank.
-----
Country Name (2 letter code) [FR]:
State or Province Name (full name) [FR]:
Locality Name (eg, city) [Paris]:
Organization Name (eg, company) [Tellnet]:
Organizational Unit Name (eg, section) [DSI]:
Common Name (eg, your name or your server's hostname) [Tellnet CA]:
Name [EasyRSA]:Thibault Bartolone
Email Address [tbartolone@tellnet.fr]:
[root@ariadne easy-rsa]# ls
[root@ariadne easy-rsa]# cd keys/
[root@ariadne keys]# ls
ca.crt  ca.key  index.txt  serial
```

Remarque

Dans le répertoire `keys/`, vous trouvez maintenant le fichier `ca.crt` qui est le certificat de la CA contenant la clé publique permettant de vérifier les certificats signés par la CA. Le fichier `ca.key` est la clé privée (et donc confidentielle) permettant de signer les certificats. Si quelqu'un se procurait cette clé, il pourrait signer de faux certificats à votre place.

▶ Il est temps maintenant de générer le certificat et la clé privée du serveur VPN, en précisant le hostname du serveur. Il ne faut pas définir de `challenge password` et de `optionnal company name` :

```
./build-key-server <hostname_serveur_VPN>
```

Par exemple :

```
[root@ariadne easy-rsa]# ./build-key-server ariadne
Generating a 2048 bit RSA private key
.............................+++
.........................................................................
.............+++
writing new private key to 'ariadne.key'
-----
You are about to be asked to enter information that will be incorporated
into your certificate request.
What you are about to enter is what is called a Distinguished Name or a DN.
There are quite a few fields but you can leave some blank
For some fields there will be a default value,
If you enter '.', the field will be left blank.
-----
Country Name (2 letter code) [FR]:
State or Province Name (full name) [FR]:
Locality Name (eg, city) [Paris]:
Organization Name (eg, company) [Tellnet]:
Organizational Unit Name (eg, section) [DSI]:
Common Name (eg, your name or your server's hostname) [ariadne]:
Name [EasyRSA]:
Email Address [tbartolone@tellnet.fr]:

Please enter the following 'extra' attributes
to be sent with your certificate request
A challenge password []:
An optional company name []:
Using configuration from /root/easy-rsa/openssl-1.0.0.cnf
Check that the request matches the signature
Signature ok
The Subject's Distinguished Name is as follows
countryName           :PRINTABLE:'FR'
stateOrProvinceName   :PRINTABLE:'FR'
localityName          :PRINTABLE:'Paris'
organizationName      :PRINTABLE:'Tellnet'
organizationalUnitName:PRINTABLE:'DSI VPN'
commonName            :PRINTABLE:'ariadne'
name                  :PRINTABLE:'Thibault Bartolone'
emailAddress          :IA5STRING:'tbartolone@tellnet.fr'
Certificate is to be certified until Aug 23 14:55:27 2024 GMT (3650 days)
Sign the certificate? [y/n]:

1 out of 1 certificate requests certified, commit? [y/n]y
Write out database with 1 new entries
Data Base Updated
```

```
[root@ariadne easy-rsa]# ls keys
01.pem      ariadne.csr  ca.crt  index.txt      index.txt.old  serial.old
ariadne.crt  ariadne.key  ca.key  index.txt.attr  serial
```

Remarque

Précisément, un certificat non signé est d'abord généré (CSR, Certificate Signing Request, Demande de signature de certificat), puis le CSR est signé avec la clé privée de la CA pour devenir un certificat (CRT). On trouve donc dans le répertoire le certificat du serveur contenant sa clé publique (`ariadne.crt`), ainsi que sa clé privée associée (`ariadne.key`).

- Créez maintenant un jeu de paramètres Diffie-Hellman nécessaire pour la session SSL, pour obtenir le fichier `dh2048.pem` qui sera utilisé par le serveur VPN :

```
./build-dh
```

Configuration du serveur VPN avec certificats (RHEL 7)

Sur la même machine (que la PKI), commencez par créer un répertoire spécial pour les clés dans `/etc/openvpn`, puis copiez-y les clés du serveur générées par la PKI, ainsi que les paramètres DH et le certificat de la CA.

Par exemple :

```
[root@ariadne ~]# mkdir /etc/openvpn/keys
[root@ariadne ~]# cd ~/easy-rsa/keys
[root@ariadne keys]# cp ariadne.crt ariadne.key ca.crt dh2048.pem
 /etc/openvpn/keys/
[root@ariadne keys]# ls /etc/openvpn/keys/
ariadne.crt  ariadne.key  ca.crt  dh2048.pem
```

- Copiez ensuite un fichier de configuration modèle vers le répertoire `/etc/openvpn`, puis éditez-le pour que les chemins vers les clés correspondent. La plupart des autres paramètres sont expliqués dans le fichier de configuration.

```
cp -ai /usr/share/doc/openvpn*/sample/sample-config-files/roadwarrior-
server.conf /etc/openvpn/server.conf

Fichier /etc/openvpn/server.conf
# TLS parms
tls-server
ca keys/ca.crt
```

```
cert keys/ariadne.crt
key keys/ariadne.key
dh keys/dh2048.pem
comp-lzo
```

Remarque

Il semble qu'il y ait une différence entre les configurations modèles de RHEL 7 et RHEL 6, c'est pourquoi nous avons rajouté `comp-lzo` qui est activé par défaut sur RHEL 6.

- Si SELinux est activé, tapez la commande suivante pour que les nouveaux fichiers soient mis dans le bon contexte de sécurité pour ce service sensible (ou désactivez SELinux) :

```
restorecon -Rv /etc/openvpn
```

- Démarrez le service OpenVPN. En utilisant la commande `systemctl`, démarrez le service portant le nom du fichier de configuration :

```
systemctl start openvpn@<nom_fichier>.service
```

Par exemple, si le nom du fichier de configuration est `/etc/openvpn/server_intranet.conf`, il faudra utiliser la commande `systemctl start openvpn@server_intranet.service`.

- Activez le VPN au démarrage :

```
systemctl enable openvpn@<nom_fichier>.service
```

Remarque

OpenVPN dispose de beaucoup d'autres options qui sont plutôt adaptées à des configurations en tant que routeur/pare-feu réseau. Par exemple, le route push (envoi de routes) permet d'annoncer à des clients des réseaux internes inaccessibles autrement. Plus d'informations dans `man openvpn`.

Configuration du client VPN avec certificats (RHEL 5/6)

- **Sur le serveur PKI** (le serveur VPN dans notre exemple), générez un certificat et une clé pour le client VPN. Là encore, il ne faut pas définir de `challenge password` et de `optionnal company name` :

```
./build-key-server <hostname_client_VPN>
```

Par exemple :

```
[root@ariadne ~]# cd easy-rsa/
[root@ariadne easy-rsa]# ./build-key cobb
Generating a 2048 bit RSA private key
.............+++
..........................................................+++
writing new private key to 'cobb.key'
-----
You are about to be asked to enter information that will be
incorporated
into your certificate request.
What you are about to enter is what is called a Distinguished Name or a
DN.
There are quite a few fields but you can leave some blank
For some fields there will be a default value,
If you enter '.', the field will be left blank.
-----
Country Name (2 letter code) [FR]:
State or Province Name (full name) [FR]:
Locality Name (eg, city) [Paris]:
Organization Name (eg, company) [Tellnet]:
Organizational Unit Name (eg, section) [DSI]:
Common Name (eg, your name or your server's hostname) [cobb]:
Name [EasyRSA]:
Email Address [tbartolone@tellnet.fr]:

Please enter the following 'extra' attributes
to b sent with your certificate request
A challenge password []:
An optional company name []:
Using configuration from /root/easy-rsa/openssl-1.0.0.cnf
Check that the request matches the signature
Signature ok
The Subject's Distinguished Name is as follows
countryName           :PRINTABLE:'FR'
stateOrProvinceName   :PRINTABLE:'FR'
localityName          :PRINTABLE:'Paris'
organizationName      :PRINTABLE:'Tellnet'
organizationalUnitName:PRINTABLE:'DSI'
commonName            :PRINTABLE:'cobb'
name                  :PRINTABLE:'Thibault Bartolone'
emailAddress          :IA5STRING:'tbartolone@tellnet.fr'
Certificate is to be certified until Aug 23 15:47:34 2024 GMT (3650 days)
Sign the certificate? [y/n]:

1 out of 1 certificate requests certified, commit? [y/n]y
Write out database with 1 new entries
```

```
Data Base Updated
[root@ariadne easy-rsa]# ls keys/
01.pem  ariadne.crt  ariadne.key  ca.key          client_cobb.csr
 dh2048.pem  index.txt.attr      index.txt.old

serial.old
02.pem  ariadne.csr  ca.crt       client_cobb.crt  client_cobb.key
 index.txt   index.txt.attr.old  serial
```

▶ **Sur la machine où se trouve le client VPN**, créez d'abord le répertoire pour stocker les clés pour OpenVPN :

```
mkdir /etc/openvpn/keys
```

▶ Rapatriez ensuite à partir du serveur PKI le certificat et la clé privée du client, ainsi que le certificat de la CA permettant de vérifier le certificat du serveur présenté au moment de l'établissement du VPN.

Par exemple :

```
[root@cobb keys]# scp root@ariadne:/root/easy-rsa/keys/ca.crt /etc/openvpn/keys
root@192.168.25.199's password:
ca.crt
100% 1769


1.7KB/s   00:00
[root@cobb keys]# scp root@ ariadne:/root/easy-rsa/keys/cobb.crt
/etc/openvpn/keys
root@192.168.25.199's password:
cobb.crt
[root@cobb keys]# scp root@ ariadne:/root/easy-rsa/keys/ cobb.key
/etc/openvpn/keys
root@192.168.25.199's password:
cobb.key
```

▶ Copiez ensuite un fichier de configuration modèle vers le répertoire `/etc/openvpn`, puis éditez-le pour que les chemins vers les clés correspondent :

```
[root@cobb openvpn]# cp /usr/share/doc/openvpn-2.3.2/sample/sample-
config-files/client.conf

Fichier /etc/openvpn/client.conf
remote ariadne 1194
ca keys/ca.crt
cert keys/ cobb.crt
key keys/cobb.key
```

▶ Il ne reste plus qu'à lancer (ou redémarrer) le service openvpn :

```
[root@cobb openvpn]# service openvpn restart
Arrêt de openvpn :                                          [  OK  ]
Démarrage de openvpn :                                      [  OK  ]
```

▶ Activez ensuite le service openvpn au démarrage de la machine :

```
chkconfig openvpn on
```

Chapitre 8
Les scripts bash

1. Introduction

Le scripting consiste à créer des programmes qui vont automatiser un ensemble de tâches.

L'administration des systèmes est mangeuse de temps, surtout lorsqu'il s'agit de tâches répétitives sur un grand nombre de machines. Économiser du temps en automatisant les tâches sur la machine est indispensable au travail de tout bon administrateur.

Il est également utile de comprendre, voire personnaliser les scripts déjà existants sur la machine.

Finalement, il est possible de réaliser, en ligne de commande, des tâches complexes en quelques mots-clés. Pourquoi ne pas ensuite en faire un alias si elles doivent être utilisées régulièrement ?

Par exemple, pour demander à un lecteur MP3 de lire tous les morceaux d'un répertoire :

```
alias playmp3='for i in /multimedia/mp3/*.mp3; do mplayer "$i"; done'
```

Bien qu'il existe de nombreux langages de scripting, comme Perl et Python, nous vous présentons dans ce chapitre le scripting avec le shell Bash. Bash est un shell pratique, facile à aborder, mais aussi un interpréteur de scripts puissants.

Remarque

Nous présentons ici les fonctionnalités les plus courantes, mais le bash dispose de beaucoup, beaucoup d'autres options extrêmement intéressantes. Nous vous invitons à les découvrir : `man bash`*. De plus, il existe d'autres shells et d'autres langages qui peuvent répondre à des besoins plus précis, tels que Python ou Perl.*

2. Préalable

2.1 Transformer un fichier en script bash

Deux prérequis sont nécessaires pour qu'un fichier devienne un script :

1. le fichier doit être exécutable.

– Le droit +x doit être affecté au fichier. On a coutume de donner ce droit à l'ensemble des utilisateurs :

```
chmod +x mon_script.sh
```

Remarque

Certains ont l'habitude de donner l'extension `.sh` *à leurs scripts, car ils sont ainsi plus faciles à reconnaître.*

2. le fichier doit commencer par une séquence de caractères précis :

– Le « shebang » : #!

Le shebang agit comme une balise, qui indique au système quel shell doit interpréter le script.

– Sur la même ligne, le chemin exact du shell qui va interpréter le script. Dans notre cas, nous le trouvons en tapant la commande `which bash`.

Par exemple, nous avons appliqué ces conditions au script `monscript` :

```
[root@cobb ~]# chmod +x monscript
[root@cobb ~]# ls -l monscript
-rwxr-xr-x. 1 root root 12 16 janv. 21:49 monscript
[root@cobb ~]# cat monscript
#!/bin/bash
mkdir /home/messcripts
```

Notez que le script appartient à `root`. De plus, ce fichier peut être lu et exécuté par tout le monde. À vous de fixer les droits de votre script selon vos besoins.

Le script contient déjà une commande qui crée un répertoire.

À l'intérieur du script, vous écrivez une suite de commandes qui seront toutes exécutées au lancement du script. Ces commandes seront exécutées avec les droits de l'utilisateur qui a lancé le script.

Par exemple, le script lancé par l'utilisateur `jdoe` échouera, car il faut les droits `root` pour exécuter la commande contenu dans le script (qui crée un répertoire dans `/home`) :

```
[jdoe@cobb ~]$ ./monscript
mkdir: impossible de créer le répertoire « /home/messcripts »:
Permission non accordée
```

Si c'est `root` qui lance le script, la commande est exécutée sans problème :

```
[root@cobb jdoe]# ./monscript
[root@cobb jdoe]# ls /home
ftp  ITprojets  jdoe  marcel  messcripts  thibault  vftp
```

Nous constatons que le répertoire est bien créé.

Remarque

Pour des raisons de sécurité, il est fortement déconseillé de positionner le bit SetUID sur un script pour pouvoir l'exécuter avec les droits de `root`.

Lancer le script

Si votre script doit être utilisé comme un programme système, par exemple pour une tâche automatique programmée avec crontab, il est bien de mettre cette commande dans un répertoire système. Certains répertoires sont réservés à l'ajout de programmes qui ne font pas partie de la base standard du système. C'est là qu'on y trouve en général tous les logiciels qui ont été installés, et c'est là que vous pouvez stocker votre script :

- `/usr/local/bin`
- `/usr/local/sbin`

Ces répertoires font partie du PATH de l'utilisateur root. Ainsi, les programmes qui y résident peuvent être appelés à tous moments, sans avoir à préciser le chemin complet.

Si maintenant votre script se trouve dans le répertoire courant, et pas dans un répertoire système, il faut pouvoir l'exécuter.

Par exemple, si l'utilisateur root cherche à lancer le script monscript qui se trouve dans son répertoire, où il se trouve en ce moment, il pourrait être tenté de taper simplement :

```
[root@cobb ~]# monscript
-bash: monscript : commande introuvable
```

Le script monscript se trouve bien dans le répertoire courant, mais ce répertoire ne se trouve pas dans la liste des répertoires du PATH. Le système ne vérifie donc pas le répertoire courant à la recherche du script.

Pour lancer un script qui se trouve dans le répertoire courant, il faut préciser le chemin relatif :

```
[root@cobb ~]# ./monscript
[root@cobb ~]#
```

Ici, l'appel du script est précédé de ./ qui veut dire : « répertoire courant ».

Vous pouvez mettre toutes les commandes que vous connaissez dans un script. Cependant, le scripting, c'est davantage qu'exécuter une suite de commandes les unes après les autres. Le scripting est un vrai langage de programmation qui vous permettra en quelques lignes d'effectuer des opérations puissantes, automatiques, qui réagissent en fonction d'évènements, bref, de faire à peu près tout ce qui est possible dans le shell.

Remarque

Notez que la plupart des commandes que vous mettez dans un script et illustrées ici peuvent être exécutées directement en ligne de commande.

2.2 Commentaires dans un script

Il est nécessaire de commenter les scripts. Cela fait partie des bonnes pratiques. Lorsque vous, ou un autre devrez relire ou modifier ce script, il sera plus facile de comprendre les différentes opérations qui y sont effectuées.

Le plus couramment, on commente une ligne en la précédant d'un dièse #. On rencontre cette façon de commenter un peu partout dans les scripts système.

Par exemple :

```
Script script1 :
#!/bin/bash
# Créé par Thibault le 29/01/2011
# Ce script ne fait pas grand chose
echo Hello world !
```

Résultat :

```
[root@cobb scripts]# ./script1
Hello world !
```

Comme vous pouvez le constater, les lignes en commentaires ne sont pas prises en compte à l'exécution du script.

Remarque

Également, n'hésitez pas à aérer vos scripts pour les rendre plus lisibles, en insérant des lignes vides entre des sections, ou en réalisant de l'indentation (typiquement sur les boucles et fonctions).

2.3 Déboguer un script

Il est possible de déboguer un script avec des options du shell bash.

Si le script est exécutable, on peut le lancer directement. Il est possible également de lancer un shell bash qui interprétera le script :

```
[root@cobb scripts]# bash script
Hello world !
```

On peut à ce moment-là passer des options au bash. Pour le débogage, les options courantes sont :

– `-x` : affiche les commandes et les arguments du script au fil de l'exécution. Cela vous permet de tracer l'exécution du script, c'est-à-dire de « voir » le chemin emprunté par l'exécution.

Par exemple, le script suivant contient des boucles conditionnelles et des fonctions. L'exécution seule affiche simplement un résultat :

```
[root@cobb scripts]# ./location2 jeep
Prix : 100 euros/jour
```

Lancé avec `bash -x`, l'affichage permet de comprendre l'exécution :

```
[root@cobb scripts]# bash -x location2 jeep
+ case $1 in
+ prix 100
+ echo 'Prix : 100 euros/jour'
Prix : 100 euros/jour
```

– `-v` : affiche les lignes au fur et à mesure qu'elles sont lues par l'interpréteur.

3. Traitement de base

3.1 Variables

Un script peut utiliser des paramètres codés en dur, c'est-à-dire stockés tels quels dans le script. Si ces paramètres doivent changer régulièrement, il faudra parcourir le script et l'éditer à la main avec de nouvelles valeurs. Il serait plus pratique de demander ces paramètres à l'utilisateur au moment de l'exécution du script, ou bien de les stocker dans un fichier dédié lu par le script.

Les variables permettent de concevoir des scripts avec cette souplesse.

Les variables sont de simples conteneurs de données, sur lesquels on a posé une étiquette pour les reconnaître plus facilement. On peut mettre une donnée dans une variable, ou mettre à jour cette donnée.

Il existe deux grands types de variables :

- Les variables définies par l'administrateur à l'intérieur du script.
- Les paramètres spéciaux : ce sont des variables définies par le système et que vous pouvez manipuler.

Remarque

La plupart de ces paramètres spéciaux sont contenus dans les variables d'environnement, expliquées dans le chapitre Gestion des utilisateurs et des groupes - Utilisateurs et groupes.

On définit une variable de la manière suivante :

```
nom_directeur='Fischer'
```

Ici, la variable a le nom `nom_directeur`, et la donnée qui s'y trouve est `Fischer`.

Remarque

L'utilisation des guillemets est expliquée plus loin à la partie Échappement de caractères spéciaux.

Le nom d'une variable peut contenir des chiffres, des lettres et le caractère souligné _ mais ne peut pas commencer par un chiffre.

Afficher le contenu d'une variable

La commande `echo` imprime le texte qu'on lui passe en argument :

```
[root@cobb ~]# echo Coucou
Coucou
```

Si l'on veut afficher le contenu de la variable `message`, on ne peut pas se contenter d'écrire :

```
[root@cobb ~]# echo message
message
```

Il faut dire à la commande echo d'accéder au *contenu* de la variable message, en la précédant d'un $:

```
[root@cobb ~]# echo $message
Hello world
```

On peut donc afficher le contenu de la variable ou la redéfinir :

```
[root@cobb ~]# echo $message
Hello world
[root@cobb ~]# message='Bye bye!'
[root@cobb ~]# echo $message
Bye Bye
```

Remarque

Il est bien sûr possible de manipuler une variable d'autres manières. Par exemple, la commande suivante cherche le contenu de la variable dans le fichier d'utilisateurs du système, avec la commande `grep` *:*

```
[root@Ariane ~]# grep $nom_directeur /etc/passwd
rfischer:x:1000:1000:Robert Fischer:/home/rfischer:/bin/bash
[root@Ariane ~]#
```

3.2 Arguments du script

Un script se comporte comme n'importe quel programme, auquel on peut passer des arguments. Il est donc possible d'utiliser des arguments avec un script. Mais comment les traiter à l'intérieur du script ?

À l'intérieur d'un script, les arguments du script en ligne de commande sont passés dans des variables qui portent un nom spécial (mais simple). Le premier argument est $1, le deuxième $2, le troisième $3 et ainsi de suite.

Créons donc ce script, appelé voitures, qui attend et affiche trois arguments en ligne de commande :

```
#!/bin/bash
echo Argument 3
echo $3
echo Argument 1
echo $1
echo Argument 2
echo $2
```

Résultat :

```
[root@cobb ~]# ./voitures Peugeot Citroen Ferrari
Argument 3
Ferrari
Argument 1
Peugeot
Argument 2
Citroen
```

Nous voyons ici que les arguments passés au script ont bien été traités en interne, pour les afficher dans l'ordre voulu par le script.

Il existe trois autres variables particulières :

– `$@` : contient à elle seule tous les arguments passés en ligne de commande.
– `$#` : contient le nombre d'arguments.
– `$0` : nom du script.

Par exemple, le script `mentalist` :

```
#!/bin/bash
echo Vous avez entré $# arguments en ligne de commande.
echo Ces $# arguments sont :
echo $@
```

Résultat :

```
[root@cobb ~]# ./mentalist salut oui non pourquoi pas
Vous avez entré 5 arguments en ligne de commande.
Ces 5 arguments sont :
salut oui non pourquoi pas
```

Les arguments en ligne de commande sont utilisés dans la plupart des scripts système.

Par exemple, le script suivant a vérifié le nombre d'arguments `$#` :

```
[root@Ariane ~]# /etc/init.d/network
Syntaxe : /etc/init.d/network {start|stop|status|restart|reload|force-
reload}
[root@Ariane ~]#
```

Le même script examine la valeur de $1 pour savoir l'action à entreprendre :

```
case "$1" in
  start)
(… suite de commandes…)
  stop)
(…suite de commandes…)
```

Dans le cas où $1 est start, certaines commandes seront exécutées pour démarrer le service network. Si c'est stop, ce seront d'autres commandes, etc.

3.3 Script interactif

L'utilisation d'arguments demande que l'utilisateur connaisse la syntaxe de lancement du script. Il est possible de créer des scripts interactifs, où des questions sont posées à l'utilisateur.

Pour lire une entrée au clavier, tapée par l'utilisateur, utilisez l'instruction read, suivie des arguments qui doivent être passés au script. Il est d'usage de précéder cette instruction d'un echo, précisant à l'utilisateur ce qui est attendu de lui.

L'exemple suivant attend que l'utilisateur entre son nom et son prénom :

```
Script nomprenom :
#!/bin/bash
echo "Veuillez entrer vos nom et prénom :"
read word1 word2
echo "Merci $word2 d'avoir entré votre nom ($word1)"
```

Résultat :

```
[root@cobb scripts]# ./nomprenom
Veuillez entrer vos nom et prénom :
Bartolone Thibault
Merci Thibault d'avoir entré votre nom (Bartolone)
[root@cobb scripts]#
```

Notez que l'utilisateur n'a pas eu à entrer d'arguments à l'appel du script. Le script lui pose les questions nécessaires, ce qui est plus simple pour lui.

3.4 Appel d'un autre fichier dans le script

Un script peut appeler un autre fichier. Il s'agit souvent d'autres scripts exécutant des commandes, ou bien de fichiers de configuration contenant des variables qui seront lues par notre script. Cela se fait de deux manières.

Sourcer un fichier

La première méthode consiste à « sourcer » un fichier. En utilisant cette méthode, le fichier appelé fait partie intégrante du script parent.

Cela se fait de la manière suivante :

```
. /chemin/fichier
```

Le point . indique que le script doit lire le contenu du fichier et l'intégrer.

Ou :

```
source /chemin/fichier
```

Remarque

Attention ! Cette façon d'appeler le script l'intègre complètement au script parent. Si le script appelé contient une instruction `exit`*, elle sera exécutée, et l'on reviendra au shell (voir Traitement avancé - Sortie de script ou de commande).*

Par exemple, soit la configuration suivante :

```
Fichier configcar :
MARQUE=Peugeot
MODELE=308
MOTEUR=Diesel
```

Ce fichier est intégré dans le script suivant :

```
Script car_computer :
#!/bin/bash
. configcar
echo Votre configuration indique que vous avez une voiture :
echo Marque : $MARQUE
echo Modèle : $MODELE
echo Moteur : $MOTEUR
```

Résultat, le fichier de configuration `configcar` est lu et utilisé par le script :

```
[root@cobb scripts]# cat ./configcar
MARQUE=Peugeot
MODELE=308
MOTEUR=Diesel
```

Notez que le fichier de configuration `configcar` est appelé au début du script.

Remarque

Le « sourcing » d'un fichier externe, script ou configuration, est très souvent utilisé dans les scripts Linux, et particulièrement dans les scripts de services lancés au démarrage (dans `/etc/init.d/`).

Par exemple, la plupart des scripts système appellent le script `/etc/init.d/functions` contenant des fonctions couramment utilisées :

```
Extrait de  /usr/sbin/ifup :
. /etc/init.d/functions

cd /etc/sysconfig/network-scripts
. ./network-functions
```

Appel d'un script

On peut également exécuter un script comme n'importe quel programme ou n'importe quelle autre commande. Il s'agit simplement de mettre le nom du script, précédé de son chemin, relatif ou absolu.

Si le script est dans le même répertoire que le script parent, il faut le préciser :

```
./script_appelé
```

L'avantage de cette méthode est que le script enfant est vu comme un programme indépendant, ce qui nous permet de traiter son code retour (voir Traitement avancé - Sortie de script ou de commande).

3.5 Une commande dans une commande ou dans un texte

Il est très souvent nécessaire d'insérer le résultat d'une commande dans une chaîne de caractères. Par exemple, il est courant de vouloir, dans un script, créer un fichier ou un répertoire portant la date du jour.

Illustrons : si nous sommes aujourd'hui le 16 janvier 2011, on voudrait que le script crée un répertoire appelé `2011-01-16-donnees`.

Cependant, il n'est pas possible de taper la commande :

```
mkdir 2011-01-16-donnees
```

Car le 17 janvier, cette commande créera un répertoire appelé `2011-01-16-donnees` !

Il est possible d'insérer une commande dans une chaîne de caractères de deux manières :

– Entre deux accents graves (*backticks*) : `` `commande` ``

Remarque

On obtient l'accent grave en appuyant sur les touches [Alt Gr] 7 puis [Espace].

– À l'intérieur de `$( )` : `$(commande)`.

Par exemple, pour créer un répertoire portant la date du jour, on utilise la commande `date` à l'intérieur de la commande `mkdir` :

```
[root@cobb ~]# mkdir Rep-`date +%F`-donnees
[root@cobb ~]# ls -F
Rep-2011-01-16-donnees/
```

Ou encore :

```
[root@cobb ~]# mkdir Rep-$(date +%F)-donnees
```

Remarque

La commande `date` est extrêmement souple à manipuler et contient des dizaines d'options qui permettent d'afficher l'heure et la date au format exactement désiré. L'option `%F` affiche la date au format `AAAA-MM-JJ`. Consultez la page de man pour plus d'informations.

Autre exemple, si l'on veut connaître le type des fichiers de plus de 3 ko dans le répertoire `/usr/bin`. Le résultat de la commande `find` est donné à la commande `file` :

```
[root@Ariane ~]# file `find /usr/sbin -size +3k`
/usr/sbin:                          directory
/usr/sbin/nl-cls-list:              ELF 64-bit LSB executable, x86-64,
version 1 (SYSV), dynamically linked (uses shared libs), for GNU/Linux
2.6.32, BuildID[sha1]=0x6d24345c97dd5d25398c2da65c417c95957f6768, stripped
/usr/sbin/lid:                      ELF 64-bit LSB executable, x86-64,
version 1 (SYSV), dynamically linked (uses shared libs), for GNU/Linux
2.6.32, BuildID[sha1]=0x73c57c28c050a6edfc061cb4b07a5dc1ef159739, stripped
/usr/sbin/virt-what:                Bourne-Again shell script, UTF-8
Unicode text executable
/usr/sbin/ifup:                     Bourne-Again shell script, ASCII text executable
```

3.6 Échappement de caractères spéciaux

Les caractères spéciaux sont des caractères qui ont un comportement spécial lorsqu'on les utilise en ligne de commande. Nous connaissons déjà certains de ces caractères :

- `$`: contenu d'une variable (entre autres).
- `` `<commande>` `` (accents graves) : une commande dans une commande.
- `*` : remplace zéro, un ou plusieurs caractères dans la manipulation de fichiers.
- `#` : démarre un commentaire.
- etc.

Un problème se pose lorsque l'on veut afficher ces caractères comme des caractères normaux.

Par exemple, si je veux afficher le texte :

`Plein de $dollars`

Que se passera-t-il ?

```
[root@cobb ~]# echo Plein de $dollars
Plein de
[root@cobb ~]#
```

Ici, le texte `$dollars` est considéré comme la variable `dollars`. Cette variable étant vide, la commande n'affiche rien.

Pour pouvoir utiliser ces caractères dans du texte, il faut donc les « échapper », ou les « quoter » (presque littéralement : les mettre en citation), c'est-à-dire faire en sorte que le shell bash ne les considère plus comme des caractères spéciaux.

Il y a trois méthodes pour cela :

- \<caractère spécial> échappement d'un seul caractère spécial. C'est le plus fort, aucun caractère ne lui échappe :
  - Le caractère qui le suit garde sa valeur littérale.
  - Une nouvelle ligne (*newline*) après un \ est annulée : le retour à la ligne n'est pas effectué.
- '<chaîne de caractères>' (guillemets simples) : *strong quote* (échappement fort) : tous les caractères spéciaux sont échappés.
- "<chaîne de caractères>" (guillemets doubles) : *weak quote* (échappement faible) : tous les caractères spéciaux sont échappés, sauf les caractères suivants qui restent spéciaux :
  - $
  - ` (accent grave)
  - \ : entre doubles guillemets, ce caractère reste spécial suivant les cas : s'il est suivi de $, ` (accent grave), double guillemets ", un autre \ ou une nouvelle ligne (*newline*).

Illustrons chaque cas :

- " " guillemets doubles
  - Sans :

```
[root@cobb repertoire]# echo Des * pleins les yeux
Des fichier1 fichier2 pleins les yeux
```

Ici, le caractère * n'est pas échappé, et sa valeur (tous les fichiers) est interprétée : les noms des fichiers présents dans le répertoire sont affichés au milieu de la chaîne de caractères.

- Avec :

```
[root@cobb repertoire]# echo "Des * pleins les yeux"
Des * pleins les yeux
```

Ici, le caractère * est considéré comme un caractère normal.

– Mais :

```
[root@cobb repertoire]# dollars="POISSONS"
[root@cobb repertoire]# echo "Des $dollars pleins les poches"
Des POISSONS pleins les poches
```

Entre doubles guillemets, le caractère `$` reste un caractère spécial. `$dollars` est interprété comme une variable, qui contient la donnée `POISSONS`. C'est également le cas des caractères ` et \. Le problème est résolu avec des guillemets simples.

– `'  '` guillemets simples

– Sans :

```
[root@cobb repertoire]# echo Des * pleins les yeux
Des fichier1 fichier2 pleins les yeux
[root@cobb repertoire]# echo "une personnalité un peu `spéciale`"
-bash: spéciale : commande introuvable
une personnalité un peu
```

Dans cet exemple, `'spéciale'` est interprété comme une commande à exécuter, quand bien même l'ensemble du texte est entre guillemets doubles, qui ne sont pas assez forts.

– Avec :

```
[root@cobb repertoire]# echo 'Des * pleins les yeux'
Des * pleins les yeux
[root@cobb repertoire]# echo 'Des $dollars pleins les poches'
Des $dollars pleins les poches
[root@cobb repertoire]# echo 'une personnalité un peu `spéciale`'
une personnalité un peu `spéciale`
```

– \ barre oblique inversée :

```
[root@cobb repertoire]# echo Des \* pleins les yeux
Des * pleins les yeux
[root@cobb repertoire]# echo Des \$dollars pleins les poches
Des $dollars pleins les poches
[root@cobb repertoire]# echo une personnalité un peu \`spéciale\`
une personnalité un peu `spéciale`
[root@cobb repertoire]# echo C:\\Windows
C:\Windows
```

La barre oblique inversée a le même effet que les guillemets simples, mais pour l'échappement d'un seul caractère, et non d'une chaîne entière. Notez dans le dernier exemple que la barre oblique inversée \ doit être échappée avec une autre barre oblique inversée \ pour être considérée comme un caractère normal.

Remarque

Les guillements simples ou doubles ont de manière générale l'utilité de réunir en une seule chaîne des mots qui sinon auraient été considérés comme plusieurs chaînes séparées.

Par exemple, entre guillemets, on cherche la chaîne `Robert Smith` dans `/etc/passwd` :

```
[root@Ariane ~]# grep "Robert Fischer" /etc/passwd
rfischer:x:1000:1000:Robert Fischer:/home/rfischer:/bin/bash
```

Sans guillemets, `Robert` et `Smith` sont considérés comme deux chaînes séparées, rendant difficile la lecture des arguments par la commande `grep` :

```
[root@Ariane ~]# grep Robert Fischer /etc/passwd
grep: Fischer: Aucun fichier ou dossier de ce type
/etc/passwd:rfischer:x:1000:1000:Robert Fischer:/home/rfischer:/bin/bash
```

4. Traitement avancé

4.1 Tests et comparaisons

Il est possible de faire différents tests sur des valeurs numériques, sur des chaînes de caractères, et sur des fichiers. Ces tests permettront par exemple de vérifier la présence d'un fichier ou d'un répertoire (il faudra les créer le cas échéant) ou le type du fichier, comparer des PID, effectuer des traitements en fonction d'arguments, etc. Ils sont utilisés avec les instructions et boucles conditionnelles ci-après.

Comparaisons arithmétiques

Il est possible de comparer des chiffres, ou des variables contenants des chiffres, avec les symboles de comparaisons suivantes :

- `-lt` (*less than*) : plus petit que.
- `-gt` (*greater than*) : plus grand que.
- `-le` (*less or equal*) : plus petit ou égal.
- `-ge` (*greater or equal*) : plus grand que.
- `-eq` (*equal*) : égal à.
- `-ne` (*not equal*) : différent de.

L'exemple suivant prend un chiffre en argument et le compare, pour évaluer une note :

```
script note :
#!/bin/bash
note=$1
if [ $note -ge 19 ]; then
        echo 'Bravo ! Bonne note !'
else
        echo 'Peut mieux faire'
fi
```

Résultat :

```
[root@cobb ~]# ./note 19
Bravo ! Bonne note !
[root@cobb ~]# ./note 15
Peut mieux faire
```

Remarque

Les instructions conditionnelles `if ... then ... else ...` sont expliquées dans la suite de ce chapitre.

Tests et comparaisons de textes

On peut également comparer des chaînes de caractères, ou des variables contenant des chaînes de caractères :

- `texte1 = texte2` : égal.
- `texte1 != texte2` : différent (pas égal).
- `texte1 < texte2` : plus petit que (comparaison de l'ordre alphabétique).
- `texte1 > texte2` : plus grand que (comparaison de l'ordre alphabétique).
- `-n texte` : `texte` n'est pas vide.
  - Il ne s'agit pas d'une comparaison, mais d'un test, il n'y a donc qu'une seule chaîne de caractères à mettre juste après.
- `-z texte` : `texte` est vide.
  - Là encore, il s'agit d'un test et non d'une comparaison.

L'exemple suivant compare un prénom entré en argument, avec une chaîne de caractères :

```
script prenom :
#!/bin/bash
prenom=$1
if [ $prenom = Thibault ]; then
        echo Joli prénom
else
        echo Pas mal non plus
fi
```

Résultat :

```
[root@cobb ~]# ./prenom Thibault
Joli prénom
[root@cobb ~]# ./prenom Jim
Pas mal non plus
```

Cet exemple compare l'ordre alphabétique des prénoms :

```
script prenom2 :
#!/bin/bash
prenom=$1
if [ $prenom \> robert ]; then
```

```
        echo Après robert dans le dictionnaire
else
        echo Avant robert dans le dictionnaire
fi
```

Résultat :

```
[root@cobb ~]# ./prenom2 cédric
Avant robert dans le dictionnaire
[root@cobb ~]# ./prenom2 thierry
Après robert dans le dictionnaire
```

Remarque

Notez qu'entre crochets `[ ]`, les caractères `<` et `>` sont des caractères spéciaux. Il faut donc les échapper avec `\`.

Tests sur les fichiers

On peut également effectuer divers tests sur les fichiers et répertoires :

- `-d fichier` : « le fichier existe et est un répertoire ».
- `-e fichier` : « le fichier existe ».
- `-f fichier` : « le fichier existe et est un fichier régulier ».
- `-h fichier` : « le fichier existe et est un lien symbolique ».
- `-r fichier` : « le fichier existe et est accessible en lecture ».
- `-s fichier` : « le fichier existe et a une taille non nulle ».
- `-w fichier` : « le fichier existe et est accessible en écriture ».
- `-x fichier` : « le fichier existe et est exécutable ».
- `fichier_1 -nt fichier_2` (`nt` pour *newer than*, plus récent que) : « `fichier_1` est plus récent que `fichier_2`, d'après les dates de modification, ou si `fichier_1` existe et pas `fichier_2` ».
- `fichier_1 -ot fichier_2` (`ot` pour *older than*, plus ancien que) : « `fichier_1` est plus vieux que `fichier_2` ou si `fichier_2` existe et pas `fichier_1` ».
- `!` : la plupart de ces tests peuvent être inversés en les précédant de `!`.

Il existe d'autres tests développés dans la manpage de `bash`.

Cet exemple teste l'existence d'un fichier dans le répertoire local :

```
script existe :
#!/bin/bash
fichier=$1
if [ -e $fichier ]; then
        echo Le fichier existe
else
        echo Pas de fichier
fi
```

Résultat :

```
[root@cobb ~]# ./existe improbable
Pas de fichier
[root@cobb ~]# ./existe existe
Le fichier existe
```

4.2 Les instructions conditionnelles

Les instructions conditionnelles, ou conditions, vous permettent d'exécuter une action si une condition est vérifiée, c'est-à-dire si la condition est vraie.

En langage courant, ça ressemble à cela :

Si la condition est vérifiée, alors exécuter action1, sinon exécuter action2.

Notez que la condition doit être vraie pour exécuter la première action. Si la condition n'est pas vraie, on exécute la deuxième action. Cela se rapporte aux tests et comparaisons que nous avons vus dans les parties précédentes.

Une condition en script bash ressemble beaucoup au langage courant :

```
if [ condition vérifiée ]
   then  action1
   else action2
fi
```

Notez les éléments importants :

- L'élément `else action2` est optionnel.
- Un `if` finit toujours par un `fi` (un `if` à l'envers).

- On vérifie la condition entre deux crochets `[ ]`.
  - Les espaces à l'intérieur des crochets sont importants. S'ils ne sont pas mis, cela ne fonctionne pas.
- Les retours à la ligne sont indispensables pour que le script soit compris par le bash. Il y a un retour à la ligne après :
  - `if [ condition vérifiée ]`
  - `then action1`
  - `else action2`
  - `fi` si le script doit continuer.
  - Si l'on veut mettre tous ces mots sur une même ligne, il faut remplacer le retour à la ligne par un point-virgule `;`.

Exemple de script qui teste le contenu de la variable `var` :

```
[root@cobb ~]# if [ var=1 ]; then echo OUI; else echo NON; fi
OUI
[root@cobb ~]#
```

Exemple d'un script qui teste s'il y a un argument entré en ligne de commande :

```
Script ifthen :
#!/bin/bash
if [ -z $1 ]; then
        echo 'Veuillez entrer un argument.'
fi
```

Résultat :

```
[root@cobb ~]# ./ifthen
Veuillez entrer un argument.
[root@cobb ~]#
```

Notez les point suivants dans le script :

- Nous n'avons pas mis de `else action`.
- Le point-virgule `;` après le `if [ ]` remplace le retour à la ligne.
- On peut mettre un retour à la ligne entre `then` (ou `else`) et l'action qui suit.

Remarque

Précisément, le simple crochet `[` utilisé pour le test est une commande. La commande `test` fait exactement la même chose, les deux sont interchangeables. On les trouve surtout dans l'instruction conditionnelle `if ... then`. Il existe également la commande test étendue (Extended Test command) `[[` offrant des fonctionnalités supplémentaires.

Par exemple, l'instruction conditionnelle du dernier script peut être écrite de la manière suivante :

```
#!/bin/bash
if test -z $1; then
        echo 'Veuillez entrer un argument.'
fi
```

Remarque

Il existe un autre moyen de faire des tests de conditions de type `if ... then` sur une seule ligne : voir Tubes et Filtres - Exécution conditionnelle : en fonction du résultat plus loin dans ce chapitre.

if ... then dans if ... then

Il est possible d'imbriquer des instructions conditionnelles pour vérifier plusieurs conditions. On parle de "nested if then" (if then imbriqués).

On illustre cela avec l'exemple suivant :

```
Script couleurs :
#!/bin/bash
couleur=$1
if [ $couleur = "bleu" ]
        then echo 'Jolie couleur'
        else
                if [ $couleur = "vert" ]
                        then echo "Je n'aime pas le vert"
                        else echo "Ca m'est égal"
                fi
fi
```

Résultat :

```
[root@cobb ~]# ./couleurs vert
Je n'aime pas le vert
[root@cobb ~]# ./couleurs bleu
Jolie couleur
[root@cobb ~]# ./couleurs orange
Ca m'est égal
```

Remarque

Les indentations (ou espaces en début de lignes) ne sont pas nécessaires, mais bien pratiques pour la compréhension du script.

Il n'est pas très efficace d'imbriquer trop de `if ... then` les uns dans les autres. Pour des vérifications multiples, il existe d'autres instructions.

Condition case

L'instruction conditionnelle `case` permet justement d'exécuter des actions en fonction des cas. En langage courant, cela donne :

Si c'est le cas 1) faire action.

Si c'est le cas 2) faire action.

Si c'est le cas 3) ou 4) faire action.

Si c'est un autre cas, faire action.

Bien sûr, les cas traités ne sont pas forcément des numéros. Cela peut être une liste de mots.

En scripting, on écrira :

```
case $variable in
    cas1)
          action
          ;;
    cas2)
          action
          ;;
    cas3) |cas4)
```

```
            action
            ;;
        *)
            action
            ;;
esac
```

- La variable examinée est comparée à chaque mot. Si elle correspond à l'un d'entre eux, alors l'action correspondante est exécutée.
- Il est possible d'examiner deux cas « d'un coup » en les séparant par un | (*tube*) : dans le contexte, | veut dire « ou » (*cas3 ou cas4*).
- Chaque action doit se terminer par un double point-virgule (`;;`).
- `*)` : tous les autres cas possibles.
- Le test `case` est fermé avec l'instruction `esac` (`case` à l'envers).

Exemple de script analysant le premier argument entré en ligne de commande `$1` :

```
Script location :
#!/bin/bash
case $1 in
        "berline") echo "Prix : 50 euros/jour";;
        "4x4"|"jeep") echo "Prix : 100 euros/jour";;
        "limo") echo "Prix : 200 euros/jour";;
        *) echo "Nous ne louons pas ce type de vehicule"
esac
```

Résultat

```
[root@cobb scripts]# ./location jeep
Prix : 100 euros/jour
[root@cobb scripts]# ./location 4x4
Prix : 100 euros/jour
[root@cobb scripts]# ./location berline
Prix : 50 euros/jour
[root@cobb scripts]# ./location helico
Nous ne louons pas ce type de vehicule
```

Remarque

L'instruction `case` est très utilisée dans les scripts de services lancés au démarrage du système. En fonction de l'argument donné en ligne de commande, ils exécutent au choix le démarrage, l'arrêt, le redémarrage (et d'autres encore) du service. On les trouve dans `/etc/init.d/`.

4.3 Boucles conditionnelles

Les boucles permettent de répéter des actions en fonction de conditions.

Boucle for

La boucle `for` répète une action sur une série de motifs quelconques. Dans une liste de mots par exemple, on exécute une action ou une série d'actions pour chaque mot.

Dans le langage courant, cela donne :

Pour chaque mot dans une liste faire action

En script bash, on écrira :

```
for mot in liste
   do action
done
```

Cette liste peut être le contenu d'un répertoire, c'est-à-dire la liste des fichiers du répertoire. Cela peut être une liste générée par une commande, comme une suite de nombres, ou encore l'affichage du contenu d'un fichier.

Par exemple :

```
Script for_arguments :
#!/bin/bash
for arg in $@
        do echo Argument : $arg
done
```

Résultat :

```
[root@cobb ~]# ./for_arguments salut les amis
Argument : salut
Argument : les
Argument : amis
```

Ce script exécute une action pour chaque mot de la liste d'arguments (`$@` contient tous les arguments donnés au script en ligne de commande). La variable `$arg` prend la valeur de chacun de ces arguments successivement et une action est exécutée dessus.

Il est possible d'obtenir une liste à partir d'une commande, exécutée dans l'instruction `for`.

Par exemple, on obtient ici la liste des fichiers du répertoire courant, en tapant la commande `ls` entre guillemets inversés :

```
Script for_ls :
#!/bin/bash
numero=1
for files in `ls`
        do
                echo Fichier $numero : $files
                let numero=$numero+1
done
```

Résultat :

```
[root@cobb ~]# ./scripts/for_ls
Fichier 1 : anaconda-ks.cfg
Fichier 2 : bonsoir
Fichier 3 : hosts
Fichier 4 : index.html
Fichier 5 : install.log
Fichier 6 : install.log.syslog
```

For itératif

Une boucle bien connue en langage C consiste à répéter une action en fonction d'un nombre qui s'incrémente. Il est possible de faire la même chose en bash.

Par exemple :

```
Script for_nombres :
#!/bin/bash
texte=LO
for nombre in `seq 1 5`
        do
                echo $texte\NG
                texte=$texte\O
done
```

Résultat :

```
[root@cobb ~]# ./for_nombres
LONG
LOONG
LOOONG
LOOOONG
LOOOOONG
[root@cobb ~]#
```

Le script répète 5 fois la même action, en fonction de la valeur de la variable `$nombre`. L'action consiste à rajouter le caractère `O` à la variable (on échappe le caractère pour qu'il ne soit pas confondu dans le nom de la variable `$texte`). pour obtenir une itération de 1 à 5, on utilise la commande `seq`.

Boucle while

La boucle `while` (tant que) signifie en langage courant :

Tant que la condition est vérifiée, faire action.

En script bash, on écrira :

```
while [ condition vérifiée ]
   do action
done
```

Ainsi, l'action sera exécutée tant que la condition est vérifiée. Dès que la condition n'est plus vraie, on sort de la boucle `while`.

Boucle until

La boucle `until` (jusqu'à) est un peu le pendant de la boucle `while`, mais dans le sens opposé. En langage courant, c'est :

Jusqu'à condition vérifiée, faire action.

Ou en d'autres termes :

Tant que la condition n'est pas vérifiée, faire action.

On la rend comme suit en script bash :

```
until [ condition vérifiée ]
   do action
done
```

4.4 Fonctions

Jusqu'à présent, nous avons vu que les scripts se déroulent de manière assez linéaire. Si une opération doit survenir plusieurs fois, il faut la réécrire tout au long du script. L'utilisation de fonctions permet d'éviter cela.

Les fonctions sont des morceaux de scripts dans le script, qu'on peut appeler à n'importe quel moment pour exécuter une tâche précise.

Pour déclarer une fonction dans un script :

```
function nom_fonction {
    instructions
}
```

Ou bien :

```
nom_fonction() {
   instructions
}
```

Les deux méthodes sont interchangeables. Notez que la deuxième enlève le mot-clé `function` et ajoute les parenthèses `()`.

Pour appeler une fonction :

```
nom_fonction argument1 argument2 etc.
```

Nous avons amélioré le script `location` utilisé plus haut. Ce script utilise maintenant une fonction qui évite d'avoir à réécrire la même ligne plusieurs fois. La fonction `prix` contient la ligne à afficher.

```
Script location2 :
#!/bin/bash

function prix {
        echo "Prix : $1 euros/jour"
}

case $1 in
        "berline") prix 50;;
        "4x4"|"jeep") prix 100;;
        "limo") echo prix 200;;
        *) echo "Nous ne louons pas ce type de vehicule"
esac
```

Résultat :

```
[root@cobb scripts]# ./location2 berline
Prix : 50 euros/jour
[root@cobb scripts]# ./location2 4x4
Prix : 100 euros/jour
[root@cobb scripts]# ./location2 limo
prix 200
[root@cobb scripts]# ./location2 avion
Nous ne louons pas ce type de vehicule
```

Notez que la fonction agit comme un mini-script à l'intérieur du script. On peut donc lui passer des arguments, de la même manière qu'on passe des arguments à un script en ligne de commande. D'ailleurs, on voit apparaître la variable `$1`, mais **attention !** ce n'est pas la même en fonction du contexte.

Après l'instruction `case`, la variable `$1` est l'argument passé en ligne de commande, à l'appel du script.

Dans la fonction `prix`, la variable `$1` est l'argument passé à la fonction `prix`, à l'intérieur du script.

4.5 Sortie de script ou de commande

Sortie de commande

La plupart des commandes renvoient un code, ou statut, à la fin de leur exécution. Ce code permet de savoir si l'exécution s'est bien passée ou pas, et d'agir en conséquence. On parle de code de retour (*return code*) ou de statut de sortie (*exit status*) :

- Le code est 0 (zéro) si l'exécution s'est bien passée.
- Le code est compris entre 1 et 255 s'il y a eu un problème.
- La variable $? donne ce code après l'exécution d'une commande.
- Certaines pages de manuel donnent les codes de retour des commandes.

Par exemple :

```
[root@cobb scripts]# ls
car_computer   existe         ifthen      nomprenom  saved_state
configuration  for_arguments  location2   note       script
couleurs       for_ls         mentalist   prenom     voitures
crs            for_nombres    monscript   prenom2
[root@cobb scripts]# echo $?
0
```

La commande s'est bien passée. Le code est 0.

```
[root@cobb scripts]# ls nimportekoi
ls: impossible d'accéder à nimportekoi: Aucun fichier ou dossier
de ce type
[root@cobb scripts]# echo $?
2
```

Dans ce deuxième cas, la commande ne s'est pas bien passée. Le code de retour est différent de 0.

Le code de retour des commandes vous permet de créer des scripts qui agissent en conséquence ; si une commande dans votre script s'est mal passée, vous pouvez prévoir des solutions de contournement.

Par exemple, voici un script qui vérifie la présence d'un utilisateur dans le fichier d'utilisateurs. Si la commande `grep` ne trouve pas le nom de l'utilisateur, elle retourne un code différent de `0` :

```
Script finduser :
#!/bin/bash
FICHIER_PASSWD=/etc/passwd

echo "Entrez un nom d'utilisateur :"
read username
grep "$username" $FICHIER_PASSWD > /dev/null
code=$?

if [ $code -eq 0 ]; then
        echo "L'utilisateur $username existe dans
$FICHIER_PASSWD."
else
        echo "L'utilisateur $username n'existe pas dans
$FICHIER_PASSWD."
fi
```

Résultat :

```
[root@cobb scripts]# ./finduser
Entrez un nom d'utilisateur :
jdoe
L'utilisateur jdoe existe dans /etc/passwd.
[root@cobb scripts]# ./finduser
Entrez un nom d'utilisateur :
toto
L'utilisateur toto n'existe pas dans /etc/passwd.
```

Sortie de script

L'instruction `exit` permet de sortir d'un script à tout moment.

Il est possible également, grâce à cette commande, de renvoyer un code de retour, qui permet de savoir si le script s'est bien passé :

```
exit <code>
```

Dans notre exemple, le script retourne **0** si l'utilisateur a bien répondu à la question, et **2** s'il a entré un texte non autorisé :

```
Script exit-script :
#!/bin/bash
echo Répondez par oui ou non.
read reponse
case $reponse in
        "oui")
                echo OK !!!
                exit 0;;
        "non")
                echo 'Pourquoi ???'
                exit 0;;
        *)
                echo il fallait répondre par oui ou non !
                exit 2;;
esac
```

Résultat :

```
[root@cobb scripts]# ./exit-script
Répondez par oui ou non.
non
Pourquoi ???
[root@cobb scripts]# echo $?
0
[root@cobb scripts]# ./exit-script
Répondez par oui ou non.
peut-être
il fallait répondre par oui ou non !
[root@cobb scripts]# echo $?
2
```

Il est donc possible de traiter ce script dans un script.

Voici un script qui vérifie l'exécution d'un autre script ; ce script appelle le script à tester (donné en argument), et évalue le code retour :

```
Script OKscript :
#!/bin/bash
bash $1
if [ $? -eq 0 ]; then
        echo "Le script s'est bien passé"
else
        echo "Le script n'a pas fonctionné"
fi
```

Résultat :

```
[root@cobb scripts]# ./OKscript exit-script
Répondez par oui ou non.
oui
OK !!!
Le script s'est bien passé
[root@cobb scripts]# ./OKscript exit-script
Répondez par oui ou non.
peut-être
il fallait répondre par oui ou non !
Le script n'a pas fonctionné
```

4.6 Redirections

La plupart des commandes impriment leur sortie à l'écran, et prennent leur entrée au clavier.

Par exemple, la commande `cat` seule attend une entrée au clavier et imprime la sortie à l'écran :

```
[root@cobb /]# cat
Bonjour !
Bonjour !
```

La commande `ls` imprime sa sortie à l'écran :

```
[root@cobb /]# ls
bin   cgroup  etc   lib          media  mnt  opt   root  selinux
```

De même, la plupart du temps les erreurs sont imprimées à l'écran :

```
[root@cobb /]# ls toto
ls: impossible d'accéder à toto: Aucun fichier ou dossier de ce
type
```

En fait, nous savons que sous Linux, tout est fichier. L'entrée, la sortie standard et la sortie erreur sont également des fichiers, qui possèdent des noms bien précis, et un numéro, qu'on appelle numéro de FD (*File Descriptor*, ou descripteur de fichier) :

- Entrée : `stdin` (en fait `/dev/stdin`), numéro `0` : par défaut, lit à partir du clavier.

- Sortie standard : `stdout` (en fait `/dev/stdout`), numéro `1` : par défaut, la sortie se fait à l'écran.
- Sortie erreurs : `stderr` (en fait `/dev/stderr`), numéro `2` : par défaut, la sortie des erreurs se fait aussi à l'écran.

Il est possible avec Linux de changer ce comportement, et de demander à une commande de lire son entrée dans un fichier plutôt qu'au clavier, et d'imprimer sa sortie dans un fichier plutôt qu'à l'écran.

Changer le chemin de donnée est appelé **redirection**.

Rediriger l'entrée standard : <

Pour changer l'entrée standard d'un programme, utilisez le caractère <.

Par exemple, la commande `cat`, qui attend en entrée le clavier, peut maintenant recevoir les flux provenant d'un fichier :

```
[root@cobb /]# cat < /etc/hosts
192.168.0.11    cobb.acme.fr    cobb    # Added by NetworkManager
127.0.0.1       localhost.localdomain   localhost
::1     cobb.acme.fr    cobb    localhost6.localdomain6 localhost6
```

Ici, c'est le fichier qui est lu, plutôt que le clavier.

Rediriger la sortie standard : >

On peut rediriger la sortie standard vers un fichier avec le caractère >.

Par exemple, pour rediriger la sortie de `ls` :

```
[root@cobb /]# ls > /tmp/sortie.txt
[root@cobb /]#
```

Comme on peut le constater, la commande `ls` n'a rien imprimé à l'écran. La sortie a été imprimée dans un fichier :

```
[root@cobb /]# cat /tmp/sortie.txt
bin
boot
cgroup
dev
etc
```

```
home
lib
```

Remarque

Comme la sortie standard est numérotée `1`, on aurait également pu taper la commande : `ls 1> /tmp/sortie.txt`.

Attention ! Si l'on redirige une autre commande vers le même fichier, le contenu précédent sera écrasé.

Pour éviter d'écraser le contenu d'un fichier, et pour ajouter la sortie à la suite du fichier, faites une double redirection >>.

Par exemple, nous ajoutons à la suite du fichier `/tmp/sortie.txt` la sortie de la commande `cat /etc/hosts` :

```
[root@cobb /]# cat /etc/hosts >> /tmp/sortie.txt
[root@cobb /]#
```

Nous constatons que le fichier `/tmp/sortie.txt` contient bien les sorties des deux commandes :

```
[root@cobb /]# cat /tmp/sortie.txt
bin
boot
cgroup
dev
etc
home
lib
192.168.0.11    cobb.acme.fr    cobb    # Added by NetworkManager
127.0.0.1       localhost.localdomain   localhost
::1     cobb.acme.fr    cobb    localhost6.localdomain6 localhost6
```

Rediriger la sortie erreur : 2>

De même, pour rediriger la sortie des erreurs dans un fichier, utilisez le numéro de FD suivi de la redirection de sortie : `2>`.

Par exemple, par défaut, la sortie standard et la sortie erreur sont imprimées à l'écran. On illustre cela avec la commande `find`, exécutée par un utilisateur :

```
[jdoe@cobb ~]$ find / -iname "*.conf"
(...)
find: "/var/ftp/pub/write/Pix2": Permission non accordée
find: "/var/ftp/pub/write/TRUC": Permission non accordée
find: "/var/named": Permission non accordée
/usr/share/gnome-user-share/dav_user_2.2.conf
/usr/share/gnome-user-share/dav_user_2.0.conf
(...)
```

L'utilisateur `jdoe` n'a pas le droit d'aller dans certains répertoires, générant une erreur. Redirigeons la sortie erreur vers un fichier :

```
[jdoe@cobb ~]$ find / -iname "*.conf" 2> /tmp/erreurs.txt
(...)
/usr/share/gnome-user-share/dav_user_2.2.conf
/usr/share/gnome-user-share/dav_user_2.0.conf
(...)
```

Les erreurs ne sont plus affichées à l'écran, mais se trouvent dans un fichier :

```
[jdoe@cobb ~]$ cat /tmp/erreurs.txt
(...)
find: "/var/ftp/pub/write/Pix2": Permission non accordée
find: "/var/ftp/pub/write/TRUC": Permission non accordée
(...)
```

Remarque

Il est possible de rediriger les erreurs vers le fichier `/dev/null`, qui est une sorte de puits sans fond. Cela revient à mettre les erreurs à la poubelle, à ne pas les afficher du tout.

D'autres redirections

Pour rediriger `stdout` sur `stderr` :

```
commande 1>&2
```

Pour rediriger `stderr` sur `stdout` :

```
commande 2>&1
```

Pour rediriger `stout` et `stderr` sur un fichier :

```
commande &> /chemin/fichier
```

4.7 Tubes et filtres

Commandes en séquences

Sous bash, il est possible d'exécuter des commandes les unes après les autres en les séparant par un point-virgule `;` :

```
commande1 ; commande2
```

Les commandes sont simplement exécutées séquentiellement. Il n'y a pas de relations entre ces commandes, à part que l'on attend que la première finisse pour exécuter la deuxième. L'exécution de la deuxième commande ne dépend pas du résultat de la première commande.

Par exemple, pour redémarrer une interface :

```
ifdown eth0 ; ifup eth0
```

Exécution conditionnelle : en fonction du résultat

Il est possible de démarrer une commande en fonction du résultat de la commande précédente.

Deux cas se présentent :

- AND (ET) : la commande2 est exécutée seulement si la commande1 s'est terminée correctement (code retour 0) :

```
commande1 && commande2
```

Par exemple, on affiche un message si la suppression du fichier s'est bien passée :

```
[root@cobb /]# rm /tmp/sortie.txt && echo "Suppression effectuée"
rm : supprimer fichier « /tmp/sortie.txt » ? y
Suppression effectuée
```

– OR (OU) : la commande2 est exécutée seulement si la commande1 ne s'est pas terminée correctement (code retour différent de 0) :

```
commande1 || commande2
```

Par exemple, on affiche un message si la suppression du fichier s'est mal passée :

```
[root@cobb /]# rm /tmp/sortie.txt || echo "Alerte : le fichier
n'existe pas"
rm: impossible de supprimer « /tmp/sortie.txt »: Aucun fichier ou
dossier de ce type
Alerte : le fichier n'existe pas
```

Remarque

Pour obtenir le caractère pipe (tube) |, appuyez sur les touches [Alt Gr] et 6.

Remarque

L'exécution conditionnelle est similaire au `if ... then ... else` des instructions conditionnelles vues plus haut.

Par exemple, en utilisant la variable d'environnement `$USER` en tant qu'utilisateur root :

```
[root@Ariane ~]# [ $USER = "root" ] && echo "L'utilisateur est bien root."
L'utilisateur est bien root.
[root@Ariane ~]#
```

En tant qu'utilisateur rfischer :

```
[rfischer@Ariane ~]$ [ $USER = "root" ] && echo "L'utilisateur est bien
root."
[rfischer@Ariane ~]$
```

Dans ces exemples, si la condition 1 est vérifiée ("l'utilisateur est-il root ?"), alors la commande 2 est exécutée (affichage du message de confirmation).

Voici un exemple de `if ... then ... else` :

```
[root@Ariane ~]# [ $USER = "root" ] && echo "L'utilisateur est bien root."
|| echo "Il s'agit d'un autre utilisateur."
L'utilisateur est bien root.
[root@Ariane ~]#
```

```
[rfischer@Ariane ~]$ [ $USER = "root" ] && echo "L'utilisateur est bien
root." || echo "Il s'agit d'un autre utilisateur."
Il s'agit d'un autre utilisateur.
[rfischer@Ariane ~]$
```

Chaînage de commandes

Il est possible de chaîner des commandes de telle sorte que la sortie d'une commande alimente l'entrée d'une autre commande. Cela est réalisé en mettant un *pipe* (un tube) entre les deux commandes :

```
commande1 | commande2
```

Ce type de chaînage est très utilisé sous Linux pour effectuer plusieurs traitements successifs sur les données, afin d'arriver au résultat souhaité.

Un exemple simple : recherche d'une ligne contenant un motif dans la sortie d'une commande :

```
[root@cobb /]# cat /etc/passwd | grep jdoe
jdoe:x:500:500:John Doe:/home/jdoe:/bin/bash
```

Remarque

La commande `grep` est déjà conçue pour le traitement de fichier. On aurait aussi bien pu taper `grep "jdoe" /etc/passwd`. L'utilisation du pipe peut parfois devenir un mauvais réflexe alors que des solutions plus rapides existent.

Autre exemple : on imprime les processus tournant sur la machine, on ne sélectionne que les lignes contenant le motif `bash` et on sélectionne les 8 premiers caractères de chaque ligne :

```
[root@cobb /]# ps aux | grep bash | cut -c 1-8
root
root
jdoe
root
```

5. Outils

5.1 Sed : éditeur de données en flux

Sed (pour *Stream Editor*, éditeur de flux) est un utilitaire permettant de modifier des données en ligne de commande. Sed lit les données ligne à ligne depuis l'entrée standard ou depuis un fichier et écrit le résultat sur la sortie standard qu'on peut rediriger vers un fichier.

L'une des utilisations principales de Sed est de substituer (*substitute*) des données à l'intérieur du fichier à traiter, mais cette commande dispose de nombreuses autres possibilités, qui prendraient bien des pages à développer. En fait, Sed est un outil puissant qui gagne à être étudié.

Le fonctionnement de Sed est le suivant :

– lecture d'une ligne sur l'entrée ;

– traitement de la ligne ;

– affichage de la ligne traitée sur la sortie ;

– lecture de la ligne suivante.

Remarque

Dans son comportement standard, Sed ne modifie pas le fichier qu'il est en train de traiter. Pour que la modification ait lieu, il faut rediriger la sortie de Sed vers un fichier ou utiliser une option de Sed.

La syntaxe générale de sed est :

```
sed -e '<commande>' <fichier>
```

Remarque

Il est bien de mettre la commande entre simples guillemets, pour l'isoler du shell et éviter qu'il n'interprète certaines expressions régulières qui s'y trouvent.

Options courantes de sed

- `-e` <commande> : cette option définit qu'une commande suit juste après. Elle n'est pas nécessaire quand il n'y a qu'une seule commande, mais les choses se compliquent quand on veut multiplier le nombre de traitements. Dans ce cas, il faut autant d'options `-e` que de <commandes> qui la suivent.
- `-n` : cette commande n'imprime que les lignes qui sont concernées par le traitement. Si vous ne la spécifiez pas, toutes les lignes sont imprimées. Attention, l'option `-n` ne doit pas se trouver entre l'option `-e` et <commande> (qui sont solidaires).

Sélection de lignes

Il est possible d'appliquer la commande sur certaines lignes, contenant un motif recherché par exemple, ou en précisant les numéros de lignes.

Pour appliquer le traitement sur une ligne particulière, précisez simplement le numéro de cette ligne avant la commande :

```
'<numéro_ligne><commande>'
```

Pour appliquer la commande sur un certain nombre de lignes, précisez les numéros de lignes avant la commande :

```
'<première_ligne>,<dernière_ligne><commande>'
```

Par exemple :

```
sed -n -e '1,5p' ~/passwd
```

Le traitement de cette commande est d'imprimer (`p`) les lignes 1 à 5. Comme l'option `-n` n'est pas précisée, toutes les lignes, même celles qui ne sont pas concernées par le traitement, seront imprimées. Au final, les lignes 1 à 5 seront imprimées deux fois.

Remarque

Nous vous conseillons de toujours effectuer des tests de vos commandes (sed et autres) sur des fichiers d'exemples, ou sur des copies de fichiers importants.

Les lignes sur lesquelles s'effectue le traitement peuvent être choisies d'une manière un peu plus dynamique. Les choses deviennent intéressantes quand vous pouvez effectuer une opération sur les lignes correspondant à certains critères. Pour cela, il faut nous aider des expressions régulières.

Expressions régulières

Les expressions régulières sont des motifs génériques nous servant à trouver ou choisir du texte. Dans sed, les expressions régulières sont les suivantes :

Caractère	Description
^	correspond au début d'une ligne
$	correspond à la fin d'une ligne
.	correspond à n'importe quel caractère unique
*	correspond à zéro ou plusieurs occurrences du caractère précédent
[ ]	cherche les caractères entre les crochets

Pour les sélections de lignes, les expressions régulières dans Sed doivent être mises entre deux barres obliques / /.

Par exemple :

`/./` : cherche toutes les lignes contenant au moins un caractère.

`/../` : cherche toutes les lignes contenant au moins deux caractères.

`/^a/` : cherche toutes les lignes commençant par le caractère a.

`/b$/` : cherche toutes les lignes finissant avec le caractère b.

`/ba*$/` : cherche toutes les lignes finissant avec b suivi de zéro ou plusieurs a.

`/[abc]` : cherche toutes les lignes contenant les lettres minuscules a, b ou c.

`/^[abc]` : cherche toutes les lignes commençant par les lettres minuscules a, b ou c.

Substitution

La substitution est sans doute la fonctionnalité la plus utilisée de Sed.

La syntaxe de la commande pour la substitution est :

```
's/motif1/motif2/'
```

Cette commande remplace le motif1 par le motif2 sur toutes les lignes traitées, mais seulement pour la première occurrence de chaque ligne.

Pour que chaque occurrence soit remplacée, ajoutez `g` (pour global) en fin de commande :

```
's/motif1/motif2/g'
```

Mélangeons une sélection de lignes avec une substitution.

Dans l'exemple suivant, pour toutes les lignes finissant par `bash`, nous remplaçons `home` par `users` (cela remplace le répertoire utilisateur `/home/` par `/users/` pour tous les utilisateurs) :

```
sed -e '/bash$/s/home/users/g' passwd
```

Modification de fichiers

Jusqu'à présent, les traitements effectués par Sed imprimaient le résultat sur la sortie standard. Nous voulons que les modifications soient inscrites dans le fichier traité.

Pour modifier un fichier, utilisez l'option `-i` :

```
sed -e '<commande>' -i <fichier>
```

Par exemple, le traitement précédent modifie cette fois le fichier `passwd` :

```
[root@cobb ~]# sed -e '/bash$/s/home/users/g' -i passwd
[root@cobb ~]#
```

Il n'y a aucun affichage sur la sortie standard. Les modifications sont faites directement dans le fichier.

5.2 Tableau de commandes utiles

En plus des commandes explorées dans ce chapitre, ajoutées aux commandes données au chapitre Déploiement d'un serveur Red Hat et tout au long de ce livre, nous vous fournissons ici un tableau de commandes qui peuvent vous être utiles dans vos scripts. Leur utilisation est expliquée dans les pages de man correspondantes.

Quelques commandes utiles dans des scripts	
Commande	**Utilité**
`find`	recherche de fichiers
`basename`	extraire nom de fichier dans un chemin
`grep, egrep, fgrep`	recherche de lignes
`sed`	filtrage et transformation de texte
`cut`	sélection de champs dans un fichier
`wc`	compter caractères, mots et lignes
`sort`	trier des lignes
`uniq`	suppression de doublons
`join`	joindre des fichiers
`split`	découper un fichier
`head`	afficher le début d'un fichier
`tail`	afficher la fin d'un fichier
`diff, cmp`	comparaison de fichiers
`awk`	outil complet de traitement de fichiers

Chapitre 9
Services de production courants

1. Introduction

Dans ce chapitre, nous examinons la mise en place de certains services rencontrés couramment sur les serveurs Red Hat Enterprise Linux.

L'objectif n'est pas de fournir un manuel complet des logiciels. En effet, Internet regorge de tutoriels, de guides et d'études de cas bien expliqués. Ce chapitre vous explique plutôt la mise en œuvre de base de ces services sur Red Hat Enterprise Linux, de façon à pouvoir ajouter facilement et rapidement les options de configuration adaptées à votre architecture.

Pour un service, lisez l'ensemble de la partie concernée. Comprenez les options et configurez le service. Ensuite, démarrez le service et effectuez des tests.

Si vous rencontrez des problèmes au démarrage du service après configuration, votre réflexe doit être d'analyser les logs qui se trouvent dans `/var/log`. Ces fichiers vous expliquent toujours ce qui se passe au démarrage du service.

Également, assurez-vous que le pare-feu du système n'empêche pas l'accès au service. Vérifiez que les ports nécessaires sont ouverts.

Attention également à SELinux qui peut parfois empêcher un service de fonctionner sans raison apparente. Il faudra alors le désactiver afin de s'en assurer.

2. Serveur web Apache

2.1 Présentation

Apache est un serveur HTTP produit par l'Apache Software Foundation. De nom officiel *Apache HTTP Server*, c'est le serveur web le plus populaire sur Internet.

Les raisons de la popularité d'Apache, en plus d'être libre, sont qu'il est disponible sur plusieurs systèmes d'exploitation : UNIX et dérivés (Linux, Mac OSX, Solaris, BSD) et Windows.

Apache est utilisé dans les produits de grands noms de l'industrie, comme Oracle ou IBM avec le logiciel WebSphere.

En plus d'être très performant, ce logiciel dispose également d'un nombre de modules impressionnants, allant du support de langages variés comme Perl, Python, PHP aux modules SSL/TLS pour le web sécurisé, la fonction proxy, en passant par le Virtual hosting, permettant à une seule machine physique d'héberger plusieurs sites web.

La dernière version d'Apache est 2.2 mais les versions majeures 2.0 et 1.3 sont encore utilisées et supportées.

2.2 Configuration

2.2.1 Installation

Le nom du serveur Apache est (sans surprise) `httpd`. Installez-le comme suit :

```
yum install httpd
```

Remarque

La version d'Apache utilisée pour les exemples est la 2.2.15.

Activez le lancement du service `httpd` au démarrage et démarrez-le :

```
systemctl enable --now httpd
```

Apache est installé et démarré. En fait, l'installation par défaut est déjà configurée pour le fonctionnement standard d'un site web.

Configuration du pare-feu

Le serveur http utilise les ports suivants pour fonctionner. Veillez à ce qu'ils soient ouverts sur le pare-feu :

```
http            80/tcp       # WorldWideWeb HTTP
https           443/tcp      # http protocol over TLS/SSL
https           443/udp      #<+>http protocol over TLS/SSL
```

Une fois le serveur lancé, tentez à partir d'une autre machine une connexion web sur l'adresse IP du serveur :

```
http://<adresse_IP>/
```

Vous devriez alors voir une page de test s'afficher.

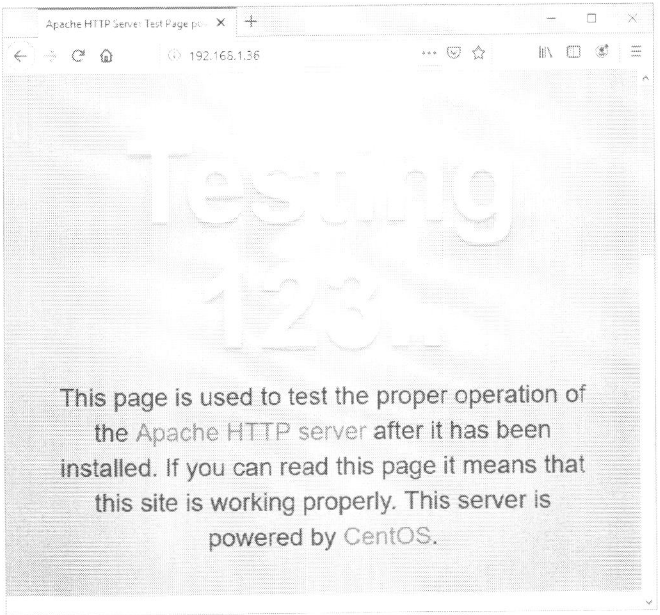

Page de test du serveur Apache

Redémarrer Apache

Lorsque vous modifiez la configuration de `httpd` pour changer une directive ou ajouter un module, il n'est pas nécessaire de faire un `restart` (redémarrage) complet du service. Apache dispose de plusieurs niveaux de redémarrage qui vous permettent de limiter l'impact de cette manipulation, en utilisant la commande `service httpd`, mais certains de ces redémarrages utilisent en réalité la commande `apachectl`, l'outil réel de contrôle du serveur :

- `start` : démarrage normal du serveur `httpd`.
- `stop` : arrêt normal du serveur.
- `restart` : redémarre le serveur, même s'il n'est pas déjà démarré.
- `status` : affiche l'état du serveur, démarré ou arrêté.
- `fullstatus` : vos donne un rapport complet (sous la forme d'une page web affichée en mode texte. Il faut pour cela avoir le programme `links` installé, qui est un navigateur web en mode texte).
- `graceful` : redémarrage « élégant », où l'on redémarre le processus père `httpd` sans tuer les processus fils déjà lancés qui sont en train de traiter des requêtes. De plus, on vérifie que le fichier de configuration ne pose pas de problème pour un redémarrage sans soucis.
- `help` : affiche l'aide du serveur `httpd`.
- `configtest` : teste la configuration du serveur. Très utile après une modification de la configuration, on devrait toujours lancer cette commande avant de redémarrer le serveur.

2.2.2 Fichiers et répertoires importants

Emplacement	Utilité
`/etc/httpd`	répertoire principal de configuration
`/etc/httpd/conf/httpd.conf`	fichier principal de configuration, il décrit le comportement général du serveur

Emplacement	Utilité
`/etc/httpd/conf.d`	emplacement des configurations secondaires. C'est là qu'on stocke les configurations de nos sites web
`/etc/httpd/logs`: lien vers `/var/log/httpd`	logs de `httpd`
`/etc/sysconfig/httpd`	options de démarrage du serveur
`/var/log/httpd/access_log`	logs des demandes traitées par le serveur
`/var/log/httpd/error_log`	erreurs enregistrées par le serveur, souvent des refus d'accès
`/var/www`	emplacement du site web principal (par défaut) du serveur
`/var/www/cgi-bin`	emplacement des scripts cgi
`/var/www/error`	emplacement des pages affichées en cas d'erreur
`/var/www/html`	emplacement des pages web affichées
`/var/www/icons`	emplacement d'icônes

2.2.3 Nouveau site web avec VirtualHost

Principe

Pour créer un nouveau site web, la configuration *la plus simple et recommandée*, consiste à créer un VirtualHost (un hôte ou serveur virtuel). Cela consiste à utiliser la capacité d'Apache à héberger plusieurs sites web au sein de la même machine physique, ce qui donne l'impression qu'il y a virtuellement plusieurs serveurs, ou plusieurs *hôtes*.

Le mécanisme du serveur virtuel utilise simplement une fonctionnalité standard du protocole HTTP. Les requêtes HTTP envoyées par le client web au serveur contiennent dans l'en-tête l'adresse du site web auquel il désire se connecter. Le serveur Apache n'a qu'à faire une association entre ce nom de domaine et les fichiers présents sur le disque dur. Il s'agit de la fonctionnalité de *serveurs virtuels par nom*.

Si vous avez un serveur avec plusieurs adresses IP (sur la même interface réseau, ou sur plusieurs interfaces réseau différentes), il est également possible d'avoir des VirtualHosts associés à ces adresses IP. Il s'agit de la fonctionnalité de serveurs virtuels par adresse IP.

Remarque

Plus d'informations : http://httpd.apache.org/docs/current/vhosts/

Configuration minimum

La fin du fichier principal de configuration contient un exemple de serveur virtuel, dont nous pouvons nous inspirer. Il est mieux de ne pas toucher au fichier principal de configuration et de créer un fichier de configuration dédié à notre site web dans `/etc/httpd/conf.d/`.

Créez dans ce répertoire un fichier portant l'extension `.conf` qui contiendra ces lignes d'exemple. Enlevez les dièses (#) qui mettent les lignes en remarque.

Remarque

Le serveur `httpd` examine dans le répertoire `conf.d` les fichiers les uns après les autres dans l'ordre alphabétique. Le nom que vous donnez au fichier est donc important. D'abord, donnez à votre fichier un nom explicite, portant par exemple le nom du site Web qu'il contient (par exemple : www.acme-market.com.conf), le type de sites qu'il contient (par exemple : e-commerce.fr.conf) ou un autre type de classement. Préfixez ensuite ce fichier avec une lettre pour vous assurer qu'il apparaisse dans l'ordre souhaité. En général, il est préférable que les fichiers soient lus le plus tôt possible, on peut alors les préfixer des chiffres allant de 0 à 9 par exemple. Certaines configurations dépendent d'autres configurations pour fonctionner (par exemple, le chargement de modules). Assurez-vous aussi de ce bon ordre. Enfin, la configuration doit obligatoirement finir avec l'extension `.conf`, car Apache est configuré pour ne lire que ces fichiers.

Fichier de configuration d'exemple proposé par Apache :

```
NameVirtualHost *:80

Exemple de VirtualHost :
<VirtualHost *:80>
    ServerAdmin webmaster@dummy-host.example.com
```

```
    DocumentRoot /www/docs/dummy-host.example.com
    ServerName dummy-host.example.com
    ErrorLog logs/dummy-host.example.com-error_log
    CustomLog logs/dummy-host.example.com-access_log common
</VirtualHost>
```

Il s'agit d'un exemple de configuration minimum dont les mots-clés sont les suivants :

- NameVirtualHost <adresse_IP_interface>[:<port>] : définit sur quelle interface (et port) vont écouter les serveurs virtuels basés sur le nom. Cette directive doit toujours être suivie de la définition d'un ou plusieurs serveurs entre deux balises <VirtualHost>. Il est possible d'avoir d'autres serveurs virtuels écoutant sur une autre adresse IP ou un autre port. Dans ce cas, il faudra définir une nouvelle directive NameVirtualHost suivie des définitions des serveurs virtuels.
  - Dans l'exemple, on a NameVirtualHost *:80 : écoute sur toutes les adresses IP sur le port 80.
  - Il est possible de définir des serveurs virtuels écoutant sur une adresse IP et/ou un port, et d'autres serveurs virtuels écoutant sur d'autres adresses IP et/ou ports. Dans ce cas, il faudra définir autant de directives NameVirtualHost.
- <VirtualHost adresse_IP_interface[:<port>]> : balise de départ d'un serveur virtuel, qui doit contenir la même adresse IP et le même port que la directive NameVirtualHost. Cette balise est le conteneur qui définit le serveur virtuel.
- ServerName www.monsite.com : cette directive identifie le serveur virtuel.
- DocumentRoot/chemin/du/site/web : emplacements du site web sur le disque dur. Il s'agit donc du chemin complet des fichiers sur le support de stockage, et non pas du chemin du site dans l'adresse web. Le chemin n'a pas de barre oblique (*slash* /) final.
  - Ainsi, dans l'exemple, le site dummy-host.example.com pointe vers les fichiers contenus dans le répertoire /www/docs/dummy-host.example.com.

Dans l'exemple donné par Red Hat, les autres directives ne sont pas requises pour faire fonctionner le site web :

- `ServerAdmin <adresse_email>` : c'est l'adresse de l'administrateur du site Web délivrée au client en cas d'erreur.
- `ErrorLog <chemin/fichier.log>` : fichier où sont enregistrées les erreurs relatives à ce site web spécifique.
- `CustomLog <chemin/fichier.log> common` : fichiers où sont enregistrés les évènements relatifs à ce site web, dans un format standard (`common`).

Remarque

Notez les chemins de fichiers relatifs (ne commençant pas par /), ajoutés au chemin par défaut défini par la directive `ServerRoot "/etc/httpd"` dans le fichier principal de configuration `/etc/httpd/conf/httpd.conf`.

Exemple :

Pour notre exemple, nous voulons trois serveurs web virtuels :

- Le serveur Internet `http://eni.tellnet.fr`.
- Le serveur Internet `http://cobbeni.dyndns.org`.
- Le serveur Intranet : accessible seulement sur le réseau privé, par son adresse IP privée `http://192.168.237.129`.

Nous avons préparé un serveur avec deux interfaces réseau : une interface `eth0` en `192.168.0.33` accessible depuis l'Internet grâce à la redirection de port sur le routeur Internet, et une interface `eth1 192.168.237.129`.

Nous n'avons pas touché au fichier principal de configuration `/etc/httpd/conf/httpd.conf`. Nous avons créé deux fichiers de configuration pour nos serveurs virtuels dans `/etc/httpd/conf.d` : `0internet.conf` et `1intranet.conf` avec les configurations simples suivantes :

```
0internet.conf :
NameVirtualHost 192.168.0.33:80

<VirtualHost 192.168.0.33:80>
    ServerAdmin webmaster@eni.tellnet.fr
```

```
    DocumentRoot /var/www/eni.tellnet.fr/html
    ServerName eni.tellnet.fr
    ErrorLog logs/eni.tellnet.fr-error_log
    CustomLog logs/eni.tellnet.fr-access_log common
</VirtualHost>

<VirtualHost 192.168.0.33:80>
    ServerAdmin webmaster@cobbeni.dyndns.org
    DocumentRoot /var/www/cobbeni.dyndns.org/html
    ServerName cobbeni.dyndns.org
    ErrorLog logs/cobbeni.dyndns.org-error_log
    CustomLog logs/cobbeni.dyndns.org-access_log common
</VirtualHost>
```

```
1intranet.conf :
NameVirtualHost 192.168.237.129:80

<VirtualHost 192.168.237.129:80>
    ServerAdmin webmaster@dummy-host.example.com
    DocumentRoot /var/www/192.168.237.129
    ServerName 192.168.237.129
    ErrorLog logs/dummy-host.example.com-error_log
    CustomLog logs/dummy-host.example.com-access_log common
</VirtualHost>
```

2.2.4 Ajout d'un site web

`ServerAlias <autres_noms>` permet de définir les autres noms par lesquels le serveur virtuel est appelé. Il peut s'agir de sous-noms de domaine, ou de noms de domaine complètement différents.

- Par exemple : http://mail.google.com a plusieurs alias : www.gmail.com, www.gmail.fr, etc.
- On aurait ainsi, pour le site défini par la directive `ServerName mail.google.com`, une directive associée `ServerAlias www.gmail.com www.gmail.fr`, voire même `ServerAlias *.gmail.*`.

2.2.5 Site sécurisé en HTTPS

Par défaut sur RHEL ou CentOS, Apache est installé pour des sites web non sécurisés, utilisant le protocole simple HTTP.

Cependant, la malveillance aujourd'hui répandue sur Internet impose la sécurisation de votre site web en utilisant le protocole HTTPS, qui active les fonctionnalités suivantes :

- authentification de votre site web : l'utilisation de certificats garantit à l'utilisateur de votre site qu'il n'est pas connecté à un site pirate reproduisant votre site en tous points (site de phishing).
  - Précisément, lorsque le client se connecte à https://www.acme.com, il a les moyens de vérifier qu'il s'agit du site web légitime grâce à la cryptographie asymétrique.
- chiffrement et intégrité : les données sont protégées, c'est-à-dire qu'elles ne peuvent être lues par un tiers qui les aurait captées en chemin. Également, leur intégrité est garantie, c'est-à-dire qu'elles ne peuvent avoir été modifiées en chemin.

Remarque

Vous trouverez des explications plus complètes sur la cryptographie asymétrique dans la section Notions de cryptographie, au chapitre Démarrage du système.

L'activation des sites en HTTPS avec Apache passe par l'installation du module de chiffrement et d'authentification TLS (anciennement SSL) `mod_ssl` et accessoirement du logiciel `openssl` pour la lecture et la gestion de certificats électroniques :

```
yum install mod_ssl openssl
```

L'installation du module Apache `mod_ssl` ajoute automatiquement une configuration pour un site web HTTPS dans le répertoire de configuration Apache :

```
[root@wheeler /]# ls /etc/httpd/conf.d/
README  autoindex.conf  ssl.conf  userdir.conf  welcome.conf
[root@wheeler /]#
```

Cet ajout à la configuration de base active l'écoute sur le port 443 réservé à HTTPS et déclare un nouveau Virtual Host adapté :

```
[root@wheeler /]# cat /etc/httpd/conf.d/ssl.conf
#
# When we also provide SSL we have to listen to the
# the HTTPS port in addition.
#
Listen 443 https
(...)
<VirtualHost _default_:443>
(...)
SSLEngine on
(...)
```

Si nous nous connectons au nom de domaine associé à ce site web, nous constatons que HTTPS fonctionne bien, mais qu'il génère une erreur :

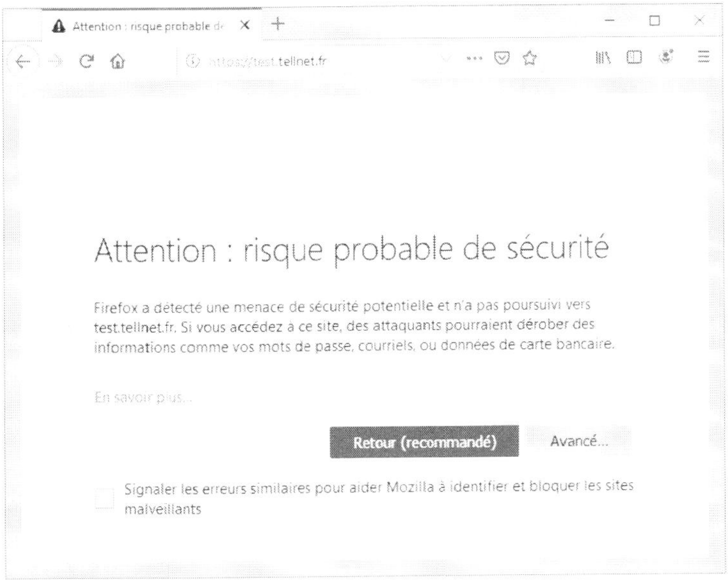

En effet, le certificat électronique présenté par le site web pour vérifier son authenticité a été généré à l'installation du module `mod_ssl`. Ce certificat a été autosigné par le serveur web lui-même, c'est-à-dire qu'il n'existe aucun tiers de confiance pour garantir sa légitimité :

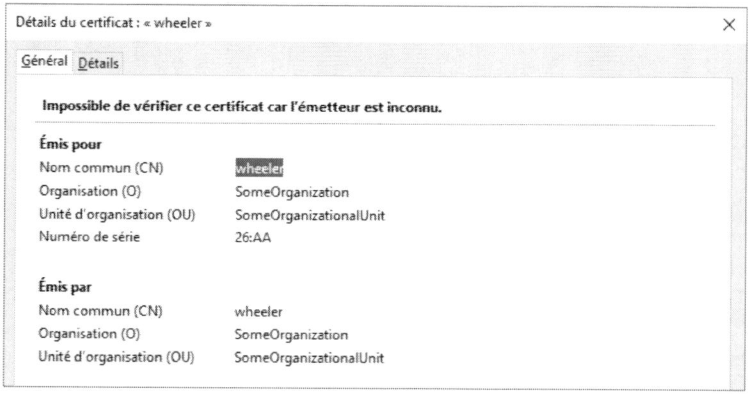

Ainsi, pour sécuriser votre site web, il faut générer un certificat qui doit être signé par une autorité de certification. Cette autorité de certification vérifie que le site web pour lequel vous demandez le certificat vous appartient réellement, et accepte alors de signer votre certificat.

L'opération se fait selon les étapes suivantes :

- génération d'une paire clé publique/clé privée ;
- génération d'une CSR (*Certification Signing Request*, demande de Signature de certificat) contenant le nom de domaine du site web appelé nom commun (*Common Name*, CN). La CSR est signée avec la clé privée ;
- signature de la CSR par l'autorité de certification (CA) après avoir vérifié que le nom de domaine appartient bien à l'émetteur de la CSR, et délivrance du certificat ;
- injection du certificat dans la configuration du serveur web.

Ces étapes étant spécialisées, nous allons les illustrer simplement en utilisant un moyen simple, gratuit et rapide de sécuriser votre site web au moyen de la solution *Let's Encrypt*.

Let's Encrypt est une initiative visant à généraliser l'usage des connexions sécurisées sponsorisée par des acteurs connus de l'Internet, comme l'Electronic Frontier Foundation (EFF).

Pour un serveur accessible en ligne de commande, le site web https://letsencrypt.org nous recommande l'utilisation de l'outil `certbot` (codé en Python) dont le fonctionnement est expliqué sur https://certbot.eff.org. Ce site délivre des instructions précises pour chaque type de serveur web (Apache, Nginx, etc.) sur plusieurs distributions (CentOS/RHEL, Ubuntu, etc.).

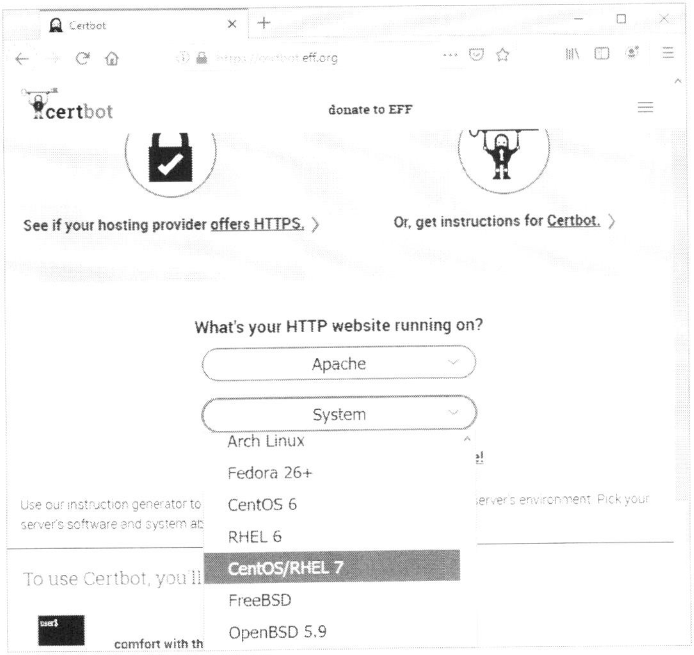

Remarque

Pour obtenir un certificat pour votre site web, il vous faut donc :

1. Être propriétaire d'un nom de domaine.

2. Être propriétaire du serveur Web attaché à ce nom de domaine.

Dans l'exemple suivant, nous avons configuré le serveur DNS en charge du nom de domaine `test.tellnet.fr` pour **faire pointer ce nom de domaine vers l'adresse IP publique de notre serveur RHEL 7 accessible directement de l'Internet**. Bien sûr, Apache a été installé, et les **ports 80 et 443 du pare-feu ont été ouverts** avec la commande `firewall-cmd`.

Les instructions (pour l'instant disponibles pour RHEL 7) commencent par l'ajout du dépôt EPEL contenant le paquet `certbot` :

```
[root@eleven /]# yum install -y https://dl.fedoraproject.org/pub/
epel/epel-release-latest-7.noarch.rpm
(...)
Installed:
 epel-release.noarch 0:7-11


Complete!
[root@eleven /]# yum -y install yum-utils
(...)
Package yum-utils-1.1.31-50.el7.noarch already installed and
latest version
Nothing to do
[root@ eleven /]# yum-config-manager --enable rhui-REGION-
rhel-server-extras rhui-REGION-rhel-server-optional
Loaded plugins: fastestmirror, ovl
[root@ eleven /]# yum install -y certbot python2-certbot-apache
(...)
Installed:
 certbot.noarch 0:0.36.0-1.el7
python2-certbot-apache.noarch 0:0.36.0-1.el7
(...)
[root@eleven ~]#
```

Une fois l'outil `certbot` installé, il ne reste plus qu'à le lancer, et répondre aux différentes questions :

```
[root@eleven ~]# certbot -apache
Saving debug log to /var/log/letsencrypt/letsencrypt.log
Plugins selected: Authenticator apache, Installer apache
Enter email address (used for urgent renewal and security notices)
(Enter 'c' to
cancel): tellnet@tellnet.fr
Starting new HTTPS connection (1): acme-v02.api.letsencrypt.org
- - - - - - - - - - - - - - - - - - - - - - - - - - - - - - - -
```

```
Please read the Terms of Service at https://letsencrypt.org/documents/
LE-SA-v1.2-November-15-2017.pdf. You must agree in order to register
with the ACME server at https://acme-v02.api.letsencrypt.org/directory

- - - - - - - - - - - - - - - - - - - - - - - - - - - - - - - - - - -
(A)gree/(C)ancel: A

- - - - - - - - - - - - - - - - - - - - - - - - - - - - - - - - - - -
Would you be willing to share your email address with the Electronic
Frontier Foundation, a founding partner of the Let's Encrypt project
and the non-profit organization that develops Certbot? We'd like to
send you email about our work encrypting the web, EFF news, campaigns,
and ways to support digital freedom.
- - - - - - - - - - - - - - - - - - - - - - - - - - - - - - - - - - -
(Y)es/(N)o: N

Which names would you like to activate HTTPS for?
- - - - - - - - - - - - - - - - - - - - - - - - - - - - - - - - - - -
1: test.tellnet.fr
- - - - - - - - - - - - - - - - - - - - - - - - - - - - - - - - - - -
- - - - -
Select the appropriate numbers separated by commas and/or spaces, or
leave input blank to select all options shown (Enter 'c' to cancel): 1
Obtaining a new certificate
Performing the following challenges:
http-01 challenge for test.tellnet.fr
Waiting for verification...
Cleaning up challenges
Created an SSL vhost at /etc/httpd/conf.d/01http-le-ssl.conf
Deploying Certificate to VirtualHost /etc/httpd/conf.d/
01http-le-ssl.conf

Please choose whether or not to redirect HTTP traffic to HTTPS,
removing HTTP access.
- - - - - - - - - - - - - - - - - - - - - - - - - - - - - - - - - - -
- - - - -
1: No redirect - Make no further changes to the webserver configura-
tion.
2: Redirect - Make all requests redirect to secure HTTPS access. Choose
this for new sites, or if you're confident your site works on HTTPS.
You can undo this change by editing your web server's configuration.
- - - - - - - - - - - - - - - - - - - - - - - - - - - - - - - - - - -
Select the appropriate number [1-2] then [enter] (press 'c' to cancel):
2
Redirecting vhost in /etc/httpd/conf.d/01http.conf to ssl vhost in /
etc/httpd/conf.d/01http-le-ssl.conf
```

```
- - - - - - - - - - - - - - - - - - - - - - - - - - - - - - - - - - - - - - - -
Congratulations! You have successfully enabled https://test.tellnet.fr


You should test your configuration at:
https://www.ssllabs.com/ssltest/analyze.html?d=test.tellnet.fr
- - - - - - - - - - - - - - - - - - - - - - - - - - - - - - - - - - - - - - - -
IMPORTANT NOTES:
- Congratulations! Your certificate and chain have been saved at:
  /etc/letsencrypt/live/test.tellnet.fr/fullchain.pem
  Your key file has been saved at:
  /etc/letsencrypt/live/test.tellnet.fr/privkey.pem
  Your cert will expire on 2019-11-11. To obtain a new or tweaked
- version of this certificate in the future, simply run certbot
  again with the "certonly" option. To non-interactively renew
  *all* of your certificates, run "certbot renew"
- Your account credentials have been saved in your Certbot
- configuration directory at /etc/letsencrypt. You should make a
- secure backup of this folder now. This configuration directory
- will also contain certificates and private keys obtained by Certbot
- so making regular backups of this folder is ideal.
- If you like Certbot, please consider supporting our work by:
  Donating to ISRG / Let's Encrypt: https://letsencrypt.org/donate
  Donating to EFF:                  https://eff.org/donate-le
[root@eleven ~]#
```

Pendant l'installation, plusieurs questions nous sont posées :

- `Which names would you like to activate HTTPS for ?`
  - L'outil `certbot` a lu les fichiers de configuration existants et détecté notre site existant en HTTP sur le port 80.
  - Lorsque nous choisissons ce site, `certbot` créera un nouveau fichier de configuration adapté pour du HTTPS.
- `Please choose whether or not to redirect HTTP traffic to HTTPS, removing HTTP access`
  - Ici, `certbot` modifie la configuration existante en HTTP pour automatiquement rediriger le trafic vers le site en HTTPS. Cela améliore la sécurité.

Une fois la configuration effectuée, `certbot` génère la paire clé privée/clé publique, la CSR, et obtient le certificat correspondant auprès des services *Let's Encrypt*.

Le certificat obtenu est copié dans l'arborescence :

```
[root@eleven ~]# ls -lh /etc/letsencrypt/live/test.tellnet.fr/
total 4,0K
lrwxrwxrwx. 1 root root  39 13 août  16:17 cert.pem ->
../../archive/test.tellnet.fr/cert1.pem
lrwxrwxrwx. 1 root root  40 13 août  16:17 chain.pem ->
../../archive/test.tellnet.fr/chain1.pem
lrwxrwxrwx. 1 root root  44 13 août  16:17 fullchain.pem ->
../../archive/test.tellnet.fr/fullchain1.pem
lrwxrwxrwx. 1 root root  42 13 août  16:17 privkey.pem ->
../../archive/test.tellnet.fr/privkey1.pem
-rw-r--r--. 1 root root 692 13 août  16:17 README
```

Le certificat est référencé dans la nouvelle configuration créée automatiquement dans `/etc/httpd/conf.d/` :

```
[root@eleven ~]# cat /etc/httpd/conf.d/01http-le-ssl.conf
<IfModule mod_ssl.c>
<VirtualHost *:443>
   ServerAdmin tellnet@tellnet.fr
   DocumentRoot /var/www/tellnet.fr/html
   ServerName test.tellnet.fr
   ErrorLog logs/tellnet.fr-error_log
   CustomLog logs/tellnet.fr-access_log common
SSLCertificateFile /etc/letsencrypt/live/test.tellnet.fr/cert.pem

SSLCertificateKeyFile /etc/letsencrypt/live/test.tellnet.fr/
privkey.pem Include /etc/letsencrypt/options-ssl-apache.conf
SSLCertificateChainFile /etc/letsencrypt/live/test.tellnet.fr/
chain.pem
</VirtualHost>
</IfModule>
[root@eleven ~]#
```

Notre site est prêt à l'emploi. La connexion en HTTPS fonctionne parfaitement, le cadenas vert indiquant une connexion sécurisée. Le client web nous indique que le certificat a bien été signé par une autorité de certification reconnue :

Vérifiez la date de validité de votre certificat et mettez un rappel dans votre agenda pour le renouveler lorsqu'il arrive bientôt à expiration.

Remarque

L'outil `certbot` peut être intégré à CRON pour renouveler le certificat automatiquement. La procédure est expliquée à la page https://certbot.eff.org.

Pour afficher des informations pertinentes sur le certificat, vous pouvez au choix :

- Vérifier le certificat de votre site web déjà en ligne.
  - Sur des sites de confiance dédiés, comme par exemple https://www.digicert.com/help/ en entrant l'URL de votre site.
- Afficher le contenu du certificat stocké sur votre serveur (avec la commande `cat`) et copier/coller le contenu dans un site de confiance dédié.
  - Par exemple https://www.sslshopper.com/certificate-decoder.html.

- Utiliser la commande `openssl` pour afficher les informations sur votre certificat en ligne de commande.
  - Utilisez la commande suivante :

```
openssl x509 -in <chemin du certificat> -text -noout
```

Par exemple, pour le certificat délivré par Let's Encrypt dans l'exemple précédént :

```
[root@eleven test.tellnet.fr]# openssl x509 -in
/etc/letsencrypt/archive/test.tellnet.fr/cert1.pem -text -noout
Certificate:
   Data:
       Version: 3 (0x2)
       Serial Number:
           03:94:d9:67:47:1f:76:db:17:ab:98:a5:c5:5a:a5:4b:2d:2b
   Signature Algorithm: sha256WithRSAEncryption
       Issuer: C=US, O=Let's Encrypt, CN=Let's Encrypt Authority X3
       Validity
           Not Before: Aug 13 13:17:09 2019 GMT
           Not After : Nov 11 13:17:09 2019 GMT
       Subject: CN=test.tellnet.fr
(...)
```

Ici, nous voyons les éléments importants suivants :

- le certificat est bien valide pour le nom (Common Name, CN) `test.tellnet.fr` ;
- ce certificat a été signé par l'autorité de certification *Let's Encrypt* ;
  - la clé publique de *Let's Encrypt*, correspondant à la clé privée qui a signé ce certificat, est disponible dans tous les navigateurs web, ce qui leur permet de vérifier la validité de notre certificat.
- le certificat est valide jusqu'en novembre 2019 (*Not After*, pas après)

2.2.6 Contrôle utilisateur avec .htaccess

L'ensemble de la configuration de Apache se fait dans `/etc/httpd`.

Cependant, il n'est pas rare que la tâche de configuration, réservée à l'administrateur système, doive être effectuée par les développeurs (ou autres utilisateurs) dans certains cas.

Ainsi, plutôt que de permettre aux utilisateurs de modifier la configuration système dans /etc/httpd (qui concerne l'ensemble des sites web et des répertoires), le système Apache prévoit un **déport local de configuration** appelé .htaccess (*hypertext access*), avec les caractéristiques suivantes :

- Le fichier .htaccess apporte une configuration par répertoire :
  - Les directives qu'il contient impactent l'accès aux pages web contenues dans le répertoire où se trouve le fichier .htaccess (et les sous-répertoires).
  - Les fichiers .htaccess dans les sous-répertoires modifient ou écrasent les directives définies dans les .htaccess des répertoires supérieurs.
  - Ainsi, il joue le rôle de la directive Directory dans la configuration générale.
  - Il suffit donc à l'utilisateur d'avoir l'accès en écriture au répertoire, ce qui est souvent le cas pour les développeurs qui déposent les différents fichiers constituant le site web.
  - Il n'y a pas besoin de redémarrer le service Apache httpd pour prendre en compte le fichier .htaccess.
- Le fichier .htaccess n'ajoute pas de fonctionnalité particulière par rapport à la configuration générale.
  - Une erreur courante consiste par exemple à penser que **l'authentification d'un site** (avec un mot de passe) ne peut être configurée que dans un fichier .htaccess, alors qu'il est possible (voire préférable) de la définir dans la configuration générale.
- Apache recherche la présence d'un fichier .htaccess dans chaque répertoire.
  - La fonctionnalité .htaccess doit être activée dans la configuration générale avec la directive AllowOverride.
  - La seule présence du fichier permet de modifier la configuration du site. Il n'y a pas besoin de définir d'autres paramètres dans la configuration générale.
  - Le revers de la médaille, c'est que le serveur Apache doit alors parcourir chaque répertoire à la recherche d'un éventuel fichier .htaccess, ce qui peut sensiblement faire baisser les performances.

La configuration dans le fichier `.htaccess` permet entre autres de modifier les élements suivants :

- droits d'accès : configuration de l'authentification, mais également autorisation d'accès en fonction de divers paramètres, comme par exemple l'adresse IP source.
- réécriture d'URL : permet de manipuler les URL (*Uniform Resource Locator*, plus simplement les adresses des sites web). Les URL peuvent être présentées dans le navigateur d'une manière plus lisible pour l'utilisateur, ou bien renvoyer en interne vers d'autres URL en fonction de certains critères.
- redirection : la redirection permet d'envoyer le navigateur vers un autre site web ou une autre page en fonction de critères et d'évènements.
- affichage de pages d'erreur personnalisées.

Pour **empêcher totalement l'utilisation des fichiers `.htaccess`**, ajoutez la ligne suivante dans la configuration générale, pour certains répertoires :

/etc/httpd/conf/httpd.conf
```
<Directory "/var/www">
AllowOverride None
</Directory>
```

Pour autoriser l'utilisation de tous les types de configuration avec `.htaccess` :

/etc/httpd/conf/httpd.conf
```
<Directory "/var/www/projects/acme">
AllowOverride All
</Directory>
```

Remarque

Nous avons ici autorisé `.htaccess` seulement pour un sous-répertoire, et interdit pour le reste.

Nous pouvons préciser plus finement ce que nous désirons autoriser. Par exemple, autorisons l'authentification pour un répertoire spécifique :

/etc/httpd/conf/httpd.conf
```
<Directory "/var/www/securite">
AllowOverride AuthConfig
</Directory>
```

Remarque

Il existe d'autres types de directives que l'on peut autoriser. Vous trouverez plus d'informations dans la documentation Apache à l'adresse httpd.apache.org.

L'utilisation de `.htaccess` n'est pas une fin en soi, mais seulement un moyen pratique d'autoriser une partie de la configuration aux utilisateurs.

Ainsi, lorsqu'on cherche à implémenter une fonctionnalité dans la configuration, il faut se demander si l'on a besoin d'utiliser `.htaccess` et si cela est possible.

Remarque

Les possibilités offertes par `.htaccess` sont extrêmement nombreuses et dépassent le cadre de cet ouvrage, c'est pourquoi nous choisissons d'en illustrer le principe de fonctionnement avec une fonctionnalité courante.

Par exemple, la documentation Apache pour l'authentification et l'autorisation nous renvoie vers la directive `Require` :

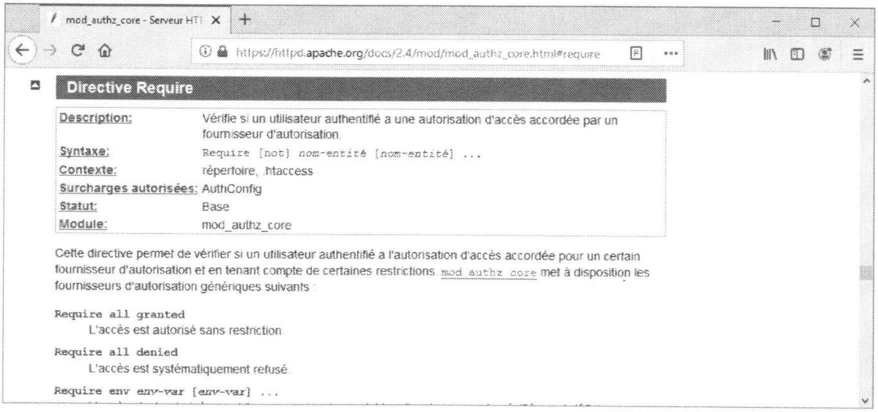

Le cartouche pour cette directive nous donne deux informations nécessaire :

- Le **contexte** d'utilisation de la directive :
  - Répertoire ou `Directory` ; la directive peut être utilisée dans le fichier de configuration générale d'Apache, dans une section `Directory`.
  - `.htaccess` : la directive peut également être utilisée dans un fichier `.htaccess`.

– **Surcharge autorisée** : c'est l'autorisation `AllowOverride` nécessaire pour autoriser cette fonctionnalité dans `.htaccess` ; ici, `AuthConfig`.

Il existe de nombreuses possibilités avec la directive `Require`.

Pour interdire une adresse IP (c'est-à-dire **autoriser tout sauf une adresse**) :

```
.htaccess
<RequireAll>
Require all granted
Require not ip <Adresse IP interdite>
</RequireAll>
```

Par exemple, l'utilisateur Tom, qui fait partie des développeurs, est amené à configurer régulièrement les autorisations pour une partie spécifique d'un site web. Entre autres, il doit autoriser divers intervenants en fonction de leur adresse IP.

L'utilisateur Tom constate qu'il ne peut pas accéder à la configuration générale du serveur. En effet, seul l'utilisateur root a accès en écriture :

```
[tom@eleven html]$ ls -ld /etc/httpd/conf/httpd.conf
-rw-r--r--. 1 root root 11753 29 juil. 17:15 /etc/httpd/conf/
httpd.conf
[tom@eleven html]$ ls -lh  /etc/httpd/conf.d/01http-le-ssl.conf
-rw-r--r--. 1 root root 608 20 août  15:13 /etc/httpd/conf.d/
01http-le-ssl.conf
```

L'utilisateur root autorise alors l'utilisation de `.htaccess` pour un répertoire spécifique, dans la configuration du site web demandé :

```
/etc/httpd/conf.d/01http-le-ssl.conf
<VirtualHost *:443>
   DocumentRoot /var/www/test.tellnet.fr/html
   ServerName test.tellnet.fr
(...)
<Directory /var/www/test.tellnet.fr/html/externes>
       AllowOverride All
</Directory>
</VirtualHost>
```

Ici, on pourrait n'autoriser que `AuthConfig` à la place de `All`, mais nous avons confiance dans le développeur, qui voudra peut-être utiliser d'autres éléments de configuration.

Tom, qui fait partie du groupe `developers`, a les permissions UNIX pour ajouter un fichier `.htaccess` dans le répertoire qui nécessite un contrôle d'accès :

```
[tom@eleven ~]$ ls -ld /var/www/test.tellnet.fr/
drwxrwxr-x. 3 root developers 40 20 août  15:56 /var/www/
test.tellnet.fr/
[tom@eleven ~]$ cd /var/www/test.tellnet.fr/externes/
[tom@eleven externes]$ vi .htaccess
<RequireAll>
Require ip 81.113.86.205
</RequireAll>
```

Ici, nous avons opté pour une politique d'accès **tout interdire sauf une adresse IP**.

Comme nous pouvons le constater, **l'utilisateur n'a pas besoin de redémarrer le serveur Apache** (ce qu'il n'a pas le droit de faire). Il peut ainsi **modifier la configuration à la volée**, très facilement.

Nous constatons que cela fonctionne : l'utilisateur avec l'adresse IP autorisée peut accéder à la zone configurée avec `.htaccess` :

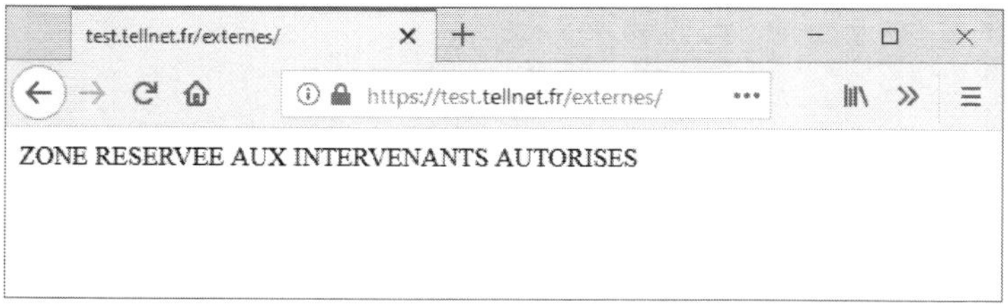

Tandis qu'un autre utilisateur n'ayant pas cette adresse IP verra son accès interdit :

3. Serveur web Nginx

3.1 Présentation

Nginx, pour *engine x* (prononcer "en-jine-x"), se pose en outsider concurrent de Apache `httpd`. Ce serveur créé en 2004 a été conçu dans le but avoué de dépasser Apache, et a ainsi vocation à être plus rapide, pour les tâches suivantes :

- Site web classique : agit comme serveur frontal pour le filtrage et le traitement de flux HTTP/S entrants, avant de rediriger vers des serveurs web internes.
- Reverse Proxy (exploré plus loin).
- Équilibrage de charge : distribuer les flux entrants à plusieurs serveurs, pour améliorer la distribution des performances.
- Cache HTTP : enregistre localement les pages les plus consultées pour les servir plus rapidement aux utilisateurs.
- Proxy Mail : agit comme serveur frontal pour le filtrage et le traitement d'e-mails entrants, avant de rediriger vers des serveurs mail internes.

Dans les pages qui suivent, nous découvrons la configuration minimale pour un site web classique, à la manière d'Apache avec l'équivalent des *Virtual Hosts*, puis nous explorons une utilisation répandue de Nginx car simple à mettre en œuvre, en tant que serveur *Reverse Proxy*.

L'installation de Nginx est simple :

```
yum install -y nginx
```

Une fois l'installation effectuée, lancez le serveur et activez-le au démarrage :

```
systemctl enable --now nginx
```

Remarque

Vous voudrez peut-être désactiver un éventuel serveur Apache occupant les ports 80 et 443 avec la commande `systemctl disable --now httpd`.

Finalement, autorisez les ports 80 et 443 avec la commande `firewall-cmd`.

3.2 Servir un site web classique

Le serveur est installé. Tout comme Apache, une configuration et un site web par défaut sont déjà installés. Il ne reste plus qu'à se connecter (après avoir obtenu l'adresse IP du serveur avec la commande `ip address`).

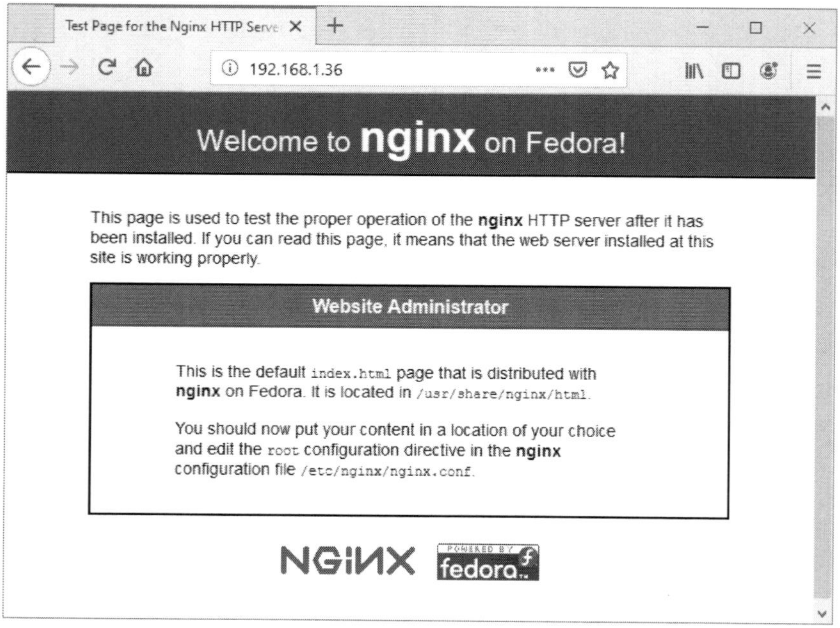

3.2.1 Fichiers et répertoires importants

Emplacement	Utilité
`/etc/nginx`	Répertoire principal de configuration
`/etc/nginx/nginx.conf`	Fichier principal de configuration, il décrit le comportement général du serveur
`/etc/nginx/conf.d/`	Emplacement des configurations secondaires. C'est là qu'on stocke les configurations de nos sites web

Emplacement	Utilité
/var/log/nginx/	Logs de nginx
/var/log/nginx/access.log	Logs des demandes traitées par le serveur
/var/log/nginx/error.log	Erreurs enregistrées par le serveur, souvent des refus d'accès
/usr/share/nginx/html	Emplacement du site web principal (par défaut) du serveur

3.2.2 Configuration minimum

Nginx est configuré pour accueillir la configuration de *serveurs virtuels* (l'équivalent des *Virtual Hosts* de Apache) dans le répertoire /etc/nginx/conf.d.

Il suffit ainsi d'ajouter des fichiers *.conf contenant la configuration des sites web que nous voulons servir avec les sections server { } contenant les directives minimum suivantes :

```
server {
   server_name   www.exemple.com;
   listen        80;
   root   /usr/share/nginx/exemple;
   location /externes {
          # Directives de configuration spécifiques
   }
}
```

Les éléments de configuration sont les suivants :

- server { } : ces balises délimitent la configuration d'un site web.
- server_name www.exemple.com : le nom de domaine du site web configuré.
  - Lorsque Nginx reçoit une requête entrante, il analyse l'en-tête HTTP à la recherche du site web demandé. Il se dirige ensuite avec le bloc server approprié pour servir ce site.

- listen 80 : le port et accessoirement l'interface d'écoute pour ce site web.
  - On pourrait définir des sites différents en fonction des interfaces. Par exemple, un site intranet écoutant sur une interface interne (une section server avec listen 192.168.14.5:80), et un site public écoutant sur une interface avec une adresse IP publique (une section server avec listen 84.51.3.65:80).
  - Pour servir un site sécurisé en HTTPS, on devra configurer le port en 443. On aura alors un site sur le port 80 redrigeant automatiquement sur le port en 443 (voir la configuration *Let's Encrypt* avec Apache plus haut dans ce chapitre).
  - Si aucune adresse IP n'est précisée, Nginx écoute sur toutes les interfaces pour ce site web.
- root /usr/share/nginx/exemple : définit où trouver la racine du site web dans l'arborescence, sur le disque dur.
- location <URL relative> { } : balises délimitant la configuration pour une sous-partie du site web.
  - Par exemple, dans le bloc location externes/, on trouvera la configuration pour le partie du site www.exemple.com/externes/.
  - Dans ce bloc, on mettra des directives spécifiques.

Illustrons : nous avons dans le répertoire /etc/nginx/conf.d deux configurations simples :

```
[root@eleven ~]# ls /etc/nginx/conf.d/
supervision.conf  test.conf
[root@eleven ~]# cat /etc/nginx/conf.d/supervision.conf
   server {
       server_name   supervision.tellnet.fr;
       listen        172.17.0.1:80;
       root   /usr/share/nginx/supervision;
   }

[root@eleven ~]# cat /etc/nginx/conf.d/test.conf
   server {
       server_name   test.tellnet.fr;
       listen        80;
       root   /usr/share/nginx/test;
   }
```

Pour la première (`supervision.tellnet.fr`), nous écoutons sur une interface interne (avec une adresse privée 172.17), pour ce site qui ne doit être accessible qu'en interne.

Pour le site `test.tellnet.fr`, en revanche, nous écoutons sur toutes les interfaces, c'est-à-dire l'interface interne, mais également l'interface connectée à Internet. Ce site sera donc accessible d'Internet.

3.3 Nginx en tant que Reverse Proxy

La fonctionnalité Reverse Proxy de Nginx est célèbre et très utilisée, car extrêmement simple à mettre à oeuvre.

Quel en est le principe ? Le Reverse Proxy (RP) est placé en frontal devant les serveurs web hébergeant nos sites, c'est-à-dire entre les clients sur Internet et nos serveurs dans le réseau local de l'entreprise. Ce frontal unique accueille les requêtes entrantes provenant des clients, les traite et les relaie vers les différents serveurs web placés derrière, en fonction de la demande.

Il y a plusieurs intérêts à cette configuration :

- Protection contre les attaques : le serveur est spécialisé dans la fonctionnalité Reverse Proxy, c'est-à-dire qu'il n'héberge aucun site web ni aucune donnée sensible. Dédié à sa tâche de serveur frontal, il absorbe la charge entrante, qui peut être importante en cas d'attaque, et analyse si elle est légitime, protégeant ainsi les serveurs web placés derrière.
- Partage de charge : le Reverse Proxy peut distribuer les flux entrants entre plusieurs serveurs web, par exemple en fonction de leur capacité ou de leur localisation géographique. On a ainsi un point d'entrée unique pour plusieurs serveurs.
- Sécurisation des flux : le Reverse Proxy s'occupe du chiffrement et de l'authentification HTTPS vers les clients sur Internet. C'est lui qui possède le certificat électronique des sites hébergés. Les flux entre les serveurs web et le Reverse Proxy sont non sécurisés, donc plus faciles à gérer pour les serveurs web placés derrière.

Remarque

Le simple Proxy (ou Proxy sortant) effectue le travail inverse du Reverse Proxy. Son rôle n'est pas de protéger les serveurs de l'entreprise, mais les clients, traitant les flux sortants. Les navigateurs web sur les postes clients de l'entreprise s'adressent non pas directement aux serveurs sur Internet, mais au Proxy sortant, qui peut analyser les flux échangés avec un site web potentiellement dangereux.

La configuration minimum de Nginx pour effectuer un Reverse Proxy sur un nom de domaine est la suivante :

```
server {
   server_name   www.exemple.com;
   listen        80;
   location /site1 {
          proxy_pass http://<adresse+port du serveur interne>/;
   }
location /autresite {
          proxy_pass http://<adresse+port du serveur interne>/;
   }

}
```

Remarque

***Attention** à une erreur courante : n'oubliez pas le / à la fin de l'URL relayée avec `proxy_pass`.*

Ici, une requête provenant d'Internet pour http://www.exemple.com/site1 sera reçue par Nginx et relayée vers le serveur indiqué par la variable `proxy_pass`. La réponse sera reçue par Nginx (et non pas envoyée directement au client sur Internet), analysée et relayée au client.

La seconde section `location` fait la même chose pour le site http://www.exemple.com/autresite, vers un autre serveur web.

Voici par exemple la configuration d'un Reverse Proxy avec deux sites web :

```
[root@eleven ~]# cat /etc/nginx/conf.d/test.conf
   server {
       server_name   test.tellnet.fr;
       listen        80;
       root   /usr/share/nginx/test;
```

```
        location /admin {
                proxy_pass http://127.0.0.1:8080/;
        }

        location /database {
                proxy_pass http://192.168.1.41:80/;
        }
    }
```

La configuration est la suivante :

- Le site `http://test.tellnet.fr/admin` :
  - Les requêtes pour ce site sont relayées vers le serveur local (c'est-à-dire la même machine, machine `eleven`), mais sur le port 8080.
  - Bien sûr, dans Apache, nous avons modifié les directives `Listen` et `VirtualHost` à `8080`, puis relancé le serveur `httpd`.
- Le site `http://test.tellnet.fr/database` :
  - Les requêtes pour ce site sont relayées vers un autre serveur à l'adresse IP 192.168.1.41 et le port 80 (il s'agit de la machine `hopper`).

Sur la machine `eleven`, c'est un serveur Apache `httpd` qui écoute sur le port 8080 :

```
[root@eleven ~]# netstat -lnpe --inet --inet6 | grep 8080
tcp6       0      0 :::8080                 :::*
LISTEN      0          1172676    65455/httpd
```

Sur la machine `hopper`, sur le port 80, c'est également un serveur `httpd` :

```
[root@hopper conf.d]# netstat -lnpe --inet --inet6 | grep 80
tcp6       0      0 :::80                   :::*
LISTEN      0          882306     88501/httpd
```

Testons notre configuration

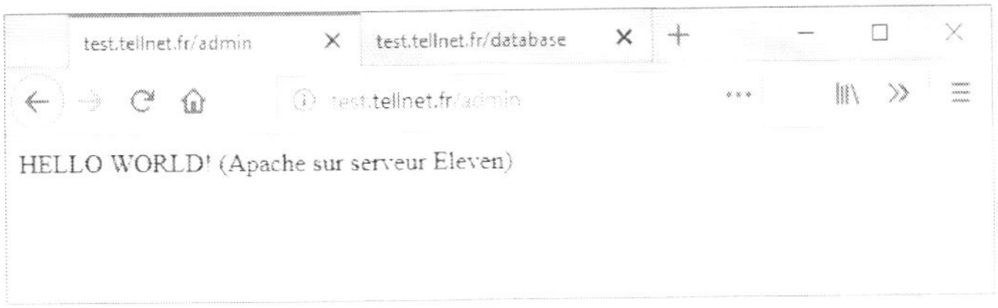

Nous constatons que http://test.telnet.fr/admin est bien relayé vers le service Apache sur la machine eleven.

Ici, http://test.telnet.fr/database est bien relayé vers le service Apache sur la machine hopper.

Pour améliorer encore l'utilisation du Reverse Proxy, il est également possible de transformer la configuration en HTTPS avec certbot de Let's Encrypt pour plus de sécurité (voir la section Apache).

4. PHP et MySQL (MariaDB)

En complément d'Apache, MySQL et PHP forment la fameuse équipe constituant les serveurs LAMP (Linux Apache PHP MySQL) très populaires sur le Web.

PHP est un language interprété par le serveur web pour générer des pages web dynamiques. La page web n'est pas statique, mais est construite à la demande en fonction de divers paramètres.

MySQL est un système de gestion de base de données SQL performant. Son rachat par Sun Microsystems a généré un "fork" (embranchement) par le fondateur de MySQL qui s'appelle MariaDB. Cependant, MariaDB reste très compatible avec MySQL.

MariaDB est maintenant adopté par des acteurs importants de la communauté open source et se trouve être le système de gestion de base de données par défaut dans RHEL 7.

LAMP s'inscrit dans une architecture client-serveur 3-tiers classique :

- Tiers présentation : c'est la donnée finale présentée au client. Il s'agit ici d'une page web envoyée par le serveur Apache.
- Tiers métier : c'est à partie fonctionnelle, celle qui réalise le "cœur de métier" de l'architecture, en réalisant diverses opérations sur les données en fonction de ce que veut le client. Elle est ici opérée par le langage PHP et pourra par exemple consister à afficher les fiches clients et les devis.
- Tiers données : c'est la partie s'occuppant de la gestion des données. Elle stocke les données qui devront être traitées par l'application métier. Il s'agit souvent d'une base de données, ici MySQL/MariaDB.

Remarque

Les principes vus ici sont adaptés à RHEL 7, mais ils sont facilement transposables à RHEL 8.

4.1 Installation de PHP

- L'installation du langage PHP ainsi que du module pour Apache (`mod_php`) se fait très simplement :

```
yum install php
```

- Une fois que PHP est installé, il suffit de redémarrer le serveur Apache pour qu'il prenne en compte le nouveau module.
- Ainsi, nous pouvons générer une page PHP simple pour tester l'installation. Créez le fichier suivant :

```
Fichier /var/www/html/info.php
<?php
phpinfo();
?>
```

- Ensuite, à partir d'un client web, accédez au serveur web, à la page `/info.php`. Vous devriez obtenir une page affichant la configuration de PHP sur le système.

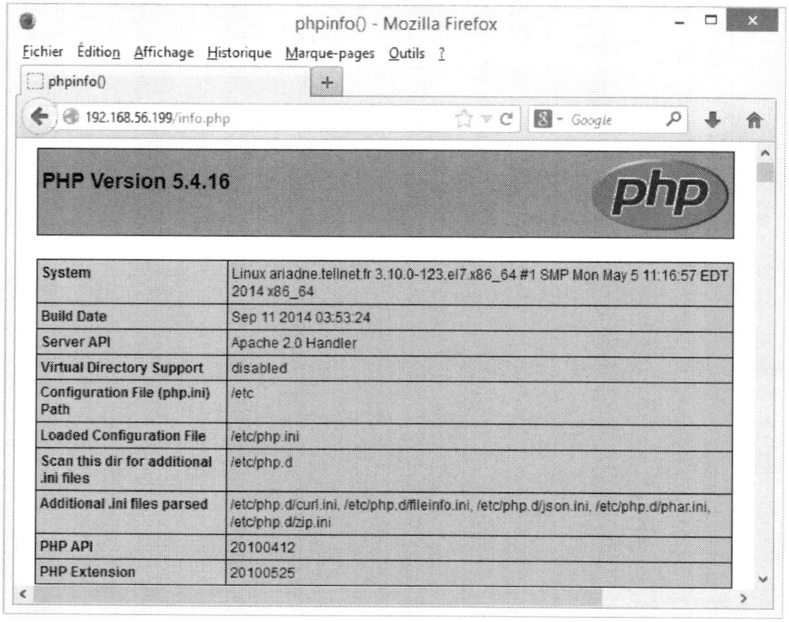

Notez que le code source de la page `.php` ne contient qu'un seul mot-clé. Cependant, la page générée par PHP est assez longue. C'est tout l'intérêt des pages web dynamiques.

4.2 Installation de MariaDB

Pour installer le serveur de base de données MariaDB, tapez :

```
yum install mariadb-server
```

Ensuite, lancez simplement le serveur `mariadb` et activez-le au démarrage. Par exemple sur RHEL 7 :

```
systemctl start mariadb.service
systemctl enable mariadb.service
```

Procédez ensuite à la configuration en lançant le script :

```
mysql_secure_installation
```

▶ Pour le premier lancement, il faut définir un mot de passe pour l'utilisateur root de MariaDB, l'administrateur, qui n' a rien à voir avec l'utilisateur root du système. C'est l'administrateur du système. Répondez de la manière suivante aux questions :

```
Enter current password for root (enter for none): <appuyez ici simplement
sur la touche Entrée>
(...)
Set root password? [Y/n] <appuyez sur Entrée (choix par défaut)>
New password: <définissez un mot de passe>
Re-enter new password: <entrez le même mot de passe>
(...)
Remove anonymous users? [Y/n] <appuyez sur Entrée>
(...)
Disallow root login remotely? [Y/n] <appuyez sur Entrée>
(...)
Remove test database and access to it? [Y/n] <appuyez sur Entrée>
(...)
Reload privilege tables now? [Y/n] <appuyez sur Entrée>
```

▶ Vérifiez que le système fonctionne bien, en vous connectant à l'interface de gestion de MariaDB :

```
mysql -u root -p
```

▶ Une fois dans l'interface, tapez une requête simple, qui doit faire apparaître des bases créées par défaut :

```
show databases;
```

Par exemple :

```
[root@ariadne ~]# mysql -u root -p
Enter password:
Welcome to the MariaDB monitor.  Commands end with ; or \g.
Your MariaDB connection id is 20
Server version: 5.5.37-MariaDB MariaDB Server

Copyright (c) 2000, 2014, Oracle, Monty Program Ab and others.

Type 'help;' or '\h' for help. Type '\c' to clear the current input
statement.

MariaDB [(none)]> show databases;
+--------------------+
| Database           |
+--------------------+
```

```
| information_schema |
| mysql              |
| performance_schema |
+--------------------+
3 rows in set (0.00 sec)
```

- Il faut ensuite installer la prise en charge de MySQL par PHP. Cela ajoute des modules permettant de lire et d'écrire dans des bases de données MySQL :

```
yum -y install php-mysql
```

- Redémarrez ensuite le serveur web (pour RHEL 7) :

```
systemctl restart httpd.service
```

- Reconnectez-vous à la page web précédente `/info.php`. Vous constaterez maintenant que le support de MySQL est activé dans PHP.

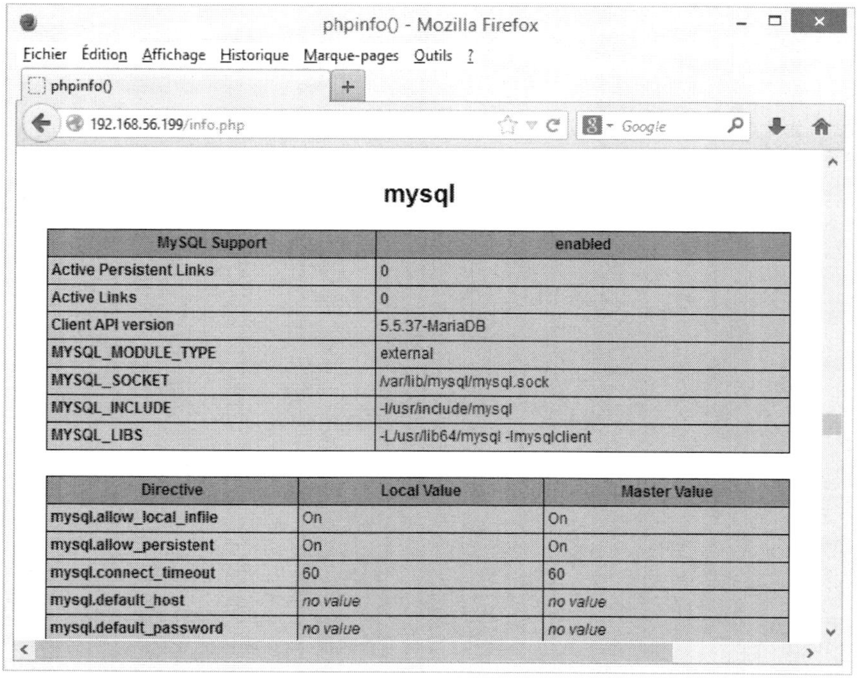

4.3 phpMyAdmin

L'installation ci-dessus suffit pour réaliser un site web dynamique avec base de données. En tant qu'administrateur système, vous n'avez pas grand-chose d'autre à faire, à part passer la main au webmaster, qui va créer son site, ses bases de données et y faire des requêtes en PHP.

Cependant, il est bien de connaître un minimum le langage MySQL, ne serait-ce que pour vérifier l'état de bases, en créer ou en supprimer une, ou extraire des données.

L'outil phpMyAdmin, qui est **complémentaire**, permet de réaliser ces tâches très simplement, par l'intermédiaire d'une interface web.

- Cet outil est disponible dans le dépôt logiciel EPEL. Reportez-vous au chapitre Installation de logiciels pour l'installation du dépôt EPEL.
- Il est également nécessaire d'activer les dépôts Red Hat supplémentaires *Extras RPMS* et *Optional RPMS*. Tapez les commandes suivantes pour RHEL 7 :

```
subscription-manager repo-override  --repo=rhel-7-server-extras-rpms
--add=enabled:1
subscription-manager repo-override  --repo=rhel-7-server-optional-rpms
--add=enabled:1
```

- Lancez ensuite l'installation de phpMyAdmin :

```
yum install phpmyadmin
```

Remarquez l'installation d'un nouveau site web dans la configuration d'Apache. Ce site détermine principalement les machines autorisées à se connecter à l'interface phpMyAdmin.

Remarque

Ceux qui trouvent l'administration de phpMyAdmin laborieuse voudront peut-être essayer Adminer, un équivalent qui tient en un seul fichier, à l'adresse https://www.adminer.org.

Par exemple, ici nous avons créé un fichier de sauvegarde de la configuration de phpMyAdmin que nous allons modifier :

```
[root@ariadne ~]# ls /etc/httpd/conf.d/
autoindex.conf   phpMyAdmin.conf       README         welcome.conf
php.conf         phpMyAdmin.conf.bak   userdir.conf
```

▶ Modifiez ce fichier, et remplacez le localhost (`127.0.0.1` en IPv4, ou `::1` en IPv6) par l'adresse IP du réseau d'administration :

```
Fichier /etc/httpd/conf.d/phpMyAdmin.conf
     <RequireAny>
       Require ip 192.168.56.0/24
       Require ip ::1
     </RequireAny>
```

▶ Rechargez le service Apache et connectez-vous ensuite au script de configuration de phpMyAdmin `/phpmyadmin/setup/` :

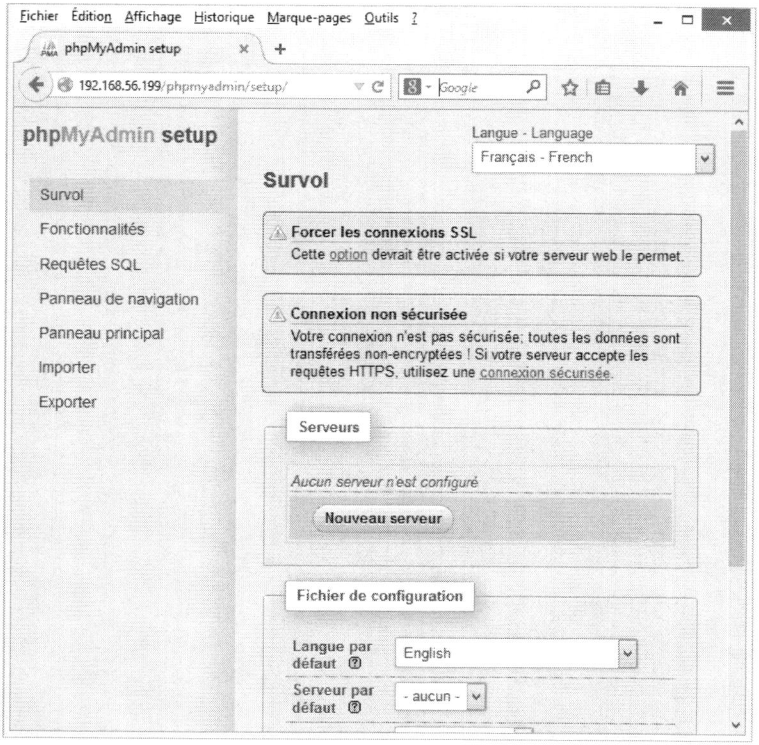

4.3.1 Nouvelle configuration de phpMyAdmin

- Cliquez sur **Nouveau serveur**.
- Dans l'onglet **Configuration de base**, remplissez les champs suivants :
  - **Nom à afficher** : choisissez le nom de la machine qui sera affiché dans l'interface phpMyAdmin. Vous pouvez laisser le nom de machine (hostname), ou utiliser un nom plus pertinent.
  - **Nom du serveur** : c'est l'adresse IP ou le nom DNS à laquelle phpMyAdmin doit se connecter. En l'occurrence, le choix par défaut (*localhost*, machine locale où se trouve phpMyAdmin) est nécessaire.
  - **Port** : laissez le choix par défaut, c'est le port standard de MySQL TCP/3306, qu'il faudra autoriser dans le pare-feu le cas échéant.
  - **Utiliser SSL** : cochez cette option si vous avez un certificat signé par une autorité de certification reconnue.

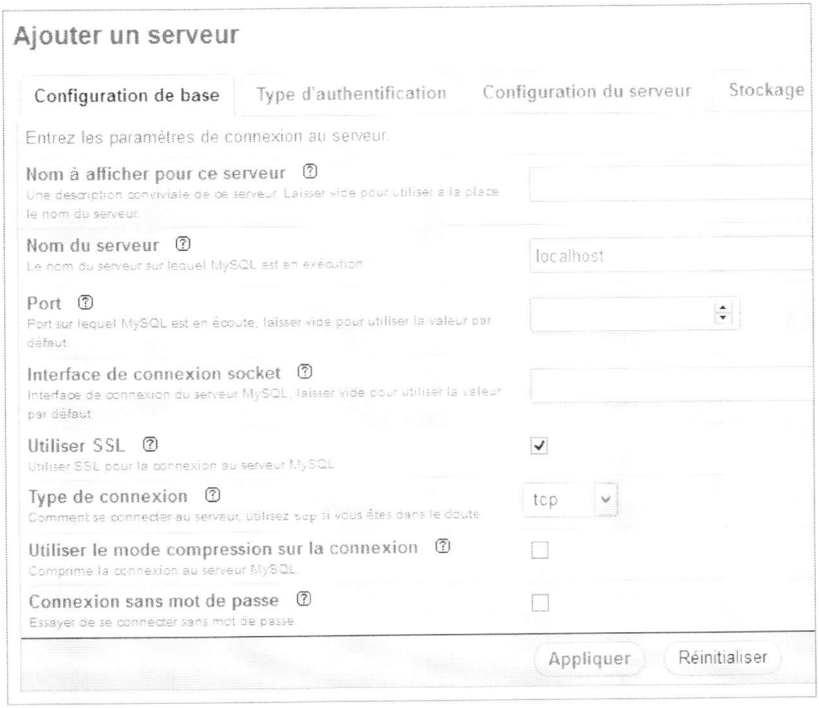

- Cliquez ensuite sur l'onglet **Type d'authentification** et remplissez le champ suivant :
  - **Type d'authentification** : choisissez **http**.

Remarque

Attention : dans ce cas, le mot de passe transite en clair sur le réseau. Pour que les données soient chiffrées pendant le transit, il faudra utiliser une connexion https.

- Cliquez ensuite sur **Appliquer**.
- Vous revenez alors à la page principale. Vérifiez bien que les paramètres de configuration dans la partie **Survol** soient comme ceci :
  - **Langue par défaut** : **Français**
  - **Serveur par défaut** : **localhost**
  - **Fin de ligne** : **UNIX / Linux**
- Cliquez finalement sur **Sauvegarder**.
- Un message indique qu'un nouveau fichier de configuration a été sauvegardé dans `/var/lib/phpMyAdmin/config/config.inc.php`. Il faut maintenant copier ce fichier dans `/etc/phpMyAdmin` :

```
mv /var/lib/phpMyAdmin/config/config.inc.php /etc/phpMyAdmin/
```

- Une fois cela effectué, connectez-vous à l'interface phpMyAdmin `/phpmyadmin/`, en entrant le mot de passe de l'utilisateur root défini lors de la configuration de MariaDB.

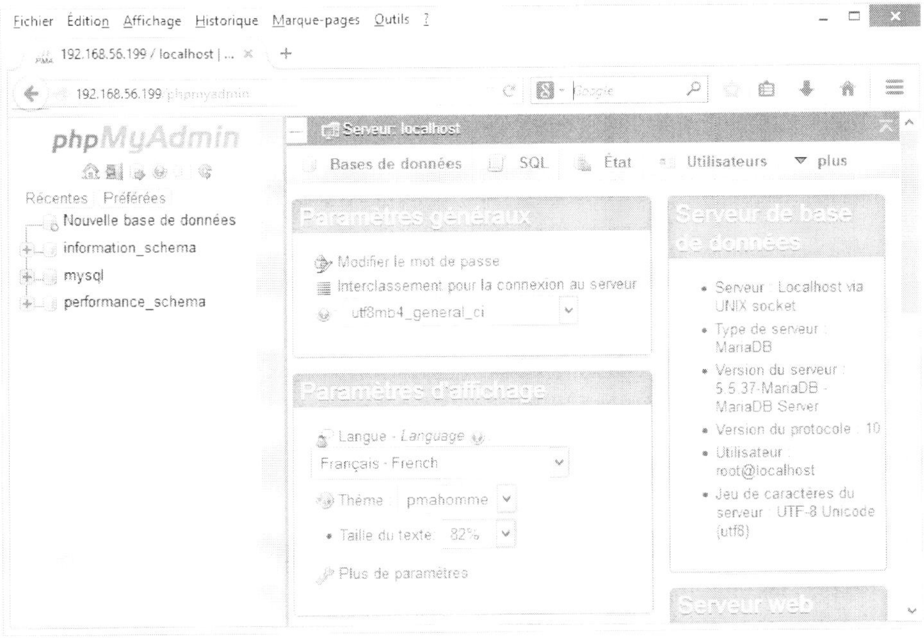

4.3.2 Administration d'une base de données

À partir de maintenant, vous pouvez administrer les bases de données MySQL ; il est possible de créer une nouvelle base, en remplir certains champs, ajouter des utilisateurs qui n'auront accès qu'à certaines bases, etc.

- Pour créer une nouvelle base, dans le panneau de gauche, cliquez sur **Nouvelle base de données**.
- Dans la page **Bases de données** qui apparaît, définissez le nom de votre nouvelle base, puis cliquez sur **Créer**.
- Pour créer une nouvelle table dans la base de données, dans le panneau de gauche cliquez sur votre base de données.
- Dans la page **Nouvelle table** qui apparaît, définissez le nom de la nouvelle table, puis cliquez sur **Exécuter**. Vous pouvez rajouter des colonnes ultérieurement.
- Il vous suffit maintenant de remplir la table et de cliquer sur **Sauvegarder**.

5. Développement avec Python

5.1 Présentation

Au chapitre des technologies à connaître, il est nécessaire de parler de Python, langage de scripting à tout faire, bien utile dans la boîte à outils d'un administrateur système.

Python est un langage de programmation interprété, comme PHP dont nous venons de parler, c'est-à-dire qu'il n'a pas besoin d'être compilé en un langage directement compréhensible par le processeur. Ce langage mature, puisqu'il existe depuis 1991, a vocation à être simple à apprendre tout en restant puissant.

Sa versatilité le rend incontournable. En effet, on retrouve Python dans des applications aussi diverses que :

- La programmation scientifique : très célèbre dans la communauté scientifique, Python remplace Matlab dans certains cas car il possède des bibliothèques de fonctions adaptées aux sciences pour le traitement des données d'expériences, de mathématiques avancées, de visualisation, etc.
- Les extensions de logiciels, consistant à rajouter des fonctionnalités programmées en Python (on pense à Blender, GIMP, Inkscape).
- L'outil de scripting web : aidé de structures de développement comme Django, Python peut remplacer des langages de scripting tels que PHP ou JavaScript, et a fait sa place parmi des grands noms du Web.
- L'outil de scripting shell Linux : au même titre que le scripting Bash ou Sh (qui sont aussi des interpréteurs de commandes), Python peut accompagner l'administrateur système dans ses tâches quotidiennes de gestion des serveurs.
- Le multiplateforme : on le trouve sur des systèmes aussi variés que Windows, MacOS, Android ou Linux.

C'est la fonction de langage de scripting shell que nous allons toucher ici du doigt, avec quelques principes de base à connaître concernant Python.

Il faut d'abord savoir qu'il existe **deux versions principales de Python** :

- La version 2 (ou version *legacy*, historique), connaît ses dernières heures, mais est très utilisée pour des scripts bien établis. Il vous faudra parfois l'installer en constatant que certains scripts ne fonctionnent pas avec la version courante de Python.
- La version 3 est la version d'avenir, qu'il faut impérativement utiliser si vous commencez à développer avec Python.
- **Les deux versions peuvent coexister** en tant que commandes indépendantes (par exemple, commande `python2` et commande `python3`), mais la commande `python` en tant que telle ne pointe bien sûr que vers l'une des deux.

Par exemple, sur notre machine, la commande `python` est en fait un lien symbolique vers la commande `python2` :

```
[root@eleven ~]# ls -lh /usr/bin/python
lrwxrwxrwx. 1 root root 7 22 avril 15:52 /usr/bin/python -> python2
```

5.2 Installation

Installez la dernière version de Python simplement avec la commande `yum` :

```
yum install python3
yum install python36
```

La commande `whereis` vous indique l'emplacement de l'exécutable principal de Python :

```
[root@hopper ~]# whereis python
python: /usr/bin/python /usr/bin/python2.7 /usr/bin/python3.6
```

Si le lien symbolique n'existe pas, créez-le avec la commande suivante :

```
ln -s /usr/bin/python3.6 /usr/bin/python
```

Imprimez la version de Python que vous utilisez. Là encore, il est recommandé d'utiliser la dernière version de Python (`python3.6`) :

```
[root@hopper ~]# python -V
Python 3.6.8
```

Python vient également avec PIP (*Packet Installer for Python*), son propre gestionnaire de paquets, qui vous permettra d'installer des outils et bibliothèques propres à Python. Installez PIP :

```
yum install python3-pip
yum install python36-pip
```

Pour savoir comment utiliser PIP, tapez simplement :

```
pip3
```

Vous disposez de commandes classiques telles que `pip3 install`, `pip3 search`, `pip3 uninstall`, etc.

Par exemple, nous recherchons et installons un module Matlab pour Python :

```
[root@hopper ~]# pip3 search matlab
matlab (0.1)                          - Matlab for python
matlab-wrapper (1)                    - MATLAB wrapper for Python
matlab-python (0.1.2)                 - Call matlab from python
(...)
PythonMatlab (1.0a.dev0)              - Python Matlab interface
(...)
[root@hopper conf.d]# pip3 install PythonMatlab
WARNING: Running pip install with root privileges is generally not a good
idea. Try `pip3 install --user` instead.
Collecting PythonMatlab
(...)
Successfully installed PythonMatlab-1.0a0.dev0 numpy-1.17.0 scipy-1.3.1
[root@hopper ~]#
```

5.3 Script shell avec Python

Un script en Python pourra avoir une extension en `.py` et contiendra la structure suivante :

```
Script exemple.py

#! /usr/bin/python3.6
import os

def sayhello():
    print ("Hello World!")
```

```
    os.system("echo Hello World!")

if __name__ == "__main__":
    sayhello()
```

Détaillons chaque ligne :

- #! `/usr/bin/python3.6`
  - Le shebang indique où trouver l'interpréteur pour ce script s'il est appelé directement en ligne de commande.
- `if __name__ == "__main__":`
  - C'est la structure principale du programme, là où commence son exécution.
  - Nous constatons que dès le début, le script appelle une fonction appelée `sayhello()`.
- `def sayhello():`
  - Nous définissons une fonction de cette manière. Donnez à cette fonction un nom explicite, permettant de savoir son rôle en un coup d'œil.
  - Toutes les directives faisant partie de cette fonction doivent absolument être tabulées au même niveau, sous peine de recevoir un avertissement de Python nous invitant à corriger la tabulation.
  - Bien sûr, si votre fonction contient une structure nécessitant une tabulation, ses directives seront tabulées d'autant (par exemple, boucle `for`).

Remarque

En réalité, il est préférable d'organiser vos sections avec des espaces plutôt que des tabulations.

- `print ("Hello World!")`
  - Nous avons ici la première instruction standard d'un programme, qui imprime un texte.
  - Notez que la ligne ne finit par aucun caractère particulier.
- `os.system("echo Hello World!")`
  - Nous voyons ici la différence entre une commande Python interprétée et un appel de commande du shell Linux.
  - Le résultat est le même, mais dans le second cas, c'est la commande `echo` du shell Linux qui est exécutée.

  - La plupart des fonctions dont vous aurez besoin sont disponibles en commandes pur Python. Il faudra parfois appeler une commande shell avec la commande Python `os.system`, que vous utiliserez avec parcimonie.
- `import os`
  - L'importation de la librairie de fonctions `os` est indispensable pour utiliser la commande `os.system`.
  - Les librairies contiennent des fonctionnalités créées par d'autres développeurs, que vous n'avez pas besoin de développer vous-même.
  - Installez de nouvelles librairies avec la commande PIP `pip3` ou `pip36`.

Après avoir sauvegardé, nous avons deux moyens d'exécuter notre script :

- en le lançant avec la commande `python3` (ou `python36`).
- en le rendant exécutable sous Linux et en l'exécutant comme n'importe quel autre script shell.

Par exemple, utilisons la première méthode pour lancer notre script `exemple.py` :

```
[root@eleven scripts_python]# python3 exemple.py
Hello World!
Hello World!
```

Ici, le script est bien exécuté. Les deux commandes affichant le message `Hello World!` sont bien exécutées.

Adoptons plutôt la deuxième méthode :

```
[root@eleven scripts_python]# chmod +x exemple.py
[root@eleven scripts_python]# ./exemple.py
Hello World!
Hello World!
```

Le script est appelé comme n'importe quelle autre commande Linux. Il est même possible de le déplacer dans un répertoire du `PATH`, pour pouvoir l'appeler de n'importe quel emplacement de l'arborescence ou avec CRON :

```
[root@eleven scripts_python]# mv exemple.py /usr/bin/
[root@eleven scripts_python]# cd /etc
[root@eleven etc]# exemple.py
```

```
Hello World!
Hello World!
```

Bien sûr, il ne s'agit que d'une brève introduction à l'utilisation de Python en tant qu'administrateur système. Vous trouverez sur Internet une multitude de ressources permettant de démultiplier les possibilités qui s'offrent à vous dans votre gestion quotidienne de serveurs.

6. DNS

6.1 Présentation de BIND et de DNS

Le serveur BIND (*Berkeley Internet Name Daemon*), développé sous l'égide de l'Internet Systems Consortium, est le serveur DNS le plus utilisé sur Internet. Il est donc devenu un standard, et chacune de ses versions est attendue avec impatience, principalement à cause du rôle stratégique qu'il joue sur le réseau des réseaux.

Concepts de DNS

Les machines accessibles sur un réseau IP (typiquement Internet) ont une adresse IP. Mais elles doivent être connues des humains avec des noms (pour faciliter la mémorisation). Il existe deux mécanismes qui permettent d'associer une adresse IP à un nom :

- Lorsqu'on fournit l'adresse IP pour un nom donné, c'est la **résolution DNS**. C'est le type de résolution le plus courant, lorsqu'on accède à un serveur sur Internet par exemple.

Exemple : Quelle est l'adresse IP de la machine `www.wikipedia.org` ?
Résolution DNS : l'adresse IP de `www.wikipedia.org` est `91.198.174.232`.

- Lorsqu'on fournit le nom pour une adresse IP donnée, c'est la **résolution DNS inverse**. On trouve souvent ce type de résolution dans un résultat de commande `traceroute`.

Exemple : Quel est le nom associé à l'adresse IP 212.27.50.197 ? Résolution DNS inverse : le nom associé à l'adresse IP 212.27.50.197 est velizy-6k-1-po1.intf.routers.proxad.net.

Le service permettant l'association entre un nom et une adresse IP est le DNS (*Domain Name System*, ou système de noms de domaine). Les machines offrant les services DNS sont les serveurs DNS.

Cette résolution est faite lorsque le client envoie une requête DNS à l'un des serveurs DNS qui sont configurés localement. Si votre machine Red Hat Enterprise Linux veut accéder à un site Web sur le net par exemple, elle émet une requête DNS pour en connaître l'adresse IP à l'un des serveurs DNS qui sont configurés dans le fichier /etc/resolv.conf.

Votre machine Red Hat Enterprise Linux peut également être serveur DNS, c'est-à-dire traiter les requêtes DNS provenant de clients. Cela est possible en installant le serveur Bind dont nous parlons dans cette partie.

Nom de domaine et FQDN

Un nom de domaine est constitué de deux ou plusieurs parties (ou segments) reflétant une organisation hiérarchique, séparées par des points, de type domain2.domain1.top_level_domain.

- Le Top-Level-Domain (domaine de plus haut niveau) est le domaine le plus en haut de l'arborescence. Les Top-Level-Domain (TLD) les plus connus sont .fr, .com, .org, etc.
- Les autres segments à gauche du Top-Level-Domain (domain1, domain2) sont des sous-domaines, qui ont eux-mêmes des sous-domaines. Il peut y avoir jusqu'à 127 niveaux de sous-domaines.
- Notez le point (.) qui apparaît complètement à droite du nom de domaine : c'est le *root domain*, ou domaine racine, le point le plus haut dans l'arborescence, duquel partent les TLD. Ce point n'apparaît jamais dans les noms de domaine que nous utilisons, pourtant il est là implicitement (on peut en faire l'essai dans un navigateur web).

Le FQDN est l'assemblage du nom de la machine et du nom de domaine (incluant les sous-domaines) : c'est le chemin complet, identifiant localisant la machine dans l'arborescence des noms de domaines.

Une organisation hiérarchique

Les noms de domaines sont organisés en arborescence, ou arbre, divisée en zones. Les zones ne sont pas seulement un sous-domaine, mais peuvent être l'assemblage de plusieurs sous-domaines. Il existe un, voire plusieurs serveurs DNS responsables d'une zone : on les appelle *authoritative nameserver* (serveur de nom faisant autorité).

Les *authoritative nameservers* connaissent :

- Toutes les machines qui existent dans leur zone. Ils ont des **resource records** (enregistrements de ressources), c'est-à-dire une liste d'adresses IP associées aux noms des machines de leur zone.
- Les *authoritative nameservers* des zones inférieures. On dit qu'ils ont délégué une zone à un autre serveur de noms.
- Le domaine racine `.` est géré par des *authoritative nameservers* appelés *root nameservers* (serveurs de noms racines). Leur travail est principalement de dire qui sont les serveurs de noms pour les Top-Level-Domains. Il existe 13 serveurs de noms racines répartis sur la planète.
- Les Top-Level-Domains (.fr, .org, .com, etc.) sont gérés par des *authoritative nameservers* appelés *TLD nameservers*. Leur travail est de dire qui s'occupe d'une zone (par exemple : `eni.fr`).

Prenons l'exemple du FQDN fictif `www.linux.technique.eni.fr`.

- `.fr` est une zone gérée par plusieurs serveurs faisant autorité.
- `technique.eni` est une zone (constituée de deux domaines) gérée par un serveur faisant autorité (authoritative nameserver).
  - Il est possible qu'il y ait certaines machines dans cette zone : par exemple, la machine `asterix`, dont le FQDN serait alors `asterix.technique.eni.fr`.
  - Le serveur de la zone `technique.eni` a délégué des sous-zones à d'autres serveurs : les zones `linux`, `windows`, `cisco`.
- linux est une zone (constituée d'un seul domaine) gérée par un serveur faisant autorité.
  - Il y a dans cette zone des machines, comme par exemple la machine www, dont le FQDN est alors `www.linux.technique.eni.fr`.

- Le serveur faisant autorité pour cette zone peut, s'il le veut, déléguer une sous-zone à autre serveur de noms.

Ainsi, lorsqu'un client envoie une requête DNS à son serveur DNS pour avoir une adresse IP correspondant à un nom, la résolution DNS est faite par son serveur DNS en plusieurs étapes (par exemple pour le FQDN `www.wikipedia.org`) :

1. Envoi d'une requête au root nameserver : qui s'occupe du TLD `.org` ?

2. Réponse du root name server : pour la zone `.org`, adresse-toi à `199.19.56.1`.

3. Envoi d'une requête au TLD nameserver : qui s'occupe de `wikipedia.org` ?

4. Réponse du TLD nameserver : pour la zone `wikipedia.org`, adresse-toi à `208.80.152.130`.

5. Envoi d'une requête au serveur faisant autorité pour la zone `wikipedia.org` : quelle est l'adresse IP de `www.wikipedia.org` ?

6. Le serveur faisant autorité pour la zone `wikipedia.org` consulte ses resources records : l'adresse IP de `www.wikipedia.org` est `91.198.174.232`.

Remarque

Avant de consulter les root servers (qui sont bien chargés), le serveur DNS consulte d'abord son cache pour savoir s'il n'a pas déjà la réponse à la requête du client.

Ainsi, les deux tâches principales effectuées par le serveur DNS que vous allez installer sont les suivantes :

- Gérer une zone :
  - Faire l'association entre des noms et des adresses IP pour une zone,
  - Répondre aux requêtes pour cette zone,
  - Il faut définir la zone dont votre serveur s'occupe,
  - La zone en question lui est déléguée par un serveur de noms faisant autorité pour une zone de niveau supérieur.

– Déléguer une zone à un autre serveur de nom : cela consiste à envoyer le nom et l'adresse IP du serveur de noms faisant autorité pour la sous-zone demandée.

Votre serveur DNS étant autorité pour une zone donnée, c'est à lui qu'on s'adressera pour les requêtes concernant cette zone.

6.2 Configuration

6.2.1 Installation

Pour installer le serveur de noms, tapez :

```
yum install bind
```

Le nom du service pour Bind est `named`.

Quand l'installation est achevée, activez le lancement de Bind au démarrage de la machine :

```
systemctl enable named
```

Ensuite, démarrez le serveur manuellement avec la commande :

```
systemctl start named
```

L'installation par défaut de Bind est un *caching-server*, dont le but est de mettre en cache les requêtes DNS que vous pourriez faire.

Configuration du pare-feu

Le serveur DNS utilise les ports suivants pour fonctionner. Veillez à ce qu'ils soient ouverts sur le pare-feu :

```
domain          53/tcp        # name-domain server
domain          53/udp
```

6.2.2 Fichiers et répertoires importants

`/etc/named.conf` : déclaration des zones.

`/var/named/` : définition des ressources records pour chaque zone.

`/var/log/messages` : emplacement des logs du serveur.

6.2.3 Configuration d'une zone

Pour la configuration d'une zone, nous allons utiliser les exemples de configuration fournis par Red Hat.

Auparavant, sauvegardez le fichier de configuration existant :

```
mv /etc/named.conf /etc/named.conf.orig
```

Ensuite, copiez le fichier échantillon dans le répertoire `/etc/` :

```
cp /usr/share/doc/bind*/sample/etc/named.conf /etc/named.conf
```

Nous allons configurer une zone interne à notre entreprise. Notre serveur DNS servira les requêtes des machines de l'entreprise pour la résolution de noms des machines du réseau.

Si vous voulez configurer une zone sur l'Internet, il vous faut un nom de domaine enregistré auprès des autorités compétentes. Déclarez à cette autorité l'adresse IP publique de votre serveur Red Hat en tant que serveur DNS.

Notre zone interne s'appellera `interne.livre`. Pour la configuration de cette zone, les étapes sont les suivantes :

1. Édition du fichier principal de configuration : déclaration de la zone `interne.livre` servie par notre serveur dans `/etc/named.conf` ;

2. Définition des resources records pour cette zone dans `/var/named/`.

Déclaration de la zone

Le fichier `/etc/named.conf` contient plusieurs sections :

- `options {};` : comportement général du serveur, définition des chemins par défaut, définition des interfaces et des ports d'écoute.
  - Vous voudrez sans doute redéfinir l'interface d'écoute de `named`. Par défaut, le serveur n'écoute que sur `localhost`. Activez l'écoute sur toutes les interfaces :

```
        listen-on port 53     { any; };
        //listen-on port 53       { 127.0.0.1; };
```

– Également, autorisez les requêtes de n'importe où :

```
        allow-query             { any; };
        allow-query-cache       { any; };
```

– `logging {};` : définition des emplacements des logs.
– `view internal {};` : déclaration des zones pour les réseaux internes. C'est là que nous allons déclarer notre zone interne.
– `view external {};` : déclaration des zones pour les réseaux publics. C'est là que nous devrions déclarer un domaine public.
– Ce qui définit une zone, c'est surtout les machines qui sont autorisées à faire des requêtes pour cette zone, définies par la section `match-clients {};`
  – `match-clients { localhost; };` : sert des requêtes envoyées par la machine locale.
  – `match-clients { localnets; };` : sert des requêtes reçues du réseau local.
  – `match-clients { any; };` : sert des requêtes provenant de n'importe où.
– Supprimez les sections qui ne correspondent pas à votre besoin.

Dans notre exemple, nous avons opéré les modifications décrites ci-dessus, et supprimé les parties suivantes, pour ne garder qu'un fichier de configuration minimum :

– Les remarques :
  – les remarques sur une seule ligne commencent par `//`.
  – les remarques sur plusieurs lignes sont comprises entre `/*` et `*/`.
– Section `key ddns_key {}`
– Dans la section `view "internal" {}`
  – la section `zone "my.slave.internal.zone" {};`
  – la section `zone "my.ddns.internal.zone" {};`
– La section entière view `"external" {}` (car nous ne définissons pas de zone externe).

- Les extensions de sécurité DNSsec.
  - `dnssec-enable yes;`
  - `dnssec-validation yes;`
  - `dnssec-lookaside auto;`

Pour nos besoins, nous avons modifié la section `zone "my.internal.zone" {}` de la façon suivante (dans `view external {};`) :

```
zone "interne.livre" {
        type master;
        file "interne.livre.db";
};
```

- `zone "interne.livre"` : déclaration de la zone.
- `type master;` : notre serveur est maître sur cette zone.
- `file "interne.livre.db";` : emplacement du fichier contenant les resources records.
  - `/var/named/interne.livre.db`.

Au final, nous obtenons le fichier de configuration suivant :

```
/etc/named.conf
options
{
        directory               "/var/named";           // "Working" directory
        dump-file               "data/cache_dump.db";
        statistics-file         "data/named_stats.txt";
        memstatistics-file      "data/named_mem_stats.txt";

        listen-on port 53       { any; };
        //listen-on port 53     { 127.0.0.1; };

        listen-on-v6 port 53    { any; };
        //listen-on-v6 port 53  { ::1; };

        allow-query             { any; };
        allow-query-cache       { any; };

        recursion yes;
};

logging
{
        channel default_debug {
                file "data/named.run";
```

```
                severity dynamic;
        };
};

view "localhost_resolver"
{
        match-clients           { localhost; };
        recursion yes;

        zone "." IN {
                type hint;
                file "/var/named/named.ca";
        };

        include "/etc/named.rfc1912.zones";
};
view "internal"
{
        match-clients           { localnets; };
        recursion yes;

        zone "." IN {
                type hint;
                file "/var/named/named.ca";
        };

        include "/etc/named.rfc1912.zones";

zone "interne.livre" {
                type master;
                file "interne.livre.db";
        };
};
```

Définition des resource records pour la zone

Créez le fichier /var/named/interne.livre.db.

Nous allons déclarer le contenu de notre zone, avec des directives standards, ainsi que la correspondance entre nos noms et nos adresses IP.

Un exemple de configuration est donné :

```
/usr/share/doc/bind-9.7.0/sample/var/named/my.internal.zone.db
```

contenant l'en-tête :

```
@ in soa localhost. root 1 3H 15M 1W 1D
  ns localhost.
```

Cet en-tête du fichier est appelé **SOA** (*Start of Authority*, début d'autorité). Même s'il peut être présenté sur une seule ligne, beaucoup d'administrateurs aiment à le présenter sur plusieurs lignes, de la manière suivante :

```
@ in soa localhost. root (
        1       ;serial (version)
        3H      ;refresh period
        15M     ;retry refresh this often
        1W      ;expiration period
        1D      ;minimum TTL
        )
```

- `@` : c'est le nom de la zone, importée à partir de `/etc/named.conf`. On aurait tout aussi bien pu mettre `interne.livre`.
- `in` : précise que les enregistrements sont de type Internet.
- `localhost.` : c'est le nom du serveur DNS maître de la zone (en l'occurrence, c'est le serveur local). Notez le point à la fin du nom.
- `root` : adresse e-mail du gestionnaire de la zone.
  - Il est possible de mettre une adresse e-mail complète, comme par exemple `noc.interne.livre` où le `@` est remplacé par un point.
- `serial` : indique un numéro de version pour la zone. Ce nombre doit être incrémenté à chaque modification du fichier zone. On utilise parfois la date au format `yyyymmddhhmm`.
- `refresh` : le nombre de secondes entre les demandes de mise à jour réalisées depuis le serveur secondaire ou les serveurs esclaves.
- `retry` : le nombre de secondes que doivent attendre les serveurs secondaires lorsque leur précédente requête a échoué.
- `expire` : le nombre de secondes après lesquelles la zone est considérée comme gelée si le secondaire ne peut joindre le serveur primaire.
- `minimum` : utilisé pour déterminer la durée de vie minimum du fichier de zone.
- Les valeurs données par défaut sont suffisantes. Notez qu'elles utilisent des raccourcis, comme D (Day, jour), W (Week, semaine), M (Month, mois).

Il faut ensuite déclarer les ressources records, c'est-à-dire les correspondances entre les noms et les adresses IP des machines. Il y a plusieurs types d'enregistrements :

- *A record* (*address record*, enregistrement d'adresse) : correspondance entre un nom d'hôte et une adresse IPv4.
- *AAAA record* (*IPv6 address record*, enregistrement d'adresse IPv6) : correspondance entre un nom d'hôte et une adresse IPv6.
- *CNAME record* (*canonical name record*, enregistrement d'un nom canonique) : alias vers un nom canonique (un nom de type A).
- *MX record* (*mail exchange record*, enregistrement serveur de mail) : définit les serveurs de mail pour ce domaine.
- *PTR record* (*pointer record*) : l'inverse du A record, qui associe une adresse IP à un nom.
- *NS record* (*name server record*, enregistrement de serveur de noms) : définit les serveurs DNS de ce domaine.
- Tous ces enregistrements doivent être précédés de `IN`, pour Internet.

Par exemple :

```
/var/named/interne.livre.db
@ in soa localhost. root 2 3H 15M 1W 1D
                IN      NS              cobb
mail            IN      MX              10 cobb
cobb            IN      A               192.168.237.142
saito           IN      A               192.168.237.200
eames           IN      A               192.168.237.45
julian          IN      CNAME           saito
```

Remarque

Une fois la configuration terminée, tapez : `service named reload`.

6.2.4 Zone inverse

Pour les machines ajoutées à votre réseau, il est important de déclarer leur adresse IP dans la zone inverse de votre serveur DNS (*reverse DNS*). Il vous sera possible alors d'obtenir le nom d'une machine associé à son adresse IP. Dans le résultat d'un traceroute, vous aurez par exemple le nom des machines traversées.

Il faut pour cela déclarer la zone inverse dans /etc/named.conf. Il y a peu de différence entre une zone inverse et une zone standard, excepté le nom de la zone inverse elle-même :

```
zone "237.168.192.in-addr.arpa" {
   type master;
   file "192.168.237.zone.db";
};
```

Notez que le nom de la zone contient les blocs de l'adresse réseau à l'envers, suivis de .in-addr.arpa.

Il faut ensuite définir les resources records correspondant dans /var/named :

```
/var/named/192.168.237.zone.db
@ in soa localhost. root 2 3H 15M 1W 1D
                IN      NS              cobb.interne.livre.
142             IN      PTR             cobb.interne.livre.
200             IN      PTR             saito.interne.livre.
45              IN      PTR             eames.interne.livre.
1               IN      PTR             client.interne.livre.
```

- Le SOA est le même que pour la zone standard.
- La zone déclarée contient la partie HOSTID de l'adresse IP (ici, le dernier octet), et le nom correspondant.

Remarque

Un PTR record (pointer record) est un type d'enregistrement donnant le nom à partir de l'adresse IP.

6.2.5 Vérification

Pour vérifier votre serveur DNS, il faut utiliser des commandes comme nslookup et dig.

nslookup

nslookup dispose d'une petite interface :

```
nslookup
```

Dans l'interface, utilisez principalement ces trois commandes :

- server <adresse_IP_serveur_DNS> : adresse du serveur DNS que l'on consulte.
- set type = <type_de_requête> : type de requête, correspondant au type d'enregistrement recherché (A, AAAA, CNAME, etc.).
  - any pour tous les enregistrements.
- nom.domaine : écrivez simplement le nom d'une machine ou le domaine pour interroger les entrées correspondantes.

Par exemple :

```
[root@saito ~]# nslookup
>
> server 192.168.237.142
Default server: 192.168.237.142
Address: 192.168.237.142#53
> set type=any
> interne.livre
Server:         192.168.237.142
Address:        192.168.237.142#53

interne.livre
        origin = localhost
        mail addr = root.interne.livre
        serial = 2
        refresh = 10800
        retry = 900
        expire = 604800
        minimum = 86400
interne.livre   nameserver = cobb.interne.livre.
```

dig

Il est possible d'interroger un serveur DNS avec la commande en ligne dig :

```
dig @<adresse_IP_serverDNS>  -t <type_de_requête>
nom.domaine
```

Par exemple :

```
[root@saito ~]# dig @192.168.237.142 -t any cobb.interne.livre

; <<>> DiG 9.3.6-P1-RedHat-9.3.6-16.P1.el5 <<>> @192.168.237.142
-t any cobb.interne.livre
; (1 server found)
;; global options:  printcmd
;; Got answer:
;; ->>HEADER<<- opcode: QUERY, status: NOERROR, id: 32733
;; flags: qr aa rd ra; QUERY: 1, ANSWER: 1, AUTHORITY: 1,
ADDITIONAL: 0

;; QUESTION SECTION:
;cobb.interne.livre.            IN      ANY

;; ANSWER SECTION:
cobb.interne.livre.     86400   IN      A       192.168.237.142

;; AUTHORITY SECTION:
interne.livre.          86400   IN      NS
cobb.interne.livre.

;; Query time: 5 msec
;; SERVER: 192.168.237.142#53(192.168.237.142)
;; WHEN: Sun Feb  6 02:54:51 2011
;; MSG SIZE  rcvd: 66

[root@saito ~]#
```

Exemple de résolution DNS inverse :

```
[root@saito ~]# dig @192.168.237.129 -x 192.168.237.200

; <<>> DiG 9.3.6-P1-RedHat-9.3.6-16.P1.el5 <<>> @192.168.237.129 -x
192.168.237.200
; (1 server found)
;; global options:  printcmd
;; Got answer:
;; ->>HEADER<<- opcode: QUERY, status: NOERROR, id: 22591
;; flags: qr aa rd ra; QUERY: 1, ANSWER: 1, AUTHORITY: 1,
 ADDITIONAL: 1

;; QUESTION SECTION:
;200.237.168.192.in-addr.arpa.  IN      PTR

;; ANSWER SECTION:
200.237.168.192.in-addr.arpa. 86400 IN  PTR
saito.interne.livre.
(...)
```

Une fois que votre serveur est configuré et testé, il ne reste plus qu'à vous en servir comme serveur DNS interne sur votre réseau. Configurez vos machines pour qu'elles pointent vers l'adresse IP de ce serveur.

Par exemple, sur la machine `saito`, l'adresse du serveur DNS est celle de `cobb` :

```
[root@saito ~]# cat /etc/resolv.conf
search interne.livre
nameserver 192.168.237.142
[root@saito ~]# ping cobb
PING cobb.interne.livre (192.168.237.142) 56(84) bytes of data.
(...)
[root@saito ~]# ping julian
PING saito.interne.livre (192.168.237.200) 56(84) bytes of data.
```

7. FTP

7.1 Présentation

FTP (*File Transfer Protocol*) est un protocole de transfert de fichiers sur réseau IP standardisé par l'IETF (*Internet Engineering Task Force*). Même s'il est préférable d'utiliser des protocoles sécurisés de transfert de fichiers comme SFTP ou SCP, FTP reste extrêmement utilisé sur l'Internet. Par exemple, Red Hat utilise un serveur FTP pour mettre à disposition les images ISO de ses systèmes d'exploitation, tandis que Cisco a un serveur FTP contenant les IOS de ses routeurs, commutateurs et pare-feux.

On trouve deux configurations type de serveurs FTP :

- Serveurs anonymes, sur lesquels n'importe qui peut se connecter.
- Serveurs avec authentification : il faut un login/mot de passe pour accéder au contenu.

Remarque

Pour cette dernière utilisation, il est maintenant préférable d'utiliser SFTP, qui est l'équivalent de FTP par SSH.

Un serveur FTP disponible sur les systèmes Red Hat Enterprise Linux est `vsftpd`, pour *Very Secure FTP daemon* (service FTP très sécurisé).

`vsftpd` a plusieurs avantages :

- Son authentification est basée sur PAM, il dispose donc des mêmes moyens d'authentification, qui sont très variés. Il est ainsi possible d'authentifier les utilisateurs avec une base de données MySQL par exemple.
- Il utilise des utilisateurs virtuels, qui n'ont pas d'existence dans le système d'exploitation, mais sont rattachés à un compte système unique.

7.2 Configuration

7.2.1 Installation

Pour installer `vsftpd`, tapez :

```
yum install vsftpd
```

Remarque

La version de `vsftpd` utilisée pour les exemples est la 2.2.2.

Quand la configuration est achevée, activez le lancement de `vsftpd` au démarrage de la machine :

```
systemctl enable vsftpd
```

Quand la configuration est achevée, démarrez le serveur manuellement avec la commande :

```
systemctl start vsftpd
```

Configuration du pare-feu

Le serveur FTP utilise les ports suivants pour fonctionner. Veillez à ce qu'ils soient ouverts sur le pare-feu :

```
ftp-data        20/tcp
ftp             21/tcp
```

7.2.2 Configuration pour utilisateurs anonymes

La configuration par défaut de `vsftpd` permet de se connecter en mode anonyme et en mode utilisateur, en utilisant les utilisateurs système existants.

Le mode anonyme permet à un utilisateur du serveur FTP de se connecter sans entrer de login, donc sans être identifié. Bien sûr, l'accès en anonyme est très restreint. Il est limité à un répertoire, et souvent ne permet pas de télécharger des fichiers vers le serveur FTP. Ce genre d'utilisation permet à un administrateur ou à une entreprise de mettre facilement à disposition des fichiers pour un grand nombre d'utilisateurs.

Les utilisateurs anonymes sont autorisés à voir le contenu du répertoire `/var/ftp/pub`, vu simplement comme `/pub` à la connexion FTP.

Notons que les droits de `/var/ftp/pub` sont `root:root 644` (les autres utilisateurs n'ont pas le droit d'écrire dans le répertoire).

L'utilisateur système utilisé pour la connexion FTP anonyme est `ftp`.

Dans le fichier de configuration `/etc/vsftpd/vsftpd.conf`, les directives principales relatives au mode anonyme sont les suivantes :

- `anonymous_enable=YES|NO` : si `YES`, autorise les connexions avec le nom d'utilisateur `anonymous` ou `ftp`.
  - Par défaut à `YES`.
- `anon_upload_enable=YES|NO` : autorise les utilisateurs anonymes à stocker des fichiers sur le serveur FTP. Il faut dans ce cas que la directive `write_enable` soit égale à `YES`.
  - Il faut créer un répertoire dans `/var/ftp/pub` pour lequel l'utilisateur `ftp` a le droit en écriture.
  - Par exemple, un répertoire `/var/ftp/pub/write` avec les droits `ftp:ftp 644`.
  - Par défaut à `NO`.
- `anon_mkdir_write_enable=YES|NO` : les utilisateurs anonymes sont autorisés à créer des répertoires. Il faut dans ce cas que la directive `write_enable` soit égale à `YES`.
  - Par défaut à `NO`.

- anon_other_write_enable=YES|NO : permet aux utilisateurs anonymes de réaliser d'autres opérations d'écriture, comme supprimer ou renommer des fichiers.
  - Par défaut à NO.
- write_enable=YES|NO : autorise les écritures de n'importe quel type. Doit être activé.
  - Par défaut à YES dans l'installation standard de Red Hat Enterprise Linux.

7.2.3 Configuration pour utilisateurs classiques

La configuration par défaut permet également aux utilisateurs système, c'est-à-dire les utilisateurs possédant un compte Linux sur le serveur, d'accéder à leur répertoire personnel par FTP.

Ils se connectent en entrant leur login et mot de passe habituels, arrivent dans leur répertoire personnel et ont leurs droits d'utilisateur.

Dans le fichier de configuration /etc/vsftpd/vsftpd.conf, les directives principales relatives à ce mode sont les suivantes :

- local_enable=YES|NO : autorise les utilisateurs à se connecter.
  - Par défaut à YES dans l'installation standard de Red Hat.
- local_umask=<masque> : masque des droits lors de la création des fichiers et répertoires par les utilisateurs.
  - Par défaut à 022 dans l'installation standard de Red Hat.
- write_enable=YES|NO : autorise les écritures de n'importe quel type. Doit être activé.

Notez que les utilisateurs ont le droit de copier, créer et supprimer des fichiers et répertoires.

7.2.4 Configuration pour utilisateurs virtuels

La mise en œuvre d'utilisateurs virtuels permet d'autoriser l'accès FTP à un répertoire pour des utilisateurs ne possédant pas de compte système, sans recourir au compte anonyme. Ainsi, les utilisateurs virtuels ont des identifiants et des mots de passe associés.

Fichier de configuration /etc/vsftpd/vsftpd.conf

Dans le fichier principal de configuration `/etc/vsftpd/vsftpd.conf`, les directives principales relatives aux utilisateurs virtuels sont les suivantes :

- `guest_enable=YES|NO` : `YES` active l'utilisation d'utilisateurs virtuels. Les utilisateurs système sont alors désactivés.
- `guest_username=<compte_système>` : définit le compte qui sera utilisé sur le système pour les utilisateurs virtuels (qui n'ont pas de compte système).

  Par exemple : `guest_username=ftp`.
- `local_enable=YES` : doit être activé.
- `virtual_use_local_privs=YES|NO` : `YES` permet aux utilisateurs virtuels d'avoir les mêmes privilèges que les utilisateurs système. Sinon, les utilisateurs virtuels ont les mêmes droits que les utilisateurs anonymes (qui sont assez restrictifs).
- `write_enable=YES|NO` : autorise les écritures de n'importe quel type.

Base de données des utilisateurs virtuels

Pour l'authentification d'utilisateurs virtuels, `vsftpd` utilise les modules d'authentification PAM, et précisément un module appelé `pam_userdb`. Ce module consulte une base de données aux formats Berkeley pour obtenir les logins et mots de passe nécessaires.

▶ Il faut d'abord installer le support des bases de données Berkeley db4 :

```
yum install db4-utils db4
```

▶ Ensuite, créez (avec `vi` par exemple) un fichier contenant les noms d'utilisateurs et les mots de passe alternés sur chaque ligne. Par exemple :

```
/etc/vsftpd/vusers.txt :
michel
pass123
janine
pass789
```

- Convertissez ce fichier en base de données db4 avec la commande suivante :

```
db_load -T -t hash -f vusers.txt vsftpd-virtual-user.db
chmod 600 vsftpd-virtual-user.db
rm vusers.txt
```

- `vsftpd` est déjà configuré avec le support de PAM. On doit avoir, dans le fichier de configuration principal `/etc/vsftpd/vsftpd.conf` la ligne suivante :

```
pam_service_name=vsftpdvirtual
```

- Le fichier PAM existant est configuré pour une authentification pour utilisateurs système. Créez un nouveau fichier pour la configuration de PAM appelé `/etc/pam.d/vsftpdvirtual` avec les lignes suivantes :

```
/etc/pam.d/vsftpd
auth        required     pam_userdb.so db=/etc/vsftpd/vsftpd-virtual-user
account     required     pam_userdb.so db=/etc/vsftpd/vsftpd-virtual-user
session     required     pam_loginuid.so
```

- Redémarrez `vsftpd` :

```
service vsftpd restart
```

8. NFS

8.1 Présentation

NFS (*Network File System*) est littéralement un système de fichiers réseau. Grâce à NFS, une machine peut accéder à un système de fichiers monté sur un serveur distant, et le voir comme un système de fichiers local. Ainsi, les fichiers distants feront partie de l'arborescence locale du serveur.

NFS étant un protocole UNIX/Linux, c'est la plupart du temps des machines de ce type qui accèderont au répertoire partagé.

La version la plus courante de NFS est la version 3, dont les fonctionnalités sont étendues. La version 4 est adaptée à l'utilisation sur Internet, puisqu'elle permet de traverser simplement des pare-feu.

Par défaut sous Red Hat Enterprise Linux, NFS utilise TCP pour transporter les données, mais il est possible également d'utiliser UDP. Sur un réseau stable, TCP est plus performant et plus fiable que UDP.

8.2 Configuration

8.2.1 Installation

NFS est installé par défaut sur Red Hat Enterprise Linux.

Si ce n'est pas le cas, installez le serveur et tous les outils :

```
yum install nfs-utils
```

Le nom du service est `nfs-service`.

Quand la configuration est achevée, activez le lancement de NFS au démarrage de la machine :

```
systemctl enable nfs-server.service
```

Quand la configuration est achevée, démarrez le serveur manuellement avec la commande :

```
systemctl start nfs-server.service
```

Configuration du pare-feu

Le serveur NFS utilise les ports suivants pour fonctionner. Veillez à ce qu'ils soient ouverts sur le pare-feu :

```
nfs             2049/tcp     # Network File System
nfs             2049/udp     # Network File System
```

Il faut également ouvrir les ports de `portmapper` :

```
sunrpc    111/tcp   portmapper rpcbind   # RPC 4.0 portmapper TCP
sunrpc    111/udp   portmapper rpcbind   # RPC 4.0 portmapper UDP
```

De plus, certains des démons utilisés par NFS (`mountd`, `statd` et `lockd`) négocient des ports dynamiques avec le client.

Si vous devez absolument activer le pare-feu sur la machine, alors il faut demander à NFS de choisir des ports prédéfinis dans la configuration `/etc/sysconfig/nfs`. Ces ports définis statiquement pourront ensuite être autorisés dans le pare-feu.

8.2.2 Configuration

La configuration de NFS se fait dans le fichier `/etc/exports`.

Chaque entrée dans ce fichier est de la forme suivante :

```
<répertoire_partagé>    <machines_autorisées>(<options>)
```

- `<répertoire_partagé>` : cette option parle d'elle-même.
- `<machines_autorisées>` : adresses IP ou noms des machines autorisées à accéder à ce partage :
  - Il peut s'agir d'un réseau : `192.168.0.0./24`.
  - Il est possible de définir plusieurs machines ou réseaux en les séparant par des espaces.
- `(<options>)` : options, séparées par des virgules, définissant les modalités d'accès au partage, dont les principales sont :
  - `ro` ou `rw` : accès au partage pour les machines, défini en lecture seule (*read-only*) ou en lecture-écriture (*read-write*).
  - `sync` : en mode `sync`, il faut que la dernière requête soit exécutée (écriture sur le disque), avant de répondre à la requête suivante. Pour une écriture asynchrone, mettez l'option `async`.
  - `root_squash` : si cette option est appliquée, un client effectuant le partage en root ne pourra pas avoir accès en root au partage. Ses droits seront « squashés ». Sinon, mettez `no_root_squash`.

Remarque

NFS n'est pas sécurisé. Les partages devraient être limités au réseau interne, et le filtrage sur les adresses IP sources doit être mis en place pour l'accès aux ports NFS.

Une fois la configuration terminée, rechargez la configuration en tapant :

```
systemctl reload nfs-server.service
```

8.3 Accès à un partage NFS

Sur une machine cliente, l'accès à un partage NFS se fait en montant le partage sur un répertoire local, avec la commande mount :

```
mount <adresse_IP_serveur>:/chemin/du_partage/ /<point_de_montage_local
```

Par exemple, sur saito, on a monté en local un répertoire de la machine cobb :

```
[root@saito ~]# mount cobb:/home/ /partage_cobb
[root@saito ~]# ls /partage_cobb
aquota.group  ftp        jdoe        marcel       sebastien  vftp
aquota.user   ITprojets  lost+found  messcripts   thibault
```

Exemple de montage automatique dans /etc/fstab :

```
cobb:/home   /partage_cobb      nfs     rw               0 0
```

9. DHCP

9.1 Présentation

DHCP signifie *Dynamic Host Configuration Protocol* (protocole de configuration dynamique d'hôtes). Ce protocole est conçu pour configurer automatiquement les paramètres réseau d'une machine qui le demande.

Le serveur DHCP contient les paramètres des machines du réseau.

Une machine configurée en DHCP sollicite à son démarrage le serveur DHCP pour obtenir sa configuration réseau.

Le serveur DHCP lui alloue un bail DHCP : les paramètres qu'il lui donne seront valides pendant un certain temps.

Red Hat Enterprise Linux contient un serveur DHCP pour IPv4 et IPv6.

9.2 Configuration

9.2.1 Installation

Le nom du serveur DHCP est dhcpd mais s'appelle dhcp dans yum. Installez-le comme suit :

```
yum install dhcp-server
```

Remarque

La version de dhcpd utilisée pour les exemples est la 4.1.1.

Activez le lancement du service dhcpd au démarrage :

```
systemctl enable dhcpd
```

Démarrez dhcpd :

```
systemctl start dhcpd
```

Démarrez dhcpd pour IPv6 :

```
systemctl enable dhcpd6
```

9.2.2 Fichier et répertoire importants

Emplacement	Utilité
/etc/dhcp/dhcpd.conf	Configuration du serveur DHCP
/etc/dhcp/dhcpd6.conf	Configuration du serveur DHCP en IPv6
/etc/sysconfig/dhcpd et dhcpd6	Options de démarrage du serveur en IPv4 et IPv6
/var/lib/dhcpd/dhcpd/ dhcpd.leases et dhcpd6.leases	Base de données des baux affectés aux machines en IPv4 et IPv6

9.2.3 Configuration de démarrage

La configuration de démarrage du serveur DHCP en IPv4 est :

```
/etc/sysconfig/dhcpd
```

Ce fichier contient une ligne :

```
DHCPDARGS=
```

Ce sont les arguments passés au serveur `dhcpd` à son démarrage.

Une option intéressante consiste à définir l'interface sur laquelle le serveur DHCP doit servir des adresses IP.

Par exemple :

```
DHCPDARGS=eth1
```

Le serveur n'écoute que sur l'interface `eth1`.

9.2.4 Configuration

Une configuration d'exemple est fournie :

```
/usr/share/doc/dhcp*/dhcpd.conf.sample
```

Utilisez ce fichier comme base pour la configuration du serveur.

Structure du fichier de configuration

Le début du fichier de configuration contient des *paramètres* concernant le comportement du serveur (par exemple, le stockage des logs).

Il contient aussi des *déclarations* par défaut qui seront héritées dans les différentes sections à moins d'être redéfinies.

Ensuite, différentes parties le composent :

- Sections `subnet {}`: définissent la configuration DHCP fournie aux machines d'un sous-réseau (*subnet*) (par exemple, l'ensemble des adresses IP affectées aux clients).
- Sections `host {}` : définissent la configuration DHCP pour une machine en particulier (par exemple, le hostname de la machine, et une adresse IP statique en fonction de son adresse MAC).

- Section `group {}` : permet de regrouper ensemble des sections (`subnet` ou `host`) qui doivent hériter de certains paramètres en commun.
  - On définit ces paramètres au début de la section `group {}` puis on définit les autres sections.
- Il existe d'autres types de sections.

Section subnet

La section `subnet` a les paramètres suivants :

```
subnet <subnet_concerné> netmask <masque_du_subnet> {
  range <première_adresse_IP> <dernière_adresse_IP>;
  option domain-name-servers <adresses_IP_serveurs_DNS>;
  option domain-name "<nom_de_domaine>";
  option routers <passerelle_par_défaut>;
  default-lease-time <duréee_bail_par_defaut>;
  max-lease-time <durée_bail_maximum>;
}
```

Ces options parlent d'elles-mêmes. Notons particulièrement :

- `range` : le groupe d'adresses IP dans lesquelles le serveur se sert pour les attribuer aux machines.
- `default-lease-time` : c'est la durée du bail attribuée à une machine qui ne demande pas de durée spécifique.
- `max-lease-time` : c'est la durée du bail maximum concédée aux machines qui demandent une durée spécifique (ces durées sont exprimées en secondes).

Par exemple :

```
subnet 192.168.237.0 netmask 255.255.255.0 {
  range 192.168.237.30 192.168.237.60;
  option domain-name-servers 192.168.0.254;
  option domain-name "internal.acme..org";
  option routers 192.168.237.131;
  default-lease-time 600;
  max-lease-time 7200;
```

Section host

Une section `host` nécessite une section `subnet` pour le même sous-réseau.

```
host <nom_profil> {
   hardware ethernet <adresse_MAC>;
   fixed-address <adresse_IP>;
}
```

`hardware ethernet` est l'adresse MAC de la machine demandant une configuration DHCP. Le serveur lui donne l'adresse IP correspondante. Les autres paramètres sont hérités de la section `subnet` pour le même sous-réseau.

Par exemple :

```
host serveur {
        hardware ethernet 00:0C:29:9C:BB:66;
        fixed-address 192.168.237.200;
}
```

Remarque

Une fois la configuration terminée, redémarrez le serveur.

10. Machines virtuelles et conteneurs

10.1 Virtualisation avec KVM/Qemu

10.1.1 Présentation

La virtualisation, maintenant bien connue, est une technologie permettant d'émuler des machines, avec leurs systèmes d'exploitation, à l'intérieur des machines physiques.

Par exemple, sur une machine RHEL 7 physique, on peut faire tourner des machines virtuelles (VM, *Virtual Machines*) avec Windows XP, Windows 8 et Ubuntu.

Le principe de la virtualisation consiste à émuler une architecture matérielle complète. Ainsi, le système d'exploitation de la machine invitée n'a pas conscience d'être à l'intérieur d'un hôte physique. Les processeurs modernes intègrent des jeux d'instructions adaptés à la virtualisation (Intel VT-x ou AMD-V), permettant d'obtenir des performances pour les machines virtuelles proches de celles d'une machine physique.

Les avantages de la virtualisation sont infinis :

- Réduction du nombre de machines physiques.
- Optimisation des performances et meilleure gestion des ressources matérielles.
- Facilitation et assouplissement de l'administration (à distance le plus souvent).
- Déploiement en masse d'applications, amélioration de la fiabilité.
- Etc.

La plupart des serveurs, surtout les serveurs web, sont maintenant virtualisés. Ils existent avec des dizaines ou des centaines d'autres, sur des serveurs en rack dans des datacenters (centres de données) spécialisés. Vous pouvez facilement louer un serveur privé virtuel (VPS, *Virtual Private Server*) pour quelques euros sur Internet.

Il est possible d'installer des machines virtuelles sur votre PC de bureau, par exemple pour tester des environnements différents.

VMware est aujourd'hui le leader sur le marché, en proposant de la virtualisation pour datacenters, avec VMware vSphere, ainsi que de la virtualisation pour poste, avec VMware Player.

Cependant, Red Hat, toujours dans sa volonté d'être à la pointe, tire son épingle du jeu en offrant des services similaires en soutenant activement l'initiative KVM, que nous allons découvrir dans cette partie.

Les systèmes de virtualisation, permettant la simulation d'une architecture physique sur une architecture physique réelle, sont appelés des hyperviseurs.

10.1.2 Installation de l'hyperviseur KVM

Avant d'exécuter KVM, vous pouvez vérifier si le processeur de votre machine est optimisé pour la virtualisation. Cherchez la présence des chaînes `vmx` ou `svm` dans les caractéristiques du processeur :

```
egrep -c '(vmx|svm)' /proc/cpuinfo
```

Par exemple :

```
[jensd@kvmhost ~]$ egrep -c '(vmx|svm)' /proc/cpuinfo
2
```

Si la réponse est `0`, cela signifie que `vmx` (Intel VT-x ou VT-d) ou `svm` (AMD-V) n'est pas présent. L'absence de ces caractéristiques n'empêche pas le fonctionnement de machines virtuelles. Cependant, il sera extrêmement ralenti. Si votre processeur supporte effectivement la virtualisation matérielle Intel VT ou AMD-V, il faut dans ce cas activer ces fonctionnalités dans le BIOS de la machine.

▶ Pour installer KVM, tapez :

```
yum install kvm qemu-kvm qemu-img libvirt virt-manager
```

▶ Démarrez ensuite le service `libvirt` et activez-le au démarrage :

```
systemctl start libvirtd
systemctl enable libvirtd
```

▶ Finalement, lancez l'interface de gestion de machines virtuelles (VM) `virt-manager`. Cette interface s'exécute en mode texte avec des options, ou telle quelle en mode graphique :

```
virt-manager
```

10.1.3 Virt-manager en mode graphique

Remarque

Pour le développement de cette partie, nous avons choisi d'exécuter `virt-manager` en mode graphique à distance à travers une session SSH, car le serveur distant ne dispose pas d'interface graphique.

▶ Une fois Virt-manager lancé, il suffit de cliquer sur **Nouvelle** pour créer une nouvelle machine virtuelle (VM).

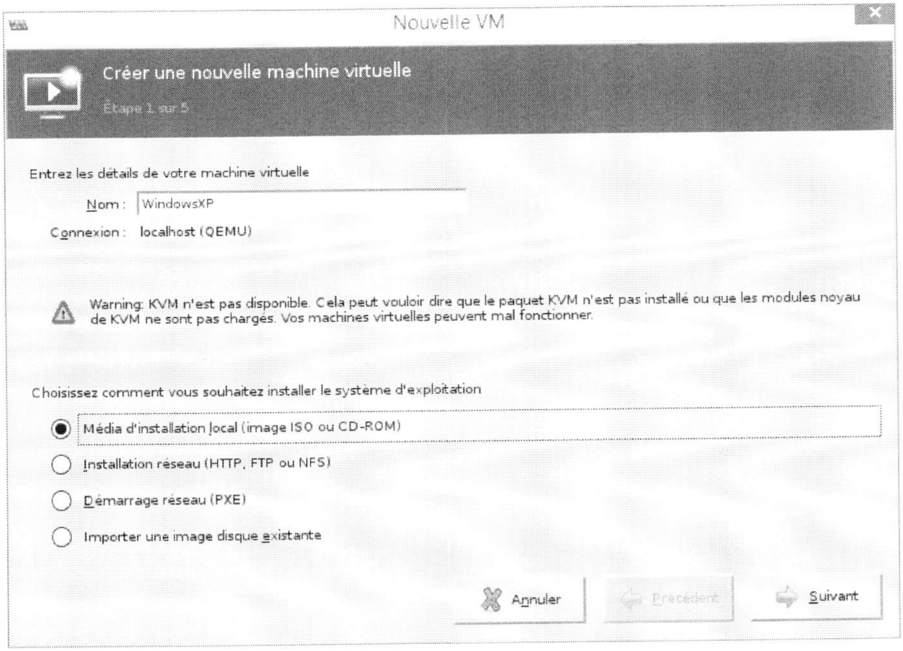

Définissez le nom de la VM.

Définissez également le type d'installation :

- **Média d'installation** : un CD ou DVD sous forme d'une image ISO stockée sur le serveur de virtualisation, ou physique dans le lecteur.
- **Installation réseau** : cette méthode cherche une arborescence Red Hat sur un serveur HTTP, FTP ou NFS pour l'installation d'une VM RHEL.
- **Démarrage PXE** : la carte virtuelle de la machine demandera une adresse IP à un serveur DHCP, puis l'adresse du serveur PXE/BOOTP pour le démarrage d'un OS à distance (voir chapitre Déploiement d'un serveur Red Hat).
- **Importer une image disque existante** : il s'agit de démarrer l'image du disque dur virtuel d'une VM créée précédemment.

Cliquez ensuite sur **Suivant**.

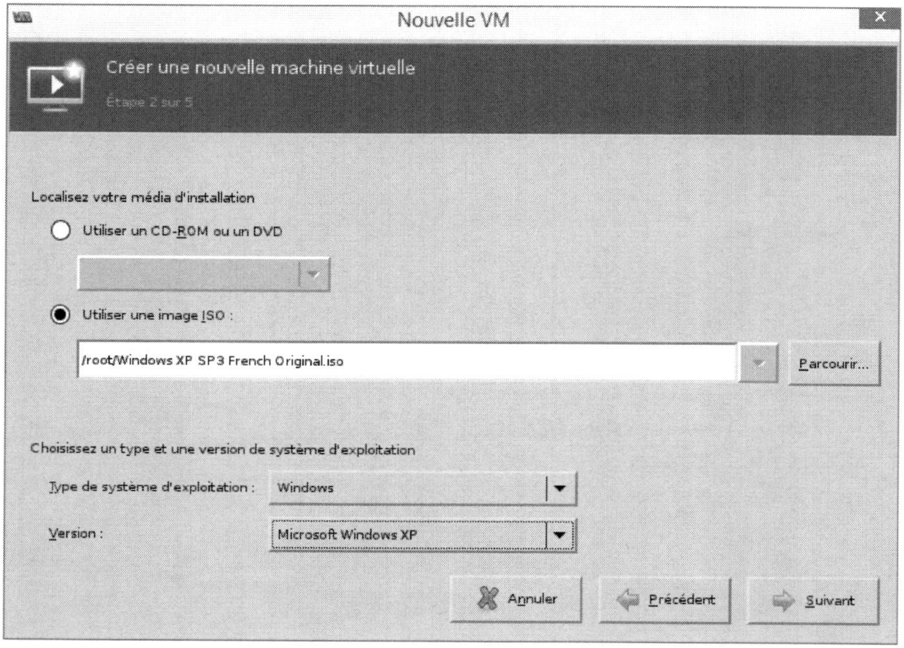

- Pour une installation à partir d'un CD ou DVD, précisez l'emplacement du disque physique ou virtuel (ISO).
- Choisissez le type d'OS installé dans la VM. Cela permet à KVM de présélectionner des réglages adaptés.
- Cliquez ensuite sur **Suivant**.

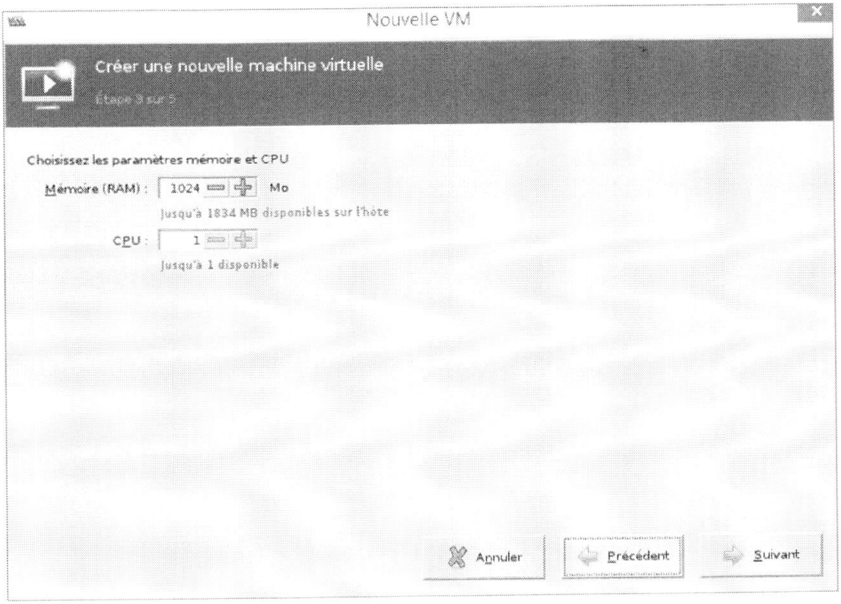

Pour la partie processeur et mémoire :

- Choisissez la quantité de mémoire et le nombre de processeurs virtuels en fonction de ce qui est requis pour l'OS invité, mais également des ressources physiques disponibles.
- Cliquez ensuite sur **Suivant**.

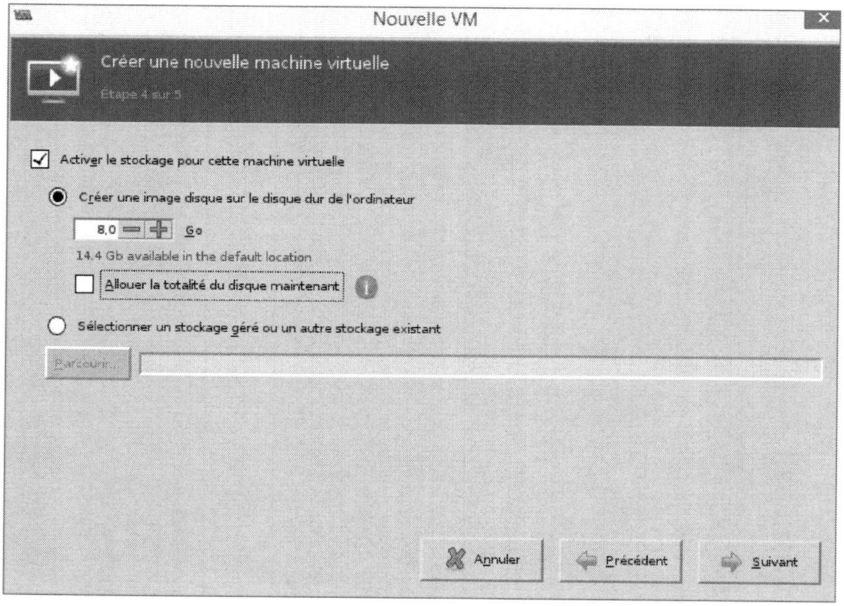

Pour la partie disque :

- Définissez la taille du nouveau disque dur virtuel.
  - Sur des machines rapides avec espace disque limité, comme un PC Bureau, il n'est pas forcément utile d'allouer tout de suite l'espace nécessaire.
  - Pour une utilisation serveur, on préférera réserver d'emblée l'espace disque virtuel.
- Cliquez sur **Suivant**.

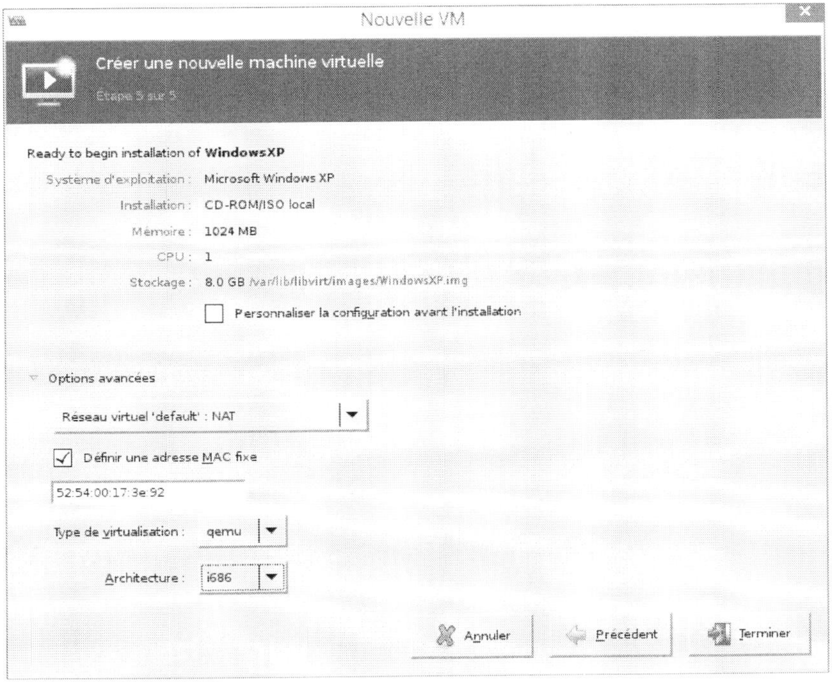

Pour la partie réseau :

- Par défaut, l'interface réseau virtuelle est en NAT, c'est-à-dire que la machine physique agit comme un routeur avec translation d'adresse IP pour la VM. Cela signifie que la VM n'est pas visible directement sur le réseau auquel est connectée la machine physique.
- Pour que la VM ait une "présence physique" sur le réseau local, il faut ponter son interface à une interface physique existante.
- Cliquez ensuite sur **Terminer**.

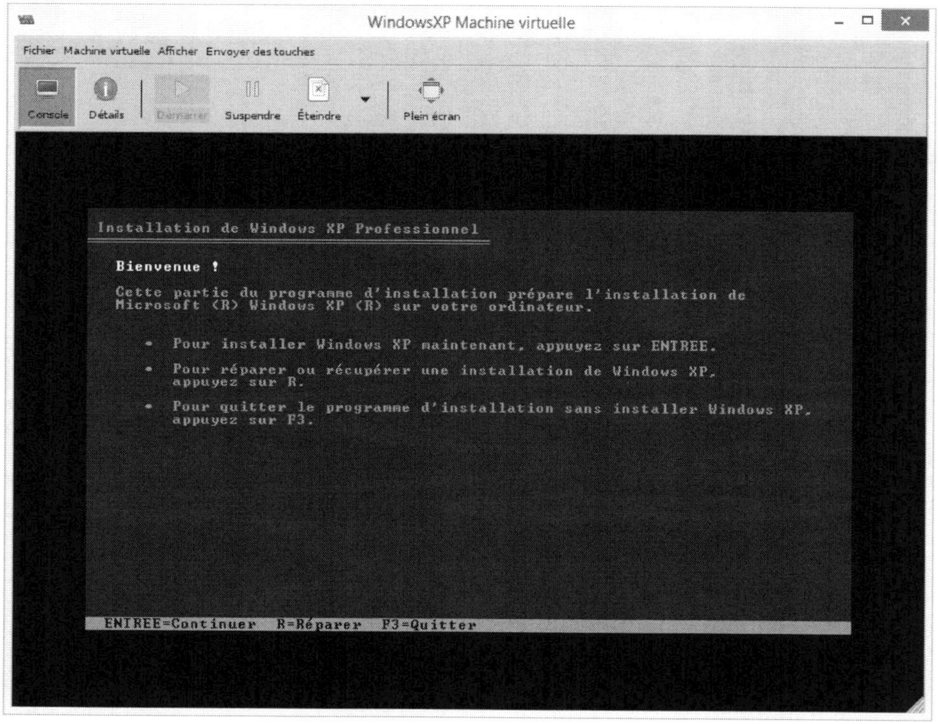

La VM se lance, en démarrant sur le CD d'installation. Ici, nous installons Windows XP.

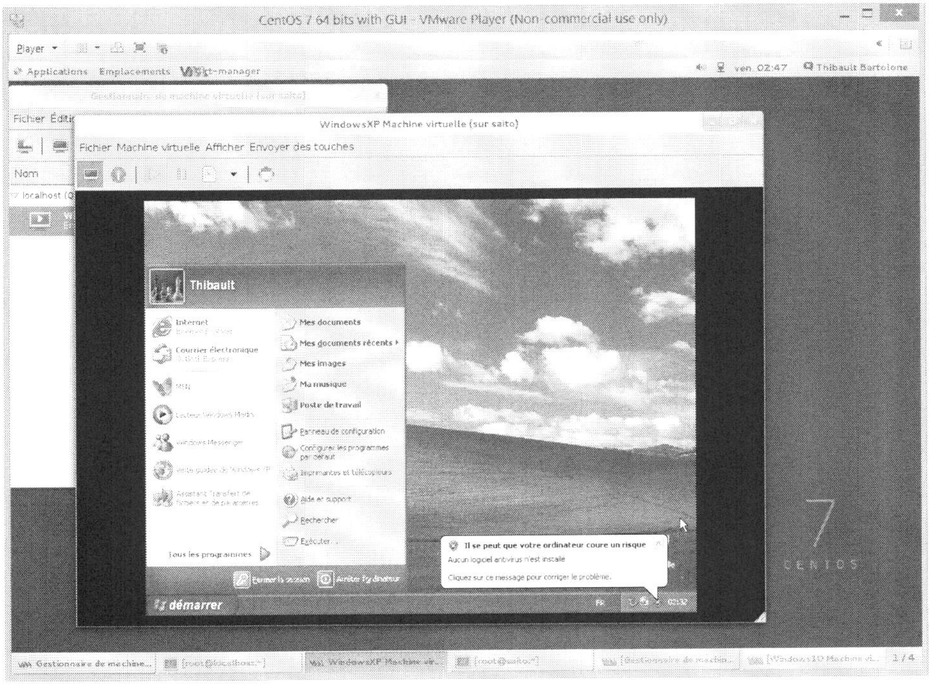

Une fois installé, Windows XP s'exécute en tant que VM dans une machine RHEL 7, dont nous avons déporté l'affichage via SSH sur la machine CentOS 7.

Remarque

Vous constatez ici que nous avons installé une VM Windows XP dans une VM CentOS 7 (sous VMware Player) sur un hôte physique sous Windows 8. Bien qu'impressionnant, ce type de configuration est à éviter car il est assez lent. De préférence, installez toujours des VM sur une machine physique.

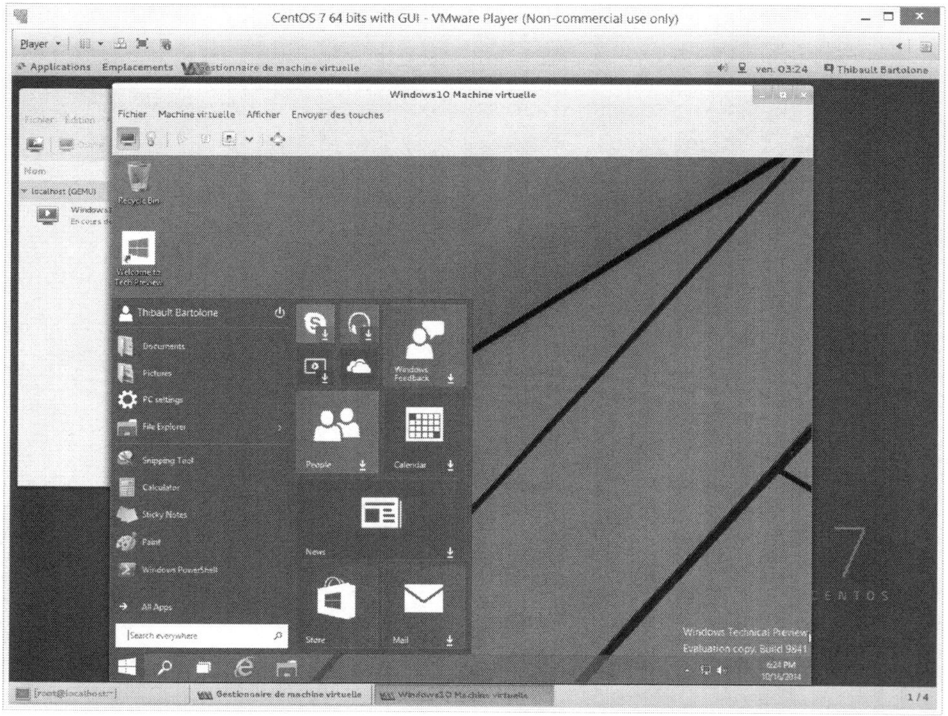

Vous constatez ici que KVM n'a rien à envier à d'autres solutions de virtualisation, puisque cette technologie arrive tout autant à virtualiser la dernière version de Windows.

10.2 Conteneurs avec Docker

10.2.1 Présentation et installation

La technologie des conteneurs, plus récente que la virtualisation et donc encore relativement discrète, vise à faciliter le déploiement d'applications.

Par exemple, si une entreprise dispose de 10 développeurs d'applications, elle devra installer un environnement de développement et de test sur 10 machines. Cela nécessite d'installer et de configurer de nombreux logiciels, plusieurs fois.

Le principe du conteneur est simple : il consiste à empaqueter les logiciels et une partie de l'OS sur lequel ils s'appuient. Ces conteneurs sont ensuite distribués à toutes les machines nécessaires, où il suffit de les lancer.

Vous pouvez exécuter autant de conteneurs que nécessaire sur une même machine. Les conteneurs sont très rapides à lancer, et contrairement aux machines virtuelles, prennent beaucoup moins de ressources. En effet, chaque VM sur un hôte physique dispose de ses ressources : un noyau, de la mémoire et l'espace disque réservés. Il y a autant de noyau que de VM exécutées.

L'intérêt du conteneur, c'est de partager l'OS sous-jacent, comme de simples applications. Ainsi, il n'est pas possible de lancer un conteneur Windows sur un OS Linux. Tous les conteneurs doivent être du Linux, car ils utilisent le noyau de la machine hôte.

Cependant, les conteneurs sont sécurisés, car les ressources mémoire et disque sont complètement isolées entre conteneurs.

L'autre intérêt du conteneur, c'est qu'il est "empaqueté" : tout l'environnement nécessaire au lancement du service "conteneurisé" est inclus dans le conteneur. Ainsi, l'installation d'un conteneur n'envahit pas le fichier hôte avec une multitude de fichiers (comme pour l'installation d'un service classique), et la désinstallation laisse une machine propre.

Cette technologie semble proche de la virtualisation, mais plutôt que la concurrencer, elle la complète. Encore une fois, Red Hat en est le fer de lance, puisqu'avec RHEL 7 a été faite la promotion de la technologie de conteneurs développée par la société Docker.

RHEL 8 voit apparaître une technologie parallèle de conteneur, basée sur les outils Podman et Buildah. Ces outils sont compatibles avec le standard Open Container Initiative (dont fait partie Docker), visant à une interopérabilité entre les technologies de conteneur.

Les outils Podman et Buildah sont expliqués plus loin dans ce chapitre.

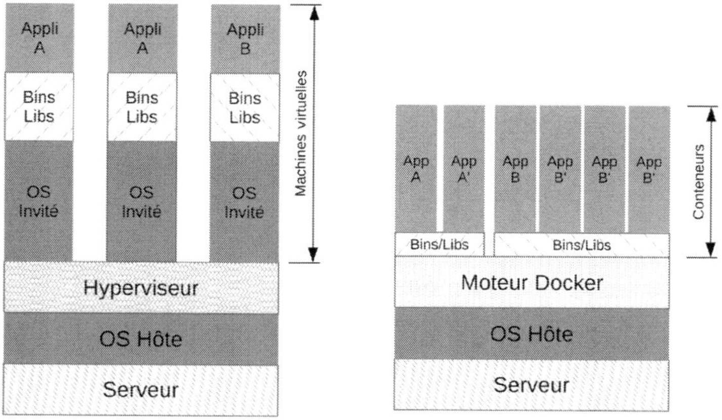

Différence entre virtualisation et conteneurs

Cette technologie fait appel à trois principes :

- Images : ce sont des "patrons" (ou modèles) en lecture seule. Elles contiennent un morceau d'OS ainsi que des logiciels, des fichiers, etc.
- Conteneurs (*containers*) : le conteneur est le pendant actif de l'image. Lorsqu'une image est exécutée, elle devient un conteneur, en lecture-écriture. Le conteneur exécute donc les logiciels qu'il contient.
- Registres (*registries*) : les registres sont des dépôts d'images créées par d'autres, que vous pouvez télécharger à souhait. Ils sont là pour faciliter le partage et le déploiement d'images.

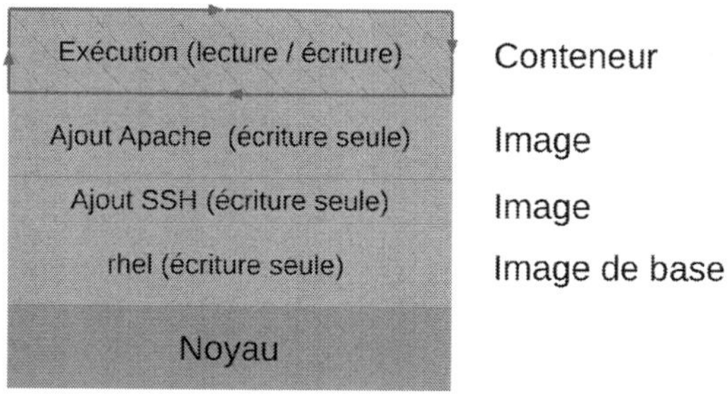

Images et conteneurs

▶ Pour installer Docker, il faut d'abord activer le dépôt Extras de Red Hat :

```
subscription-manager repos --enable=rhel-7-server-extras-rpms
```

▶ Ensuite, installez simplement Docker avec `yum` :

```
yum install docker
```

▶ Il faut finalement activer le service `docker` au démarrage, et le lancer :

```
systemctl enable docker.service
systemctl start docker.service
```

10.2.2 Images Docker

Pour construire des conteneurs avec diverses applications, il vous faut une image `docker` de base. Il y a plusieurs façons d'obtenir une image :

- Télécharger l'image officielle fournie par Red Hat :
  - Manuellement, à partir du Portail Client Red Hat.
  - À partir du registre officiel Red Hat.
- Télécharger des images variées d'autres registres :
  - Par défaut, lorsque vous faites une recherche ou une extraction d'image (`pull`, tirer), c'est le registre public de Docker `docker.io` qui est utilisé.
  - Vous pouvez également mettre en place votre propre registre sur un serveur tiers, pour le déploiement de conteneurs en interne.

Remarque

Voir quelques considérations de sécurité lors du téléchargement d'images dans la section Créer une image avec Dockerfile plus bas.

Afficher les images

Affichez les images stockées localement :

```
docker images
```

À l'installation de Docker sur votre serveur RHEL 7, vous n'avez pas encore d'images disponibles :

```
[root@ariadne ~]# docker images
REPOSITORY              TAG          IMAGE ID          CREATED          VIRTUAL
```

```
SIZE
[root@ariadne ~]#
```

Il est très simple de télécharger une image à partir des registres publics disponibles en standard, avec la commande `docker pull`. Dans ce cas, l'image est téléchargée automatiquement et intégré au registre local. Cherchez des images avec la commande :

```
docker search <chaîne de caractères>
```

Par exemple, pour chercher des images implémentant la base de données MongoDB :

```
[root@ariadne ~]# docker search MongoDB
NAME                  DESCRIPTION                      STARS
OFFICIAL      AUTOMATED
mongo                 MongoDB document databases       provide high av...
208           [OK]
dockerfile/mongodb    Trusted automated MongoDB        (http://www.mong...
64            [OK]
tutum/mongodb         MongoDB Docker image - listens   in port 2...
10            [OK]
(...)
```

Notez l'image officielle, qui se trouve en début de liste et dont le nom est simple. Les noms des autres images sont précédés des noms des utilisateurs les ayant créées.

Installation et suppression d'une image

Pour **télécharger et installer une image**, utilisez la commande suivante :

```
docker pull <nom de l'image>
```

Par exemple, pour télécharger l'image officielle `mongo` :

```
docker pull mongo
```

Le téléchargement peut être assez long, car Docker télécharge la couche de base et les couches intermédiaires. Ainsi, nous n'extrayons pas réellement une image, mais une "enveloppe", un repository (ou dépôt) contenant toutes ces images intermédiaires.

Remarque

Sachez cependant qu'au lancement d'un conteneur, si l'image associée n'est pas dans le registre local, elle sera automatiquement téléchargée à partir du registre public.

Pour installer une image de RHEL 7 manuellement :

- Rendez-vous sur le **Portail Client**, menu **Download** - **Other downloads** - **RHEL Platform Container Images**, ou directement à l'adresse suivante : https://access.redhat.com/search/browse/docker-images
- Utilisez ensuite la commande `docker load` :

```
docker load -i <fichier contenant l'image>
```

Par exemple, après avoir rapatrié le fichier image du Portail Client vers notre répertoire `/root`, nous chargeons cette image dans notre registre local :

```
[root@ariadne ~]# ls /root
anaconda-ks.cfg  client  Client  download-item
rhel-server-docker-7.0-23.x86_64.tar.gz
[root@ariadne ~]# docker load -i rhel-server-docker-7.0-23.x86_64.tar.gz
[root@ariadne ~]# docker images
REPOSITORY                          TAG        IMAGE ID        CREATED
VIRTUAL SIZE
rhel-server-docker-7.0-23.x86_64   latest     bef54b8f8a2f    4 months
ago   139.6 MB
```

Nous avons aussi choisi de télécharger cette image directement à partir du registre de Red Hat, via le registre public `docker.io` avec la commande `docker pull`. Notons les images existantes :

```
[root@ariadne ~]# docker images
REPOSITORY                          TAG              IMAGE ID
CREATED            VIRTUAL SIZE
rhel-server-docker-7.0-23.x86_64   latest           bef54b8f8a2f
4 months ago       139.6 MB
rhel                                latest           bef54b8f8a2f
4 months ago       139.6 MB
```

Ces deux images (installées manuellement et automatiquement) sont en fait la même image. L'information réellement pertinente ici est l'`IMAGE ID` (le numéro de série de l'image), le nom (le "repository") n'étant qu'un moyen pratique de manipuler les images. Ces deux images sont bel et bien la même image, avec deux noms différents (pour des raisons pratiques, on pourrait associer d'autres noms).

Par exemple, nous trouvons que le nom d'image `rhel-server-docker-7.0-23.x86_64` est trop long. Nous pouvons ajouter un deuxième nom de cette manière :

```
[root@ariadne ~]# docker tag bef54b8f8a2f rheltest
[root@ariadne ~]# docker images
REPOSITORY                          TAG              IMAGE ID
CREATED             VIRTUAL SIZE
rhel-server-docker-7.0-23.x86_64    latest            bef54b8f8a2f
4 months ago        139.6 MB
rheltest                            latest            bef54b8f8a2f
4 months ago        139.6 MB
```

Il peut y avoir plusieurs images provenant de la même image de base, toutes avec des Image ID différents. Ces images auront souvent le même nom, mais un tag (ou étiquette) différent. Pour manipuler ces images, vous pouvez au choix utiliser :

- Leur Image ID.
- Leur nom simple (le "repository"). Si plusieurs images ont le même nom de repository (avec des tags différents donc), c'est le tag `latest` qui sera choisi.
- Leur nom complet, sous la forme :

```
repository:tag
```

Par exemple :

```
[root@ariadne ~]# docker images
REPOSITORY   TAG       IMAGE ID         CREATED
VIRTUAL SIZE
mongo        2.7.7     ace473026df9      Less than a second ago 237 MB
mongo        2.7       ace473026df9      Less than a second ago 237 MB
mongo        2.6       97d8b6dd3b57      Less than a second ago 391.4 MB
mongo        latest    97d8b6dd3b57      Less than a second ago 391.4 MB
mongo        2.6.5     97d8b6dd3b57      Less than a second ago 391.4 MB
mongo        2         97d8b6dd3b57      Less than a second ago  391.4 MB
```

```
mongo           2.4.11   3b3e7c5836ec       Less than a second ago  345.3 MB
mongo           2.4      3b3e7c5836ec       Less than a second ago 345.3 MB
mongo           2.2.7    49f1becbd7fd       Less than a second ago 240 MB
mongo           2.2      49f1becbd7fd       Less than a second ago 240 MB
```

- Si j'utilise le nom `mongo` simple, c'est `mongo:latest`, ID `97d8b6dd3b57` qui sera utilisé.
- Si je veux utiliser une autre version, je peux l'appeler avec son nom complet ou son ID.
  - Par exemple `mongo:2.2.7` ou `49f1becbd7fd`.
- Des noms différents peuvent désigner la même image.
  - Par exemple `mongo:2.7.7` et `mongo:2.7` sont la même image `ace473026df9`.

Pour **supprimer une image** de votre registre local, utilisez la commande :

```
docker rmi <nom ou ID de l'image>
```

10.2.3 Conteneurs

Utilisation des conteneurs

Le **conteneur est le pendant actif de l'image**. Lorsque vous lancez une image avec la commande `docker run`, cette image devient un conteneur indépendant, auquel on rajoute une couche en lecture/écriture, contrairement à l'image dont les couches sont en lecture seule.

Vous lancez un conteneur pour deux utilisations principales :

- Effectuer des modifications sur une image pour une utilisation ultérieure.
  - Il faut faire un `commit` de ces modifications, qui deviennent donc une nouvelle image.
  - Cette image peut ensuite être poussée (`push`) sur un registre, pour diffusion à une équipe par exemple.
- Ou simplement exécuter une tâche précise, que ce soit de manière temporaire (un calcul par exemple) ou permanente (un serveur web).
  - Un conteneur se comporte comme un OS classique. Il est possible de lancer plusieurs services en même temps dans un conteneur.

- On recommande en général d'avoir un conteneur par rôle. Par exemple, un conteneur serveur web + MariaDB et un conteneur ownCloud séparés. Bien sûr, il est possible d'activer d'autres services secondaires sur ces conteneurs, par exemple un serveur SSH pour pouvoir les administrer à distance.

Pour obtenir la **liste des conteneurs actifs**, utilisez la commande :

```
docker ps
```

Dans cet exemple, nous n'avons pas de conteneur actif :

```
[root@ariadne ~]# docker ps
CONTAINER ID  IMAGE           COMMAND      CREATED         STATUS
PORTS         NAMES
[root@ariadne ~]#
```

En revanche, avec l'option `--all`, nous voyons **tous les conteneurs**, même ceux qui ne sont plus actifs :

```
[root@ariadne ~]# docker ps -all
CONTAINER ID  IMAGE           COMMAND      CREATED        STATUS
PORTS  NAMES
4e53be7965f6  2041d08a89e0    /bin/bash    3 hours ago    Exited (127)
3 hours ago   focused_mclean
a9427414dc78  rhel:0          /bin/bash    3 hours ago    Exited (0)
3 hours ago   silly_thompson
0eb970eba69f  rhel:0          /bin/bash    3 hours ago    Exited (0)
3 hours ago   ecstatic_thompson
33465dfa8b89  rhel:0          /bin/bash    4 hours ago    Exited (127)
3 hours ago   pensive_colden
```

Ainsi, par défaut, un conteneur qui a terminé son exécution reste en mémoire, en attente de continuer son exécution à un autre moment.

À son exécution, un conteneur se voit attribuer un Container ID, ainsi qu'un nom généré au hasard, plus facile à manipuler. Nous voyons ici que tous les conteneurs sont à l'état `Exited`, donc inactifs.

Lancement et suppression d'un conteneur

Pour lancer un conteneur à partir d'une image, utilisez la commande `docker run` de la manière suivante :

```
docker run <options> <images> <commandes>
```

Remarque

L'état des instances (ou conteneurs) créées est enregistré. Ainsi, si le service `docker` venait à stopper, ou si le serveur devait redémarrer, les instances seraient automatiquement relancées au démarrage du service `docker` (si l'option `restart` a été configurée au lancement de l'instance).

Les options sont :

- `-i` : mode interactif.
- `-t` : affecter un pseudo-terminal au conteneur. Associé à l'option `-i`, cela permet de prendre la main sur la commande lancée (par exemple un bash, ou un programme interactif).
- `-p` : publier un port, c'est-à-dire faire en sorte qu'un port ouvert dans le conteneur soit visible à l'extérieur (sur la machine hôte).

Par exemple `-p 8080:80` : le port 80 dans le conteneur est relié au port 8080 de la machine hôte. Pour atteindre le serveur Apache dans le conteneur, il faudra envoyer les données à l'hôte, port 8080 (car bien souvent le port 80 de l'hôte est déjà pris par un serveur web existant).

- `-v` : lier un répertoire de la machine hôte à un répertoire du conteneur. Les fichiers de la machine hôte deviennent visibles dans le conteneur.

Par exemple `-v /usr/bin:/bin` : le répertoire `/bin` du conteneur affiche en fait le contenu de `/usr/bin` de l'hôte. Cette option est pratique pour partager des fichiers, comme des logs, ou pour "nourrir" des conteneurs nus ("bare") qui n'ont pas tous les binaires et bibliothèques nécessaires.

- `--name=` : donner un nom au conteneur, plutôt que d'utiliser un nom généré au hasard.
- `-d` : détacher le conteneur, c'est-à-dire qu'il continue à tourner en tâche de fond, comme un service.
- `--rm` : supprimer le conteneur à la fin de son exécution (il ne reste pas en mémoire).

Remarque

D'autres options sont à explorer en tapant simplement la commande `docker run`.

Exécutons une simple commande :

```
[root@ariadne ~]# docker run rhel echo "Hello world"
Hello world
[root@ariadne ~]# docker ps -a
CONTAINER ID   IMAGE   COMMAND            CREATED         STATUS
PORTS          NAMES
eae5020b32aa   rhel:0  echo 'Hello world'  6 seconds ago  Exited (0)
6 seconds ago  clever_morse
```

Cette commande a lancé le conteneur `clever_morse` à partir de l'image `rhel`. Le conteneur a simplement affiché un message, puis est devenu inactif.

Lançons à nouveau la commande :

```
[root@ariadne ~]# docker run rhel echo "Hello world"
Hello world
[root@ariadne ~]# docker ps -a
CONTAINER ID  IMAGE   COMMAND            CREATED        STATUS
PORTS          NAMES
675a8af8242f  rhel:0  echo 'Hello world' 3 seconds ago  Exited (0)
2 seconds ago  prickly_kowalevski
eae5020b32aa  rhel:0  echo 'Hello world' 3 minutes ago  Exited (0)
3 minutes ago  clever_morse
```

Nous constatons qu'un deuxième conteneur a été lancé à partir de l'image `rhel`. Ainsi, utiliser la commande `docker run` crée un conteneur à chaque fois. Si l'option `--rm` n'est pas utilisée, le conteneur reste en mémoire après son exécution.

Pour **supprimer des conteneurs en mémoire**, utilisez la commande :

```
docker rm <conteneur(s)>
```

Vous pouvez identifier les conteneurs par leur nom ou leur ID.

Nous supprimons ici les deux conteneurs précédents :

```
[root@ariadne ~]# docker rm clever_morse prickly_kowalevski
clever_morse
prickly_kowalevski
```

Supprimons tous les conteneurs existants. La commande `docker ps -a -q` affiche l'ID de tous les conteneurs existants, et est passée en argument à la commande `docker rm` :

```
[root@ariadne ~]# docker rm $(docker ps -a -q)
816919edc1bf
4e53be7965f6
a9427414dc78
0eb970eba69f
33465dfa8b89
28b92b7d3737
```

Pour lancer un **conteneur interactif**, avec un shell, utilisez la commande :

```
docker run -i -t <conteneur> /bin/bash
```

Pour démarrer ou stopper un conteneur existant :

```
docker start <conteneur>
docker stop <conteneur>
```

Pour se rattacher à un conteneur déjà démarré :

```
docker attach <conteneur>
```

Pour faire les deux en même temps (démarrer et attacher) :

```
docker start -ai <conteneur>
```

Par exemple, nous lançons ici un conteneur interactif, dans lequel nous lançons la commande `ls` :

```
[root@ariadne ~]# docker run -i -t rhel /bin/bash
bash-4.2# ls
bin  boot  dev  etc  home  lib  lib64  media  mnt  opt  proc  root  run
sbin  srv  sys  tmp  usr  var
```

Nous arrivons à l'intérieur du conteneur, dont l'invite est `bash-4.2#`.

Ce conteneur n'est pas très agréable à utiliser. Par exemple, l'invite n'est pas définie. En fait, l'image fournie par Red Hat contient le minimum d'exécutables possibles, pour des raisons de sécurité et d'optimisation. À vous de rajouter les outils nécessaires pour rendre cet espace convivial si vous le désirez.

Dans une autre session sur la machine hôte, affichons la liste des conteneurs actifs. Le conteneur que nous venons de lancer y apparaît :

```
[root@ariadne ~]# docker ps
CONTAINER ID   IMAGE   COMMAND    CREATED         STATUS            PORTS
NAMES
a335ef63bd4f   rhel:0  /bin/bash  6 minutes ago  Up 6 minutes
sleepy_morse
```

Quittons maintenant notre conteneur. Le conteneur devient inactif, et apparaît comme tel dans la liste des conteneurs :

```
bash-4.2# exit
exit
[root@ariadne ~]# docker ps -a
CONTAINER ID   IMAGE   COMMAND    CREATED         STATUS            PORTS
NAMES
a335ef63bd4f   rhel:0  /bin/bash  8 minutes ago  Exited (0)
42 seconds ago
sleepy_morse
[root@ariadne ~]#
```

Avec la commande `start` et `attach`, nous pouvons redémarrer ce conteneur et nous rattacher au shell :

```
[root@ariadne ~]# docker start -ai sleepy_morse
bash-4.2#
bash-4.2#
```

10.2.4 Images maison

La plupart du temps, vous voudrez créer une image adaptée à vos besoins, que vous distribuerez ensuite sur un registre.

Il y a principalement deux façons de créer une nouvelle image :

- Lancer un conteneur à partir d'une image de base.
  - Puis y installer et configurer ce qui est nécessaire.
    - À la fin, enregistrer ces modifications dans une nouvelle image en faisant un `commit`.
- Construire l'image (`build`) à partir d'un script `Dockerfile`, contenant des instructions similaires à ce qui serait entré en ligne de commande.
  - Cette méthode est de loin la plus courante et sera explorée plus bas.

Créer une nouvelle image manuellement

```
docker commit -a "<auteur>" -m "<message>" <conteneur> <nom_image>
```

Remarque

L'utilisation des scripts `Dockerfile` est adaptée à la création d'images en masse. Ce mécanisme est exploré juste après.

Dans l'exemple suivant, nous allons créer une image avec le serveur Apache, à partir de l'image de base. Pour cela, nous allons installer le paquet `httpd` :

```
[root@ariadne ~]# docker run -it --name="rhelapache" rhel /bin/bash
bash-4.2# yum clean all
Loaded plugins: product-id, subscription-manager
Cleaning repos: rhel-7-server-rpms
Cleaning up everything
bash-4.2# yum update -y
Loaded plugins: product-id, subscription-manager
rhel-7-server-rpms
| 2.4 kB  00:00:00
rhel-7-server-rpms/7Server/x86_64/primary
| 3.3 MB  00:00:08
(1/2): rhel-7-server-rpms/7Server/x86_64/updateinfo
| 101 kB  00:00:01
(2/2): rhel-7-server-rpms/7Server/x86_64/group_gz
| 133 kB  00:00:02
rhel-7-server-rpms
4918/4918
Resolving Dependencies
--> Running transaction check
(...)
bash-4.2# yum install -y httpd
Loaded plugins: product-id, subscription-manager
Resolving Dependencies
--> Running transaction check
---> Package httpd.x86_64 0:2.4.6-18.el7_0 will be installed
(...)
Complete!
bash-4.2# yum clean all
Loaded plugins: product-id, subscription-manager
Cleaning repos: rhel-7-server-rpms
Cleaning up everything
bash-4.2#
```

Notons que les conteneurs héritent de l'abonnement Red Hat de l'hôte. Dans cet exemple, nous mettons à jour les paquets existants, puis installons Apache. Ensuite, nous supprimons les caches yum pour économiser de l'espace. Nous pouvons également affiner la configuration de Apache pour augmenter la sécurité, par exemple en définissant des certificats et des mots de passe.

Remarque

Notez que nous aurions pu exécuter toutes ces commandes au lancement du conteneur :

```
docker run -i rhel /bin/bash --name="rhelapache" -c "yum clean all;
yum update -y; yum install -y httpd; yum clean all"
```

Enregistrons maintenant ce conteneur dans une image, dont le nom sera apachedev :

```
[root@ariadne ~]# docker commit -a "Thibault" -m "Apache pour les
dévelopeurs" rhelapache apachedev
ccba6afc14d230720f08067097cb8739c41a82c3dd2a7905124cedce30920202
[root@ariadne ~]# docker images
apachedev          latest           ccba6afc14d2        14 seconds ago
313.3 MB
rhel               0-23             bef54b8f8a2f         4 months ago
139.6 MB
```

Cette image peut maintenant être distribuée sur un registre public, ou sur un registre privé interne à l'entreprise. Chaque utilisateur pourra le monter et se créer à la demande un serveur web préconfiguré, pour servir les fichiers qu'il désire.

Testons maintenant notre image. Nous lançons un conteneur à partir de notre image, en lui demandant d'exécuter le serveur web. Ce conteneur est détaché (option -d), il tournera en tâche de fond :

```
[root@ariadne ~]# docker run -p 8080:80 -d apachedev  /usr/sbin/httpd -
DFOREGROUND
7e77f5106af1061f6fc2f8eb23e192e3522de800f1554c032bdab72e63c2c34b
[root@ariadne ~]# docker ps
CONTAINER ID        IMAGE               COMMAND               CREATED
STATUS              PORTS               NAMES
7e77f5106af1        apachedev:latest    /usr/sbin/httpd -DFO  About a
minute ago   Up About a minute   0.0.0.0:8080->80/tcp
desperate_kowalevski
[root@ariadne ~]#
```

Ici, nous "branchons" le port 80 du conteneur (sur lequel écoute Apache par défaut) sur le port 8080 de l'hôte. Testons maintenant à partir d'une machine externe Windows si nous arrivons bien sur le serveur Apache du conteneur. L'adresse IP de l'hôte est 192.168.119.199.

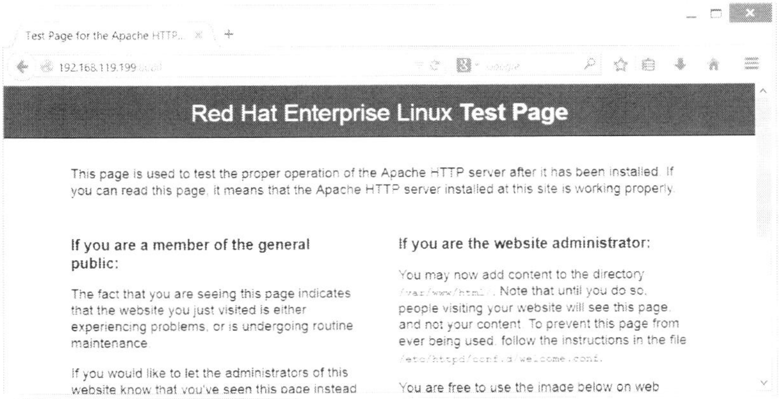

Nous pouvons monter un deuxième conteneur, servant cette fois des fichiers se trouvant sur la machine hôte (`/opt/rhel_data/welcome.txt`). Nous demandons à `docker` de monter le répertoire de la machine hôte (`/opt/rhel_data/`) dans le répertoire dédié à Apache dans le conteneur (`/var/www/html/`) avec l'option `-v`. Bien sûr, nous publions le port 80 du conteneur sur le port 8081 de l'hôte, le port 8080 étant déjà occupé par le conteneur précédent :

```
[root@ariadne ~]# mkdir /opt/rhel_data/
[root@ariadne ~]# echo "Bienvenue sur mon serveur" > /opt/rhel_data/
welcome.txt
[root@ariadne ~]# docker run -p 8081:80 -v /opt/rhel_data:/var/www/
html/ -d
apachedev  /usr/sbin/httpd -DFOREGROUND
e3784d400c5919897de9a380532ff9fb6f646560e6a061d5f3c2bff4d75b63fc
```

Avec un client web externe, connectons-nous à l'hôte sur le port 8081. Nous arrivons sur le conteneur, qui affiche les fichiers se trouvant sur l'hôte.

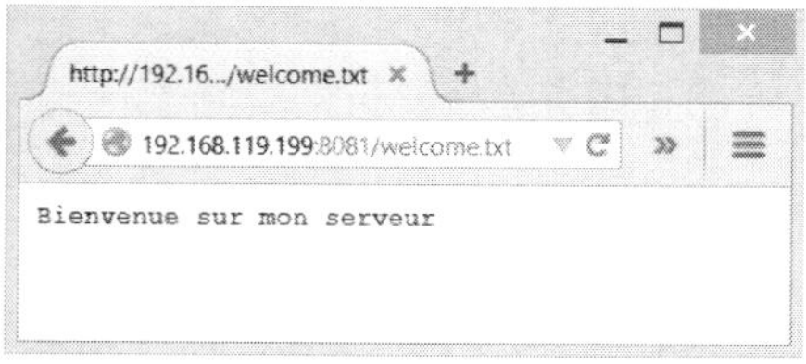

Créer une nouvelle image avec Dockerfile

L'utilisation d'un script Dockerfile est plus adaptée aux environnements de production, car elle permet :

- D'automatiser la création d'images.
- De fiabiliser le lancement de conteneurs. Dans le cas où l'image utilisée pour le conteneur n'existe pas localement, il est possible dans le fichier `docker-compose.yml` de préciser l'environnement de construction d'une image le cas échéant.
- De garder une trace de la façon dont a été construite l'image, ce qui permet de vérifier son intégrité.
- De réaliser des itérations facilement, en ajoutant simplement l'instruction désirée au script `Dockerfile`.

Le script `Dockerfile` contiendra en général au moins les instructions suivantes :

- `FROM` : c'est l'image qui servira de base à notre nouvelle image.
  - Bien qu'il soit possible de créer une image à partir de rien (`scratch`), on utilise en général une image correspondant au système hôte (par exemple, image Fedora), ou une image de prédilection (par exemple, image Ubuntu), contenant déjà un environnement minimum.
  - On trouve souvent l'image `alpine`, une image officielle Docker (basée sur la distribution Alpine Linux) qui a le mérite d'être très légère, mais qui utilise le gestionnaire de paquets `apk` (au lieu de Yum).
  - Il peut s'agir d'images officielles ou autres, déjà bien fournies, mais que l'on veut personnaliser (par exemple, image MySQL).
  - Il est bien de préciser l'image et sa version (par exemple, `Ubuntu:18.04`), sinon c'est la dernière qui sera prise (`latest`).

- RUN : cette instruction permet d'exécuter des commandes pendant la construction de l'image.
  - Le plus souvent, il s'agira de l'installation de logiciels avec la commande yum install ou apt-get install.
  - Il peut s'agir de n'importe quelle commande d'administration nécessaire à la construction, comme useradd, groupadd, chown, etc.
  - Attention, **les commandes doivent être non interactives**, c'est-à-dire ne pas attendre la réponse d'un utilisateur. Par exemple, pour les commandes yum et apt-get, il faut utiliser l'option -y.
- CMD : définit la commande qui sera exécutée au lancement du conteneur.
  - Il s'agira souvent du lancement du service principal, par exemple Apache.
  - Il pourra s'agir du lancement d'un shell, comme le Bash.
- Il existe d'autres instructions, par exemple pour la copie de fichiers à partir du système hôte, ou l'exposition d'un port. Visitez la page *Dockerfile Reference* sur le site docs.docker.com.

Pour construire une image à partir d'un fichier Dockerfile, entrez dans le répertoire contenant le fichier, puis tapez :

```
docker image build -t <nom de l'image:version> .
```

Par exemple, nous avons créé un répertoire /projects/images contenant des Dockerfile pour des images de toutes sortes. Ces images seront utilisées pour lancer les divers conteneurs de nos clients :

```
[root@eleven webserver]# pwd  /projects/images/webserver
[root@eleven webserver]# cat Dockerfile
FROM centos:7
RUN yum install -y httpd
EXPOSE 80
CMD ["/usr/sbin/httpd","-D","FOREGROUND"]

[root@eleven webserver]#
```

Que font les instructions contenues dans le script ?

- FROM : notre image est basée sur l'environnement officiel CentOS.
- RUN : nous installons le paquet http.

- `EXPOSE 80` : le port 80 sera utilisable. Il faudra cependant publier ce port lors du lancement du conteneur, pour que le serveur soit visible de l'extérieur de l'hôte.
- `CMD` : voici la commande exécutée au lancement d'un conteneur avec des images, si rien n'est précisé dans la commande de lancement.

Il ne reste plus qu'à utiliser cette image pour lancer un nouveau conteneur avec `docker run`, en précisant l'accès au port 80 (avec l'option `-p` en ligne de commande).

Il existe de nombreuses images déjà construites et très utiles sur les dépôts d'images tels que le Docker Hub.

Il est cependant souhaitable de vérifier la provenance des images que vous lancez sur vos serveurs. Pour cela, vous avez deux possibilités :

- Utiliser des images certifiées, officielles, ou vérifiées :
  - Les **images certifiées** ont subi des tests sur leur sécurité et leur provenance. Lors de la recherche d'une image sur hub.docker.com, cochez **Docker Certified**.
  - Les **images officielles** sont des images de référence pour des distributions et des services majeurs et reconnus. On y retrouvera les images officielles Ubuntu, Mongo, Busybox, HTTPD, etc. Lors de la recherche d'une image sur hub.docker.com, cochez **Official Images**.
  - Les **images vérifiées** sont les images pour des services, provenant des éditeurs officiels de ces services. Par exemple, l'image `splunk/universalforwarder` provient bien de l'éditeur Splunk. Lors de la recherche d'une image sur hub.docker.com, cochez **Verified Images**.
- Jeter un coup d'œil aux fichiers `Dockerfile` qui ont servi à construire les images.
  - Pour des images qui ne font pas partie des trois catégories précédentes, on pourra vérifier comment l'image a été construite. Par exemple, on vérifiera son image parent, puis on s'assurera ensuite que les diverses instructions exécutées sont légitimes (un script est-il téléchargé d'Internet ? Quel est ce script ?).

Par exemple, allons sur le Hub Docker à l'adresse https://hub.docker.com. Voici quelques images que nous pouvons utiliser avec confiance :

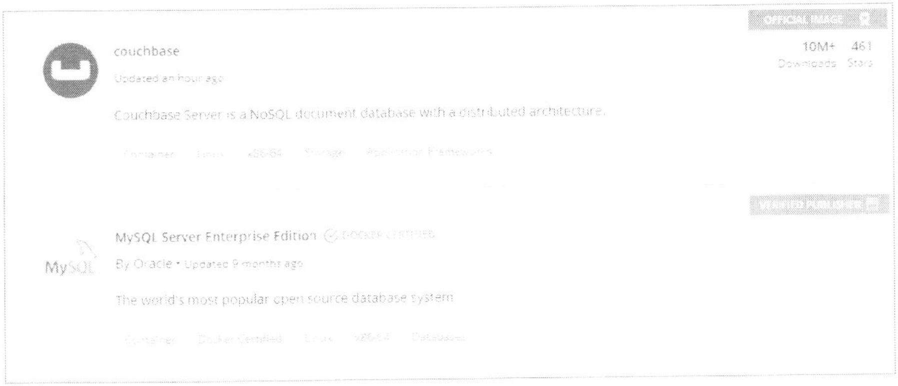

Nous voyons que l'image `couchbase` est une image officielle, mise en avant par Docker. L'image `MySQL` est quant à elle vérifiée, c'est-à-dire que nous sommes sûrs qu'elle provient bien de l'éditeur de logiciels Oracle. De plus, cette image est certifiée, elle a passé des tests de sécurité et de bonnes pratiques.

Parfois, il est également possible de vérifier les `Dockerfile` qui ont servi à construire les images.

Par exemple, en cliquant sur l'image `couchbase`, nous arrivons sur l'onglet **Description** de l'image, avec les différents tags (qui peuvent être des numéros de versions de l'image) :

Si nous cliquons sur l'un des tags, nous obtenons le `Dockerfile` qui a servi à construire l'image avec ce tag :

77 lines (64 sloc) | 2.69 KB

```
FROM ubuntu:16.04

MAINTAINER Couchbase Docker Team <docker@couchbase.com>

# Install dependencies:
#  runit: for container process management
#  wget: for downloading .deb
#  chrpath: for fixing curl, below
#  tzdata: timezone info used by some N1QL functions
# Additional dependencies for system commands used by cbcollect_info:
#  lsof: lsof
#  lshw: lshw
#  sysstat: iostat, sar, mpstat
#  net-tools: ifconfig, arp, netstat
#  numactl: numactl
RUN apt-get update && \
    apt-get install -yq runit wget chrpath tzdata \
    lsof lshw sysstat net-tools numactl python-httplib2 && \
    apt-get autoremove && apt-get clean && \
    rm -rf /var/lib/apt/lists/* /tmp/* /var/tmp/*

```

Nous pouvons ici vérifier les commandes qui ont été lancées à la construction de l'image. Pour un service sensible, examinez attentivement les commandes exécutées.

Certaines images disponibles sur les dépôts dans le cloud n'exposent pas systématiquement leurs fichiers `Dockerfile`. Soyez vigilants lorsque vous utilisez ces images.

10.2.5 Registres et partage des images

Une fois que nous avons enregistré un conteneur dans une image, nous pouvons partager nos images avec des collaborateurs des manières suivantes :

- En créant une archive de l'image, que l'on distribue sur un serveur web ou FTP.

– En poussant (push) l'image sur le registre publique docker.io.

– En créant notre propre registre privé.

Partage manuel

Pour créer une archive d'une image, utilisez la commande suivante :

```
docker save <image> > <archive>.tar
```

Ainsi, sur ariadne, nous créons une archive de l'image apachedev, que nous transférons en SSH vers la machine saito (sous CentOS 7) :

```
[root@ariadne ~]# docker save apachedev > apachedev.tar
[root@ariadne ~]# ls -lh
total 366M
-rw-------. 1 root root 1,1K 12 août  23:21 anaconda-ks.cfg
-rw-r--r--. 1 root root 316M 15 oct.  06:19 apachedev.tar
[root@ariadne ~]# scp apachedev.tar root@saito:
root@saito's password:
apachedev.tar
100%  316MB 105.2MB/s   00:03
[root@ariadne ~]#
```

Sur saito, il ne reste plus qu'à charger l'image dans le registre local :

```
[root@saito ~]# ls -lh
total 318M
-rw-------. 1 root root 1010  5 août  15:30 anaconda-ks.cfg
-rw-r--r--. 1 root root 316M 15 août  13:28 apachedev.tar
[root@saito ~]# docker load < apachedev.tar
[root@saito ~]# docker images
REPOSITORY    TAG      IMAGE ID       CREATED
VIRTUAL SIZE
apachedev     latest   ccba6afc14d2   Less than a second ago
320.7 MB
[root@saito ~]#
```

Nous pouvons désormais lancer un conteneur à partir de cette image :

```
[root@saito ~]# docker run -p 8080:80 -v /opt/files:/var/www/html/ -d
apachedev  /usr/sbin/httpd -DFOREGROUND
e77e0d158b1f94633d673d29ce49757655e81298f27e70435b0a019f12c1671f
```

Partage par registre public

Pour **pousser une image sur le registre public**, utilisez :

```
docker push <image>
```

Par exemple, nous essayons de pousser l'image `apachedev` :

```
[root@ariadne ~]# docker push apachedev
2014/10/15 06:35:45 You cannot push a "root" repository.
Please rename your repository in <user>/<repo>
(ex: <user>/apachedev)
```

Docker nous prévient que notre image ne peut avoir un nom "racine" (sans nom d'utilisateur), qui est réservé aux éditeurs officiels (comme Red Hat). Il faut donc renommer notre image (en fait lui ajouter un préfixe qui indique le sous-répertoire de docker.io qui nous est réservé) :

```
[root@ariadne ~]# docker tag apachedev waterlo/apachedev
[root@ariadne ~]# docker images
REPOSITORY          TAG         IMAGE ID        CREATED
VIRTUAL SIZE
apachedev           latest      ccba6afc14d2    About an hour ago
313.3 MB
bibelo/apachedev    latest      ccba6afc14d2    About an hour ago
313.3 MB
[root@ariadne ~]# docker push waterlo/apachedev
The push refers to a repository [waterlo/apachedev] (len: 1)
Sending image list

Please login prior to push:
Username: waterlo
Password:
Email: bartol_78@yahoo.com
Login Succeeded
The push refers to a repository [waterlo/apachedev] (len: 1)
Sending image list
Pushing repository waterlo/apachedev (1 tags)
bef54b8f8a2f: Image successfully pushed
ccba6afc14d2: Image successfully pushed
Pushing tag for rev [ccba6afc14d2] on {https://cdn-registry-
1.docker.io/v1/repositories/waterlo/apachedev/tags/latest}
[root@ariadne ~]#
```

Il faut bien sûr avoir un compte (gratuit) chez docker.io.

Lorsque l'on se connecte sur son compte `docker.io`, on voit effectivement l'image téléchargée.

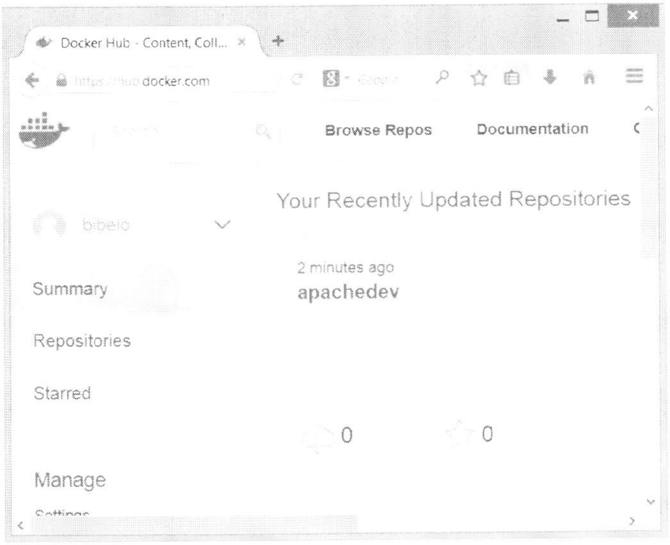

Partage par registre privé

Il est parfois préférable, par exemple pour des raisons de sécurité, d'avoir **votre propre registre**. Pour cela, installez le paquet `docker-registry` après avoir activé les dépôts Extras et Optional le cas échéant. Activez ensuite le service au démarrage et démarrez-le.

```
yum install docker-registry
systemctl enable docker-registry
systemctl start docker-registry
```

Remarque

Attention, n'oubliez pas d'autoriser le port 5000 sur lequel Docker Registry écoute :

```
firewall-cmd --zone=public –add-port=5000/tcp
firewall-cmd --zone=public --add-port=5000/tcp --permanent
```

Remarque

Pour une utilisation en production, modifiez le fichier de configuration `/etc/docker-registry.yml`.

Pour pousser une image sur ce serveur, il faut lui ajouter un nom lui indiquant son chemin, comme nous l'avions fait précédemment en indiquant le répertoire `waterlo` sur `docker.io` :

```
[root@ariadne ~]# docker tag apachedev localhost:5000/apachedev
[root@ariadne ~]# docker push localhost:5000/apachedev
The push refers to a repository [localhost:5000/apachedev] (len: 1)
Sending image list
Pushing repository localhost:5000/apachedev (1 tags)
bef54b8f8a2f: Image successfully pushed
ccba6afc14d2: Image successfully pushed
Pushing tag for rev [ccba6afc14d2] on
{http://localhost:5000/v1/repositories/apachedev/tags/latest}
[root@ariadne ~]#
```

Ici, l'image `apachedev` continue d'exister sur le registre local. Elle est également présente sur `docker.io/bibelo`, mais on précise maintenant que cette image doit aussi exister sur le registre du serveur se trouvant à l'adresse `localhost:5000` (c'est en fait la même machine que le registre local, mais sur l'espace dédié à Docker Register) :

```
[root@ariadne ~]# docker images
REPOSITORY                TAG       IMAGE ID       CREATED
VIRTUAL SIZE
apachedev                 latest    ccba6afc14d2   5 hours ago
313.3 MB
waterlo/apachedev         latest    ccba6afc14d2   5 hours ago
313.3 MB
localhost:5000/apachedev  latest    ccba6afc14d2   5 hours ago
313.3 MB
```

D'une autre machine nous pouvons maintenant tirer l'image de notre serveur Docker Registry. Par exemple, chargeons notre image sur la machine `saito` :

```
[root@saito ~]# docker pull 192.168.119.199:5000/apachedev
Pulling repository 192.168.119.199:5000/apachedev
ccba6afc14d2: Pulling image (latest) from 192.168.119.199:5000/apachedev,
endpoiccba6afc14d2: Download complete
bef54b8f8a2f: Download complete
```

```
[root@saito ~]# docker images
REPOSITORY                         TAG     IMAGE ID      CREATED
VIRTUAL SIZE
192.168.119.199:5000/apachedev  latest  ccba6afc14d2  Less th
an a second ago 320.7 MB
[root@saito ~]#
```

10.2.6 Pérenniser le lancement des conteneurs avec docker-compose

La création d'une instance en ligne de commande (avec la commande `docker run`) est insuffisante :

- Si on doit créer la même instance sur un autre serveur, il faut se rappeler de la ligne de commande qui a été entrée.
- Si on doit changer une des options (par exemple le port), il faut arrêter l'instance, la supprimer, et rappeler la ligne de commande.
- Si le serveur hébergeant les conteneurs est détruit, on n'a aucun fichier de configuration permettant de recréer le conteneur.
- S'il y a plusieurs conteneurs à lancer, il faudra plusieurs commandes.

Pour ces raisons, en exploitation, il est préférable d'utiliser l'outil `docker-compose`, qui fait essentiellement la même chose que la commande `docker run`, mais en utilisant un fichier de configuration.

Les fichiers de configuration utilisés par `docker-compose` contiennent des commandes similaires aux options de `docker run`.

Installez la fonctionnalité `docker-compose` avec la commande :

```
yum install docker-compose
```

Il faut se rappeler des éléments principaux suivants :

- Fichier de configuration par défaut :
  `docker-compose.yml`
  - Sans autre précision, la commande `docker-compose` utilisera le fichier portant ce nom dans le répertoire courant.
  - Il est possible de préciser le nom d'un autre fichier avec l'option `-f`.
  - Un fichier `docker-compose.yml` peut contenir la configuration de plusieurs conteneurs. Ainsi, il est possible de démarrer plusieurs conteneurs en une seule commande.

- Pour démarrer les conteneurs, utilisez la commande :

  `docker-compose up -d`

  - Cette commande démarre les conteneurs paramétrés dans le fichier `docker-compose.yml` du répertoire courant, à moins d'utiliser l'option `-f`.
  - L'option `-d` démarre les conteneurs en mode *démon*, c'est-à-dire en arrière-plan.
- Pour arrêter les conteneurs :

  `docker-compose down`

  - Cette commande fait également référence au fichier `docker-compose.yml` dans le répertoire courant : ce fichier doit être présent pour pouvoir arrêter les conteneurs qui y sont paramétrés.

Un fichier `docker-compose.yml` présente en général au moins les paramètres suivants :

docker-compose.yml :

```
version: '3'

services:
 <nom du service>
   container_name: <nom du service>
   ports:
   - "<port externe:port interne/tcp"
   volumes:
   - <chemin sur l'hôte>:<chemin dans le conteneur>
   command: ["<commande>", "<argument>", "<argument>"]
   image: <image>
        build:
     context: <chemin du fichier Dockerfile>
   restart: always
```

- `version: '3'` : il existe plusieurs versions de `docker-compose` amenant des capacités différentes. Il faut préciser la dernière version.
- `services:` : ce mot-clé délimite la section définissant les conteneurs. En effet, d'autres sections peuvent exister, comme la section `network`.
- `<nom du service>` : on délimite ici la zone définissant le premier conteneur. Il est possible d'avoir plusieurs conteneurs définis.

- container_name: <nom du service> : c'est le nom donné au conteneur à sa création.
- "<port externe:port interne/tcp" : publie le port, c'est-à-dire le rend accessible à l'extérieur du conteneur. Équivalent à l'option -p de docker run.
- <chemin sur l'hôte>:<chemin dans le conteneur> : équivalent à l'option -v de docker run.
- command: ["<commande>", "<argument>"] : la plupart des images définissent déjà une commande qui doit être lancée au démarrage du conteneur, mais il est possible d'en préciser une. Dans ce cas, chaque argument doit être séparé.
- image: <image> : c'est l'image utilisée pour le conteneur qui doit être lancée :
  - Si l'image existe dans le dépôt local (commande docker image ls), elle est utilisée.
  - Sinon, si l'image n'existe pas et que le mot-clé context est précisé, l'image est construire en direct à partir du Dockerfile.
  - Sinon, on tente de télécharger l'image à partir des dépôts existants sur Internet.
- context <chemin> : c'est le chemin du fichier Dockerfile si l'image demandée n'existe pas déjà en local.
  - Cette option peut être pratique pour la fiabilité. En effet, si l'image a été supprimée pour une raison quelconque, elle peut toujours être reconstruite à la volée.
  - Si plusieurs conteneurs utilisent la même image, il est conseillé d'utiliser un fichier Dockerfile unique pour tous ces conteneurs.
- restart: always : on laisse cette option telle quelle. De cette manière, si la machine hôte ou si le service Docker devaient redémarrer, le conteneur serait automatiquement relancé.

Par exemple, dans le dossier `/projects/`, pour le client Acme, nous avons le fichier `docker-compose.yml` suivant :

```
/projects/acme/docker-compose.yml
version: '3'

services:
 acme_web:
   container_name: acme_web
   ports:
   - "888:80/tcp"
   volumes:
   - /projects/acme/web:/var/www/html
   command: ["apachectl", "-k", "start", "-DFOREGROUND"]
   image: webserver:1.1
   build:
     context: /projects/images/webserver/
   restart: always

 acme_database:
   container_name: acme_db
   ports:
   - "8080:8080/tcp"
   volumes:
   - /projects/acme/db:/var/lib/mysql
   image: mysql
   restart: always
```

Que voyons-nous ici ?

- Deux conteneurs sont définis : `acme_web` et `acme_database`.
- Pour chacun, un dossier à l'intérieur du conteneur pointe vers un dossier sur l'hôte.
  - Par exemple, pour le conteneur `acme_web`, le répertoire `/var/www/html` lu par le serveur Apache dans le conteneur est en fait le répertoire `/projects/acme/web` sur la machine hôte.
  - Ainsi, les développeurs n'ont pas besoin d'entrer dans le conteneur pour éditer le site web : ils se contentent de rester sur le serveur.
  - Si le conteneur est détruit (pour un simple redémarrage, par exemple), les fichiers subsistent.

- L'image pour le conteneur `acme_database` est `mysql` :
  - Soit cette image existe localement sur le serveur, soit elle sera téléchargée à partir des dépôts standards sur Internet.
- L'image pour le conteneur `acme_web` est `webserver:1.1`.
  - Ce nom est assez spécifique : il est peu probable qu'il s'agisse d'une image officielle sur Internet.
  - Si cette image n'est pas trouvée localement, elle sera construite à partir d'un fichier `Dockerfile` trouvé dans le répertoire défini avec le mot-clé `context`.

Lançons maintenant ce service composé d'un serveur web et d'un serveur de base de données MySQL. Nous entrons d'abord dans le répertoire contenant le fichier `docker-compose.yml`, puis nous l'exécutons :

```
[root@eleven ~]# cd /projects/acme/
[root@eleven acme]# ls
db  docker-compose.yml  web
[root@eleven acme]# docker-compose up -d
Creating network "acme_default" with the default driver
Building acme_web
Step 1/2 : FROM centos
---> 9f38484d220f
Step 2/2 : RUN yum install -y httpd
---> Running in ef01ac1c6408

Loaded plugins: fastestmirror, ovl
Determining fastest mirrors
* base: centos.crazyfrogs.org
* extras: ftp.pasteur.fr
* updates: miroir.univ-paris13.fr
(...)
Installing:
httpd           x86_64    2.4.6-89.el7.centos      updates     2.7 M
Installing for dependencies:
(...)
Running transaction
(...)
 Installing : httpd-2.4.6-89.el7.centos.x86_64                       6/6
 Verifying  : httpd-tools-2.4.6-89.el7.centos.x86_64                 1/6
(...)

Installed:
 httpd.x86_64 0:2.4.6-89.el7.centos
```

```
(...)
Complete!
---> 43fcff59b0d8
Removing intermediate container ef01ac1c6408
Successfully built 43fcff59b0d8
WARNING: Image for service acme_web was built because it did not
already exist. To rebuild this image you must use `docker-compose
build` or `docker-compose up -build`.
Pulling acme_database (mysql:latest)...
Trying to pull repository docker.io/library/mysql ...
latest: Pulling from docker.io/library/mysql
0a4690c5d889: Pull complete
98aa2fc6cbeb: Pull complete
(...)
3cf3e568e51b: Pull complete
c80d654aa77e: Pull complete
Digest: sha256:b1b2c176a45f4ff6875d0d7461fe1fdd8606deb015b38b69545
f72de97714efd
Status: Downloaded newer image for docker.io/mysql:latest
Creating acme_db ... done
Creating acme_db ...
[root@eleven acme]#
```

Que se passe-t-il ?

- Le conteneur `acme_web` est d'abord construit.
  - Ici, l'image `webserver:1.1` est construite à partir d'un `Dockerfile`, qui demande l'installation du serveur `httpd` avec la commande `yum install`.
  - On a pris soin de préciser l'option `-y` : yum se passe de confirmation interactive de l'utilisateur.
- Ensuite, le conteneur `acme_db` est construit.
  - Ici, l'image `mysql` est téléchargée à partir des dépôts sur Internet.
- Finalement, les deux conteneurs sont lancés.

Nous voyons cela avec la commande `docker ps` :

```
[root@eleven acme]# docker ps
CONTAINER ID    IMAGE            COMMAND                        CREATED
STATUS              PORTS                       NAMES
dcc01fda788a    webserver:1.1    "apachectl -k star..."   41 minutes ago
Up 41 minutes       0.0.0.0:888->80/tcp         acme_web
e32a72e2ebd1    mysql            "docker-entrypoint..."   41 minutes ago
```

```
Restarting (1) 13 minutes ago                 acme_db
```

Nous constatons ici que deux conteneurs sont bien en cours d'exécution. Notre service fonctionne bien.

Il est possible d'éteindre ces deux conteneurs en une seule commande :

```
[root@eleven ~]# docker-compose down
ERROR:
Can't find a suitable configuration file in this directory or any parent.
Are you in the right directory?

Supported filenames: docker-compose.yml, docker-compose.yaml

[root@eleven ~]# pwd
/root
```

La commande ne fonctionne pas. Effectivement, nous ne sommes pas dans le bon répertoire, où se trouve le fichier `docker-compose.yml` correspondant à notre client Acme :

```
[root@eleven ~]# cd /projects/acme/
[root@eleven acme]# docker-compose down
Stopping acme_web ... done
Stopping acme_db  ... done
Removing acme_web ... done
Removing acme_db  ... done
Removing network acme_default
[root@eleven acme]# docker ps
CONTAINER ID        IMAGE                COMMAND
[root@eleven acme]#
```

Les deux conteneurs ont bien disparu.

En termes de fiabilité, il nous suffit de sauvegarder l'ensemble du répertoire `/projects`. Si le serveur venait à être détruit, nous pourrions facilement rétablir les données et les conteneurs associés, grâce au fichier `docker-compose.yml`.

10.3 Conteneurs natifs avec Podman et Buildah

10.3.1 Présentation

À partir de RHEL 8, Red Hat ne supporte plus la technologie propriétaire Docker basée sur un moteur de conteneurisation (utilisant un daemon, ou service), avec la commande `docker` qui l'accompagne.

En effet, la commande `docker` n'existe plus sous RHEL 8 :

```
[root@hopper ~]# docker
bash: docker: commande inconnue...
[root@hopper ~]#
```

Les conteneurs natifs dans RHEL 8 se passent de moteur ; les conteneurs sont lancés comme des processus classiques, mais toujours dans un environnement isolé au niveau mémoire, processeur et disque.

Cela permet une interopérabilité avec d'autres technologies de conteneurs qui répondent au standard Open Container Initiative (OCI). Ce standard décrit la façon dont sont exécutés les conteneurs, et le format de leurs images.

Ainsi, puisque Docker fait partie de l'OCI, **les conteneurs natifs sont compatibles avec les images Docker**.

Les conteneurs natifs sont basés sur les outils suivants :

- `podman` : l'outil principal pour le lancement des conteneurs, mais également la création et la gestion d'images. Les options sont compatibles avec l'outil `docker`, les commandes sont ainsi transposables.
- `buildah` (jeu de mots avec "builder" prononcé à l'anglaise) : c'est l'outil permettant de contrôler la création d'images (organisées en couches). Les fonctionnalités de `podman` et `buildah` se recouvrent. Cependant, `buildah` est plutôt spécialisé dans la création d'images avec des possibilités avancées comme l'utilisation de scripts pour la création en masse ou la modification dynamique des images.
- `skopeo` : cet outil permet de déplacer des images entre des dépôts, locaux sur des serveurs, ou distants dans le cloud. Il permet ainsi de signer et vérifier les images pour s'assurer de leur intégrité.

Remarque

Les fonctionnalités spécialisées `buildah` et `skopeo` ne sont pas abordées dans cet ouvrage.

10.3.2 Chargement d'images et lancement de conteneurs avec podman

Comme nous l'avons mentionné, les options de la commande `podman` sont compatibles avec la commande `docker` déjà expliquée.

Ainsi, voici les commandes, que nous connaissons déjà, pour la gestion des images et des conteneurs :

- Afficher les images stockées localement :
  ```
  podman image list
  ```
- Chercher une image dans le cloud :
  ```
  podman search <chaîne de caractères>
  ```
- Télécharger et installer une image :
  ```
  podman image pull <image:tag>
  ```
- Liste des conteneurs actifs :
  ```
  podman ps
  ```
- Lancement d'un conteneur :
  ```
  docker run -d --name <nom> <image> <commande>
  ```

10.3.3 Compatibilité de podman avec Docker

Si vous **préférez utiliser la commande `docker`**, à laquelle vous êtes peut-être habitué, ou si vos scripts sont construits autour de cette commande, il est toujours possible d'installer un paquet permettant cette compatibilité :

```
yum install podman-docker
```

Ce paquet installe un script qui renvoie la commande `docker` vers l'outil `podman`. Les pages de man de `docker` renvoient vers les pages de man de `podman`.

Remarque

Un inconvénient à utiliser cette commande `docker` *de substitution, c'est que vous n'avez pas la complétion des paramètres avec la touche [Tab] :* `docker` *+ [Tab][Tab] ne donne pas le même résultat que* `podman` *+ [Tab][Tab].*

```
[root@hopper ~]# docker ps
Emulate Docker CLI using podman. Create /etc/containers/nodocker to quiet msg.
CONTAINER ID  IMAGE
0d38309a758a  docker.io/library/centos:latest
(...)
[root@hopper ~]# apropos docker
buildah-bud (1)      - Build an image using instructions from Dockerfiles.
docker (1)           - Simple management tool for containers and images
docker-attach (1)    - Attach to a running container
docker-build (1)     - Build a container image using a Dockerfile.
docker-commit (1)    - Create new image based on the changed container
docker-container (1)- Manage containers
(...)
```

Les images construites pour Docker sont parfaitement compatibles avec podman. Il est ainsi possible de télécharger des images à partir de dépôts Docker :

```
[root@hopper ~]# podman pull docker.io/ubuntu:18.10
Trying to pull docker.io/ubuntu:18.10...Getting image source signatures
Copying blob 8a532469799e: 25.82 MiB / 25.82 MiB
[==========================] 2s
Copying blob 32f4dcec3531: 34.32 KiB / 34.32 KiB
[==========================] 2s
Copying blob 230f0701585e: 868 B / 868 B
[==================================] 2s
Copying blob e01f70622967: 164 B / 164 B
[==================================] 2s
Copying config 9dc19675e327: 3.33 KiB / 3.33 KiB
[==========================] 0s
Writing manifest to image destination
Storing signatures
9dc19675e3276d9c028f64ba9a3fbb41e72c779faf8a35603f597310077ffd08
[root@hopper ~]# podman images ls
unable to find a name and tag match for ls in repotags: no such image
[root@hopper ~]# podman image ls
REPOSITORY                  TAG       IMAGE ID       CREATED       SIZE
docker.io/library/ubuntu    18.10     9dc19675e327   5 days ago    69.7 MB
```

10.3.4 Construction d'images avec podman

La compatibilité de podman avec les fichiers Dockerfile est assurée. La commande pour construire l'image reste la même :

```
podman image build -t <nom de l'image:tag> .
```

Remarque

N'oubliez pas le point . à la fin.

Ainsi, avec le fichier Dockerfile utilisé dans les pages précédentes de ce chapitre, nous pouvons construire une nouvelle image en nous passant de Docker :

```
[root@hopper webserver]# pwd
/projects/images/webserver
[root@hopper webserver]# cat Dockerfile
FROM centos:7
RUN yum install -y httpd
EXPOSE 80
CMD ["/usr/sbin/httpd","-D","FOREGROUND"]
[root@hopper webserver]# podman image build -t webserver:1.0 .
STEP 1: FROM centos:7
Getting image source signatures
Skipping blob 8ba884070f61 (already present): 71.91 MiB / 71.91 MiB
[=======] 0s
Copying config 9f38484d220f: 2.13 KiB / 2.13 KiB
[==========================] 0s
Writing manifest to image destination
Storing signatures
STEP 2: RUN yum install -y httpd
Loaded plugins: fastestmirror, ovl
Determining fastest mirrors
(...)
STEP 7: COMMIT webserver:1.0
[root@hopper webserver]#
```

L'image est bien construite en suivant les instructions du fichier Dockerfile.

```
[root@hopper webserver]# podman image ls
REPOSITORY                TAG     IMAGE ID       CREATED          SIZE
localhost/webserver       1.0     825399205094   5 minutes ago    354 MB
docker.io/library/ubuntu  16.04   5e13f8dd4c1a   2 weeks ago      124 MB
[root@hopper webserver]#
```

Nous retrouvons bien dans le dépôt local l'image que nous venons de créer, ainsi qu'une image téléchargée auparavant.

Il ne reste plus qu'à instancier cette image dans un nouveau conteneur pour notre client Acme :

```
[root@hopper webserver]# podman run -d --name acme_web -p 8080:80
localhost/webserver:1.0
30bf0c711d76017f0336fea18c849c96ecbcf3d3c6847ba51ebf85bc488cb361
[root@hopper webserver]# podman ps
CONTAINER ID  IMAGE                    COMMAND               CREATED
STATUS              PORTS                  NAMES
30bf0c711d76  localhost/webserver:1.0  /usr/sbin/httpd -...  5 seconds ago
Up 4 seconds ago    0.0.0.0:8080->80/tcp   acme_web
[root@hopper webserver]#
```

11. Concepts d'orchestration : Kubernetes/OpenShift

La conteneurisation se suffit à elle-même pour le lancement de quelques services sur quelques machines.

Lorsque les conteneurs sont utilisés en masse et passent au centre de la stratégie de l'entreprise, leur gestion peut vite devenir un cauchemar. C'est pourquoi l'utilisation d'outils d'orchestration devient indispensable à partir d'un certain volume de conteneurs, ou lorsque la fiabilité est nécessaire.

En effet, lorsque des services utilisent plusieurs conteneurs répartis sur plusieurs machines, la gestion individuelle des conteneurs est impossible. Les systèmes d'orchestration de conteneurs synchronisent des jeux de conteneurs interdépendants à travers plusieurs hôtes, avec les avantages suivants :

- lancement des conteneurs sur plusieurs hôtes, physiques ou en machines virtuelles,
- augmentation ou diminution du nombre de conteneurs en fonction de la demande,
- gestion du stockage partagé entre les conteneurs,
- distribution de la charge entre les conteneurs,
- gestion de la fiabilité, lancement de nouveaux conteneurs en cas de problème.

Kubernetes est sans doute la **solution la plus populaire d'orchestration de conteneurs**. À l'origine développé par Google, il est maintenant open source et maintenu par la communauté.

Avec un cycle de développement assez rapide et une communauté active et bienveillante pour obtenir de l'aide, Kubernetes s'installe sur **n'importe quelle distribution Linux**. À partir de là, le serveur principal, ou *master*, prend la main sur des *nodes* (nœuds) où se trouvent les conteneurs, qu'il vous est possible de contrôler avec une interface web.

Une fois configuré, Kubernetes offre les services d'orchestration de manière simple et autonome.

OpenShift est la solution d'orchestration **proposée par Red Hat**. **Basé sur Kubernetes**, OpenShift en étend les possibilités en proposant des fonctionnalités novatrices pensées pour la sécurité et la scalabilité (déploiement à grande échelle).

L'installation d'OpenShift **repose sur Red Hat Enterprise Linux**. En contrepartie, vous bénéficiez de la politique de Red Hat dans le cycle de développement (plus lent, mais plus fiable) et du **support professionnel**.

Supportant les conteneurs Docker mais également les conteneurs natifs, OpenShift dispose d'une **version open source appelée OKD** (*Origin Community Distribution*) librement téléchargeable.

Chapitre 10
Maintenance du système en production

1. Analyse du système

1.1 Nécessité d'analyser son système

Un système ne doit pas être installé puis oublié, surtout s'il s'agit d'un serveur. Il est essentiel d'assurer un suivi, une maintenance, comme on le ferait avec une voiture par exemple.

Les systèmes Linux en général, et Red Hat Enterprise Linux en particulier, disposent de divers outils permettant de surveiller, d'entretenir et de réparer un serveur.

Certains de ces outils sont pro-actifs : ils vous permettent de « prédire » l'avenir et prévenir les problèmes qui pourraient arriver. D'autres outils sont réactifs : ils vous préviennent quand un problème survient.

On ne saurait insister sur un bon entretien du serveur. L'administrateur doit connaître ses machines et les analyser régulièrement, mais aussi mettre en place dès le début les outils qui lui permettront d'être serein.

Également, il faut savoir quoi faire en cas de problème de performances du serveur. Cela nécessite de bien connaître son système et les outils à votre disposition. Il existe des méthodes pour la vérification de performances sur un serveur. Par exemple, la méthode USE (Utilisation, Saturation et Erreurs) permet de ne rien oublier dans notre vérification, et peut se résumer en cette phrase :

Pour chaque ressource, vérifiez l'utilisation, la saturation et les erreurs.

- Les ressources étant les composants fonctionnels de l'OS : processeurs, mémoire, disques, bus de communication, interface réseau.
- Utilisation : combien de temps en moyenne la ressource est occupée à accomplir sa tâche.
- Saturation : à quel degré la ressource est surchargée avec du travail qu'elle ne peut pas traiter.
- Erreurs : le nombre d'évènements en erreur.

Lorsque vous faites des vérifications régulières, méfiez-vous des moyennes : une ressource peut apparaître chargée à 50 % sur 5 minutes, mais qui sait s'il n'y a pas un pic à 100 % pendant 10 secondes dans ces 5 minutes ?

Utilisez maintenant les bons outils pour prévenir les problèmes et les diagnostiquer quand ils surviennent.

1.2 Le standard Syslog

1.2.1 Présentation et explication

Syslog est le standard pour l'enregistrement des messages sur le système d'exploitation. Il offre une gestion centralisée des messages provenant du système d'exploitation et des services qui tournent dessus.

Le fait que Syslog soit un standard permet un traitement standardisé des messages provenant de sources différentes. Cela permet d'optimiser la prévention et la résolution des problèmes, avec des outils analysant les logs (les journaux d'évènements).

Mieux encore, Syslog étant un service réseau, il permet non seulement de centraliser les messages provenant des services sur la même machine, mais également des services sur des machines différentes. Il est donc possible de mettre en place des *serveurs de logs*, qui permettent une analyse fine, rapide et globale de votre architecture. Cela ne se limite pas aux serveurs Linux, mais s'étend à tout équipement respectant ce standard. Ainsi n'est-il pas rare de voir des logs centralisés provenant de serveurs et d'équipements réseau, comme par exemple des routeurs et commutateurs Cisco.

Le standard Syslog a défini le classement des messages selon deux critères :

- La **facilité** (*facility* en anglais) : c'est le type de service envoyant les messages. Bien sûr, il n'est pas possible de définir autant de facilités qu'il y a de programmes. Les facilités sont ainsi définies en grandes catégories, qui correspondent aux types de services courants qu'on rencontre sur des machines.
- La **priorité** (*priority*), ou **niveau de gravité** (*level*) : l'équipement affecte un niveau de gravité aux messages qu'il envoie au service de logs, en fonction de leur importance.
- Ces deux critères permettent ainsi au service gérant les logs de les classer par types de services et par gravité. Bien sûr, ce classement est hautement configurable par l'administrateur, ce qui permet une meilleure gestion des évènements survenant sur les équipements.

Fonctionnement

Les programmes envoient leurs messages sur le port du serveur de logs, soit en local (sur la même machine), soit à distance. Le serveur de logs écoute sur ce port, reçoit ces messages et les traite. En général, le traitement consiste surtout à classer les logs dans des fichiers, en fonction de leur facilité et de leur priorité.

Ces fichiers étant amenés à grossir avec le temps, et donc à avoir une taille variable, ils sont très justement stockés dans le répertoire `/var/log/`.

Le service `klogd` s'occupe d'envoyer les messages provenant du noyau.

Le port d'écoute est UDP/514.

Les facilités disponibles sont : `auth`, `authprive`, `daemon`, `cron`, `ftp`, `lpr`, `kern`, `mail`, `news`, `syslog`, `user`, `uucp`, `local0` à `local7`.

Niveaux de gravité Syslog		
#	**Niveau**	**Signification**
0	`Emerg` (Emergency, Urgence)	Système inutilisable
1	`Alert`	Intervention immédiate requise
2	`Crit` (critical, critique)	Erreur critique pour le système
3	`Err` (error)	Erreur de fonctionnement
4	`Warning`	Avertissement
5	`Notice`	Évènemement normal méritant d'être signalé
6	`Info` (informational)	Information
7	`Debug`	Information plus détaillée pour analyse
8	`none`	Ignorer ce message

Le programme historique de gestion des logs est `syslogd`. Il est installé sur la plupart des distributions Linux, y compris Red Hat Enterprise Linux jusqu'à la version 5.6. Sa configuration est relativement simple.

De nouveaux services de gestion des logs sont apparus, apportant de nouvelles fonctionnalités. Ils commencent petit à petit à remplacer `syslogd`. À partir de RHEL 6, c'est `rsyslog` qui a été choisi.

Remarque

L'outil LogRotate, installé par défaut sur les serveurs Red Hat Enterprise Linux, est chargé de la gestion des fichiers de logs pour éviter qu'ils ne prennent trop de place. Son rôle principal est de compresser les logs les plus anciens.

1.2.2 Configuration générale Syslog

Nous présentons ici la configuration générale de Syslog qu'on retrouve sur l'ensemble des versions du service, jusqu'à rsyslog sous RHEL 8.

La configuration consiste à définir où sont stockés les logs en fonction de leur facilité et de leur priorité.

Ainsi, sur la même ligne, on a une correspondance entre un selector (sélecteur), c'est-à-dire la paire *facilité.priorité*, et l'action, par exemple *écrire les messages dans tel fichier* :

Exemple d'une ligne dans syslog.conf	
`mail.notice`	`/var/log/mail`
selector	action
Pour les messages de type `mail`, avec le niveau de gravité `notice`.	Écrire ces messages dans `/var/log/mail`

Nomenclature du sélecteur

Un sélecteur, c'est *facilité.priorité*.

- Facilités : il est possible d'écrire plusieurs facilités dans un selector, ou `*` (toutes les facilités) ou `none` (aucune).

Par exemple :

```
mail, uucp.notice
*.emerg
```

- Priorités : il n'est possible d'écrire qu'une seule priorité dans un sélecteur (on ne peut pas écrire plusieurs priorités séparées par des virgules, comme pour les facilités) ; en revanche, quand on définit une priorité, on inclut toutes les priorités supérieures.

Par exemple :

```
mail.notice
```

revient à :

```
mail.notice, warning, err, crit, aler, emerg
```

- Le caractère = devant la priorité signifie « seulement cette priorité » (et pas les priorités supérieures).

Par exemple, seule la priorité `notice` est enregistrée :

```
mail.=notice
```

- Le caractère ! devant la priorité signifie « pas cette priorité, ni les priorités supérieures », c'est-à-dire toutes les priorités inférieures.

Par exemple, toutes les priorités sauf `notice` et supérieures :

```
mail.!notice
```

- Il est possible d'opérer des combinaisons.

Par exemple, toutes les priorités sauf `notice` :

```
mail.!=notice
```

Plusieurs sélecteurs sur une ligne :

```
mail,uucp.notice;uucp.!=alert    /var/log/mail
```

- Toutes les lignes de configuration sont examinées les unes après les autres, sans exception.

Nomenclature de l'action

En fonction de la facilité et de la priorité, une action associée est exécutée : bien souvent il s'agit d'écrire l'évènement dans un fichier. On précise alors seulement le nom du fichier.

Par exemple, les messages ici sont écrits dans `/var/log/mail` :

```
mail.notice              /var/log/mail
```

- Précédez le nom du fichier d'un tiret – pour éviter l'écriture dans le fichier à chaque évènement. Les messages sont gardés en mémoire, puis écrits dans le fichier au bout d'un moment. Cela est très utile pour des fichiers de logs qui sont écrits très fréquemment, ralentissant la machine. Il y a cependant un risque de perte de logs qui ne sont pas encore écrits si la machine tombe en panne.

Par exemple :

```
mail.notice          -/var/log/mail
```

– Il est possible de faire du log shipping (livraison de logs), c'est-à-dire d'envoyer les logs à une autre machine. Le serveur `syslogd` les reçoit, peut éventuellement les écrire en local (si une autre ligne est définie dans le fichier de configuration), et les relaie à la machine configurée. Il faut mentionner le nom ou l'adresse IP de la machine, précédés du caractère @.

Par exemple :

```
*.emerg @mothership.mydomain.org
```

– Bien sûr, le service `syslogd` sur la machine destination doit accepter les logs provenant du réseau (option `-r` dans le fichier de configuration de démarrage).

Remarque

L'envoi des logs vers une autre machine est indispensable à la sécurité. En effet, un pirate qui prend la main sur sa cible pourra supprimer ses traces localement, mais difficilement sur une autre machine. Il est par ailleurs intéressant de mettre en place un serveur de logs furtif (Stealth LogServer) qui n'a pas d'adresse IP, et est donc inattaquable par un pirate.

– Finalement, il est possible d'envoyer des logs à l'écran. Précéder le périphérique d'un caractère pipe |.

Par exemple :

```
kern.warn;*.err;authpriv.none    |/dev/console
```

Une fois la configuration terminée, redémarrez `syslogd` :

```
service syslog restart
```

1.2.3 Rsyslog

Rsyslog est un service de gestion de logs, apportant de nombreuses améliorations par rapport à `syslogd`. Parmi elles, on peut compter :

– Transmission des messages en TCP (et pas seulement en UDP).

– Contrôle fin des fichiers de logs, filtrage précis des messages.

– Haute disponibilité : d'autres serveurs prennent le relais si le serveur central tombe en panne.

- Gestion de bases de données MySQL et PostgreSQL : les messages peuvent être écrits dans des bases de données.
- Configuration compatible avec syslogd.

Configuration des logs

La configuration générale de rsyslog, y compris celle des logs, est :

```
/etc/rsyslog.conf
```

Ce fichier de configuration est organisé en trois parties :

- Modules : chargement de modules offrant de nouvelles fonctionnalités à rsyslog.
- Global directives : options de démarrage de rsyslog, modifiant le comportement global du service.
- Rules (règles) : les règles de configuration des logs. Elles sont semblables à celles de syslogd.
  - Les lignes compatibles syslogd sont écrites telles quelles.
  - Les lignes spécifiques à rsyslog commencent par un caractère $.

Il est possible de contrôler le service rsyslog avec la commande :

```
systemctl start rsyslog
systemctl stop rsyslog
systemctl status rsyslog
```

1.2.4 Journald

Le service journald (précisemment systemd-journald), comme syslog, gère l'enregistrement des évènements du système, les logs.

Cependant, contrairement à syslog, journald utilise des journaux structurés et indexés, mélangeant du texte et du binaire. Il peut bien sûr collecter les évènements classiques de type syslog, mais les processus compatibles systemd peuvent lui envoyer des logs grâce à une API (une interface) dédiée, permettant à journald d'enregistrer des métadonnées très riches sur la source des messages, d'une manière sécurisée.

Par exemple, avec l'ancien système syslog, un service ntpd compromis par un pirate pouvait très bien émettre des messages de logs ressemblant à ceux envoyés par sshd pour tromper des outils de sécurité comme fail2ban. Désormais, journald stocke le processus d'origine des messages, et beaucoup d'autres informations non modifiables, permettant de détecter des comportements interdits.

Les fichiers historiques rsyslog sont conservés pour compatibilité, ainsi rsyslog et journald coexistent sur le système. Cependant, tous les logs sont d'abord collectés par journald et stockés dans ses bases. Par défaut, les logs journald sont stockés dans des fichiers dynamiques dans /run/log/journal/ **disparaissant au prochain redémarrage**. Pour faire en sorte que ces logs soient stockés de manière permanente, il suffit de créer le répertoire /var/log/journal/ qui sera détecté automatiquement par journald et lui servira de stockage permanent.

Ensuite, ces logs sont redistribués dans les fichiers historiques se trouvant dans /var/log.

À propos de l'enregistrement permanent des logs avec journald, constatons ce qui se passe lorsque cela n'est **pas activé** (par défaut). Par exemple, affichons quelques logs stockés dans les fichiers dynamiques de journald :

```
[root@ariadne log]# journalctl /bin/yum
-- Logs begin at mar. 2014-10-14 15:48:52 CEST, end at mer. 2014-10-15
15:26:22 CEST. -
oct. 14 16:51:17 ariadne.tellnet.fr yum[9447]: Installed: docker-1.1.2-
13.el7.x86_64
(...)
oct. 15 06:45:48 ariadne.tellnet.fr yum[19103]: Installed: python-requests-
1.1.0-8.el7.noar
oct. 15 06:45:48 ariadne.tellnet.fr yum[19103]: Installed: docker-registry-
0.6.8-8.el7.noar
```

Après redémarrage, nous constatons que les logs concernant /bin/yum sont vides :

```
[root@ariadne ~]# journalctl /bin/yum
-- Logs begin at dim. 2014-10-19 02:18:43 CEST, end at dim. 2014-10-19
02:19:32 CEST. --
```

Activons maintenant l'enregistrement permanent des logs par journald. Nous créons le répertoire adéquat et redémarrons le service systemd-journald. Nous voyons alors que journald a commencé à créer un fichier de logs :

```
[root@ariadne ~]# mkdir /var/log/journal
[root@ariadne journal]# systemctl restart systemd-journald
[root@ariadne ~]# ls /var/log/journal/ d46a009262494b85b40f8c71dbc667f2
```

Regardons quelques logs enregistrés depuis, par exemple des logs de modification de mots de passe :

```
[root@ariadne ~]# journalctl /bin/passwd
-- Logs begin at dim. 2014-10-19 02:18:43 CEST, end at dim. 2014-10-19
02:23:17 CEST. -
oct. 19 02:21:17 ariadne.tellnet.fr passwd[2529]: pam_pwquality
(passwd:chauthtok): pam_get_
oct. 19 02:21:21 ariadne.tellnet.fr passwd[2529]: pam_pwquality
(passwd:chauthtok): pam_get_
```

Redémarrons la machine. Après redémarrage, nous constatons que les mêmes logs sont toujours bien présents. L'enregistrement permanent des logs est bien activé.

```
[root@ariadne ~]# journalctl /bin/passwd
-- Logs begin at dim. 2014-10-19 02:18:43 CEST, end at dim. 2014-10-19 02:25:46
oct. 19 02:21:17 ariadne.tellnet.fr passwd[2529]: pam_pwquality(passwd:chauthtok
oct. 19 02:21:21 ariadne.tellnet.fr passwd[2529]: pam_pwquality(passwd:chauthtok
```

Configuration des logs

Il est important de noter que l'ensemble des logs gérés par journald est centralisé, c'est-à-dire stocké dans le même fichier, contrairement à syslog/rsyslog où cette ancienne machinerie décide du devenir des logs en fonction de la facilité et de la priorité ; les logs sont plus ou moins répartis dans des fichiers en fonction de leur origine, mais il faut souvent encore les filtrer avec grep ou autres outils d'analyse.

Avec journald, le filtrage des logs est ainsi facilité au moyen de la commande journalctl permettant de choisir dynamiquement les logs à afficher.

La configuration s'en retrouve également facilitée, au moyen de quelques mots-clés définissant les fonctionnalités importantes, dans /etc/systemd/journald.conf.

De manière générale, il est peu nécessaire d'intervenir dans la configuration. La page de man de `journald.conf` est très explicite.

Remarque

Pour l'instant, il semble que l'envoi de logs vers un autre serveur de logs centralisé ne fasse pas partie des fonctionnalités de `journald`. Une solution consiste à activer la redirection des logs vers `rsyslog`, qui s'occupera de relayer les logs vers une autre machine :

```
ForwardToSyslog=yes
```

Lecture des logs avec journalctl

Les logs sont stockés dans un fichier binaire dans `/run/log`. Ce fichier est indexé et structuré pour une recherche plus rapide et plus simple des données pertinentes.

Accédez à tous les logs simplement en tapant la commande :

```
journalctl
```

Les logs sont au format historique décrit dans la section Analyse des logs ci-après. En revanche, les lignes dont la priorité est `notice` ou `warning` sont en gras, et en rouge pour les priorités `error` et supérieures. Cela permet de diviser les logs en trois catégories :

- messages d'information : pas de mise en forme particulière.
- message qu'il faut noter : en gras.
- messages graves : en rouge.

Bien sûr, la commande `journalctl` permet de manipuler les logs de façon à afficher exactement ce qui vous convient. Voici des options utiles :

- `-b` : afficher les logs enregistrés depuis le dernier démarrage (*boot*).
  - Pour voir les logs des démarrages précédents, utilisez `-b 1`, `-b 2`, etc.
- `-p <niveau>` : afficher les logs à partir d'un certain niveau de gravité (*priority*).

Par exemple, pour afficher les logs de priorité erreur et supérieur :

```
journalctl -p err
```

- `--since=<date>` : afficher les logs enregistrés depuis une certaine date.
- `--until=<date>` : logs jusqu'à une certaine date. Le format de date suivant est utilisé : `2012-10-30 18:17:16` mais il est possible d'utiliser les mots-clés `yesterday`, `today`, `tomorrow`, `now`, ou simplement une heure ou une date.

Par exemple :

```
journalctl --since 2012-10-30 --until=yesterday
```

- `-f` (*follow*) : afficher les logs en "live", c'est-à-dire en continu. Si un nouveau log est enregistré, il apparaît immédiatement à l'écran.

Remarque

Cette option est l'équivalent de la commande `tail -f /var/log/<fichier>` pour les logs classiques.

Cependant, le gros du tri des logs est effectué en ajoutant des mots-clés à la commande `journalctl`. Pour y accéder, tapez simplement `journalctl` puis appuyez deux fois sur la touche [Tab]. Le nombre de possibilités est alors très imposant.

Certains de ces mots-clés parlent d'eux-mêmes. Par exemple :

- `_PID=`, `_UID=`, `_GID=` : `PID` du processus ayant émis le message, UID et GID de son propriétaire.
- `_COMM=`, `_EXE=`, `_CMDLINE=` : nom du processus à l'origine du message, son chemin complet et la ligne de la commande qui l'a lancé.

Vous pouvez simplement ajouter le processus avec son chemin complet dont vous voulez les logs.

Par exemple :

```
journalctl /bin/yum
```

Beaucoup d'autres sont plus abscons et font parfois appel à des principes avancés de `systemd` ; leur sens est expliqué dans le man suivant :

```
man 7 systemd.journal-fields
```

Remarque

Une fois que vous avez choisi un mot-clé particulier, appuyez à nouveau sur [Tab] pour visualiser les champs correspondants trouvés dans les logs. De manière générale, n'hésitez pas à utiliser cette touche avec `journalctl` pour compléter les mots.

Par exemple, après avoir choisi le mot-clé `_COMM=`, appuyez à nouveau sur [Tab] pour obtenir une liste des processus enregistrés dans les logs :

```
[root@rhel7 ~]# journalctl _COMM=
abrtd             avahi-daemon      dhclient          iprdump
accounts-daemon   bash              dracut-cmdline    iprinit
alsactl           bluetoothd        dracut-initqueu   iprupdate
anacron           chronyd           fprintd           irqbalance
...
```

Vous pouvez combiner ces mots-clés, et y ajouter les options vues plus haut. Lorsque deux mots-clés sont précisés, séparés par un espace, c'est l'un *ou* l'autre qui est recherché. S'ils sont séparés par un +, les lignes contenant ces deux mots-clés seront affichées.

1.2.5 Vérification des logs et du fonctionnement

Vérifier le fonctionnement des logs

L'outil `logger` vous permet de générer des messages de logs en précisant la facilité, la priorité et la machine destination. Cela vous permet de voir si les logs sont enregistrés dans les bons fichiers.

La commande est :

```
logger -p <selecteur> message
```

Par exemple :

```
[root@cobb ~]# logger -p mail.crit 'MESSAGE DE TEST'
```

Le message a bien été envoyé au serveur :

```
/var/log/maillog :
Jan 18 22:29:33 cobb postfix/master[2013]: daemon started
--version 2.6.6, configuration /etc/postfix
Jan 19 03:17:59 cobb root: MESSAGE DE TEST
```

Analyse des logs

Les journaux d'évènements contiennent en général les informations suivantes pour chaque évènement :

- Date d'émission du log.
- Hostname de l'équipement ayant généré le log.
- Information sur le processus ayant généré le log (disponible seulement en local).
- Niveau de gravité du log.
- Id du processus (disponible seulement en local).
- Corps du message.

Par exemple, cette ligne dans `/var/log/messages` :

```
Feb  1 03:07:26 localhost smartd[3885]: Monitoring 0 ATA and 0
SCSI devices
```

La ligne a été générée le 1 février à 3h07, par la machine locale, par le service `smartd`.

L'analyse peut se faire à tout moment, mais surtout de manière réactive :

- dépannage d'un service ;
- analyse suite à une attaque ou à une panne ;
- problème de démarrage d'un service ;
- analyse du démarrage de la machine.

Il existe plusieurs fichiers de logs standard dans `/var/log/` :

- `messages` : messages généraux du système et de certains services, à considérer en premier.
- `secure` : messages de connexion SSH et de divers services.

- `dmesg` : logs de démarrage du système (lisible avec la commande `dmesg`).
- `cron` : messages de lancement des tâches programmées cron.
- `<service>/` : souvent, les services auront un répertoire avec les logs à l'intérieur.

1.2.6 Bonnes pratiques

Pour une bonne gestion et une utilisation efficace des logs, il est bien de mettre en place les points suivants :

- Sécurisez votre serveur de logs : considérez-le comme une machine sensible et stratégique.
- Mettez en place un serveur de logs furtifs (Stealth LogServer), indétectable et inattaquable sur le réseau.
- Activez la synchronisation du temps avec NTP sur toutes les machines : les heures seront cohérentes dans les logs.
- Groupez les sources de messages similaires dans les mêmes fichiers.
- Établissez une politique de conservation des logs.
  - Légalement, en fonction de votre activité, les logs doivent être conservés un certain temps.
  - Incluez les logs dans les sauvegardes régulières de vos systèmes.
  - Par exemple, les logs peuvent rester sur le serveur pendant un mois.
  - Pour les sauvegardes de logs sur support externe, on considère qu'un an est une durée moyenne, mais il est bien de conserver des logs sur 13 mois, pour analyser des problèmes qui pourraient survenir annuellement.
- Utilisez des logiciels d'analyses de logs : `logwatch`, par exemple, analyse vos logs et d'autres données (place libre sur les disques durs par exemple) et vous envoie un rapport quotidien.
- Utilisez des outils de centralisation et d'analyse de comportements dans les logs. Cela va au-delà de l'analyse de l'état de vos serveurs. Des outils tels que Splunk ou Graylog2 recherchent et analysent des comportements et vous préviennent en cas d'intrusion sur votre serveur ou votre réseau.

- C'est un bon réflexe d'aller jeter un coup d'œil dans les logs lorsque vous recherchez la cause d'un problème. Lorsque malgré cela, vous ne trouvez toujours pas, demandez-vous si la faute n'est pas imputable à SELinux qui n'est pas toujours très bavard.

1.3 Outils d'analyse système

Il existe de nombreux outils d'analyse du système sous Linux. Nous vous proposons ici une liste des plus intéressants et des plus connus. D'autres sont proposés au fil des pages. Certains d'entre eux ont les mêmes fonctionnalités : n'hésitez pas à tous les tester et retenez celui avec lequel vous vous sentez le mieux. Bien sûr, consultez les pages de man qui vous donneront des exemples et autres renseignements précieux.

Afficher la configuration du système

Il existe plusieurs commandes et fichiers pour voir la configuration logicielle et matérielle de votre machine.

Côté OS, utilisez :

- `cat /etc/redhat-release` pour voir la version de Red Hat ou de CentOS utilisée.
- `uname -a` vous donne la version du noyau ainsi que le hostname de la machine.

Côté matériel, vous avez les commandes suivantes :

- `lscpu` : affiche les caractéristiques détaillées de processeur.
- `lshw` : affiche une liste complète du matériel installé (dans le dépôt EPEL).
- `lsblk` : liste des périphériques blocks (mémoire de masse) installés.
- `hdparm` : voir les paramètres constructeurs des disques durs SATA/IDE.
- `lsusb` et `lspci` : liste des périphériques USB et PCI attachés (dans les paquets `usbutils` et `pciutils`, voir également `lsscsi`).
- `dmidecode` : afficher la configuration matérielle vue par le BIOS.
- `inxi` : un script très complet regroupant de nombreuses sources, et très facile à lire (nécessite l'installation de nombreuses dépendances).

- `df -h / fdisk -l` : voir l'espace disque utilisé et la configuration des partitions.

top/htop/atop : activité des processus et informations générales

La très célèbre commande `top` vous donne en temps réel, sous forme d'un tableau mis à jour régulièrement, des informations sur l'activité des processus de votre serveur.

Cependant, nous lui préférons les commandes `htop` et `atop` qui fournissent rigoureusement les mêmes informations, sous forme d'une interface plus conviviale et en couleurs, avec des raccourcis claviers pratiques à utiliser. Il faudra les installer avec `yum` et le dépôt EPEL.

Quittez ces commandes en appuyant sur la touche [Echap] puis touche q.

sar : collecte et enregistrement d'informations CPU, mémoire, réseau, disque

`sar` permet de collecter et d'afficher sur une certaine période, voire depuis l'allumage de la machine, diverses données comme l'utilisation des interfaces réseau, le CPU, la mémoire, les disques, etc.

Consultez la manpage pour avoir un aperçu de ses nombreuses options.

iptraf : statistiques réseau en temps réel

L'outil `iptraf` vous fournit une interface conviviale pour l'affichage en temps réel des statistiques réseau.

Il sera peut-être nécessaire de l'installer avec `yum`.

ps : affichage des processus

La commande `ps` vous fournit un détail des processus qui tournent sur votre machine.

```
ps aux
```

ou :

```
ps -ef
```

Ces commandes vous donnent la commande utilisée, l'utilisateur propriétaire, son utilisation mémoire et processeur, et d'autres informations.

Autre exemple : chercher tous les processus enfants du processus 1618.

```
ps -f --ppid 1618
```

uptime : temps de fonctionnement de la machine et charge du processeur

La commande `uptime` vous indique depuis combien de temps la machine est allumée. Cette information doit correspondre à ce que attendez : si n'avez pas fait de maintenance de votre serveur récemment, le uptime doit être assez long. Si le uptime est court, cela signifie que la machine a redémarré récemment, ce qui peut être mauvais signe.

Le uptime vous fournit également la moyenne de la charge du processeur sur 1 minute, 5 minutes et 15 minutes.

free : utilisation de la mémoire

La commande `free` affiche les mémoires physique et swap totales et utilisées, ainsi que les tampons mémoires utilisés par le noyau.

L'option `-m` permet d'afficher les valeurs en mégaoctets.

vmstat : résumé de la mémoire et du processeur

Affiche l'utilisation de la mémoire physique, swap, et du processeur dans un mode résumé très pratique.

Pour afficher les informations à intervalles réguliers, ajoutez simplement le nombre de secondes de rafraîchissement. La commande suivante affiche les informations toutes les secondes :

```
vmstat 1
```

iostats : utilisation processeur et activité disque

La commande `iostat` vous présente l'activité du processeur, ainsi qu'un tableau de l'utilisation des supports de stockage en lecture/écriture.

dstat : utilisation processeur, disque, mémoire, interfaces, etc.

C'est un outil versatile de remplacement de `vmstat`, `iostat` et `ifstat`, en couleurs, rafraîchi chaque seconde. Quittez l'outil avec les touches [Ctrl] C.

pmap : utilisation de la mémoire par un processus

La commande `pmap` permet de connaître en détail l'utilisation de la mémoire utilisée par un processus. Il faut connaître le PID du processus :

```
pmap -d <PID>
```

w : utilisateurs connectés à la machine

La commande `w` (pour *who*, qui) affiche les utilisateurs connectés sur la machine, et ce qu'ils font.

lsof : fichiers ouverts par un processus

La commande `lsof` (pour *list open files*, lister les fichiers ouverts) affiche les fichiers et les connexions réseau ouverts par un processus, et bien d'autres informations encore. Nous avons vu de nombreux exemples d'utilisation de `lsof` à travers ces pages mais il en existe d'autres.

- `lsof -p <PID>` pour voir les fichiers ouverts par un processus (voir chapitre Partitions et système de fichiers).
- `lsof -i` pour voir les connexions réseau (voir chapitre Réseau).
- `lsof <fichier>` : quels sont les processus utilisant un fichier.

nmon : outil de visualisation des performances

Cet outil non standard affiche une multitude d'informations dans une interface très pratique : systèmes de fichiers, processeur, mémoire, noyau, etc. Il est possible d'importer les résultats dans un outil de type tableur permettant de réaliser rapidement des graphes.

Il s'agit d'un binaire unique téléchargeable directement à l'adresse http://nmon.sourceforge.net. Décompressez l'archive et exécutez ensuite la version adaptée à RHEL :

```
./nmon_x86_64_fedora20
```

```
[H for help]
x  ------------------------------        For help type H or ...
x  #    #  #    #   ####   #    #         nmon -?  - hint
x  ##   #  ##  ##  #    #  ##   #         nmon -h  - full
x  # #  #  # ## #  #    #  # #  #
x  #  # #  #    #  #    #  #  # #        To start the same way every time
x  #   ##  #    #  #    #  #   ##         set the NMON ksh variable
x  #    #  #    #   ####   #    #
x  ------------------------------
x
x  x86 GenuineIntel Intel(R) Core(TM) i7-4500U CPU @ 1.80GHz
x  x86 MHz=2394.457 bogomips=4788.91
x  x86 ProcessorChips=1 PhyscalCores=1
x  x86 Hyperthreads  =0 VirtualCPUs =1
x
x  Use these keys to toggle statistics on/off:
x     c = CPU          l = CPU Long-term   - = Faster screen updates
x     m = Memory       j = Filesystems     + = Slower screen updates
x     d = Disks        n = Network         V = Virtual Memory
x     r = Resource     N = NFS             v = Verbose hints
x     k = kernel       t = Top-processes   . = only busy disks/procs
x     h = more options                     q = Quit
```

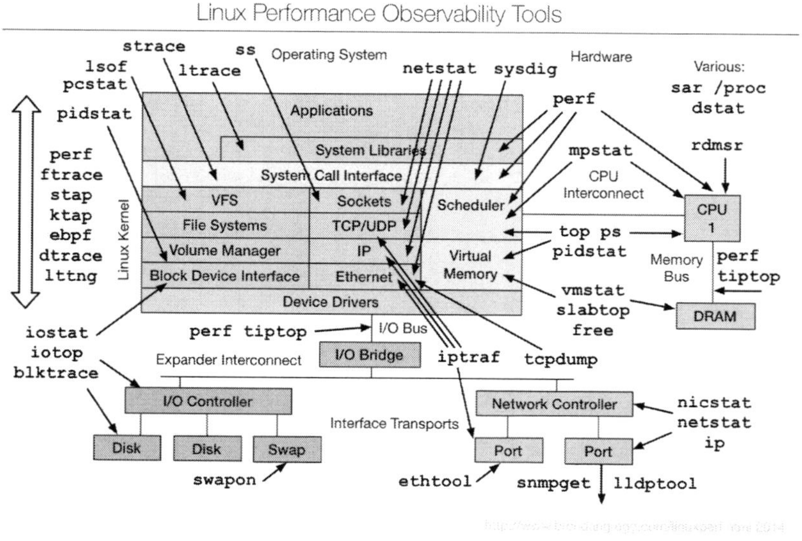

Outil standard Linux pour l'observation des performances (Source : http://www.brendangregg.com/linuxperf.html)

1.4 Outils d'analyse des logs

Les logs sont difficiles à suivre à lire tels quels. C'est pourquoi il est pratique d'utiliser des outils d'analyse et de suivi de logs.

Parmi les outils de suivi les plus courants, citons `logwatch` qui vous envoie un rapport tous les matins sur l'activité de votre machine.

Le logiciel `Splunk` est considéré quant à lui comme le "Google" des logs. Il vous permet d'afficher les logs sous forme de ligne de temps et d'y faire des recherches simplement et de manière approfondie.

1.5 Outils de surveillance externes

1.5.1 Supervision proactive (métrologie) : Cacti

Cacti est un logiciel de mesure de performances d'équipements. Son but principal est de générer des graphes représentant l'état des divers éléments sur une machine :

- interfaces réseau : trafic entrant et sortant, erreurs, etc. ;
- processeur : charge CPU et nombre de processus en attente ;
- mémoire physique et swap disponibles et occupés ;
- utilisation des disques durs ;
- nombre d'utilisateurs connectés.

Cacti est donc une aide à la « supervision » proactive : l'administrateur fera bien de suivre l'état de sa machine en vérifiant l'évolution des graphes. Il prendra les mesures adaptées bien avant que d'éventuels incidents surviennent.

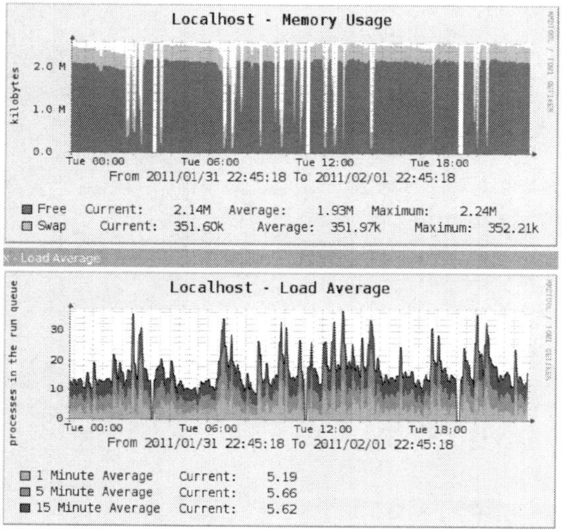

Graphes mémoire et processeur généré par Cacti pour un serveur Linux

Le logiciel Munin (http://munin-monitoring.org) est un autre outil connu de métrologie.

1.5.2 Supervision réactive : Nagios

Nagios est un logiciel de supervision de système, de services et d'applications.

À l'aide d'une console web, l'administrateur a une vue des ressources utilisées par un système (charge du processeur, taux d'utilisation des partitions, etc.), connaît l'état de service réseau (HTTP, SMTP, LDAP, etc.) et d'applications.

En cas d'un changement d'état dans un système supervisé, des alertes sont envoyées à une ou plusieurs personnes par courrier électronique ou SMS et escaladées à d'autres personnes si non acquittées.

Nagios comprend de nombreux autres avantages. Il sert de pierre angulaire à de nombreux autres logiciels vous permettant de suivre l'évolution de la consommation, d'effectuer une cartographie de votre réseau, ou encore de gérer les configurations des équipements que vous supervisez (Centreon, NagVis, Vigilo).

Ainsi, Nagios est un système réactif, qui vous avertira au moindre problème. C'est un allié indispensable pour un administrateur serein.

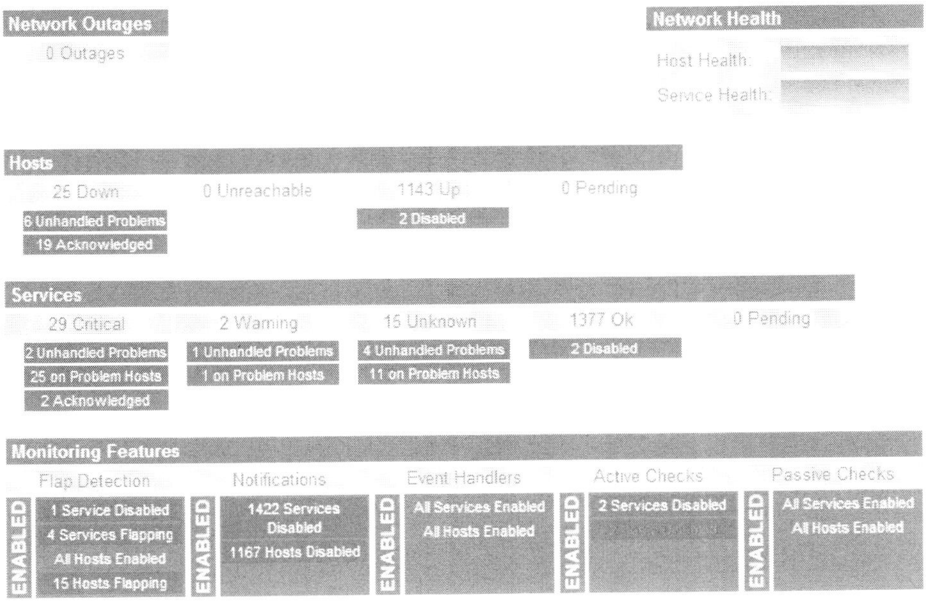

Le tableau de bord d'un Nagios supervisant plus de 1100 équipements, avec les différentes alertes en cours

Exemple d'un e-mail d'avertissement envoyé par Nagios :

```
***** Nagios  *****

Notification Type: PROBLEM

Service: DISK SPACE
Host: Monitoring server in TH2
State: WARNING for 1d 22h 43m 49s
Address: 127.0.0.1

Info:

DISK WARNING - free space: / 1192 MB (19% inode=77%):

Date/Time: Fri Jan 28 16:41:38 GMT 2011

ACK by:
Comment:
```

1.5.3 Cacti ou Nagios ?

Une question qui revient souvent sur les forums est : Nagios est-il un concurrent ou un complément de Cacti ?

Cette question nous permet d'éclaircir la spécificité de ces logiciels : Nagios est un système d'alertes, alors que Cacti est un système de graphes.

Illustrons : sur le tableau de bord d'une voiture, vous avez différents outils vous permettant de connaître l'état de votre véhicule. On peut comparer Cacti à l'indicateur de vitesse ou la jauge à carburant, tandis que Nagios nous donne des alarmes sur la température du moteur ou des freins. Ces deux outils sont complémentaires et c'est à vous de décider lequel prendre en fonction de vos besoins.

Remarque

Vous pourriez également choisir un outil intégré et rapide comme Zabbix ou Centreon.

2. Programmation de tâches

2.1 Présentation

La programmation de tâches est une partie importante de la gestion du système au quotidien. Même s'il est vrai que l'administrateur doit opérer certaines tâches manuellement, beaucoup de tâches de gestion, ou d'autogestion, sont programmées et lancées automatiquement. Quelques-unes d'entre elles sont vraiment nécessaires ; d'autres vont permettre à l'administrateur de gagner du temps. L'administrateur peut utiliser l'automatisation des tâches pour effectuer des sauvegardes automatiques régulièrement, pour surveiller le système, pour lancer des scripts, etc.

Le système principal utilisé pour la programmation de tâche est `crontab`. Il est indispensable pour un administrateur d'en maîtriser le fonctionnement. Il faut aussi connaître les commandes `at` et `batch`.

2.2 Programmation périodique avec Cron

2.2.1 Présentation

Cron, dont le nom vient du grec *Chronos* (le temps), permet aux utilisateurs du système, et surtout à l'administrateur, de programmer des tâches – qu'on appelle aussi des travaux – à des moments bien précis. Les caractéristiques de cron étant que ces tâches sont répétitives, opérées sur une base régulière (de l'ordre de la minute, l'heure, le jour, la semaine, etc.), et que la machine doit être allumée en permanence pour pouvoir les exécuter. Cron est donc bien adapté aux serveurs, prévus pour fonctionner en mode 24/7.

Le service `crond` est donc bien sûr installé par défaut sur n'importe quel système Red Hat Enterprise Linux et lancé au démarrage de la machine, pour toujours fonctionner.

2.2.2 Configuration du service

Le fichier de configuration du service est `/etc/crontab`.

Ce fichier contient la configuration du service `crontab`, ainsi que la programmation de tâches pour le système.

Les premières lignes de ce fichier contiennent des informations qu'il est bien d'avoir en tête lorsque l'on programme une tâche avec Cron :

```
SHELL=/bin/bash
PATH=/sbin:/bin:/usr/sbin:/usr/bin
MAILTO=root
HOME=/
```

- `SHELL=/bin/bash` : c'est l'environnement d'exécution des tâches. Lorsque vous programmez une commande dans Cron, assurez-vous qu'elle soit bien comprise par le shell utilisé. Bien sûr, il est possible d'utiliser des scripts dans des langages différents, pourvu que l'interpréteur du script soit mentionné (le plus souvent dans le script).
- `PATH=/sbin:/bin:/usr/sbin:/usr/bin` : si on ne précise pas de chemin pour les commandes programmées, c'est dans ce PATH qu'on ira les chercher. Là encore, assurez-vous que le système sait comment lancer le travail que vous programmez.

- MAILTO=root : définit l'adresse à laquelle sont envoyés les résultats des travaux. Il n'est pas forcément indispensable de la définir, étant donné que la plupart des logiciels que vous programmez dans Cron envoient souvent eux-mêmes des e-mails.
- HOME=/ : c'est le répertoire d'exécution, ou de travail, de Cron. Quand des cibles sont traitées par une tâche dans Cron, si aucun chemin n'est spécifié, c'est là qu'on s'attend à les trouver. Quoiqu'il arrive, il vaut mieux toujours préciser les chemins absolus pour les commandes et les cibles de ces commandes.

2.2.3 Programmation de tâches

Dans /etc/crontab

La suite du fichier /etc/crontab fournit un mémo sur la façon générale dont on configure une tâche.

Il est d'ailleurs possible de programmer une tâche directement dans /etc/crontab en utilisant ces consignes. Avec les fichiers /etc/cron.* vus plus bas, c'est la méthode préférable pour la configuration de tâches système. En effet, contenu dans /etc., il est **facile à sauvegarder avec le reste de la configuration système** (contrairement à crontab -e plutôt réservé aux utilisateurs).

Ce fichier fournit ainsi ce petit tableau bien pratique qui rappelle de temps en temps la nomenclature à utiliser pour l'ajout d'une tâche :

```
# Example of job definition:
# .---------------- minute (0 - 59)
# |  .------------- hour (0 - 23)
# |  |  .---------- day of month (1 - 31)
# |  |  |  .------- month (1 - 12) OR jan,feb,mar,apr ...
# |  |  |  |  .---- day of week (0 - 6) (Sunday=0 or 7)
# |  |  |  |  |     OR sun,mon,tue,wed,thu,fri,sat
# |  |  |  |  |
# *  *  *  *  *  command to be executed
```

Ainsi, pour programmer une tâche dans Cron, vous ajoutez une ligne qui a le format suivant :

```
minute heure jour mois jour_de_la_semaine utilisateur commande
```

- `minute` : un chiffre de 0 à 59.
- `heure` : un chiffre de 0 à 23.
- `jours` : un chiffre de 1 à 31 (en fonction du mois bien sûr).
- `mois` : un chiffre de 1 à 12. On peut utiliser les noms courts de mois en anglais.
- `jour_de_la_semaine` : un chiffre de 0 à 7, 0 et 7 étant le dimanche. On peut utiliser les noms courts des jours en anglais.
- `utilisateur` : le nom de l'utilisateur sous lequel la commande doit être lancée. C'est bien souvent l'utilisateur root qui lance les commandes de gestion du système.
- `commande` : il s'agit de la commande à exécuter. Il peut s'agit d'un simple programme, mais on verra plus souvent des scripts.
- `*` : l'astérisque revient à dire « toutes les valeurs ».
  - Par exemple, situé en premier, il signifie « toutes les minutes ».
- `-` : le tiret permet de spécifier un intervalle de valeurs.
  - Par exemple, pour le premier champ, `1-30` signifie « toutes les minutes de 1 à 30 ».
- `2,5` : la virgule permet de préciser deux ou plusieurs unités de temps.
- `/<chiffre>` : la barre oblique est utilisée pour signifier un incrément du chiffre situé derrière. Elle veut dire littéralement « tous les <*tant*> ».
  - Par exemple, pour le premier champ, on peut écrire : `*/3`, ce qui signifie « toutes les minutes, toutes les 3 minutes ».
  - Autre exemple : `10-20/3`, qui signifie « entre les minutes 10 et 20, toutes les 3 minutes ».
- `#` : un dièse en début de ligne met cette ligne en remarque. Elle ne sera pas lue par Cron.

Crontab utilisateur : commande crontab -e

Chaque utilisateur, y compris l'utilisateur root, peut avoir sa table de Cron. Le logiciel servant à l'éditer s'appelle d'ailleurs crontab, et on parle souvent « d'éditer sa crontab ».

Pour éditer sa crontab, un utilisateur tape la commande (avec l'option `-e` pour éditer) :

```
crontab -e
```

Cette commande n'ouvre pas le fichier `/etc/crontab` mais un fichier situé dans `/var/spool/cron/` portant le nom de l'utilisateur. Ce fichier est créé si l'utilisateur n'a jamais édité sa crontab.

La syntaxe est rigoureusement la même qu'expliqué plus haut, à l'exception du champ `utilisateur` qui ne doit pas être précisé.

Un utilisateur quelconque peut ainsi programmer des tâches pour son compte.

Remarque

Pour les tâches qui concernent le système, il est préférable d'utiliser les fichiers `/etc/crontab` ou `/etc/cron.*`.

Répertoires cron.daily, cron.weekly et cron.monthly

Il est possible de mettre des scripts à exécuter périodiquement, dans les répertoires :

- `/etc/cron.hourly` : ils seront exécutés toutes les heures.
- `/etc/cron.daily` : ils seront exécutés tous les jours.
- `/etc/cron.weekly` : ils seront exécutés toutes les semaines.
- `/etc/cron.monthly` : ils seront exécutés tous les mois.

Ces fichiers doivent remplir certaines conditions :

- Leurs noms ne doivent contenir que des lettres, des chiffres, des soulignés, et des tirets.
- Ils doivent être exécutables.
- Ils doivent avoir `root:root` comme propriétaires ; ils seront donc exécutés avec l'utilisateur `root`.

S'ils ne respectent pas ces conditions, ils sont ignorés. Sinon, tous les scripts du répertoire sont exécutés dans l'ordre alphabétique.

Le moment d'exécution dans chacun des répertoires n'est pas précis et dépend de certains critères fixés en grande partie par Anacron dont nous parlons ensuite. Pour fixer un moment précis d'exécution de tâche, utilisez plutôt /etc/crontab.

2.3 Programmation périodique avec systemd

Le mécanisme systemd étant assez invasif, il remplace également cron pour le lancement programmé de tâches. Cependant, la plupart du temps, cron existe toujours sur les OS avec systemd (cron est d'ailleurs contrôlé par systemd), c'est pourquoi la suite de cette partie est donnée à titre informatif ou si vous décidez de vous passer de cron qui peut devenir redondant.

Pour le lancement programmé d'une tâche, il vous faudra créer deux fichiers dans /etc/systemd/system :

- /etc/systemd/system/<tâche>.service : c'est le script contenant la tâche à effectuer.
  - Bien qu'appelé .service, ce script ne doit pas être activé au démarrage. Il sera seulement lancé par le script .timer.
  - Vous pouvez toujours décider de le lancer maintenant pour effectuer la tâche, en tapant systemctl start <tâche>.timer.
- etc/systemd/system/<tâche>.timer : c'est le script qui décide de l'heure à laquelle lancer le "service".

Les deux scripts doivent porter le même nom et ont le format suivant :

```
Script etc/systemd/system/<tâche>.timer :

[Unit]
Description=<nom et description du service>

[Timer]
# Référez-vous à la page de man de systemd.time
# pour le format de l'heure
OnCalendar=*-*-* *:0/1:20
Persistent=true
Unit=<tâche>.service

[Install]
```

```
WantedBy=basic.target
```

```
Script etc/systemd/system/<tâche>.service :

[Unit]
Description=<nom et description du service>
Wants=<tâche>.timer

[Service]
#User=%I      # mettre en commentaire pour exécuter en tant que root
Type=simple
Nice=19
IOSchedulingClass=2
IOSchedulingPriority=7
ExecStart=<chemin complet du programme à lancer> 1>/dev/null

[Install]
WantedBy=basic.target
```

Ici, `ExecStart` fait référence au programme ou au script que vous voulez lancer.

Ensuite, il vous faudra demander à `systemd` de relire les fichiers sur le disque, activez la tâche (en `.timer`) au démarrage, et si vous le désirez, lancez ce timer maintenant pour que la tâche commence à s'exécuter. Une fois lancé, le timer fera appel au service correspondant :

```
systemctl daemon-reload
systemctl enable <tâche>.timer
systemctl start <tâche>.timer
```

Par exemple, nous voulons simplement afficher un message toutes les minutes dans les logs :

```
Script etc/systemd/system/message.timer
[Unit]
Description=script message pour afficher un message dans les logs

[Timer]
# To add a time of your choosing here, please refer to systemd.time manual
page for the correct format
OnCalendar=*-*-* *:0/1:20
Persistent=true
Unit=message.service

[Install]
```

```
WantedBy=basic.target
```

```
Script etc/systemd/system/message.service
[Unit]
Description=script message pour afficher un message dans les logs
Wants=message.timer

[Service]
#User=%I      # comment this line if you want to run as root
Type=simple
Nice=19
IOSchedulingClass=2
IOSchedulingPriority=7
ExecStart=/usr/bin/logger -p info VOICI UN MESSAGE 1>/dev/null

[Install]
WantedBy=basic.target
```

Notons :

- Le format de l'heure (avec le mot-clé `OnCalendar`) est bien expliqué dans la page de man de `systemd.time` avec beaucoup d'exemples. Ici, on demande de lancer la tâche toutes les minutes, à la vingtième seconde.
- La tâche qui est lancée (avec le mot-clé `ExecStart`) est ici une commande, mais elle peut être un script quelconque contenant un ensemble d'actions à effectuer.
- Il est impératif de mettre le chemin complet du fichier à lancer.

Ensuite, nous démarrons la tâche :

```
systemctl daemon-reload
systemctl enable message.timer
systemctl start message.timer
```

Notons maintenant les logs :

```
Fichier /var/log/messages
Oct 20 12:53:20 ariadne systemd: Started script message pour afficher un
message dans les logs.
Oct 20 12:53:20 ariadne logger: VOICI UN MESSAGE 1>/dev/null
```

Le premier message est envoyé par `systemd`, pour nous prévenir qu'une tâche est lancée.

Le deuxième message est le travail effectué par la tâche elle-même, c'est-à-dire ici afficher un message dans les logs.

2.4 Programmation périodique avec Anacron

2.4.1 Présentation

Anacron permet la programmation régulière de tâches comme Cron, à la différence qu'anacron n'exige pas que la machine soit toujours allumée. En effet, avec Cron, si la machine est éteinte (ou indisponible) au moment de la tâche, la tâche ne sera pas relancée (sauf à la prochaine occurrence). Anacron, de son côté, exécute la tâche dès que la machine est à nouveau disponible. Cependant, Anacron ne fonctionne pas avec des heures précises d'exécution, mais avec des périodes de temps.

Programmer une tâche dans Anacron consiste à définir la périodicité d'exécution de la tâche : tous les jours, toutes les semaines, tous les mois.

On définit également la période de temps journalière pendant laquelle les tâches peuvent s'effectuer (par exemple, entre 5h et 20h).

Au final, on définit un délai variable de temps pendant lequel la tâche s'exécutera. Cela évite d'exécuter la tâche exactement au même moment à chaque fois.

Cela est utile, par exemple lorsque plusieurs serveurs doivent accéder à la même ressource tous les jours, pour éviter qu'ils ne se connectent tous au même moment et engorgent le réseau.

La limite basse du délai variable est fixée par défaut à 6 minutes. Il faut fixer la limite haute, par exemple 45 minutes.

2.4.2 Configuration

Le fichier de configuration de Anacron est `/etc/anacrontab`.

Les trois premières lignes sont semblables au fichier de configuration de démarrage de Cron. Les lignes suivantes sont spécifiques à Anacron :

- `RANDOM_DELAY=<minutes>` : fixe la limite haute du délai variable d'exécution de la tâche.

- START_HOURS_RANGE=<heure_début>-<heure_fin> : heures autorisées d'exécution des tâches.

Ensuite, il faut définir la tâche à exécuter, de la manière suivante :

```
<période_en_jours> <délai_en_minutes> <nom_du_travail> <commande>
```

- <période_en_jours> : définit la périodicité de la tâche. Par exemple, tous les 2 jours, toutes les 3 semaines, etc.
  - Il est possible d'utiliser les mots-clés @daily (*journalier*), @weekly (*hebdomadaire*), @monthly (*mensuel*).
- <délai_en_minutes> : définit le temps qu'anacron va attendre avant d'exécuter la tâche, après l'heure minimum et le délai variable.
- <nom_du_travail> : cela sert surtout à repérer le nom du travail dans les fichiers de logs.
- <commande> : la commande à exécuter.

Prenons un exemple avec une commande existante dans le fichier de configuration :

```
RANDOM_DELAY=45
START_HOURS_RANGE=3-22
1    5   cron.daily               nice run-parts /etc/cron.daily
```

La tâche exécutée est nice run-parts /etc/cron.daily. Elle consiste à exécuter (avec la commande run-parts) les fichiers contenus dans /etc/cron.daily.

Elle sera exécutée tous les jours (périodicité de 1 jour), entre 3h et 22h.

Mais Anacron ne la lancera que 5 minutes après l'heure autorisée, donc entre 3h05 et 22h.

Il faut également tenir compte du délai variable, entre 6 minutes (délai minimum par défaut) et 45 minutes. Ainsi, la tâche sera exécutée entre 3h11 et 3h50.

2.5 Programmation ponctuelle de commandes

2.5.1 En fonction d'une heure : at

La commande `at` est utilisée pour programmer une commande une seule fois. Cela vous évite d'avoir à utiliser cron et prendre le risque de voir la tâche se répéter plusieurs fois.

Par exemple, imaginez que vous avez installé un nouveau noyau système, sur lequel vous devez rebooter. Vous allez programmer le redémarrage une seule fois, demain à 7h00.

La syntaxe de la commande `at` est très simple :

```
at heure [date]
```

Puis appuyez sur [Entrée]. `at` ouvre une invite dans laquelle vous tapez les commandes à exécuter. Finissez par [Ctrl] D.

L'heure peut avoir plusieurs formats, mais le plus simple est `hh:mm` (*heure:minute*) suivi éventuellement par la date au format `mm:dd:yyyy` (*mois:jour:année*).

Dans la syntaxe, le fait que la date soit entre crochets signifie qu'elle est optionnelle.

Options de `at` :

- `-l` (*list*) : affiche les tâches programmées.
- `-c <n° de tâche>` : affiche le détail de la tâche, avec tout l'environnement d'exécution.
- `-f <fichier>` : lire le fichier contenant les commandes plutôt que l'entrée standard.
- `-d <n° de tâche>` : supprime la tâche.

Par exemple :

```
[root@cobb ~]# at 7:00
at> reboot
at> <EOT>
job 1 at 2011-01-21 07:00
```

2.5.2 En fonction de la charge processeur : batch

La commande `batch`, qui s'utilise comme `at`, exécute la commande demandée dès que la charge processeur descend en dessous de 0.8. Pour utiliser batch :

```
batch
```

Comme `at`, tapez les commandes à exécuter, puis finissez par [Ctrl] D.

Remarque

Notez que `batch` programme la tâche dans `at`.

3. Gestion du temps

3.1 Configuration manuelle du temps

La synchronisation de la date et de l'heure n'est pas à prendre à la légère sur un serveur. Pour beaucoup de services, c'est un mécanisme essentiel, comme par exemple la vérification de certifications dans la cryptographie asymétrique ou le lancement des tâches avec cron.

Bien sûr, il est possible de configurer la date et l'heure simplement avec la commande `date` :

```
date MMDDhhmm
date MMDDhhmmYY.ss
```

Avec `MM` pour le mois, `DD` pour le jour, `hh` pour l'heure, `mm` pour les minutes. Éventuellement, il est possible d'ajouter `YY` pour l'année et `.ss` pour les secondes.

Pour obtenir la date et l'heure, tapez simplement :

```
date
```

Par exemple, pour configurer le 25 décembre à 23h59 :

```
[root@cs30 /]# date 12252359
lun. déc. 25 23:59:00 CET 2017
[root@cs30 /]# date
```

```
lun. déc. 25 23:59:37 CET 2017
[root@cs30 /]#
```

3.2 Configuration du fuseau horaire

La meilleure option reste cependant l'utilisation d'un serveur de temps, qui vous garantit que l'heure est exacte et exactement la même sur l'ensemble de vos machines.

Le protocole utilisé pour la synchronisation du temps est NTP (*Network Time Protocol*) et il est implémenté avec les services `ntpd` et `chrony`.

Commencez par configurer le fuseau horaire de votre serveur :

– Listez les fuseaux horaires disponibles :

```
timedatectl list-timezones
```

– Configurez le fuseau horaire :

```
timedatectl set-timezone <fuseau horaire>
```

Par exemple :

```
[root@cs30 /]# timedatectl list-timezones | grep -i paris
Europe/Paris
[root@cs30 /]# timedatectl set-timezone Europe/Paris
[root@cs30 /]# timedatectl
      Local time: mar. 2017-12-26 00:07:28 CET
  Universal time: lun. 2017-12-25 23:07:28 UTC
        RTC time: dim. 2017-07-09 02:22:42
       Time zone: Europe/Paris (CET, +0100)
     NTP enabled: yes
NTP synchronized: no
 RTC in local TZ: no
      DST active: no
 Last DST change: DST ended at
                  dim. 2017-10-29 02:59:59 CEST
                  dim. 2017-10-29 02:00:00 CET
 Next DST change: DST begins (the clock jumps one hour forward) at
                  dim. 2018-03-25 01:59:59 CET
                  dim. 2018-03-25 03:00:00 CEST
[root@cs30 /]#
```

Notez que l'outil vous indique également si l'heure est synchronisée sur NTP.

Normalement, NTP est toujours activé dans `timedatectl`. Si ce n'était pas le cas, utilisez la commande suivante :

```
timedatectl set-ntp true
```

3.3 Installation de chrony

Chrony est un service de temps adapté aux machines en conditions difficiles, par exemple les machines mobiles comme les montres ou téléphones qui peuvent souffrir de déconnexions réseau intermittentes. De plus, Chrony est extrêmement précis.

Bien sûr, pour que le NTP fonctionne, il faut que le serveur puisse accéder à Internet ou à un serveur NTP local.

Installez, démarrez et lancez Chrony au démarrage :

```
yum install -y chrony
systemctl start chronyd
systemctl enable chronyd
```

Il n'y a pas grand-chose d'autre à faire : au bout de quelques minutes, Chrony aura mis l'heure à jour.

Remarque

Le fichier de configuration de Chrony est `/etc/chrony.conf`. Il contient le paramètre `server` qui indique le serveur utilisé pour la synchronisation du temps.

Suivez la correction de l'heure avec la commande :

```
chronyc tracking
```

Remarque

Il est bien d'avoir réglé l'heure avant, car Chrony ajuste l'heure petit à petit, ce qui peut prendre un certain temps en cas de gros décalage.

Bien sûr, l'heure est constamment ajustée. Vous avez la garantie que l'heure est correcte quand la valeur `System time` est proche de zéro :

```
[root@cs30 ~]# chronyc tracking
Reference ID     : 51.254.196.167 (grprox01-uat.globalremit.ovh)
Stratum          : 3
Ref time (UTC)   : Sun Jul  9 02:40:08 2017
System time      : 0.000000033 seconds fast of NTP time
(...)
```

Remarque

Vérifiez également que le service `chronyd` fonctionne bien dans ses logs : `systemctl status chronyd`.

4. Gestion des processus

Dans vos tâches d'administration, il faudra lancer et gérer divers programmes, des processus.

4.1 Contrôle des jobs

Comment gérer les processus que vous lancez et ceux qui sont exécutés par la machine ?

Le bash vous autorise à contrôler les processus que vous lancez en ligne de commande. Ces programmes sont appelés tâches (*jobs*). Le contrôle des jobs consiste à stopper ou suspendre leur exécution, et dans ce dernier cas, à reprendre l'exécution selon votre souhait. En résumé, cela vous permet de faire du multitâche dans un seul shell. Principalement, les jobs peuvent être dans quatre états : stoppés (mis en pause), à l'avant-plan (toujours en exécution), à l'arrière-plan (toujours en exécution mais vous permettant d'utiliser le shell), ou complété (travail accompli).

Les commandes principales pour manipuler les travaux sont les suivantes :

- Afficher la liste des travaux : `jobs -l`
- Mettre en pause un travail se trouvant à l'avant-plan : [Ctrl] **Z**

- Mettre un travail en exécution d'arrière-plan : `bg %<numéro du job>`
- Lancer un travail directement en arrière-plan : `<commande> &`
- Mettre un travail d'arrière-plan vers l'avant-plan : `fg %<numéro du job>`
- Tuer un script qui tourne en boucle : [Ctrl] **Z** puis `kill %%`

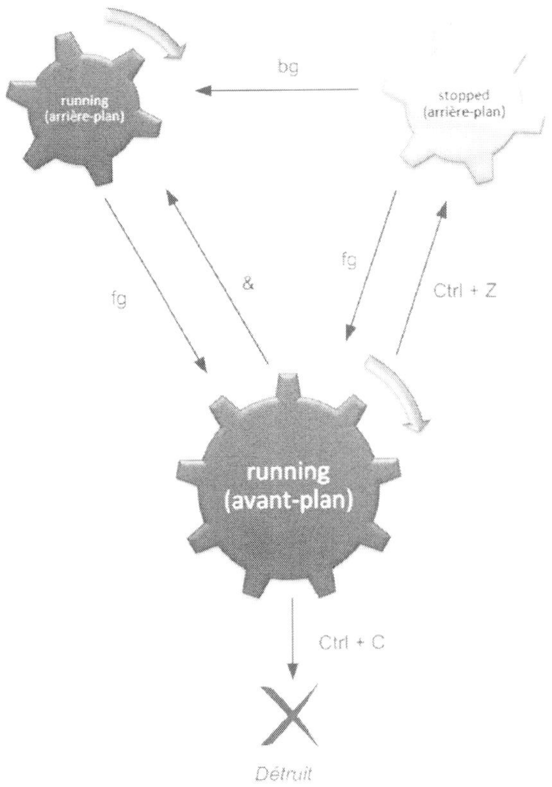

Source : fr.openclassrooms.com

Mettre en pause un travail se trouvant à l'avant-plan

Par défaut, lorsque vous lancez un programme en ligne de commande, il est en avant-plan, c'est-à-dire que vous n'avez plus accès à la ligne de commande jusqu'à la fin de son exécution ; il n'est pas possible de lancer un autre programme, à moins d'interrompre le job avec les touches [Ctrl] C.

Dans l'exemple suivant, on lance un ping continu vers un site web. L'exécution du processus est alors finie par l'utilisateur pour retrouver la ligne de commande :

```
[root@rhel6~]# ping www.tellnet.fr
PING www.tellnet.fr (82.165.72.92) 56(84) bytes of data.
64 bytes from kundenserver.de (82.165.72.92): icmp_seq=1 ttl=128 time=45.6
ms
64 bytes from kundenserver.de (82.165.72.92): icmp_seq=2 ttl=128 time=78.3
ms
^C
--- www.tellnet.fr ping statistics ---
4 packets transmitted, 4 received, 0% packet loss, time 3739ms
rtt min/avg/max/mdev = 45.624/68.138/90.820/17.571 ms
[root@rhel6 ~]#
```

Il est possible de mettre le travail en pause en appuyant sur [Ctrl] Z. Le processus est alors stoppé (*stopped*). Un numéro de job lui a été donné, pour un contrôle ultérieur.

Ici, le même ping a été lancé, puis mis en pause. Il continue d'exister et le numéro de job qui lui a été donné est 1 :

```
[root@rhel6 ~]# ping www.tellnet.fr
PING www.tellnet.fr (82.165.72.92) 56(84) bytes of data.
64 bytes from kundenserver.de (82.165.72.92): icmp_seq=1 ttl=128 time=49.8
ms
64 bytes from kundenserver.de (82.165.72.92): icmp_seq=2 ttl=128 time=55.8
ms
^Z
[1]+  Stopped                    ping www.tellnet.fr
[root@rhel6 ~]#
```

Remarque

Dans ce contexte, Stopped ne signifie pas que le processus a fini son travail, mais réellement qu'il a été mis en pause.

Mettre en pause un travail se trouvant en arrière-plan

Pour mettre en pause un travail se trouvant à l'arrière-plan, il pourrait être tentant de le mettre d'abord à l'avant-plan, puis de faire [Ctrl] Z. Il est préférable d'utiliser la commande :

```
kill -s stop %<numéro de job>
```

Dans l'exemple suivant, le travail 1 est exécuté en arrière-plan, puis mis en pause directement avec la commande `kill`. On pourra choisir de continuer son exécution ultérieurement, en le mettant en arrière-plan ou en avant-plan :

```
[root@rhel6 ~]# jobs
[1]+  Running                 sleep 10000 &
[root@rhel6 ~]# kill -s stop %1
[root@rhel6 ~]# jobs
[1]+  Stopped                 sleep 10000
[root@rhel6 ~]#
```

Mettre un travail en exécution à l'arrière-plan

Comment fait-on pour qu'un travail continue de tourner en arrière-plan ? Il y a deux méthodes :

- Lancer directement le programme en arrière-plan en ajoutant `&` à la commande.
- Stopper le programme avec [Ctrl] Z, puis le mettre en exécution en arrière-plan avec la commande `bg` (*background*) suivi du numéro de job.

Dans l'exemple suivant, on lance une recherche en arrière-plan en ajoutant `&` à la fin de la commande `find`. Le numéro de job `1` est donné. Pendant que cette commande s'exécute, on affiche ensuite le contenu d'un fichier avec `cat` :

```
[root@rhel6 ~]# find / -name "*.conf" > recherche &
[1] 40321
[root@rhel6 ~]#
[root@rhel6 ~]# cat /etc/passwd
root:x:0:0:root:/root:/bin/bash
bin:x:1:1:bin:/bin:/sbin/nologin
```

Réalisons maintenant la même chose avec la deuxième méthode. Ici, on met le programme `find` en pause avec [Ctrl] Z, puis on le met en exécution en arrière-plan avec la commande `bg`. Ensuite, on affiche le contenu d'un fichier avec `cat` :

```
[root@rhel6 ~]# find / -name "*.conf" > recherche
^Z
[1]+  Stopped                 find / -name "*" > recherche
```

```
[root@rhel6 ~]# bg %1
[1]+ find / -name "*" > recherche &
[root@rhel6 ~]# cat /etc/passwd
root:x:0:0:root:/root:/bin/bash
bin:x:1:1:bin:/bin:/sbin/nologin
```

Lister les travaux

Pour obtenir la liste des travaux en cours dans le shell courant, utilisez tout simplement la commande `jobs -l`. Celle-ci vous renvoie les informations suivantes :

- Numéro de job.
- Historique de lancement : le job marqué d'un + est le job par défaut, le job marqué d'un – est le job suivant.
- Numéro de processus (PID), voir section suivante.
- État d'exécution.
- Commande ayant lancé le job.

Remarque

La commande `jobs` s'applique seulement aux processus du shell courant. Pour voir l'ensemble des processus, utilisez la commande `ps` décrite dans la suite de ce chapitre.

Par exemple, nous avons ici trois travaux. Le job 2 est un `vi` que nous avons mis en pause avec [Ctrl] Z. Le job 3 est une commande qui a été lancée directement en arrière-plan. Le job 4 est un `ping` qui a été d'abord mis en pause, puis mis en arrière-plan avec la commande `bg` pour continuer son exécution :

```
[root@rhel6 ~]# jobs -l
[2]+ 40433 Arrêté                vi recherche
[3]  40481 Running               sleep 10000 &
[4]- 40574 Running               ping -q www.tellnet.fr &
```

Mettre un travail à l'avant-plan

Pour mettre un travail à l'avant-plan, utilisez la commande `fg` suivie du numéro de job, qu'il s'agisse d'un travail en pause ou en arrière-plan.

Remarque

Notez que la commande `fg` sans argument met à l'avant-plan le travail marqué d'un +, c'est-à-dire le travail "par défaut". Il s'agit du dernier travail lancé.

Par exemple, ici le job 2 sera remis à l'avant-plan :

```
[root@rhel6 ~]# jobs
[1]-  Running                 sleep 10000 &
[2]+  Stopped                 ping -q www.cisco.com
[root@rhel6 ~]# fg
ping -q www.cisco.com
```

Remarque

Dans cet exemple, la commande `fg` a été lancée sans argument : c'est la tâche par défaut (suivie d'un +) qui a été choisie.

Tuer un travail

Pour tuer un job, utiliser la commande suivante :

```
kill %<numéro du job> && fg <numéro du job>
```

C'est la commande recommandée pour finir l'exécution d'un job "proprement".

Remarque

La commande `kill` est utilisée de manière générale pour envoyer des signaux aux processus (et pas seulement aux tâches en cours dans le shell courant). La section suivante décrit cette commande plus en détail.

Dans l'exemple suivant, l'éditeur de texte `vim` a été tué. Notez cependant que même si `vim` a accepté de finir son exécution, il a été interrompu dans son travail d'édition sur le fichier `exemple`. Cela provoquera un message d'avertissement au prochain lancement de `vim` sur ce fichier :

```
[root@rhel6 ~]# jobs
[1]   Running                 sleep 10000 &
[2]-  Running                 ping -q www.cisco.com &
[3]+  Stopped                 vi exemple
[root@rhel6 ~]# kill %3 && fg %3
vi exemple
Vim: Caught deadly signal TERM
Vim: Finished.
Complété
[root@rhel6 ~]# jobs
[1]-  Running                 sleep 10000 &
[2]+  Running                 ping -q www.cisco.com &
[root@rhel6 ~]#
```

Remarque

Notez également dans cet exemple que le job par défaut (marqué d'un +) ayant disparu, c'est le job précédent (auparavant marqué d'un -) qui est maintenant devenu le job par défaut.

Rendre un job indépendant

Il est possible de rendre un travail indépendant du shell dans lequel vous l'exécutez. En effet, en situation normale, si le shell parent d'un travail s'éteint, le travail qui en dépend s'éteint également. Cela peut être gênant dans certains cas.

Par exemple, imaginez que vous vouliez lancer la compilation d'un programme sur un serveur à distance. Vous vous connectez en ssh au serveur et lancez la compilation. Cette tâche peut prendre quelques heures. Mais que se passe-t-il si le ssh plante, ou s'il y a une déconnexion réseau ? Le processus ssh meurt, et le travail que vous avez lancé meurt aussi. La compilation s'arrête, et vous devez tout recommencer.

On peut rendre un processus indépendant, en utilisant la commande `nohup` combinée à `&` :

```
nohup <commande> &
```

Vous pouvez ensuite fermer le shell. Vous constaterez que la commande continue son travail.

4.2 Consoles multiples avec screen

La commande `nohup` vue ci-dessus est standard et pratique dans certains cas. Cependant, pour rendre la ligne de commande plus confortable à utiliser, beaucoup d'administrateurs emploient la commande `screen`.

Remarque

La commande `tmux`, effectuant un travail similaire, est également populaire.

Cette commande puissante permet entre autres :

- de lancer plusieurs terminaux dans le même terminal.
- de quitter ces terminaux sans interrompre les tâches en cours, et les reprendre facilement.
- de créer des scripts interfaces avec des menus sur plusieurs pages.

Remarque

Cette commande doit être installée avec `yum install screen`.

Tapez simplement la commande `screen` dans un terminal (console physique ou `ssh`). Il ne se passe rien, mais vous êtes maintenant dans un terminal géré par `screen`. À partir de là, vous aurez accès à des raccourcis clavier.

Remarque

*Tous les raccourcis-clavier de `screen` commencent par **[Ctrl] a**. Appuyez simultanément sur les touches **[Ctrl]** et **a**, puis relâchez. Ensuite, appuyez sur la lettre nécessaire.*

Pour créer et gérer les consoles, utilisez les raccourcis suivants :

- **[Ctrl] a** puis **c** (*create*) : créer une nouvelle console.
- **[Ctrl] a** puis **w** : afficher la liste des fenêtres, souvent dans la barre de titre pour un SSH, ou en bas de la fenêtre pour une console physique.

- **[Ctrl] a** puis **n** (*next*) ou p (*previous*) : aller à la console suivante/précédente.
- **[Ctrl] a** puis **k** (*kill*) : tuer la fenêtre en cours.
- **[Ctrl] a** puis **?** (touche [Shift] ?) : afficher la liste des raccourcis (sur deux pages).

Il est possible de détacher une console : cette console reste active jusqu'à ce qu'on s'y reconnecte. Utilisez les commandes et raccourcis suivants :

- **[Ctrl] a** puis **d** (*detach*) pour détacher une console ; cette console et ce qui s'y passe reste actif (tant que l'outil `screen` continue d'exister).
- `screen -list` pour afficher la liste des `screen` actifs (et donc contenant potentiellement plusieurs consoles).
- `screen -r <PID>` pour se reconnecter à un screen.
- `screen -dr <PID>` : il est parfois nécessaire de déconnecter d'abord un `screen` avant de s'y reconnecter. C'est le cas lorsque le screen n'a pas été quitté proprement, ou pour reprendre la main sur un `screen` existant déjà quelque part dans un terminal.

Par exemple, dans la liste suivante, le PID 3775 est une session `screen` en cours dans un autre SSH. La commande `screen -dr` permet de prendre la main sur cette session.

```
[root@rhel6 ~]# screen -list
There are screens on:
        3775.pts-8.rhel6        (Attached)
2 Sockets in /var/run/screen/S-root.

[root@rhel6 ~]# screen -dr 3775
```

4.3 Contrôle des processus

Pour voir tous les processus qui tournent sur votre machine, tapez :

```
ps -ef
```

Cette commande affiche les processus avec les colonnes suivantes :

```
UID          PID  PPID  C STIME TTY          TIME CMD
```

Remarque

On trouve également dans certains guides la commande `ps aux` avec un résultat quasiment similaire.

Notons les colonnes intéressantes :

- La colonne `UID` contient le nom du propriétaire du processus.
- Le `PID` est le *Process ID*, ou identifiant numérique du processus utilisé par la machine.
- Le `PPID` est le PID du parent du processus. Cela désigne donc le processus qui a lancé le processus examiné.
- `CMD` est le nom de la commande qui a généré le processus.

Remarque

Filtrez le résultat de `ps` avec `grep` pour afficher les lignes qui vous intéressent : `ps -ef | grep httpd`.

Tuer un processus

Il est possible de manipuler les processus en leur envoyant des signaux.

Voici les signaux les plus utilisés :

- `HUP` signal 1 : le signal Hang Up peut être interprété par certains processus comme un signal de fin d'exécution, mais plus couramment comme un signal indiquant que le processus doit relire son fichier de configuration.
- `TERM` signal 15 : le signal Terminate indique à un processus qu'il doit s'arrêter.
- `KILL` signal 9 : le signal Kill indique au système qu'il doit arrêter un processus qui ne répond plus.
- `STOP` signal 23 : ce signal indique au processus qu'il doit se mettre en pause.

Remarque

La combinaison de touches [Ctrl] Z est équivalente au signal `TSTP`. Ce signal est similaire au signal `STOP`, à la différence que `STOP` ne peut être ignoré par le processus. [Ctrl] C quant à lui est l'équivalent du signal `INT` qui met fin à son exécution. Plus fort, la combinaison [Ctrl] \ (touche [Maj] 8), équivalent du signal `QUIT`, met fin à un processus en générant un core dump, un instantané de l'état de la mémoire et du processeur à des fins d'analyse.

Pour envoyer un signal à un processus, repérez son PID avec `ps` et utilisez la commande `kill` :

```
kill <signal> <PID>
```

Remarque

Ne pas confondre `kill <PID>` et `kill %<numéro de job>`.

Par exemple :

```
kill -1 234
```

ou :

```
kill -HUP 234
```

Souvent, on utilisera `kill -9` pour tuer un processus qui est gelé.

Une autre façon de tuer un processus avec `killall` :

```
killall <nom_processus>
```

Utilisez la commande `killall` avec un nom de processus, et non pas un PID.

Remarque

Attention ! La commande `killall` tue tous les processus portant le même nom.

Priorité des processus

Il est possible de définir des priorités lorsque plusieurs processus demandant des ressources processeur entrent en concurrence. Il faudra parfois faire un choix.

La commande `top` affiche dans la colonne `PR` les priorités appliquées aux processus, qui vont de `-20` (prioritaire) à `+19` (pas prioritaire).

Vous pouvez également utiliser la commande suivante :

```
ps -fl -C "<nom du processus>"
```

Pour lancer un processus avec une priorité augmentée (en décrémentant de 10 par exemple) :

```
nice --10 <commande>
```

Remarque

Notez que `--10` est la valeur `-10` ajoutée au tiret d'option -.

Pour lancer un processus avec une priorité baissée (en incrémentant de 10 par exemple) :

```
nice -10 <commande>
```

Pour modifier la priorité d'un processus existant, utilisez l'option `-n` avec `nice`, ou la commande `renice`.

5. Améliorer la sécurité et la fiabilité

5.1 Plan de reprise d'activité

La sauvegarde de votre système est essentielle. Toujours dans le souci d'effectuer une administration sereine de votre serveur, il faut mettre en place la sauvegarde dès les premiers instants, pour pouvoir remettre en service votre système le plus rapidement possible en cas de désastre.

Le plan de reprise d'activité définit comment assurer, en cas de crise majeure d'un centre informatique, la reconstruction de son infrastructure et la remise en route des applications.

Le PRA doit être défini correctement, sinon les conséquences d'un temps de panne trop long peuvent être désastreuses et coûter très cher à l'entreprise, surtout si des SLA (*Service Level Agreements*, accord de niveau de service) ont été définis avec les clients. Lorsque l'on planifie les processus de reprise d'activité d'un serveur, il faut penser à deux facteurs :

- Le RTO (*Recovery Time Objective*, objectif de délai de retour) : temps prévu pour remettre le service en état.
- Le RPO (*Recovery Point Objective*, objectif de point de retour) : état du service à la fin de la reprise d'activité.
  - Par exemple, dans le cas d'une base de données, toutes les transactions doivent-elles être conservées jusqu'à la dernière seconde ou seulement jusqu'à hier ?
  - Le service peut-il être fourni en mode dégradé, ou tous les services doivent-ils être disponibles ?

5.2 Politiques d'archivage et de sauvegardes

Une sauvegarde doit fournir :

- la possibilité de restaurer les systèmes de fichiers entiers ;
- la possibilité de restaurer des fichiers individuels ;
- idéalement, un historique des fichiers.

Que faut-il sauvegarder ?

Les catégories de fichiers qu'il faut sauvegarder sont les suivantes :

- système d'exploitation « brut » et sa configuration ;
- configuration des services et logiciels, le plus souvent dans `/etc/` ;
- données des services, logiciels et utilisateurs (base de données, répertoire `/home`, etc.).

Quels types de sauvegardes effectuer ?

- Sauvegarde complète : l'ensemble des fichiers est copié vers le média de destination.
- Sauvegarde incrémentale : seuls les fichiers modifiés par rapport à la sauvegarde complète (ou par rapport à la sauvegarde incrémentale précédente) sont copiés. Ce type de sauvegarde est plus rapide, et surtout, prend moins de place sur le média. Il permet d'économiser de l'espace de stockage.
- Différentes politiques sont envisageables en fonction de vos données. Par exemple : des sauvegardes incrémentales tous les jours, et une sauvegarde complète le samedi soir.
- Sauvegardes synchrones : une écriture sur le disque local est répliquée immédiatement sur le site distant :
  - Difficile à mettre en place : il faut considérer le temps de transfert en rapport à la quantité de données à transmettre. Cela nécessite souvent un réseau très rapide, dédié à cet usage, coûteux.
  - Le type de réseau dédié à cet usage est appelé SAN (*Storage Area Network*). Souvent basés sur de la fibre optique, ces réseaux sont assez coûteux, mais très performants.
  - En général le SAN est sur le même site que l'architecture à sauvegarder.
- Sauvegardes asynchrones : la réplication se fait à intervalles réguliers.
  - Moins performante mais plus simple et moins coûteuse : les données sont transférées plus lentement, le site distant peut donc être éloigné et relié par un réseau à débit plus faible.
- Il faut penser à des architectures adaptées. Par exemple, architecture en trois sites : deux sites proches, où les données sont répliquées de manière synchrone, ce qui permet un basculement instantané entre les systèmes ; le troisième site étant distant et une réplication asynchrone est mise en place.

Sur quoi sauvegarder ?

- Sur bande : méthode historique et préférée des administrateurs. Elle est éprouvée, peu chère et peut contenir des volumes de données importants. Cependant, la sauvegarde et la restauration sont très lentes (périphérique de type caractère). Cette méthode a tendance à être remplacée par du **SAN**.

- Sur réseau : utilisation d'un SAN décrit plus haut. Il est possible d'utiliser un NAS (*Network Attached Storage*, stockage connecté au réseau), c'est-à-dire un serveur de fichiers spécialisé, connecté au réseau existant. Ces méthodes sont de plus en utilisées, le coût des disques étant extrêmement bas et la taille des données à sauvegarder rendant l'utilisation de bandes irréaliste.
- Sur disque (CD/DVD ou disque dur externe) ou dans le cloud : ces méthodes sont adaptées aux PME/PMI ou aux particuliers.

Politique de sauvegarde

Il est nécessaire de définir une politique de sauvegarde, avec des processus clairs :

- Comment seront effectuées les sauvegardes ? À quel intervalle ?
- Si une manipulation humaine est nécessaire (par exemple, remplacement de bandes ou de DVD), qui s'en occupera ? À quelle heure ?
- Où seront stockées les sauvegardes ? Sur un site distant ou sur un site local ? Faut-il stocker les sauvegardes dans un coffre-fort (dépend de la sensibilité des données) ?
- Sait-on restaurer les sauvegardes ? Des procédures ont-elles été définies et testées ? Les techniciens ont-ils été formés ?

5.3 Différents outils : tar, cpio, rsync

Pour les sauvegardes, différents outils sont disponibles. Ils ne sont pas une solution complète de sauvegarde, mais plutôt des outils que vous allez intégrer dans des scripts créés par vous. Il existe des exemples de scripts disponibles sur Internet.

Les outils les plus connus dans le monde UNIX / Linux :

- Tar
- Cpio
- Rsync

5.3.1 Utilisation de tar

À l'origine, `tar` a été créé pour faire des archives de fichiers sur bande magnétique. Mais `tar` est aussi très couramment utilisé pour archiver et compresser des fichiers dans un fichier unique, qui est ensuite facilement transportable sur une clé USB ou par mail.

Créer une archive

Pour créer une archive dont l'extension est `.tar`, tapez :

```
tar -cvf <nom_archive>.tar /répertoire/à/archiver
```

- `-v` : option facultative. Elle permet simplement de visualiser le nom des fichiers au fur et à mesure qu'ils sont ajoutés à l'archive et ne doit pas être incluse dans un script.
- `-c` (pour *create*) : indique qu'on crée une archive.
- -f <nom_archive>.tar : sert à préciser le nom de l'archive.

Autres options :

- `-z` : compresser l'archive dès sa création. Dans ce cas, l'archive doit être nommée avec l'extension `.tgz` (ou `.tar.gz`) pour indiquer qu'elle est compressée avec gzip.
- `-j` : on peut aussi compresser avec bzip2 (meilleur taux de compression, mais plus lent). L'archive aura alors l'extention `.tar.bzip`.

Ajouter un fichier à une archive

On peut ajouter un fichier à une archive existante :

```
tar -rvf <nom_archive_existante>.tar <fichier_à_ajouter>
```

Cela ne fonctionne que sur une archive non compressée.

Lister le contenu d'une archive

Pour lister le contenu d'une archive, on remplace l'option `-c` par `-t` :

```
tar -tvf <nom_archive>.tar
```

Il faudra penser à rajouter l'option `-z` ou `-j`, si l'on traite une archive .tgz ou .tar.bzip.

Restaurer une archive

Pour restaurer une archive, il faut remplacer l'option `-c` ou `-t` par `-x` (comme *eXtract*)

```
tar -xvf <nom_archive>.tar
```

Remarque

Attention : l'archive est restaurée dans le répertoire courant, et pas à son emplacement d'origine. Il est possible de préciser le chemin de restauration.

5.3.2 Utilisation de cpio

Comme `tar`, `cpio` sert à archiver des fichiers, à extraire des archives ou à copier des fichiers. Il supporte les formats de fichiers .tar. L'avantage de `cpio`, c'est qu'il peut lire la liste des fichiers à archiver à partir de l'entrée standard ou d'un pipe, ce qui permet de l'intégrer très facilement dans des scripts.

Créer une archive

Il est possible de lire la liste des fichiers à archiver à partir d'une commande :

```
<commande> | cpio -o --format=tar > <nom_archive>.tar
<commande> | cpio -o --H=tar -F <nom_archive>.tar
```

Les options sont les suivantes :

- `-o` : création d'une archive.
- `--H` ou `--format=tar` : définir le format de l'archive. Si c'est un tar, il faut préciser l'extension.
- `-F <nom_archive>.tar` : il est possible, comme dans le premier cas, de rediriger la sortie de l'archivage vers un fichier, mais on peut utiliser l'option `-F`.
- Il y a de nombreuses autres options qu'il faut découvrir dans les exemples donnés sur Internet et en manpage.

Par exemple :

```
find / -iname "*.c" | cpio -o -H tar -F fichiers_C.tar
```

Cette commande recherche tous les fichiers d'extension .c et passe cette liste à cpio, qui les compresse dans l'archive.

Sauvegarder un répertoire vers un lecteur de bandes :

```
find /home | cpio -o -H tar -F /dev/nst0
```

Le nom du périphérique lecteur de bandes est `/dev/nst0`. Notez qu'on ne précise pas de nom d'archive. La bande est l'archive.

Sauvegarder un répertoire vers un lecteur de bandes sur un périphérique distant :

```
find /home | cpio -o -H tar -F admin@eames:/dev/sdb1
--rsh-command=/usr/bin/ssh
```

Il est possible d'effectuer le transfert des octets de l'archive à travers SSH vers un serveur distant. Pour l'utilisation dans un script, nous vous conseillons la mise en place d'authentification avec clés et agent.

Lister le contenu d'une archive

Pour lister le contenu d'une archive :

```
cpio -it -F <nom_archive>.tar
```

`-t` ou `--liste` : précise que l'on veut la liste des fichiers contenus dans l'archive.

Restaurer une archive

La restauration d'une archive se fait avec l'option `-i` :

```
cpio -i -F <nom_archive>.tar
```

5.3.3 Utilisation de rsync

Rsync n'est pas précisément un outil d'archivage, comme tar et cpio, qui créent des copies de sauvegarde destinées à être entreposées. Le but de rsync est plutôt de synchroniser des fichiers entre deux machines : lorsqu'un fichier est créé et mis à jour sur une machine, une réplication est faite vers l'autre machine. Ainsi, `rsync` est plutôt adaptée à des architectures de type :

- Haute disponibilté (*High Availability*) : si la machine principale tombe, une machine de secours prend *automatiquement* le relais, sans intervention extérieure humaine. Le temps de coupure du service est quasiment nul.
- Partage de charge : pour pouvoir traiter un grand nombre de demandes de la part des clients, un seul serveur n'est souvent pas suffisant. Le partage de charge consiste à répartir et traiter les requêtes sur différentes machines qui ont toutes la même configuration, les mêmes services et les mêmes données au même instant.

Comment synchroniser des fichiers avec rsync ?

Bien sûr, cette commande dispose de nombreuses options expliquées dans la manpage. Mais voici une commande standard utilisable par exemple pour synchroniser les sites Web sur plusieurs machines :

```
rsync -avrR --links --rsh=/usr/bin/ssh eames:/var/html /var/html
```

Ici, les fichiers et répertoires dans `/var/html` sont copiés au même endroit dans la machine `eames`.

Les liens symboliques sont conservés (option `--links`). Les autres options sont :

- `-a` : mode archive.
- `-v` : mode verbeux.
- `-r` : copie récursive.
- `-R` : nom de chemins relatifs.

5.4 Solutions intégrées

Les logiciels développés précédemment sont des briques de base à intégrer dans vos scripts personnalisés, ce qui peut prendre un certain temps. Il existe cependant des solutions intégrées, où l'essentiel du travail est fait pour vous, et il ne vous reste plus qu'à finaliser la configuration.

5.4.1 Solutions libres

Amanda (*Advanced Maryland Automatic Network Disk Archiver*, archiveur de disque réseau avancé du Maryland) est un outil de sauvegarde qui permet à l'administrateur de mettre en place la sauvegarde de différentes machines vers un serveur de sauvegarde centralisé à travers le réseau. Sur le serveur de sauvegarde, on peut utiliser toutes sortes de médias pour les sauvegardes.

Bacula, une solution plus récente, est également un serveur de sauvegarde, utilisant des bases de données SQL pour l'indexation des fichiers sauvegardés. De plus, même si le serveur est sous Linux, les composants clients (sur les machines à sauvegarder) existent sur plusieurs systèmes d'exploitation, comme Linux, Windows et Mac OS.

5.4.2 Solutions commerciales

Nous vous recommandons des solutions commerciales avec support :

- Veritas Netbackup
- IBM Tivoli Storage Manager
- Legato Networker

5.5 Améliorer la sécurité

5.5.1 Outils de sécurité

Au cours des pages de cet ouvrage, nous parlons à divers endroits des **moyens d'améliorer la sécurité de votre serveur, qu'ils soient inhérents au système** ou qu'ils proviennent d'une volonté de votre part. Ainsi, nous disposons déjà des outils suivants :

- sécurité des fichiers, avec les droits classiques UNIX, les ACL, SELinux,
- sécurité des utilisateurs, avec les comptes classiques UNIX, les groupes, le mécanisme `sudo`,
- sécurité réseau, avec entre autres `firewall-cmd` et SSH,
- utilisation d'outils d'analyse de logs dont nous parlons dans ce chapitre,
- limitation des conséquences d'une attaque, en améliorant la fiabilité, par exemple avec des sauvegardes (importantes contre les demandes de rançon pour libérer vos données cryptées),
- renforcement de la sécurité des services mis en place, particulièrement Apache et Nginx (cela dépasse le cadre de cet ouvrage).

Nous vous invitons à toujours configurer ces différents aspects de votre serveur avec la possibilité d'une attaque à l'esprit.

Il est également nécessaire de mettre en place des **outils dédiés à la sécurité**, dont voici une liste non exhaustive :

- Renforcement de la configuration système : des scripts tels que **Lynis** analysent les fichiers de configuration et autres paramètres de votre système et vous donnent des suggestions d'amélioration et des alertes de sécurité.
- Mise à niveau de la conformité : l'outil **OpenSCAP** et d'autres similaires comparent l'état de votre serveur avec les rapports de sécurité d'organismes officiels et des modèles de sécurité établis, et vous avertissent si votre serveur n'est pas conforme avec ces politiques de sécurité.
- Analyse de malwares résidents : des scanners, tels que **chkrootkit**, cherchent des traces d'infection par des malwares et autres rootkits (malwares qui cachent leur présence sur le système).

– Détection de changements dans les fichiers de configuration stratégiques : des outils tels que **AIDE** effectuent une comparaison journalière des fichiers de configuration, en comparant les *hashs* de ces fichiers avec une base, et vous avertissent si ne serait-ce qu'un seul caractère a été modifié.

Nous disposons également des **recommandations de l'ANSSI** (Agence nationale de la sécurité des systèmes d'information), organisme d'État spécialisé dans la cyber protection des entreprises françaises. Ces recommandations, émises par des spécialistes de l'état de l'art en matière de sécurité, sont précieuses et disponibles à l'adresse : https://www.ssi.gouv.fr/

Remarque

Nous vous recommandons particulièrement l'excellent Recommandations de sécurité relatives à un système GNU/Linux, régulièrement mis à jour.

La documentation Security Hardening (en anglais) fournie par Red Hat pour RHEL 7 et 8 vous sera également utile.

On soulignera également l'importance de commander **régulièrement des audits de sécurité** de vos serveurs et de votre architecture, voire même de les certifier. Ce travail est effectué par des organismes approuvés dont vous trouverez la liste sur le site de l'ANSSI.

5.5.2 Politiques cryptographiques, ou crypto-policies (RHEL 8)

Les politiques cryptographiques apparaissent avec RHEL 8, et permettent de s'assurer en une seule commande que les mécanismes concernés par la sécurité sur votre système mettent en œuvre des critères de sécurité minimum et uniformes, particulièrement en ce qui concerne les algorithmes de chiffrement utilisés.

Ainsi, la configuration d'une crypto-policy a un impact direct sur des éléments de votre serveur tels que SSH, TLS (utilisé entre autres dans Apache et Nginx), Bind ou Kerberos.

Remarque

Cependant, même si une crypto-policy est en place, vérifiez toujours la configuration de vos services, dont certains ne sont d'ailleurs absolument pas impactés.

Il existe principalement trois politiques, dont on trouve un descriptif plus complet dans man `crypto-policies` :

- `LEGACY` : compatibilité maximum avec des éléments historiques du système, il s'agit donc d'une politique assez pauvre.
- `DEFAULT` : politique fournissant un niveau de sécurité acceptable, qui cherche un équilibre entre confort et sécurité.
- `FUTURE` : politique renforcée, visant à résister à des attaques plus sévères qui pourraient apparaître.

Pour afficher la politique mise en œuvre actuellement, tapez :
`update-crypto-policies --show`

Pour changer la politique, tapez :
`update-crypto-policies --set FUTURE`

6. Administration graphique du système avec Cockpit

6.1 Présentation

Dans les pages de ce livre, nous fournissons parfois des explications sur les outils graphiques disponibles correspondant aux commandes en ligne utilisées pour l'administrateur du système.

Cependant, au regard de la diversité des distributions, des **interfaces graphiques** et des outils, ces GUI (*Graphical User Interface*, interface graphique utilisateur) **sont difficiles à maintenir, de qualité très inégale et souvent incomplètes**.

De plus, l'environnement graphique nécessaire pour l'exécution de ces outils d'administration (GNOME) est lui-même très lourd : il utilise des ressources processeur, disque et mémoire vive, de manière permanente (et pas à la demande). C'est pourquoi il existe une multitude d'outils d'administration à distance, mais, là encore, à la qualité inégale.

Pour ces raisons, **à partir de RHEL 7**, Red Hat a décidé d'implémenter dans ses serveurs un **outil d'administration graphique reposant sur une interface web**. Ce *front-end*, appelé Cockpit, est disponible sur de nombreuses distributions (dont RHEL et Ubuntu) avec **une interface unique, facile à installer et facile à appréhender**.

De plus, Cockpit est **extensible et léger**, contrairement aux outils dépendants d'une interface graphique lourde. En effet, lorsqu'il n'est pas utilisé, Cockpit n'utilise pas de ressources : un module **écoute les connexions sur le port 9090 et lance Cockpit à la demande**. De plus, Cockpit ne stocke pas de données d'administration en parallèle (dans une base de données, par exemple) : il se contente de lire et d'écrire dans les fichiers standards du système, ce qui permet de se libérer de cet outil très facilement si besoin.

6.2 Installation et première connexion

Les étapes d'installation de Cockpit sont classiques. En fonction des distributions, il faudra éventuellement activer des dépôts supplémentaires.

Pour RHEL 7 :

```
subscription-manager repos --enable rhel-7-server-extras-rpms
```

Ensuite, installez Cockpit, activez-le et autorisez-le dans le pare-feu :

```
yum install -y cockpit
systemctl enable --now cockpit.socket
firewall-cmd --add-service=cockpit
firewall-cmd --add-service=cockpit --permanent
```

Une fois cela effectué, il ne reste plus qu'à se connecter avec un navigateur à l'adresse IP du serveur sur le port 9090.

Par exemple, après avoir obtenu l'adresse IP du serveur, nous nous connectons au service Cockpit :

```
[root@eleven ~]# ip a
(...)
2: ens33: <BROADCAST,MULTICAST,UP,LOWER_UP> mtu 1500 qdisc pfifo_fast
tate UP group default qlen 1000
   link/ether 00:0c:29:5c:98:d1 brd ff:ff:ff:ff:ff:ff
   inet 192.168.1.36/24 brd 192.168.1.255 scope global noprefixroute
```

```
dynamic  ens33
(...)
```

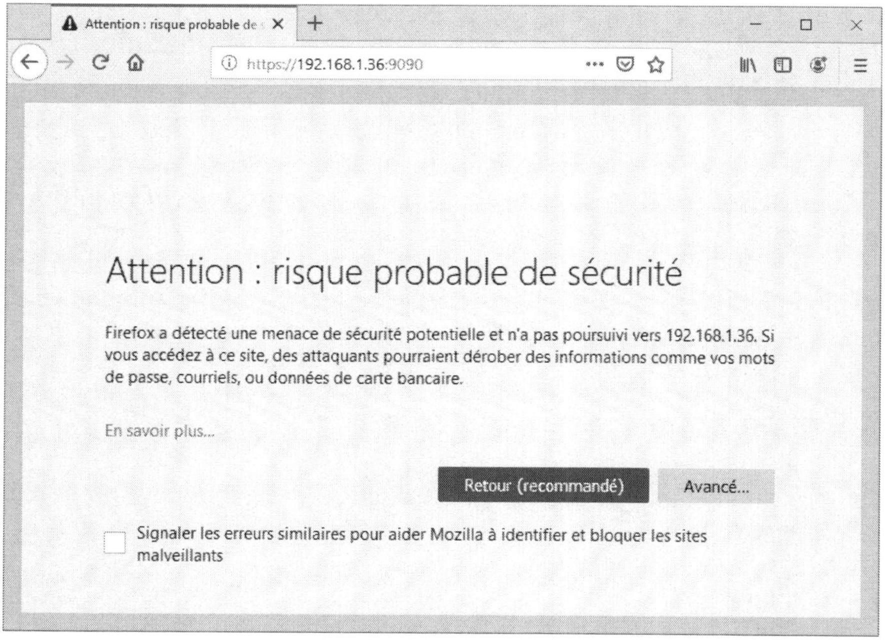

Le navigateur nous alerte : le site web distant ne peut être authentifié. Pour résoudre ce problème, nous avons deux options :

- Acheter un certificat sur Internet associé au nom de domaine du site web. Il existe également des certificats gratuits. Rendez-vous au chapitre Services de production courants pour une explication sur l'installation de certificats.
- Pour des sites web internes comme celui-ci, avec des noms de domaines internes, il est également possible de créer une autorité de certification (CA) interne signant les certificats de ces sites. Le certificat racine de cette CA devra alors être installé sur les navigateurs accédant à ces sites.

Remarque

Dans tous les cas, il ne s'agit pas d'une installation classique de certificats dans Apache ou Nginx. Pour Cockpit, il faut déposer un fichier `.cert` contenant le certificat et la clé privée associée dans le répertoire `/etc/cockpit/ws-certs.d`.

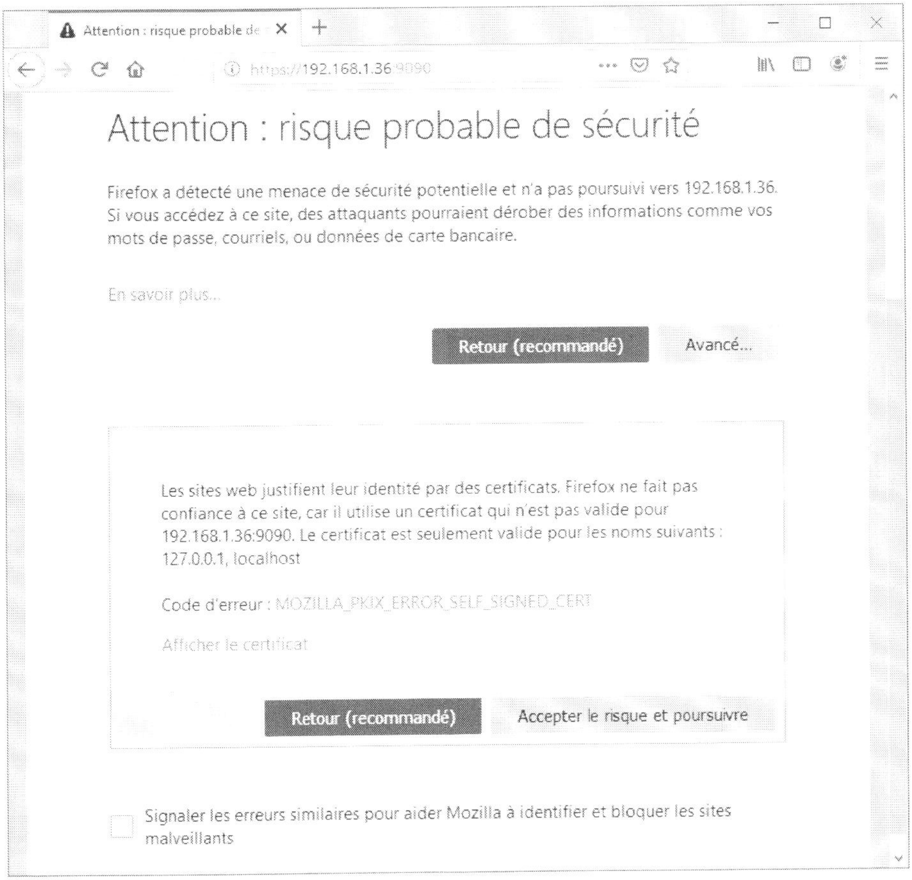

Nous choisissons d'ignorer l'alerte : dans Firefox, cela se fait en cliquant sur **Avancé**, puis sur **Accepter le risque et poursuivre**.

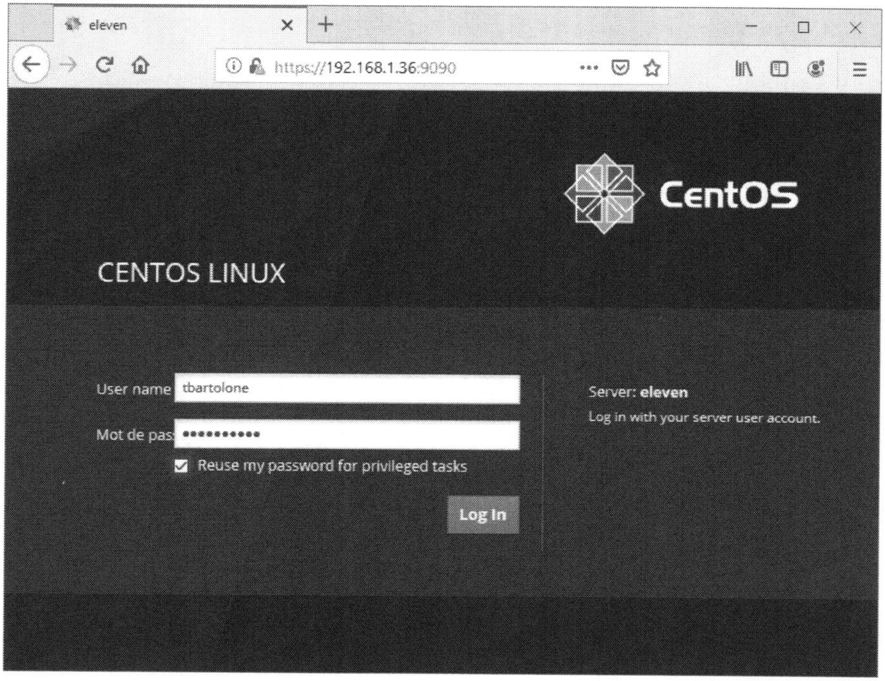

Nous arrivons alors sur la page d'authentification de Cockpit.

Ici, nous pouvons au choix :

- nous connecter directement en tant qu'utilisateur root,
- si l'utilisateur root a été désactivé, nous connecter en tant qu'un utilisateur possédant un rôle d'administrateur (`sudo`). Dans ce cas, il faut cocher **Reuse my password for privileged tasks**, ce qui permettra à l'utilisateur d'accéder à l'ensemble des tâches d'administration après cette authentification.

Remarque

Il est également possible de se connecter en tant qu'utilisateur standard, qui dans ce cas se verra limité principalement à de la consultation.

6.3 Administration avec Cockpit

Le menu Web de Cockpit nous permet d'effectuer sans peine des tâches incontournables :

- **System** :
  - Voir **l'état général du serveur** et changer quelques paramètres généraux.
  - Nous pouvons changer le **hostname** du serveur en un simple clic.
  - Les graphiques en temps réel nous permettent de consulter l'occupation générale du processeur, de la mémoire, du disque et du réseau.
    - Comme Cockpit ne possède par défaut aucun système de gestion de données supplémentaire, on ne peut pas voir de graphiques plus loin dans le passé.

Remarque

*Si vous désirez avoir la possibilité de visualiser des graphiques plus anciens (jusqu'à un an), installez le paquet `cockpit-pcp` et activez l'option **Store Performance Data** dans le menu **System**.*

- **Logs** :
  - Voir les **enregistrements** des évènements système.
  - Il est possible de voir facilement les logs dans le passé.
  - Comme les logs utilisent `systemd`, nous avons accès à un ensemble d'informations sur le processus qui a généré les logs.
- **Réseau** (Network) :
  - Ici, nous avons accès à des **graphiques par interface** et aux logs liés au réseau.
  - Nous pouvons en quelques secondes changer des **paramètres des interfaces réseau**, comme l'adresse IP.
  - Nous pouvons aussi **configurer le pare-feu**, pour pouvoir ajouter ou enlever l'accès à un service.
- **Comptes** (Accounts) :
  - Administrer les comptes utilisateurs.

- **Services** :
  - Arrêter ou démarrer un service, ou configurer le lancement du service au démarrage du système.
  - Voir les logs de chaque service en cliquant dessus.
- **Diagnostic Reports** :
  - Créer une archive contenant des fichiers nécessaires pour un diagnostic en cas de problème sur le serveur.
  - On y trouve la copie de répertoires clés, tels que `/etc`, `/var`, `/usr`.
  - On trouve également le résultat de commandes qui nous donnent des indices sur l'état du système, comme `ps`, `lsmod`, `uptime`, etc.
- **Kernel Dump** :
  - Activer et configurer le Kernel Dump, qui prend une image du noyau en mémoire en cas de plantage, à des fins de diagnostic.
- **SELinux** :
  - Activer ou désactiver SELinux.
  - Voir en un clin d'œil les interdictions mises en œuvre et la solution pour les résoudre.
- **Terminal** :
  - Cette fonctionnalité formidable permet d'avoir accès à la ligne de commande via le navigateur.

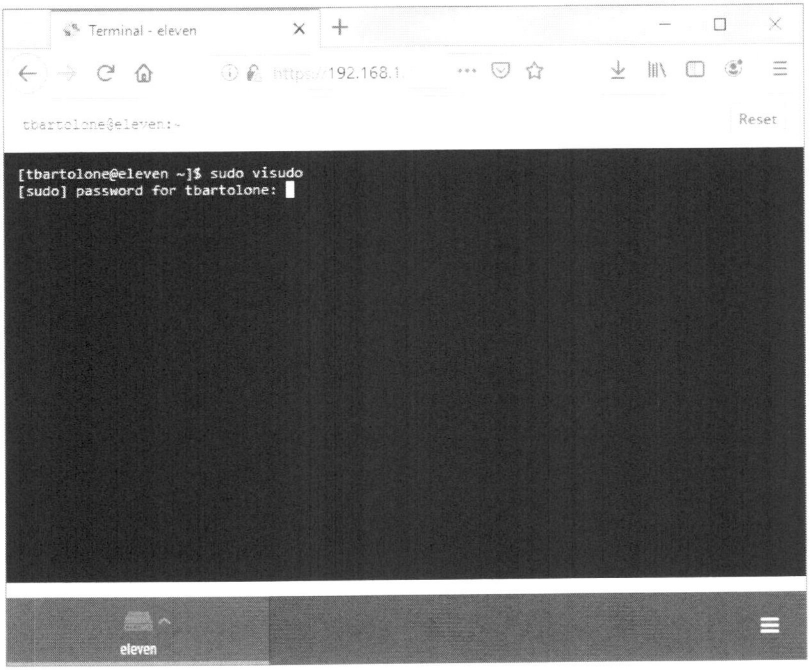

Le terminal dans l'interface web. À cause de la taille de fenêtre, le menu a été réduit en bas à gauche.

6.4 Étendre les possibilités de Cockpit

Cockpit est extensible avec des nouveaux modules.

Par exemple, il est possible de rajouter un module `cockpit-docker` pour une administration simplifiée de conteneurs sans passer par des logiciels plus lourds tels que Kubernetes ou OpenStack :

```
yum install cockpit-docker
```

Remarque

Recherchez d'autres modules avec la commande `yum search cockpit`. Il existe par exemple un module Cockpit pour l'administration de Kubernetes.

Une fois le module installé, il suffit de se reconnecter à la session web Cockpit. Nous voyons alors apparaître une nouvelle section appelée **Containers**.

Cette section nous donne alors accès à trois parties :

- **Graphiques en temps réel de l'activité des conteneurs**, pour le processeur (CPU), la mémoire vive (memory) et l'espace disque disponible.
- **Conteneurs en activité** :
  - Voir les conteneurs au repos si vous avez choisi **Everything** dans le menu déroulant en haut à gauche.
  - En cliquant sur l'un des conteneurs, nous avons le détail de diverses informations indispensables, comme l'image utilisée, l'adresse IP interne, ainsi que la sortie standard affichée en temps réel sur la droite.
  - Il est également possible d'arrêter ou de redémarrer le conteneur facilement, voire même de créer une nouvelle image (bouton **Commit**) à partir d'un conteneur arrêté et modifié avec des nouveaux logiciels et une nouvelle configuration.
- **Les images stockées localement** :
  - En cliquant sur une image, on pourra voir quels conteneurs l'utilisent, ainsi que d'autres informations pertinentes.

6.5 Centraliser l'administration de plusieurs serveurs

Au chapitre des fonctionnalités précieuses, Cockpit vous donne la possibilité d'administrer d'autres serveurs à partir de la même interface web, vous permettant d'économiser un temps précieux.

Pour cela, installez le paquet `cockpit-dashboard` et reconnectez-vous à l'interface :

```
yum install cockpit-dashboard
```

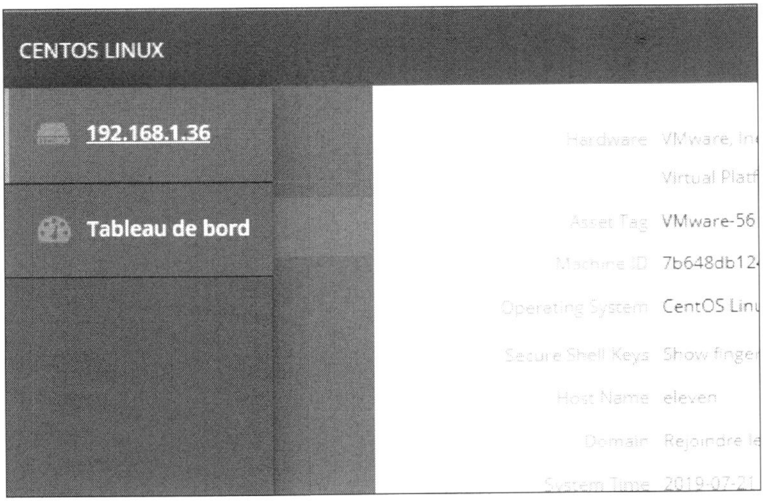

Un menu supplémentaire apparaît alors sur la gauche, contenant notre serveur existant, ainsi que la section **Tableau de bord** (ou **dashboard**).

Dans le tableau de bord, **ajoutez un nouveau serveur** en cliquant sur **l'icône + à droite**, puis entrez l'adresse IP d'un **serveur sur lequel est également installé Cockpit**.

Par exemple, nous ajoutons ici un **serveur RHEL 8**, sur une interface **Cockpit installée sur un serveur RHEL 7** :

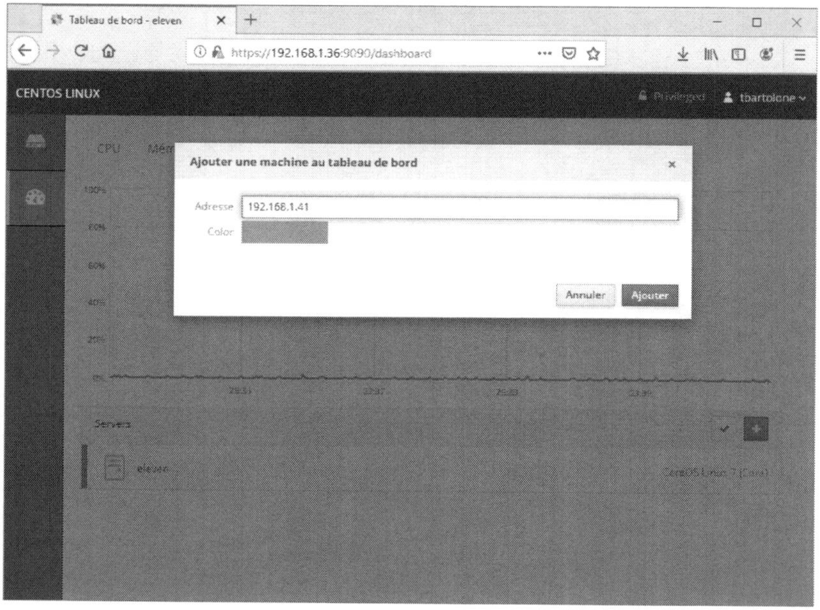

Nous entrons l'adresse IP du nouveau serveur, sur lequel est installé Cockpit.

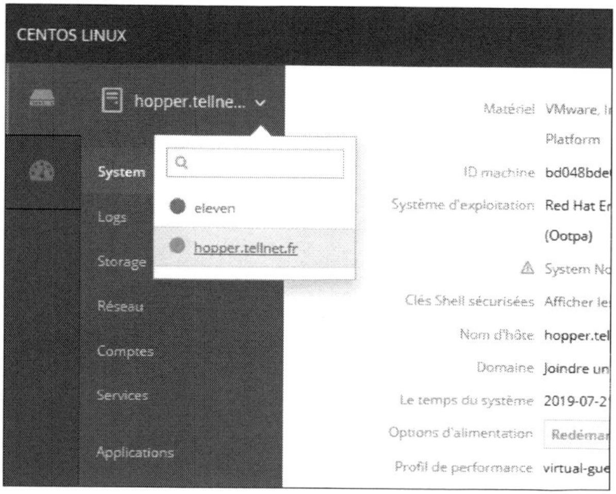

Nous voyons maintenant apparaître ce nouveau serveur dans la liste déroulante. Nous pouvons dès maintenant administrer facilement nos deux serveurs avec une interface graphique unique.

7. Dépannage d'un système RHEL

Le mode de dépannage consiste à prendre la main sur un serveur Red Hat Enterprise Linux qui refuse de démarrer. Les raisons peuvent être les suivantes :

- Le système ne démarre pas : le démarrage dans les niveaux d'exécution 3 ou 5 échoue, il vous est impossible de vous connecter à une console locale.
  - Peut-être que la machine est accessible en connexion distante SSH ?
- Il est possible que le système soit corrompu, ou que le chargeur de démarrage ait une défaillance.
- Vous avez perdu le mot de passe root du système : vous avez l'invite de connexion au shell, mais vous ne pouvez pas administrer la machine.

Pour ces raisons et d'autres encore, il vous faudra accéder à votre système en mode de secours. Nous vous indiquons ici quels sont les modes de secours et comment les utiliser, mais la part la plus importante du travail reposera ensuite sur vos épaules et vos compétences techniques propres à la recherche de la cause de la panne.

Avec Red Hat Enterprise Linux, il existe plusieurs façons d'accéder à un système endommagé.

7.1 Mode de secours

C'est le mode de dépannage qu'il faut préférer.

Grâce au mode de secours (*rescue mode* en anglais), il est possible d'accéder aux fichiers d'un système Red Hat Enterprise Linux qui refuse de démarrer, soit parce que sa configuration est corrompue, soit parce qu'une partie des systèmes de fichiers est abimée.

Le mode de secours utilise le CD/DVD d'installation de Red Hat Enterprise Linux.

Pour démarrer en mode de secours :

- Arrêtez la machine et insérez le CD/DVD d'installation de Red Hat Enterprise Linux.
- Redémarrez. La machine devrait afficher le menu de démarrage du CD/DVD.

Remarque

Il faut que le BIOS soit configuré pour démarrer sur le lecteur CD/DVD.

- Choisissez **Rescue Installed System**.
- Le programme de secours va vous poser quelques questions pour adapter l'environnement :
  - Choisissez le français.
  - Pour la méthode de dépannage, choisissez **CD/DVD local**.
  - Choisissez, si vous souhaitez, de démarrer le réseau.
- Le programme nous prévient ensuite que le système d'exploitation (sur disque dur) sera monté dans `/mnt/sysimage`. En effet, l'arborescence que vous aurez à l'issue du lancement du mode de secours est virtuelle, elle se trouve en mémoire.
- Vous pouvez enfin lancer un shell, ou démarrer une analyse.
- Une fois le shell lancé, vous avez accès aux fichiers de votre système d'exploitation dans `/mnt/sysimage`. Vous pouvez maintenant effectuer les corrections qui s'imposent.

Pour **RHEL 7**, au redémarrage sur le DVD d'installation, le mode de secours est accessible en choisissant **Troubleshooting** - **Rescue a Red Hat Enterprise Linux system**.

Comme pour les versions précédentes de RHEL, le mode de secours monte l'arborescence de votre OS dans `/mnt/sysimage`. Il est en fait possible de la monter en mode lecture/écriture (pour effectuer des modifications, comme écraser un mot de passe perdu), ou en mode lecture seule (pour analyse).

7.2 Mode mono-utilisateur

Le mode mono-utilisateur (ou *single-user mode* en anglais) est le niveau d'exécution 1 dans le système d'exploitation. Ce mode utilise donc le système d'exploitation installé sur le disque dur. Son avantage est qu'il ne nécessite pas l'utilisation d'un DVD pour démarrer.

N'essayez pas de démarrer le mode mono-utilisateur si le système est corrompu, ou si le système de fichiers ne peut pas être monté correctement. Vous risqueriez d'endommager des données. Dans ce genre de cas, il vaut mieux utiliser le mode de secours.

Pour démarrer en mode mono-utilisateur :

- Redémarrez la machine.
- Au démarrage, lorsque Grub signale le chargement du système, appuyez sur une touche quelconque.
- Sélectionnez la version de Red Hat Enterprise Linux que vous souhaitez, et appuyez sur `a` pour modifier la ligne de démarrage, ou sur `e` pour RHEL 7.

Remarque

Attention ! Il se peut que le clavier soit en qwerty. Il faut alors appuyer sur `q` à la place de `a`.

- À la fin de la ligne, entrez le mot `single` et appuyez sur [Entrée]. Pour RHEL 7, repérez la ligne commençant par `linux` et ajoutez `single` à la fin. Appuyez sur les touches [Ctrl] X pour RHEL 7.

Remarque

Utilisez la combinaison de touches [Ctrl] E pour aller directement à la fin de la ligne.

- Une fois le démarrage effectué, vous avez accès au disque dans un mode réduit.

7.3 Écraser un mot de passe perdu

Vous avez plusieurs façons d'écraser le mot de passe de `root` si vous l'avez perdu. Certaines techniques fonctionnent en mode de secours ou en mode mono-utilisateur. Nous vous proposons une troisième méthode qui consiste à démarrer non pas `init` comme premier processus, mais un shell.

- Procédez comme pour le démarrage en mode mono-utilisateur, pour modifier la ligne de démarrage du système.
- À la place de `single`, ajoutez `init=/bin/sh` à la fin de la ligne, enlevez les mots-clés `rhgb` et `quiet` et lancez le démarrage ([Entrée] ou [Ctrl] X).

Remarque

En qwerty, le caractère / se trouve sous la touche !.

- Vous arrivez très vite dans un shell simple sans mot de passe. Tapez la commande suivante pour charger la politique SELinux existante :

```
/usr/sbin/load_policy -i
```

- Ensuite, remontez en lecture-écriture le système de fichiers qui est monté en lecture seule :

```
mount -o remount,rw /
```

- Procédez à la modification du mot de passe root :

```
passwd root
```

- Prévenez SELinux qu'il faut mettre à jour les informations au prochain redémarrage :

```
touch /.autorelabel
```

- Redémarrez la machine.
- Il se peut que la machine doive redémarrer une seconde fois.
- Au prochain démarrage, vous avez accès en `root` avec le nouveau mot de passe.

Annexe
Aide-mémoire des principales commandes

1. Démarrage

1.1 GRUB2

- Paramètres généraux : /etc/default/grub
- Construction du fichier de configuration :
  grub2-mkconfig -o /boot/grub2/grub.cfg
- Entrées manuelles : /etc/grub.d/
- Réinstallation de GRUB sur un disque :
  grub2-install /dev/<disque>
- Réinitialisation complète de GRUB :

```
rm /etc/grub.d/*
rm /etc/sysconfig/grub
yum reinstall grub2-tools
grub2-mkconfig -o /boot/grub2/grub.cfg
```

1.2 Noyau et modules

- Dans `/boot/` :
- Afficher paramètres noyau : `sysctl -a`
- Changer paramètres noyau : `sysctl <paramètre>=<valeur>`
- Configuration des paramètres : `/etc/sysctl.conf` et `/etc/sysctl.d/`
- Modules
  - Lister : `lsmod`
  - Infos : `modinfo <module>`
  - Charger : `modprobe <module> [paramètre=valeur]`
  - Décharger : `modprobe -r <module>`
  - Fichiers de configuration :
    `/etc/modprobe.d/*.conf`
    `/etc/modules-load.d/*.conf`

1.3 Démarrage et services

Systemd

- Lister les unités : `systemd`
- Statut : `systemctl status <unité>`
- Activer et démarrer un service :
  `systemctl enable --now <nom du service>`
- Démarrer/arrêter service :
  `systemctl start <nom du service>.service`
  `systemctl stop <nom du service>.service`
- Activer/désactiver service au démarrage :
  `systemctl enable <nom du service>.service`
  `systemctl disable <nom du service>.service`

- Démarrer un service et l'activer au démarrage :
  systemctl enable--now <nom du service>.service
  systemctl disable--now <nom du service>.service
- Logs pour le service journalctl :
  _SYSTEMD_UNIT=<nom du service>.service

Éteindre l'OS

- Arrêter : shutdown -h now ou halt
- Redémarrer : shutdown -r now ou reboot
- Redémarrer à 7h05 : shutdown -r 07:05
- Éteindre dans 10 minutes : shutdown +10
- Annuler shutdown : shutdown -c

2. Installation de logiciels

2.1 Abonnement

Portail Client

- Déclarer système sur Portail : subscription-manager register
- Attacher le système à un abonnement : subscription-manager attach --auto
  subscription-manager unregister
  subscription-manager list
  subscription-manager facts
  subscription-manager repos

2.2 YUM/DNF (dépôts de paquets)

Liste des dépôts

```
yum repolist
yum repolist all
```

Chercher et installer des paquets

```
yum list
yum list installed
yum list available
yum list all
yum grouplist
yum search <mot>
```

Infos sur un paquet ou un fichier

```
yum info<paquet>
yum provides <fichier>
```

Installer/désinstaller un paquet ou un groupe

```
yum install <paquet>
yum groupinstall "<groupe>" ou yum install @"<groupe>"
yum remove <paquet>
yum groupremove "<groupe>"
```

Mise à jour de paquet

```
yum check-update
yum update <paquet>
```

```
yum update
```

Plugins

```
yum info yum
```

Sécurité

```
yum install yum-plugin-security
yum check-update --security
yum update --security
yum update-minimal --security
```

Réinitialiser

```
yum clean all
```

Application Streams (RHEL8/DNF)

Afficher la liste des modules

```
yum module list
```

Informations sur un module

```
yum module info <nom du module>
yum module info <nom du module> --profile
```

Installer un module

```
yum module install <nom du module>
yum module install <nom du module>:<version>/<profil>
```

2.3 RPM (paquets indépendants)

Installation et mise à jour/désinstallation

```
rpm -Uvh <paquet>
```

```
rpm -e <nom du logiciel>
```

Infos sur un paquet

```
rpm -q <programme>
```

```
rpm -qi <paquet>
```

- Liste des fichiers : `rpm -ql <paquet>`
- État des fichiers : `rpm -qs <paquet>`
- Documentations contenues : `rpm -qd <paquet>`
- Fichiers de configuration : `rpm -qc <paquet>`

2.4 Compilation à partir des sources

- Installation compilateur C : `yum install gcc`
- Pré-test de compilation : `./configure`
- Compilation : `make`
- Installation : `make install`

3. Partitions et systèmes de fichiers

3.1 Partitionnement

- Informations sur le disque : `parted -l <disque>`
- Création de partitions : `parted <disque>`
  Exemple : `parted /dev/sdb`

- Commandes :
  `help` : aide
  `mktable msdos / mktable gpt` : définir le type de partitionnement
  `mktable PART-TYPE [FS-TYPE] DEBUT FIN` : créer une nouvelle partition
  `print` : afficher la table de partitions
  `rm <numéro>` : supprimer une partition

3.2 Logical Volume Manager

Jargon

- PV (volumes physiques) : disques, partitions
- VG (groupes de volumes) : concaténation de PV
- LV (volumes logiques) : partitions logiques créées dans les VG

Physical Volume

- Infos PV : `pvdisplay`
- Déclarer un PV/Supprimer :
  `pvcreate <partition>`
  Exemple : `pvcreate /dev/sdb5`
  `pvremove <partition>`
  Exemple : `pvremove /dev/sdb5`
- Déplacer données vers autre PV :
  `pvmove <PV source> <PV destination>`

Volume Group

- Informations VG : `vgdisplay`
- Création : `vgcreate <nom du VG> <PV> [<autre PV> <etc.>]`
  Exemple : `vgcreate Database /dev/sdb1`
- Ajout PV au VG : `vgextend <nom du VG> <PV>`

- Supprimer un VG : vgremove <VG>
- Enlever un PV d'un VG : vgreduce <VG> >PV>

Logical Volume

- Informations LV : lvdisplay
- Créer un LV dans un VG :
  lvcreate -L <taille> -n <nom LV> <VG>
  Exemple : lvcreate -L 500 -n LV-Oracle Database
- Supprimer : lvremove <LV> (démonter d'abord)
- Étendre : lvextend -L<nouvelle taille> <VL>
  -L800 (taille fixe 800 Mo) ou -L4G (taille fixe 4 Go) ou -L+300 (taille +300 Mo)
  lvreduce -L<nouvelle taille> <VL>
- Créer un snapshot : lvcreate -L <taille du snapshot> -s -n <nom du snapshot> <LV source>
- Supprimer un snapshot : lvremote /dev/<vg source>/<nom du snapshot>
- Retour arrière sur un snapshot : lvconvert --merge /dev/<v source>/<nom du snapshot>

3.3 Stratis

Jargon

- *blockdev* : équivalent du PV, disques, partitions
- *pool* : équivalent du VG : concaténation de blockdevs
- *filesystem* : équivalent du LV : partitions logiques créées dans les pools

Étapes

1) Déclaration de *blockdevs* et création d'un *pool*

```
stratis_pool create <nom du pool> </dev/disque> </dev/disque>
```

2) Création d'un *filesystem*

```
stratis filesystem create <nom du pool> <nom du filesystem>
```

3) Montage du *filesystem*

```
mount </dev/stratis/filesystem> <point de montage>
```

Affichage

```
stratis blockdev list
stratis pool list
stratis filesystem list
stratis filsystem snapshot <pool> <filesystem source>
<nom du snapshot>
```

3.4 RAID logiciel

- RAID-0 en bandes (performances)

```
mdadm --create --verbose /dev/md0 --level=stripe
--raid-devices=2 /dev/<disque1> /dev/<disque2>
```

- RAID-1 en miroir (fiabilité)

```
mdadm --create --verbose /dev/md0 --level=mirror
--raid-devices=2 /dev/<disque1> /dev/<disque2>
```

- RAID-5/6 fiabilité+perfs

```
mdadm --create --verbose /dev/md0 --level=5
--raid-devices=3 /dev/sdb1 /dev/sdc1 /dev/sdd1
--spare-devices=1 /dev/sde1
```

- Surveillance

```
mdadm --monitor --mail=noc@acme.com --delay=300
/dev/md0 &
```

3.5 Système de fichiers

- Liens symboliques/physiques
  - Physique : ln <fichier_originel> <nouveau_fichier>
  - Symbolique : ln -s <fichier_pointé> <nouveau_fichier>
- Quel type de FS ?

  df -TH ou file -sL <partition>
- ext4
  - Création : mkfs.ext4 /dev/<partition>
  - Modification paramètres : tune2fs
  - Modification étiquette :
    tune2fs -L <étiquette> /dev/<partition>
  - Modification taille : resize2fs
  - Vérification FS : e2fsck
  - Informations FS : dumpe2fs
  - Structure interne : debugfs
- XFS
  - Création : mkfs.xfs /dev/<partition>
  - Réparation : xfs_repair <partition>
  - Augmentation taille max : xfs_growfs -d <partition>
- Montage

  mount </dev/chemin FS> <répertoire point_de_montage> [-o<options>] [-t <type_de_FS>]
  - Montage auto dans /etc/fstab

    <périphérique> <point de montage> <type_de_FS><options> <activation_dump> <priorité_fsck>
  - Remonter en lecture-écriture :
    mount -o remount,rw <système_de_fichiers>
- Informations
  - Utilisation des FS : df -h
  - Taille des répertoires : du --max-depth=1 -h 2>/dev/null

3.6 Quotas

- 1. Monter partition avec options usrquota,grpquota
- 2. Analyser disque : quotacheck -cug <point_de_montage>
- 3. Créer base de quotas utilisateurs : quotacheck -avug
- 4. Assigner quotas à un utilisateur : edquota <utilisateur>
  ou en ligne : setquota -u <utilisateur>
  <limite_blocs_souples> <limite_blocs_stricte>
  <limite_inode_souple> <limite_inode_stricte> -a <FS>
- 5. Vérifier quotas : quota <utilisateur>
- 6. Activer quotas : quotaon

4. Utilisateurs et groupes

4.1 Utilisateurs

- Ajout : useradd <nom_d'utilisateur>
  -c '<informations>'
  -d <répertoire_utilisateur>
  -e <date>
  -s <chemin_du_shell>
  -r (compte système)
- Modification : usermod <options> <utilisateur>
  -a -G <groupes> (ajout à des groupes)
  -L (verrouiller)
  -U (déverouiller)
  -m -d <nouveau_répertoire_utilisateur>
- Suppression : userdel <utilisateur>
- Mot de passe : passwd <nom_d'utilisateur>

- Changement temporisateurs : `chage` (voir schéma)
- Changement première connexion : `chage -d 0 <utilisateur>`

Variables d'environnement

- Afficher : `set`
- Définir : `export <variable>=<valeur>`
- Stockage : `/etc/profile` ou `~/.bash_profile`

Alias

- Définir alias : `<alias>='<commande>'`
- Stockage : `/etc/bashrc` ou `~/.bashrc`

4.2 Fichiers des utilisateurs

- `/etc/passwd`

  `<username>:x:UID:GID:<informations>:`
  `<répertoire>:<shell>`
- `/etc/shadow`

  `<username>:<hash mot de passe>:`
  `DATE:MIN_DAYS:MAX_DAYS:WARNDAYS:INACTIVE:EXPDATE:`
- `/etc/login.defs`

  `PASS_MAX_DAYS`

  `PASS_MIN_DAYS`

  `PASS_WARN_AGE`
- `/etc/default/useradd`

  `INACTIVE`

4.3 Droits

- Sur fichiers
  - En lecture : fichier peut être lu.
  - En écriture : fichier peut être écrit.
  - En exécution : fichier peut être exécuté.
- Sur répertoires
  - En lecture : lister le contenu du répertoire.
  - En écriture : modifier le contenu du répertoire.
  - En exécution seule : traverser le répertoire.
- Droits spéciaux
  - SetUID/SetGID u+s, g+s sur exécutables : prendre droits du propriétaire.
  - Stickybit +t sur répertoire : suppression impossible des fichiers d'autres utilisateurs.
  - SetGID g+s sur répertoires : même GID pour répertoires enfants que pour répertoires parents.
- Afficher : ls -l
- Changement propriétaire :
  chown -v <utilisateur_propriétaire>:<groupe_propriétaire><fichier_ou_répertoire>
- Changement droits : chmod <droits> <fichier_ou_répertoire>
  - Exemple : chmod ug+rw,o-rw fichier
  - Exemple : chmod 755 fichier
- Droits par défaut : umask
  - Fichier : /etc/profile

4.4 File ACL

- Lire droits FACL : getfacl <fichier>
- Modifier droits FACL : setfacl -m u:<utilisateur>:<droits>,g:<groupe>:<droits> <fichier>

  Par exemple :
  setfacl -m u:rico:rwx,u:thibault:rx /home/ITprojets/

4.5 Attributs étendus

- Changer : `chattr <attribut> <fichier>`
  `-R` : récursif
- Lister : `lsattr <fichier>`

4.6 sudo

- `/etc/sudoers`
  `<utilisateur> <machine> = <commandes>`
- `sudo <commande>`
  - Rappel dernière commande tapée sans sudo : `sudo !!`

4.7 SELinux

- État : `getenforce`
- Changer état : `setenforce 0` (permissif) ou `/etc/selinux/config SELINUX=disabled`
- Voir contextes de sécurité fichiers : `ls -Z` ; processus : `ps -efZ`
- Rétablir bon contexte de sécurité : `restorecon <chemin/fichier>`
  `-R` : récursif
- Voir et comprendre les messages d'alerte SELinux :
  `sealert -a /var/log/audit/audit.log`
  - Avec résumé :
    `sealert -a /var/log/audit/audit.log | audit2allow`

5. Réseau

5.1 Vérification

Hostname

```
hostname
```

Adresse IP/Masque

```
ifconfig
ip address
```

Passerelle par défaut

```
route
ip route
```

Adresse serveurs DNS

```
/etc/resolv.conf
```

5.2 Configuration

Hostname

```
nmcli general hostname <nom machine>
```

Profils ("connections")

- Liste : `nmcli connection`
- Liste pour une interface :
  `nmcli -f CONNECTIONS device show <interface>`
- Détails : `nmcli connection show id <profil>`

- Nouveau manuel : nmcli connection add con-name <profil> ifname <interface> type ethernet ip4 <adresse/masque> gw4 <passerelle> ip6 <adresse>
- Nouveau DHCP : nmcli connection add con-name <profil> ifname <interface> type ethernet
- Ajout serveurs DHCP : nmcli connection mod <profil> ipv4.dns "<serveurs DNS>"
- Ajout serveurs DHCP IPv6 : nmcli con mod <profil> ipv6.dns "<serveurs DNS IPv6>"
- Modifier : nmcli connection modify <profil> <paramètre> <valeur>
- Activer/désactiver : nmcli connection up <profil> ou nmcli connection down <profil>

Interfaces ("devices")

- Liste : nmcli device
- Détails actuels : nmcli device show
- Activer/désactiver : nmcli device connect <interface> nmcli device disconnect <interface>
- /etc/sysconfig/network-scripts/ifcfg-<profil>

5.3 Diagnostic

ping <adresse_IP_machine>

traceroute <adresse_IP_machine>

- Ports ouverts :

  netstat -anp --inet --inet6

  ss -tlunp
- Détection d'OS : nmap -O <adresse_IP_cible>
- Ports et services ouverts : nmap -sV <adresse_IP_cible>

- Analyseur de paquets : `tcpdump`
- Forgeur de paquet : `ncat`
- Forgeur de paquet : `hping3`

5.4 Routes

5.4.1 Temporaire

```
ip route add <réseau/masque> via <passerelle>
```

Exemple : `ip route add 172.17.0.0/16 via 192.168.25.30`

5.4.2 Permanent

```
nmcli c modify <profil> +ipv4.routes "<réseau/masque> <passerelle>"
```

5.5 Pare-feu

firewalld

- Afficher configuration
  - Zones actives (où sont les interfaces)
    `firewall-cmd --get-active-zones`
  - Lister configuration par défaut
    `firewall-cmd --get-zones`
    `firewall-cmd --get-services`
    `firewall-cmd --get-icmptypes`
  - Configuration détaillée pour une zone
    `firewall-cmd --list-all --zone=<zone>`
  - Configuration détaillée pour tout
    `firewall-cmd --list-all-zones`
- Modifier zone par défaut
  `firewall-cmd --set-default-zone=<zone>`

- Mettre ou changer zone d'une interface

```
firewall-cmd --zone=<zone> --add-interface=<interface>
firewall-cmd --zone=<zone> --remove-interface=<interface>
firewall-cmd --zone=<zone> --change-interface=<interface>
```

- Ajout/suppresion autorisation service

```
firewall-cmd --zone=<zone> --add-service=<service>
firewall-cmd --zone=<zone> --remove-service=<service>
```

- Ajout/suppresion interdiction ICMP

```
firewall-cmd --zone=<zone> --add-icmp-block=<icmptype>
firewall-cmd --zone=<zone> --remove-icmp-block=<icmptype>
```

- Ports et services non prédéfinis

```
firewall-cmd --zone=<zone> --add-port=<port>/<protocol>
firewall-cmd --zone=<zone> --remove-port=<port>/<protocol>
```

- Modification définitive
  - Ajouter option `--permanent`
- Redémarrer pare-feu

```
firewall-cmd --reload
```

- Mode panique

```
firewall-cmd --panic-on
firewall-cmd --panic-off
firewall-cmd --query-panic
```

5.6 SSH

- Connexion : `ssh login@machine` ou `ssh machine -l login`
- Connexion graphique : `-X`
- Lancement de commande : `ssh utilisateur@machine '<commande>'`
- Génération de clés utilisateurs
  - `ssh-keygen`
  - Clé privée : `~/.ssh/id_dsa`
  - Clé publique : `~/.ssh/id_dsa.pub`

  - Clé publique sur compte utilisateur du serveur dans `~/.ssh/authorized_keys`
- Copie SCP
  - Local vers distant :
    `scp </chemin/vers/fichier_local> utilisateur@machine:</chemin/vers/fichier_distant>`
  - Distant vers local :
    `scp utilisateur@machine:</chemin/vers/fichier_distant> </chemin/vers/fichier_local>`
- Tunneling
  - Local vers distant :
    `ssh utilisateur@machine -L <port_local>:<@IP_destination>:<port_destination>`
  - Distant vers local :
    `ssh utilisateur@machine -R <port_local_machine_distante>:<@IP_destination>:<port>`

6. Shell Bash

- Devenir root : `su -`
- Sortir du shell : `exit`

Aide en ligne

`man <commande>`

- Rechercher les mans sur un sujet : `man -k <mot-clé>`

Arborescence

- Changer répertoire : `cd`
  - Répertoire supérieur : `cd ..utilisateur cd ~`
  - précédent : `cd -`
- Répertoire courant : `pwd`

- Contenu du répertoire : `ls`
  - `-l` : détail
  - `-h` : humain
  - `-a` : fichiers cachés
  - `-F` : lisible
  - `-t` : par date
- Créer répertoire : `mkdir <nom_du_répertoire>`
  - `-p` : créer répertoires parents si nécessaire
- Supprimer répertoire vide : `rmdir <nom_du_répertoire>`
- Supprimer arborescence : `rm <nom_du_répertoire> -rf`

Fichiers et répertoires

- Suppression : `rm <nom_du_fichier>`
- Copie ou déplacement
  `cp <fichier_source> <répertoire_destination>`
  `mv <fichier_source> <répertoire_destination>`
  - Copier répertoire : `cp -R <source> <destination>`
- Renommer : `mv <fichier_ancien_nom> <nouveau_nom>`
- Recherche : `find <chemin_de_recherche> "<motif>"`
  - `-name <texte>` : nom avec casse
  - `-iname` : nom sans casse
  - `-type <lettre_de_type>` : type de fichier
  - `-user <nom_utilisateur>` ou `-uid <uid_utilisateur>` : par utilisateur propriétaire
  - `-group <nom_groupe>` ou `-gid <gid_group>` : par groupe propriétaire
  - `-size <taille>` : par taille
- Recherche rapide : `locate <texte>`

Commandes

– Emplacement : `which <commande>` ou `whereis <commande>`
– Nature d'un fichier : `file <fichier>`

Texte

– Afficher contenu : `cat <fichier>`
  `-n` : numéros de ligne
  `-s` : supprimer lignes vides
– Afficher page par page : `less <fichier>`
– Afficher dernières lignes : `tail [-n <nombre_de_lignes>] <fichier>`
– Afficher en continu : `tail -f <fichier>`

Éditeur vi

– Entrer en mode insertion
  `i` : insérer
  `I` : insérer en début de ligne
  `o` : ajouter une ligne après.
  `O` : ajouter une ligne avant.
  `A` : ajouter en fin de ligne
  `a` : ajouter après caractère en cours
  `r` : remplacer un seul caractère sous le curseur
– Mode commande
  Entrer en mode commande (sortir du mode insertion) : touche [Echap]
  `:q` : quitter
  `:q!` : quitter sans sauver
  `:wq` : sauver et quitter
  `:w` : sauver
  `:w <nom>` : sauver sous

`:17` : déplacer à ligne 17
`:$` : déplacer à la fin
`/<chaîne>` : rechercher chaîne
`n` : prochaine occurrence
`N` : occurrence précédente
`x` : supprimer un caractère
`dd` : supprimer ligne
`dw` : supprimer mot
`yy` : copier ligne courante
`yw` : copier mot suivant
`v` : visuel pour sélection
`y` : copier visuel
`p` : coller après ligne courante
`P` : coller avant ligne courante
`u` : undo
[Ctrl] g : numéro de ligne

7. Scripting Bash

Généralités

- En-tête (shebang)
  `#!/bin/bash`
- Commentaire
  `# Voici un commentaire`
- Exécutable
  `chmod +x mon_script.sh`
- Lancer : `./mon_script.sh`
- Déboguer : `bash -xv mon_script.sh`

Variables

- Définir : <variable>=<valeur>
- Afficher : echo $<variable>
- Arguments du scripts
  $@ : tous les arguments
  $# : nombre d'arguments
  $0 : nom du script
  $1 : premier argument
  $2 $3 etc.
  $? : code de retour d'une commande
- Script interactif
  read <variable> <variable> etc.
  Exemple

```
#!/bin/bash
echo "Veuillez entrer vos nom et prénom :"
read word1 word2
echo "Merci $word2 d'avoir entré votre nom ($word1)"
```

Appel de commandes et fichiers

- Sourcer (lire les variables)
  . /chemin/fichier
  source /chemin/fichier
- Appel d'un script
  /chemin/script
  ./script
- Commande dans commande
  `commande` (guillemets inverses)
  $(commande)

Échappement de caractères spéciaux

`\<caractère spécial>` : échappement fort d'un seul caractère spécial

`'<chaîne de caractères>'` (guillemets simples) : échappement fort d'une chaîne.

`"<chaîne de caractères>"` (guillemets doubles) : échappement faible, caractères non échappés `$ ` \`

Comparaisons arithmétiques

`-lt` (less than)

`-gt` (greater than)

`-le` (less or equal)

`-ge` (greater or equal)

`-eq` (equal)

`-ne` (not equal)

```
if [ $note -ge 19 ]; then
```

Tests et comparaisons de textes

`texte1 = texte2` : égal.

`texte1 != texte2` : différent (pas égal).

`texte1 < texte2` : plus petit que (ordre alphabétique).

`texte1 > texte2` : plus grand que (ordre alphabétique).

`-n texte` : `texte` n'est pas vide.

`-z texte` : `texte` est vide.

```
if [ $prenom = Thibault ]; then
```

Tests sur fichiers (voir man bash)

`-d fichier` « le fichier existe et est un répertoire »

`-e fichier` « le fichier existe »

`-f fichier` « le fichier existe et est un fichier régulier »

`-h fichier` « le fichier existe et est un lien symbolique »

`-r fichier` « le fichier existe et est accessible en lecture »

`-s fichier` « le fichier existe et a une taille non nulle »

`-w fichier` « le fichier existe et est accessible en écriture »

`-x fichier` « le fichier existe et est exécutable »

`fichier_1 -nt fichier_2` « fichier_1 est plus récent que fichier_2, d'après les dates de modification, ou si fichier_1 existe et pas fichier_2 »

`fichier_1 -ot fichier_2` « fichier_1 est plus vieux que fichier_2 ou si fichier_2 existe et pas fichier_1 »

! inversion des tests

Instructions conditionnelles

```
if [ condition vérifiée ]
   then  action1
   else action2
fi
```

voir Tubes et filtres

```
case $variable in
    cas1)
          action
          ;;
    cas2)
          action
          ;;
    cas3) |cas4)
          action
          ;;
```

```
*)
        action
        ;; esac
```

Boucles conditionnelles

– for classique

```
for mot in liste
   do action
done
```

– for itératif

```
for nombre in `seq 1 5`
        do
                action
done
```

– Tant que

```
while [ condition vérifiée ]
   do action
done
until [ condition vérifiée ]
   do action
done
```

Fonctions

– Déclarer

```
function nom_fonction {
    instructions
}
```

ou :

```
nom_fonction() {
   instructions
}
```

– Appeler fonction

```
nom_fonction argument1 argument2 etc.
```

Sortie de script avec code retour

`exit <code>`

`0` : exécution OK

`1 - 255` : problème

`$?` : code de retour d'une commande

Entrées/sorties et redirections

- Entrée : `/dev/stdin 0` : par défaut clavier
- Sortie : `/dev/stdout 1` : par défaut écran
- Sortie erreurs : `/dev/stderr 2` : par défaut écran
- Redirections
  - Entrée standard : <
    `cat < /etc/hosts`
  - Sortie standard : >
  - Ajout : >>
    `ls > /tmp/sortie.txt`
  - Sortie Erreur : 2>
    Exemple : `find / -iname "*.conf" 2> /tmp/erreurs.txt`
- stdout sur stderr : `commande 1>&2`
- stderr sur stdout : `commande 2>&1`
- stout et stderr sur un fichier : `commande &> /chemin/fichier`

Tubes et filtres

- Enchaînements de commandes sans relation
  `commande1 ; commande2`
- Enchaînement de commandes avec condition
  `commande1 && commande2`
  si `commande1` réussit, exécuter `commande2`

`commande1 || commande2`

si `commande1` échoue, exécuter `commande2`

– Chaînage de commandes (pipe ou tube)

`commande1 | commande2`

La sortie de `commande1` : est l'entrée de `commande2`

7.1 sed (éditeur de données en flux)

```
sed -e '<commande>' <fichier>
```

Modifications sur sortie standard

```
sed -e '<commande>' -i <fichier>
```

Modifications dans le fichier

`-n` : n'imprimer que les lignes concernées

Commande

```
'<numéro_ligne><commande>'
```

```
'<première_ligne>,<dernière_ligne><commande>'
```

Exemple : imprimer les lignes 1 à 5 `sed -n -e '1,5p' ~/passwd`

– Substitution

`'s/motif1/motif2/'`

– Seulement pour première occurrence de chaque ligne traitée

`'s/motif1/motif2/g'`

– Pour toute occurrence de chaque ligne traitée

Exemple : toute ligne commençant par bash remplacer home par users `sed -e '/bash$/s/home/users/g' passwd`

– Destruction

`sed /expressions/d`

Exemple : détruire toutes les lignes vides : `sed /^$/d`

7.2 Regular Expression (expressions rationnelles)

Remplacer n'importe quel caractère

- le point

  y..d cherche **yard**, yugd, etc.

  Différent selon les programmes utilisant les expressions régulières. Certains omettent les retours chariots ou autre.

Remplacer un jeu de caractères

- Entre crochets
- Collés ensembles

  `[aeiouy]`

  Cherche lignes contenant seulement ces voyelles
- Gamme (*range*) de caractères (avec un tiret)

  `[a-z]`

  `[a-zA-Z]`

  On peut coller les plages ensemble
- Ne correspond qu'à un seul caractère

  `[a-z][a-z]` : cherche deux caractères alphanumériques

  `[azerty]` : cherche un caractère parmi ces possibilités

  `azerty` : cherche la chaîne azerty

Caractères spéciaux

- ^

  ^ suivi du mot : ligne commençant avec le mot

  `[^a-z]` : inversion de ce jeu de caractères
- $

  mot suivi de `$` : ligne finissant par ce mot (ou ce caractère)
- ?

  mot ou caractère suivi de `?` : le mot ou le caractère est optionnel

- +

  mot/caractère suivi de + : répété une fois ou plus

  Certains programmes ne connaissent pas +

- *****

  mot/caractère suivi de * : répété zéro fois ou plus

- `{3}`

  `mot{nombre}` : répétition un certain nombre de fois

  `mot{nombre1,nombre2}` : minimum nombre1, maximum nombre2

  `{n,}` : minimum n fois

- |

  | : alternative, teste l'une ou l'autre des expression

- \

  Échappement de caractère

- ()

  () = groupage, au lieu d'afficher les lignes qui correspondent, isoler les mots qui correspondent

  Parenthèses doivent être échappées dans VIM

  `\1`

  Les groupes trouvés peuvent être réutilisés plus tard dans l'expression régulière : `\numéro du groupe`

  `\1` rappelle le premier groupe trouvé

Séquences spéciales

- `\s`

  `\s` = n'importe quel espace

- `\w`

  `\w` = [a-zA-Z0-9_]

- `\d`

  \d = [0-9]

7.3 Autres commandes

- `awk` : outil complet de traitement de fichiers
- `find` : recherche de fichiers
- `basename` : extraire nom de fichier dans un chemin
- `grep`, `egrep`, `fgrep` : recherche de lignes
- `sed` : filtrage et transformation de texte
- `cut` : sélection de champs dans un fichier
- `wc` : compter caractères, mots et lignes
- `sort` : trier des lignes
- `uniq` : suppression de doublons
- `join` : joindre des fichiers
- `split` : découper un fichier
- `head` : afficher le début d'un fichier
- `tail` : afficher la fin d'un fichier
- `diff`, `cmp` : comparaison de fichiers

!

.htaccess, 679, 680
/bin/bash, 389
/boot, 272, 379
/dev, 360, 378, 379
/etc, 379, 400
/etc/bashrc, 420
/etc/cron.daily, 810
/etc/crontab, 807
/etc/fstab, 363, 377, 421
/etc/group, 390
/etc/gshadow, 390
/etc/hosts, 462
/etc/login.defs, 396
/etc/named.conf, 712
/etc/nsswitch.conf, 434
/etc/pam.d, 431
/etc/passwd, 389
/etc/resolv.conf, 463, 708
/etc/rsyslog.conf, 790
/etc/shadow, 389
/etc/skel, 391
/etc/sudoers, 436
/etc/sysconfig, 379, 730
/home, 272, 375, 381
    déplacer, 366
/lib, 379
/lib/security, 432
/media, 380
/mnt, 380

/proc, 380
/sbin, 380
/tmp, 381
/var, 381
/var/log, 661, 785
/var/log/secure, 435
$HOME, 401
$LANG, 401
$PATH, 401
3DES, 198
802.1Q, 508

A

Abonnement, 22
ACL, 425
Administrateur, 384, 434
Administration
  à distance, 540
  centraliser, 850
  graphique, 843
Adresse IP, 455
AES, 198
Agent, 563
Agrégation d'interfaces, 501
Aide, 117
Alerte, 804
Alias, 117, 402
Amorçage, 157
Anacron, 814
Analyse de protocoles, 497

Analyse de réseau, 496
Analyser, 783
ANSSI, 841
Apache, 662
    déport local de configuration, 680
Appel système, 153
Application Streams, 217
    concurrence, 223
AppStream, 218
Arborescence, 122, 378
    déplacer, 124
Architecture, 693
Archive, 835
Argument, 622
Assistance technique, 36
at, 816
Attaques, 689
Attribut étendu, 427
audit2allow, 452
Authentification, 391, 395, 429, 548, 568, 606, 670
Authoritative nameservers, 709
Autorité de certification, 607

B

Bande, 318
Barre oblique inversée, 630
Base de données
    administrer, 701
BaseOS, 218

Bash, 111
    exécution, 113
bashrc, 400
batch, 817
Bibliothèque, 149, 430
BIND, 707
BIOS, 157
Bloc, 333
Blocage, 568
block, 379
boot, 173
Boucle, 640

C

Caractère, 122
    spécial, 628
case, 638
cat, 137
cd, 124
CentOS, 32, 37
    téléchargement, 45
Certificat, 197
    afficher des informations, 678
    électronique, 672
Certification, 38
Certifié (système), 24
character, 379
Charge du processeur, 800
chattr, 428

Chemin, 123
    absolu ou relatif, 123
chgrp, 413
Chiffrement, 197, 670
chkconfig, 189, 662
chkrootkit, 840
chown, 413
Chrony, 819
Classe, 395
Clé, 552
    publique, 548
    secrète, 572
Clichés, 292
Client-serveur 3-tiers, 693
Cockpit, 842
Code QR, 572
Code source, 253
Commande, 627
    automatique, 564
    de base, 121
    recherche, 135
Commentaire, 619
Comparaison, 631
Compatibilité, 48, 378
Compilation, 253, 258, 259
Comptes, 847
Configuration, 54
Configuration système
    renforcement, 840
Configurer automatiquement, 729
Connection
    profils, 471

Connexion établie, 493
Console, 113
Conteneur, 744, 746
    administration simplifiée, 849
    lancement, 769
    natif, 776
    orchestration, 780
Contexte de sécurité, 442, 446
    rétablissement, 449
Copy-on-Write, 340
cp, 129
cpio, 836
CPU, 799
Cron, 807
cryptfs, 376
Cryptographie, 197
Customer Portal
    Voir Portail Client

D

DAC, 441
Dashboard, 851
Délai de grâce, 424
Démarrage, 155, 173
    GRUB, 158
    systemd (RHEL 7), 190
Dépannage, 853
Dépendance, 205, 249, 259
Déploiement, 47

Dépôt
- de logiciels, 232
- personnel, 241

DES, 198

Descripteur de fichiers, 344

Desktop Environment, 150

dev, 270, 324

df, 332

DHCP, 456, 729

dhcpd, 730

Diagnostic, 490

dig, 719

Discretionary Access Control, 441

Display Server, 150

Disque, 799
- quotas, 421

Disque dur
- IDE, 263
- SAS, 263
- SATA, 263
- SCSI, 263
- SSD, 264
- structure, 263

DNF, 218

DNS, 707
- requête, 719

Docker, 744, 776
- compatibilité, 777

docker-compose, 769

Dockerfile, 760

Documentation, 38, 54

Double-authentification, 571

downtime, 293
Droit, 402
  afficher, 403
  attributs étendus, 428
  d'accès, 329
  listes de contrôles d'accès, 425
  modification, 413
  par défaut, 419
  spécial, 408
DSA, 198, 552
dstat, 801
DVD
  intégrité, 56

E

Échange, 348
Écriture, 385
ecryptfs, 375
Éditeur de texte, 138
edquota, 423
Empreinte, 56
Empreinte digitale, 393, 542
eno16777736, 472
Enregistrement, 68
  des évènements, 790
  RHEL 7, 142
  temporaire, 381
Entrée standard, 345
env, 401
EPEL, 234
Erreur standard, 345

Espace utilisateur, 147, 148
Éteindre, 195
ethX, 473
Étiquette, 271
Exécution, 385
exit, 646
Expression régulière, 657
ext2, 327
ext4, 328, 347
Extension, 289

F

Facilité, 785
FAT, 327, 328
Fedora, 27, 28
FHS, 378
Fiabilité, 831
Fichier
    afficher le contenu, 137
    caché, 126
    copier et déplacer, 129
    droit, 405
    éditer, 136
    rechercher, 132
    renommer, 132
    supprimer, 128
    synchroniser, 838
    temporaire, 381
    transfert, 577
    type, 403
file, 136

File Descriptor, 344
find, 133
Fonction, 643
for, 640
Forgeur de paquets, 498
Formatage, 263
FQDN, 51, 708
    choisir, 52
Fragmentation, 344
free, 800
FTP, 721
Fuseau horaire, 818

G

GCC, 254
GECOS, 389
Gérer une zone, 710
getfacl, 425
GID, 384, 390
GNOME, 143
Google Authenticator, 571
GParted, 286
GPT, 265
Graphe, 803
Groupe, 383, 391
    de volumes, 288
groupid, 384
GRUB, 159, 161, 167, 379
GRUB 2, 165

GRUB Legacy, 159
GUID, 270, 359
Guillemet, 629

H

Hachage, 197, 393
halt, 195
Hardlinks, 338
Hardware, 147
Hash, 394
HCL, 47
Heure, 817
    configurer, 817
hooks, 533
Hostname, 51, 454, 457
hostname, 847
Hping3, 498
htop, 799
httpd, 666
HTTPS, 670

I

Identifiant, 271
ifconfig, 458
Image, 174, 746
    création, 756
    partage, 766
Images, 756, 777
    certifiées, 762

init, 184
inittab, 189
Inode, 331, 338
Installation, 57
 à distance par VNC, 84
 automatisée avec Kickstart, 99
 Kickstart, 85
 par DVD (RHEL 5 et 6), 57
 par DVD (RHEL 7), 57
 par le réseau (RHEL 7), 89
 par le réseau avec PXE/BOOTP, 92
 par PXE/BOOTP, 84
Intégrité, 670
Interface
 configuration, 478
 graphique, 53, 143, 842
 liste, 477
 réseau, 458
 Teaming, 501
iostats, 800
ip address, 460
ip route, 461, 500
IPsec
 mise en œuvre, 589
iptraf, 799
IPv6, 457, 479
ISO
 image, 56
lsof, 801

J

Job, 820
- indépendant, 826
- rendre un travail indépendant, 826
- tuer un job, 825

Journal d'évènements, 784

Journald, 790

Journalisation, 381

Journalisé (fichier), 327

K

Kernel, 111, 147
- kernel-headers, 256

Key Signing Parties, 202

Kickstart
- personnaliser le script, 103

Kubernetes, 780

L

Label, 271, 359

LAMP, 692

LANG=fr_FR, 122

Langage de programmation, 702

Lecture, 385

less, 137

Lien
- physique, 336
- symbolique, 187, 336

Lien-local, 457

Ligne de commande, 110
    à distance, 114
    options, 116
    syntaxe, 115
link-local, 457
Localisation, 401
locate, 135
Log, 786, 793
    analyse, 796
    vérification, 795
Logical Volume Manager
    Voir LVM
Logiciel
    installation, 203
Login, 399
Login Red Hat, 41
LogRotate, 786
Logs, 847
ls, 126
lsattr, 429
lsmod, 181
lv, 298
LVM, 272
    administration avancée, 301
Lynis, 840

M

MAC, 442
Machine virtuelle, 733
Mandatory Access Control, 442

Manpages, 117
    sections, 119
MariaDB, 692
Masque, 455
Master Boot Record, 159
Matériel, 147
MBR, 265
MD5, 199, 395
mdadm, 320
mdstat, 321
Mémoire, 369, 799, 800
Métacaractères, 132
Métadonnées, 329
MFA, 571
Migration d'adresse IP, 482
Miroir, 318
Mise à jour, 211
Mode de secours, 853
Mode mono-utilisateur, 855
Modèle de sécurité, 442
modinfo, 181
modprobe, 182
mod_ssl, 670
Module, 181, 217
    installer, 222
Montage, 355, 364
    options, 364
Mot de passe, 385, 430, 571
    administrateur, 53
    hachage, 393
    perdu, 853, 856

portefeuille, 396
stockage, 392
temporaire, 391
mount, 360
Multi-Factor Authentication, 571
mv, 129
MySQL, 692

N

Nagios, 804
Named, 711
NAT, 741
ncat, 498
netstat, 492, 493
NetworkManager, 465
ligne de commande, 468
service, 466
newgrp, 391
NFS, 380
nft, 534
nftables, 532
Nginx, 685
Niveau d'exécution, 185
nmap, 496
nmcli, 467
Nom de domaine, 708
Noyau, 111, 147, 152, 165, 171, 174
installation, 175
modules, 181
paramètres, 178

nslookup, 718
NTFS, 328
NTP, 819
Numéro
- d'installation, 40
- de série, 270

O

Objet du système, 80
Octale, 417
OpenSCAP, 840
OpenShift, 780
openssl, 375, 679
OpenVPN
- configuration, 599

Optimisation, 341
Orchestration, 780
Outil, 838
- analyse des logs, 803
- analyse réseau, 496
- analyser les ports, 492
- analyseurs de protocoles, 497
- configuration du système, 798
- construction de paquets, 498
- couteau suisse réseau, 498
- logger, 795
- performance, 801
- phpMyAdmin, 697
- sauvegarde, 834
- sécurité de votre serveur SSH, 550
- surveillance, 803

P

PAM, 429
Paquet, 204
  chercher et installer, 206
  gestionnaire, 205
  indexation, 242
  mise à jour, 211, 248
  nommage, 248
  suppression, 211
Pare-feu, 513
  firewalld, 514
Parité, 318
Partage, 728
Partage de charge, 689
Parted, 273
Partition
  étendue, 267
  nommage, 269
  primaire, 267
Partitionnement, 50, 263, 265, 273
  formats, 265
  GPT, 268
  graphique, 285
  MBR, 266
Passerelle par défaut, 456
passwd, 391
PATH, 618
Performance, 318
Périphérique, 378
  de type bloc, 379
  de type caractère, 379
Permission, 384, 451
PGP, 202

PHP, 692
Phrase de passe, 553
ping, 490
PIP, 704
PKI, 201, 606
Plan de reprise d'activité, 831
pmap, 801
Podman, 777
Point de montage, 355
Politique de sécurité, 79, 442, 446
Politiques cryptographiques, 841
Ponter, 741
Port
    analyser les ports, 492
    changement, 568
    ouvert, 492, 495
Portail Client, 226
    Customer Portal, 34
    interface web, 228
PRA, 832
Priorité, 785
Prise en main à distance
    graphique, 543
Problème
    analyser les logs, 661
    pare-feu, 661
    SELinux, 661
proc, 321
Processus, 799, 820
    commande, 828
    gérer, 820
    top, 799
    tuer, 829

Processus de démarrage
    cibles, 191
Processus père, 171
profile, 400
Propriétaire, 329, 404
    modification, 413
    par défaut, 419
Proxy, 690
ps, 799
Public Key Infrastructure, 201
PuTTY, 544
pv, 294
Python, 702
    PIP, 704
    version 2, 703

Q

QR Code, 572
Quotas, 421

R

Racine, 122
RAID, 317
    logiciel, 50, 320
    matériel, 49
    niveaux, 318
    RAID 0, 318
    RAID 1, 318
    RAID 5, 318
    RAID 6, 319

surveillance, 326
Rainbow table, 394
RBAC, 442
rc.d, 184
Rechercher, 209
fichier, 132
Récursif, 130
Récursive, 415
Red Hat
historique, 21
modèle économique, 22
sites web, 33
Red Hat Enterprise Linux
6, 395
achat, 42
Desktop, 29
essai, 43
nom, 28
noms de code, 28
particularités, 29
serveur, 30
version, 29
Red Hat Enterprise Linux 7
nouveautés, 31
Red Hat Login, 39
Red Hat Store, 35
redhat.com, 33
Redirection, 579, 648
Reflink, 341
Registre, 746
Règles de filtrage, 536

Répertoire
afficher le contenu, 126
changer, 124
copier et déplacer, 130
courant, 124, 125, 618
créer, 127
droits, 405
imprimer, 125
interaction, 411
précédent, 125
renommer, 132
supérieur, 124
supprimer, 127
utilisateur, 124
Rescue, 853
Réseau, 469, 799, 847
configuration graphique, 487
statistiques, 799
Résolution de noms, 462
Résolution DNS, 707
inverse, 491, 707
Résolveurs DNS, 456
Resource records, 715
restart, 664
restorecon, 450
Reverse DNS, 717
Reverse Proxy, 689
RHEL 8
installation, 71
RHN
ancienne méthode, 228
rm, 128
Role Based Access Control, 442

root, 384
connexion directe, 568
désactiver, 441
Root domain, 708
Rootkits, 840
Route
statique, 499
route, 460
RPM, 204, 245
RSA, 198, 552
rsync, 838
Rsyslog, 789

S

sar, 799
Saturation, 421
Sauvegarde
solutions commerciales, 839
solutions libres, 839
SCP, 577
Script, 253
Python, 704
Script bash
prérequis, 616
sealert, 451
Secours, 323, 853
Secure boot, 158
Sécurisation des flux, 689
Sécurité, 56, 214, 231, 395, 434, 831, 841
améliorer, 840
Sed, 655

sel, 394
Sélecteur, 787
SELinux, 441, 848
    mode, 443
    mode permissif, 443
    mode strict, 443
Séquence, 652
Serveur
    d'affichage, 150
    DNS, 707
    virtuel, 665
    web, 662
Service, 186
    activer, 195
    arrêter, 194
    démarrer, 194
    désactiver, 195
    lister, 194
Service de temps, 819
Services, 148, 848
set, 401
SetGID, 408, 410, 418
SetUID, 408, 418
SFTP, 577
SHA1, 199
SHA2, 199
SHA-512, 395
shebang, 616
Shell, 111
    avantages, 111
    fichiers de lancement, 399
    utilisation, 141
shutdown, 196

Signature, 197
Single-user mode, 855
Site sécurisé, 670
Site web, 669
    dynamique, 697
Snapshot, 292, 314, 316
    créer, 309
Sortie standard, 345
Source, 204, 253
Sourcer, 625
Souscription, 22, 24
ss, 495
SSH, 540, 549
    connecter, 541
    prise en main graphique, 543
    sécurité, 568
Sticky bit, 408, 409, 418
Stratis, 313
su, 141, 434
Substitution, 658
sudo, 434
sudoers, 437
Superbloc, 331
Supervision, 803, 804
Support, 24, 25
Surveillance, 803
Swap, 272, 348, 369
Symlinks, 337
Syslog, 784
Systemd, 190, 194
    targets, 191

Système
démarrage, 155, 183
éteindre, 195
menu, 145
ne démarre pas, 853
Système de fichiers, 50, 327, 347
chiffré, 374
création, 349
installer, 326
journalisé, 328
réparti, 329
réseau, 329
structure, 333

T

Table de routage, 460
Tâche, 806, 807, 811
périodique, 814
programmer, 807
tail, 138
tar, 257, 835
TCPdump, 497
Téléchargement, 43
Terminal, 113, 848
Test, 631
Time-Based One-Time Password
Voir TOTP
top, 799
Top-Level-Domain, 708
TOTP, 571
traceroute, 491
Transfert de fichiers, 577

Travail, 807
  indépendant, 826
TTY, 185
tty, 113
Tube, 652
Tunneling, 579

U

udev, 378
UEFI, 158
UID, 384, 389
umask, 419, 420
umount, 361
uname, 175
UPG, 390
uptime, 800
User Space, 147
userdel, 388
userid, 384
Utilisateur, 383
  ajout, 385
  anonyme, 723
  changer, 141
  création, 389
  modification, 386
  personnalisation, 399
  suppression, 388
UUID, 271, 359, 361, 480

V

Variable, 620
Variable d'environnement, 149, 401
Verrouiller, 441
Version
    historique, 26
    Long-Term Support, 27
    LTS, 27
vg, 296
vi, 138
Virtual Machines, 733
VirtualHost, 665
Virtualisation, 733
visudo, 436
VLAN, 508
VM, 733
vmstat, 800
Volume, 320
    logique, 288
    physique, 287
VPN, 583
    bridgé, 585
    IPsec, 587
    routé, 584
    SSL, 597
    SSL/TLS, 597
VPS, 734
vsftpd, 722
vty, 114

W

w, 801
wget, 257
while, 642
Window Manager, 150
Wireshark, 497

X

X Window, 150
XFS, 352
Xinetd, 538

Y

YUM, 205
    commandes, 225
    plugins, 213

Z

Zone inverse, 717